D1745886

Böhlau

Hans-Heinrich Nolte

WELTGESCHICHTE

Imperien, Religionen und Systeme
15.–19. Jahrhundert

Böhlau Verlag Wien · Köln · Weimar

Bibliografische Information Der Deutschen Bibliothek:

Die Deutsche Bibliothek verzeichnet diese Publikation in der Deutschen Nationalbibliografie; detaillierte bibliografische Daten sind im Internet über http://dnb.ddb.de abrufbar.

ISBN 3-205-77440-X

Das Werk ist urheberrechtlich geschützt. Die dadurch begründeten Rechte, insbesondere die der Übersetzung, des Nachdruckes, der Entnahme von Abbildungen, der Funksendung, der Wiedergabe auf photomechanischem oder ähnlichem Wege, der Wiedergabe im Internet und der Speicherung in Datenverarbeitungsanlagen, bleiben, auch bei nur auszugsweiser Verwertung, vorbehalten.

© 2005 by Böhlau Verlag Ges. m. b. H. & Co. KG, Wien · Köln · Weimar
http://www.boehlau.at
http://www.boehlau.de

Druck: dimograf

Printed in Poland

Inhaltsverzeichnis

Einleitung 9

1. Eurasiafrika 11
   Kulturgeographie – Die Menschheit – Bauern – Nomaden – Frühe Staatsformen – Religionen, Weltreligionen (Israel, Christentum, Islam, Hinduismus, Jainismus, Buddhismus) – Fernhandel und ›neue Ethnien‹ – Das mongolische Weltreich – Das System der Tatarenkhanate – Das Ende der Nomadenvorstöße – Verdichtungen und neue Netzwerke

2. Beide Amerikas 45
   Kulturgeographie – Nordamerika, besonders die mexikanische Hochebene – Südamerika – Niederlagen gegen spanische Trupps

3. China – die Mitte der Welt 55
   Kulturgeographie – Mittelalter – Ming-Dynastie – Mandschu (Quing) – Eroberung Chinas, Expansion nach Zentralasien – Bürokratie – Handel und Ökonomie (Fernhandel, Protoindustrialisierung) – Ostasien als System

4. Imperium und Föderation in Indien 71
   Kulturgeographie – Drawida und Arier – Hinduismus und Kastensystem – Moghulreich (Imperiumsaufbau, Agrarverfassung) – Marathenkonföderation – Die Ostindienkompanie als Territorialherr und der Jakobinerclub in Maisur

5. Zwei Inseln – Japan und England 91
   Japan (Kulturgeographie – japanische Einwanderung, die Periode der kämpfenden Provinzen, Tokugawa-Zeit, Exklusion der Christen. Systematisierungen und Sozialverfassung, Gewerbeentwicklung) – England (Kulturgeographie – normannische Eroberung, Agrarverfassung, Die Tudors und die Begründung der Nation, Exklusion der Katholiken. Parlament und Revolution, Agrarrevolution, der keltische Rand als innere Peripherie) – Vergleich

6. Die Christenheit – das europäische System im Mittelalter 113
   Kulturgeographie – ex oriente lux und indoeuropäische Einwanderungen – Griechen – Das Römische Imperium, Sklaverei – germanische und slawische Einwanderungen – Oströmische Wiederherstellung des Imperiums – arabische Expansion – Feudalismus an der westlichen Peripherie – Ein neues Imperium im Westen – Der Aufstieg der Stände – Die Entstehung des politischen Systems Christenheit – Kreuzzüge – Kalmücken

7. Die Entstehung des modernen Staates 141
   Das Osmanische Imperium – Struktur, Beispielcharakter – Der Fall Ungarns – Staatsbegriff, Die christlichen Staaten (Kastilien, Burgund, Frankreich) – Absolutismus und Parlamente – Das europäischen Konzert

8. Globale Ökonomien 157
   Nichteuropäische Welt-Systeme (Der indische Ozean) – Afrika – Das europäische Welt-System – Europa insgesamt – Das Zentrum (Produktion, Außenhandel, Protoindustrialisierung) – Halbperipherie – Peripherie – Transportsysteme : Kanäle, Hochseeschifffahrt (China, Westeuropa) – Karawanenhandel – Fußverkehr – Kapital – Zugehörigkeiten

9. Expansionen 183
   Konkurrenz und Militarismus im europäischen System – Feldartillerie, Gewalthaufen, Linientaktik – Flotten – Finanzierungsprobleme – Die Überlegenheit der europäischen Armeen – Phasen der europäischen Expansion – Probleme des Endes der Expansionsmöglichkeiten – Vorteile – Radikalisierung der Grenzen

10. Massaker und Vertreibungen 201
    Methodisches – religiöse und ethnische Minderheiten – Religion und Staat – Intoleranz der christlichen Kirchen – Judenverfolgungen – Exklusionen und Staatsbildungen: Nationen (Spanien) Territorien (Heiliges Römisches Reich), Rekurs Japan – Ethnien und Staat: Großbritannien – Vergleiche innerhalb des europäischen Systems – Massaker an den Peripherien: Russland, USA – Globale Prozesse

11. Formen der Arbeit 227
    Freiheit – Begriff, Formen (Adel, Bauern – China, Westeuropa-, Städter) – Das Haus (Japan, China, Ost- und Westeuropa) – Wanderarbeit, Vaganten. Hörigkeit – Schuldknechtschaft, Gesinde, Schollenpflichtigkeit – Rolle der

monotheistischen Kirchen. Sklaverei – Osmanische Haushalte, christliche
Plantagen. Zusammenfassung, und Rekurs zum Kastensystem.

12. Alltag und Geschlechterrollen 243
Alltag – Methodisches – Nahrung – Kleider – Das Haus – Geschlechterrollen
(Malaien, Niederländer)- arrangierte Ehen – Scheidungen (Christentum,
Japan) – Erben (China, Russland, Westeuropa) – Luxus und Drogen (Cocain,
Kakao, Tee, Zucker – Übergang zum Nahrungsmittel, Ersatzproduktion) –
Hygiene (Juden, Christen).

13. Religion und Ideen 259
Christentum – Fundamentalismus – Säkularisierung – Luther und der Humanismus – Calvinismus . Konfessionalisierungen : Christliche Kirchen, Schiiten,
Wahabiten, Sikhismus, Lamaismus. Ideengeschichte: Säkularisierung der
Lichtsymbolik – Montaigne – Das Argument der Enzyklopädisten – Hobbes –
Bacon – Descartes – Locke – Hegel : intellektuelle Konfigurationen im
System. China (Akademiebewegung, Neo-Konfuzianismus, Enzyklopädie).
Das Bild der Fremden – Herder – Zusammenfassung.

14. Das Europäische Konzert und die Schaffung der Nationen 287
Institutionalisierung – Professionalisierung – Systematisierung – Mitglieder –
Die Kosten der Macht – Domanium und Landessteuern, Anstieg des Steuerstaates – Stärke der Parlamente im Zentrum, Schwäche in der Halbperipherie
– Moderne Nationen und ihre Konfigurationen – Wer wird nicht Nation:
Osmanisches und Heiliges Römisches Reich. Nationalismen und die Krise des
Systems.

15. Revolutionen 309
Begriffsgeschichte – Bauernkriege und Pugatschow – USA – Unabhängigkeit
und Wahlberechtigung zum Kongress – Vergleich – Technische Revolutionen
(nochmals China, England im 18. Jahrhundert) – Industrielle Revolution
(Dampfmaschine, Kohle, Eisenbahn) – Verschiedene Industrialisierungen,
Erfolge und Misserfolge (Deutschland, USA, Russland, Indien).

16. Historiographisches Nachwort 329
Globale Geschichtsbilder (Smith, Marx, Rostow, Entwicklungskonzepte, Dependencia-Theorie, Welt-System, Endlichkeit der Ressourcen) – Welche
Zunft? Area-Studies und was taugen Monographien in der Weltgeschichte?
Expansionsgeschichte, Beitrag der Peripherie zur Industrialisierung. Vergleich
und Interaktion – Danksagungen.

Fazit 351

Bibliographie zur Weltgeschichte 357

Alphabetisches Verzeichnis häufig benutzter Titel 367

Register 373
Personen und Dynastien – Sachen und Begriffe

Einleitung

Warum eroberte Europa die Welt? Warum drückte es dem 19. Jahrhundert so tief seinen Stempel auf? Warum zerstörte es im 20. Jahrhundert diese Prägung mit so viel Selbsthass?

Die Europäer waren nicht klüger als die Inder und nicht militaristischer als die Azteken. Sie haben nicht mehr neue Technologien entwickelt als die Chinesen und nicht härter gearbeitet als die Afrikaner auf den Plantagen der Karibik oder in den Haushalten der muslimischen Welt. Warum steht Europa 1815 so groß da und stürzt 1914 so tief in den Abgrund?

Dieses Buch analysiert die entscheidenden Momente des Aufbruchs der Menschheit in die Moderne und zeichnet ein spannendes, vielfältiges Bild. Europa, so kurzgefasst das Ergebnis, besiegte den Rest der Welt, weil es ein System war, in dem einerseits Kenntnisse, Fähigkeiten und Institutionen schnell ausgetauscht wurden, in dem aber andererseits eine unerbittliche Konkurrenz die Mitgliedstaaten dazu brachte, ständig gegeneinander zu intrigieren und zu rüsten. Die militärische Überlegenheit gegenüber dem Rest der Welt fiel dabei sozusagen am Rande ab, besonders nachdem Industrielle Revolution und Nationalismus die Machtmittel der Einzelstaaten vermehrt hatten, denn nun gelang es Aufsteigern im System meist schnell, an der Peripherie Eroberungen zu machen und so Ausgleich zu schaffen.

Das System wurde im Mittelalter von der katholischen Kirche zusammengehalten und moralisch geleitet. Mit der Säkularisierung und dem Aufbruch zur Moderne trat das Konzert der Mächte an die Stelle der Kirche; aus der Christenheit wurde Europa. Es gelang zwar nicht, sich auf eine allgemein gültige Moral der Staaten zu einigen, aber immer neue Möglichkeiten zur Expansion lenkten von den Konflikten im Innern ab. Erst als die Expansionsmöglichkeiten auf dem Globus ausgeschöpft waren, wandten die Aufsteiger sich mit ähnlicher Skrupellosigkeit gegen europäische Nachbarn, wie diese sich gegen periphere Länder gewandt hatten. Das System implodierte.

Aber das ist vorgegriffen. Im 16. Jahrhundert hatten die Eliten asiatischer Großreiche von Peking bis Istanbul keinen Grund, sich vor den Europäern zu fürchten. Aber europäische Mächte eroberten beide Amerikas und Australien; die lange geteilte Menschheit wurde unter europäischem Kommando wiedervereinigt. Den Eroberungen folgte eine Explosion militärischer und auch ökonomischer Macht, die Europa am Ende des 18. Jahrhunderts an die Spitze der Welt katapultierte.

Gottes ist der Orient!
Gottes ist der Okzident!
Nord- und südliches Gelände
Ruht im Frieden seiner Hände.

Johann Wolfgang von Goethe: *Talismane*[1]

Kapitel 1

Eurasiafrika

Man kann die Geschichte des globalen Aufbruchs in die Moderne nicht schreiben, ohne zurückzugreifen. Wir treffen in der Frühen Neuzeit und auch in der Gegenwart auf »Universalien«,[2] die in früheren Perioden entstanden, aber noch heute wirksam sind – von Menschen geformte geographische Bedingungen, Religionen und Institutionen: soziale wie Bauern, politische wie Staat oder moralische wie den Dekalog. Aber auch Katastrophen wie die Vernichtung der altamerikanischen Kulturen gehören zu diesen fortwirkenden Entscheidungen – sie hinterlassen Leerstellen;[3] welche wie Löcher im Gewebe auch unsere Zeit durchziehen.

Die Geschichte der Universalien beginnt mit den kulturgeographischen Voraussetzungen des Großkontinents Eurasiafrika, dem dann jene beider Amerikas folgen.

Am Anfang der Erdneuzeit, also vor 50 bis 60 Millionen Jahren, hat sich das heute verbreitete Bild der Oberfläche der Welt aus der Verschiebung der Schollen gebildet. Rechnet man die ständig vom Eis bedeckten Gebiete ab, dann hängen etwa zwei Drittel der Landfläche seitdem zusammen. Diesen Großkontinent nennen wir Eurasiafrika. Hier standen Pflanzen, Tiere und später Menschen ständig miteinander in Kontakt.

Wie alle großen zusammenhängenden Landflächen besteht auch Eurasiafrika aus starren Bruchstücken früherer Kontinente wie Arabien, Südindien, Ur-Europa, Ost-Sibirien und Ost-China, die aufeinander geschoben wurden, wodurch der höchste Hochgebirgszug der Erde entstanden ist, der vom Atlas bis zur Tschuktschenhalbinsel und von den

---

1 E. Trunz Hg.: Goethes Werke Bd. II, Hamburg 1960, S. 10.
2 Ich danke dem von der mittelalterlichen Bedeutung losgelösten Begriff C. Adicks: Die Universalisierung der modernen Schule, Paderborn 1992, und habe ihn hier noch einmal gewendet.
3 Begriffen habe ich das am Beispiel der Vernichtung des jiddischen Volkes, vgl. H.-H. Nolte: Die Leere in Slonim, in L. Abramowitsch: Die faschistische Gehenna in Slonim, Hannover 1995 (Niedersächsische Landeszentrale für politische Bildung) und L. Abramowitsch, H.-H. Nolte: Die Leere in Slonim, Dortmund 2005 (Verlag des IBB).

Pyrenäen bis Indonesien reicht. Große Gebiete sind aber auch von Sedimenten bedeckt und – je nach Klima – sehr fruchtbar. Ein solcher Streifen zieht sich von Nordfrankreich bis zum Aralsee, ein zweiter bildet die Ebene zwischen Dekkan und Himalaja, ein dritter wurde von den Strömen geschaffen, die in China in den Pazifik münden. Eurasiafrika erstreckt sich über alle Klimazonen außer der südpolaren; es umfasst viele Wüsten – entlang von drei Wendekreisen und im Innern Asiens und Afrikas. Große Teile sind von Wald bedeckt – tropischem Urwald in Afrika und Südostasien, Regenwald der gemäßigten Zone in Europa, China und Japan; Kältewald östlich des Ural. Es gibt viele Savannen; ein Streifen zieht sich von Osteuropa bis China, ein anderer von Kairo bis Kapstadt. Und es gibt alpine Hochländer, vor allem in Zentralasien, aber auch in Afrika und sogar in Europa.

Die uns geläufige Aufteilung der Kontinente ist historisch, in der heutigen Form stammt sie meist aus dem 18. Jahrhundert. Aktuelle Versuche, andere Definitionen – z. B. Kulturerdteile – einzuführen, sollen intellektuelles Handwerkzeug zum Verständnis der gegenwärtigen Lage einführen.[4] Für den historischen Rückblick in eine Periode, in der noch niemand von Kontinenten sprach, eignen sich weder die Konzepte des 18. Jahrhunderts noch die des 21.. Man muss vielmehr zurückgehen in eine gewissermaßen urtümliche historische, auf das Handeln des Menschen bezogene Geografie, also auf die Fragen, wo man mit den jeweils verfügbaren Instrumenten leben und wie man mit anderen Menschengruppen in Kontakt kommen kann. Unter diesen Gesichtspunkten gibt es drei Kontinente – die beiden Amerikas, durch Weltmeere abgeschieden (wenn auch nicht unerreichbar) – Australien, das durch die Wüsten im Norden wenig einladend ist, und die Landmasse, die wir heute in drei Kontinente aufteilen – Eurasiafrika.

Die Menschheit

In Eurasiafrika, genauer in Afrika, ist die Menschheit entstanden. Wie ordnet sich der hier vorgelegte Versuch in die Menschheitsgeschichte ein? S. P. Kapica schlägt vor,[5] die Menschheit als ein System zu begreifen, dessen Geschichte in zwei verschiedenen Zeiten gemessen werden muss – der absoluten, Newtonschen Zeit und der relativen, inneren Zeit. Um die Gesamtgeschichte darzustellen, ordnet er die Perioden zwischen Entstehung des Homo habilis und der Erfindung des Computers in einem logarithmischen

---

4 Vgl. M. W. Lewis, K. E. Wigen: The Myth of Continents. A Critique of Metageography, Berkeley/Cal. 1997; K. Kremb: Die Kulturerdteile der Geographie: Ein Konzept auch für die Didaktik der Weltgeschichte? in ZWG 5.1 (2004), S. 116–124.
5 S. P. Kapica: Ob uskorenii istoricheskogo vremeni (Über die Beschleunigung der historischen Zeit), in: Novaja i novejshaja Istoria 2004.6, S. 3–16.

Maßstab. Kapicas Kernthese ist, dass sich die historische Zeit beschleunigt und die innere Zeit einer Kultur in immer weniger Jahren der absoluten Zeit abläuft, was für die Menschen zur Folge hat, dass man dauernd in Übergängen lebt. Das betrifft fraglos auch schon die Periode Nr. 9 zwischen 1500 und 1840, die im Zentrum dieser Darstellung steht und deren Veränderungen Kapica mit Buchdruck und Industrieller Revolution signalisiert:

Periode	absolute Zeit	Zahl der Menschen	Kulturform	Geschichte und Technologie
11	1955	3×10^9	glob. demographischer Übergang	Computer, Atomenergie
10	1840	10^9	neueste Zeit	Weltkriege, Elektrizität
9	1500		neue Zeit	Industrielle Revolution, Buchdruck, Entdeckungen
8	500 u. Z.	10^8	Mittelalter	Sturz Roms
7	2000 v. u. Z.		Alte Welt	Christus, Rom, Griechische Kultur, Achsenzeit, Konfuzius, Buddha
6	9000	10^7	Neolithikum	Mesopotamien, Ägypten, Schrift, Städte, Domestizierungen, Landwirtschaft
5	29.000		Mesolithikum	Keramik, Bronze
4	80.000	10^6	Moustérien	Besiedlung Amerikas[6]
3	0.22 Mio.		Acheul-Kultur	Homo sapiens, Rede, Feuer
2	0.60 Mio.		Chelles-Kultur	Besiedlung Europas, Asiens
1	1.60 Mio.	10^5	Oldewaj	Chopper, Homo habilis
Anthropogenese: 4.4 Millionen Jahre v. u. Z.				

In Afrika ist die Menschheit entstanden[7], (vielleicht wesentlich früher, als von Kapica angenommen) und Eurasiafrika ist der einzige Großkontinent, auf dem die Menschen seit ihrer Diffusion kontinuierlich im Austausch mit anderen Menschen blieben. Für die frühen Menschen waren vor allem Steppen leicht zu überwinden – auf Steppenwegen sind sie von Afrika in den Norden, an das Mittelmeer und in die Levante gezogen; und von dort über die Küstenstraßen an Schwarzem Meer und Kaukasus in den Norden. Hier lädt der Großkontinent durch breite Steppenwege von Wien, Kiew oder der Krim bis zur Mandschurei oder dem tibetischen Hochplateau zu weiteren Wanderungen ein – vor die Tore von Peking. Der Ural bildete niemals eine Grenze, auch nicht in der russischen Geschichte – das Gebirge ist nicht überall hoch und im Süden bleiben über 200 km

---

6 Kapica setzt sie früher an als unten Kap. 2 begründet.
7 Vgl. übersichtlich, mit Karten und Bildern, I. Sellnow Hg.: Weltgeschichte bis zur Herausbildung des Feudalismus, Berlin 1977.

Steppe.[8] Über Steppen und Halbwüsten ist Zentralasien an die Völkerstraße angeschlossen, und über den Kyber-Pass Indien. Der Großkontinent ist über Randmeere – die man auch mit beschränkten Mitteln wie offenen Booten überwinden kann – mit angrenzenden Inseln und Halbinseln leicht in Kontakt zu bringen – Inseln wie Japan, Sumatra und Sri Lanka oder England und Halbinseln wie Korea oder Malaysia, Italien, Spanien oder Skandinavien. Aber auch Afrika bleibt über Nilstraße und Sahara hinweg in großen Teilen angeschlossen. Verkehrsfeindlich sind für die frühen Menschen nur die wilden Wälder – es macht Mühe, sie zu durchschreiten, wer es wagt, kann sich im Dickicht nicht oder nur schlecht verteidigen, und sie beherbergen besonders viele lebensbedrohliche Seuchen. Große Wälder bedecken Afrika südlich der Sahelzone und Eurasien nördlich des Steppengürtels einschließlich des ganzen Westens; das südliche Indien und Indonesien. Das heutige Europa, Nordasien und Süd- wie Hinterindien wurden erst durch Rodungen verkehrsfreundlicher – weithin nach unserer Zeitrechnung[9] im Mittelalter.

Auf dem Großkontinent[10] breiteten Menschen sich aus, seitdem erste aufrecht gehende Vorfahren vor etwa vier Millionen Jahren in Afrika lebten. Schon »Homo habilis« gebrauchte Feuer und Werkzeuge und besiedelte ganz Eurasiafrika. Ab etwa 250.000 (vielleicht auch früher) vertrieb Homo sapiens Homo habilis und breitete sich über die gesamte bewohnte Welt auch nach Amerika und nach Australien aus. Alle heutigen Menschen gehören zu diesem Typ.

Bauern

In Eurasiafrika wurden an mehreren Orten Übergänge vom Jagen und Sammeln zum Produzieren von Nahrung erreicht; Übergänge, die wir als »neolithische Revolution« bezeichnen.[11] In diesen – oft lange dauernden – Übergängen wurden neue Handwerke wie Keramik und Korbflechten mit Domestikationen von Pflanzen und Tieren zu einer neuen Lebensweise verbunden. Die Domestikationen von Getreide, Gemüse, Bäumen und Tieren breiteten sich jedoch vor Columbus nicht überallhin aus, sondern nur innerhalb des Großkontinents; Weizen, Hafer, Rind, Schwein von Mesopotamien aus nach Indien, China, Europa und Afrika; Reis, Soja, Huhn und Maulbeerbaum von Ostasien nach Europa, Afrika, Südindien und die Inseln im Osten der asiatischen Küste. Die Menschen auf

---

8 Nolte, Russland.
9 Aus Praktikabilitätsgründen wird an der Zählung der Jahre nach Christi festgehalten, obgleich ja nur ein Teil der Menschheit an Christus glaubt. Es wird als »nach« und »vor« unserer Zeitrechnung gezählt.
10 Die Interpretation folgt Diamond: Germs.
11 S. Cole: The Neolithic Revolution, 5. London 1970; S. Stuever Hg.: Prehistoric Agriculture, Garden City New York 1971.

dem Großkontinent waren in einer besseren Ausgangslage als jene in den Amerikas, weil ihnen eine größere Artenvielfalt für die Domestikation zur Verfügung stand, sie hatten also mehr Material, aus dem sie wählen konnten, was sich überhaupt domestizieren ließ. Aber keiner Gesellschaft war das Prinzip der Domestikation im Kern fremd – die Khoisan in Südafrika übernahmen etwa um Christi Geburt das Rind und vertrieben die Jäger-Sammler. In den Amerikas übernahmen Steppenindianer schon im 16. Jahrhundert das Pferd und gründeten – sowohl in Süd- als auch in Nord-Amerika – berittene Nomadenkulturen (die wiederum Stämme vertrieben, die diesen Schritt nicht getan hatten).

Mit der Domestikation der Haustiere ist die Verbreitung von Seuchen über den gesamten Großkontinent verbunden. Besonders gut nachvollziehbar sind die Pest- und Pocken-Umzüge – sie hinterließen eine (teilweise) Immunität. Auch Techniken wie Keramik, Metallbearbeitung oder Textilienherstellung verbreiteten sich auf dem Großkontinent sehr schnell; nicht aber in den Amerikas. Keramikherstellung und Korbflechterei wurden dort eigenständig erfunden; die Eisenverarbeitung jedoch nicht (vgl. Kapitel 2).

Mit den Bauern war auf beiden Großkontinenten unabhängig voneinander eine Grundform von Gesellschaft entstanden,[12] die an den Peripherien der heutigen Welt noch vorhanden ist und in manchen besonders reichen Ländern wie der Schweiz oder Norwegen durch Subventionen konserviert wird. Kern bäuerlichen Wirtschaftens ist die sich selbst erhaltende Familie;[13] die eigene »Welt« besteht aus Genossinnen und Genossen, die in der Nähe gebaut haben – das Wort Nachbarn bedeutet eben dieses. Innerhalb der Familien gibt es frühe Arbeitsteilungen, Männer erhalten oft Waffen als Grabbeigaben, Frauen Mahlsteine oder Sicheln. Die Jagd spielt anfangs noch eine große Rolle für die Ernährung; auch Verteidigung ist an erster Stelle eine Aufgabe der Männer – Ackerbau die der Frauen. Eine solche Rollenverteilung bedeutet noch keine Vorherrschaft des Mannes, wer über das Essen verfügt, kann ja eine sehr starke Stellung haben. Wo allerdings – sei es aus internen Kämpfen, sei es in der Abwehr von Nomaden – die bäuerlichen Gesellschaft militarisiert werden, wird die Vorherrschaft der Männer entwickelt oder verstärkt.[14]

Ab wann es Adel oder doch »Bessere Leute« gibt, ist sehr verschieden und oft unsicher;[15] die meisten Grenzen innerhalb der Dörfer verliefen eher vertikal – zwischen den

---

12 E. R. Wolf: Peasants, Englewood Cliffs 1966; T. Shanin Hg.: Peasants and Peasant Societies, Harmondsworth 1971. Vgl. die Zeitschrift Peasant Studies. Das methodische Problem besteht darin, dass wir zur Beschreibung dieser sozialen Gruppe von Bildern ausgehen, die wir von Bauern in jüngerer Vergangenheit haben; hier besonders von deutschen und russischen Agrarverhältnissen im 18. Jahrhundert. Damit ist aber das Konzept wenigstens chronologisch nicht allzu fern vom Thema.
13 Vgl. A. Tschajanoff: Die Lehre von der bäuerlichen Wirtschaft (1923), Neuaufl. Frankfurt 1987.
14 R. Fester u. a.: Weib und Macht, Frankfurt 1980; B. V Borries, A. Kuhn Hg.: Frauen in der Geschichte Bd. VIII, Paderborn 1986.
15 H. D. Seibel: Die Entstehung von Macht und Reichtum, in Lambrecht Gesellschaftsformationen. Beispiele

Menschen der eigenen Welt und den anderen, zwischen den einzelnen Sippen. Erst recht sind die Abgrenzungen der Dörfer nach außen, gegen Fremde tiefgreifend.[16] Aber ob nun durch endogene Entwicklungen oder exogene – fast überall entsteht Herrschaft über Bauern.

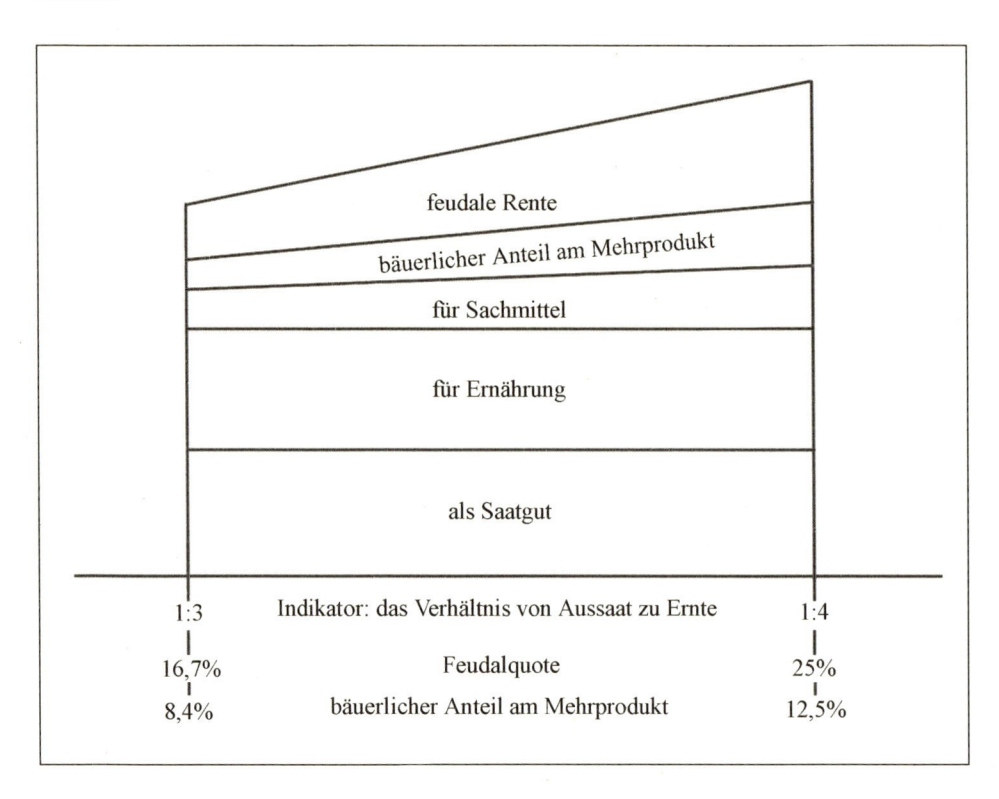

```
                    feudale Rente
               bäuerlicher Anteil am Mehrprodukt
                    für Sachmittel

                    für Ernährung


                    als Saatgut


  1:3        Indikator: das Verhältnis von Aussaat zu Ernte        1:4
  16,7%                    Feudalquote                             25%
  8,4%              bäuerlicher Anteil am Mehrprodukt             12,5%
```

Die Grafik verdeutlicht einige Grundbedingungen bäuerlichen Wirtschaftens in vorindustrieller Zeit. So lange die Produktivität – hier gemessen im Verhältnis zwischen ausgesätem und geerntetem Korn – gering ist, muss der Anteil, den die bäuerliche Familie für sich selbst benötigt, hoch sein, nicht nur für das Saatgut, sondern auch zum Überleben. Schon geringe Steigerungen der Produktivität bewirken aber große Steigerungen des »Mehrprodukts«, jenes Teiles der Ernte, der nicht zur Reproduktion des Hofes

---

aus der russischen Provinz des 17. Jahrhunderts bei A. Kappeler: Russlands erste Nationalitäten, Köln 1982, S. 207–211; ein eher zufälliger Querschnitt aus dem 18. Jahrhundert bei H.-H. Nolte: Umsiedlungen als Instrument der russischen Mission, in JbGOE 45 (1997) hier S. 206.

16 R. Rexheuser: Der Fremde im Dorf, in JbGOE 25 (1977), vgl. H.-J. Bömelburg, B. Eschment Hg.: ›Der Fremde im Dorf‹, Festschrift Rexheuser, Lüneburg 1998.

benötigt wird. Aus diesem Mehrprodukt muss die bäuerliche Familie an die Herren Abgaben leisten – für den Kult und die Priester, für den Schutz und die Krieger, für den Erhalt der Rechtsordnung und die Richter, für Wegebau und das Sammeln von Informationen über andere Gesellschaften. Seit dem 18. Jahrhundert wird dieser Anteil »Feudalquote« genannt. Steigt das Mehrprodukt, muss eine Steigerung der Feudalquote nicht bedeuten, dass die Bauern weniger für sich behalten, beide Seiten können ihren Lebensstandard steigern. Von »Ausbeutung« sollte man nur dann reden, wenn die Feudalquote höher ist, als für sinnvolle und nötige allgemeine Ausgaben gebraucht wird. Die bäuerliche Familie versucht aber auch, einen möglichst großen Teil des Mehrprodukts zu behalten; sei es zum Eigenverbrauch, sei es zum Verkauf auf einem Markt (Märkte gibt es schon sehr lange und in vielen Kulturen[17]).

Nach der neolithischen Revolution entwickelten sich also an mehreren Orten auf dem Großkontinent »Hochkulturen« und Staaten. Die bäuerlichen Gesellschaften bildeten die Voraussetzung dafür, da sie mehr produzierten, als zum eigenen Leben notwendig war und damit Priester und Krieger ernähren konnten. Über den bäuerlichen Besitz am jeweils genutzten Boden stellten Priester und Könige den Anspruch auf ein Obereigentum, das zu Abgaben verpflichtete. Oft, bis zu den fränkischen Königen im Mittelalter Europas, wurde dieser Anspruch religiös überhöht: Das Heil des Königs werde das Land fruchtbar machen.[18] Die bäuerlichen Gemeinden stehen allen Herrschaftsansprüchen eher fremd gegenüber und versuchen, Leistungen an die Herren durch Hinauszögern, »Faulheit«, Schweigen und gelegentlich offenen Widerstand zu mindern, wenn nicht ganz zu vermeiden.[19] Wenn schon Herrschaft, dann ist der ferne Herr, der selten kommt – und dessen Kommen sogar ein Fest sein kann –, leichter zu ertragen, als der nahe, der zu geringen Kosten Kontrolle ausüben kann. Von den Bauern geht deshalb oft eine Tendenz gegen eine adlige Aufteilung von Herrschaft aus. Das wirkt sich zugunsten der jeweiligen »großen Reiche« aus. Manchmal können Bauern sich auch in Bauernrepubliken wie der Schweiz oder den Dithmarschen gegen jede adlige Zwischen-Herrschaft wehren.

---

17 Vgl. zur beginnenden Moderne Braudel, Sozialgeschichte Bd. 3, besonders S. 116–122.
18 Vgl. Kulke-Rothermund S. 48 zur vedischen Zeit, zum altägyptischen Min-Fest Eliade Religion, S. 87; K. Kerenyi: Die antike Religion (1940) deutsch Düsseldorf 1964, S. 45–70; P. E. Schramm: König von Frankreich, ²Darmstadt 1964, S. 151 ff.; B.D. Grekow: Die Bauern in der Rus, deutsch Berlin 1958, S. 15 ff.
19 Das gilt für die den Spartanern unterworfenen Bauern, die Heloten: vgl. M. Austin, P. Vidal-Naquet: Gesellschaft und Wirtschaft im alten Griechenland, deutsch München 1972, S. 69-73; J. T. Hooker: Sparta, Stuttgart 1982, S. 163–169. Zu Mittelalter und Früher Neuzeit in Europa S. D. Skazkin: Der Bauer in Westeuropa, deutsch Berlin 1976; zum juristischen Widerstand vgl. Carl-Hans Hauptmeyer: Die Bauernunruhen in Schaumburg-Lippe, in: Niedersächsisches Jahrbuch für Landesgeschichte 49, 1977, S. 149–207.; vgl. unten Kapitel 11.

Nomaden

Auf dem Großkontinent entwickelte sich auch der Unterschied zwischen jenen Menschen, die Ackerbau betrieben, und jenen, die von Viehzucht lebten, zu einer über Jahrtausende andauernden Kulturgrenze – der zwischen Sesshaften und Nomaden.[20] »Das Wechselspiel zwischen Nomaden und agrarischen Hochkulturen hat jahrtausendelang den Rhythmus Asiens bestimmt«, schrieb W.E. Scharlipp[21] – nicht nur Asiens, sondern auch Afrikas und Europas, sollte man hinzufügen. Die Nomadenkultur gewann ein eigenes Gesicht von großer Stabilität und Kreativität. Sie entwickelte ihre Lebensweise in den großen ariden Steppen des Großkontinents, wo so wenig Niederschlag fällt, dass man keinen andauernden Ackerbau treiben kann; man kann aber Herden von Rindern und Schafen hinter den wechselnden Regen her treiben. Dazu allerdings muss man selbst sehr beweglich sein, was das Pferd als Last- und Reittier voraussetzt.

Da die Sesshaften meist auch etwas Viehzucht trieben, waren sie auf den Handel mit Nomaden wenig angewiesen. Von Anfang an suchten dagegen die Nomaden diesen Handel, vor allem um Getreide, Keramik und Stoffe zu erwerben; sie verkauften dafür Tiere, Leder oder Felle. Nicht nur wegen Streitigkeiten um den Preis der Waren kamen Nomaden auch schnell auf den Gedanken, ihre Beweglichkeit in militärische Überlegenheit umzumünzen. Alfred Weber[22] hat den viehzüchtenden Menschen zum Staatsgründer an sich erklärt: Er ist schon Herr über Tiere, er zählt und rechnet, und der Übergang dazu, Bauern zu zählen, ist nur graduell. Auch wenn das vielleicht zu systematisch gedacht ist – seit etwa 3500 vor unserer Zeitrechnung gründen aus Zentralasien vorstoßende Reitervölker Reiche, in denen die Bauern an magische, sich wiederholende Strukturen gebunden sind, die Herren aber ihre Machtmittel zählen und Macht-rational einsetzen. Die Gegenbewegung bilden Imperiumsbauer, die von der bäuerlichen Bevölkerung ausgehend Macht ausüben und die Nomaden (notfalls durch Mauern und Zäune) ausschließen.[23] Die politische Form, in welcher Nomaden gegen Sesshafte und von diesen strukturierte Reiche vorging, war meist die Stammeskonföderation.

Stammeskonföderationen bildeten sich selten nach der Sprache, sondern meist nach dem Erfolg. Man kann sich die Bildung modellhaft als Bewegung in Gebiete mit besseren Lebensbedingungen vorstellen, also in der nördlichen gemäßigten Klimazone von Norden nach Süden: Taigajäger (oft mit guten Schmieden, welche das Raseneisenerz verarbeiten) überfallen Viehzüchter am Steppenrand und gehen ggfs. selbst zur Vieh-

---

20 Vgl. Luc Kwanten: Imperial Nomads, Philadelphia 1979; A. M. Khazanov: Nomads and the Outside World, übersetzt aus dem Russischen, Cambridge 1984.
21 W. E. Scharlipp: Die frühen Türken in Zentralasien, Darmstadt 1992, S. 8.
22 A. Weber: Kulturgeschichte als Kultursoziologie (1935) Neuausgabe München 1960.
23 Zur Auseinandersetzung zwischen Turkvölkern und China E. Kürşat-Ahlers: Zur frühen Staatenbildung von Steppenvölkern, Berlin 1994. Vgl. zu den Imperien, S. 71 ff.

zucht über. Sie möchten zu guten Bedingungen mit den südlicheren Bauerngesellschaften Textilien und Getreide tauschen und bilden eine Föderation, um durch berittene und bewaffnete Präsenz gute Bedingungen durchzusetzen; schließlich unterwerfen sie die Bauern. Entscheidend ist der Erfolg; das Charisma eines Eroberers wird von den Söhnen zur Organisation der Macht genutzt, während die Enkel die Macht nicht selten vertun – man spricht von Drei-Generationen-Reichen.[24] Beim Misserfolg des Herrschers verlassen die Clans ihn schnell, weil sie Beute suchen, die ein erfolgloser Fürst nicht versprechen kann.

Im Mittelalter beeinflussten solche Nomaden die Geschichte Zentral- und West-Asiens sowie Nordafrikas, allerdings meist in konfrontativen Kooperationen zwischen Oasenbauern und Städtern einerseits sowie Viehzüchtern andererseits. Der Handel war im Westen auf die mediterranen Städte des Römischen Reiches bezogen (das heute Byzantinisches genannt wird), im Süden auf Bagdad und im Osten auf China. Die Viehzüchter verkauften Pferde und Sklaven sowie – im Norden – auch Pelze; sie kauften Getreide und Textilien. In Zentralasien gab es auch einen beträchtlichen Handel zwischen den Steppenreichen mit Eisenwaren aus dem Altaigebirge. Der Handel mit China wurde als Tributhandel durchgeführt – die Nomaden brachten ihre Gaben nach Peking und erhielten vom Kaiser Geschenke. Dabei richteten sich die Preise nach der politischen Konjunktur – China machte durchaus manchmal einen Verlust trotz der politischen Form des Tributs, wenn man auf den entsprechenden Khan angewiesen war.

Die ökonomische Achse der Steppenreiche in Zentralasien bildete der jeweilige Abschnitt der Seidenstraße.[25] Das Haupthandelsgut Seide wurde in China seit etwa 1000 v. u. Z. in vielen Qualitäten hergestellt und ist z. B. auf der keltischen Heuneburg an der Donau gefunden worden, allerdings in einer schlechten Qualität – immerhin ist die im 4. Jahrhundert vor Christi bis ins heutige Deutschland gelangt. Seit dem 3. Jahrhundert vor Christi wird in China Seide speziell für den Export produziert. Zur Seide kamen andere Produkte, die man im Westen lange nicht nachahmen konnte, wie Papier, Porzellan, Satin oder Unterglasurmalerei. Nach China wurden vor allem Edelmetalle gebracht, insbesondere Silber, außerdem Pelze und Felle, Tiere und Sklaven. Es gelang den Byzantinern, im 6. Jahrhundert n. u. Z. das chinesische Seidenmonopol zu brechen (im ausgehöhlten Wanderstab eines Mönches wurden Raupen nach Konstantinopel geschmuggelt). Nach der Eroberung Syriens übernahmen die Araber die Kunst, und im 10. Jahrhundert waren die Abendländer an der Reihe – nun lernten auch sie, Seide herzu-

---

24 K. Uray-Köhalmi: Zentralasien: Endspiel der großen Nomadenreiche, in: Edelmayer Globalgeschichte S. 139–156, hier S. 148 f.
25 Einführend T. O. Höllmann: Die Seidenstraße, München 2004. Ausführlicher H. W. Haussig: Die Geschichte Zentralasiens und der Seidenstraße in vorislamischer Zeit, ²Darmstadt 1992; Ders.: Die Geschichte Zentralasiens und der Seidenstraße in islamischer Zeit, Darmstadt 1988. Bilder, Fundorte: Ders.: Archäologie und Kunst der Seidenstraße, Darmstadt 1992.

stellen. Trotzdem blieb chinesische Seide lange unerreicht, und mit immer neuen Qualitäten wurde der Luxusbedarf des Westens zu neuen Käufen gereizt.

Die Seidenstraße bildete auch eine Ader für religiöse und geistige Kontakte. Nestorianische Missionare, päpstliche Diplomaten und venezianische Kaufleute benutzten sie. Schriften wurden auf ihr als Handelsgüter verkauft, Handwerker wanderten zu den wechselnden Kapitalen der Khane – viele gezwungen, manche aber auch freiwillig. Aus Edelmetall wurde hier Geld, lange Zeit war der ägyptische Golddinar das allgemeine Zahlungsmittel. Die Seidenstraße wurde auch zum Fluchtweg: Nestorianer, Juden und Zoroaster-Anhänger flohen auf ihr vor den im 8. Jahrhundert vorrückenden arabischen Truppen. Ihnen folgten dann die muslimischen Scheichs und der Koran als Buch, schließlich bis in den Westen des heutigen China.

Frühe Staatsformen

Der Zugriff auf bäuerliche Vorräte ermöglichte die Existenz von Herren, und diese Konfliktlinie besteht sicher etwa 6000 Jahre lang. Am Ende des 4. Jahrtausends wurden Gräber und Grabbeigaben in Mesopotamien stark differenziert und fürstlich reiche Gräber angelegt; die Gräber der Pharaonen bis hin zu den Pyramiden entstehen nur wenig später. Große Tempel werden errichtet und gewaltige Getreidespeicher gebaut. Wesentliche Veränderungen in den Produktionstechniken waren mit der Entstehung der nun deutlich in Klassen geschiedenen Gesellschaft nicht verbunden; es handelte sich eher um Umverteilungen vorhandener Produktionen. Nur sehr langsam gebrauchte man z. B. mehr Metall bei den Instrumenten. Aber die Herren erfüllten doch wichtige Aufgaben auch für die Dörfer und einzelnen Sippen – die Verteidigung gegen äußere Feinde (auch falls man selbst Eroberer gewesen war), die Festlegung von Grenzen bei dichter werdender Besiedlung, die Verteilung von Wasser, die Schaffung eines Normenkodexes für den Austausch zwischen den Dörfern, den Kult.

Zwischen 3500 und 3000 v. u. Z. entstanden vier hochdifferenzierte und durch Herrschaft über Bauern geprägte Gebiete: Ägypten, Mesopotamien, die Induskultur und Nordchina. Zumindest die ersten drei haben Austausch miteinander, McNeill und McNeill nennen diese Achse den Nil-Indus-Korridor, das »erste große metropolitane Netzwerk«.[26] Durch die reiche schriftliche Überlieferung sind wir über die Periode ab 3500 in Mesopotamien (Sumer) relativ gut unterrichtet – es gab mehrere autonome Tempelstädte, die jeweils durch einen Rat regiert wurden, der für Kanäle, Stadtmauern etc. verantwortlich war. Man kannte Wagen, Pflüge und Segelschiffe. Ab 3000 übernahmen oft Militärs die Macht. In vielen Jahrhunderten voller Kriege setzten sich Imperien durch,

---

26 McNeill, Web, S. 43.

von denen jenes des Hammurabi am besten bekannt ist.[27] Diese Imperien waren durch eine entwickelte Bürokratie und reiche Schrifttradition gekennzeichnet sowie durch die Entwicklung der Hochreligionen.[28] Die soziale Differenzierung war groß; Fürsten und Priestern auf der einen Seite standen die ersten Sklaven auf der anderen Seite gegenüber.[29]

Der Bedeutung des Krieges entsprach eine kontinuierliche Entwicklung militärischer Techniken vom Streitwagen (ab 1600) über bewaffnete Infanterie (ab 1200) bis zur Kavallerie. Die wichtigste technische Erfindung – auch für die zivile Ökonomie – war die Entwicklung der Eisengewinnung ab etwa 1200 v. u. Z.

Seit etwa 3.000 v. u. Z. gibt es also den Staats-Typ des Imperiums mit

- monarchischer, oft religiös legitimierter Spitze
- umfangreicher Bürokratie,
- Schriftlichkeit und
- zentral eingezogenen Steuern oder Abgaben, welche die Bauern leisten, um – vor Nomaden oder anderen Imperien – geschützt zu werden.

In den letzten Jahrhunderten v. u. Z. wurden mehrere Imperien gegründet, welche auch vom heutigen Standpunkt aus riesige Flächen zusammenfassten und beherrschten – Ägypten, China und das Perserreich, das Alexanderreich und das Römische Imperium. Königreiche wie etwa Israel (s. u.) unterschieden sich vor allem durch geringere Größe, die in der Regel die Chance eines engeren Verhältnisses zwischen Herrscher und Untertan bot.

Einen besonderen Typ von Staat schufen die Griechen, nachdem sie sich vom Einfluss Ägyptens emanzipiert hatten, in der Folge der Einwanderung der dorischen Stämme etwa ab 700 v. u. Z. – die Polis, eine Stadt, die durch auf Zeit gewählte Beamte regiert wird und in welcher die freien Männer über Ratsgremien und Ausbürgerungsverfahren auf die Politik Einfluss nahmen.[30] Eine Polis konnte eine Oligarchie sein, also von wenigen beherrscht werden, oder eine Demokratie, in der also das Volk herrschte. In manchen Poleis wurden Sklaven nicht nur als Hausklaven, sondern auch in der gewerblichen Produktion eingesetzt; die ersten »Sklavenhalterstaaten« entstanden.[31] Da weder Sklaven noch Fremde zum »Volk« gehörten und Frauen kein Mitspracherecht in der Politik hatten, bildete das Volk nirgendwo die Hälfte oder gar die Mehrheit der erwachsenen

---

27 Auszug aus seiner Gesetzgebung in Heer, Dokumente, S. 16–21.
28 McNeill, Web, S. 55–60.
29 DelaCampagne, Sklaverei, S. 21–45.
30 Die Utopie der Polis ist Platons Politeia, deutsch in W. Otto, E. Grassi Hg.: Platon. Sämtliche Werke, Bd. 3 Reinbek 1959; Textauszug in Heer, Dokumente, S. 40–45..
31 DelaCampagne, Sklaverei, S. 46–72.

Bevölkerung. Militärisch konnte diese Staatsform sich nur halten, solange der bewaffnete Bürger das Feld gegen imperiale Truppen behaupten konnte, wie 490 v. u. Z. in Marathon gegen die Persiens. Der Mythos der Hopliten-Armee war ein Teil des Bekenntnisses zur Polis. Insbesondere Athen schuf nicht nur einen festen Bestand an Literatur über Demokratie und Polis, sondern auch eine eindrucksvolle Symbolik der Ämter und Gebäude, auf welche (im Verständnis der Renaissance) die Stadtrepubliken Italiens und überhaupt die demokratische Bewegung der Frühen Neuzeit immer wieder zurückgreifen konnten und bis heute zurückgreift.[32] Schon in der Auseinandersetzung mit Makedonien zeigte sich jedoch, dass die Hoplitentaktik auch von Truppen einer Monarchie gelernt werden konnte und die Poleis den kostspieligen Kampf für die politische Freiheit nicht allzu lange fortsetzen wollten sowie im Übrigen für die Propaganda für einen Krieg zur Befreiung der unter persischer Herrschaft lebenden Griechen empfänglich waren (vgl. Kapitel 6).

Wie weit die älteren phönikischen Städte (ab 1000) wirklich so unterschiedlich waren in Kultur und Verfassung, dass sie nicht doch vielleicht als Muster für eine konkurrierende Imitation der Griechen taugten, wissen wir kaum. Polybios, Zeitgenosse des Kampfes zwischen den Stadt-Imperien Karthago und Rom, ordnete beide nach denselben Regeln ein. Er meinte, es gebe eine immanente Tendenz aller Poleis vom Königtum über die Demokratie zur Tyrannis und führte den Sieg von Rom vor allem auf die republikanische Verfassung zurück. Karthago als ältere Stadt auf dem Weg sei auf diesem Weg schon weiter fortgeschritten. Tyrannis sei durch einen Verfall der Bürgertugenden gekennzeichnet und gehe entsprechend Niederlagen entgegen. [33]

Religionen, Weltreligionen

Was glaubten die Menschen, und wie veränderte sich Glaube und Kult?[34] Wir sind mit Recht gewarnt, uns ihre Ideen einfach als Ausdruck ihrer praktischen Tätigkeit vorzustellen.[35] Viele Menschen versuchten, ihre Welt mit magischen Mitteln zu ordnen – ihr Leben zwischen Naturkatastrophen, Überfällen und guten Jahren durch Zauber zu sichern.[36] Auch im Austausch zwischen den oft noch kleinen Gruppen spielten Beschwö-

---

32 Etwa O. Kampe: Die attische Polis = Quellen und Arbeitshefte zu Geschichte und Gemeinschaftskunde, Stuttgart 1961. Vgl. R. W. Müller, G. Schäfer Hg.: Arthur Rosenberg zwischen Alter Geschichte und Zeitgeschichte, Politik und politischer Bildung, Göttingen 1986. Vgl. Kapitel 6.
33 Polybios: Geschichte, deutsch Zürich 1961. Obgleich diese Interpretation der republikanischen Herkunft des Polybios entspricht, bleibt sie unsicher, da das Werk nur teilweise überliefert ist.
34 Eliade: Religionen
35 M. Sahlins: Kultur und praktische Vernunft (1971), deutsch Frankfurt 1981.
36 Vgl. R. Kieckhefer: Magie im Mittelalter, deutsch München 1992, besonders S. 29–69.

rung und Magie eine Rolle. Sachen wurden begriffen, als ob sie selbst zu Handlungen in der Lage seien. Auch wenn es vielleicht zu weit geht, von einem eigenständigen »Geist der Gabe« zu sprechen, so zeigt das doch die Tendenz;[37] auch begleitet uns der Glaube an magische Kräfte von Dingen ja bis auf den heutigen Tag und füllt ganze Serien im TV.

Über die Magie von Sachen hinaus führten die Mythologie und die Astrologie. War der klassische Schamane jemand, der für seinen Stamm und seine Sippe mit magischen Mitteln Gutes bewirken konnte, so war ein Priester als Verwalter mythologischen Wissens auf einen größeren Kreis bezogen, z. B. auf den Adel eines Imperiums, der sich seiner Bestimmung gewiss sein wollte. Mythische Religionen beruhen auf Erzählungen über Götter.[38] In der europäischen Geschichte sind die Göttergeschichten der Griechen (in ihrer hellenistischen Systematisierung) prägend gewesen, ihre Ähnlichkeit mit den Göttergeschichten der Römer und Germanen wurde schon zeitgenössisch bemerkt. Polytheistische Systeme entstanden, in denen jeder Gläubige den Gott finden konnte, der seinem Stand oder seinem Beruf am besten zusagte (Merkur als Gott der Diebe etc.).[39] Das wichtigste Beispiel einer modernen Hochreligion, die in Mythen ausgedrückt ist, bildet der Hinduismus (vgl. Kapitel 4).

Die bedeutendste Abstraktionsleistung gegenüber der noch lange magisch geprägten bäuerlichen und der in Mythen glaubenden herrschaftlichen, zum Beispiel altägyptischen oder hellenistisch-römischen Welt war der Monotheismus. Zu den alten Hochkulturen passt ein Himmel mit vielen Göttern – so wie die Gesellschaften selbst in Dörfer und Städte, Viehzüchter und Ackerbauern, Schreiber und Krieger teils segmentiert, teils geschichtet sind und ihr König oft ein Gott ist. Der Glaube, dass es nur einen Gott gebe, deutet dagegen auf die grundsätzliche Gleichheit aller hin, die Menschenantlitz tragen – denn alle diese Menschen sollen sich ja an denselben Gott wenden können. Dass dieser Glaube entsteht, ist ein Hinweis auf den Überschuss menschlichen Denkens zur Humanität hin. Aber in Ägypten unter Echnaton, wo dieser Glaube entstand, standen ihm wohl zu viele etablierte Institutionen entgegen.

Das Judentum verstand sich selbst als Religion eines Volkes, bildete aber den Ausgangspunkt für zwei Religionen, die Weltreligionen[40] für alle Menschen sein wollen:

---

37 M. Mauss: Die Gabe (1926) deutsch Frankfurt 1984; M. Sahlins: Stone Age Economics, ³London 1984, S. 149–183.
38 A. von Saldern: Mythen, Legenden und Stereotype, sowie H.-H. Nolte: Mythos – Plädoyer für einen engen Begriff, in: A. v. Saldern Hg.: Mythen in Geschichte und Geschichtsschreibung, Münster 1996.
39 K. Kereny: Die antike Religion, deutsche Neuaufl. Berlin 1952. Mit der neuen Literatur V. Rosenberger: Griechische Orakel, Darmstadt 2001.
40 Erste Informationen in Harenberg Lexikon der Religionen, Dortmund 2002; eingehender J. Bowker Hg.: Das Oxford-Lexikon der Weltreligionen, deutsch Düsseldorf 1999; J. G. Melton, M. Baumann Eds.: Religions of the World, 4 Vols. Sta. Barbara 2002. Vgl. M. Eliade: Geschichte der religiösen Ideen, deutsch Bd. 1–4 Freiburg 1978–1981; N. Smart Hg.: Atlas der Weltreligionen, deutsch Köln 2000.

Christentum und Islam. Die Unterscheidung zwischen nationalen und globalen Religionen ist in den auf die Herausbildung des Judentums folgenden Jahrhunderten vielfältig aktualisiert worden, indem Weltreligionen in bestimmten Kontexten als nationale wirkten, etwa der Katholizismus in Polen oder die monophysitische Kirche in Armenien. Neben Religionen, welche weltweite Gültigkeit beanspruchen, werden z. B. auch der Schamanismus oder mythische Weltsichten als Weltreligionen angesehen, weil sie an vielen Stellen der Welt vorkommen.

Die wichtigste Unterscheidung zwischen den Religionen entspringt der Art der Verkündigung: entstammt die Religion einer Mitteilung von Gott an den oder die Propheten – oder der Reflexion von Weisen. Die Offenbarungsreligionen werden als kennzeichnend für die westliche, die Reflexionsreligionen als kennzeichnend für die östliche Religionstradition angesehen.[41] Zur ersten Gruppe gehören

- Judentum
- Christentum und
- Islam

zur zweiten u. a.

- Jainismus
- Buddhismus und
- Konfuzianismus.

Es gibt Mischformen, wie Zoroastrismus und Sikh-Glaube; der Islam gehört, worauf ja schon seine Genealogie und sein Bezug auf das Alte Testament verweist, zu den westlichen Religionstraditionen. Allerdings liegt die Grenze zwischen Westen und Osten nach dieser Einordnung in Himmelsrichtungen ungefähr in Indien – da in Europa keine Weltreligion entstanden ist, eine angemessene Aufteilung.

Die Weltreligionen gehören zu den Universalien der Moderne; sie waren schon vor ihr da und haben sie überlebt (falls wir uns jetzt wirklich in der Postmoderne befinden). Von ihren Entstehungsorten wurden Kulturen und Religionen in andere Regionen verbreitet, sei es durch Expansionen, sei es durch Übernahmen. Die Weltreligionen breiteten sich in ganz Eurasiafrika aus – der Hinduismus seit etwa 1000 v. u. Z. von Nordindien in den Süden und in das heutige Indonesien, der Buddhismus seit etwa 600 v. u. Z. von Indien aus über ganz Zentral-, Ost- und Südasien, das Christentum von Palästina aus sowohl nach Europa und Nordafrika als auch nach Indien und Zentralasien;[42] der Islam

---

41 W. G. Oxtoby Ed.: World Religions, 2. Vol. ²Oxford 2002.
42 Einführend Oxtoby, World Religions.

vom 7. Jahrhundert an von Arabien aus bis China, Marokko, Südafrika und Kasan. Von Religionen, die sich auf alle Menschen bezogen, unterschieden sich Religionen eines Volkes, wie etwa der Mosaismus und später auch der Konfuzianismus in China sowie der Schintoismus in Japan. »Es werden die widersprechendsten Möglichkeiten versucht.« Aber auch für sie gilt, was Carl Jaspers formuliert hat: Es »wurden die Grundkategorien hervorgebracht, in denen wir bis heute denken, und es wurden die Ansätze der Weltreligionen geschaffen, aus denen die Menschen bis heute leben.«[43] Auch diese Entwicklungen liegen in ganz Eurasiafrika vor und aller weiteren Geschichte zu Grunde.

Entscheidend für die politische Geschichte der Moderne ist, dass ethnische Normen, dass Moral religiös fundiert waren. Die Säkularisierung, die Verweltlichung schuf deswegen das Problem, dass mit der Religion die Moral in Frage gestellt wurde und an Prägekraft verlor. Das betraf die Verhältnisse zwischen Staaten mit an erster Stelle und ist dort chronologisch sehr früh fassbar, im Machiavellismus der italienischen Renaissance, der bis zum 19. Jahrhundert zur Staatsräson entwickelt wurde und das Handeln der Staaten nach innerweltlichen Kriterien leitete. Im Verlauf der Durchsetzung der Moderne wurde die Emanzipation der Individuen von moralischer Anleitung durch die Religionen auf immer größere Gruppen ausgeweitet, innerhalb von Staaten wurde diese Leerstelle aber durch Gesetze ausgefüllt.

Vergleicht man die ethischen Normen der Weltreligionen, dann fallen viele Übereinstimmungen auf – überall sollen Leben, Eigentum und Ehe geschützt werden, überall werden Lüge und Betrug verurteilt. Islam und Buddhismus verbieten berauschende Getränke. Wer würde diese Normen einfordern, wenn nicht die Vertreter der Religionen?

Einig sind sich viele Weltreligionen auch im Verbot des Zinsnehmens, und zwar deswegen, weil im Zins der bloße Ablauf der Zeit ohne jede Arbeit Einkommen schafft – im Koran wird er durch eine Sure verboten, in der Christenheit durch kanonisches Gesetz. Allerdings galt dieses Verbot, wie das, Glaubensgenossen in die Sklaverei zu verkaufen, nur innerhalb der Glaubensgemeinschaft; so konnte ein Jude von einem Christen, ein Christ von einem Muslim und dieser von einem Juden Zins nehmen. Die Moderne kommt zur Welt, indem das Zinsverbot umgangen wird,[44] oft entlang ethnoreligiöser Grenzen – Juden in Westeuropa, Armenier im Osmanischen Reich, Muslime in Ost-Afrika entwickeln sich zu Kapitalgebern in fremden Umwelten, tragen aber auch das Risiko von Schuldnerrevolten. Die Moderne siegt im 18. Jahrhundert, sobald das Zinsverbot fällt.

Schwierig ist das Verhältnis der Religionen zur Gewalt.[45] Gewalt wird gerade in ursprünglichen oder archaisierenden Situationen oft als etwas Heiliges oder zumindest Ge-

---

43 C. Jaspers: Vom Ursprung und Ziel der Geschichte, Frankfurt 1955, S. 15.
44 Wie auch die in vielen Religionen verbreitete Kritik des Hortens von Vermögen als Geiz, vgl. McNeill Web S. 117.
45 G. Baudler: Gewalt in den Weltreligionen, Darmstadt 2005.

heiligtes empfunden. Die Gewaltsamkeit der monotheistischen Religionen, vom Djihad über die Kreuzzüge bis zur religiösen Legitimation von Genozid, hat sogar zu der radikalen These geführt, dass Monotheismus in besonderem Grad eine Quelle für Gewalt bilde.[46] Das gilt nicht nur für Legitimierung von Gewalt gegenüber Angehörigen einer anderen Religion, sondern auch (und vielleicht sogar häufiger) zur Legitimierung von Gewalt in einer fundamentalistischen Bewegung »zurück zu den Ursprüngen«,[47] wie sie zum Charakter aller Religionen mit einem Gründer oder gar einer Offenbarung gehört, vom Protestantismus über das Altgläubigentum in Russland[48] oder die Wahabiten im Islam bis zum »Neokonfuzianismus« in China.

Israel

Begründet und schließlich durchgesetzt wurde der Monotheismus deshalb in einer einfacher strukturierten Gesellschaft – einem innerhalb Ägyptens unterdrückten Volk von Fremdlingen, das schließlich an der Peripherie ägyptischer Herrschaft ein neues Königreich gründete: Israel.[49] Dass der Monotheismus nur an der Peripherie durchgesetzt werden konnte, verweist auf den inneren Widerspruch der ägyptischen Hochkultur, zugleich jedoch auf den dialektischen Charakter von Entwicklung überhaupt, auf die Vorteile der Zu-spät-Gekommenen.[50] Die mosaische Fomulierung der ethischen Grundregeln wurde zu einer sehr weit verbreiteten Norm.[51]

---

46 Zu Fällen wie der Bartholomäusnacht oder den Judenverfolgungen s. u. Kapitel 10; zum 20. Jahrhundert O. Bartov, P. Mack Hg.: In God's name, New York 2001.

47 C. Six, M. Riesebrodt, S. Haas Hg.: Religiöser Fundamentalismus, Wien 2004 – deren Konzentration auf den Widerspruch zwischen emanzipatorischer Rhetorik und realer Unterdrückung in der kolonialen Situation gibt aber nur eine der vielen Situationen wieder, in denen fundamentalistische Bewegungen Zulauf erhalten.

48 Die Altgläubigen haben einen Umsturz versucht und sich lange im Kloster Soloveckij gegen den Zaren verteidigt; insbesondere sind sie jedoch für Gewalt gegen sich selbst bekannt geworden: H.-H. Nolte: Selbstvernichtung religiöser Gemeinden in der Geschichte, in: Journal für Geschichte 1979, S. 20 f.

49 Lexika: J. Maier Hg.: Judentum von A-Z, Freiburg 2001; umfassender J.H. Schoeps Hg.: Neues Lexikon des Judentums, Gütersloh 1998 und vor allem J. Neusner, A.J. Avery-Peck, W. Scott Green Eds.: The Encyclopedia of Judaism, Vol. I – IV, Leiden usw. 2000–2003. Geschichte: H. Ringren: Israelitische Religion= RM 26, 2Stuttgart 1982, hier S. 50–84; G. Mayer Hg.: Judentum = RM 27 für die nachbiblische Zeit.

50 Das auf Sigmund Freud zurückgehende Konzept, dass die Gründung des Monotheismus in Israel durch Flüchtlinge aus Ägypten durch die periphere Situation ermöglicht wurde, aufgenommen bei Nolte, Eine Welt, S. 20–22, jetzt in aller Vorsicht auch bei Schramm, Wegscheiden, S. 50–82. Schramm übersetzt das Konzept Peripherie mit »Vorgelände«.

51 Text Heer, Dokumente, S. 22–25; Exodus 20, 1–17.

Die neue Gesellschaft, in der Monotheismus zum herrschenden Glauben gemacht wurde, zeichnete sich durch Gesetze gegen die Sklaverei als Dauerinstitution aus. Im siebten Jahr muss jeder Israelit dem andern die Schulden erlassen, und die Schuldsklaven müssen alle sieben Jahre frei gelassen werden. Der Klasse der Priester, den Leviten, wird der Besitz von Land verboten, und sie werden aus dem zehnten Teil der Erträge der anderen Stämme alimentiert. Auch die Herrschaft des Königs wird an das Gesetz gebunden.[52]

Damit nun nicht im Verlauf der Eroberung des Landes durch die Unterwerfung der Einwohner Sklaverei als Institution entsteht, wurde das Volk Israel verpflichtet, an den Bewohnern der zu erobernden Städte den Bann zu vollstrecken: sie umzubringen. Dieser Völkermord wurde also als Gottesbefehl legitimiert. Auch an ihm wird deutlich, dass die Israeliten sich vornehmlich als Volk begreifen, das sich vertikal – von den ärmsten zu den reichsten Juden – gegen die umliegenden Nationen differenziert; vielleicht auch deswegen, weil die Priester in Israel so definitiv von eigener Produktion getrennt und als Klasse der religiös Gebildeten etabliert sind.[53]

Mit dem Auszug der Kinder Israels aus Ägypten behauptete sich nicht nur der Monotheismus gegenüber dem Polytheismus, sondern auch ein Volk gegenüber einem Imperium. Israel ist von vornherein begrenzt, ist innerhalb von Grenzen verheißen – seine Grenzen sind gottgewollt. Insofern ist Israel die erste Nation. Der Gott Israels wird zu einem jüdischen, einem nationalen Gott – aber innerhalb des Volkes bleiben die Gesetze gegen die Sklaverei wirksam, bleibt eine Ahnung von der Freiheit des Menschen.

Indem Israel ein Volk ohne Sklaverei sein sollte, gewann die Familie einen höheren Stellenwert. Ökonomisch ausgedrückt: Indem man verbot, einen Teil der Kosten der Reproduktion von Arbeitern auf den Nachbarn abzuwälzen, musste man die Bedingungen der Reproduktion im eigenen Volk sichern. Ehe und Familie in Israel waren geschützt, Kindesmord und Kindesopfer – in vielen frühen Gesellschaften verbreitet – verboten. Ausgedehnte Reinheitsvorschriften trugen nicht nur zur Volkshygiene bei, sondern sicherten auch die Frauen vor gesundheitsschädlichen Ansprüchen von Männern. Die Gesetze Israels verhinderten, dass Frauen in dem Sinn bloße Objekte wurden wie etwa Sklavinnen in Ägypten.[54]

Israel war eine Klassengesellschaft ohne massenhafte Sklaverei. Warum waren für eine solche Gesellschaft enge Grenzen nötig? Vermutlich auch deswegen, weil beim Stand der damaligen Produktivität der Landwirtschaft es in Palästina ohne Sklaverei nicht mög-

---

52 Zur Schuldknechtschaft Exodus 21,2–11(–23,33). Zur Freilassung nur im Jubeljahr Leviticus 25, 39–41. 5. Mose 14 ff.; vgl. E. Bloch: Atheismus im Christentum, Frankfurt 1973.
53 Josua, 5–12. Der Bericht ist vielleicht weniger eine Quelle für den Vorgang des Genozids als vielmehr für die Intentionen des Schreibers; das ist für unser Argument aber nicht entscheidend.
54 3. Mose (Leviticus) 25, 39–46.

lich war, so viel Mehrprodukt in einer Hand zu sammeln, dass man davon über lange Zeit Heere in fremden Ländern hätte finanzieren können. Israel wurde vom Heerbann der Bauern verteidigt. Allerdings konnte das Land sich auch nicht gegen Imperien und deren Armeen behaupten, wenn diese es auf eine Eroberung anlegten, und es konnte auch nicht verhindert werden, dass Teile des Volkes in die »babylonische Gefangenschaft« geführt wurden.

Christentum

Folgt man der Bergpredigt als jenem Text der Bibel, der wahrscheinlich von Christus selber stammt,[55] dann lag die entscheidende Botschaft gegenüber dem etablierten Judentum im Aufruf zur Gewaltlosigkeit, zur Liebe und zur Fürsorge für die Schwachen sowie zur Überwindung des Gesetzesglaubens.[56] Da die Reform des Judentums nicht gelang und die neue Religion viele Anhänger unter den »Hellenen«, den Nichtjuden, fand, wurde auf einem Konzil, einem Treffen der wichtigsten Lehrer, in Jerusalem etwa 49 n. u. Z. der Weg für diese frei gemacht, indem u. a. auf die Beschneidung verzichtet wurde. Das Christentum wurde aus einer Sekte des Judentums zu einer im gesamten Raum zwischen Cadiz, Karthago und Calico verbreiteten Kirche, die durch den Glauben an die Auferstehung Christi und die Gegenüberstellung von Geist und Fleisch bestimmt war – die Gemeinden betonten die Askese als Weg zu Gott, und Mönchtum verbreitete sich früh.[57] Eschatologische Stimmungen waren allgegenwärtig, und man erwartete die baldige Wiederkunft des Herrn, die Parousie. Trotzdem begannen die Gemeinden, sich im Alltag einzurichten. Man wählte Aufseher in den Bezirken, die der städtischen Grundorganisation der mediterran-hellenischen Welt folgten (Episkopoi, Bischöfe) und bald auch Patriarchen. Ihr organisatorisches Grundprinzip war die »Nachfolge der Apostel« – durch das Auflegen der Hände wurde die Sakralität des Amtes weitergegeben. Während die Aktivität der Gemeinden abnahm, entstand so ein Klerus, der sich durch Kooptation selbst ergänzte.

Die Ethik des Christentums folgte grundsätzlich dem Dekalog, den mosaischen zehn Geboten. Wegen seiner asketischen Haltung, die an Körperfeindlichkeit grenzte, übernahm das Christentum nicht jene nüchternen und genauen Vorschriften, mit denen im

---

55 Text Heer, Dokumente, S. 50–53; Matthäus 5, 1–48.
56 Einführend John McManners Hg.: Geschichte des Christentums, deutsch Frankfurt 1993; D. B. Barrett, G.T. Kurian, M. Todd Eds.: World Christian Encylopedia. A comparative survey of churches and religion in the modern world, 2 Vols. ²Oxford 2001. Eingehender: Religion in Geschichte und Gegenwart (evangelisch), Lexikon für Theologie und Kirche (katholisch). Zur Interpretation Schramm, Wegscheiden.
57 Der Gedanke liegt nahe, dass indische Lehren, insbesondere der Jainismus, auf das Christentum gewirkt haben.

Judentum Sexualität und Hygiene geregelt sind; lange und für große Gruppen lebenslange Enthaltsamkeit und wenig rituelle Waschungen kennzeichnen die neuen Gemeinden.

Ein theologisches Problem des Christentums lag darin, dass der Kanon der heiligen Bücher erst drei Jahrhunderte nach der Gründung festgelegt wurde. Vielleicht war das aus der Sicht der kaiserlichen Verwaltung gerade eine Chance, jedenfalls verschwanden nun viele Apokalypsen als apokryph. Die christliche Lehre wurde durch »Enteschatologisierung« in dogmatischere Formen überführt,[58] – und die Offenbarung des Johannes wurde vermutlich nur kanonisch, weil man den Lieblingsjünger Jesu für den Autor hielt. Ein anderes theologisches Problem war die Lehre von der Trinität, also von der Dreiheit der göttlichen Personen, die in der Einheit ihres Wesens zusammenfallen. An der Frage, ob Christus eine oder zwei Naturen habe (göttliche und/oder menschliche) trennten sich im 5. Jahrhundert die »orientalischen« Kirchen jenseits der Grenzen des Imperiums. Sie wurden ausgeschlossen.

Die wichtigste Veränderung der Spätantike im Westen war die Durchsetzung der monotheistischen Offenbarungsreligion Christentum im Römischen Reich. Dass diese religiöse Revolution mit dem Vormarsch germanischer und slawischer Waldnomaden nach Süden verbunden war, hat an dem Handel zwischen Rom, Indien und China und an dem kulturellen Austausch wohl wenig geändert; auch nicht, als Germanen und Slawen an den Rändern des Römischen Imperiums eigene Königreiche etablierten. So wie das Römische überstand auch das Chinesische Reich die Invasionen der Hunnen, Tungusen und Tibeter im 4. Jahrhundert nach Christi Geburt mit einer zeitweisen Teilung und der Übernahme einer Weltreligion, hier des Buddhismus. Während das Römische Reich jedoch nur im Osten voll wieder hergestellt werden konnte, gelang es unter der Tang-Dynastie ab 617, das gesamte alte China wieder zu vereinen. Dass der Versuch der Renovatio Imperii, der »Erneuerung des Römischen Reiches«, unter Kaiser Justinian und seinen Nachfolgern nicht zu Ende geführt werden konnte, lag gewiss zum Teil an der Stärke der germanischen und slawischen Königreiche auf altem Reichsboden – das Westgotenreich und das Frankenreich konnten nicht unterworfen, der Einfall der Lombarden nach Italien nicht verhindert werden. Aber der Sieg in den so lange dauernden Kriegen mit Persien – 602 standen die Sassaniden am Bosporus, aber 627 vernichteten die »Romäer« die persischen Truppen bei Ninive – zeigte, dass die Möglichkeiten des Imperiums noch nicht erschöpft waren (vgl. Kapitel 6).

---

58 M. Werner: Die Entstehung des christlichen Dogmas, Stuttgart 1959; vgl. K. Koch, J.M. Schmidt Hg.: Apokalyptik, Darmstadt 1982. Zur einzig kanonischen Apokalypse O. Böcher: Die Johannesapokalypse, Darmstadt 1975.

Islam[59]

Er ist die jüngste der Religionen, die sich auf Abraham beziehen, der zusammen mit seinem Sohn Ismael als Erbauer des wichtigsten Heiligtums, der Kaaba gilt. Der Islam vertritt die klarste monotheistische Grundposition, die sich zugleich von der Trinitätslehre absetzt.[60] Indem die Heilige Schrift, der Koran,[61] als von Gott dem Propheten diktiert schon wenige Jahre nach dem Tod Mohammeds kanonisch festgelegt wurde, vermied man eine weitere theologische Schwäche des christlichen Konkurrenten. Gott wird im Islam als absolut transzendent und einheitlich verstanden: »Äußerlich ist der Islam eine religiöse, soziale und legale Institution, deren Mitglieder die weltweite muslimische Umma oder Gemeinde bilden. Glaube ist dagegen eine innere Überzeugung, deren Ernsthaftigkeit nur Gott beurteilen kann …«.[62] Toleranz, allerdings nur gegenüber Buchreligionen, ist entsprechend eine Grundforderung des Islam.

Ein Muslim muss fünf Pflichten erfüllen:

- Zeugnis ablegen
- die vorgeschriebenen Gebete leisten
- jährlich 2,5 % seines Vermögens für Wohlfahrt spenden (zakat)
- das Ramadan-Fasten einhalten und
- nach Mekka wallfahren.

Der Islam übernahm nicht den Dekalog, sondern stellte einen differenzierteren (wenn auch weithin übereinstimmenden) Normenkodex auf.[63] Der Islam gebietet:

- die Eltern zu ehren
- das Leben zu achten
- die Ehe zu halten
- Arme und Reisende zu schützen

---

59 A. J. Wensinck, J. H. Kramers Hg.: Handwörterbuch des Islam, Leiden 1976; Klaus Kreiser, Rotraudt Wieland Hg.: Handwörterbuch der islamischen Welt, ²Stuttgart 1992. Eingehend H.A.R. Gibb, J.H. Kramers, E. Lévin-Provençal, J. Schacht Eds.: The Encyclopedia of Islam. New edition Vol. I–XI, Leiden 1960–2002. Gesamtdarstellung der Geschichte Claude Cahen: Der Islam, 2 Bde. deutsch Frankfurt 1968; Einführungen A. Schimmel: Der Islam, Stuttgart 1991; G. Endreß: Der Islam, ²München 1991.
60 H. Hahn: Der Islam, München 2000, S. 60.
61 Benutzte Ausgabe: R. Paret Hg.: Der Koran, 2 Bde. (Übersetzung) ³Stuttgart 1983; Kommentar, Konkordanz ²Stuttgart 1981). Textauszug Heer, Dokumente, S. 66–71.
62 M. M. Ayoub: The Islamic Tradition, in: Oxtoby, World Religions, Zitat S. 359.
63 Zitiert nach A. T. Konry: Der Islam, in: G. Kettermann, Atlas zur Geschichte des Islam, Darmstadt 2001, hier S. 3 f. Vgl. P. Antes: Ethik und Politik im Islam, Stuttgart 1982.

- friedfertigen Ungläubigen ihr Recht zukommen zu lassen und
- wahrhaftig zu sein.

Der Islam verbietet:

- leichtfertiges Schwören bei Gott
- unberechtigtes Töten
- Homosexualität
- Prostitution
- Ehebruch
- Betrug und Heuchelei
- Wucher und das Nehmen von Zinsen
- üble Nachrede und Verleumdung
- den Genuss von Alkohol.

Der Islam war eine Reformbewegung gegen Judentum und Christentum und besonders gegen die imperiale Form der Intoleranz. Die orientalischen Christen und mancherorts auch die Juden unterstützten oft die muslimischen Eroberer, welche bei der Übergabe von Städten des oströmischen Reiches wie Damaskus oder Jerusalem mit dem Bischof der Stadt Verträge schlossen, in denen private Vermögen und Kirchen zugesichert wurden, solange die Nichtmuslime Tribut zahlten und ihre Stellung als Schutzbefohlene anerkannten.[64]

Wichtig für die politische Geschichte des Islam war, dass keine Kirche als umfassende Institution entstand. Die Aussagen des Koran lassen weniger Streitfragen aufkommen, welche eine Lösung aus zusätzlicher Tradition erfordern, obgleich auch diese (Sunna) eine Rolle spielt. Einzelne Fragen werden von Gelehrten durch Gutachten (Fatwa) entschieden. Da die Gegner des Islam hochorganisierte Imperien waren, in denen die Kaiser auch geistliche Funktionen besaßen (im Christentum galten sie als Apostel-gleich), gewann der Führer der Gemeinschaft der Gläubigen (Umma) und Vertreter des Propheten (Kalif) auch eine starke Position in der Religion. Nach den ersten vier von der Gemeinschaft im Konsens bestimmten Kalifen aus der Familie Mohammeds errichtete die Familie Umayya ein erbliches Kalifat gegen die Familie des Propheten – dessen Enkel 680 in einem Massaker bei Kerbela getötet wurde. Seine Anhänger, die Schiiten, wurden die erste große abgetrennte Teilgruppe des Islam. Nach dem Sturz der Umayyaden 750 war aber auch die politische Einheit der Sunniten vorbei – während die religiöse bestehen blieb.

Der Islam bildete den eigentlichen Grund dafür, dass die Renovatio Imperii Romani nicht gelang. Er war ein neuer welthistorischer Akteur, und 622 beginnt mit der Flucht

---

64 Hahn, Der Islam, S. 26–29. Vgl. P. Antes: Ethik und Politik im Islam, Stuttgart 1982.

Mohammeds aus Mekka auch welthistorisch eine neue Zeitrechnung, nicht nur für den Islam selbst. Träger der muslimischen Expansion dieser ersten Phase waren arabische Stämme aus der Halbinsel und dem fruchtbaren Halbmond, die sich im Verlauf der folgenden Jahrhunderte bis Persien und in den Sudan, bis Spanien und Indien ausbreiteten. Arabische Klientel und Landsmannschaften bildeten die Herrschaftsgruppen des Weltreiches, das die Araber schufen.[65] Schon 633 beginnen die Araber mit dem Vorstoß gegen die beiden alten Imperien der Region – das durch die Niederlage von Ninive geschwächte Persien bricht zusammen. Die Südküste des Mittelmeeres wird erobert, und im 8. Jahrhundert wird der größte Teil der iberischen Halbinsel von muslimischen Arabern und Berbern hinzugewonnen. Damit verlor die Christenheit den Zugang zum Trans-Saharahandel und zu den wichtigsten Häfen des Orienthandels in der Levante sowie auch den unmittelbaren Zugang nach Jerusalem, auch wenn überall christliche Gemeinden und in Jerusalem, Antiochia und Alexandria sogar Patriarchate bestehen blieben. Der wichtigste Erfolg der Araber nach der Niederwerfung Persiens war dann die Eroberung Zentralasiens, welche das Römische Reich und die europäischen Könige vom direkten Handel mit China und Indien, aber auch die kulturellen und kirchlichen Kontakte mit den orientalischen (nestorianischen und monophysitischen) Christen in Ostasien abschnitt, so wie die Eroberung Nordafrikas die Kontakte zu den monophysitischen Christen Afrikas verringerte. Der Handel im Mittelmeer litt nur wenig, aber man musste den neuen Machthabern der Transitwege Zölle zahlen und die neuen Zwischenhändler akzeptieren.

Das Römische Reich führte einen langen und zähen Abwehrkrieg, der mit der siegreichen Verteidigung von Konstantinopel 674–678 für die nördliche Küste des Mittelmeeres zu Gunsten des neuen Rom entschieden wurde – es gelang sogar die Rückeroberung von Anatolien. An eine Wiederherstellung des Imperiums war unter den neuen Bedingungen aber nicht mehr zu denken, und zusammen mit der Gräzisierung – welche schon vor den Araberstürmen begonnen hatte – wurde das »Römische Reich« nun zu dem, was im 19. Jahrhundert »byzantinisches Reich« genannt wurde.

Hinduismus[66]

Er ist weithin ein polytheistischer Mythos, der jedoch in den Lehrbüchern (Upanischaden), die ab 800 v. u. Z. niedergeschrieben wurden, philosophisch überhöht wurde. Er

---

65 A. Flores: Die arabische Welt. Ein kleines Sachlexikon, Stuttgart 2003; A. Hourani: Geschichte der arabischen Völker, Frankfurt 1992.
66 K. K. Klostermaier: A concise Encyclopedia of Hinduism, Oxford 1998; G. Flood Ed.: The Blackwell Companion to Hinduism, Oxford 2003.

lehrt, dass die Seele hundertfach wiedergeboren wird. Je mehr sie Enthaltsamkeit und Einfügung einübt, desto schneller wandert sie von den Pflanzen über die Tiere zu den Menschen. Innerhalb der Kasten wird sie so oft wiedergeboren, bis sie schließlich die oberste Kaste erreicht und von irdischen Eitelkeiten und Gier rein geworden ist. Durch die vielfältigen Inkarnationen im Stufenbau der Welt reinigt die Seele sich also, bis sie schließlich dem Zyklus von Geburt und Wiedergeburt entkommt und in eine ewige Union mit Brahman eingeht.

Indem er religiös vorschreibt, dass bestimmte Arbeiten in den jeweiligen Kasten erblich sind, sichert, ja »verewigt« die Religion die in der Arbeitsteilung festgelegte Herrschaft. Durch vielfältige Unterkasten (Jati) wurde dann neuen Berufen entsprochen, und das System änderte sich auch dadurch, dass einzelne Gruppen in der Hierarchie aufstiegen. In seiner Grundstruktur blieb es aber bis auf den heutigen Tag erhalten (vgl. Kapitel 4).

Jainismus[67]

Er wurde im 6. Jahrhundert v. u. Z. als Reformreligion zum Hinduismus gegründet. Mit der Forderung, dass man überhaupt keine Gewalt üben dürfe und völlig vegetarisch leben müsse, bot er einen Anknüpfungspunkt für viele Forderungen nach Gewaltlosigkeit in der Weltgeschichte, besonders für Mahatma Gandhi.[68]

Buddhismus[69]

Er wurde als Reformbewegung zum Hinduismus von dem indischen Fürstensohn Schakjamuni (560–480 v. u. Z.) gegründet. Mit 29 Jahren verließ er den Hof und lebte als bettelnder Asket, bis er die Erleuchtung fand, nach der er der Erleuchtete (Sanskrit: Buddha) genannt wurde. Seine Schriften sind seit dem 1. Jahrhundert v. u. Z. überliefert.[70]

---

67 Texte: Jaina Sútras, Translated from Prákrit by H. Jacobi, Bd. 1–2 = The Sacred Books of the East Vol. XXII–XXIII, Nachdruck Delhi 1964. Kurze Übersetzungen in H-H. Nolte: Geschichte zivilen Widerstands, in. Ders., W. Nolte: Ziviler Widerstand und Autonome Abwehr, Baden-Baden 1984, S. 17 f.
68 V. Narayanan: The Jain Experience, in: Oxtoby, World Religions; Nolte a.a.O. S. 53 f.
69 Einführend H. W. Schumann: Handbuch Buddhismus, Kreuzlingen 2000; H. Schmidt-Glintzer: Der Buddhismus, München 2005. K.-J. Notz Hg.: Das Lexikon des Buddhismus, 2 Bde. Freiburg usw. 1998. Umfassend N. Kumar Singh Ed.: International Encyclopedia of Buddhism, Vol. 1–77 New Delhi 1996–1999.
70 Textauszug Heer, Dokumente S. 30–35.

Die buddhistische Lehre geht davon aus, dass seit anfangsloser Zeit ein Prozess des Wiedergeborenwerdens und des Sterbenmüssens stattfindet, dem alles unterworfen ist, von den verschiedenen Welten bis zum Einzelnen. Alles ist vergänglich, ohne beharrende Substanz und deshalb leidvoll. Man kann sich vom Leid nur befreien, wenn man sich von den Begierden löst. Der Weg dazu liegt in der Meditation. Wem es gelingt, ohne die Kardinallaster Hass, Gier und Wahn zu leben, der erreicht nach dem Tode das Nirwana, in dem alles erloschen ist, was wir als Faktoren unserer Existenz erkannt haben. Das Nirwana ist deshalb unserer Erkenntnis nicht zugänglich.

Die Ethik des Buddhismus ist in fünf Verpflichtungen zusammengefasst:

- nicht töten
- nicht stehlen
- nicht lügen
- nicht Ehe brechen
- keine berauschenden Getränke trinken.

Der Buddhismus kennt keine zentrale Organisation, aber Konzilien. Er hat sich in drei große Gruppen geteilt, von denen der Lamaismus die jüngste ist (vgl. Kapitel 13):

- kleines
- großes
- diamantenes Fahrzeug zum Heil

Wie das Christentum spielt, so der Buddhismus in seinem Ursprungsland keine große Rolle mehr (abgesehen von der Wallfahrt an die Stätten der Gründer der Lehre). Der Buddhismus ist aber vorherrschende Lehre in Sri Lanka sowie in allen asiatischen Ländern nördlich und östlich der Grenzen Indiens, bis nach Japan und zu den Kalmücken.

(Zu Konfuzianismus und Taoismus vgl. Kapitel 3.)

Fernhandel und »neue Ethnien«

Im 4. und 5. Jahrhundert u. Z. kam es zu einer Krise der großen Imperien – Roms, Chinas und des Gupta-Reiches in Indien und nur China kann ganz restituiert werden. Die Aufteilungen, die folgten, waren nirgendwo auf dem Großkontinent ein Zeichen von Isolierung, sondern im Gegenteil: Das Jahrtausend von 500 bis 1500 war durch weitere Integration gekennzeichnet, wobei die neuen Imperien – Tang, Abbasiden, Ostrom – anfangs hilfreich waren, aber auch zwischen den kleinen Reichen stiegen Austausch und Kenntnisse.[71]

---

71 M. G. S. Hodgson: The Interrelations of Societies in History, (1963) reprint in Ders., Rethinking World

Das konkreteste Beispiel bietet der internationale Handel. So wurde der persische Kaufmann Ramischt von Shiraf so reich, dass er 1137 eine neue Decke aus chinesischer Seide für die Kaaba spendete, welche 18.000 Gold-Dinare kostete. Außerdem stiftete er ein Hospiz und ein Asyl in Mekka. Nicht nur Venedig und Dorstede waren reich, von den Hafenstädten Chinas zu schweigen – Shiraf war eine Hafenstadt am persischen Golf, in deren Ausgrabungen man noch die Geschirre aus chinesischem Porzellan gefunden hat, von denen Kaufleute wie Ramischt aßen. Aber nicht nur Waren wurden ausgetauscht, sondern auch Seuchen und nicht zuletzt neue Pflanzensorten wie Champa-Reis, Sorghum, Zucker, neue Weizenarten, Artischocken, Spinat, Zitronen, Baumwolle, Henna … . Für Afrika war die Verbreitung der Banane aus Südasien wichtig. Die neuen Früchte erhöhten die Produktivität – Bagdad soll im 9. und 10. Jahrhundert eine Million Einwohner gehabt haben, Kairo eine halbe.[72]

Vom 8. Jahrhundert an wurde der Islam in den meisten Steppenregionen Zentralasiens durchgesetzt; 751 deutet die Schlacht am Talas bei Samarkand zwischen chinesischen und arabischen Truppen an, dass Zentralasien zwischen den beiden Imperien geteilt werden könnte – China verlor, aber die Sieger überschritten nicht die Gebirge nach Hsinkiang. (Nach der Niederlage lehrten chinesische Kriegsgefangene Arabern die Produktion von Papier.) Die Welt islamischer Reiche reichte von Spanien bis zum Altai – eine Welt der Oasenkulturen und hochentwickelter, vielfältiger Landwirtschaft, aber auch differenzierter Wanderviehzucht, die insbesondere bei Schafen und Pferden neue Arten züchtete.[73] Eine Welt hoher Gelehrsamkeit, in der griechische Philosophen tradiert wurden, und eine Welt relativer Toleranz. Bis etwa um das Jahr 1000 gehörte der Ostseeraum zum arabischen Handelssystem – die Hortfunde bieten arabisches Geld.[74] Danach, schon bevor die Hanse sich die Ostseerouten unterwarf, wuchs die Bedeutung Westeuropas, das Sklaven, Honig, Wachs und Pelze importierte und Textilien, Geld sowie (trotz des Embargos) Waffen exportierte. Das Silber wanderte im 13. Jahrhundert als Tribut von russischen Handelsstädten wie Novgorod weiter in die Goldene Horde.[75]

History, Cambridge 1993, S. 3–28; J. H. Bentley: Hemispheric Integration 500–1500 C.E., in: JWH 9.2 (1998); C. Goehrke: Die Anfänge des mittelalterlichen Städtewesens in eurasischer Perspektive, in: Saeculum 31.2–3.

72 Bentley op.cit. S. 243–248.

73 P. Feldbauer: Die islamische Welt, Wien 1995; Ders.: Die islamische Welt im Mittelalter, in: ZWG 2.1 (2001).

74 Attmann, Bullion; D. Adamczyk: Silberströme und die Einbeziehung Osteuropas in das islamische Handelssystem, in: Hauptmeyer, Welt; sowie mehrere Beiträge im Journal Drevnejshie gosudarstva vostochnoj Evropy 1991 (Moskva 1994) und 1994 (Moskva 1996).

75 Vgl. zuletzt H.-H. Nolte: Die Eroberung des Baltikums durch deutsche Herren in globalgeschichtlicher Perspektive, erscheint in: F. Anton, L. Luks Hg.: Deutschland, Russland und das Baltikum, Festschrift Peter Krupnikow, Weimar usw. 2005

Einen Höhepunkt erlebte der Fernhandel im Großkontinent im 13. Jahrhundert.[76] Wenn man auch dieses Handelsnetz ein System nennt, dann nicht, weil der Anteil der Menschen, die an ihm teilnahmen, einen großen Anteil an der Bevölkerung bildete, sondern weil Handelsgüter und Nachfragen aufeinander bezogen waren. Es gab mehrere Subsysteme, z. B. den westeuropäischen Handelskreis oder den des Indischen Ozeans, der über Land oder auf arabischen, indischen und chinesischen Schiffen durchgeführt wurde.[77] Pferde, Holz, Textilien, Porzellan, Perlen, Weihrauch und natürlich Silber und Gold in Münzen überquerten die Handelsstationen.

Welche Rolle spielten die Ethnien?[78] Eurasien war, wie die beiden Amerikas, ein Platz vielfältigster Sprachen und Ethnien, die jedoch weder in Antike und Mittelalter noch am Anfang der Neuzeit eine unmittelbare Rolle in der Politik spielten. Was wir heute als Völker bezeichnen, z. B. in Begriffen wie Völkerwanderung, waren meist Konföderationen. Die arabische Expansion vom 6. bis zum 10. Jahrhundert wurde zwar tatsächlich von Arabern geführt und verfügte ja auch im Koran über eine Sprachquelle höchster Bedeutung; im Westen mischten sich aber bald Berber, im Norden (von Arabien) Perser unter die staatsbildenden Gruppen. Zu den wichtigen Veränderungen der mittelalterlichen Periode gehörten dann die Wanderung und Ausbreitung von Gruppen, welche Turksprachen redeten, aus ihren Kerngebieten am Altai. Zwei Jahrhundert lang, bis 705, hatten »Runen-Türken« den Raum zwischen der Wolga und China beherrscht.[79] Vor allem nach der Niederlage der byzantinischen Truppen bei Manzikert 1071 wanderten turksprachige, zwischen Nomadentum und Ansässigkeit anfangs wechselnde Verbände nach Anatolien ein. Noch im 13. Jahrhundert gelang unter Osman die Gründung eines stabilen Staatswesens, das – trotz der Niederlage gegen den Dschingisiden Timur Lenk[80] 1402 – Anatolien, Südosteuropa sowie 1453 Konstantinopel erobern kann. Eine neue

---

76 J. Abu-Lughod: Before European Hegemony. The World-System A.D. 1250–1350, New York 1989; Dieselbe: Das Weltsystem im dreizehnten Jahrhundert, in Feldbauer, Mittelmeer S. 11–35; vgl. A. G. Frank: Geschichtswissenschaft und Sozialtheorie ›Re-Orientieren‹ ! in: ZWG 5.1 (2004); Anm. 73.

77 G. M. Trevelyan: History of England, Neuaufl. London 1948, bemerkt S. 339 auf seiner Karte »The World in the Elizabethan Era« zu den »mediaeval traderoutes« mit Verwunderung aber doch korrekt: »The shipping in Asiatic seas was oriental«.

78 Zur Verbreitung in den sechziger Jahren des 20. Jahrhunderts die eingehenden Karten in S. I. Bruk, V. S. Apenchenko Hg.: Atlas narodov mira, Moskva 1966. In Zentralasien zählte der Atlas neun Sprachfamilien, darunter die indoeuropäische, kaukasische, uralische, altaiische, altasiatische und chinesisch-tibetische. Allein innerhalb der damaligen UdSSR zählte der Atlas 19 Turksprachen der turksprachigen Untergruppe der altaiischen Sprachfamilie.

79 W. E. Scharlipp: Die frühen Türken in Zentralasien, Darmstadt 1992; Kürşat-Ahlers a.a.O.; L.N. Gumilev: Drevnie Tjurki, Moskva 1993 (mit synchronistischen Tabellen 545–861 n. u. Z. und Genealogien der Khane).

80 T. Nagel: Timur der Eroberer und die islamische Welt des späten Mittelalters, München 1993.

Großmacht war geschaffen worden, in der bald die Nomaden auf eine untere Stufe der sozialen Hierarchie gedrückt werden.[81]

Das mongolische Weltreich

Am Ende des 12. Jahrhunderts eroberten die zu diesem Zeitpunkt noch schamanistischen Mongolen unter Dschingis Khan den uralten Verkehrs- und Handelsraum der Seidenstraße und gründeten ein Weltreich,[82] das für viele Nomaden über Jahrhunderte hinweg ein fernes Vorbild war. Auf den großen Eroberer beriefen sich die Herrscher der Krim, aber auch die Großmoguln in Indien bis ins 18. Jahrhundert. Das mongolische Imperium bildete den Zentralraum eines vormodernen Weltsystems, dessen ökonomische Blüte durch interregionale Arbeitsteilung geprägt war.[83]

Die Nachfahren Dschingis Khans überwanden die Struktur der »Drei-Generationen-Reiche« durch die Betonung des Geblütscharismas. Auch sie teilten das Imperium – der älteste Sohn Tschotschi erhielt den Westen, Tschagatai den Südosten, Ögodei die Mitte und der jüngste, Tolni, das Kernland. Sein Sohn Khubilai eroberte von dort aus China und gründete die Yüan-Dynastie. Trotz des Bezugs auf die Familie entwickelten sich die Teile auseinander. Im Westen, wo die Mehrzahl der Unterworfenen Turksprachen redeten, übernahmen auch die Dschingisiden diese Sprache; außerdem traten hier viele vom Schamanismus, also einer magischen Religion der Naturbeherrschung, zum Islam über.

Die »Islamisierung« der westlichen, der »goldenen« Horde begann im 14. Jahrhundert ebenso wie die der Mongolen in Zentralasien im Reich Timur Lenks mit der Hauptstadt Samarkand. Ein Jahrhundert später begannen die Nachfahren Timur Lenks mit der Eroberung Indiens. China befreite sich jedoch unter der neuen Ming-Dynastie noch 1368 von der dschingisidischen Yüan-Dynastie und grenzte sich durch den Ausbau der Großen Mauer gegen die nomadisch beherrschte Welt ab.

Die nomadischen Imperiumsgründer haben die eroberten Städte und Oasen zum Teil entsetzlich gebrandschatzt; Dschingis Khan hat die alte Kulturlandschaft des Choresm um Samarkand vernichtet, Timur Syrien und Mesopotamien. Die langfristigen Folgen

---

81 J. Matuz: Das Osmanische Reich. ²Darmstadt 1990; E. Werner: Die Geburt einer Großmacht, Berlin 1978; vgl. Kapitel 7.
82 B. Spuler Hg.: Geschichte der Mongolen, Stuttgart 1968; J.J. Saunders: The History of the Mongol Conquests, London 1971; S. Conermann, J. Kusber Hg.: Die Mongolen in Asien und Europa, Frankfurt 1997; F. Schmieder: Europa und die Fremden. Sigmaringen 1994; A. Eggebrecht Hg.: Die Mongolen und ihr Weltreich (Ausstellungskatalog), Mainz 1989; T. T. Alsen: Culture and Conquest in Mongol Eurasia, Cambridge 2001; M. Weiers: Geschichte der Mongolen, Stuttgart 2004.
83 Einleitend Janet Abu-Lughod: Das Weltsystem im dreizehnten Jahrhundert, in: Feldbauer, Mittelmeer; vgl. oben Anm. 76.

der Imperiumsgründungen waren jedoch ein Aufblühen des Handels und der Aufstieg neuer Städte, Sicherung der Fernstraßen und Anstieg interregionaler Arbeitsteilung. Wo Dschingisiden eine neue Herrschaft errichteten, wurden die Unterworfenen gezählt, Heer und Verwaltung nach dem Zehnersystem reformiert und eine Reichspost organisiert. Die Mongolen hatten nur eine oral tradierte Literatur mitgebracht – vor allem die persische Literatur, aber auch andere Schrifttraditionen wurden übernommen. Auch wenn einige der Imperien relativ schnell zusammenbrachen, blieb im Ergebnis der nomadischen Vorstöße zum Indischen Ozean und zum Mittelmeer doch meist nicht nur eine Bereicherung der ethnischen Strukturen durch arabische, türkische oder mongolische Gruppen, sondern auch eine Zunahme von Bevölkerung und Güter-Austausch. Je länger die Eroberungssituation zurück lag, desto diffiziler und funktionsbezogener wurde das Verhältnis der neuen Oberschicht zu den Unterworfenen. Im Westen akkulturierten sich die Mongolen an die sunnitischen und turksprachigen Mehrheiten, trotzdem kam es zu religiös und ethnisch definierten Oppositionsbewegungen – nicht nur der Chinesen, sondern auch der Schiiten in Persien und der Tibeter.[84]

Nicht zuletzt aber zerfiel das Imperium, weil es von seiner Struktur her Besitz einer Familie war. Die Nachfahren Dschingis Khans teilten ihre Herrschaften immer weiter auf. Es gab keine Primogenitur, und sie wäre auch nicht durchsetzbar gewesen – der Steppenreiter folgte dem Charisma eines großen Führers, welches Beute versprach – und bis ein Führer auftauchte, folgte der Steppenreiter seinem Clan-Ältesten und den angestammten Khanen. Wenn keine Hoffnung auf Zusatzeinkommen eröffnet werden konnte, folgte man partikularistischen Zielen.

Mit der Aufteilung von Reichen unter Mitglieder der Familie ist ein eurasiatisches Herrschaftsprinzip angesprochen, das von den Erben Ruriks bis zu denen Karls des Großen normal war. Primogenitur war in Europa eine Ausnahme, im 14. Jahrhundert den Kurfürsten in der Goldenen Bulle als Privileg zugesprochen. Deutsche Landesherren wie die Habsburger Erzherzöge (die ja keine Kurfürsten waren) oder die hessischen Landgrafen haben ihre Besitzungen noch im 16. bzw. im 17. Jahrhundert geteilt.

Das System der Tatarenkhanate

Auch die Nachfahren Dschingis Khans und dann wieder die Tschotschis, des Khans der Goldenen Horde, teilten ihre Reiche.[85] Aus diesen Teilkhanaten

---

84 Zum Bild der Mongolen siehe Beiträge in S. Conerman, J. Kusber Hg.: Die Mongolen in Asien und Europa, Frankfurt 1997; F. Schmieder: Europa und die Fremden, Sigmaringen 1994.

85 B. Spuler: Die goldene Horde, ²Wiesbaden 1965; B. D. Grekov, A. Ju. Jakubovskij: Zolotaja Orda i ee padenie, Moskva 1950.

Eurasiafrika

- Krim
- Kasan
- Astrachan
- Sibirien

entstand ein politisches System, in dem Moskau anfangs als nicht gleichberechtigter, aber wichtiger Partner eine Rolle spielte, wie übrigens auch das nicht von Dschingisiden beherrschte Khanat der Nogaier. Die Tatarenkhane haben sich u. U. gegenseitig unterstützt, unter anderen Umständen aber auch Krieg gegeneinander geführt. Obgleich sie alle muslimisch beherrscht waren, gab es keine alle umfassende religiöse Institution. Die Führungseliten sprachen Kiptschak, eine alte Form des Tatarischen, also eine Turksprache.

Dieses System ist im 15. Jahrhundert geschwächt und im 16. Jahrhundert zerstört worden, und zwar durch zwei äußere Entwicklungen:

1. Nach dem Sturz der Mongolenherrschaft in China 1367 durch die Ming haben diese die Beziehungen zu den Mongolen lange auf Eis gelegt. Eine neue mongolische Stammeskonföderation, die Oiraten, erneuerte den Angriff auf China, und es gelang ihr, 1449 Peking zu erobern und sogar den Kaiser gefangen zu nehmen. Aber der Khan der Oiraten, Esen, wurde – als er sich zum Großkhan ausrufen lassen wollte – von einem anderen Mongolen ermordet – wohl, weil er kein Dschingiside war. Für China war der Streit unter den »Barbaren« erfreulich; der Chinahandel wurde aber durch die Kämpfe schwer geschädigt. Und auch am Westende der Seidenstraße gab es Probleme: Den Osmanen gelang, wie erwähnt, 1453 die Eroberung Konstantinopels und die endgültige Beerbung des Römischen Reiches. Zwar dauerte es danach noch eine Weile, aber im Ergebnis wurde das Schwarze Meer zu einem Binnenmeer, ein Mare clausum, über das kein genuesisches oder venezianisches Schiff mehr chinesische oder persische Waren aus Kaffa oder Trapezunt holen konnte. Damit leiteten die Osmanen den gesamten Ost- und Westhandel über südlichere Strecken, insbesondere Smyrna und Aleppo. Die ökonomische Achse der Steppenkhanate musste damit umgedreht werden: Sie sicherten nun den Nord-Süd-Handel, dessen Hauptgüter Pelze, Lederwaren und Sklaven waren, die über den Wolgaweg nach Persien oder über die Krim nach Konstantinopel verkauft wurden. Wie in der europäischen Expansion, wurden Sklavenfang und Sklavenhandel zur Masseninstitution; die Zahl der über das Schwarze Meer verkauften Sklaven wird auf eine Million geschätzt.[86]
2. Die zweite grundlegende Veränderung lag im Aufstieg Moskaus. Russland hatte immer viel mehr Menschen gehabt als die Khanate, konnte sich aber nicht erfolgreich

---

86 Brian J. Boeck in: pretty@winthrop.edu, 30 Mar 2004.

verteidigen, weil es unter den verschiedenen Linien der Rurikiden aufgeteilt war und weil die russischen Heere den tatarischen unterlegen waren – durch die größere Disziplin, die besseren Pferde und die weiter tragenden Bögen. Beides wurde geändert. Mit konstanter Unterstützung der russischen orthodoxen Kirche einigte Moskau die russischen Fürstentümer und nahm viele tatarische Clans auf, die bei der Entwicklung einer leichten Steppenreiterei halfen. Die Russen lernten den Reiterkrieg von den Tataren, und Truppenarten wie Ulanen und Kosaken, die noch lange in der Kavallerie des Westens gebraucht wurden, wurden als russische Einheiten geschaffen.

Warum gelang es den tatarischen Khanaten nicht, sich trotz solcher Veränderungen des Umfelds zu behaupten? Ihre Interessen gingen auseinander, außer dem Familiencharisma gab es keine gemeinsamen Institutionen – alle waren muslimisch, aber der oberste Leiter des Islam war der Khalif, und der saß erst in Bagdad und später in Istanbul. Das war selbst an den Khanaten interessiert; das Krimkhanat hat schließlich die Oberhoheit der Pforte anerkannt, und 1568 haben die Osmanen versucht, Astrachan zu erobern. Außerdem gelang es nicht mehr, interne Opposition neuer Konföderationen einzubinden. Das Nogaierkhanat nahm mit Moskau direkten Kontakt auf – manchmal zahlte es den Tribut an die Nachfolger der Goldenen Horde, manchmal ließ man es darauf ankommen.

Das Ende der Nomadenvorstöße

Am Anfang der Frühen Neuzeit änderte sich das Verhältnis zwischen Nomaden und Sesshaften aber noch grundsätzlicher, als sich die Niederlage der Tatarenkhanate ankündigte: die Vorstöße der Nomaden hörten immer mehr auf. Die Hunnen waren im 4. Jahrhundert noch bis Frankreich gekommen, die Ungarn im 10. Jahrhundert bis zum Rhein und die Mongolen im 13. Jahrhundert bis Schlesien und zur Adria. Auf der östlichen Seite waren sie bis ans Gelbe Meer und Vietnam gelangt. Nach ihren Eroberungen übernahmen die Nomaden jeweils die Strukturen der unterlegenen Reiche – die Osmanen von Byzanz, die Mamelucken von Ägypten, die Mongolen von China. Auch die großen nomadisch geprägten Eroberungen, die es in der Frühen Neuzeit noch geben würde – die Indiens durch die Moguln und die Chinas durch die Mandschu –, führten später auf diesen Weg. Die Nomaden wurden zu Beherrschern von Bauernvölkern und waren keine hungrigen Steppenreiter mehr, blieben aber klug genug, auf gute Reiterei zu achten. Sie waren auf die Seite der Besitzenden gewechselt, und unter ihrer Führung – oder, wie im Fall Moskaus, mit ihrer Hilfe – gingen die Bauernstaaten nun daran, sich die Steppe zu unterwerfen. Die russischen Expansionen zum Kaspischen Meer und nach Sibirien, die osmanischen auf die arabische Halbinsel und gegen die Fernhandelswege der Sahara, die Unterwerfung der zentralasiatischen Steppen durch die Mandschu zeigen dasselbe Bild: Die Machtbalance zwischen Nomaden und Bauern hatte sich geändert. Das Scheitern des kalmückischen Vorstoßes im 17. Jahrhundert machte das umgekehrt deutlich (vgl. Kap. 6).

Verdichtungen und neue Netzwerke

Zu den wichtigen Voraussetzungen der Erhöhung der Stabilität der bäuerlichen Gesellschaften gehörten die agrarischen Revolutionen des Hochmittelalters: die Einführung des aus Vietnam kommenden Nassreises in China, die Diversifizierung der Oasenwirtschaften im Islam durch neue Früchte wie Zucker und Baumwolle in den islamischen Reichen und die Dreifelderwirtschaft in Nordwesteuropa. Die dadurch erreichten Erhöhungen der Produktivität der Landwirtschaft erlaubten es, mehr Mittel in Militär und Verwaltung zu stecken und damit die Stabilität der Staaten zu erhöhen. Wo diese dennoch von außen erobert wurden, wie China nach dem Ende der Sung und wieder nach dem der Ming oder das Sultanat Delhi durch die Moguln, bedurfte es immer größerer Mittel. In den meisten Gebieten Europas profitierte endogenes Militär – die Ritterschaft – von der neuen Wirtschaftsform.

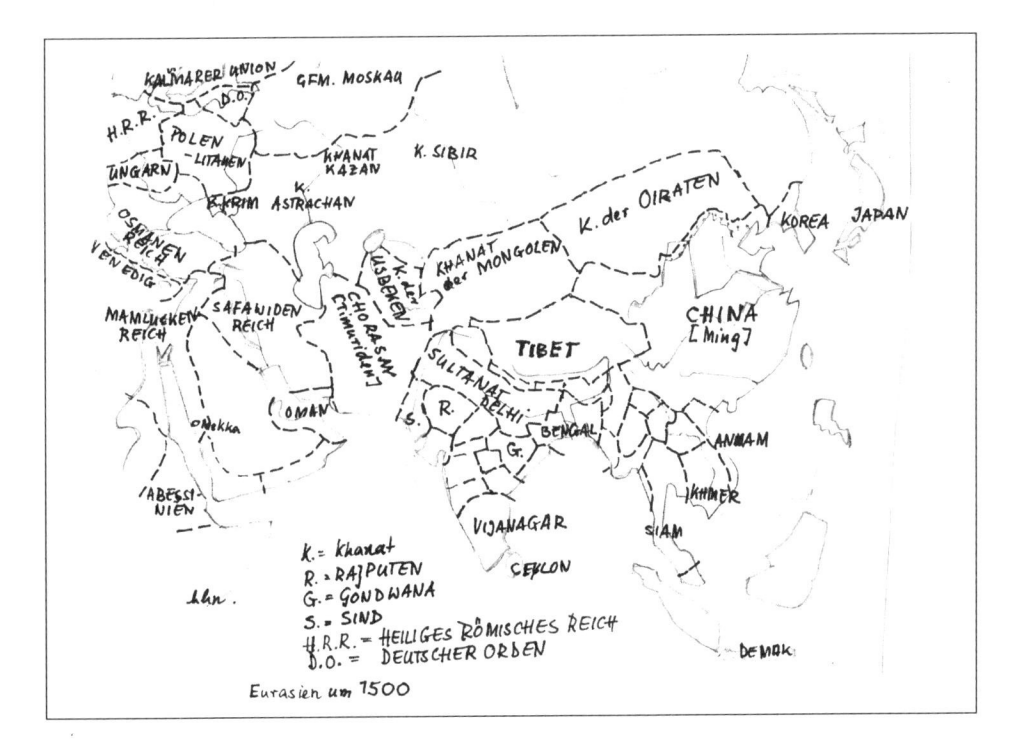

Nimmt man die Skizze der politischen Reiche Eurasiens um 1500 als Ausgangspunkt, um die Veränderungen der Frühen Neuzeit einzuordnen, dann wird zuerst die große Zersplitterung deutlich. Das Imperium der Mongolen ist in viele Teilreiche aufgeteilt: Unmittelbar in der Tradition der Dschingisiden stehen die tatarischen Khanate von Kasan bis zur Krim sowie das Khanat Chorasan mit der Hauptstadt Herat als letztes Reich der Nachfahren Timur Lenks. Aus ihrer ehemaligen Hauptstadt Samarkand sind die Timuriden gerade durch Usbeken vertrieben worden – einem aufsteigenden Turkvolk. Mongolisch sind das Khanat der Oiraten nördlich der Chinesischen Mauer und das Khanat der Mongolen im Norden von Tibet.

In Persien und Mesopotamien hat Ismail, Anführer eines militanten Derwisch-Ordens, ein neues Reich errichtet – das Safawiden-Reich unter iranischer Führung. Das Mamelucken-Reich, in dem Angehörige eines Turkvolkes über Kopten und Araber herrschen, besteht noch und kontrolliert das Ende der südlichen, über See geführten Variante der Seidenstraße. Das Osmanenreich hat sich nach der Eroberung Konstantinopels konsolidiert und herrscht von der Donau bis Anatolien. Moskau hat sich 1480 von der tatarischen Oberhoheit befreit.

In China herrscht die endogene Dynastie der Ming – bis zur Chinesischen Mauer. Tibet ist ein selbstständiger Staat unter der Herrschaft einer lamaistischen Priesterschaft. Indien und Südasien sind in eine Vielzahl relativ kleiner Staaten aufgeteilt. Die größten Staaten in Indien sind das muslimische Sultanat Delhi im Norden und das hinduistischen Königreich Vijanagar im Süden.

Die Veränderungen der religiösen Landkarte werden auf der politischen Karte nicht deutlich, sind aber ebenfalls wichtig. Die mongolischen Khanate werden zunehmend lamaistisch; Klöster werden errichtet, und der Schamanismus nimmt ab. Vor allem aber ist die Ausdehnung des Islam an allen Grenzen in vollem Gange. Im Westen greift das Osmanische Reich Ungarn an, das 1527 großteils erobert wird. Im Osten geht die Ausdehnung besonders im Norden Indiens weiter. Und im heutigen Indonesien ist gerade das hinduistische Königreich Majapit von dem muslimischen Reich Demak unterworfen worden – die Hindus ziehen sich nach Bali und in Bergregionen Sumatras zurück.

Die Ausbreitung des Islam im 15. und 16. Jahrhundert macht deutlich, dass die islamische Welt alles andere als »unterentwickelt« oder gar »statisch« war und nicht nur kulturell führte, sondern auch militärisch durchaus Paroli bieten konnte, auch wenn Granada 1492 an Kastilien verloren worden war. Die europäischen Mächte lernten denn auch nicht nur auf militärischem Gebiet, wie bei der Übernahme neuer Truppenformen der leichten Reiterei, sondern auch auf landwirtschaftlichem, wie bei der Übernahme des Zuckers im Mittelmeerraum, und nicht zuletzt auf intellektuellem. Viel Rezeption antiker Autoren, die dann für die Renaissance wichtig wurde, ging über islamische Gelehrte (und jüdische im islamisch geprägten Raum); Kunstformen und Handwerke wurden weitergegeben. Neue architektonische Möglichkeiten wie der Spitzbogen wandern im Hochmittelalter vom lange Zeit arabischen Sizilien nach Norden, und der Krönungsmantel der deutschen Kaiser trägt eine arabische Inschrift und ist mit Löwen verziert, welche auf Kamelen reiten. Das Abendland, durch den Islam an den Rand gedrängt, lernte bei dem mächtigen und lange überlegenen Gegner.[87] Aber die islamischen Länder lernten auch aus »ihrem« Osten – nicht nur Papierherstellung und Seidenproduktion von China, sondern auch neue Produkte wie Baumwolle und Zucker aus Indien.

Fasst man die konkreten Handelsbeziehungen und die intellektuellen und religiösen Kontakte zwischen Buddhisten und Hindus, Muslimen, Christen, Juden, Parsen sowie Schamanisten zusammen und bezieht man mit ein, dass es auch weit ausgreifende politische Koalitionen und Konfrontationen gab, ist deutlich, dass Eurasiafrika ein System bildete.[88] Viele Auseinandersetzungen überschritten von Anfang an die Grenzen der »Kontinente« – zwischen Arabern und China im 8. Jahrhundert oder von ayubidischen Arabern, lateinischen Kreuzrittern, Nestorianern, Mamlucken und Mongolen, wie sie 1260 in der Schlacht bei Ayn Dschalut durch den Sieg der Mamlucken für einige Zeit entschieden wurden, so dass Kairo über Syrien herrschte (was nahe legte, die letzten Burgen der Kreuzfahrer zu erobern), die Mongolen auf Zentralasien beschränkte und den Angriff auf das Römische Reich (»Byzanz«) türkischen Stämmen überließ (trotz der Niederlage der Osmanen gegen Timur 1402).[89]

Aber wie tief griff dieser Systemcharakter? Ökonomisch wird man Abu Loghud[90] folgen: Mehrere Subsysteme sind deutlich erkennbar. Wirklich umfassend war nur der Handel mit wenigen Luxuswaren (wie Seide oder feine Baumwolltuche). Politisch konnten keine dauerhaften Bündnisse geschlossen werden; selbst das mongolische Weltsystem der Dschingisiden wollte ein Weltreich sein und die Teilreiche waren oft nicht in der Lage, zur Verteidigung der Außengrenze zusammen zu arbeiten. Dass aber das christliche System im äußersten Westen im 15. Jahrhundert mit seiner Expansion so erfolgreich sein würde, dass es schließlich ein deutlich dichter geknüpftes »Europäisches Weltsystem« schaffen würde, das war auch in diesem Jahrhundert noch nicht absehbar. Deutlich war aber, dass Gesellschaften, die an dem System Eurasiafrika keinen Anteil hatten, keine Chance mehr hatten: »Das ›Netzwerk Alte Welt‹ ließ das kleinere amerikanische Netzwerk und die unzähligen stärker isolierten menschlichen Gesellschaften immer weiter hinter sich, während zwischen 1000 und 1500 seine Kapazität stieg, gemeinsame Anstrengungen für ein bewusst gesetztes Ziel zu mobilisieren.«[91]

---

87 J. Schacht, C. E. Bosworth: Das Vermächtnis des Islam, deutsch 2 Bde. München 1983; S. Hunke: Allahs Sonne über dem Abendland, Unser arabisches Erbe, Stuttgart 1984.
88 Frank, ReOrient.
89 Vgl. Reinhard Schulze: Die Niederlage des mongolischen Reiterheers. Ayn Dschalut, 3. September 1260, in: Förster, Pöhlmann Hg.: Schlachten der Weltgeschichte, München 2001. S. 93–107.
90 Abu-Loghud, oben Anm. 83.
91 McNeill, Web S. 117.

Kapitel 2

Beide Amerikas

Nordamerika, besonders die mexikanische Hochebene

In der letzten Eiszeit zwischen 16000 und 12000 v. u. Z. entstanden auf der Nordhalbkugel zwei große Eisschilde: Skandinavien einschließlich Nordrussland (jedoch ohne Sibirien) sowie Nordamerika einschließlich Grönland. Das nordamerikanische Eisschild dehnte sich aus und wich zurück wie das skandinavische; die größte Ausdehnung reichte etwa bis zu einer Linie von Oregon über Dakota und Illinois bis zur Stadt Washington. Da so viel Wasser als Eis festgehalten wurde, lag der Meeresspiegel etwa 100 bis 200 m tiefer als heute. Entlang der Beringstraße wanderten etwa ab 16000 v. u. Z. Cro-Magnon-Menschen aus Sibirien nach Amerika ein.[92] Immer wieder kamen kleine Gruppen neuer Einwanderer aus Asien – etwa um 7000 kamen die Athapasken, um 3000 vor die Inuit und Aleuten. Die eingewanderten Menschen bildeten in den weiten Steppen südlich des Eisschildes Kulturen von Mammutjägern und in Florida von Schildkrötensammlern.

Die Erwärmung der Nacheiszeit ließ den Eisschild nach Norden zurückweichen, den Meeresspiegel steigen und die zuerst besiedelten westlichen Gebirgsregionen des Kontinents trockener werden. Die Menschen wanderten nach Osten in die Tiefländer des Mississippi und nach Süden. Etwa um 10000 v. u. Z. erreichten Wanderer die mexikanische Hochebene.[93] Durch erste Domestizierungen und Entwicklung von Instrumenten (Körbe, Knochengeräte, Handmühle) entstand eine eigene neolithische Kultur auf der Basis des Anbaus von Mais, Chili und Bohnen; als Haustiere wurden Hunde, Schlangen und vor allem der Truthahn gezogen. Etwa ab 3000 wurden diese Bauern, die ihren Speisezettel noch durch Jagd ergänzten, sesshaft.

Mais, die wichtigste Feldfrucht dieser Kultur, ist ein einjähriges Gras, das eine hohe Produktion von Biomasse erlaubt; 86 % des Trockengewichts sind Stärke. Die ältesten Sorten haben 6–9 Körner in der Ähre, aber der Mais erlaubt eine schnelle Ertragssteigerung und erwies sich auch als anpassungsfähig – man lernte, ihn bis zur Höhe des St. Lorenz-Stroms im Norden und bis auf 3.500 m Höhe im Gebirge anzubauen.[94]

---

92 Grundlegend für den folgenden Abschnitt: B. G. Trigger, W. E. Washburn Hg.: The Cambridge History of the Native Peoples of the Americas, Vol. 1–3, Cambridge 1996–99; H. Hornbeck Tanner Hg.: The Settling of North America, New York 1995; C. Füllberg-Stolberg, R. Göring Hg.: Amerika – Das andere Gesicht Europas? Pfaffenweiler 1996; Edelmayer, Neue Welt.
93 Allgemein H. Pietschmann Hg.: Handbuch der Geschichte Lateinamerikas, Bd. 1: Mittel-, Südamerika und die Karibik bis 1760, Stuttgart 1994.
94 D. Ingruber, M. Kaller-Dietrich Hg.: Mais. Frankfurt 2001 (auch mit Rezepten!).

Auf der mexikanischen Hochebene entstand die ersten Hochkultur des Kontinents,[95] um 800 v. u. Z. die theokratische der Olmeca, von der eine Pyramide, Stelen, Statuetten und Hieroglyphen überliefert sind. Noch vor unserer Zeitrechnung entstand auch die Maya-Kultur in Yucatan, von der auf einer Steinstele das erste feste Datum überliefert ist: 81 n. u. Z. Große Tempelbezirke wurden angelegt und eine Hieroglyphenschrift entwickelt. Die Maya entwickelten auch ein außerordentlich leistungsfähiges Zahlensystem und erfanden die Null, die in Europa bekanntlich über Arabien aus Indien übernommen wurde. 889 wurde diese Kultur durch eine Katastrophe erschüttert, deren genauer Charakter unbekannt ist. Nach diesem Datum wurden die Maya von einer fremden Oberschicht beherrscht, den Tolteken, welche zeitweise eine Konföderation errichteten. Diese zerfiel 1441 jedoch in mehrere kleine städtisch bestimmte Staaten.

Auf der Hochfläche von Mexiko wurde kurz n. u. Z. in Teotihuacán ein Kultzentrum errichtet, das von den Olmecen beeinflusst war und z. B. die Pyramiden-Architektur übernahm. In der letzten Phase wurde eine gefiederte Schlange, Quetzalcoatl, als Gott verehrt. Das Kultzentrum war nicht befestigt, und es wurden keine Waffen gefunden; um 600 wurden die Sakralbauten jedoch zerstört. Nach dem Wiederaufbau blieb der Ort ein Pilgerziel bis zum Ende des Aztekenreiches.

Die fortschreitende Erwärmung des Kontinents, welche den heutigen Südwesten der USA immer trockener werden ließ,[96] ließ ab 600 viele Jägervölker aus dem Norden in den Süden wandern. Die wichtigsten waren die Tolteken, die später auch Yucatan beherrschten. Diese Völker brachten militärische Strukturen mit, in denen Häuptlinge zu Kriegerführern wurden, und neue Götter, die Menschenherzen verschlangen. 856 gründeten die Tolteken Tollan und übernahmen den Schlangenkult; alle Siedlungen wurden befestigt, ein Reich gegründet. Aber die Herrschaft blieb auf diese Städte konzentriert, es gelangt nicht, die Nordgrenze zu sichern, und das Toltekenimperium brach zusammen. Immer neue Jägerstämme wandern zwischen den Stadtstaaten hindurch in die Hochebene ein. Die wichtigste Gruppe bilden die Meschika oder Azteken.[97]

Die Ursprungslegende der Meschika besagt, dass sie ihre Heimat im Norden verlassen mussten und im Namen ihres Gottes Hutzilopochtli, der sie auserwählt hatte, von vier Priestern in den Süden geführt wurden. Als Waffe benutzte der Gott eine »Feuerschlange«. Da diese Legende in spanischer Zeit niedergeschrieben wurde, kann es gut sein, dass der Erzähler für die Zeit der Wanderschaft das Alte Testament als Analogie ver-

---

95 Eine bilderreiche Gesamtübersicht: H. Stierlin: Die Welt der Maya, Inka und Azteken, Bayreuth 1979
96 Vermutlich war die Austrocknung des Landes der Grund für die Anasazi, gegen 1300 den Anbau von Mais und Kürbissen auf der Mesa Verde aufzugeben und nach Süden an den Rio Grande und Pecos zu ziehen: W. Adams, H-M. Braun: Die Indianer Nordamerikas, München 2004, S. 17 f.
97 M. C. Meyer, W. L. Sherman, S. M. Deeds: The Course of Mexican History, 6. Oxford 1999, hier S. 64–90.

wendet hat. Sicher ist jedoch, dass die Meschika aus dem immer mehr vertrocknenden Norden in den Süden eingewandert sind.

Während der Wanderschaft lebten sie von der Jagd; in den Ruheperioden bauten sie Mais an. Das verweist auf einen Unterschied zu Eurasien: Die Nomaden auf dem Großkontinent waren Viehzüchter, sie verfügten über Rinder und Pferde und traten mit den agrarischen Gesellschaften früh auch in Tauschbeziehungen: Vieh gegen Getreide. Das galt für die Nomaden in Amerika nicht; sie wanderten als arme Jäger und Bauern in das lockere Netz der städtischen Kulturen des mexikanischen Hochlandes ein. Erst nachdem die Spanier das Pferd (wieder[98]) nach Amerika einführten, entwickelten sich sowohl im Süden des heutigen Argentinien als auch auf den nordamerikanischen Plains viehzüchtende Nomaden.

Ab 1300 wanderten die Azteken als arme Leute aus den nördlichen Steppen auf der Hochebene von Mexiko ein.[99] Sie erhielten gegen Tribut eine Insel im See von Texcoco, wo 1325 Tenochtitlán gegründet wurde. Die Stadt war in vier Quartieren organisiert, die den vier Ursprungsclans entsprechen; jeder wählt einen Kriegs- und einen Friedenshäuptling. Gegen andere Hochlandreiche beteiligten die Azteken sich an einer Liga. In der Periode des Herrschers Itzcoatl (1427–1440) erobern sie große Teile des heutigen Mexiko, und am Anfang des 16. Jahrhunderts sind die meisten Staaten um den See in einer Allianz verbündet; der Adel der verbündeten Reiche ist kooptiert, und man zahlt Tribute. Das Imperium reicht von Ozean zu Ozean, es blieben aber stets unabhängige Feinde wie das Königreich Tlaxcalteca bestehen. Die Azteken unterhalten auch weder eine Bürokratie noch Garnisonen; sie überlassen es den Eroberten, den Tribut einzusammeln und abzuliefern.

Feinde, auch Aufständische waren in gewissem Sinn durchaus willkommen. Die Meschika-Gesellschaft pflegte ein militaristisches Selbstverständnis; jeder Mann war eigentlich ein Krieger, der seine Ehre auf dem Schlachtfeld suchte. Der Erfolg des Kriegers wurde an der Zahl der getöteten oder lieber noch gefangenen Feinde gemessen. Die Meschika glaubten, dass die Götter die Welt durch Opfer ihres Blutes in Gang gesetzt hätten und dass vom Blut der Götter im Regen Mais und andere Pflanzen wuchsen. Deshalb musste für die Götter Menschenblut fließen, indem man den Gefangenen auf den Tempeln das Herz herausschnitt. Menschenopfer gibt es in vielen Religionen der Welt, und sowohl das Opfer Isaaks als auch das Mysterium der Transsubstantiation in der Messe erinnern daran, dass das Konzept auch den monotheistischen Kulturen nicht bloß fremd ist. In Mexiko wurde aber wohl nach der Zahl der Opfer ein schauerlicher Höhepunkt

---

98 Das Pferd war in den Amerikas während der Eiszeiten ausgestorben.
99 Über die Azteken sind wir relativ gut informiert, weil es neben den zeitgenössischen Berichten der Eroberer auch einige aztekische Schriften gibt, die inzwischen gelesen und übersetzt werden konnten. Vgl. N. Davies: Die Azteken (1973), deutsch Gütersloh o.J.; H. J. Prem: Die Azteken, München 1996.

erreicht.[100] Der Kult steht grundsätzlich im Zusammenhang mit der Sorge der Menschen um den Regen in einer stets von Austrocknung bedrohten Region und war also ein Fruchtbarkeitskult, hatte aber offenbar auch Funktionen eines politischen Terrorismus zur Einschüchterung der Unterworfenen.

Die Familienstruktur der Meschika war streng patriarchalisch, besonders im Adel. Frauen hatten keine Rolle in der Öffentlichkeit, außer auf Märkten und im Textilhandwerk. Sie hatten kein Erbrecht und konnten nur als Mütter sozialen Rang erwerben. Über die Rolle von Mann und Frau sind Texte überliefert, die sich formal an Neugeborene wenden und den Jungen ein Leben als Adler und Ozelot zuweisen, dessen Leben außerhalb des Hauses geführt werden soll: »draußen bist du geheiligt, Du bist für den Krieg gesandt, Krieg ist, was Du verdienst …«. Dem Mädchen wird dagegen ein Leben drinnen zugewiesen: »… Du bist an einem Ort der Mühe, der Anstrengung angekommen, einem Ort der Müdigkeit, der Kälte und des Windes … Du wirst das Herz des Hauses sein, Du gehst nirgendwohin, Du wirst kein Wanderer, Du wirst das behütete Feuer …«.[101]

Tenochtitlán wurde zu einer Hauptstadt mit zentralem Tempel und Pyramide, mit Hof und Aristokratie, Handwerkern und Händlern. Dämme zum Ufer führten Straßen und Wasserleitungen. Am Beginn des 16. Jahrhunderts hatte die Stadt etwa 200.000 Einwohner; im Umfeld des Sees lebten 300.000 Menschen, so dass im Großraum Mexiko etwa eine halbe Million lebten.[102] Ackerbau wurde auch auf »schwimmenden Inseln« (Chinampas) getrieben – auf Flöße aus Holz und Zweigen wurde Erde geschüttet, auf die man dann Schlick aus dem See kippte. Mais, Gurken, Tomaten, Squash und Pfeffer waren die wichtigsten Anbauprodukte. Die Chinampas waren sehr fruchtbar und zugleich ökologisch sinnvoll – der (heute fast völlig verlandete) See wurde erhalten und gereinigt.

Es gab eine eigene Händlerkaste (pochteca), die auf einer eigenen Insel im See direkt neben der von den Aristokraten bewohnten Hauptinsel lag. Auf vielen Märkten kauften Tausende täglich gegen Geld ein. Viele Waren stammten allerdings aus den Tributen der unterworfenen Völker, so dass der Fernhandel mit dem Zusammenbruch der Macht der Azteken aufhörte.[103] Der Tribut der unterworfenen Völker wurde in Sachleistungen geliefert, z. B. zahlte Tochtepek am Golf von Mexiko jährlich

---

100 Es hat eine Diskussion gegeben, nach der die Menschenopfer der Azteken weithin eine Projektion der Spanier gewesen seien, um die Eroberung zu legitimieren. Da jedoch sowohl aztekische als auch spanische Quellen diese Aussage machen und die Spanier ja keineswegs allen eroberten Völkern diese Praxis nachsagten, ist diese These nicht überzeugend; vgl. Prem, Azteken S. 56; W. Krickberg, Die Religionen der Kulturvölker Mesoamerikas, in RM Bd. 7 (1961), S. 49 ff.
101 Text in Bentley, Ziegler S. 484.
102 »The area surely held one of the heaviest concentrations of population in the world at the time.« – Meyer, Sherman a.a.O. S. 83.
103 Topik, Pomeranz S. 22.

9.600 Mäntel
1.600 Frauenkleider
200 Ladungen Kakao und
16.000 Gummibälle.

Als wichtige Luxusgüter galten Jade, Smaragde, Jaguarfelle, Pfauenfedern und z. B. Vanille.

Zieht man in Betracht, dass auf der Hochebene mit der Wallfahrt nach Teotihuacán und der Verehrung des gefiederten Schlangengottes durchaus Ansätze zu einer umfassenden Religion vorhanden waren, dass eine natürliche Arbeitsteilung sich anbot (Produkte von der Küste wie Kakao ins Hochland etc.), dass neben dem Aztekenreich stets andere Reiche bestanden und ja auch das Aztekenreich in sich gegliedert war, z. B. durch tributpflichtige Teile, dann wird man das Potenzial zur Entwicklung in ein politisches und ökonomisches System für groß halten. Im historischen Moment des spanischen Angriffs allerdings war die mexikanische Hochebene durch die Vorherrschaft des aztekischen Imperiums geprägt, so dass die Spanier sofort Bundesgenossen wie Tlaxcallan fanden und es niemals ein umfassendes Bündnis der Bewohner Mexikos gegen die Invasoren gab.

Südamerika

In Südamerika[104] ist die erste auf Ackerbau beruhende Kultur ab 2500 v. u. Z. nachweisbar – die Chavin-Kultur im heutigen Peru. Feldfrüchte waren Bohnen, Erdnüsse und Kartoffeln; man baute auch Baumwolle an. Aus dem Anbau in den Überschwemmungsgebieten der Flüsse entwickelte sich schnell eine Bewässerungswirtschaft mit Kanälen und Aquädukten. An der Küste wurde Fischfang getrieben, und Handel zwischen den Küstenorten und Gebirgstälern ist früh nachweisbar. Sakrale Bauten mit Pyramiden als Leitform entstanden ab etwa 2000 vor. Ein weiterer Aufschwung der Chavin-Kultur hängt wahrscheinlich mit der Einführung von Mais als Feldfrucht aus Mittelamerika zusammen, Mais erlaubte größere Bevölkerungen, und ab 200 v. u. Z. gab es Städte. Das erste Staatswesen, das mehrere Täler und Städte zusammenfasste und etwa von 300 bis 700 nach existierte, wird nach der Stadt Mochica genannt. Diese Kultur ist durch eine reiche Keramik mit naturalistischen Zeichnungen und Bildern gekennzeichnet; es gibt Keramiken mit Bildern von Maisbier betrunkenen Leuten.

Auf die Mochica-Kultur folgten weitere wie die Chimu, dieses Staatswesen erstreckte sich über einige Hundert km an der Küste. Die Ernten wurden durch Bewässerung ver-

---

104 J. Golte: Die indigene Bevölkerung Lateinamerikas um 1500, in Edelmayer, Neue Welt S. 41–59.

vielfältigt, das Wasser aus den Anden über Kanäle auf die Felder verteilt; zu den eindrucksvollen technischen Baudenkmälern gehört ein 1.400 m langes Aquädukt. Die Hauptstadt Chanchan hatte mehr als 50.000 Einwohner und war in Viertel geteilt, die jeweils von Clans bewohnt wurden. Nach den Grabbeigaben geurteilt gab es klare soziale Differenzierungen.

Um den Titicaca-See war seit etwa 1000 v. u. Z. trotz der Höhe der Hochebene eine auf Kartoffeln und Hirsearten beruhende Kultur entstanden.[105] Auf »erhöhten Feldern« – durch Gräben wurde die Wasserversorgung kontrolliert, der immer wieder herausgehobene Schlamm diente zur Düngung – konnten gute Ernten erzielt werden, sogar Mais konnte in günstigen Lagen angebaut werden, jedoch nicht zur Grundnahrung, sondern für kultische Zwecke (Bier). Allerdings führte eine Trockenperiode (zeitlich parallel zum europäischen Hochmittelalter) zur Krise.[106]

Das andine Südamerika war also in der Periode, welche dem westeuropäischen Mittelalter entsprach, in mehrere mittelgroße Staaten aufgeteilt. Dies galt am Beginn des 16. Jahrhunderts noch immer für Yucatan und viele Fürstentümer des heutigen Kolumbiens, wurde vom heutigen Ecuador an jedoch durch die Expansion des Inka-Imperiums geändert.

Etwa um 1438 begann der Inka oder König eines kleinen Hochtales beim heutigen Cuczco Eroberungszüge gegen umliegende indianische Reiche, die es ihm ermöglichten, schließlich sogar Chimu zu erobern.[107] Sie konnten zwar die befestigten Städte nicht erobern, zerstörten aber die Kanalanlagen und erzwangen so die Übergabe. Bis zum Beginn der Frühen Neuzeit errichteten die Inka eines der größten Imperien der Welt, das sich über etwa 4000 km Nord-Süd von Quito im heutigen Ecuador bis zum heutigen Chile erstreckte. Im Westen grenzte es an die Pazifik-Küste, im Osten über die Anden hinweg bis zum tropischen Regenwald, wo ein Festungssystem Raubzüge der Waldindianer abwehrte. Das Imperium hatte etwa 11,5 Millionen Einwohner.

Die Inkas selbst bildeten nur einen kleinen Teil dieser Bevölkerung, die Oberschicht, welche die politische Macht und Organisation in der Hand hielt. Unterworfene Völker mussten Geiseln stellen, die in der Hauptstadt Cuczco zu leben hatten. Aufstände bestrafte man durch Landverlust – es wurden Kolonien und Garnisonen angelegt, und in extremen Fällen wurden Völker umgesiedelt.

Das Land wurde von einer großen Bürokratie regiert. Man kannte keine Schrift (die Hieroglyphen aus Mittelamerika wurden also nicht übernommen), Informationen wurden mit Fäden festgehalten, welche unterschiedlich gefärbt waren und durch Knoten dif-

---

105 Zur Diffusion N. Ortmayr: Kulturpflanzentransfer, in: Beiträge zur Historischen Sozialkunde 2002.1.
106 Vgl. W. Golte: Hydraulische Landwirtschaft als Grundlage der zentralandinen Hochkulturen und des Inkastaates, in: ZWG 6.1 (2005) S. 53–75.
107 C. Julien: Die Inka. Geschichte, Kultur, Religion, deutsch ³München 2003; V. v. Hagen; Das Reich der Inka, deutsch Hamburg o.J.

ferenziert wurden: Quipu. Die meisten Quipu, die überliefert sind, enthalten statistische Daten – Vermögen, Steuern, Arbeitsleistungen für die Inka, also Fronden. Es gab auch Quipus, die Geschichte wiedergaben – Gründung des Imperiums etc.

Die Hauptstadt Cuczco hatte mehr als 100.000 Einwohner, vielleicht 300.000. Der Inka selbst und der Adel wohnten hier, die hohen Priester und wie erwähnt die Geiseln. Die wichtigeren Gebäude waren aus rotem Stein und mit Gold geschmückt. Die Hauptstadt lag im Zentrum eines Reichsstraßensystems von ca. 16.000 km Länge. Die Staatspost wurde von Läufern getragen, welche ihre Last von Posten zu Posten trugen; wollte der Inka frischen Fisch von der 320 km entfernten Küste, erhielt er ihn in zwei Tagen. Hauptlasttier war das Lama (das in den Anden domestiziert, aber nicht nach Mittelamerika übernommen worden war). Die Straßen waren also voll von laufenden und tragenden Menschen und Tieren, unter denen die Läufer des Inka die höchste Geschwindigkeit erreichten. Trotz der guten Straßen gab es relativ wenig Fernhandel; die regionalen Handwerkszentren für Textilien und Keramik wie Chimu waren ja erhalten geblieben und auch oft leistungsfähiger als Cuczco. Der Ferntransport von Agrarprodukten war oft staatlich, d. h. Tribute und Abgaben wurde in Lagerhäuser nach Cuczco oder an andere Orte gebracht.

Der Inka galt als Gottheit, der das Imperium absolut regiert. Tote Inkas wurden mumifiziert, sie galten als Vermittler zu den eigentlichen Göttern. Der Inka verteilte das Land durch die Bürokratie an die Bauern, die es rechtlich also im Auftrag des Inkas bearbeiteten und dafür beträchtliche Anteile des Ertrags an den Inka abgaben. Der verteilte diese an den Adel und die Priester oder lagerte sie in den staatlichen Vorratshäusern, um für Hungersnöte gerüstet zu sein; aus den Vorratshäusern wurden aber auch Witwen, Waisen und Kranke versorgt. Die Bauern waren außerdem zu Fronarbeiten verpflichtet, insbesondere für den Erhalt der Straßen und der Bewässerungskanäle. Frauen waren verpflichtet, Textilien oder Keramik abzuliefern.

Aristokratie und Priester waren nach Lebensstil, Kleidung etc. deutlich von anderen Einwohnern abgehoben. Für die Priester galt das Zölibat; allein in Cuczco gab es 4.000. Die Tempel waren das Ziel großer Wallfahrten, und man opferte den Göttern Ackerfrüchte und Tiere, aber keine Menschen. Die Religion hatte eine stark moralische Komponente: Wer die gesellschaftliche oder natürliche Ordnung verletzte, unterlag auch göttlicher Strafe. Man glaubte an ein Leben nach dem Tode, in dem nach Verdienst und Sünde vergolten werden konnte; man konnte auch die Beichte ablegen.

Niederlagen gegen spanische Trupps

Die indianischen Kulturen waren unterschiedlich, einige hatten eine hohe Stufe der Zentralisierung mit Großstaaten von vielen Millionen Einwohnern. Die Basis dieser Kulturen war jungsteinzeitlich; es gab zwar erste Anfänge von Metallverarbeitung von Gold, Kupfer und Meteoreisen, die hauptsächlichen Geräte wurden aber aus Stein oder Keramik hergestellt. Die Landwirtschaft beruhte auf domestizierten Pflanzen wie Mais, Kartoffeln und Bohnen und auf Tieren wie Lama und Truthahn. Der kulturelle Austausch zwischen Mittel- und Südamerika war gering.

Die entwickelten Staats- und Gesellschaftsformen waren sehr vielfältig, von Stadtkönigreichen bis zu Imperien, und die Kulturen waren unterschiedlich – von naturalistischen Bildern wie der Mochica zu hochstilisierten wie jene der Azteken; von friedlichen Ackerbauern bis zu extrem militaristischen Kriegern. Die intellektuellen Leistungen waren z. T. herausragend; die Maya benutzten z. B. die Zahl Null, zählten also etwas, was nicht vorfindlich ist.

Warum also sind die indianischen Hochkulturen so schnell vor den spanischen Angriffen zusammengebrochen, und warum hatte die Conquista so katastrophale demographische Folgen? William McNeill und Jared Diamond haben dazu erklärungskräftige Forschungen vorgelegt.[108]

Zuerst einige Gründe, die nicht ausreichend erklärungskräftig sind: Die Spanier waren nicht militaristischer als die Azteken und dachten nicht imperialer als die Inka. Vielleicht waren sie skrupelloser, weil sie die Heiden verachteten; über die Regeln der Politik in den indianischen Staaten wissen wir aber besonders wenig. Auch der kulturelle und religiöse Schock erklärt die Niederlagen nicht; die Azteken vertrieben die Spanier im offenen Kampf aus Tenochtitlán, und auch die Inka lieferten offene Feldschlachten. Geschichte muss erklären, warum die Indianer diese Schlachten trotz der oft horrenden zahlenmäßigen Überlegenheit verloren. Und hier ist der erste Grund, dass die Spanier über Stahl verfügten, so dass ihre Klingen den Schutz der Gegner durchschlugen und ihre eigenen Rüstungen sie vor den Pfeilen, mit denen sie überschüttet wurden, schützten. War Stahl wirklich entscheidend? Wenn wenige hundert Spanier Heere mit vielen Tausenden Kämpfern fast ohne eigene Verluste besiegen, dann ist das nur mit einer großen waffentechnischen Überlegenheit möglich. Beispiele aus der Gegenwart liegen auf der Hand.

Wichtig war weiter, dass die Spanier Pferde und Feuerwaffen einsetzen konnten, obgleich deren Wirkung begrenzt blieb, weil beides an Nachschub gebunden war. Der Gebrauch der Pferde signalisierte aus weltgeschichtlicher Sicht, dass die Spanier Erben der eurasiatischen Viehzüchterkulturen waren, welche den Großkontinent stets mitbestimmt hatten; Pferde wurden in der heutigen Ukraine domestiziert. Aus dem Erbe dieser Viehzüchterkulturen brachten die Spanier aber nicht nur die Pferde mit, sondern auch Kühe und Schweine und nicht zuletzt die Seuchen, welche nach der Domestizierung des Viehs auf die Menschen übergewandert waren, an erster Stelle die Pocken. Die Eurasier hat-

---

108 McNeill, Plagues; Diamond, Germs.

ten gegen die Seuchen Immunitäten, entwickelt und oft waren sie zu so genannten Kinderkrankheiten geworden, an denen jeder erkrankte, aber nur wenige starben. Diese Seuchen trafen bei den Indianern auf eine nicht immunisierte Bevölkerung, von der Millionen in kürzester Zeit starben. Manchmal waren die Seuchen schneller als die Eroberer – als der Spanier De Soto als erster Europäer Nordamerika durchquerte, traf er auf verlassene städtische Plätze, welche die Pocken aus den spanischen Forts auf Florida schneller erreicht hatte als die Spanier selbst.

Zu dieser demographischen Katastrophe haben die Spanier vor allem in der Eroberungszeit beigetragen, als sie auf der Suche nach Gold teilweise skrupellos Menschen zu Zwangsarbeit einsetzten oder zu Tode folterten. Aber die Katastrophe lag nicht in ihrem Sinn – sie suchten ja untertane Bauern, die es ihnen ermöglicht hätten, als Herren zu leben.

Warum entwickelten die amerikanischen Hochkulturen keinen Stahl, obgleich die Metallbearbeitung ihnen nicht unbekannt war? Warum blieb das Rad auf kultische Funktionen beschränkt? Warum blieb das Lama das einzige Tier, das im Lastverkehr eingesetzt wurde – und auch das nur in Südamerika?

Jared Diamond hat darauf verwiesen, dass in den beiden Amerikas beim Auftauchen der Menschen weniger genetisches Material zur Verfügung stand als in Eurasien; es gab z. B. weniger große Säugetiere, die zu domestizieren man versuchen konnte. Dann waren Konkurrenz und Austausch zwischen Mittel- und Südamerika nicht so lang dauernd und intensiv wie in Eurasien; der Tropenwald des Isthmus von Panama trennt mehr als die Steppen zwischen Ungarn und China. Die Erfindung von Stahl ist wahrscheinlich im 2. Jahrhundert n. u. Z. in Han-China gemacht worden; nach Spanien kam es über die arabischen Reiche. Aber die Indianer kannten ja auch kein Eisen, das etwa um 1000 vor in Mesopotamien so zubereitet wurde, dass es waffentauglich war. Krass formuliert: Auch die Assyrer hätten die Azteken besiegt, weil Erstere über Waffen aus Eisen verfügten. Die Spanier standen auf den Schultern von mehr als 2.500 Jahren handwerklicher Evolution und Austausch zwischen Europa, Asien und Afrika. Und der Vergleich macht auch die Differenz zu Afrika deutlich, dessen Krieger mit Eisenwaffen ausgerüstet waren.

Genau dieser Austausch hatte in den Amerikas nur ein geringes Ausmaß erreicht. Und ein politisches System, das sich gemeinsam gegen die Eindringlinge verteidigt hätte, war nicht einmal auf der Hochebene von Mexiko erreicht worden – wo an sich viele Voraussetzungen dafür bestanden.

Nur wer in der Welt sein absolut wahres Selbst ist, kann seine eigene Natur erfüllen; nur wer seine eigene Natur erfüllt, kann die Natur des andern erfüllen, nur wer die Natur des andern erfüllt, kann die Natur der Dinge erfüllen; nur wer die Natur der Dinge erfüllt, ist würdig, der Mutter Erde bei der Erhaltung und Förderung des Lebens zu helfen; nur wer würdig ist, der Mutter Erde bei der Erhaltung und Förderung des Lebens zu helfen, ist den Mächten des Himmels und der Erde ebenbürtig. Die nächsten im Rang sind jene, die fähig sind, sich mit einem bestimmten Wissensgebiet völlig vertraut zu machen ...

Konfuzius: *Der Goldene Mittelweg*[109]

Kapitel 3

China – die Mitte der Welt

Ab etwa 3000 v. u. Z. entstanden im späteren China[110] sesshafte Ackerbaukulturen auf der Grundlage von Reisanbau sowie Rinder- und Schafzucht. Der Lebenszusammenhang, der sich ab 1600 v. u. Z. entwickelte, wird als Shang-Kultur bezeichnet; man kannte Metallverarbeitung und eine Zeichenschrift. In dieser Periode gab es mehrere Staaten, die von adligen Clans unter Königen beherrscht wurden. Schamanen brachten den Göttern Opfer, auch Menschenopfer; in Opposition gegen diese magischen Bräuche wurden jedoch schon Formen des Konfuzianismus entwickelt, welche den Ahnenkult und eine Morallehre in den Vordergrund stellten.

---

109 Lin Yutang Hg.: Konfuzius, deutsch Frankfurt 1957, S. 89. Kung-fu-tse lebte 551–479 v. u. Z.
110 Lexikon: B. Staiger, S. Friedrich, H.-W. Schütte Hg.: Das große China-Lexikon, Darmstadt 2003 (Schwerpunkt auf aktuellen Fragen. Von den Autoren gezeichnete Artikel, Bilder, Karten, Literaturangaben, Glossar und Register). Geschichte: O. Franke: Geschichte des Chinesischen Reiches, 5 Bände Nachdruck Berlin 2001; J. F. Fairbank: Geschichte des modernen China, deutsch München 1989; Einführungen: H. Schmidt-Glintzer: Das alte China, München 1995. Didaktik: K. Mäding: China – Kaiserreich und Moderne, Berlin 2002. Historiographie: D. Sachsenmaier Hg.: China = ZWG 4.2 (2003). Vgl. E. Müller-Risse: Politisches Zentrum seit 2000 Jahren, in: Das neue China 1 (1984). Die folgenden Aussagen auch nach Pomeranz, Divergence.

222 v. u. Z. vereint Quin Shuhangdi die Länder Kernchinas und nimmt den Titel »huang-ti« = »Göttergleicher Ahn« an; dies wird bis 1911 der Titel der chinesischen Kaiser sein. Sein Grab bei Changán enthält tausende Terrakotta-Krieger, -Streitwagen, -Zivilbeamte, -Pferde etc.;[111] man kann den Sublimationsprozess von realen zu Keramik-Opfern spüren. Das Kaiserreich China umfasste damals etwa 50–60 Millionen Menschen, es wurde als zentralisierter Beamtenstaat regiert, in dem diese nach durch Prüfungen festgestelltem Verdienst eingesetzt wurden. Die Schrift wurde vereinheitlicht, auf staatlichen Akademien lernten zeitweise 30.000 Studenten. Der Konfuzianismus[112] wurde zur verbreiteten Lehre – er predigt Moral, Verantwortung und die Verehrung der Ahnen. Sein Ziel ist, Tugend, Güte und Menschlichkeit zu fördern, das magische Denken zu überwinden und die Gesetze durch strenge Strafen durchzusetzen. Aber auch der Taoismus[113] spielte eine große Rolle sowie der Buddhismus; es gab keine Staatsreligion. Der Beamtenstaat wurde häufig von adligen Clans herausgefordert. Die Dynastie Han regierte das Land aber bis 220 n. u. Z. Der wichtigste außenpolitische Gegner waren die Hunnen, gegen die das Tarimbecken erobert und mit dem Bau der Chinesischen Mauer begonnen wurde (wenn auch als Erdwall); trotzdem brachen Hunnen und andere Nomaden im 4. Jahrhundert in China ein.

Im 6. Jahrhundert gelang es, im Zusammengehen mit dem Buddhismus die Reichseinheit wieder herzustellen; ab 618 expandiert das Imperium unter der Tang-Dynastie zum Weltreich. Durch den Buddhismus bleibt es kulturell in enger Verbindung mit Indien; viele andere Religionen werden geduldet. 844 werden die Buddhisten (und auch die Christen) gezwungen, ihre Klöster zu schließen, damit die Mönche körperliche Arbeit leisten müssen; der Konfuzianismus wird wieder hergestellt. Zwischen 960 und 1279 regiert die Dynastie der Sung; 1280 wird der Enkel Dschingis-Khans Khublai zum Kaiser.[114] 1368 gelingt der Ming-Dynastie die Vertreibung der Mongolen.

Die äußere Geschichte der verschiedenen Dynastien korrespondiert zu festen kulturellen Standards, zu dynamischen handwerklichen Entwicklungen und einer zwischen Bauernbesitz und Großgrundbesitz wechselnden Agrarverfassung. Zu den festen kulturellen Standards des Alltags gehörte die Architektur der Städte – rechtwinklig angelegt und von hohen Mauern umgeben waren sowohl die Stadt als auch die einzelnen Häuser vom Norden zum Süden, vom Dunklen zum Hellen, von Yin auf das Yang hin angelegt. Die Türen der Häuser wie die der Städte öffnen sich zum Süden; der Palastbezirk des Kaisers in der Hauptstadt Changán liegt im Norden und schützt so die Stadt vor dem

---

111 Vgl. H. Brinker, R. Goepper Hg.: Katalog Kunstschätze aus China, Zürich 1980, Nrn. 20–40.
112 Xinzhoung Yao Ed.: Routledge Curzon Encyclopedia of Confucianism, 2 Vols. London 2003. Textauszug Heer, Dokumente S. 36–39.
113 Lin Yutang Hg.: Laotse, Frankfurt 1956; Textauszug Heer, Dokumente S. 46–49.
114 M. Rossabi: Khubilaj Khan, Berkeley 1988.

Dunklen, vor den »Barbaren«. Zu den kulturellen Standards der Intellektuellen gehörte die Literatur – die Prüfungen der Beamten erfragten Kalligrafie und Kenntnis von Gedichten.

In Technik und Gewerbe waren die Chinesen außerordentlich erfindungsreich:[115]

Erfindungen bzw. Übernahmen	China	Europa
Gusseisen	6. Jh. v. u. Z.	1380
Seekompass	1. Jh. n. u. Z.	1180
Schubkarre	1. Jh.	1250
Schießpulver	9. Jh.	1285
Papier	2. Jh.	13. Jh.
Blockdruck	8. Jh.	1375
Druck mit beweglichen Lettern	11. Jh.	1430–60
Kanalschleuse	11/12. Jh.	1375

Es gab viele Transfers wie die von Seidenraupenzucht und Papierherstellung (s. Kapitel 1); in dieser Periode war die Richtung jedoch stets von China in den Westen. Bei Porzellan hüteten die Chinesen ihre Produktionsgeheimnisse lange erfolgreich; chinesisches Porzellan wurde in die gesamte Welt des Großkontinents exportiert.[116]

Die Agrarstruktur wechselte zwischen einer vom Staat geregelten bäuerlichen Nutzung staatlichen Landes und Grundeigentum von Klöstern und Adligen. 485 wurde in einem Teilreich ein System von Landzuweisung fixiert,[117] dass jedem Mann und jeder Frau im Dorf über 15 Jahren 20 Mu Anteilland für Getreide zuwies und zusätzlich jedem Mann 20 Mu für Maulbeerbäume. Das Anteilland musste im Alter zurückgegeben werden; das Land für Maulbeerbäume wurde vererbt, durfte aber nicht verkauft werden. Die Bauern hatten Naturalien an den Staat abzuliefern und Fronarbeit für ihn zu leisten (Straßen, Kanäle etc.). Frauen waren für die Hausarbeit zuständig und auch an das Haus gebunden; sie mussten aber eine eigene Abgabe in Textilien leisten und waren Rechtspersonen. Großgrundbesitz war immer möglich und in manchen Perioden auch sehr verbreitet; da die Sklaven auf den Gütern jedoch auch Land erhielten und ebenfalls an den Staat Abgaben zu leisten hatten, kam es zu einem langsamen Ende der Ackersklaverei – nicht jedoch der Haussklaverei. Es gab in China also stets auch bäuerliches, vererbbares Eigentum an Land.

---

115 J. Gernet: Die chinesische Welt, deutsch ³Frankfurt 1983, S. 322. Vgl. vor allem J. Needham Hg.: Science and Civilization in China, 7 Bde. in 15 Teilen, Cambridge 1954–1998; R. Finlay: China, the West and World History, in: JWH 11.2 (2000).
116 R. Finlay: The Pilgrim Art – The Culture of Porcelain in World History, in: JWH 9.2 (1998).
117 A. Anderle u. a.: Weltgeschichte in Daten, Berlin 1965, S. 392.

Der Außenhandel Chinas war seit alten Zeiten vorwiegend Tributhandel. Die Repräsentanten der auf die Hügel verdrängten vorchinesischen Ethnien wie die Miao brachten Tribute in die Hauptstadt und erhielten Gegengeschenke. Mit den im Reich lebenden Ethnien gab es übrigens auch privaten Handel, z. B. zwischen Berg und Tal. Auch die weiter entfernten Stämme brachten Tribute – das konnten auch seltene Tiere für den kaiserlichen Zoo sein, oft waren es Pferde – und erhielten Gegengeschenke – Seide, Porzellan, Bücher –, die manchmal für den westlichen Kaufmann einen höheren Wert haben konnten als die Tribute. Das Königreich Korea brachte dreimal im Jahr Tribute. Angehörigen jener Länder, welche nicht einmal aus der Ferne Tribut bringen wollten – also z. B. Engländer und Russen –, wurden feste Orte für den Austausch zugewiesen, wie Kanton oder Kjachta.

China sah sich als das Zentrum der Welt, als die einzige wirkliche Kultur. Der Kaiser als Sohn des Himmels repräsentierte die Menschheit vor Gott. Wer zum Kaiser gehörte, ihm als Beamter diente oder ihm Steuern zahlte, der gehörte zum inneren Kreis. Im zweiten Kreis wohnten die Könige und Stammesfürsten, die – oft mit Garnisonen vor ihrer Haustür – zum festen Bestand des Imperiums zählten und regelmäßig Tribute brachten. Den dritten Kreis bildeten jene Barbaren, welche schon einige Kenntnisse von der chinesischen Kultur besaßen, aber noch nicht regelmäßig Tribute brachten – sie hießen »gekochte Barbaren«. Im vierten Kreis wohnten jene, welche die Rolle Chinas als Zentrum der Welt noch nicht begriffen hatten und keine Tribute brachten – das waren die »ungekochten Barbaren«.[118]

Die Ming-Dynastie, die gegen die mongolische Fremdherrschaft (auch wenn sie den Han nicht nur in der Verlagerung der Hauptstadt des Mongolenreiches nach China entgegengekommen war[119]) durchgesetzt worden war, führte das Beamtensystem und die Prüfungen wieder mit altem Anspruch ein. Im Verlauf der Ming-Periode nahm die Zahl der Inhaber staatlicher Grade von 100.000 auf 550.000 zu; davon hatten 500.000 jedoch nur den niedrigsten Grad erreicht. Insgesamt gab es zwischen 25.000 und 40.000 Beamte; davon etwa 10.000 auf der Ebene der Provinzen und einige hundert auf der Ebene des Hofes.[120] Die meisten Absolventen lebten also nicht von Beamtengehältern, sondern anderen Einkommen – nicht nur das Prestige der Prüfungen war wichtig, sondern auch die Privilegien, die an sie gebunden waren. Die Grundeinheit der Verwaltung des Landes, auch der Steuereinziehung, war der Haushalt; 110 Haushalte waren zu einem »li« zusammengefasst.

---

118 Q. E. Wang: World History in Traditional China, in: Storia della storiografia 1999.35 S. 83–96. Vgl., besonders zu der diesen Rahmen letztlich sprengenden Beziehung zu Westeuropäern, M. Grießler: Außenbeziehungen Chinas zwischen 1600 und 1900, in: Linhart, Ostasien.

119 Weiers, Mongolen S. 137–155.

120 Vgl. das Bild der Prüflinge, die an einer Mauer das Hofes warten, bis die Ergebnisse ausgehängt werden sollen: P. Buckley Ebrey Hg.: Cambridge Illustrated History: China, Cambridge 1996, Neuaufl. 2000, S. 200.

Die traditionellen Gemeinden blieben bestehen, hatten aber vor allem Funktionen der Selbstorganisation. Oberhalb der Dörfer und der li standen die Kreise – in der Spätphase der Dynastie 1400: darüber 150 Präfekturen und 15 Provinzen (einige wurden später geteilt).[121] Erneut wurde auch das Land umverteilt; der Grundbesitz besonders der Klöster wurde eingeschränkt. Als neue Ackerfrüchte führte man Baumwolle und Zucker ein.

Das Kaiserreich China organisierte zwischen 1405 und 1433 mehrere Seeexpeditionen unter dem muslimischen Seefahrer Zheng He, die von Gangzouh oder Kanton ausgingen und den pazifischen und indischen Ozeane erforschten, also einen durch Handelsbeziehungen vielfältig erschlossenen Raum. Die Chinesen fuhren mit großen Hochseeschunken, die wesentlich größer waren als die Schiffe der Portugiesen 80 Jahre nach ihnen. Man schloss Verträge mit malaiischen, indischen und afrikanischen Fürsten und brachte dem Kaiser aus Mombasa eine Giraffe für den kaiserlichen Zoo mit.[122] Obgleich die arabischen Seeleute schon den Monsun nutzten, um den indischen Ozean zu überqueren, fuhren die Dschunken die Küsten entlang. Nach 1433 wurden diese Expeditionen eingestellt; vielleicht der Religion des Admirals wegen (die ihn in Machtcliquen Chinas isolierte), wahrscheinlich aber deswegen, weil die Ming das Potenzial des Imperiums angesichts der Bedrohung durch die Oiraten[123] auf die Nordgrenze verlegen mussten. Ökonomische Gründe waren für einen Ausbau des chinesischen Fernhandels nicht so konstitutiv wie später für den europäischen, da die Chinesen entlang der Ströme eine regionale Arbeitsteilung innerhalb des Imperiums realisieren konnten.

Der militärischen Doppelbelastung der sowohl Verteidigung der Küsten als auch der nördlichen Grenzen konnte China aber nicht entgehen. Im 16. Jahrhundert bedrohten weniger Europäer diese Küsten als Japaner, welche in immer neuen Piratenüberfällen die chinesische Schifffahrt an den Küsten und zu den Inseln im Pazifik störten. Japan befand sich damals in der Periode der »Kämpfenden Provinzen«, und die Zentralgewalt war schwach (vgl. Kapitel 5). Das Land hatte zwar manche Institutionen der chinesischen Kultur übernommen; die Piratenüberfälle brachten es in den Ring der »ungekochten Barbaren«, und es gab lange keinen offiziellen Handel mit den Inseln. Das machte den Schmuggel der Portugiesen und Holländer selbstverständlich umso profitabler. Aber trotz dieser Handels- und See-Rüstungs-Probleme endeten die Kriege für China siegreich – 1592 griff Japan Korea an, erlitt aber eine Niederlage, und die japanische Flotte wurde von der chinesischen vernichtet. Offiziellen Handel mit Japan haben aber erst die Mandschu wieder erlaubt.

Der Vorrang des Kampfes gegen die Steppennomaden des Nordens hatte viele Folgen. 1421 wurde die Hauptstadt von Nanking nach Peking verlegt, also fast an die Nord-

---

121 L. Littrup: Ming-Dynastie in: China-Handbuch.
122 Vgl. das am Hof gemalte Bild in Ebrey a.a.O. S. 211.
123 Weiers, Mongolen S. 160–169.

grenze des damaligen Imperiums – wodurch auch symbolisch die Schutzaufgabe des Kaisers verdeutlicht wurde. Um Peking und die Garnisonen im Norden zu versorgen, war der Kaiserkanal unumgänglich, der aber schon unter den Mongolen ausgebaut worden war (auch Karakorum lag ja im Norden). Anders die Chinesische Mauer: Sie erhielt erst unter den Ming, im späten 15. Jahrhundert, das äußere Erscheinungsbild, das uns heute bekannt ist – sie wurde aus Wällen und Teilstücken zu einer festen, ganz in Stein hochgeführten Verteidigungsanlage gemacht, die sich über 2.500 km bis ins Innere des Landes erstreckt. Die Mauer ist zwischen 10 und 15 Meter hoch und an vielen Stellen so breit, dass Karren auf ihr fahren können. Hinzu kamen Wachttürme, Forts und Kasernen. Die Kosten für Bau und Unterhalt bildeten eine konstante und schwere Belastung des Volkes.

Die hohen Kosten der Abwehr im Norden haben offenbar zu den Bauernaufständen ab 1628 beigetragen, in welchen gegen den wieder ansteigenden Großgrundbesitz eine Neuverteilung des Bodens gefordert wurde. Ein Teil der Katastrophe lag aber auch darin, dass die Kaiser in der »verbotenen Stadt« in Peking sich weit von den Bedürfnissen des Volkes entfernt hatten und sich auf ein schlechtes Nachrichtensystem verließen, das ein falsches Bild der realen Verhältnisse vortäuschte. So war der Kaiser überrascht, als die Aufständischen vor den Toren des Palastes standen, und die kaiserliche Familie beging insgesamt Selbstmord. In der Hoffnung auf die Erneuerung von Law and Order öffnete ein General den Mandschu die Tore der Großen Mauer.

Die Mandschu, die von 1644 an China eroberten, sprechen eine altaiische Sprache, die entfernt mit den Turksprachen und dem Mongolischen verwandt ist.[124] Ihre Gesellschaft war eine halb-nomadische Adelsgesellschaft, in der auch Waldackerbau getrieben wurde; ihre Religion war der Schamanismus, der jedoch im 17. Jahrhundert zunehmend und wohlgeplant vom Lamaismus[125] abgelöst wurde. Die Mandschu hatten im Norden der Großen Mauer einen Staat aufgebaut, der durch viele Übernahmen chinesischer Institutionen gekennzeichnet war.

Es gab nur relativ wenige Mandschu, und von Anfang an wurden Chinesen in die Eroberungszüge in den Süden einbezogen. Die ersten Mandschu-Kaiser – die schon durch ihre langen Regierungszeiten für Stabilität sorgten – traten in doppelten Identitäten auf: als Hüter der alten chinesischen Kulturtradition, aber auch als Vertreter eines Kriegervolkes. »Sie waren Eroberer, verstanden sich aber als Bollwerk der traditionellen Ordnung.«[126] Der Differenz war man sich stets bewusst, und den Han-Chinesen wurde der kulturelle Hochmut der Ming-Periode nun heimgezahlt – alle chinesischen Männer

---

124 Vgl. F. Wakemann: The Great Enterprise. The Manchu Reconstruction of Imperial Order in Seventeenth Century China, Vol. 1–2 Berkeley 1985, der auch Tabellen der Regierungsposten nach ethnischer Herkunft vorgelegt hat (z. B. der Gouverneure Vol.2, S. 1016–1036).
125 Weiers, Mongolen S. 188–193.
126 P. Ètienne Will in: China-Lexikon, hier S. 599.

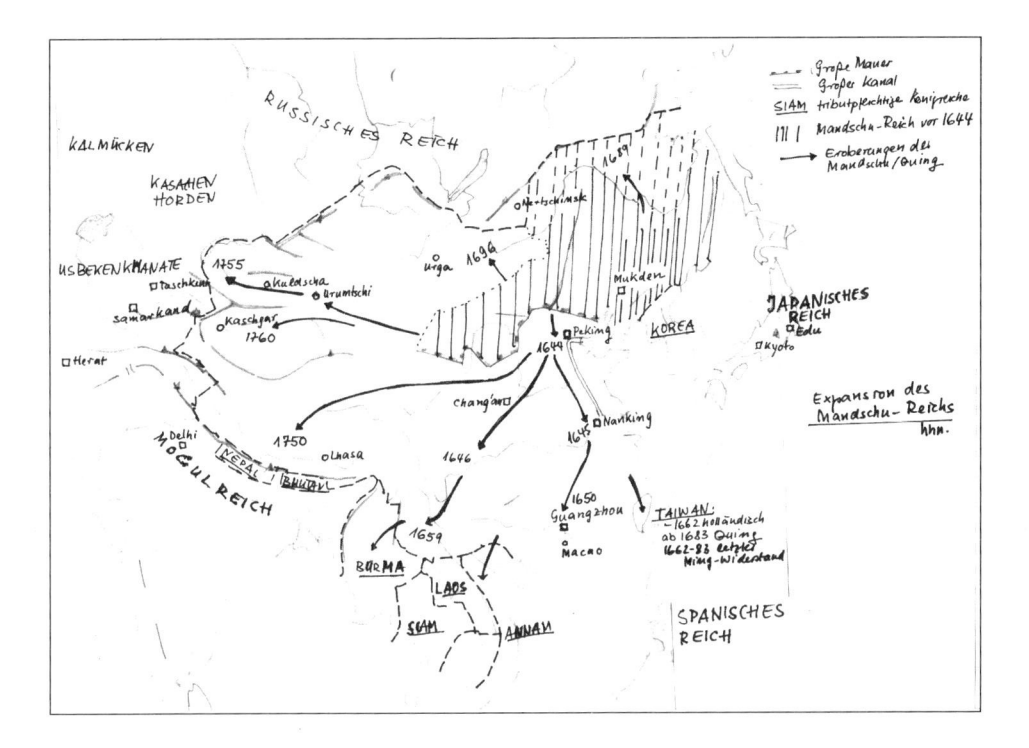

mussten einen Zopf tragen wie die Mandschu selbst, und Heiraten zwischen Mandschu und Han-Chinesen waren verboten. Zugleich wurden aber die konfuzianischen Gelehrten in den Staatsaufbau integriert – ihre Gehälter wurden erhöht, das staatliche Prüfungssystem für die Laufbahnen verschärft. Die Mandschu eroberten das östliche Zentralasien bis zum Balchasch-See, Tibet und Burma – den größten Teil der lamaistischen Welt. Die Herrschaftsstruktur des Kaiserreichs war danach dreigeteilt:

Kaiser

| 1. die Mandschu als Krieger | 2. Mongolen, Tibeter Muslime | 3. Han-Chinesen die Masse der Bevölkerung 10% davon städtisch |

Obgleich demnach ein fremdsprachiger und einer anderen Religion zugehöriger Adel über die chinesische Bevölkerung herrschte, der lamaistische Glaubensgenossen wie Mongolen und Tibeter, aber selbst Muslime den Han vorzog, wurde unter dieser dünnen und oft in den Peripherien wohnenden Decke die alte Bürokratie restituiert. China hatte ja schon seit 2.000 Jahren ein nach Leistung, zumindest aber Prüfungen bestimmtes System von Berufsbeamten gleichen Bildungshorizonts, die insgeheim manchmal dem Satz huldigten, dass »Dynastie vergeht, Beamtenschaft besteht.« Um in den engsten

Kreis der Mandarine, die »Halle der seidenblumigen Talente«, aufgenommen zu werden, musste man drei Doktorgrade erwerben, in denen es um Literatur, Geschichte und Schrift ging. War man Mandarin, wurde man eingesetzt, um die Steuer einzuziehen, die Ordnung aufrechtzuerhalten, die untersten literarischen Prüfungen abzunehmen und Recht zu sprechen. Vor dem chinesischen Recht waren alle gleich. Die westeuropäischen Beobachter – die ja von zu Hause offiziell nach Ständen unterschiedliches Recht gewohnt waren – betonten entsprechend, dass die Mandarine realiter doch ungleich richteten, dass sie Protektionslisten wichtiger Familien führten etc.

Viele Beamte haben sicher auch wirklich ihre an sich schon hohen Einkommen aus Gehältern durch Bestechung noch aufgebessert, haben den inoffiziell kursierenden Ratschlägen entsprechend Geldgeschenke an den Hof gesandt, Konflikte vermieden, Fehler der Kollegen gedeckt und nur Angenehmes nach oben gemeldet. Die moralischen Normen aber waren die Forderungen des Konfuzius nach Verantwortungsbewusstsein und Redlichkeit, und man wird nicht behaupten wollen, dass die Normen ganz ohne Wirkungen blieben.

Die Beamten wurden in einer Hierarchie eingesetzt und bei Erfolg befördert:

- Kreis, Distrikt
- Präfektur
- Tao (eine Sachzuständigkeit, etwa Getreidetransport oder Salzmonopol)
- Provinz (es gab 19)
- Hof

Der Hof, also die Regierung, bildete eine große Institution mit sehr vielen Beamten. Die Regierung war in zwei Teile geteilt, die jeweils sechs Unterabteilungen hatten und beide dem Kaiser unterstanden:[127]

I. Das innere Kabinett	II. Der Staatsrat
1. Beamten-Ernennung	1. Zensur
2. Steuern	2. Revisionsgericht
3. Öffentliche Arbeiten	3. Übermittlungsbüro
4. Krieg	4. Historische Akademie
5. Zeremonien	5. Literaturkolleg
6. Strafen	6. Barbarenangelegenheiten

Vereinte das innere Kabinett die klassischen Ressorts der Verwaltung mit dem wichtigsten – der Ernennung der Beamten – an erster Stelle, so bildete der Staatsrat das Arkanum der Macht – von der Zensur bis zu auswärtigen Angelegenheiten. Geschichte und Literatur gehörten zu den Gegenständen, die man in einem Land mit uralter, wenn auch

---

127 Mäding, China S. 77.

den Mandschu fremder (oder später vielleicht angeeigneter) Kultur eng pflegte, aber auch kontrollierte. Der »Neo-Konfuzianismus« wurde zu einem moralischen und ideologischen System ausgebaut, das allen Untertanen vor allem die Tugenden der Unterwerfung unter die Autorität und der Treue zum Kaiser nahe legte.[128] Die rasche Verbreitung von Schulen auf dem Lande brachte die »neue Sittlichkeit« auf die unterste Ebene, auf der obersten Ebene der Staatsprüfungen musste jeder Kandidat nun auch ein kaiserliches Werk zu Legitimation der Mandschu lesen.[129]

Im 17. Jahrhundert stieg die Steuersumme durch Wiedererschließung von Ländereien, die in den Bürgerkriegswirren der späten Ming-Zeit wüst gefallen waren, im 18. Jahrhundert wurden große Teile der wichtigsten Steuer fixiert, und die Steuersumme stieg nur noch durch landwirtschaftliche Expansion.

Grundlage der chinesischen Wirtschaft[130] bildete eine sehr produktive Landwirtschaft, deren Hauptfrucht im Norden Hirse und im Süden Reis war. Im 11. und 12. Jahrhundert wurde aus Vietnam eine neue Reissorte eingeführt, der Champa-Reis, der in bewässerten Feldern angebaut wurde und mehrere Ernten im Jahr erlaubte.[131] Die neue Reissorte führte zu einer enormen Steigerung der Produktion und ermöglichte den Anstieg der Bevölkerung Chinas auf etwa 115 Millionen um 1200 (in Europa lebten vor der Pest etwa 75 Millionen Menschen). Entscheidend für die chinesische Agrarproduktion in Mittelalter und Frühen Neuzeit waren Bau und Unterhalt von Gräben und Dämmen, Schleusen und Wasserwegen – Haustiere wie Enten und Karpfen wurden auf den Feldern gehalten, solange sie unter Wasser standen. Man brauchte – im Vergleich zu Europa – wenig Mühlen, weil man Reis so essen kann, wie er geerntet wird (während Roggen und Weizen gemahlen werden müssen, bevor man das Getreide isst). Vom Reisanbau können auch deswegen mehr Menschen auf vergleichbarem Raum leben, weil man die Energie für Haustiere, für den Nahverkehr (Ochsen, Pferde, Maultiere) und Mühlen sparen kann.

In der Frühen Neuzeit kamen neue Früchte hinzu, vor allem Zucker, Baumwolle und Tabak. Insbesondere im 18. Jahrhundert wurden auch Mais und Kartoffeln in Gartenwirtschaft als Zwischenfrüchte angebaut; außerdem wanderten immer mehr Chinesen nach Westen, um die Hügelländer und semiariden Steppen zu kultivieren, die durch die Unterwerfung der Steppennomaden durch die Mandschu nun sicher geworden waren.[132] So wurde das 18. Jahrhundert das einer Verdoppelung der chinesischen Bevölkerung von 150 auf 300 Millionen. Die Regierung legte für Notzeiten Getreidevorräte an, mit denen sie wenn nötig die Preise niedrig zu halten suchte. China entwickelte sich zu einem

---

128 Vgl. H. van Ess: Konfuzianismus –Prägende Kraft in Ostasien? In: Linhart, Ostasien.
129 J. Gernet: Die chinesisches Welt, deutsch ³Frankfurt 1983, hier S. 402.
130 Vgl. allgemein Frank, Re-Orient, Pomeranz, Divergence.
131 M. Mitterauer: Roggen, Reis und Zuckerrohr, in: Beiträge zur Historischen Sozialkunde 2002.1.
132 P. Richardson: Economic Change in China 1800–1950, Cambridge 1999, hier S. 17.

integrierten und monetarisierten Markt mit deutlichen und vielfältigen Differenzierungen zwischen Zentrum und Peripherie.[133]

Allein die Versorgung der Großstädte – Nanking hatte in der Frühen Neuzeit eine Million, Peking 600.000 Einwohner – machte Ferntransport nötig, aber auch der Ausgleich von Missernten in einigen Teilen des Reiches. Die Hauptadern des Fernhandels waren die Ströme, die von Westen nach Osten fließen, und der Kaiserkanal, der als Nord-Süd-Kanal die Ströme vom Yangtse nach Norden verband. Für das 18. Jahrhundert wird geschätzt, dass Getreide zur Ernährung von 14 Millionen Menschen innerhalb Chinas im Fernhandel vermittelt wurde – etwa die fünffache Menge des innereuropäischen Getreidehandels und etwa die zwanzigfache Menge des baltischen Getreidehandels. Die Strecken waren ähnlich lang, ob von Danzig nach Amsterdam oder den Yangtse hinab nach Nanking. Ein Beispiel bot die Provinz Shandong, die 1800 mit 23 Millionen Einwohnern etwa die Größenordnung Frankreichs hatte und in jedem Jahr Getreide für etwa eine Million Menschen sowohl ex- als auch importierte, während es in Frankreich nur wenig inneren Getreidefernhandel gab. Im 18. Jahrhundert kam zum Beispiel der Transport der Baumwolle hinzu, welche meist im trockenen Nordchina angebaut, aber am unteren Yangtse in umfangreichen protoindustriellen Betrieben verarbeitet wurde.

Da die europäische Landwirtschaft mehr Tiere brauchte, aß man in Europa mehr Fleisch; die Chinesen nahmen Proteine vor allem in pflanzlicher Form zu sich, aßen aber auch – wie erwähnt – viel Fisch und Geflügel. Die Lebenserwartung war etwa so hoch wie im Westen; man schätzt sie für das 18. Jahrhundert auf 39 Jahre für China, 37 Jahre für England, 32 Jahre für Westfalen und 30 Jahre für Frankreich. Diese Zahlen sind irreführend, weil die Kindersterblichkeit in allen eurasiatischen Gesellschaften hoch war (hatte man die Kindheit überstanden, lebte man also in der Regel länger als 39 oder 30 Jahre) und die Folgen von Infantizid, besonders an Mädchen, nicht eingerechnet werden können; es ist denkbar, dass dieser in China verbreiteter war als in Europa. Man kann (auch) diese Daten nur als Annäherungswerte verstehen; es liegen aber keine Gründe vor, die chinesische Gesellschaft für weniger gesund zu halten als die europäischen.

Unter den Mandschu bestand anfangs das alte Landbesitzsystem fort: Der meiste Boden war im Staatsbesitz, Stiftungen, Klöster und Familien hatten aber privates Eigentum – in einigen Provinzen bis zu einem Drittel des Landes. Familienbesitz musste vor einem Verkauf oft erst Angehörigen angeboten werden, der Bodenmarkt war aber eher weniger Verboten und Vorschriften unterworfen als im feudalen Europa, wo in den meisten Ländern ja Adel und Kirche ein Monopol auf Bodenbesitz hatten. Im Verlauf der Mandschuherrschaft nahm die soziale und besitzmäßige Bedeutung der Familien

---

133 S. Weigelin-Schwiedrzik: Zentrum und Peripherie in China und Ostasien, in: Linhart, Ostasien; Xu Dixin, Wu Chengnig Hg.: Chinese Capitalism 1522–1840, London 2000.

China – die Mitte der Welt

zu.[134] De facto verzichtete der chinesische Staat im 18. Jahrhundert auf seinen Oberbesitz von Bauernland, so dass um 1800 über 90 % des Grund und Bodens Chinas in privatem Besitz waren und die tradierten Familienbesitze neben denen einzelner wohlhabender Bauern eine weit überwiegende Gruppe privaten Landes bildeten. Die Erbfolge war in China patrilinear; da etwa ein Fünftel der Haushalte keine männlichen Erben hatte, konnte ein adoptierter Sohn das Erbe antreten und den Ahnenkult fortsetzen. Eine Tochter hatte nur das Recht auf Unterhalt und auf Ausstattung zur Heirat. Eine Witwe musste einen Neffen annehmen, wenn der Mann ohne Sohn geblieben war.[135]

Auf vielen Höfen, besonders im Süden, arbeiteten Pächter. Auch die meiste Arbeit war frei, es gab jedoch einige an die Scholle gebundene Bauern und auch – wenige – Sklaven, meist auf Gütern des mandschurischen Adels.

Die Rollen von Mann und Frau waren tradiert, in der Mandschuzeit wurde die Rollenteilung verschärft. Grundsätzlich galt die Regel: »Der Mann pflügt, die Frau spinnt« – außerhalb des Hauses, auf dem Feld, war der hauptsächliche Wirkungsraum des Mannes, die Frau blieb im Haus, bestimmte diesen Wirkungsraum aber auch weithin. Die Textilproduktion des Hauses war der Bereich der Hausfrau; sie war auch für die entsprechenden Steuern verantwortlich. In der Mandschuzeit verdichteten sich ländliche Produktionsgebiete zu einer eigenen Form der Protoindustrialisierung; die Regierung förderte dieses ländliche Gewerbe, nicht nur der Einnahmen wegen, sondern auch wegen des ideologischen Bildes der Mutter am Webstuhl: »Mutters Hände ruhen nie«.

Das industrielle Gewerbe Chinas war dem westeuropäischen bis zur Industriellen Revolution in vielen Bereichen überlegen. Auf die Reihe der Erfindungen wurde schon verwiesen. Aber auch viele Alltagstechniken waren effektiver, z. B. wurde mit versenkter Kochstelle gekocht, was Energie sparte (im Unterschied zum Kochen auf der Herdplatte). Überhaupt erreichten die chinesischen Öfen höhere Temperaturen als die im Westen; dies war der Hauptgrund, warum man in Europa kein Porzellan herstellen konnte. Im Zentrum der chinesischen Porzellanherstellung Jingdezhen am mittleren Yangtse waren in dieser Periode etwa 3.000 Porzellanöfen in Betrieb. Neben großen Manufakturen gab es auch kleine Handwerksbetriebe. Etwa 100.000 Arbeiter produzierten in fortgeschrittener Arbeitsteilung (ein Arbeiter – ein Handgriff); in der späten Ming-Zeit soll die Stadt eine Million Einwohner gehabt haben.[136] Die Masse der Produktion wurde auf dem Inlandsmarkt verkauft, ein wichtiger Teil ging aber seit Jahrtausenden in den Export. Zu den klassischen Exportwegen der Seidenstraße lag Jingdezhen günstig, außerdem war die Lage durch die Notwendigkeit der Holzkohleversorgung bestimmt. Zu dem neuen Exportweg nach Westen über Kanton lag die Stadt ungünstig, aber die Exporte in den Westen machten nur einen kleinen Teil des

---

134 L. E. Eastman: Family, Fields and Ancestors, Oxford 1988; J. W. Esherich, M. B. Rank Hg.: Chinese Local Elites and Patterns of Dominance, Berkeley 1990.
135 K. Bernhardt: Women and Property in China 940–1949, Stanford 1999, hier S. 47–72.
136 G. A. G. Roberts: A Concise History of China, Cambridge 1999, hier S. 130.

Marktes aus. Selbstverständlich versuchten die Abnehmer, die Geheimnisse der Porzellanproduktion zu lüften; trotz der großen Zahl der Arbeiter und Produzenten war diese Industriespionage weithin erfolglos. In Westeuropa zeugen z. B. die Fayencen und Steingutporzellane von den lange vergeblichen Versuchen, »Chinaware« zu ersetzen; erst die bahnbrechenden Verbesserungen von Tschirnhaus an der Ofentechnik erlaubten es, schließlich in Meißen wirklich das erste westeuropäische Porzellan herzustellen.

In China wurden im 18. Jahrhundert etwa 45.000 Tonnen Eisen im Jahr produziert. Der hohe Holzbedarf der chinesischen Industrien, der riesigen Hauptstädte und der protoindustriellen Regionen führten zu einer wachsenden Entwaldung. Die bekannten Kohlevorkommen lagen ungünstig am oberen Hoangho; sie wurden abgebaut, konnten aber den Holzbedarf nur regional ersetzen.

Die wichtigste Richtung des chinesischen Außenhandels blieb noch lange der Osten, also die Seidenstraße, auf der die Karawanen über Samarkand und Buchara nach Kasan oder später Orenburg und über das Kaspische Meer nach Baku und Tiflis zogen bzw. den Anschluss zur südlichen Route nach Smyrna und Aleppo suchten. China wandte sich trotzdem nicht vom Überseehandel ab, allerdings war der chinesische Überseehandel in der Mandschuzeit privat und durch Konkurrenz am Markt bestimmt – im Unterschied zu den europäischen Konkurrenten, die ja als staatlich privilegierte und schwer bewaffnete Monopolgesellschaften auftraten. Die chinesischen Exporte gingen nach wie vor auf der Seidenstraße nach Zentralasien, Russland und Mitteleuropa, nach Japan, nach Südasien und über Manila nach Lateinamerika. Der Außenhandel mit den europäischen Handelskompanien nahm an Bedeutung zu; auf der chinesischen Seite lief er über Kanton – auf der europäischen wechselten die Haupthäfen von Cadiz über Antwerpen nach Amsterdam. Die holländische Kompanie verkaufte in Kanton auch Zucker aus Batavia und Kupfer aus Japan, zu einem großen Prozentsatz allerdings wurden die chinesischen Exporte mit Silber bezahlt, das letzten Endes aus Lateinamerika kam.

Allerdings muss man bei der Einschätzung dieser Außenhandelsstruktur berücksichtigen, dass die Volumina dieses Handels für China sehr gering waren. China blieb bis zum 18. Jahrhundert auch ökonomisch ein selbstständiges Imperium, das nur marginal zum europäischen Handelssystem gehörte. Dieses Imperium war vielmehr das Zentrum eines eigenen Weltwirtschaftssystems in Luxusgütern, das älter war als das westeuropäische und das von Letzterem teilweise überlagert, teilweise einbezogen und verändert wurde, wie insbesondere die Rolle des neuen Massenprodukts Zucker zeigt. Zucker wurde aber auch zunehmend innerhalb Chinas angebaut.

Die chinesischen Fernhändler kamen meist aus den Provinzen Fujan und Guangdong im Süden.[137] Die Kaufmannsfamilie Zheng vertrieb die Niederländer 1662 aus Taiwan

---

137 W. Gungwu: Merchants without Empire: The Hokkien sojourning Communities, in: Tracy, Merchant Empires II.

bzw. Formosa, wobei chinesische Kampfdschunken die hochbordigen holländischen Orlogschiffe besiegten. Auf beiden Seiten kämpften wohl gemerkt nicht die Staaten, sondern die Kriegsflotten von Unternehmen (also die Kaufmannsfamilie Zheng gegen die niederländische Ostindienkompanie). Es ging um Zucker. Die Zheng verpulverten das Vermögen, das sie damit machten, allerdings in dem Versuch, die Mandschu wieder aus China zu vertreiben, bis diese 1683 auch Taiwan unterwarfen.

Chinesische Kaufleute erlangten aber einen großen Einfluss auf die Ökonomie der spanischen und niederländischen Kolonien in Ostasien. 1710 waren 79 der 84 Besitzer von Zuckerfabriken bei Batavia (also dem heutigen Djakarta) Chinesen; die Holländer kauften den Zucker und verkauften ihn nach Persien und Europa. Gegen den Einfluss der Chinesen gab es 1603, 1740 und 1764 in Manila und Batavia Aufstände der Malaien bzw. Filipinos, die zu Massakern an der Minderheit führten. Den Holländern bzw. Spaniern mochten die Konflikte zwischen den Untertanen nicht ungelegen kommen, jedenfalls intervenierten sie spät.

Der Unterschied zwischen dem chinesischen und dem europäischen Fernhandel lag also nicht in irgendeiner kulturellen Fremdheit der Chinesen dem Meer gegenüber oder daran, dass Chinesen nicht ins Ausland gingen (auch wenn die Mandschu aus der Erfahrung mit Taiwan heraus eher skeptisch waren). Der Unterschied lag darin, dass das Kaiserreich seine Expansion entlang der klassischen Route der Seidenstraße suchte und mit der Eroberung Zentralasiens auch die Gefahr eines neuen Kriegs mit Steppennomaden beseitigte. Die Expansion der Chinesen auf die Philippinen und in das heutige Indonesien blieb also ohne staatlichen Schutz. Immerhin haben sogar die Mandschu nach dem Massaker an chinesischen Zuckerkaufleuten und Arbeitern bei Batavia 1740 überlegt, ob sie nicht gegen die holländische Kompanie intervenieren sollten. Sie hätten aber dann viel Geld in den Aufbau einer Hochseeflotte stecken und die Steuern erhöhen müssen, wozu sie sich nicht entschieden.

Dass die Mandschu das Geld für eine neue Hochseeflotte sparten, hat die chinesischen Steuerzahler sicher gefreut, überließ aber doch mit der Macht auf der Hohen See einen wichtigen Teil des strategischen Umfelds des Kaiserreichs anderen Mächten. Das war verständlich, da man nach der Eroberung Taiwans Grund hatte, die Holländer nicht länger zu fürchten und außerdem von Japan keine Überfälle mehr gewärtigen musste. Dass der nächste Gegner Großbritannien sein würde, war schwer abzusehen.

Nach der Struktur seines Außenhandels (nicht den Volumina) bildete China bis zum Ende des 18. Jahrhunderts das »Zentrum der Weltwirtschaft.«[138] Ganz ohne Frage war es gemessen an der Produktion solch ein Zentrum: Paul Bairoch hat geschätzt, dass das Kaiserreich um 1750 32,8 % und 1800 33,3 % der Welt-Gewerbe-Güter hergestellt hat, dass dieser Anteil bis 1860 jedoch auf 19,7 % gesunken sei. Die Bevölkerung Chinas wird

---

138 Frank, Re-Orient.

für 1750 auf 260 Millionen geschätzt, bei einer Weltbevölkerung von 728 Millionen wären das 36 % – erst nach 1850 sinkt der Anteil Chinas an der Weltbevölkerung auf 25 %.

China unter den Mandschu war im 18. Jahrhundert also nicht nur nach der Bevölkerungszahl, sondern auch nach der Wirtschaftsleistung mit Abstand der erste Staat der Welt. Dies schlug sich in der Struktur des Außenhandels nieder: Das Reich der Mitte war ein Exporteur von Fertigwaren – Textilien, Porzellan – und Importeur von Silber, das in China im Wesentlichen Münzgeld wurde und damit das Austauschmittel eines nach marktwirtschaftlichen Regeln funktionierenden Binnenmarktes bildete.

Auf der politischen Ebene war China unter den Mandschu ein expansives, absolutistisch regiertes Imperium. Jürgen Osterhammel hat aber zu Recht darauf verwiesen, dass es eine »schwache Despotie« war.[139] Das bei den westlichen Reisenden verbreitete Bild des Kaisers als Despot spiegelte mehr den Schein des Hofes als die Realität des Landes. Einmal konnten die Kaiser an dem meritokratischen System der Prüfungen als Voraussetzung der Teilhabe an der Macht nichts ändern, auch wenn sie in der Literatur jene Inhalte zensieren konnten, in denen Nichtchinesen grundsätzlich als Barbaren hingestellt wurden (was als gegen die Mandschu gerichtet hätte interpretiert werden müssen). Das tradierte Prestige der Bildungsschicht schützte die Gebildeten auch gegen Zumutungen des Kaisers; ein Höfling war niemals bloße Kreatur des Herrschers, da er eigene Prüfungsleistungen einbrachte. Viele Großgrundbesitzer erwarben auch Titel, nahmen also an den Studien und den Prüfungen teil, bekleideten aber keine Ämter. In der angelsächsischen Literatur wird diese lokale Oberschicht oft als »gentry« bezeichnet, weil sie kein formales Adelsprivileg besaß, aber dafür – durch die Akkumulation von Besitz und die Weitergabe von Lerntechniken – bei mancher sozialer Mobilität (ein erfolgreicher Kaufmann z. B. konnte seine Söhne studieren lassen und Land kaufen) doch auch eine große Kontinuität besaß. Am Anfang des 19. Jahrhundert wird diese »gentry« auf 5,5 Millionen bzw. 1,5 % der Bevölkerung geschätzt.

Zum anderen konnte der Hof auf die vielen vorstaatlichen autonomen Lebensbereiche nur wenig einwirken, die das Leben der Chinesen prägten – Familien, Sippen, Gilden, Tempelvereinigungen und Geheimbünde. Der Hof gab ein allgemeines Muster der Sozialdisziplinierung im Sinne der sittlichen Herrschaft vor und auch ein Frauenbild; was aber davon auf der Ebene der autonomen Verbände realisiert wurde, das kontrollierte er nicht – solange es nicht zu Unruhen kam und die Steuern bezahlt wurden. Die Steuerquote der chinesischen Bevölkerung lag etwa zwischen 4 und 8 % des Volkseinkommens und war damit wahrscheinlich manchmal niedriger, meist aber in der Größenordnung der Steuerquoten im europäischen System, die auf 5–8 % geschätzt werden. Im Konfuzianismus galt eine niedrige Steuer als Zeichen guter Herrschaft; außerdem trug sie zum

---

139 Jürgen Osterhammel: China und die Weltgesellschaft, München 1989, hier S. 69–85.

sozialen Frieden bei. Etwa drei Viertel der Einkünfte des Staates kamen aus der Grundsteuer; den zweitgrößten Anteil bildete die Salzsteuer. Ämterverkauf – im frühneuzeitlichen Europa eine wichtige Einnahmequelle – wurde in China erst im 19. Jahrhundert relevant. 1713 wurden Quoten, welche die Provinzen von wichtigen Steuern – und bald auch der Grundsteuer – nach Beijing liefern mussten, eingefroren, womit die Zentrale darauf verzichtete, ihr Einkommen aus der Bevölkerungsvermehrung zu steigern.

Ostasien als System

Auch in Ostasien zeigten sich, wie in Europa oder bei den Tatarenkhanaten, Ansätze eines Systems.[140] China, Korea, Japan und zeitweise auch Vietnam sind durch »gemeinsame« chinesische Schriftzeichen verbunden, welche trotz verschiedener Sprachen transnationale Diskurse erlauben. Alle vier Länder sind durch Neo-Konfuzianismus geprägt, aber auch durch viele buddhistische »Reste«. Neben dem Wandern der Gelehrten gab es auch einen Handel mit in Blockdruck hergestellten Büchern. Aber es gab keine umfassende intellektuell/religiöse Institution. Machtmäßig konnte kein »Konzert« entstehen, weil China über lange Perioden hinweg zu überlegen war und kein Konzept der Gleichrangigkeit akzeptierte. Japan seinerseits baute (nach dem gescheiterten Versuch, Korea zu erobern) seine Außenbeziehungen auf abwehrender Abschottung auf und nicht auf Kooperation. Korea blieb zu klein. Bei den Wirtschaftsbeziehungen innerhalb Ostasiens überwogen in der Mandschuzeit vermutlich die mit europäischen Ländern; auch gab es gemeinsame Entwicklungen wie die Monetarisierung. Die demographischen Entwicklungen waren aber unterschiedlich (s. Graphik S. 70).

Während die Ähnlichkeiten zwischen dem Anstieg der Bevölkerungskurven Europas und Chinas auffallend sind, waren die Lebensmöglichkeiten in Japan offenbar nach dem Anstieg am Anfang der Tokugawa-Periode erschöpft.[141]

Es bleibt also bei Ansätzen, und die Geschichte Ostasiens ist weithin durch die Konkurrenz zwischen Japan und China bestimmt, ohne dass es zu einem Diskurs über gemeinsame Politiken kommt, jedenfalls so weit das heute bekannt ist (z. B. angesichts des Aufstiegs des Westens).

---

140 Vgl. E. Pilz, R. Dormels, S. Linhart: Ostasien von 1600 bis 1900: ein Überblick; R. Trappl, R. Dormels, S. Formanek: Verschiedene Sprachen, gemeinsame Schrift? in: Linhart, Ostasien.
141 Vgl. W. Schwentker: Die historischen Voraussetzungen ›erfolgreicher‹ Modernisierung, in: Linhart, Ostasien, hier S. 263 f.

Mio Menschen

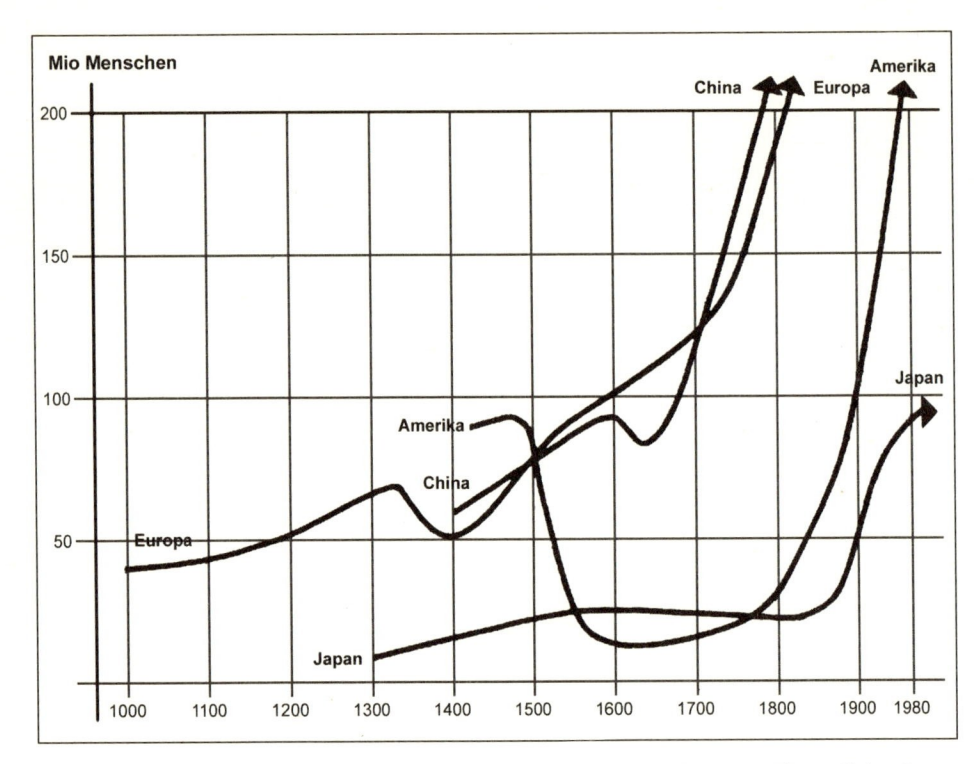

Nach: C. M. Cipolla, K. Borchardt: Bevölkerungsgeschichte Europas, München 1970, Chaunu Kultur S. 232.

> *When language is stolen and poisoned, the poison works its way backwards through time and sideways into the reputation of innocent men. The word ›Aryan‹, which, for Max Müller and his generation, had a purely linguistic meaning, was now in the hands of less academic persons, poisoners, who were speaking of races of men, races of masters and races of servants and other races too, races whose fundamental impurity necessitated drastic measures, races who were not wanted on the voyage, who were surplus to requirements, races to be cut, blackballed and deposited in the bin of history ...*
> Salman Rushdie: *The ground beneath her feet*[142]

Kapitel 4

Imperium und Föderation in Indien

Der indische Subkontinent hat etwa die Größe Westeuropas und umfasst ca. 4 Millionen km². Indien liegt zwischen dem 8. und dem 36.°, also im subtropischen Gürtel, der weltweit durch trockenes Klima, durch Wüsten und Savannen gekennzeichnet ist – von der arabischen Rub al Kali über die afrikanische Sahara bis zu den Staked plains in den USA. In Indien ist dieser Wüstengürtel unterbrochen, weil das Land viel Wasser in Strömen und Flüssen vom Himalaja erhält und weil die Monsune Niederschläge bringen. Die Wüste ist deshalb in Indien auf die Tharr zwischen Indus, Ganges und Ozean beschränkt.[143] Geologisch besteht der Subkontinent aus einem Teil der alten Festlandscholle mit Granitgebirgen, dem Dekkan. Die Festlandscholle schiebt sich langsam unter den Himalaja, der das Land nach Norden abschirmt und mit dem Dekkan durch alluviale Tiefebenen verbunden ist – fruchtbares Schwemmland, das zu Garten- und Ackerbau einlädt.

Die erste bekannte Kultur[144] wird nach der wichtigsten Ausgrabungsstätte Harappa-Kultur genannt. Ab 5000 v. u. Z. entwickelten sich erste Dörfer am Indus, ab 3000 v. u.

---

142 S. Rushdie: The ground beneath her feet, New York 1999, S. 43 ff.
143 Hilfsmittel: W. Hilgemann, G. Ketterman: dtv-Perthes-Weltatlas Bd. 2: Indien, Darmstadt 1973. Umfangreiche Sammlung zur allgemeinen Geschichte S. S. Shashi Hg.: Encyclopedia Indica, Vol. 1–150, New Delhi 1996–2003. Literaturberichte: HZ Sonderheft 10, München 1982.
144 G. Hermann Kulke, D. Rothermund: Geschichte Indiens, Stuttgart 1982, Neuaufl.; G. Johnson Hg.: The

Z. kann man von Städten sprechen. Die Bauern bauten Weizen und Hafer an und nutzten die saisonalen Überschwemmungen des Stroms; sie züchteten Rinder, Schafe, Ziegen und Hühner. Seit 5000 v. u. Z. ist Baumwolle als Anbaufrucht belegt; der erste Fund von gefärbtem Baumwolltuch stammt von 2000 vor. Träger dieser Kultur waren drawidische Völker; sie umfasste etwa das Gebiet des heutigen Pakistan und Nordindien. Es sind etwa 1.500 Siedlungen aus dieser Periode bekannt.

Die beiden größten ausgegrabenen Städte, Harappa und Mohenjo Daro, hatten Zitadellen, Getreidespeicher, breite gepflasterte Straßen, Tempel und ein großes Bad. Man schätzt die Bevölkerung von Mohenjo Daro um 2000 vor auf 40.000 Menschen. Die sozialen Differenzen waren auffällig – die Viertel der Armen waren durch aus Ziegeln errichtete Ein-Zimmer-Baracken gekennzeichnet, während die Atriumhäuser der Reichen 12 bis 15 Räume besaßen und manchmal auch eigene Brunnen. Auch die Abwasseranlagen sind bis heute beeindruckend. Fernhandel verband die Stadt mit Mesopotamien und Ägypten. Die Kultur kannte eine Schrift, die aber noch nicht entziffert ist; man kannte Bronze, und es sind z. B. menschliche Figuren in Bronze überliefert.

Etwa ab 2000 vor gerät die Kultur in eine Krise, die wir nicht genau beschreiben können. Da man in Mohenjo Daro unbeerdigte Skelette fand, die keine erkennbare Feindeinwirkung aufweisen, ist es nahe liegend, eine Seuche anzunehmen; etwa um 1700 v. u. Z. verlassen die Bürger die großen Städte, wenige Jahrhunderte später werden auch kleinere aufgegeben.

Ob die Krise der Harappa-Kultur mit dem Auftauchen der ersten Indoeuropäer auf dem Subkontinent zusammenhängt, ist unsicher. Deren größte Stärke lag im Einsatz des Pferdes. Die Indoeuropäer haben sich wahrscheinlich seit 4000 v. u. Z. von ihrer möglichen Steppenheimat in der Ukraine aus verbreitet, eroberten im 2. Jahrtausend Westeuropa (bis auf wenige Reste vorindoeuropäischer Bevölkerung wie Basken, Skoten, Finnougrier etc.) und brachen ab 1500 von Zentralasien aus in Indien ein.

Die Geschichte der Eroberung der drawidischen Ackerbaukulturen durch indoeuropäische Reiternomaden, die Arier, ist – wenn auch nur aus der Sicht der einen Seite – als mythische Erzählung in den Veden schriftlich überliefert ist. Die älteste, die Rig-Veda, ist zwischen 1400 und 900 v. u. Z. von Priestern zusammengestellt und in Sanskrit niedergeschrieben worden. Veda heißt Wissen; es ist das Wissen von den Göttern, welches weitergegeben wird. Bis auf den heutigen Tag sind die Veden heilige Bücher des Hinduismus.[145] In den Berichten über die Götter wird aber viel über die langen Kämpfe der

---

New Cambridge History of India, Vol. 1.1, Cambridge 1987; B. Stein: A History of India, Oxford 1998; K. Antonova, G. Borgard-Levin, G. Kotovsky: A History of India, Moscow 1979. Zur Wirtschaftsgeschichte T. Raychaudhuri, I. Habib Hg.: The Cambridge Economic History of India. 2 Vols.,Cambridge 1982.

145 K. K. Klostermann: A concise Encyclopedia of Hinduism, Oxford 1998; G. Flood Hg: The Blackwell Companion to Hinduism, Oxford 2003.

Arier gegen die drawidischen Völker berichtet, wobei die Nomaden die Ackerbauern auch dadurch besiegten, dass sie Bewässerungsdämme zerstörten.

In dieser frühen Zeit waren die Arier in kleinen Clans organisiert, die sich auch untereinander bekämpften. Etwa um 1000 v. u. Z. begannen sie, aus den Trockengebieten am Indus in die Urwälder am Ganges vorzudringen und die Wälder zu roden. Sie lernten, Eisengeräte herzustellen, womit sie den Drawidas noch überlegener wurden, mit denen sie sich aber auch in Prozessen der Sesshaftwerdung integrierten. Die Herrschaftsverhältnisse wurden verfestigt, indem man ein religiös überhöhtes System der erblichen Zuschreibung von Berufen einrichtete, dass die Arier »Varna« = Farbe nannten; der Begriff ist später von den Portugiesen korrekt mit »casta« übersetzt worden. Das Sozialsystem war am Anfang also an der Farbe der Menschen orientiert; die Drawida gehören zu einem negriden Menschentyp, die Arier zu einem europiden – sie sagten von sich selbst, dass sie die Farbe des Weizens hätten. Im Lauf der Jahrhunderte vermischten sich die Angehörigen der verschiedenen »Farben«, und die Zuordnung zu den Kasten verlor an Offensichtlichkeit – das religiös überhöhte System zur Ordnung der Gesellschaft blieb aber bestehen:

1. Kaste: Geistliche, Gelehrte – Brahmanen
2. Kaste: Krieger und Herrscher – Kschatrias
3. Kaste: Kaufleute, Landbesitzer – Waischias
4. Kaste: Bauern, Unterschichten – Schudras

Unterhalb der Kasten blieben die »Unberührbaren«, Parias, die allerniedrigste Arbeiten verrichteten. Wahrscheinlich sind es Nachfahren der unterworfenen Waldstämme, die im Osten des Subkontinents auch austronesische (entfernt dem Malaiischen verwandte) Sprachen benutzen, und von denen es noch heute Reste gibt.

Indem der Hinduismus eine eigene Kaste für Krieger kennt, legt er nahe, dass es viele Krieger gibt und also auch viele versuchen können, Fürsten zu werden. Hinzu kommt, dass Indien geografisch vielfältig gegliedert ist und es mehrere Siedlungsschwerpunkte gibt, von denen aus man Herrschaft organisieren kann. Es gibt in der Geschichte Indiens entsprechend viele unterschiedliche Königreiche und auch Bündnisse, Konföderationen – z. B. jene der Marhatten, die für die Frühe Neuzeit wichtig wurden. Warum wurde Indien nicht zu einem politischen System wie Europa? Die Frage wird zum Schluss wieder aufgegriffen.

In der Antike und im Mittelalter gab es in Indien Großreiche wie das Gupta-Reich mit dem Zentrum im Gangestal. Zeitgleich zum europäischen Hochmittelalter überwogen Regionalreiche – meist arisch bestimmt im Norden und drawidisch bestimmt im Süden, aber alle mit hinduistischer Religion. Eine neue Epoche der Geschichte des Subkontinents beginnt mit arabischen Angriffen über den Ozean um 711, da damit die Auseinandersetzung zwischen Islam und Hinduismus anfängt, welche bis auf den heutigen Tag andauert – auch wenn sie keineswegs in jeder Periode für die konkrete Politik von entscheidender Bedeutung war.[146] Der Islam nahm den Hinduismus als ein »Volk der Schrift« an, das toleriert werden konnte (trotz der vielen Idole im Alltag und der so plastischen hinduistischen Kunst).

Etwa ab dem Jahr 1000 stießen dann muslimische turksprachige Stämme über den Khaiberpass in die grünen Ebenen vor. Dass so häufig Angriffe aus Turan oder Iran nach Nordindien zielten, wurde erleichtert, weil große Teile Indiens für die Pferdezucht zu feucht sind. Da die berittenen Bogenschützen aber den Kern der damaligen Armeen bildeten, mussten die indischen Fürsten entweder Pferde importieren oder Reiter als Söldner nehmen – oder sich mit angreifenden Reitern auseinander setzen. Hauptgrund der Invasionen war jedoch, dass die semiariden Steppen Zentralasiens oft unter Trockenheit litten, aus der dann Angriff und/oder Söldnertum im grünen Indien einen Ausweg bot. Außerdem waren diese Eliten sehr mobil – sie waren nicht an Landbesitz gebunden, sondern an den Erfolg der Waffen ihrer Clans. 1206 wurde das Sultanat von Delhi gegründet. Die Stärke der türkischen Expansion beruhte neben den Reitern hier auch, wie bei den Mamelucken, auf gedrillten Kriegssklaven, welche gegen die hinduistischen Einzelkrieger antraten. Der Sultan zog alles eroberte Land ein und unterwarf es einer zentralen Besteuerung; er gab an Heerführer wieder Land aus. Aber das Sultanat wurde 1398 von Timur erobert und derart verwüstet, dass der Wiederaufbau nur langsam gelang.

Der Islam bedeutete als monotheistische Religion ein Angebot, die Kastenteilung aufzuheben; er fand deshalb besonders bei Unterkasten und Unberührbaren Anhänger. Zugleich brachte die neue Herrschaft turanische (turksprachige) und iranische (persischsprachige) Adelsfamilien auf den Subkontinent. Da jedoch nur wenige Provinzen mehrheitlich muslimisch wurden, hat der Islam in weiten Teilen des Subkontinents de facto eine neue Kaste geschaffen – die Muslime wurden wie eine neue »Farbe« in den differenzierten Aufbau der indischen Gesellschaft eingefügt, wie übrigens vor ihnen schon die Christen im Süden, die sich auf die Mission des Apostels Thomas zurückführen, oder die Parsen, Zoroaster-Anhänger, die vor dem Islam geflohen waren, als sozialreligiöse Segmente in der toleranten Hindugesellschaft überlebt hatten.

Das Mogulreich

Die Auseinandersetzung zwischen muslimischen und hinduistischen Fürsten in Indien erhielt eine neue Wendung durch eine Niederlage in Zentralasien: Die Nachfahren Timurs wurden von usbekischen Fürsten aus Samarkand und schließlich auch aus dem

---

146 Kartenblätter in: Kettermann, Atlas S. 85–92.

Imperium und Föderation in Indien

Ferghanatal vertrieben. In dem kleinen Restfürstentum um Herat und Kabul sammelte der Timuride Babur eine gut ausgerüstete Truppe, die im Kern wieder auf den berittenen Bogenschützen beruhte, aber von den Osmanen eine wesentliche Neuerung übernahm: Feldartillerie. Leichte Kanonen und Gewehre wurden zwischen Karren, die durch Ketten gegen Durchreit-Versuche von Kavallerie gesichert waren, zu einer Front mit großer Feuerkraft zusammengefasst. Es gelang Babur in der Schlacht bei Panipat südlich von Delhi 1526, die zahlenmäßig weit überlegene Armee des Sultans zum Angriff zu verlocken, sie zusätzlich mit seiner Kavallerie zu umfassen und zu vernichten.[147] Zwar konnte Babur noch keine sichere und dauerhafte Herrschaft aufrichten – sein Sohn musste einige Zeit im persischen Exil verbringen –, aber der Grundstein zur Herrschaft der Mongolen in Indien war gelegt.

Baburs Sohn gelang es 1555, die Herrschaft in Delhi zurückzugewinnen und sich in einer zweiten Schlacht bei Panipat 1556 auch zu behaupten. Der eigentliche Organisator der Macht wurde aber Baburs Enkel Schah Akbar, der das Mogul-Imperium bis Bengalen und den Dekkan hinein ausweitete und seine Struktur konsolidierte.[148] Ausdruck dieses Herrschafts- und Organisationstalents ist das Ain Akbari, das man als Staatsgrundgesetz bezeichnen könnte, da es Einkünfte und Verwendung der Mittel regelt.[149]

Wie meist in der Welt der Ackerbauern bildeten die Dörfer die ökonomische Grundeinheit der indischen Gesellschaft. Wo das Land fruchtbar war und genug Niederschlag fiel – wie in den weiten Ebenen zwischen Indus und Ganges –, gab es sehr große Dörfer. Durch die in Kasten und Unterkasten organisierte Arbeitsteilung konnten fast alle Alltagsbedürfnisse in ihrem Rahmen befriedigt werden – es gab im Dorf Töpfer und Weber, Bauern und Hirten, Brahmanen – also Priester –, Händler und Steuereintreiber. Die indischen Dörfer waren weitgehend selbstversorgend und führten auch die Kanalarbeiten selbst durch, wo Be- oder Entwässerung notwendig war. Der interregionale Handel über Gebirge und durch Urwälder war durch die Kosten des Landtransports begrenzt; der Handel über die See, entlang der Küsten, der Ströme und der Ochsenpfade war jedoch fest etabliert, er versorgte die Städte und den Adel mit Nahrung, Waffen, Kleidern, Gewürzen und nicht zuletzt Pferden.[150]

Wie schon die Sultane von Delhi vor ihnen und zum Beispiel die normannischen Könige Englands erklärten die Moguln alles Land, das sie erobert hatten, zu ihrem Eigen-

---

147 Stig Förster: Panipat, 20. April 1526, in: Förster, Schlachten.
148 I. Hasan: The Central Structure of the Mughal Empire, Lahore 1967 ; S. Mosvi : The Economy of the Mughal Empire, Delhi 1987; I. H. Qureshi : The Administration of the Mughal Empire, Calcutta 1979. Vgl. auch den Vergleich von Russland und Indien anhand des Konzepts der »Asiatischen Produktionsweise«: H-H. Nolte: Zur Stellung Osteuropas im internationalen System der frühen Neuzeit, in: JbGOE 28 (1980), hier S. 179–191.
149 Abu, I-Fazl Allami: The Ain Akbari. Hg. D. C. Phillott, englisch ³New Delhi 1977.
150 Vgl. Kapitel 8.

tum. Das hieß in der Regel nicht, dass die Bauern in ihrem Besitz beeinträchtigt wurden, sondern dass sie Steuern an den Mogul zu zahlen hatten – einen Anteil an der Ernte, aber in Geld. Die Bemessung der Steuerleistung war eine der wichtigen Aufgaben der Verwaltung des Moguls.[151] Die Bauern waren aber in diesem Rahmen selbst dafür verantwortlich, ihre Produkte auf den Märkten gegen Geld zu verkaufen, schon damit sie die Steuer bezahlen konnten. In dieser Monetarisierung spiegelten sich auch die Silberimporte.[152] Es gab selbstverständlich auch im Dorf reiche Brahmanen, oder Waischias, welche sich in der Stadt bessere Waffen oder feineres Tuch erwarben, aber insgesamt erhielten die Dörfer wenig Waren aus der Stadt; sie lieferten aber z. B. Getreide dorthin und zahlten Steuern. Die Bauern waren persönlich frei und bewaffnet, in unruhigen Zeiten verteidigten sie ihre Dörfer wie kleine Festungen.

Der Mogul unterhielt u. a. aus diesen Steuern seinen Hofstaat mit Harem, Dichtern und Gelehrten, vor allem jedoch seine Armee, insbesondere die eigene Artillerie und Reiterei. Weiter alimentierte der Mogul den kriegspflichtigen Adel des Landes; da eine zentrale Entlohung jedoch auch für die Mogulverwaltung schwierig war, ging sie – wie andere muslimische Staaten – dazu über, den Adligen Steuerbezirke zuzuteilen, wo sie die Steuern selbst eintreiben sollten, aber aus diesen Einnahmen eine fest vorgeschriebene Zahl von Reitern oder Infanteristen zu finanzieren hatten, mit denen sie heerpflichtig waren. Um zu verhindern, dass sich solche Steuerbezirke zu einer Art erblichen Eigentum entwickelten, wurden sie alle drei Jahre gewechselt. Diese Adligen hießen Mansabdare; die erhielten Steuerbezirke, deren Ertrag zu der Zahl der Soldaten korrelierte, die sie zu stellen hatten – wer 100 zu stellen hatte, entsprechend weniger als jemand, der 1.000 zu stellen hatte. Der Adel im Zentrum des Mogulreiches hatte also keinen Grundbesitz im Sinn des westeuropäischen Adels. Die indischen Bauern besaßen ihre Felder, und der Adel besaß Häuser in den Städten, Waffen, Pferde, vielleicht einen Schatz. Der Adel konsumierte also in den Städten, in denen sich ein immer umfangreicheres Gewerbe ansiedelte, das Luxuswaren und vor allem Waffen anbot.

Da der Adel im Zentrum des Mogulreiches – wie jener der meisten muslimischen Imperien – selten Grundeigentum hatte (nur manchmal besaß er Gestüte und Güter, die von Sklaven bearbeitet wurden), war er mit dem Lande nur locker verbunden, ein Erobereradel, der sich ständig aus dem Iran oder Turan erneuerte. Kaum hatte er einen Steuerbezirk einige Jahre lang ausgebeutet, erhielt er einen anderen. Andererseits war er hochmobil; die großen Familien wechselten zwischen dem Schah von Persien und dem Khan von Buchara, den Hinduköngen des Dekkan und den Radschputenführern. Es kam nicht zu einer Institution, in der innerhalb des Adels Konsens gebildet wurde wie in

---

151 Klassisch W. H. Moreland: India at the Death of Akbar, Neuaufl. New Delhi 1962, S. 91 ff. Vgl. Hasan, Central Structure, S. 108 ff.
152 D. Rothermund: An Economic History of India, ²London 1993, S. 5 f.

den Ständen Europas, und dieser Adel fühlte sich auch nicht einer Nation zugehörig. Man war dem Mogul treu – wenn man aber eine Chance sah, selbst König oder wenigstens Teilherrscher zu werden, dann nahm man sie wahr.

Dass der hohe Adel im Mogulreich keinen Gutsbesitz hatte, heißt nicht, dass es überhaupt keinen Grundbesitz gab. Viele hinduistische Kschatria, Angehörige der Kriegerkaste, die sich dem Mogul oder anderen Fürsten unterwarfen, besaßen ihr Land in erblicher Nachfolge. Auch viele muslimische Adlige – insbesondere in den Randprovinzen – bekamen immer wieder dieselben Bezirke zugewiesen, so dass sich doch so etwas wie regionale Herrschaft entwickelte; sie charakterisierte aber nicht den Kern des Imperiums.

Die Landsteuer war die wichtigste Einnahmequelle;[153] bis Akbar und nach ihm wieder wurde auch eine Kopfsteuer erhoben, und eine weitere wichtige Geldquelle waren die Zölle – das Mogulreich förderte den Handel. Die Summe der Einnahmen war für europäische Verhältnisse enorm:

Unter Schah Akbar	1.279 Millionen Rupien
Unter Schah Jahan	2.200 Millionen Rupien
Unter Schah Ahangir	3.400 Millionen Rupien

Die Rupie hatte einen Silbergehalt von 12 Gramm. Will man das Geld in Silber umrechnen, kommt man auf riesige Summen. Allerdings war die Rupie oft nur eine Rechengröße, und es gab Bank- und Verrechnungsmöglichkeiten, welche den Transport der Münze ersparten; der Umfang des Haushaltes des Moguls war jedenfalls enorm und die Verbreitung von Silber im Land groß.

Die Regierung versuchte mehrfach, die Landsteuer zu standardisieren. Grundlegend waren zwei Steuerformen: Karaji betrug etwa $1/3$, ging aber in manchen Gebieten bis zur Häfte der Ernte, Ushri etwa $1/20$. Das Privileg der Muslime war es eigentlich, steuerfrei Land zu besitzen (Zakat); de facto allerdings war diese Privilegierung selten derart vollständig, und oft lag die reale Steuerlast von $1/3$ nicht so weit weg. Die Landverwaltung regelte, dass weniger fruchtbare Gebiete auch entsprechend weniger Steuern zu zahlen hatten; die Steuerschätzung erfolgte jedoch durch lokale und regionale Beamte. Man förderte den Anbau neuer Früchte, so wurden Trauben, Kartoffeln und Tabak eingeführt. Wer Brachland bearbeitete, erhielt jährlich gestaffelte Abschläge – erst im fünften Jahr zahlte er den vollen Steuersatz. Die Steuerbezirke umfassten beide Sorten von Steuerland, so dass vergleichbare Größen von Einnahmen entstanden; diese Bezirke hießen Jagir und Kalisha. Ein Jagir in einem wenig fruchtbaren Gebiet oder in einem Gebiet mit vielen steuerlich privilegierten Muslimen umfasste also mehr Menschen und auch mehr Territorium als in einem der reichen Landschaften am Ganges.

---

153 Zur Organisation vgl. Qureshi, Administration, s. o. Anm. 148.

Mogul

1. Haushalt (Harem, Artillerie, Gestüte, Manufakturen, Schlösser, Mausoleen)
2. Regierung (Diwan, Verwaltungen)
3. Armee

Zamindari	Mansabdare	Kaiserliche Kontingente
Eigene Truppen	Truppen nach Jagir	
Bezahlt aus: Eigentum	Steuerpfründen	Steuer, Zölle, Güter

Abgaben:
Tradition	Muslime: Ushri, Andere: Karaji
Die Steuern festgelegt nach Ertrag

Bauern lebten in großen Dörfern mit differenziertem Handwerk und waren oft bewaffnet. Kanalarbeiten, wo sie sinnvoll waren, betrieben sie in Eigenregie. Die Händlerkaste verkaufte Agrarprodukte in die Städte, und kaufte Luxus für die Dorfnotabeln. Steuereintreiber arbeiteten für die Regierung.

Neben den Mansabdaren dienten Hinduprinzen als Zamindari; sie behielten die Abgaben der Bauern und zogen sie oft nach alten hinduistischen Regeln ein, waren aber verpflichtet, mit einer festgelegten Zahl von Truppen im Feld zu erscheinen. Trotzdem gelang es den Moguln niemals, ganz Indien zu erobern. Die revolutionäre neue Verwendung der Feldartillerie, die Babur für den Subkontinent »erfunden« hatte, wurde bald von anderen Fürsten nachgeahmt, und diese waren eben auch leistungsfähig.

Die zentrale, auch ökonomische Einheit des Imperiums bildete der Haushalt des Moguls selbst. Ihm ging ein Teil der Steuern zu; er besaß auch Güter (die von Sklaven bearbeitet wurden), Gestüte und Manufakturen, besonders für Waffen wie Kanonen. Zum Haushalt gehörte der Harem, die Gelehrten aus der muslimischen Welt von Fez bis Samarkand, die man mit Hochachtung empfing, aber auch die Haustruppen, besonders die Artillerie. Das Feldheer des Imperiums bestand also aus drei verschiedenen Arten von Truppen: den Haustruppen, den Truppen der Mansabdare und den Truppen der hinduistischen Zamindari.

Kaiser Akbar (1556–1605) war ein aktiver, machtbesessener Mann – als er 1561 mit einem General Streit hatte, warf er ihn aus dem Fenster, schleifte ihn nochmals nach oben und warf ihn ein zweites Mal hinab, um sicher zu sein, dass er tot war. Er gehörte aber auch zu den klügsten Fürsten seiner Zeit und versuchte vor allem, den Streit zwischen Muslimen und Hindus im Imperium einzudämmen. Wie schon Timur nahm er in Anspruch, dass jeder Souverän Kalif in seinem Reiche sei, akzeptierte also keinen religiösen Leitungsanspruch von den großen muslimischen Medresen wie in Kairo oder Buchara. Er erließ den Hindus die Kopfsteuer und förderte Glaubensgespräche, zu denen er auch Christen einlud. Gott war für Akbar das einzige Reale, das Innerste aller Religionen. Der Kaiser gründete – in der Tradition des Muridentums – einen eigenen Orden, dessen Mitglieder auch in den nächsten Generationen die Politik beeinflussten, bis er von Aurangzeb aufgelöst wurde.[154]

Ökonomisch war das Mogulreich damals auf einem Höhepunkt. In großen Manufakturen wurden Waffen hergestellt, Regionen wie Bengal blühten durch eine protoindustrielle Textilproduktion. Im 17. Jahrhundert berichteten europäische Reisende, dass die Hauptstadt Akra und das Gebiet volkreich und wohlhabend sei; ein Vergleich zwischen der Periode Akbars und dem Jahr 1959 in Indien ergibt, dass die Kaufkraft der städtischen Löhne in der Mogulzeit bei Getreide höher und bei anderen Nahrungsmitteln geringer war.[155]

Ein Nachfolger Akbars, Schah Jahan, wurde der große Baumeister der Dynastie, der zugleich zeigte, dass die Macht der Frauen im Harem durchaus groß sein konnte.[156] Nach dem Tod seiner Lieblingsfrau Nur Jahan errichtete er ihr das wundervolle Mausoleum aus weißem Marmor am Jammu, das als Taj Mahal Weltruhm besitzt. Als er allerdings auf der anderen Seite des Stromes ein entsprechendes Mausoleum für sich selbst aus schwarzem Marmor bauen wollte, setzten seine Söhne ihn gefangen, da sie den Bankrott des Staatswesens befürchteten. Jahan starb als Gefangener in hohem Alter an Aufputschmitteln, als er einer sehr jungen Haremsdame imponieren wollte.

Die nachfolgende Generation verpulverte das Geld des Imperiums lieber in neuen Kriegen zur Unterwerfung des Südens und Einigung des Subkontinents unter den Moguln. Schah Aurangzeb ging auch zu einer dezidierten Politik der Islamisierung über – der Bau neuer Hindutempel wurde verboten, 1679 die traditionelle Kopfsteuer für Nicht-Muslime erneuert – gewiss keine so radikale Maßnahme wie die Aufhebung des Edikts von Nantes durch Ludwig XIV. 1683, aber doch in ähnliche Richtung zielend, nämlich die religiöse Homogenisierung der Herrschaft. Damit überforderte er sein Potenzial. Die Feldzüge in den Dekkan kosteten Geld, und die Steuern wurden erhöht, so dass viele Bauern revoltierten – außerdem erstarkte die hinduistische Opposition, und auch die Sikhs im Punjab machten Aufstände.

Den Schlussstrich zog schließlich Nadir Schah von Persien, der 1739 Delhi eroberte und mit der riesigen Beute auch den Pfauenthron nach Isfahan brachte. Das Mogulreich bestand fort, wurde aber außer im engsten Kernbereich zu einer legitimatorischen Hülse

---

154 A. Hottinger: Akbar der Große. Herrscher über Indien durch Versöhnung der Religionen, Zürich 1998.
155 J. A. v. Mandelslo, Morgenländische Reisebeschreibung, Hg. A. Olearius, Hamburg 1696, S. 64; A. V. Desai: Population and Standards of Living in Akbars Time, in: Review 3 (1980).
156 Vgl. vor allem zu seiner und seiner Söhne Periode J. B. Tavernier: Reise zu den Reichtümern Indiens, deutsch Nürnberg 1681, Neuaufl. Stuttgart 1984.

– die regionalen Herrscher der großen Provinzen wurden de facto selbstständig und erhielten dafür den Titel »Nawab« aus Delhi.

Sollte man von Verfall sprechen?[157] Der Terminus ist aus der Sicht des Imperiums der Moguln verständlich, aus der Sicht der indischen Geschichte jedoch nicht. Das Imperium konnte, auch auf Grund der weltweiten Inflation, seine Kosten nicht mehr decken, weil die Einnahmen aus den fixen Landsteuern an Wert verloren.[158] Mit dem Ende des Versuchs, den Subkontinent zu unterwerfen, ergab sich für alle die Chance, eine neue politische Struktur zu finden, die der religiösen, geografischen und wirtschaftlichen Vielfalt Indiens besser entsprechen konnte als die imperiale, welche den letzten Nachfahren Dschingis Khans immer vor Augen stand.

Die Marathenkonföderation

Dass die imperiale Struktur an die Grenze ihrer Leistungsfähigkeit gelangte und auch in Indien nicht ohne Alternativen blieb, wurde am deutlichsten durch den Aufstieg des Marathenbundes.[159] Das Land der Marathen, die heute eine der indischen Nationen bilden, heißt Maraschtra und zieht sich von Bombay über das scharf zum persischen Golf hin abfallende Randgebirge der Ghats bis weit in die Hochfläche des Dekkan. Jenseits der Ghats bleibt der Regen manchmal aus; das Land ist eher arm. Viele aus dem zerfurchten Bergland herausragende Berge sind von Festungen gekrönt, die schwer zu erobern sind und lokalen Herren Rückhalt geben können.

Nach der muslimischen Eroberung zogen viele Angehörige der Kriegerkaste in den Süden. Die soziale Basis des Widerstandes gegen die muslimischen Herren waren wohlhabende Bauern und erbliche Dorfälteste (patel), die Eigentümer des Ackerlands waren, während die Dorfgemeinden Wald und Weide besaßen. Meist stammten die Dorfältesten aus der Kaste der Bauern, waren also Schudras; die Schreiber – die auch die Bodenbesitzbücher und die Abgabenverzeichnisse führten – waren Brahmanen.[160] Mehrere Dörfer waren zu Bezirken zusammengefasst; die »Sprecher« dieser Bezirke (Deschmuk), selbst meist erbliche Dorfälteste in einem der Dörfer, konnten oft erbliche Besitzrechte und staatliche Pfründen vereinen und, wenn sie die entsprechenden Burgen innehatten, territoriale Schwerpunkte von Herrschaft großer Familien aufbauen. Maraschtra war in muslimischer Zeit oft Grenzland, und diese Hindu-Familien hatten Einfluss und Besitz

---

157 Kritisch dagegen A. Hintze: The Mughal Empire and its Decline, Aldershot 1997.
158 Rothermund, Economic History S. 6 f.
159 Einführung M. B. Jansen: Marathas, in: Encyclopedia of Asian History; S. Gordon: The Marathas = The New Cambridge Modern History of India Vol. II.4, Cambridge 1993.
160 I. M. Reisner: Einige Angaben über den Verfall der Dorfgemeinde bei den Marathen, in: W. Ruben Hg.: Die ökonomische und soziale Entwicklung Indiens, Berlin 1959.

in mehreren Staaten. Da sie die Funktion von Kschatrias ausübten, tendierten sie dazu, sich unter dem Begriff Marathen als eigene Kaste zu konstituieren.

Einer dieser Marathen, Shrivaji, baute durch entschiedenen Selbstbehauptungswillen, Sicherung von Forts und eine militärische Taktik schneller Überfälle auf den Nachschub der großen Armeen, welche die Fürsten und schließlich auch der Großmogul Aurangzeb gegen ihn sandte,[161] ein unabhängiges Reich. Um Hindukönig werden zu können, ließ er durch Brahmanen erklären, dass er Kschatria sei. Als König herrschte er mit einer an Zahl zunehmenden Schicht von Brahmanen und den traditionellen Mitteln der Vergabe von Steuerbezirken, aber nicht ohne Kooperation mit großen Familien des Landes. Shrivaji war fraglos ein charismatischer Führer; seine Nachfahren waren klug genug, ihre Macht mit einem Kanzler zu teilen, dem Peschwa, dessen Amt ebenfalls erblich wurde. In die engeren Kreise um König und Peschwa wurden stets Vertreter der großen Familien integriert. So bildete der Bund ein eigenes politisches System, das durch Hinduismus und die Frontstellung gegen muslimische Fürsten geeint war (aber auch Muslime in die eigenen Reihen aufnahm) und vom Peschwa geführt wurde. Man hat das System als Konföderation bezeichnet, allerdings gab es kein festes verfassungsmäßiges Verfahren, nach dem die Vertreter großer Familien in die Herrschaft beteiligt wurden. Am Ende des 18. Jahrhunderts wurde immerhin – bei Minderjährigkeit eines Peschwa nach dem Mord an seinem Vater – ein Rat der Mächtigen (barbhai) eingerichtet.

Mit dem Sinken der Macht des Moguls dehnten die Marathen ihre Macht nach Norden aus, bis sie 1760 den Panjab eroberten und auch Delhi. Zugleich stießen aber neue Wellen von Reiternomaden über den Khaiberpass in die grünen Ebenen Indiens vor, diesmal Afghanen. 1761 kam es zu einer neuen Schlacht bei Panipat, einer Massenschlacht mit weit über 200.000 Mann im Gefecht und 200 Kanonen auf der Seite der Marathen, 70 auf der afghanischen – etwa die Größenordnung der Schlacht bei Malplaquet 1709. Die Schlacht schwächte beide Seiten so, dass sie sich auf ihre Basis zurückzogen – die Afghanen in den Westen, die Marathen in den Süden. Aber den Marathen gelang es vom nördlichen Teil des Dekkan aus, wo sie ihre Herrschaft konsolidierten und ausbauten, wieder in den Norden vorzustoßen und einen großen Teil Indiens unter ihrer Führung zu einigen. Die Mitbestimmung der großen Familien wurde dabei im Rat ausgebaut. Erst am Anfang des 19. Jahrhunderts unterwarf die Englische Ostindienkompanie diesen Staat. Der Mogul fuhr übrigens fort, vom Roten Fort aus Würden zu verteilen; bald, und das war die Neuigkeit, auch an die Briten.

---

161 Die militärischen Siege der Marathen gegen Aurangzeb sind gut beschrieben bei G.N. Pope: A Text-Book of Indian History (London 1880) Reprint 1979, p. 174; eine riesige Armee des Moguln mit vorzüglicher Kavallerie, großen Abteilungen gut disziplinierter Infanterie und von Artillerie mit europäischen Kanonieren gegen einige Tausend irreguläre Reiterei, welche die Feldschlacht meiden und sich aus dem Nachschub des Moguls verproviantieren, wenn der gerade vor einer Marathenfestung liegt.

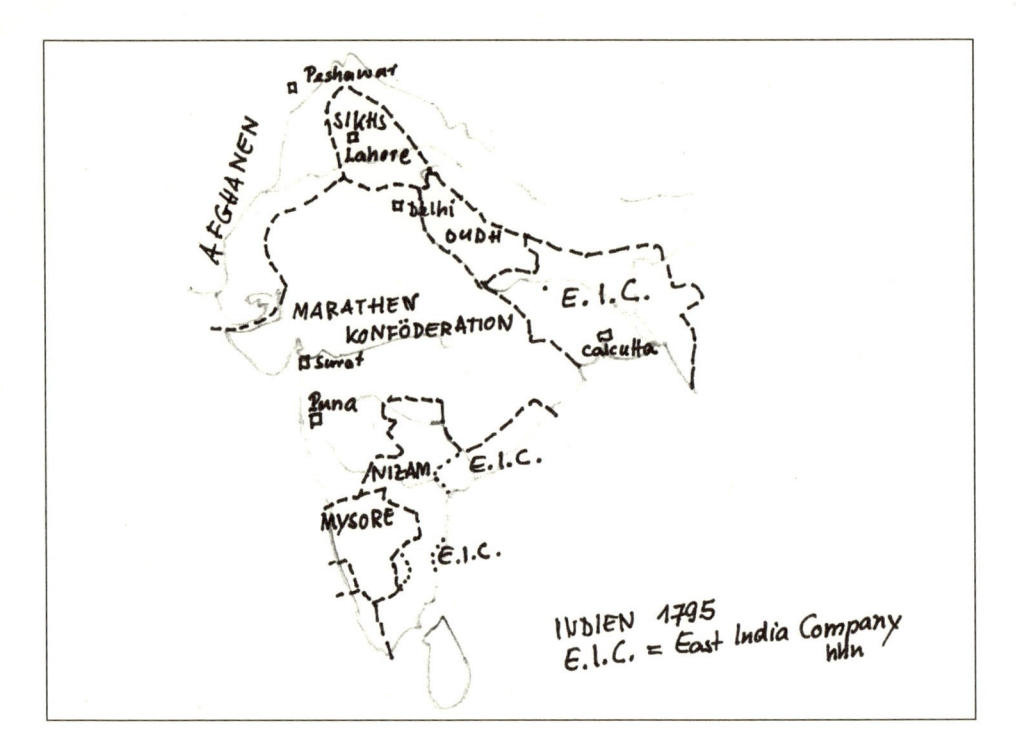

[Handwritten map: Indien 1795, showing Afghanen, Peshawar, Sikhs, Lahore, Delhi, Oudh, E.I.C., Calcutta, Marathen Konföderation, Surat, Puna, Nizam, E.I.C., Mysore, E.I.C. Legend: E.I.C. = East India Company]

Der Marathenbund ist von indischen Nationalisten als Keimzelle der Nation in Anspruch genommen worden, was sicher Projektion eines aktuellen Wunsches in die Vergangenheit war. Er bot aber doch einen endogenen Anknüpfungspunkt zur Entwicklung Indiens, sowohl in der Aufnahme der hinduistischen Tradition als auch in der Freiheit des Umgangs mit ihr sowie auch in dem pluralistischen, auf Eigentum am Boden beruhenden Konzept der Herrschaft. Das Beispiel machte der Kolonialregierung so viel Angst, dass sie nach der Unterwerfung des Landes 1818[162] die Akten der Zentralverwaltung des Peschwa für mehr als ein Jahrhundert, bis zur Unabhängigkeit Indiens, unter Verschluss hielt.

Die Ostindienkompanie

Bevor man in Indien den Namen der Moguln auch nur kannte, war 1498 Vasco da Gama in Südindien gelandet. Es war das Ziel der Portugiesen, den Handel von Indien nach Europa zwischen den arabischen und den indischen Häfen zu kontrollieren, und es gelang

---

162 S. G. Vaidya: Peshwa Bajirao II. and the Downfall of Maratha Power, Nagpur 1976.

Imperium und Föderation in Indien

der portugiesischen Flotte nach durchaus wechselvollen Gefechten, die militärische Überlegenheit auf dem Ozean zu erringen. Es gelang ihnen aber nur zum Teil, den Handel in die Hand zu bekommen; ein Teil wurde auf die Karawanenwege auf dem Kontinent umgeleitet, und die Masse wurde nach wie vor über die Levantehäfen umgeschlagen und nicht rund um Afrika verschifft. Der »Estado da India« lebte zum großen Teil von den Abgaben, den er von dem Handel der Araber, Gudscherati und Malaien im Indischen Ozean erhob, also von Schutzgeldern gegen die Gefahr, die er selbst absichtsvoll schuf – M. N. Pearson nennt das ein »protection racket«.[163]

Der eigentliche Handel mit Indien war von Anfang an ein Passivhandel. Die Europäer kauften indische Luxuswaren, Schmuck und Juwelen sowie feine Tuche, verfügten aber selbst über nur wenige Waren, die auf dem indischen Markt absetzbar waren und zahlten in Edelmetall. Das Silber aus Lateinamerika bildete deshalb eine entscheidende Voraussetzung des europäischen Indienhandels. Trotzdem war dieser Handel für die Europäer gewinnbringend, und sobald die Niederländer sich gegen Spanien erhoben, machten sie den Portugiesen (die unglücklicherweise damals mit Spanien uniert waren) auch in Indien Konkurrenz. Ihnen folgten Engländer und Dänen, vor allem jedoch die Franzosen.

Im 16. und 17. Jahrhundert haben die Europäer in Indien keine Territorien erobert, sondern Faktoreien, befestigte Handelsstützpunkte an der Küste angelegt. Auf die Idee, ein Territorium zu erobern, kamen die Franzosen im 18. Jahrhundert – und zwar vor allem deswegen, weil Frankreich wenig kaufmännisches Kapital besaß und aus Gründen des Merkantilismus nicht so viel Silber ausführen wollte. Die Französische Kompanie eroberte also ein Territorium und bezahlte ihre Exporte aus Indien mit den Steuern der Bauern, deren Landesherr die Kompanie war.

Dieses System wurde von der Englischen Ostindienkompanie zur Vollendung gebracht. Zuerst wurde der regierende Nawab von Bengalen als Tyrann hingestellt, dann gelang es 1757 durch Verrat, das bengalische Heer in der Schlacht bei Plassey zu besiegen. 1765 erhielt die Kompanie das »Diwani« für Bengalen vom Mogul im fernen Delhi – die Kompanie erhielt das Recht zur Steuereinziehung.[164] Die Karriere war bemerkenswert. Die East-India-Company war im Jahr 1600 als eine der ersten Aktiengesellschaften der Welt gegründet worden, deren wichtigstes Privileg die Charta war, die den privaten Handel von Engländern in Indien verbot, die Kompanie also zum Monopolisten machte. Für die Erneuerung dieser Charta musste man übrigens regelmäßig dem König und seinen Höflingen große Summen zahlen, so hatten alle etwas davon. Obwohl die

---

163 M. N. Pearson: Merchants and States, in: Tracy, Merchant Empires I, Zitat S. 79. Vgl. S. Subrahmanyam, L. Thomas: Evolution of Empire ebd.; P. Feldbauer: Estado da India. Die Portugiesen in Asien 1498–1620, Wien 2003.
164 R. Gopal: How the British occupied Bengal, New York 1963.

Kompanie in Indien Territorialmacht geworden war, Truppen wie Festungen unterhielt sowie Steuern einzog, blieb sie in England eine Monopolgesellschaft, welche die Liberalen wie Adam Smith immer stärker angriffen.

Ökonomisch aber fielen die Vorteile ins Gewicht. Die Kompanie kaufte aus den Steuern indischer Bauern die Exportgüter der indischen Städte, insbesondere Tuch, aber z. B. auch Schiffe, und exportierte sie nach England. Auf diese Weise brauchte die Kompanie nicht mehr Edelmetall nach Indien zu bringen, wodurch sie im Indienhandel einen uneinholbaren Vorsprung gegenüber den europäischen Konkurrenten erlangte – Frankreich, Holland, Portugal und z. B. auch Dänemark.[165] Indien zahlte faktisch den Export aus Indien selbst.

Es gibt eine alte Diskussion, ob und in welchem Ausmaß die »bengalische Beute« – jene Summe, welche die Sieger von Plassey unmittelbar aus dem Staatsschatz des Nawab erhielten – zum Durchbruch der Industriellen Revolution beigetragen hat.[166] Dass es einen beträchtlichen Fluss von Werten aus Indien in Richtung England gegeben hat, kann nicht in Frage stehen. Aber der ging nicht so vor sich, dass in der Kompanie reich gewordene Leute nach England zurückgekehrt ihr Geld in Industriebetrieben anlegten – wer in Indien reich geworden war, der wollte sein Geld genießen –, er legte es in Grund und Boden an und in festverzinsliche Papiere. Kredit wurde billig in England, der Zinssatz sank bis auf 2,7 %, und diese Billigkeit des Geldes förderte die Konjunktur. Und die Märkte für die neuen Industrien waren durch den Fernhandel mit indischem Tuch schon geschaffen.

Die Kompanie baute ihre neue Stellung als Landesherr aus und vermehrte die eigenen Truppen, das Engagement im Handel und die Steuern; die wichtigste Verbrauchssteuer – auf Salz – wurde vervielfältigt. 1770 brach über das gerade erworbene Bengalen eine Hungersnot herein, der wohl etwa ein Drittel der Bevölkerung zum Opfer fiel. Die Kompanie reagierte auf diese Katastrophe nicht, wie das nicht nur muslimischen und hinduistischen, sondern auch christlichen Fürstenspiegeln entsprochen hätte, indem sie nämlich aus dem Staatsschatz Getreide angekauft hätte, sondern indem sie zur Versteigerung der Steuerbezirke an den Meistbietenden überging, was die reale Belastung erhöhte.[167] Aber gerade für eine Handelskompanie konnte Raubbau keine Lösung auf

---

165 Dies war den Kaufleuten selbstverständlich bekannt und wurde von den Konkurrenten auch ausgesprochen, vgl. J. G. Büsch: Kleine Schriften von der Handlung und anderem gemeinnützigen Inhalte, Leipzig 1772 (Reprint Frankfurt 1972), S. 67–68: »Die Handlung der Einwohner von China und Ostindien mit den Europäern ist eine Passivhandlung im höchsten Grade ... Dänemark hat ... in den Jahren 1731 bis 45 auf 24 Schiffen, 3.714.534 Thaler an baarem Gelde, an Waren aber nur 258.938 Thaler dahin ausgeführt; England jedoch gewinnt ›durch die Contributionen seiner neuerworbenen Besitzungen in Ostindien ...‹ ein großes zur Vergütung dieser Balanz.«

166 J. Nehru: Die Entdeckung Indiens, deutsch Berlin 1959, S. 384–400.

167 Nach der klassischen Berechnung von R. Dutt: The Economic History of India under British Rule, Bd. 1,

Dauer sein, denn ein Land, das dem Ruin preisgegeben war, konnte keine Gewinne mehr abwerfen. Die Kosten der Verwaltung stiegen und auch die Rechtsprechung wurde systematisiert.

Das Konzept, das 1793 der Reorganisation Bengalens zu Grunde gelegt wurde, entstammte der physiokratischen Theorie vom Ende des 18. Jahrhunderts und transferierte europäische Sozial- und Wirtschaftsmodelle auf die Provinz am Ganges und Brahmaputra. Die Steuerbezirke, die ja nur auf Zeit vergeben worden waren, wurden auf dem Land von Eintreibern eingesammelt, die in den Dörfern wohnten, aber nicht zu den höchsten Kasten gehörten. In einem »Permanent Settlement« machte die Kompanie diese Steuereinnehmer nunmehr zu Eigentümern jener Dörfer, von denen sie die Steuern eingesammelt hatten; nach den vor allem hinduistischen Prinzen und Fürsten, die auch im Mogulreich Eigentum an Gütern besessen hatten, nannte man sie Zamindari. Die neuen Grundherren mussten auch die Grundsteuer zahlen, und darin lag das Interesse der Kompanie. Die ökonomische Erwartung ging dahin, dass sie sich ähnlich verhalten würden wie die englische Gentry und die Rentabilität der Landwirtschaft durch Arrondierung der selbst bewirtschafteten Flächen erhöhen würden.

Die Einführung des »Zamindar-Systems« und die damit erreichte größere Stetigkeit der Einnahmen ging mit einer Besserung des Status der Angestellten zusammen. Sie hatten bis dahin ein sehr geringes Gehalt bekommen, da jeder davon ausging, dass sie das Gehalt durch eigenen Handel oder Annahme von Bestechungen aufbessern würden. Durch die höheren Gehälter versuchte man, die Bestechlichkeit zu mindern.

In den Auseinandersetzungen auf dem Subkontinent war die große Stetigkeit und Rechenhaftigkeit der Kompanie eine ihrer Stärken. Mit dem Sinken der Macht des Mogulreiches stiegen die Rivalitäten zwischen den indischen Mächten, die jede für sich durchaus europäisches Format hatten. Die große Linie der Auseinandersetzung zwischen Muslimen und Hindus ging nicht verloren, aber im konkreten Fall schloss jeder Fürst Bündnisse nach den Regeln des eigenen Vorteils. Die Kompanie war anfangs nicht einmal die bedeutendste Territorialmacht in Indien. Ihre Truppen waren waffentechnisch nur begrenzt überlegen; auch die indischen Mächte verfügten über Kanonen und Gewehre – auch wenn sie ihre Truppen nicht so systematisch mit Gewehren aus Manufakturen ausstatteten wie die Kompanie und die Taktik der Linie nicht übernehmen konnten.

Nach der Schlacht bei Panipat 1761 ließ die Englische Ostindienkompanie sich auch das Diwani für die Südostküste um Madras geben und kam damit mit dem für sie gefährlichsten und wichtigsten Gegner in Berührung: Haider Ali. Er war muslimischer

---

London 1906, S. XI, steigerte die Kompanie die jährlichen Einnahmen aus Bengalen zwischen 1765 und 1793 von 817.000 auf 2.680.000 £. Vgl. insgesamt P. J. Marshall: East Indian Fortunes. The British in Bengal in the Eighteenth Century, Oxford 1976.

Heerführer des Staates Maisur ganz im Süden, stürzte aber 1760 die hinduistische Maharadja-Familie, der er gedient hatte. Sein Grundkonzept war, dass man von den Europäern lernen müsse, um sie besiegen zu können, und dazu die Gegensätze des europäischen Konzerts ausnützen solle. Er vertrat also ein Programm der konkurrierenden Imitation, ähnlich wie Peter der Große für Russland oder George Madison für die USA. Er zog die Dienstlehen ein und straffte die Steuereinziehung, um mehr Mittel für den Staat zur Verfügung zu haben. Er holte sich französische Offiziere, die seine Infanterie nach europäischen Regeln drillten, und verbesserte seine Kavallerie, vor allem indem er den Kavalleristen gute Pferde stellte.

Ali hatte begriffen, dass die Engländer eine Gefahr bildeten, die sich grundlegend von den anderen innerindischen Auseinandersetzungen unterschied, und formulierte als Erster das Ziel, die Engländer aus Indien zu vertreiben. Zu seinem Bedauern ist es ihm jedoch nie gelungen, mit der hinduistischen Hauptmacht, den Marathen, zu einem antienglischen Bündnis zu gelangen. 1769 beendete die Kompanie den ersten Krieg gegen Maisur mit einem Frieden, der die südindischen Landbesitzungen im Wesentlichen in der Hand Alis ließ.

Für sein Ziel, die Engländer aus Indien zu vertreiben, sah Ali eine neue Chance, als Frankreich 1778 den Aufstand der 13 Kolonien in Amerika unterstützte und damit ein neuer Krieg zwischen Frankreich und England ausbrach. Französische Flotten kreuzten vor Indien und unterbrachen die britischen Versorgungslinien; französische Truppen landeten in den alten, im Siebenjährigen Krieg verlorenen Faktoreien. An die Stelle Haider Alis trat 1782 sein Sohn Tipu Sultan, der den Krieg gegen die Kompanie auch weiterführte, als die französischen Bundesgenossen 1783 – nach dem Frieden in Paris – plötzlich wieder aus Indien verschwanden. Und erst 1792 gelang es den Briten, eine umfassende Koalition aus Marathen und dem muslimischen Herrscher, dem Nizam von Haiderabad, gegen Tipu Sultan zusammenzubringen. Trotz der Niederlage blieb sein Territorium aber weitgehend erhalten, da die Kompanie ihn als Gegengewicht gegen Marathen und Haiderabad gebrauchen wollte.

Tipu Sultan hat auch nach dieser Niederlage den Kampf gegen die Engländer nicht aufgegeben. Wieder nahm er Kontakt mit Frankreich auf, wo ja inzwischen die Revolution gesiegt hatte, und wieder versuchte er, von Europa zu lernen, um es zu besiegen – die Ideen der Aufklärung wurden in Maisur verbreitet. Der Sultan richtete einen Jakobinerclub ein, von dessen Mitgliedern er sich als »Citoyen Tipu« anreden ließ. Aber die Außenpolitik des revolutionären Frankreich war nicht stabil genug, um diesem fernen Anhänger wirklich außenpolitische Deckung zu geben, und als 1798 ein junger französischer General namens Bonaparte in Ägypten landete, fürchtete die Kompanie ein gut vorbereitetes, auf Indien zielendes Unternehmen – statt des strategischen Abenteuers, welches der Ägyptenfeldzug in Wirklichkeit war. Erneut im Bündnis mit Haiderabad wurde Tipu überraschend angegriffen und besiegt. Die Engländer setzten die von Haider Ali gestürzte Hindu-Dynastie wieder ein, annektierten aber vorher alle Küstenstriche, so dass Maisur nun ein Binnenland war.

Während der napoleonischen Kriege wurde die Territorialherrschaft zum Imperium abgerundet. Da die Niederlande von Frankreich besetzt waren, konnte man leicht Ceylon und die niederländischen Faktoreien in Südindien annektieren. Auch an den westlichen Küsten des Dekkan wurden die Verhältnisse geklärt, indem man die Küsten besetzte: Hatte das Mogulreich vergeblich versucht, Indien aus dem kontinentalen Zentrum im Gangestal zu erobern, so eroberte die Kompanie den Subkontinent von den maritimen Peripherien her. Das Panjab um Lahore, am weitesten von der See entfernt, und der Induslauf blieben vorläufig noch außerhalb dieses Machtbereichs.[168]

Der Erfolg der Aktiengesellschaft, welche die Kompanie ja war, beim Aufbau dieses Imperiums wäre vermutlich nicht möglich gewesen, wenn die Kompanie nicht stets die Gegner gegeneinander hätte ausspielen können, wenn die indischen Fürsten bei aller Konkurrenz eine gewisse Solidarität entwickelt hätten, eine Art Konzert der Mächte. Das ist wahrscheinlich vor allem deshalb nicht erfolgt, weil es in Indien keine umfassende religiöse Organisation gab. Erstens behinderte der Konflikt zwischen Islam und Hinduismus (trotz mancher Bündnisse) so etwas, und zweitens bestand auch für die muslimischen Staaten keine gemeinsame religiöse Organisation (wie die Kirche im Westen), auch wenn die muslimischen Gelehrte zwischen den Medresen wanderten und von den Fürsten ehrfurchtsvoll empfangen wurden. Man konnte also auch keine religiöse Gemeinsamkeit säkularisieren, wie das in Europa in der Geschichte des Konzerts der Mächte geschah.

Es liegt auf der Hand, dass die riesige und menschenreiche Landmasse, welche sich teilweise im Besitz und teilweise unter der strategischen Kontrolle einiger Londoner Aktionäre befand, auch die englische Geschichte beeinflusst hat. Politisch kam Indien nach der Eroberung Bengalens ins Gerede, weil einige Generäle und Angestellte mit ungeheurem Vermögen nach England zurückkamen. Sie hatten das meist durch Bestechung oder Betrug erworben, und die britische Regierung versuchte, diese Entwicklung zu kontrollieren – einige der Indiengewinnler kamen sogar vor Untersuchungsausschüsse des Parlaments. 1784 unterstellte das Parlament die Ostindienkompanie einem eigenen Kontrollrat. Im Allgemeinen begnügte sich das Parlament jedoch damit, der Kompanie für die Erneuerung des Monopols im englischen Indienhandel einen jährlichen Tribut von 400.000 Pfund abzufordern; Indien trug damit auch direkt dazu bei, die englischen Kriege gegen den französischen Hegemonialversuch am Ende des 18. Jahrhunderts zu finanzieren.

Die Beziehungen zwischen Indien und England waren jedoch nicht nur fiskalischer Natur. Auch der soziale Aspekt von Herrschaft gewann an Bedeutung – junge Engländer, die sich daheim verschuldet oder sonst wie daneben benommen hatten bzw. als

---

168 Vgl. die Kartenskizze in: K. Preisendanz, D. Rothermund Hg.; Südasien in der ›Neuzeit‹, Wien 2003.

zweite Söhne keine Chance auf eine Karriere bis ins Oberhaus besaßen, machten in Indien Vermögen. In den Beziehungen zu indischen Frauen gab es noch wenig Vorurteile wegen Rasse oder Religion; es gab so viele Verbindungen, dass eine neue soziale Gruppe entstand, die man vielleicht als neue Kaste bezeichnen könnte – die »Angloindians«.[169] Weiter wurden intellektuelle Beziehungen wichtig – die asiatische Gesellschaft von Bengalen übersetzte Meisterwerke der indischen Literatur ins Englische, und über diese Übersetzungen nahm die europäische Welt von den Veden und den Romanen Indiens Kenntnis.

Zentral aber blieb die ökonomische Beziehung; schließlich war es ja eine Aktiengesellschaft. Die Kompanie hatte als wichtige Ware Tuch aus Indien exportiert, von dem einiges so preiswert wurde, dass auch Europäer mittleren Einkommens es sich leisten konnten. Nun war das 18. Jahrhundert in England durch eine rapide Entwicklung der Textilindustrie gekennzeichnet, und damit die (von England aus gesehen) Importe dem heimischen Gewerbe keine Konkurrenz machten, verbot die Regierung der Kompanie, ihre Tuche auf den Inseln zu verkaufen – diese durften also die Docks nicht verlassen, sondern mussten direkt zu den Außenhandelskaufleuten gebracht werden. Indisches Tuch war ein klassisches Re-Export-Produkt – es wurde von London aus direkt nach Hamburg oder Petersburg verschifft. Gewiss gab es Schmuggel von den Docks, aber das System war eindeutig.

Derart geschützt vor der indischen Konkurrenz entwickelte sich die Tuchindustrie in England zum Leitsektor der Industriellen Revolution; der Verbrauch von Rohbaumwolle stieg im 18. Jahrhundert auf mehr als das Dreißigfache. Den Wendepunkt im Verhältnis zu Indien bildeten auch hier die napoleonischen Kriege – während der Kriegskonjunktur fand das englische Tuch auch im Inland genügend Absatz und brauchte keine ausländischen Märkte. Mit dem Friedensschluss und der danach einsetzenden weltweiten Rezession aber drängte die nunmehr technisch überlegene Industrie in den Export, und die Exportquote der britischen Textilproduktion lag bald nach 1815 bei über 50 %.

Die europäischen Märkte schlossen sich im Interesse ihrer eigenen Industrien gegenüber dieser britischen Exportoffensive schnell durch Zölle ab, und da Indien das aus politischen Gründen nicht konnte, wurde es für einige Jahrzehnte zum Hauptabsatzmarkt der britischen Tuchindustrie. Um das durchzusetzen, mussten die politischen Verhältnisse in London verändert werden: 1813 verlor die Kompanie das Außenhandelsmonopol für Indien – Indien wurde zum freien Markt für Engländer. Und das wichtigste Exportgut Englands war Tuch: Industriell erzeugt und billig nahm es dem heimischen Gewerbe den Absatzmarkt, ruinierte die städtischen und nach einiger Zeit auch die dörflichen Weber. Jetzt, im 19. Jahrhundert, wurde die weitgehende Selbstversorgung der

---

[169] Vgl. R. Runge-Beneke: Indien in britischen Augen. Über den Zusammenhang von Frauenbildern, Indienprojektionen, Herrschaftsphantasien und Männlichkeitsvorstellungen, Göttingen 1996, bes. S. 45–48.

Dörfer ökonomisch aufgebrochen: Das Dorfhandwerk verlor seine Kunden, und die Bauern, welche die preiswerte englische Ware kauften, bauten Produkte an, die sie an die Engländer verkaufen konnten – Indigo, Baumwolle, Jute, Tee, Kaffee und Opium (für den Handel mit China). Indien, jahrtausendelang im Handel mit Europa ein Exporteur handwerklicher Fertigwaren, wurde zum Rohstoffexporteur.

On the continent almost every nation whether little or great has openly declared at one or another time that it is superior to all other nations; the English fight heroic wars to combat these dangerous ideas without ever mentioning which really is the most superior race in the world.

Georges Mikes 1946[170]

Kapitel 5

Zwei Inseln – Japan und England

Japan

Die japanischen Inseln[171] sind sehr gebirgig und in kleine Siedlungskammern aufgeteilt. Das Meer ist überall nahe, und es fällt viel Niederschlag; die Klimazonen reichen von den Subtropen bis zur Subarktis. Auf der östlichen Seite des asiatischen Kontinents gelegen, ist das Klima insgesamt kühler, als es den Breitengraden in Europa entsprechen würde.

Die japanische Sprache ist entfernt den altaiischen – also Sprachen wie dem Mandschurischen – verwandt, aber eben doch so entfernt, dass einige Forscher das Japanische für eine isolierte Sprache halten. Die Japaner gehören dem mongoliden Menschentyp an, sie haben in der Regel wenig Bart und »gelbe« Hautfarbe. Sie sind um die Jahrzeitenwende aus Nordasien auf die japanischen Inseln eingewandert und haben die Vorbevölkerung, die Ainu, verdrängt und vertrieben – diese sprechen eine eindeutig isolierte Sprache und wirken mit ihren Bärten eher »weiß«.[172]

Über die Anfänge eines Staatswesens gibt es wenig Informationen, offenbar war das Land in großen Familienverbänden organisiert. Zeichenschrift und Buddhismus wurden aus China übernommen, und 608 wurden einige junge Leute dorthin zum Lernen gebracht. Damals entstand auch der Name »Nippon« – Land der aufgehenden Sonne. Nach chinesischem Vorbild entstand ein einheitlicher Beamtenstaat, der aber ein eigenes, von China unabhängiges Kaisertum forderte. Im 10. Jahrhundert gelang es den Beamten, den Bodenbesitz in der Familie erblich zu machen. Der Kaiser (Tenno) besaß als

---

170 G. Mikes: How to be an Alien, Neuaufl. London 1966, S. 16.
171 H. Hammitzsch: Japan Handbuch, ³Stuttgart 1990.
172 K. Inone: Geschichte Japans, deutsch Frankfurt 1993; G. Samson: History of Japan, London 1964.

Sohn der Sonne eine göttliche Funktion, seine Macht wurde im 11. Jahrhundert auf das Sakrale beschränkt, er blieb aber die letzte Quelle der Legitimation von Herrschaft auf den Inseln. Das Amt des Regierungschefs (Shogun) wurde erblich, die Shogune regierten entweder in der alten Hauptstadt Kyoto oder nahe des heutigen Tokyo in einer »Zeltstadt« (Bakufu).

In Japan gab es über 1.000 Jahre lang eine Trennung von sakraler und politischer Macht, die in Ost- wie Westeuropa nicht unbekannt war. Wie im Oströmischen Reich gelang es dem politischen Repräsentanten, den sakralen Herrscher auf diesen Bereich von Gesellschaft und Staat zu beschränken (erst mit der Meiji-Revolution griff der Tenno nach der politischen Macht). Die ökonomische Basis der Militäraristokratie, die im 12. Jahrhundert die Macht übernahm, war ein kaiserlicher Erlass, demzufolge auf allen Landgütern Militärs als Verwalter eingesetzt werden konnten. Die Güter gehörten damals alten Familien des Hochadels oder Tempeln; Ähnlichkeiten zum Merowingerreich im 7. und 8. Jahrhundert liegen also nahe: ein sakraler König ohne Macht, dessen Hausmeier das Land regieren und den Kriegern eine indirekte Akquisition von Kirchenland als Pfründen ermöglichen; aber während Pippin die letzten Merowinger stürzt und eine neue Legitimation durch die Kirche erhält, behält Japan seine sakrale Dynastie.

Im 15. Jahrhundert war der Kaiserhof so verarmt, dass nicht einmal die Inthronisation bezahlt werden konnte.[173] In erbitterten Kämpfen verschiedener Provinzen gegeneinander wurde 1477 Kyoto niedergebrannt. Im 16. Jahrhundert gerät Japan in eine Krise, da auch der Shogun sich in den Provinzen nicht durchsetzen kann; ein Zeit lang stützt er sich auf lokale Bündnisse, dann bricht seine Herrschaft zusammen. Nun ergreifen Militärgouverneure der Provinzen (Daimyos) die Macht, und schließlich zerfallen die Inseln in zeitweise 250 Daimyo-Territorien. Der Kampf aller gegen alle führt am Ende des 16. Jahrhunderts zu einer Rezentralisierung. Der Daimyo von Owari erobert 1561 Kyoto und 1571 ein Bergkloster in der Nähe – nicht nur die verteidigenden Mönche, sondern auch Frauen und Kinder werden niedergemetzelt.

1573 wurde Owari neuer Shogun. Nach seinem Tod setzte Toyotami Hideyoshi die Einigungspolitik fort, er ließ 1582 ein Kataster anlegen, das die Abgaben der Bauern normierte und festlegte, dass die Kriegsleute in Zukunft kein Land erhalten sollten, sondern Reis. Hideyoshi führte 1592 japanische Truppen nach Korea, unterlag jedoch China.

Hideyoshi hatte seinen Sohn Hideyori als Nachfolger eingesetzt, der jedoch 1600 durch einen Aufstand unter Tokugawa Ieyasu besiegt wurde. Tokugawa regierte das Land ab 1603 als neuer Shogun von seiner Hauptstadt Edo bei Tokyo aus; Hideyori wurde in seinem Schloss bei Osaka isoliert, und nach seinem Tod ließ Tokugawa das Schloss erobern und die gesamte Familie ermorden.

---

173 J. W. Hall u. a.: Japan before Tokugawa, Princeton 1981; R. P. Toby: State and Diplomacy in Early Modern Japan, ²Stanford 1991.

Zwei Inseln – Japan und England

Der Brand Kyotos 1477 und das Massaker an der Familie Hideyori 1615 bilden die Eckdaten der Periode der »Kämpfenden Provinzen«, in der auch die Christen nach Japan kamen.[174] 1543 verschlug es schiffbrüchige Portugiesen an die Küste. Die Japaner waren besonders an den Musketen interessiert, die sie sofort nachbauten; beim Einfall in Korea gab es schon mit Musketen ausgerüstete Truppenverbände. Auch religiös gab es großes Interesse. 1549 kam der Heilige Franz Xaver nach Japan, und bald folgten den Franziskanern auch Jesuiten. 1582 organisierte die SJ eine Bildungsreise von vier japanischen Adligen durch die Mittelmeerländer, welche auch die Europäer faszinierte.

Die Mission hatte besonderen Erfolg auf der Südinsel Kyushu. Die dortigen Daimyos förderten die Mission auch, um am Fernhandel Geld zu verdienen und die Selbstständigkeit des Südens zu stärken; im Zuge der Reichseinigung wurde das Christentum denn auch zum ersten Mal verboten, aber noch ohne Konsequenzen. 1596 strandete eine spanische Galleone, und der Kapitän drohte mit der ungeheuren Militärmacht seines Königs, falls die Ladung nach Strandrecht konfisziert werden würde. Nun begann eine neue Verfolgung, die – durchaus vergleichbar zur Konfessionalisierung in Europa – von den Tokugawa genutzt wurde, um das Land religiös durchzustrukturieren. Zuerst wurde den Spaniern, dann den Portugiesen der Handel mit Japan verboten; die Engländer schlossen ihre Faktorei.

Von der Verfolgung der Katholiken profitierte die holländische Ostindienkompanie, die als einzige die erniedrigenden Bedingungen akzeptierte – ohne Frauen mitzubringen durften die Holländer auf einer Sandbank vor Nagasaki eine Niederlassung unterhalten. Etwa vier bis fünf Schiffe kamen in jedem Jahr von Batavia – das reichte für den Handel mit dem Westen aus. Aus China kamen, nach der Eroberung durch die Mandschu und der Wiederherstellung der offiziellen Handelsbeziehungen, jährlich etwa 50 Handelsschunken, also ein Vielfaches.

Japan zog sich von der Außenwelt zurück. Japanern wurde verboten, das Land zu verlassen; wer es doch tat, wurde nicht auf die Inseln zurückgelassen. Feuerwaffen wurden nur noch ungern gesehen; sie entsprachen nicht dem neuen (archaisierenden) militärischen Komment des Kampfes von Angesicht zu Angesicht.[175] Die Bauern wurden 1588 entwaffnet, viele Burgen geschleift. Insgesamt wurde Japan de facto entmilitarisiert.

Welche Struktur wurde in der Tokugawa-Periode eingerichtet?[176] Dass das Land in der Abwendung von außen geeint wurde, war nur der eine Teil dieser Geschichte.

---

174 P. Kirsch: Die Barbaren aus dem Süden. Europäer im alten Japan 1543 bis 1854, Wien 2004.
175 Überzogen, aber wichtig für die Tendenz N. Perrin: Keine Feuerwaffen mehr, Japans Rückkehr zum Schwert, deutsch Frankfurt 1982, Kritik bei G. Parker: Europe and the wider world, in Tracy Merchant Empires II.
176 Vgl. M. Neuss-Kaleko: Familie und Gesellschaft in Japan, München 1990; I. Getreuer-Kargl: Japan im Zeitalter der kämpfenden Provinzen, in: F. Edelmayer u. a. Hg.: Globalgeschichte 1450–1620, Wien 2002, S. 199–224.

Grundlage der japanischen Sozialstruktur war das »Haus« (i-e). Es besaß Land und Reisstipendien, also die so genannten Lehen. Geldvermögen dagegen konnte individuell sein. Die Häuser waren patriarchalisch, aber nicht streng patrilinear organisiert, Adoptionen waren möglich. Die Festlegung eines Altenteils war die Regel, so dass die Häuser in der Regel von Männern mittleren Alters geführt wurden. Ab etwa 1700 wurde Primogenitur durchgesetzt, womit die Möglichkeiten der Patriarchen, Söhne von der Nachfolge abzuhalten, weiter eingeschränkt wurden. Scheidung, d. h. Zurücksendung der Frau einschließlich ihrer Mitgift, war möglich und dann eine Sache zwischen den Häusern, oft allerdings war die Mitgift nicht mehr vorhanden. Traditionell wurden die Häuser im Inneren durch Familienräte bestimmt, an denen auch Frauen teilnahmen; die Tokugawa-Regierung förderte jedoch bei der Schicht der Samurai den Mann gegen den Familienrat. Sippenhaft war üblich, beging ein Mitglied des Hauses ein Verbrechen, musste die Familie für den entstandenen Schaden eintreten.

Japan unter den Tokugawa war eine ständische Gesellschaft; anders als in Europa galt diese Ständeordnung im ganzen Land.[177] Der Shogun herrschte über etwa 23 % des Landes, der Rest war auf über 200 »Lehen« (han) aufgeteilt, über die eine sehr kleine Hocharistokratie herrschte. In diesen Gebieten konnte der Shogun keine direkten Steuern einziehen, vielmehr tat das die Verwaltung des jeweiligen Daimyo, welche auch die Bevölkerung kontrollierte. Als sakrales Oberhaupt spielte der Tenno eine unangefochtene, aber deutlich eingeschränkte Rolle. Die politische Macht lag beim Shogun, der immer aus dem Haus Tokugawa stammte. Unter dem Shogun gab es die Familien der Daimyos, etwa 1.000 Personen – die Nobilität.

Den 1. Stand bildeten die Krieger oder Samurai, die etwa 6 % der Bevölkerung ausmachten. Der Stand lebte von »Lehen«, Reisstipendien von ihnen zugewiesenen Dörfern, die u. U. von Arbeitsleistungen ergänzt wurden. Bei jedem Lehensfall (wenn der Samurai starb, der das Lehen innehatte, oder er seiner Pflicht nicht nachkam) wurde ein neuer Vertrag zwischen Shogun oder Daimyo und Samurai geschlossen. Ab 1641 folgte ein männlicher Erbe automatisch im Lehen nach. Die Stellung des Mannes im Haus der Samurai wurde durch Gesetze gestärkt. Die Samurai vertraten eine archaisierende Kriegerideologie, welche den Schwertkampf von Angesicht zu Angesicht propagierte; ihr Frauenbild war abwertend: Yan – hell und klug – galt als männlich; Yin – dunkel und passiv oder sogar dumm – als weiblich.

Der 2. Stand, die Bauern, umfasste etwa 84 % der Bevölkerung. Die Landwirtschaft Japans beruhte überwiegend auf Nassreisanbau, wozu vielfältige Gemeinschaftsarbeiten nötig sind – schon beim Bau der Bewässerungsanlagen und der terrassierten Felder, aber auch beim Pflanzen der Reisschösslinge, beim Ernten und beim Düngen, was meist mit

---

177 H. P. Bix: Peasant Protest in Japan 1590–1884, New Haven/Conn. 1986, hier S. XXVI. Vgl. zu Europa und Deutschland Kapitel 6.

aus den Wäldern geholten Plaggen (Laubasche) gemacht wurde; Wälder und Büsche sind ja überall nah.

Die Bauern waren in Dorfgemeinden (mura) organisiert, die für das Reisstipendium und Abgaben hafteten. Politisch entschieden wurde in den Dorfgemeinden von den landbesitzenden Häusern, z. T. besaßen traditionell führende bäuerliche Häuser einen Einfluss, der ihrem Besitz nicht unbedingt entsprach. Landlose oder zugezogene Bauern waren in den Dorfgemeinden nicht vertreten. Politisch wichtig waren aber auch die Fünfergruppen: Zur Kontrolle – zuerst gegen das Christentum, dann allgemeiner – waren je fünf Häuser zusammengefasst, die füreinander verantwortlich waren und aufeinander zu achten hatten. Bei bäuerlichen Häusern blieb der Besitz an Land beim Haus, so weit er nicht geteilt wurde, so dass neue Häuser entstanden. Das Geldvermögen wurde stets unter die Kinder geteilt. Es kam auch weibliche Erbfolge vor. 1673 wurde verboten, bei der Vererbung Hofstellen unter 1 ha zu teilen. 1 ha bringt ca. 1.800 Liter Reis und 180 sind der Jahresverbrauch einer erwachsenen Person; man kann also schließen, dass ein Haus aus vielleicht sechs Personen z. B. mit Reisstipendien noch vier weiteren Personen ernähren konnte. Bauern haben sich in Japan oft in Protesten erhoben;[178] zwischen 1590 und 1871 wurden 3.001 Unruhen gezählt, davon 408 »Hauszerstörungen« und 78 Aufstände. Das häufigste Ziel der Unruhen war die Vernichtung von Akten.

Der 3. Stand war jener der Handwerker, der 4. jener der Händler. Auch sie waren in Fünfergruppen organisiert. Kinder kamen bei den Handwerkern mit elf bis 13, bei den Händlern schon mit acht Jahren in andere Häuser zur Lehre. Da Geldvermögen geteilt wurde, gab es häufiger selbstständige, erfolgreiche Frauen in den Städten; z. B. gründet eine Frau im 17. Jahrhundert das Kaufmannshaus Mitsuboshi, das noch heute besteht.[179]

Wie auch daran deutlich wird, dass die Erbteilung der Höfe verboten wird, gerät die landwirtschaftliche Expansion um 1700 an ihre Grenzen. Es ist nicht mehr möglich, neue Höfe zu gründen; die Bevölkerungsentwicklung stagniert.[180] Das 18. Jahrhundert ist dann jedoch durch immer größere Differenzierung im Inneren gekennzeichnet. Das eisenverarbeitende Gewerbe prosperiert, auch der Fischfang wird ausgebaut und immer weiter nach Norden vorgetragen, und der Binnenhandel wird erweitert.

Fasst man die Geschichte Japans in der Frühen Neuzeit zusammen, dann sind manche Ähnlichkeiten mit dem europäischen Feudalismus deutlich.[181] Anders als in China, das stets von Beamten regiert wird (auch wenn das zeitweise Beamte einer Erobererdynastie waren), gab es in Japan eine Schicht, die von einer Art von Lehen lebte, das im Verlauf der Frühen Neuzeit erblich wurde. Es gab eine eigene Klasse oder genauer viel-

---

178 Bix, a.a.O.
179 J. Hirschmeier, Tsunehiko Yui: The Development of Japanese Business 1600–1973, London 1975.
180 Vgl. die Skizze Kapitel 3.
181 J. W. Hall: Feudalism in Japan – A Reassessment, in: Wunder: Feudalismus.

leicht Kaste von Kriegern, die ein Gefolgschaftsethos entwickelt hatte. Die Entstehung des japanischen Feudalismus an der Peripherie des chinesischen Imperiums ähnelt auch der Entstehung des europäischen am Rande des von Beamten geprägten spätantiken (bzw. »byzantinischen«) Römischen Reiches; vielleicht kann man sagen, dass beide Feudalismen aus der Überforderung entstanden sind, imperiale Strukturen nachzuahmen, die eigentlich über die Mittel der beiden Kulturen hinausgingen.

Es gab auch eine offizielle Hierarchie der Herrschaft

- Tenno
- Shogun
- Daimyo
- Samurai

die den etablierten Hierarchien im Westen ähnelte; die Heerschildordnung des Heiligen Römischen Reiches hatte zwar mehr Stände, aber im Zuordnungsprinzip war sie ähnlich – auch sie war eine juristisch festgelegte Klientelbeziehung.

Der Vergleich stimmt auch in ökonomischer Hinsicht. Daimyos und Samurai wurden dezentral alimentiert, sie erhielten ihre Einnahmen an vielen Orten und ohne auch nur das Konzept einer zentralen Verteilung wie etwa im Mogulreich. Entsprechend waren sie auch überall im Lande Kunden, insbesondere für Eisenwaren (Waffen, vor allem Schwerter), aber auch für Textilien und anderes.[182]

Die Sozialverfassung förderte also ein vielfältiges Marktsystem, aus dem Kaufleute und Handwerker lebten. Ähnlich wie im europäischen Feudalismus entwickelte der japanische aus sich selbst heraus Träger für eine andere, stärker auf Gewerbe und Handel beruhende Sozialstruktur, die dann im 19. Jahrhundert Basis für eine moderne, kapitalistische und autoritäre Monarchie werden konnte.[183]

England

Die britischen Inseln[184] liegen ähnlich zum europäischen Kontinent wie Japan zum asiatischen. Aber die britischen Inseln haben zum einen viel größeren Anteil an flachem,

---

182 H. Otsuka: The Spirit of Capitalism, englisch Tokyo 1982; W. Schwentker: Die historischen Voraussetzungen ›erfolgreicher‹ Modernisierung: Japan 1600–1900, in: Linhart, Ostasien.
183 V. Hentschel: Wirtschaftsgeschichte des modernen Japan, Stuttgart 1986.
184 Klassisch G. M. Trevelyan: History of England, (1923) New Edition with 37 maps, London 1948; Ders.: English Social History (1942), London 1948. Handbuch: G. Clark Hg.: The Oxford History of England, Bd. 1–15, ²Oxford 1937–1965. H. Haan, G. Niedhart: Geschichte Englands vom 16. – 18. Jahrhundert, München 1993; Datensammlung: J. Gregory, J. Stevenson: The Longman Companion to Britain in the Eighteenth Century, London 2000.

ackerfähigem Land – nur wenige Berge reichen nur über die 1000-Meter-Grenze –, und zum anderen wurden sie erst in der Frühen Neuzeit politisch vereinigt. Der »Keltische Rand« (mit seinen beträchtlichen germanischen Bestandteilen) wurde erst in diesen Jahrhunderten unterworfen bzw. durch Union integriert,[185] und das übrigens nicht auf Dauer, da Irland im 20. Jahrhundert seine Unabhängigkeit zurückerkämpft und Schottland einen autonomen Status erreicht hat. Obgleich die britischen Inseln noch lange geteilt waren, stieg England im 18. Jahrhundert zur europäischen Großmacht auf.

Der Aufstieg der Niederlande am Ende des 16. und seine Großmachtstellung bis zum letzten Drittel des 17. Jahrhunderts haben etwas Plötzliches und Überraschendes, aber der Glanz des neuen Sterns verblasst danach schnell – man bewahrt das Erworbene und tritt zurück in die Reihe der kleinen Mächte. Langfristig hat der Aufstieg Englands im europäischen System die Gewichte tiefgreifender verschoben. Im Mittelalter war England ein kleines Land am Rande Europas.[186] Wenn die seit 1066 französische Dynastie in Europa eine Rolle spielte, dann deswegen, weil sie im reichen Frankreich große Territorien besaß – die Normandie und Aquitanien, die Gascogne und Poitou. Über hundert Jahre lang konnte der König von England anstreben, auch König von Frankreich zu werden, aber weniger wegen seiner englischen Besitzungen als wegen des französischen Erbes – um 1500 hatte England etwa 2, Frankreich etwa 17 Millionen Einwohner.

England hatte nach der normannischen Eroberung eine besonders starke und effiziente Zentralverwaltung erhalten. Aber der Hochadel konnte gegen den König – nicht zuletzt wegen der Katastrophen, in welche die französische Politik die englische Politik immer wieder führte – seine Ansprüche auf Teilhabe an der Macht immer weiter durchsetzen; z. B. musste Johann Ohneland, nachdem die deutschen Bundesgenossen gegen Frankreich bei Bouvines 1214 verloren hatten,[187] 1215 den Baronen die Magna Charta Libertatum[188] zugestehen. In einer solchen Katastrophe musste der König auch sein Land vom Papst zum Lehen nehmen. Es war also nur schlüssig, dass in England die großen Kirchenfürsten zusammen mit den Baronen in der ersten Kammer des ständischen Parlaments sitzen. Gegen die Barone stützten sich die Könige gelegentlich auf den niederen Adel und die Städte, die seit dem 13. Jahrhundert gewählte Vertreter zur Ständeversammlung des Reiches sandten.

Der Hochadel hatte seine besondere Stärke in England dadurch, dass sehr pragmatisch definiert wird, wer dazu gehört, nämlich ausschließlich derjenige, der sein Amt auch

---

185 M. Hechter: Internal Colonialism, The Celtic Fringe in British National Development, London 1975; S. G. Ellis: The inveterate dominion – Ireland in the English state; M. Hechter: Non-conformity and the Emergence of Nationalism in 19th. Century Wales, in: Nolte, Internal Peripheries I; K.T. Hoppen: A double Periphery, in: Nolte Internal Peripheries II.
186 B. A. Holderness: Pre-Industrial England, London 1976.
187 Vgl. (als Lektüre) G. Duby: Der Sonntag von Bouvines. Der Tag, an dem Frankreich entstand (1973), deutsch Berlin 2002.

innehat, der also wirklich Herzog von Gloucester oder Graf von Leicester ist. Ähnlich wie in Polen, aber anders als im Reichstag des Heiligen Römischen Reiches, waren nicht die Dynastien, sondern die Ämter vertreten; auch wurden Besitzungen und Rechte nicht geteilt. Der zweite Sohn eines Herzogs gehörte (und gehört) nicht zur Nobility, sondern zum niederen Adel, der Gentry. Dass solche Leute ohne Adel – »sine nobilitate«, abgekürzt snob – besonders darauf achteten, als vornehm zu gelten, versteht sich von selbst; aber bald gab es eben auch in der Gentry Familien, die sich der Nobilität im Grunde nicht unterlegen fühlten. Wichtig ist auch, dass auf Grund dieser Verfassung jener Mythos vom Adel nicht Fuß fassen konnte, den es in Deutschland gegeben hat – nicht jeder ist ein Lord, dessen Vater einer war.

Wenn der König Städte und Ritterschaft ins Parlament lud, dann nicht zuletzt deswegen, weil er ihre Steuerkraft nutzen wollte. Viele Städte in England hatten gegenüber den nahen Lords eine schwache Position; jene Autonomie, welche die Städte in Mitteleuropa erreichten, hat es in England nicht gegeben. Städtische Selbstständigkeit ist keine typisch europäische, sondern eine spezifisch mitteleuropäische Entwicklung. Die Stellung der Lords in England wurde dadurch gestärkt, dass der König dauernd Krieg führte und damit auf die Lords angewiesen war. Wenn er nicht Krieg in Frankreich führte, dann gegen den »keltischen Gürtel« rings um das angelsächsische Siedlungsland. Schon im Mittelalter wurde Wales annektiert und über Irland eine, allerdings noch lockere, Oberherrschaft errichtet.

Im 15. Jahrhundert begünstigte die Schwäche der Städte ein Gewerbe auf dem Land. Der Hochadel – vielleicht auch in dem Versuch, dem drohenden Machtverlust durch Beherrschung des Staatsapparats zu entgehen – verbiss sich in einen dreißigjährigen Krieg um die Krone – ein Krieg zwischen zwei Adelshäusern, die als Zeichen eine weiße und eine rote Rose führten.

Am Ende dieses Rosenkrieges war die Stellung des Hochadels geschwächt, und viele Familien waren ausgerottet. Darüber hinaus war ihre herrschaftliche Stellung in den Herzogtümern und Baronien von der königlichen Verwaltung eingeengt, z. B. durch Begrenzung der Jurisdiktionen, vor allem aber, weil die Lehnsaufgebote gegenüber Artillerie und Hakenbüchse an Wirksamkeit verloren. Um eine moderne Armee und auch eine moderne Marine aufbauen zu können, brauchte man Geld, um es zu erhalten, musste der König sich an das Parlament wenden. Dort hatten Gentry und Städte die Bewilligung in der Hand. Neue Familien wurden zu Lords gemacht, welche die neue Dynastie, die Tudors, stützten und nicht mit ihr um den Thron konkurrierten.[189]

---

188 Textauszug in Heer: Dokumente S. 72–76 (aus der Übersetzung ins Englische 1534).
189 C. Hill: The Century of Revolution (1961), Neuaufl. London 1974; Ders.: Von der Reformation zur Industriellen Revolution, deutsch Frankfurt 1977; L. Stone: Ursachen der englischen Revolution (1972), deutsch Berlin 1983.

Heinrich VIII. Tudor begann seine Außenpolitik noch einmal mit Versuchen, französische Gebiete zurückzuerobern. Das machte ihn zum Bundesgenossen Spaniens, und er heiratete Katharina von Aragon, die Tante Kaiser Karls V. In der Geschichte der englischen Reformation spielt eine simple Tatsache eine Rolle – dass von den Kindern Heinrichs nur Töchter länger überlebten. Die Rosenkriege waren Kriege um das Thronerbe gewesen, an stabiler Regierung war das ganze Land interessiert, und nur ein Sohn versprach eine problemlose Herrschaft. Als Katharina keinen Sohn bekam, wollte der König die Ehe annullieren lassen, und es wäre nicht das erste Mal gewesen, dass der Papst eine Ehe annullierte, um eine Krone zu retten. Kaiser Karl V. aber ließ eine solche Schmach gegen seine Familie nicht zu, und zwischen England und Spanien gab es für die Kurie keine wirkliche Alternative.

König Heinrich VIII. hatte als guter Katholik begonnen; er hatte Luthers Reformation studiert und kritisiert, das sie von den deutschen Fürsten benutzt werde, um sich am Kirchengut zu bereichern. Der Papst hatte ihm für diese Schrift – etwas eilfertig, wie sich herausstellen sollte – den Titel »Verteidiger des Glaubens« gegeben, defensor fidei. Die Kirche hatte in England eine stärkere Position als in Spanien oder Frankreich, weil Heinrich ja Lehensmann des Papstes war. Dass aber nun der Papst dem spanischen Einfluss nachgab und die Ehe nicht scheiden lassen wollte, das ließ die Perspektive offen, dass die Tochter aus dieser Ehe – Maria – einmal die Krone Englands einem Gatten mit in die Ehe bringen werde, und Maria heiratete später in der Tat ihren Vetter Phillip II., König von Spanien. Spanisches Nebenland wollte in England niemand werden, und Heinrich VIII. konnte sich auf die Kaufleute der Stadt London und die Gentry verlassen, als er sich 1534 selbst zum Oberhaupt der Kirche in England erklärte. Er schuf damit die erste Nationalkirche in Westeuropa.

Die Suprematsakte legalisierte das Kirchenregiment des Königs. Von nun an ernannte er Bischöfe und Erzbischöfe, was einer etwaigen Opposition der Lords den Boden entzog – die geistlichen Lords waren ja jetzt königliche Beamte. Klöster und andere Kirchenbesitzungen wurden säkularisiert, was die Einnahmen der Krone verdoppelte. Schon bald allerdings ging diese dazu über, die ehemaligen Kirchenländereien zu verkaufen oder auch an Günstlinge auszuteilen. Nun wurde Grundbesitz an die Wohlhabenden verkauft – Grundbesitz, der in der Regel keinen Einschränkungen durch bäuerliche Rechte unterlag. Und wie die Kirche dem König, so wurden die einzelnen Gemeinden dem Landadel unterstellt – in 4.000 von 9.000 Kirchengemeinden Englands musste nach der Suprematsakte der Zehnte an Gentlemen gezahlt werden, die auch den Pfarrer ernennen konnten, also Patronatsherren wurden. Ohne Rückendeckung durch eine internationale Kirche konnte ein Gemeindepriester seinem Patron nur wenig Widerstand leisten, genauso wenig wie ein Erzbischof von Canterbury seinem König noch sagen konnte, was recht oder unrecht war. Die englischen Könige haben in der Folgezeit genauso Erzbischöfe von Canterbury abgesetzt wie der kleine Gentleman seinen Gemeindepfarrer, wenn der etwas predigte, was dem Patron nicht passte. Faktisch wurde die Kirche zu einer moralischen Anstalt von Krone und Gentry, jeder auf seiner Ebene. Zugleich bedeutete die Säkularisierung das Ende der kirchlichen Armenpflege. Jene Armen, die zuvor von der Kirche ernährt worden waren, wurden nun von den ehemaligen Kirchenbesitzungen vertrieben; 1547 wurde gesetzlich vorgeschrieben, alle Bettler zu brandmarken.

Nur langsam und spät folgten auf die Suprematsakte auch theologische Annäherungen an protestantische Positionen; die Akte war eindeutig eine Sache nationaler Politik. Der Anlass, die Frage eines männlichen Thronerben, war angesichts habsburgischer Heiratspolitik wichtig genug; die Durchführung folgte mit der Säkularisierung des Kirchenguts dann sehr wohl dem Vorbild der deutschen Fürsten. Die Feindschaft Spaniens war wenige Jahre nach der Schlacht bei Pavia nicht auf die leichte Schulter zu nehmen, vor allem aber gab es im Lande selbst Opposition, die Kritik eines Thomas Morus, der damals für die internationale Kirche den Märtyrertod starb, musste ja erst einmal übertönt werden. Die Gentry wurde an dem Vermögenstransfer beteiligt und war von nun an verlässlicher Vertreter der nationalen Sache.

Auch betrieben die Tudors umfangreich Propaganda. England wurde zur ersten modernen Nation, in der besitzende Mittelschichten über das Parlament an der Regierung beteiligt, zugleich aber auf die nationale Sache festgelegt wurden.[190]

Gegen die Protestanten versuchte die älteste Tochter Heinrichs mit Katharina, Maria, noch einmal die Restitution des Katholizismus. Nach ihrem Tod kam die zweite Tochter Heinrichs auf den Thron: Elisabeth. Sie war nach katholischem Kirchenrecht ein uneheliches Kind und daher nicht erbberechtigt; sie konnte gar nicht anders, als – gestützt auf die nationale Gentry – an der Suprematsakte festzuhalten und den Kampf gegen Spanien aufzunehmen. Für die Engländer erwies sich dieser Kampf als außerordentlich gewinnbringend – von der Krone privilegierte Piraten überfielen spanische Schiffe in aller Welt. Sir Francis Drake umsegelte auf einer solchen Kaperfahrt als Zweiter die Welt, und sein Schiff erreichte die Heimat voll mit spanischen Schätzen – welche den Financiers seiner Reise die satte Rendite von 4.700% brachten. Drake wurde auch der erste Pirat, der Nationalheld wurde – besonders nachdem er 1588 mit dazu beigetragen hatte, den Angriff der spanischen Armada auf England abzuwehren. Die Regierung Elisabeths förderte aber nicht nur den Aufbau eines eigenen Netzes von Stützpunkten in Übersee, sondern vor allem eine Nationalisierung des Außenhandels. 1562 wurde verboten, Weinimport und Getreideexport auf anderen als englischen Schiffen durchzuführen, 1598 das Kontor der Hanse in London geschlossen – künftig lag der Handel England – Hamburg in englischer Hand. 1600 erhielt die Englische Ostindische Kompanie ihr königliches Monopol.

Das Erbrecht hatte der katholischen Partei inzwischen noch einmal eine Chance geboten: Nach Elisabeths Tod wurden die Könige von Schottland in Personalunion Kö-

---

190 L. Greenfield: Nationalism. Five Roads to Modernity, Cambridge/Mass. 1992.

nige von England. Unter den Stuarts gab es noch einmal Versuche zur Stärkung der königlichen Stellung. Die anglikanische Partei malte dabei die Gefahr einer katholischen Restitution wohl stärker an die Wand, als sie in Wirklichkeit bestand. Jenes Bild des »jesuitischen« Katholiken, der kein Mittel scheut, um den Katholizismus durchzusetzen, entstand in jener Zeit. Beleg für dieses Bild wurde die »Pulververschwörung« 1605, als einige Katholiken unter der Führung von Guy Fawkes versuchten, das Parlament in die Luft zu sprengen. Die Aufdeckung des Anschlags wurde propagandistisch ausgebaut und wird als »Guy Fawkes Day« noch heute gefeiert.

Die Auseinandersetzung zwischen Krone und Parlament, in dem die Gentry die Mehrheit im Unterhaus kontrollierte, ging vor allem um den Geldbedarf des Königs, um die Außenpolitik der Stuarts, die oft ein Bündnis mit den katholischen Mächten suchten, um neue Einhegungen, welche die Stuarts stoppen wollten, und nicht zuletzt um so etwas wie Lebensstile. Die Stuarts und der Hof führten noch einmal vor, was höfisches Leben war – abenteuerlich, extravagant, teuer. Sie führten es vor in einer schnell wachsenden Großstadt, was die Gegensätze verschärfte: In der englischen Revolution tauchte die plebejische Menge als handelndes Subjekt in der Geschichte auf. Und die Könige wollten Geld von einem Parlament, in dem neben dem Hochadel auch Leute saßen, die gerade in Geldsachen überhaupt keine Gemütlichkeit kannten – Kaufleute und Agrarkapitalisten. Nicht wenige von ihnen erschienen in der strengen, einfachen Tracht der Calvinisten und boten so schon äußerlich einen Gegensatz zum Hof mit den bunten Seidentüchern, dem Schmuck, den Decolletes und den Trikots, welche die schönen Beine der Männer zeigten.

Das Eigengut des Königs, über dessen Verwendung er niemand Rechenschaft schuldig war, reichte zwar zu Affären und zur laufenden Politik, nicht aber, um eine Armee zu bezahlen. Elf Jahre lang regierte der König, ohne das Parlament einzuberufen, erhob Steuergelder, für die er die Zustimmung des Parlaments gebraucht hätte. Die Besitzenden antworteten mit Steuerhinterziehungen, so weit sie irgend konnten. Karl I., der ja zugleich König von Schottland war, benötigte jedoch Truppen, um seine anticalvinistische Politik im Norden durchzusetzen und einen katholischen Aufstand in Irland niederzuwerfen. Schließlich war er gezwungen, das Parlament doch einzuberufen – im Herbst 1641. Als erstes beschloss das Parlament ein Verfahren gegen einen Minister des Königs, als zweites, dass es nicht ohne eigene Zustimmung aufgelöst werden könne. Alle Abgaben, die der König ohne Zustimmung des Parlaments erhoben hatte, wurden für illegal erklärt. Außerdem weigerte man sich, dem König das Geld für eine Armee in Irland zu geben, man wollte eine Armee unter einem vom Parlament bestimmten Kommandeur. Das bedeutete den Krieg.

Die englische Revolution war, wie der Aufstand der Niederlande, ständisch bestimmt; sie ging von der Diskussion, den Auseinandersetzungen innerhalb der Eliten aus – nur gelegentlich wurde der städtische Plebs zum Akteur. Auch in England spielten entschieden calvinistische Gruppen eine große, aber keine allein bestimmende Rolle. Anders als in Holland, wo der spanische Gegner ja stets vor der Tür blieb, erlangte die Armee in der englischen Revolution eigenes Gewicht. Während die presbyterianische Mehrheit im Parlament vor allem die großen Kaufleute repräsentierte, gewannen in der Armee Leute mittleren Einkommens Einfluss. Viele von ihnen wollten, dass alle Männer mit eigenem Einkommen eine Stimme für die Wahl zum Parlament haben sollten; wegen dieser egalitären Vorstellung wurden sie Gleichmacher, »Leveller« genannt.[191] Zwischen beiden Gruppen stand die Führung der Armee unter dem Gutsbesitzer Oliver Cromwell. Diese Unabhängigen, »Independenten«, nahmen zuerst mit der Hilfe der Leveller den Presbyterianern die Möglichkeit, sich mit dem König zu einigen und schalteten danach mit Hilfe der Presbyterianer die Leveller aus: So entstand das »Commonwealth«, das Cromwell als Lord-Protector autokratisch regierte.

Europa jenseits des Kanals war durch den ersten politischen Schachzug am meisten betroffen, durch welchen den Presbyterianern die Möglichkeit genommen wurde, sich mit dem König zu einigen: den Prozess gegen den König und seine Verurteilung wegen Hochverrat, weil er mit den aufständischen Iren und Frankreich verhandelt hatte. Am 30. Januar 1649 wurde Karl I. in London enthauptet. Katholische und protestantische Fürsten entsetzten sich, der Zar von Russland widerrief die Privilegien der Muscovy-Company und der deutsche Dichter Andreas Gryphius schrieb ein Heldendrama auf den König. Ein kleiner Gutsbesitzer an der Regierungsmacht, ein König enthauptet! Es war eine unerhörte Nachricht; heute können wir allerdings sagen, dass Karl I. nur der erste in einer langen Reihe von Monarchen war, denen ein Parlament den Prozess machte.

Während der Lord-Protektorschaft wurden das House of Lords und die anglikanische Kirche abgeschafft. Aber diese Maßnahmen machten die puritanische Herrschaft bei der breiten Menge nicht beliebt, und der Anstieg der Steuern einte die Besitzenden auf der gegnerischen Seite. 1660 – nach dem Tod Cromwells – wurde der Sohn Karls I. zurückberufen, und England kehrte zu House of Lords und High-Church zurück.

Die Stuarts konnten jedoch in England trotz der Restauration nicht dauerhaft die Gefolgschaft der Besitzenden erreichen. Dies lag vor allem an der außenpolitischen Nähe zum allerkatholischsten König von Frankreich, dessen Expansionspolitik sich im letzten Drittel des 17. Jahrhunderts gegen das Heilige Römische Reich, besonders aber die Niederlande wandte. Zwar waren die Generalstaaten traditionelle Konkurrenten und Gegner Englands, aber die Furcht vor dem Katholizismus und vor einer Hegemonie Frankreichs führte die Gegner zusammen. Mit der Heirat von Königin Maria mit Wilhelm von Oranien und mit der Wahl des Generalkapitäns der Sieben Provinzen zu König Wilhelm III. von England, Schottland und Irland wurde das Bündnis der »Seemächte« gegen Frankreich besiegelt. Wilhelm brachte aus den Niederlanden eine Arbeitsteilung

---

191 Vgl. den Bezug auf die berühmte Debatte von Putney bei T. G. Ash: Free World, London 2004, S. 15 f.

in der Regierungsarbeit mit sich, die auch den englischen Problemen entsprach – ein Monarch (oder wenigstens ein Generalkapitän) war eine sinnvolle Institution, insbesondere wenn er für aktuelle Fragen der Außenpolitik und die Führung des Militärs zuständig war; die begüterte Elite entschied jedoch über das Parlament in wesentlichen Fragen mit und insbesondere über die Finanzen. Das konnte durchaus auch heißen, dass das Parlament viel Geld für einen Krieg bewilligte, wenn man fand, dass dieser England dienlich war, es konnte den König aber auch desavouieren, wenn es nicht dieser Meinung war.

Einige Historiker sind der Auffassung, dass die Vertreter der welfischen Dynastie, welche nach 1714 auf dem Thron Englands saßen, sich nicht durch besonderes Charisma auszeichneten.[192] Trotzdem erwies sich der Verfassungskompromiss von 1689 als Grundlage für die erfolgreiche Außenpolitik Englands im 18. Jahrhundert, in der das Königreich seine ökonomischen Interessen durch wichtige Akquisitionen absicherte und zum entscheidenden Herausforderer Frankreichs aufstieg. Gewiss wird man einwenden, dass die USA selbstständig wurden (vgl. Kapitel 15); aber nicht einmal dieser Verlust konnte ja den Aufstieg Englands bremsen.[193]

Agrarrevolution

Der Vermögenstransfer für die Gentry war auch deswegen so reizvoll, weil die Agrarkonjunktur des späten 16. Jahrhunderts das Kirchenland im Wert schnell zunehmen ließ. Vom Anfang bis zum Ende des Jahrhunderts stiegen die Getreidepreise auf das Vier- oder Fünffache. Was war der Grund? Vor allem der Anstieg der britischen Bevölkerung.[194] Da die Zahl der möglichen Höfe jedoch am Beginn der Neuzeit im Wesentlichen festlag, das Land vollständig besiedelt war, war die Bevölkerungsvermehrung vor allem ein Anstieg der unterbäuerlichen Schichten.

Thomas Morus schrieb 1516 bitter von dem Land, in dem die Schafe die Menschen fraßen, also vom Land vertrieben. Die wichtigste Veränderung der Landwirtschaft in England vom 16. bis zum 18. Jahrhundert bildete jedoch der Anstieg der Getreideproduktion. Diese Veränderung der englischen Landwirtschaft hat man auch als Agrarrevolution[195] bezeichnet, der Begriff führt jedoch leicht in die Irre, weil nichts plötzlich und in

---

192 J. H. Plumb: The First Four Georges,(1956) Neuaufl. London 1989
193 A. N. Porter Hg.: Atlas of British Overseas Expansion, ²London 1994; K. Wilson Hg.: A New Imperial History. Culture, Identity and Modernity in Britain and the Empire 1660–1840, Cambridge 2004.
194 Goldstone: Revolution, die Skizze S. 88 zeigt die weitgehende Parallelität der Kurven 1500–1800.
195 E. Kerridge: The Agricultural Revolution, London 1967; B. A. Holderness: Pre-Industrial England, London 1976; M. Overton: Agricultural Revolution in England, Cambridge 1996. Vgl. B. A. Slicher van Bath: Landwirtschaftliche Produktivität im vorindustriellen Europa, deutsch in: Kuchenbuch, Feudalismus. Ein gutes Beispiel für Langsamkeit und auch Künstlichkeit der Verbreitung der neuen Techniken bietet Russ-

kurzer Zeit, sondern über die ganze Frühe Neuzeit hinweg stattfand; nicht auf einmal, sondern in vielen einzelnen Akten. Der Klarheit wegen wird hier also auf wenigen Seiten beschrieben, was sich in Wirklichkeit über drei Jahrhunderte erstreckte.

Die Landschaften Englands kann man in zwei Gruppen gliedern: die flachen, für Ackerbau im großen Stil geeigneten Lowlands im Süden und Osten sowie die gebirgigen Highlands im Westen und Norden. Ganz England war noch im Mittelalter weithin von Wäldern bedeckt, in denen die Bauern bis ins 12. Jahrhundert Brandrodewirtschaft betrieben (slash and burn). Mit der Zunahme der Bevölkerungsdichte ging man im Hohen Mittelalter auf den britischen Inseln wie in ganz Europa zur Dreifelderwirtschaft über. Mit ihr war auch ein bestimmtes Verhältnis von Adel und Bauern verbunden. Der Boden war Eigentum von König, Kirche und Adligen (als Lehen). Die Bauern pachteten ihre Flurstücke. Wenn sie nur dem König Abgaben zu leisten hatten und also vom Adel frei waren, hießen sie Freeholders oder Yeomen; wenn sie vom Grundeigentümer einen Pachtvertrag hatten, nannte man sie Copyholders. Die Bedingungen, die in solchen Verträgen niedergelegt waren, unterschieden sich auch innerhalb eines Dorfes. Alle Bauern trieben ihr Vieh gemeinsam auf die Allmende des Dorfes, die Commons. Die agrarische Produktivität lag meist bei einem Verhältnis von ausgesätem zu geerntetem Korn wie 1:4 oder in schlechteren Lagen 1:3.

Seit dem 14. Jahrhundert lässt sich zunehmend nachweisen, dass Teile des offenen Landes mit Zäunen umgeben, eingehegt wurden. Insbesondere seit der Pest wurden Stücke sowohl der Ackerflur als auch der Allmende aus der Rotation bzw. der gemeinsamen Weide herausgenommen, teils von wohlhabenderen und rechtlich besser gestellten Bauern zur Förderung von Sonderkulturen wie Bohnen oder Erbsen, teils von Gentlemen zur Förderung der Schafzucht. An dieser Politik hatte weniger der Hochadel, die Nobility Interesse, die auf oft entfernten Schlössern Abgaben einsammelte, als vielmehr der Landadel, die Gentry – er versuchte, von einem Gut mehr Geld einzunehmen. Besonders in den Lowlands führten Angriffe der Gentry auf die Commons tatsächlich dazu, dass Dörfer wüst gelegt und Bauern nach Kündigung ihrer Pachtverträge zu Bettlern wurden. Diese Angriffe richteten sich oft nicht gegen die Bauern, sondern gegen die unterbäuerliche Schicht, die auf den Allmenden, im königlichen Forst und in den Mooren Gärten und kleine Äcker angelegt hatte.

Die königliche Politik versuchte unter den Tudors, die Einhegungen einzuschränken und die Bauern zu schützen. Insbesondere in der zweiten Hälfte des 16. Jahrhunderts führten Hungersnöte zu scharfen Angriffen auf den Adel, wenn dieser Einhegungen

---

land, wo Gutsbesitzer im 18. Jahrhundert manchmal die neue Wirtschaftsweise einführten (unter dem Begriff der Koppelwirtschaft), obgleich weder die Nachfrage vorhanden war noch Bauernschaft auf zentral organisierten Gütern die Regel war, vgl. M. Confino: Systèmes Agraires et Progrès Agricole, Paris 1969, besonders p. 129–342.

durchsetzen wollte. Nach 1550 war die Einhegungsbewegung aber schon so weit fortgeschritten, dass sie überall im Land vorkamen. Dies sicherte wahrscheinlich, dass es trotz der Bevölkerungsvermehrung nicht zu einer Abnahme des Viehbestands kam. Zwar begann man zunehmend, eingehegte Weiden auch wieder aufzupflügen, aber andere eingehegte Stücke wurden dafür wieder zu Weiden. Man hatte auf den Einhegungen eine wesentliche Erfindung gemacht: Weiden, auf denen das Vieh dicht gestanden hatte und die danach wieder zur Ackerflur wurden, besaßen eine deutlich überdurchschnittliche Fruchtbarkeit.

Hieraus entwickelte sich die »Up and down husbandry« – up bedeutet aufgepflügt, down niedergelegt. Innerhalb der Einhegungen wurde eine neue, vielfältigere Fruchtfolge eingeführt. Man begann, Weiden einzusäen, statt Felder vergrasen zu lassen, man führte neue Früchte ein wie Futterrüben und Karotten, und man säte Klee. Aus der Dreifelderwirtschaft wurde eine Mehrfruchtwechselwirtschaft, die bedeutendste agrarische Veränderung bis zur Einführung der chemischen Düngung im 19. Jahrhundert. Die agrarische Produktivität in den jeweils als Acker genutzten Teilen (die also up waren) stieg auf ein Verhältnis von ausgesätem zu geerntetem Korn wie 1 : 10. Selbst wenn man mehr Land als Weide oder Kleefeld nutzte als in der Dreifelderwirtschaft und damit die Ernte, berechnet auf die gleiche Ackerfläche, vielleicht nur 1 : 8 betrug, war der Anstieg revolutionär.

Weder die Saatgutmenge noch die für den Eigenverbrauch der bäuerlichen Familie notwendige Menge vermehren sich, wenn die agrarische Produktivität von 1 : 4 auf 1 : 8 ansteigt. Das heißt, dass der Marktanteil der Ernte verfünffacht wird (wenn bei 1 : 4 1 Korn auf den Markt kommt). Das bedeutet auch, dass der Bauernhof in relativ kurzer Zeit zur Marktbezogenheit übergeht; die Bauern, die nun Geld haben, treten als Käufer auf. Sie hören auf, ihre Textilien selbst herzustellen und erwerben landwirtschaftliche Geräte – Verbesserungen wie eiserne Eggen, tiefer gehende Pflugscharen etc. Und sie versuchen mit immer mehr System, immer mehr Methode, ihre Erträge zu erhöhen – sie wirtschaften nicht mehr traditional, nach festgelegten Regeln, sondern unter dem Gesichtspunkt einer bestimmten Ratio: Vermehrung der Erträge, Vermehrung des Gewinns. Reiche Bauern und Gentlemen werden zu Agrarkapitalisten,[196] die ihre Produktion so steigern, dass England im 18. Jahrhundert trotz einer Bevölkerungsexplosion zum Getreideexporteur wird. Diese Veränderungen geschehen, während die bäuerlichen Standesgenossen in anderen Dörfern auch im 18. Jahrhundert nach wie vor nach den Regeln der Dreifelderwirtschaft arbeiten.

Diese Agrarkapitalisten, die »Farmer erreichen ein Ende des Circulus vitiosus aus Bevölkerungsvermehrung und Hungerkrise, der die mittelalterliche Gesellschaft gekennzeichnet hatte.[197] Voraussetzung dieser Veränderung war die Steigerung der Getreide-

---

196 Wallerstein, Weltsystem Bd. 1.
197 Vgl. W. Abel: Agrarkrisen und Agrarkonjunktur, ³Hamburg 1978.

preise, die mehr Aufwand für die Produktion lohnend machten; dass es nicht zur Krise kam, sondern England die Menschen ernähren konnte, beruhte auf der erwünschten, aber nicht automatisch folgenden Innovation. Die Farmer schaffen so die Voraussetzungen für einen neuen Konjunkturverlauf, der nicht mehr so stark von den Erzeugnissen des Ackerbaus abhängt – paradoxerweise schaffen sie die Voraussetzungen dafür, dass Landwirtschaft gesamtgesellschaftlich an Bedeutung verliert: In der Mitte des 18. Jahrhunderts lebt in England, wie übrigens auch in Holland, nur noch die Hälfte der Bevölkerung auf dem Land. Dabei erlebt England so etwas wie eine Bevölkerungsexplosion: Zwischen 1500 und dem Beginn der englischen Revolution 1642 steigt die Bevölkerung von zwei auf fünf Millionen. Die agrarische Überschussproduktion ist dabei auch Voraussetzung dafür, dass dieser Bevölkerungszuwachs regional sehr unterschiedlich erfolgt – während die Bevölkerung auf dem flachen Land meist stagniert und in manchen Gebieten auch in absoluten Zahlen (also nicht nur relativ zur Gesamtbevölkerung) abnimmt, steigt sie in den großen Zentren des Landes – in London und in den Gebieten mit ländlichem Gewerbe wie in den Midlands.

Die Veränderungen in der Sozialstruktur gehen jedoch weiter. Wie in Frankreich und in Westdeutschland war die Durchsetzung der Dreifelderwirtschaft mit Freilassungen verbunden, so dass Leibeigenschaft in England schon vor der Revolution von 1642 – in der sie offiziell abgeschafft wurde – keine entscheidende Bedeutung mehr besaß. Die Bauern lassen sich, wie erwähnt, in zwei große Gruppen teilen – jene, die ihr Land »frei« besaßen, Freeholders, und solche, die ihr Land gegen einen Pachtbrief vom Grundherrn innehatten. Im 16. und 17. Jahrhundert steigen nun die Pachten – in einigen Fällen zwischen 1500 und 1640 um das Zehnfache. Auch dies ist ein Teil des Vorgangs, mit dem auf dem Land Polarisierung durchgesetzt wurde – die armen Pächter mussten gehen. Den besten Ausgangsplatz im Rennen um einhegbares, durch keine Rechte der Gemeinde mehr beschränktes Land hatten Freeholders, der niedere Adel, der auf seinen Gütern saß und erkannte, dass man zu mehr Eigenwirtschaft übergehen musste, und Städter, die Ländereien in der Umgebung der Städte aufkauften. Auf der anderen Seite standen die Bauern mit schlechteren Rechten, welche die Gemeinden verteidigten, und nicht selten der Hochadel, der zu weit weg wohnte, um zu Eigenwirtschaft überzugehen, sowie, aber nur zeitweise, die Regierung. Nach der Restauration 1660 fanden die Bauern immer seltener Schutz bei der Regierung, und dem Einhegungsprozess wurde nur noch wenig institutioneller Widerstand entgegengebracht. Die Auseinandersetzung um den Boden verlief immer stärker nach ökonomischen Kriterien: Wer hohe Gewinne machte, konnte auch Boden erwerben. Aus der Gentry im alten Sinn, die noch lange adlige Normen tradierte, wurde eine agrarkapitalistische Klasse.

Diese entstehende Klasse, zu deren ökonomischen Grundlagen die säkularisierten Ländereien der Kirche gehörten, war gegen alle Restaurationsversuche des Katholizismus gefeit, da diese ihren Ruin bedeutet hätte. Außerdem bot ihnen die anglikanische

Kirche über den Patronat der Pfarreien die Möglichkeit, die Disziplin der Dörfer zu sichern. Da auch das Amt des Friedensrichters in ihren Kreisen blieb, war die Kontrolle des flachen Landes in der Regel gesichert, auch in arbeitsrechtlicher Hinsicht. Die Armengesetzgebung ermöglichte es den Gutsbesitzern, die Armen zwangsweise zur Arbeit einzusetzen, wenn – z. B. bei der Ernte – Arbeitskräfte gebraucht wurden. Die Arbeitszeit im Sommer war gesetzlich geregelt, sie dauerte von 5 bis 19 Uhr 30; den Lohn setzte der Friedensrichter fest. Für die Seite der Arbeit galten also keineswegs Marktbedingungen.

Vor allem im 18. Jahrhundert führte die Agrarrevolution dann auch zu einer Umstrukturierung der inneren Peripherien.[198] Im 16. Jahrhundert hatte die Steigerung des Wollexports den Standort der Highlands gefördert, und die Zunahme der Schafzucht bildete ein ökonomisches Rückgrat der Expansion gegen die keltischen Peripherien – ähnlich der Rolle der Schafzucht für die spanische Expansion in der Reconquista. Damals hatte die Schafzucht in den Highlands aber noch nicht zu einer grundlegenden Veränderung der Siedlungsstruktur, da man auch für die Menschen, welche die Schafzucht betrieben (z. B. die Hirten) in der Region Getreide anbauen musste, da es nur mit großen Kosten über Land transportiert werden konnte. Auch das auf den Ackerbau bezogene Gewerbe blieb also bestehen. Im 18. Jahrhundert wurde es möglich, die Schäfer und Viehhirten in Wales, in Schottland und schließlich sogar in Irland mit Getreide vom Zentrum zu ernähren. Man brauchte also an vielen Orten den kleinen Ackerbau nicht mehr und konnte die Highlands unmittelbarer auf die Bedürfnisse des Zentrums ausrichten, d. h. auf die Produktion jener Güter, die im Zentrum Gewinne brachten – also auf Wolle und zunehmend auch auf Fleisch (Ochsen). Nun, im 18. Jahrhundert, kommt es zu den »Highland-clearances«: Die Pächter der kleinen Bauernhöfe, die in den Tälern verstreut lagen, wurden vertrieben; an ihre Stelle trat die Schafzucht, für die man eben viel weniger Menschen benötigte.[199]

In Irland wurde die Grundlage für diese Politik vor allem durch die Regierung Cromwell gelegt. Die revolutionäre Regierung entwickelte einen Plan, nach dem die katholische irische Bevölkerung auf ein Viertel des Landes an der Westküste umgesiedelt werden sollte; der Grund und Boden Irlands wurde zu drei Vierteln – und unter Wilhelm von Oranien fast vollständig – in protestantische englische Hände überführt. Die Gewinne, welche die Gentry aus der Säkularisierung der katholischen Kirche in England ziehen konnte, wurden in Irland vervielfältigt, da das Land aller Katholiken enteignet wurde. Die Regierung Cromwell argumentierte, dass den Katholiken nicht zu trauen sei, weil sie zu Spanien oder Frankreich neigten – und übrigens auch, weil sie ja die Autorität

---

198 M. Hechter: Internal colonialism, London 1975; vgl. Nolte, Innere Peripherien Bd. 1.
199 T. C. Smout: A History of the Scottish People, Neuausg. London 1989, S. 311–337; A. Mackenzie: Stories of the Highland-Clearances (1883), Neuausg. Glasgow 1986.

einer außerenglischen Macht, nämlich die des Papstes, anerkannten.[200] Mit solch einträglichen Feindbildern und ähnlich schematischen Expropriationen wurden, etwa gleichzeitig beginnend und bis 1898 andauernd, die Indianer in den USA vertrieben.

Vergleich

Der Vergleich der zwei Inseln zeigt Ähnlichkeiten und Unterschiede. Beide liegen an der Peripherie einer überlegenen Kultur, was auch politisch Ausdruck findet: England als Lehen von Rom und Japan in seinem frühen Bezug auf China. Japan trennt diesen Bezug schon im frühen Mittelalter und behauptet seine Unabhängigkeit, England befreit sich erst im 16. Jahrhundert von der Lehensherrschaft Roms.

Das japanische Sozialsystem der Tokugawa-Zeit hatte manche Ähnlichkeit mit dem englischen des Mittelalters: Es gab in England nach 1066 keine Allode, und aller Besitz war an Lehensrecht gebunden; so wie in Japan die Klasse der Samurai von den Reisstipendien lebt. Aber schon im Mittelalter befreien sich die englischen Barone de facto von der Gefahr, dass ihre Lehen an den König zurückfallen, sind sie auf dem Weg zur Umwandlung der Lehen in Eigentum – wofür es in Japan erst am Ende der Tokugawa-Zeit Anzeichen gibt. Der japanische Adel wird vielmehr bis ins 19. Jahrhundert, bei nur geringem Eigenbesitz, aus Abgaben der Bauern alimentiert, und eine Allodifizierung findet nicht statt. Als Rechtsakt hat sie aber auch auf dem europäischen Kontinent erst im 18. Jahrhundert stattgefunden und in England erst mit der Revolution.

Ähnlich ist, dass Beamte in beiden Verfassungen keine zentrale Rolle spielen, sondern das Land von einem geborenen Adel regiert wird. Der Adel ist in sich gegliedert in Kaiser, Shogun, Fürsten und niederer Adel, er pflegt eine militaristische Ideologie und gibt sein Geld für Waffen und repräsentativen Konsum aus.

Es ist schlüssig, dass Japan als das Land in Asien gesehen wird, das beste Chancen hatte, aus eigenem Antrieb kapitalistisch zu werden. Die dezentral realisierten Bedürfnisse der Samurai schufen oder unterstützten auch dezentrale Gewerbe und entsprechend viele Märkte. Insbesondere die japanische Eisen- und Waffenindustrie war hervorragend – kaum dass die Portugiesen gelandet waren, hatte man ihre Musketen auch schon nachgebaut.

Aber Japan war kein System, in dem mehrere Teile untereinander konkurrierten – diese Möglichkeit war durch die Wiederherstellung des Shogunats ja abgebrochen oder abgewendet, wie immer man das sehen will. Kyushu konkurrierte nicht gegen Hokkaido, z. B. so wie Schottland und England oft im Krieg miteinander lagen. Nur weil Japan ein Imperium war, konnten die Shogune das Land so weitgehend abschotten. Hätte es in

---

200 T. W. Woody, F. X. Martin: The Course of Irish History, Neausg. Cork 1978, S. 189–231.

Kyushu selbstständige Fürsten gegeben, hätte es sich die Chance nicht entgehen lassen, durch Handel mit den Spaniern, mit Manila mehr Ressourcen zu akkumulieren oder wenigstens sich in seinen Kämpfen gegen Hokkaido an eine auswärtige Macht zu wenden, wie Irland das bis zum Osteraufstand 1916 immer wieder getan hat.

Anders also England. Es war ein extrem feudales Land, und es gab nach 1066 keinen allodialen Bodenbesitz, aber die britischen Inseln waren bis zum 18. Jahrhundert nicht in einem Staat vereint, und die politische Konkurrenz der Teile, die Japan nur in der Periode der kämpfenden Provinzen kennzeichnete, galt für England über das ganze Mittelalter hinweg und letztlich bis zur Schlacht bei Culloden 1743, oder – rechnet man die irischen Aufstände hinzu, bis heute. Religiös gehörten die britischen Inseln zu Europa, und die Kurie gab sich im frühen Mittelalter Mühe, eine denkbare iro-schottische Unabhängigkeit zu verhindern. Die Konfessionalisierung zwischen Calvinisten und Katholiken entsprach jener des Kontinents, auch wenn es mit der anglikanischen Nationalkirche eine Sonderlösung gab (die strukturell aber viel mit den orthodoxen Nationalkirchen gemeinsam hatte, auch in der Unterordnung des Altars unter die Krone).

Ähnlich wie Japan wurde England für eine außerordentlich lange Periode nicht erobert. Aber anders als Japan nahm England kontinuierlich an der Politik des europäischen Konzerts teil, führte jahrhundertelang Krieg in Frankreich, nahm aber auch an den Kreuzzügen teil; erbaute sein Kolonialreich zum Teil auf Plätzen, die den Spaniern abgenommen wurden, organisierte aber auch die europäische Koalition gegen die bourbonische Herrschaft. Im 19. Jahrhundert wurde das Inselreich sogar zum Hegemon des Systems. Und die großen sozialen und politischen Veränderungen waren in aller Regel mit der Außenpolitik verbunden :

- das Zugeständnis der Magna Charta Libertatum an die Barone mit der Niederlage des Verbündeten des englischen Königs, des deutschen Kaisers Otto IV., gegen Frankreich;
- die Machtergreifung des Parlaments 1642 mit dem Krieg gegen Schottland und Irland, die beide europäische Bündnisse suchten;
- die Bill of Rights 1688 mit der Wahl eines deutschen Landesfürsten und Generalkapitäns der Niederlande zum König gegen den drohenden Einfluss des Katholizismus.

In beiden Inselgruppen gab es ein Programm, alle Teile in einem Imperium zu einen. Hier kam Japan fraglos weiter – Schottland behielt auch nach der Union eigene Institutionen und eigene Eliten, und die Union mit Irland 1800 integrierte die Katholiken der Insel nicht.

Auch in der Unterwerfung der Peripherien kam Japan weiter, die Ainu spielten immer weniger eine Rolle. Der »keltische Rand« Großbritanniens – Iren, Walliser und Highlander – leistete dagegen trotz der in Irland radikalen ökonomischen Expropriation durch das Zentrum Widerstand, der letztlich nie völlig gebrochen wurde. Das lag sicher einmal daran, dass sich Iren und katholische Highlander auf eine kulturell mächtige Institution stützen konnten, die katholische Kirche, zum anderen aber eben auch daran, dass Aufstände immer wieder von anderen Mächten unterstützt wurden.

In einem anderen Punkt ähnelten sich die beiden Inselreiche wieder: Japan wird unter dem Tokugawa-Shogunat eine (vormoderne) Nation, abgegrenzt gegenüber Außenseitern, voll interner Konkurrenz, aber einheitlich nach außen – vormodern deshalb, weil es noch keine Beteiligung der Mittelschichten an der Politik gibt. Japan war eine Welt für sich, und es brachte deshalb viele Voraussetzungen dafür mit, später schnell eine moderne Nation zu werden.

England wurde, wie insbesondere Liah Greenfield herausgearbeitet hat, in der Tudorzeit zur ersten modernen Nation.[201] Zur modernen Nation gehören mehrere Merkmale:

- die Eliten des Landes haben die Absicht und die Instrumente, die Mittelschichten (später auch Teile der Unterschichten) in den politischen Prozess zu integrieren;
- Mittelschichten erreichen eine politische Mitbestimmung im Parlament;
- Mittelschichten haben Chancen für ökonomischen Aufstieg bzw. Teilhabe an der Wirtschaftsmacht;
- es wird ein Programm der nationalen Rolle propagiert, in dem sich alle wiederfinden;
- diese Nation hat eine Rolle im europäischen Konzert der Mächte.

Insbesondere Norbert Elias hat herausgearbeitet, dass Nationen niemals für sich allein entstehen, sondern immer in bestimmten Konfigurationen, schon bestehenden Zusammenhängen. Die niederländische Nation entsteht im Aufstand gegen Spanien und in Abgrenzung gegen das Heilige Römische Reich; das prägt das Selbstbewusstsein, bestimmt die Vorurteilsstruktur bis auf den heutigen Tag.[202] Die englische Nation entsteht im 17. Jahrhundert in einer Konfiguration, die Winstanley im Titelbild wiedergibt,[203] in dem ein englischer Landedelmann, ein robuster Roundhead, dem Papst den Schlüssel zur Insel entreißt. Die souveräne Nation entsteht, die im Rahmen des Konzerts der Mächte um einen Platz kämpft, gegen Spanien und in Abgrenzung zu den Niederlanden; souverän im Rahmen des Konzerts der Mächte. Japan ist auch souverän, aber es nimmt am Konzert der Mächte nicht teil.

---

201 L. Greenfield: Nationalism: Five roads to Modernity, Cambridge 1992; kurz Dies.: Nationalism in Western and Eastern Europe Compared, in: S. E. Hanson, W. Spohn Hg.: Can Europe work? Seattle 1995.
202 Die englische Bezeichnung für die Niederländer ist deshalb dutch oder »deutsch«, weshalb sie für Deutschland einen neuen (humanistischen) Begriff erfinden mussten.
203 G. Winstanley: Gleichheit im Reiche der Freiheit (1650), deutsch ²Leipzig 1986.

Das führt auch zu einem schwer wiegenden Unterschied: Japan hat kein ständisches Parlament. Wenn es auch eine Reihe von Ähnlichkeiten zwischen den Rosenkriegen und der Periode der kämpfenden Provinzen gibt – ein revolutionäres Geschehen wie in England, in dem ein Parlament zum Akteur der Politik wird, war in Japan undenkbar. Die institutionalisierte politische Macht der Besitzer von Grund und Boden sowie von Kapital bildete einen der tief greifenden Besonderheiten Englands: Im extremen Fall war ihnen nicht einmal der König heilig, was die Hinrichtung Karls I. nach einem gerichtlichen Verfahren klar machte. Ganz anders Japan: Auch wenn er machtlos war, so wurde der Tenno doch nicht angerührt, und selbst den unterlegenen Konkurrenten um das Shogunat ließ Tokugawa in seinem Schloss leben – auch wenn er dessen Familie nach Hideyoris Tod ausrottete.

In den vorangegangenen Zeiten lagen die Ereignisse der Welt gleichsam verstreut auseinander, da das Geschehen hier und dort nach Planung und Ergebnis wie räumlich geschieden und ohne Zusammenhang blieb. Von diesem Zeitpunkt an aber wird die Geschichte ein Ganzes, gleichsam ein einziger Körper, es verflechten sich die Ereignisse in Italien und Lybien mit denen in Asien und Griechenland, und alles richtet sich auf ein Ziel ...

Polybios zum Jahr 218 v. u. Z.[204]

Weh, ungehorsam gottlos Priestervolk, dass du den Kaiser nicht im Sattel leidest und, was dir Gott befiehlt, nicht hören magst! Schau doch, wie störrisch schon das Roß geworden, da es den guten Sporen nicht mehr spürte, seit du ihm in die Zügel hast gegriffen. Albrecht von Deutschland, wehe! Preisgegeben hast du das wilde, ungezähmte Tier, anstatt in seinen Sattel dich zu schwingen.

Dante Alighieri zum Jahr 1308 n. u. Z.[205]

Kapitel 6

Die Christenheit – das europäische System im Mittelalter

Im Kontext des eurasiafrikanischen Groß-Kontinentes bildet Europa einen, und zwar nicht einmal den größten Subkontinent. Es ist geologisch durch vielfältige Kammerungen gekennzeichnet, die im Zusammenwirken von erdgeschichtlich alten Platten und Gebirgen mit dem westlichen Teil des transkontinentalen (tertiären) Ost-West-Gebirgszuges Pyrenäen – Alpen – Karpaten – Kaukasus strukturiert wurden. Dem entsprechen zerrissene Küsten mit vier »Mittelmeeren« (Nordsee, Ostsee, Mittelmeer, Schwarzes Meer) vorgelagerten Inseln (Kreta, Sizilien, England) sowie weit in die Meere reichen-

---

204 Polybios: Geschichte (nach 143 v. u. Z.), deutsch H. Drexler, Zürich 1961, 1. Buch, S. 3. Nach Beginn des 2. Punischen Krieges fällt nach Polybios »beinahe der ganze Erdkreis in nicht ganz dreiundfünfzig Jahren unter die alleinige Herrschaft der Römer« (S.1).

205 Dante Alighieri: Die göttliche Komödie, Fegefeuer, 6. Gesang; Deutsch von Karl Vossler, Neuausgabe Stuttgart 1977, S. 198. Albrecht I., König von Deutschland (rex Germaniae) 1298–1308, zog nie nach Italien, um sich zum Kaiser weihen zu lassen und die Rechte des Imperiums sowie den Titel rex Italiae in Anspruch zu nehmen; die italienischen Anhänger des imperialen Universalismus fühlten sich dadurch im Stich gelassen. Der Anspruch der Renovatio Imperii Romanorum wird de facto aufgegeben, und der Titel Imperator verliert seinen universalistischen Anspruch.

den Halbinseln (Griechenland, Italien, Iberien, Skandinavien). Erst in Böhmen findet sich der westlichste Punkt, der weiter als 500 km zum nächsten Meer entfernt ist – von hier aus zieht sich die Linie dieser Distanz in Richtung Osten immer weiter auseinander.

Geologisch wurde Europa gebildet, indem an die aus dem Erdaltertum stammende ureuropäische Scholle (von Schweden bis Nordrussland) im Westen, Süden und Osten (Norwegen, Ural, Mittelgebirge von Frankreich bis Polen) gegen Land aus dem Erdmittelalter gedrückt wurde. In der Erdneuzeit wurde das Land dann in Ost-West-Richtung in die Höhe getrieben, wo die afrikanische Scholle auf die europäische drückte; was nördlich des Mittelmeeres wieder auftaucht, wurde zum Teil des Subkontinents. Der Raum zwischen den Mittelgebirgen und der alteuropäischen Scholle ist durch die (alluviale) europäische Tiefebene gefüllt, die sich von Nordfrankreich bis zum Jenissej in Sibirien hinzieht, vom zentralrussischen Hügelland und dem Ural nur wenig unterbrochen. Anders als Sibirien, aber ähnlich wie Nordamerika, war Europa in den Eiszeiten bis zu den Mittelgebirgen von Eis bedeckt; da der Wasserspiegel entsprechend tiefer lag, war England mit dem Kontinent verbunden und die Inseln im Mittelmeer waren sowohl größer als auch regenreicher. Als Folge der Eiszeiten ist die europäische Tiefebene durch die Abfolge Moränen und Sandflächen – Urstromtäler – Lössböden gekennzeichnet.

Nach dem Zurückweichen der Eisschilde wurde fast ganz Europa ein Waldland; nur im äußersten Norden und einigen Hochgebirgen blieben Tundra-Zonen, und im Südosten entstand der äußerste Zipfel jenes Steppengürtels, der von Ungarn bis zur Grenze Chinas reicht. Am westlichen Rand des Großkontinents ist das Klima durch den Ozean bestimmt, dessen warme Gewässer aus den Subtropen durch die Erddrehung nach Norden abgetrieben werden und sowohl für gemäßigte Temperaturen als auch Niederschläge sorgen (ähnlich wie auf der Westseite Amerikas). Bis zum Ural hin reichen die Niederschläge für dichten Regenwald aus, allerdings nehmen sie nach Osten und Süden hin und besonders im Lee der Gebirge ab.

Fast alle Kultur, die auf dem Subkontinent heimisch wurde, hat ihre Anfänge im Süden und Osten, von wo aus sie in das Waldland ausgebreitet wurde.[206] In dem Bild Europas auf dem Stier, die nach Kreta entführt wird, kommt diese Grundbestimmung ebenso zum Ausdruck wie in dem Satz »Ex Oriente Lux« – das Licht kommt aus dem Osten. Die Jäger und Sammler auf den Flächen, die das Eis freigab, importierten ab etwa 4000 die neolithische Revolution in der Form, wie sie im Nahen Osten entwickelt worden war – Ackerbau mit Weizen und Hirse, Viehzucht vor allem des Rindes, Keramik und erste Metalle. Teilweise brachten die Indoeuropäer bei ihren Eroberungszügen die

---

206 Überblicke zur Geschichte: J. Carpentier, F. Lebrun Eds.: Histoire de l'Europe, Paris 1990; W. Schmale: Geschichte Europas, Wien 2000; Ahrweiler Européens. Sammlungen: Theodor Schieder Hg.: Handbuch der europäischen Geschichte, Bd. 1-7, Stuttgart 1976-1979; A. K. Isaacs Hg.: Clioh's Workshop Bd. 1 ff., Pisa 2001 ff. Besonders zu Griechen und Römern Demandt, Weltgeschichte S. 49-87, Lliteratur S. 343 f.

neue Kultur mit, teilweise übernahmen sie eingesessene (»vor-indoeuropäische«) Völker wie die Thraker, Ligurer oder Basken. Der Prozess der Ausbreitung ging von Südosten nach Nordwesten. Da für die aus Steppenland kommenden domestizierten Pflanzen und Tiere waldfreie Räume nötig waren, wurden die ersten Wälder gerodet, wobei die leichten Böden (wie Sander und Waldhumus) den schweren (wie Lehm) vorgezogen wurden.

Auch die Hochkulturen wurden aus dem Süden und Osten importiert, aus Mesopotamien, Ägypten und Anatolien; in Knossos sind vor 2000 die Bronzeverarbeitung und das Rad belegt.[207] Nach Griechenland wanderten indoeuropäische Stämme seit dem 3. Jahrtausend ein, um 1400 v. u. Z. eroberten die Achaier auch Kreta. Die Wanderung der Dorer wurde in der Antike auf das Jahr 1104 v. u. Z. datiert; ihnen folgten die stark mit Illyrern vermischten Nordwestgriechen im epirischen Raum. In ganz Europa ist die antike Periode von einem langen Nebeneinander indoeuropäischer und älterer Ethnien bestimmt – in Italien z. B. die Etrusker, der Iberischen Halbinsel gab eine solche Ethnie ihren Namen, und in Schottland lebten bis in das Mittelalter hinein Pikten, in Skandinavien und Osteuropa lebten und leben bis heute finnugrische Völker wie die Vorfahren der Finnen der Esten. Vielfältig wurden Menschen mit nicht-indoeuropäischen Sprachen Mitglieder in den indoeuropäisch geprägten Völkern, z. B. bei Griechen und Römern. Griechen und Latiner adaptierten dann mit der Weiterentwicklung der aus dem Orient kommenden Modelle die besonderen Strukturen in Sozialverfassung, Politik, Ökonomie und geistigem Leben der antiken Periode im Mittelmeerraum, welche die Voraussetzungen für die besonderen Institutionen Europas wie die Polis bilden (vgl. Kapitel 1).

Ein erstes Prinzip der griechischen Welt[208] bildete die Konkurrenz zwischen den hellenischen Staaten; ein weiteres Prinzip aber auch das vor allem über die Religion vermittelte Bewusstsein der Zusammengehörigkeit (Olympia, etwa ab 770 v. u. Z.), das Kooperation erleichterte, z. B. beim Versuch des persischen Imperiums, die griechischen Städte zu unterwerfen. Diese Solidarität umfasste niemals alle Angehörigen des Bundes, aber doch in diesem Fall ausreichend starke (480 Thermopylen und Salamis). Zeitweise gab es Hegemonialstellungen – ob nun Spartaner, Thebaner oder Athener diese innehatten. Ein drittes Prinzip bildete die Expansion – die Städte expandierten, indem sie Tochtersiedlungen schufen. Die Konkurrenz förderte das Ansammeln von Kompetenzen; Wettbewerb bestimmte nicht nur Sport und Literatur, sondern auch die Entwicklung des Fernhandels – früh war man in den Städten auf Getreide- und Olivenölimporte angewiesen – und nicht zuletzt die Entwicklung neuer Militärformen. Neben die adlige Reiterei trat eine mit Schwert, Schild und Lanze bewaffnete und gut disziplinierte Fußtruppe

---

207 I. Müller Hg.: Handbuch der Altertumswissenschaft, 12 Bde. München 1895 ff.; Neuaufl.
208 P. Kehne: Studienbibliographie zur Griechischen Geschichte, Hannover 1998; einführend E. Bayer: Griechische Geschichte in Grundzügen, 6. Aufl. Darmstadt 1988. Vgl. H. Bengtson: Griechische Geschichte, 6. Aufl. 1982.

der Hopliten, die schließlich in der Lage war, auch zahlenmäßig überlegene feindliche Verbände zu schlagen.[209]

Dies waren die Hintergründe des griechischen Modells, das man vielleicht als attisches kennzeichnen kann, da das Zentrum Athen war. Ein einmaliges Bauprogramm schmückt die Stadt und macht die Höhenburg Akropolis zum Symbol. In Dramen werden wichtige Probleme menschlicher Existenz diskutiert, etwa in Troerinnen des Euripides die Zusammenhänge von kulturellem Hochmut und Massenmord. Die Philosophen Sokrates, Platon und Aristoteles diskutieren Grundfragen der Erkenntnislehre, der Ethik und der politischen Verfassungen. Die Selbsterfahrung des Individuums wird zum Programm – »erkenne dich selbst«, fordert Sokrates und geht damit über die auf das einzelne Gefühl bezogenen Gedichte Sapphos noch hinaus. Der Historiker Thukydides trennt Mythos und Geschichte.[210]

Aber das politische und wirtschaftliche System Griechenlands unterlag der makedonischen Monarchie. Das Land umfaßte eine aus Illyrern und Nordgriechen gemischte dörfliche Bevölkerung mit Heerkönigen, die mit Adelsreiterei und Fußvolk von freien Bauern eine im Verhältnis zum südlichen Griechenland archaisch wirkende Truppe ins Feld stellten. König Philipp II. (der als Jüngling als Geisel in Theben lebte) modernisierte die Truppe, stellte sie also auf die Phalanx-Technik um. 338 v. u. Z. besiegte er die damalige Hegemonialmacht Theben und ließ sich im folgenden Jahr zum militärischen Führer des Hellenenbundes (Strateges autokrator) wählen; übernahm die Führung der griechischen Poleis also in einer dem föderalen System entsprechenden Form. Die makedonische Macht beruhte auf einer modernen Kriegstechnik zusammen mit einer vorindividuellen Loyalität zum König und einer bäuerlich/dörflichen Kultur. Die formale Ebenbürtigkeit der Poleis wurde umso mehr zum Schein, je mehr die makedonischen Siege auch Athen eine Welt zu Füßen legten und das attische Modell den Waffen folgend vor allem in den Osten exportiert wurde – als Institution eines Imperiums.

Die Siege der griechischen Waffen unter der Führung des charismatischen Sohnes von Philipp, Alexander, schufen eine neue Welt, die von Epirus bis zum Panjab und von Turkestan bis Ägypten reichte. Alexander wurde für viele Kulturen der Inbegriff des genialen Helden, und die wirtschaftlichen, kulturellen und religiösen Folgen des »Hellenismus«[211] erfaßten den gesamten Großkontinent, auch den nicht eroberten Westen. Politisch allerdings gelang es nicht, das riesige Imperium zusammenzuhalten, und schnell

---

209 Am besten verdeutlicht durch den »Zug der Zehntausend«, über den Xenophon berichtet – es gelang den griechischen Söldnern im Dienst eines persischen Thronprätendenten, nach dessen Niederlage 401 von Mesopotamien aus zum Schwarzen Meer zurückzumarschieren.
210 J. Burckhardt: Griechische Kulturgeschichte (1898 ff.), Neuausgabe München 1977.
211 Einführung H.-J. Gehrke: Geschichte des Hellenismus, ²München 1995; H. Berve: Spätzeit des Griechentums, Freiburg 1960; P. Grimal Hg.: Der Hellenismus und der Aufstieg Roms, deutsch Frankfurt 1965.

wurde es zwischen den Nachfolgern aufgeteilt. Diese »Diadochen« sicherten den Prozess der Expansion griechischer Menschen, Waren und Konzepte, aber in der monarchischen Legitimation von Herrschaft und den neuen Religionen auch eine zum attischen Ideal gegenläufigen Bewegung. Einige Zeit hindurch bildeten die Diadochenreiche ein politisches und ökonomisches System, in dem die Mächte Gleichgewichte zu erreichen suchten und das auch kulturell hellenisch gewordene Staaten wie Karthago, Parthien oder Armenien einschloss. Gegenüber Rom fanden die Mächte aber keine gemeinsame Linie – mit dem Krieg zwischen Rom und Karthago, der mit Kriegen zwischen hellenistischen Mächten zeitlich und zunehmend auch sachlich zusammenhing, begann für Polybios (der als Geisel des Achaiischen Bundes in Rom festgehalten war) Weltgeschichte.

Das Römische Imperium

Die Reichsgründung, die von der Stadt Rom ausging, hat die europäische Geschichte vielfältig geprägt.[212] Indoeuropäische Stämme sind erst ab 1200 nach Italien eingewandert, vor 800 kommen die Etrusker, die wohl vor den Griechen aus Kleinasien ausweichen, in die Toskana, ihnen folgen die Griechen und dann die Karthager nach Sizilien und Sardinien und schließlich die Kelten in die Poebene. Italien ist nicht nur geografisch, sondern auch sprachlich und politisch vielfältig – griechische Poleis und karthagische Kolonien, etruskische Stadtrepubliken, gallische Stämme, Latinerbund und seit dem Sturz der etruskischen Könige 510 – römische Republik, in welcher der alte Adel mit einer sekundären Aufsteigerschicht kämpft, bis man zur rechtlichen Gleichstellung und Doppelämtern als Lösung kommt. Voraussetzung zur Aufnahme in die Centurien des Heeres (und damit politisch zur Bürgerschaft) war der Besitz von 20 Morgen Land. Trotz solcher »plebejischer« Momente bleibt Rom eine Oligarchie unterschiedlicher Gruppen, die aber den Bauern genug Mitbestimmungsmöglichkeiten bot, dass sie für die Kriegsführung zur Verfügung standen. Sie erhielten bei Siegen Siedelland in den Kolonien, für welche die Unterlegenen Land abtreten mussten. Je mehr allerdings der Adel sich auf Politik und Kriegsführung spezialisiert, desto mehr ist er auf Zuarbeit von Sklaven angewiesen.[213]

Durch ihre militärische Expansion weitete die römische Republik ihre Territorien immer weiter aus, und aus dem »Imperium« im Sinne von Befehlsgewalt eines Konsuln oder Diktators wurde das Imperium im Sinn des Reiches, das sich vom indischen Ozean

---

212 T. Mommsen: Römische Geschichte, 9Berlin 1904; A. Heuß: Römische Geschichte, Braunschweig 1960. Zur neueren Debatte auch um die Bedeutung der Antike in der (europäischen) Gegenwart J. Cobet in: M. Maurer Hg.: Aufriß der Historischen Wissenschaften, Bd. 1, Stuttgart 2005.
213 DelaCampagne, Sklaverei S. 73–96.

bis zum Atlantik und von der Sahara bis an den Rhein und Donau erstreckte. Durch die Anlage bewaffneter Kolonien sicherte Rom die Herrschaft nicht nur, sondern trug auch langfristig zur Latinisierung nicht nur Italiens, sondern des gesamten westlichen Mittelmeerraumes bei. Im Rahmen der Pax Romana blühten Fernhandel und Gewerbe in allen Teilen des Reiches. Durch seine technisch eindrucksvollen Großbauten, Aquädukte, Arenen und Fernstraßen, durch seine systematische Rechtsordnung und die Disziplin von Militär und Gesellschaft wurde ein Begriff von Ruhm, Größe und Glanz geschaffen, der bis in die Frühe Neuzeit immer wieder zum Vorbild ehrgeiziger und zentralistischer Fürsten wurde. Denn Rom wurde im letzten Jahrhundert v. u. Z. zur Monarchie, auch wenn der alte Titel König vermieden wurde und Caesar Octavian im Jahr 30 v. u. Z. den Titel Imperator annahm.

Eine Schwierigkeit der Herrschaft einer städtischen Oligarchie über ein Imperium lag in ihrem Erfolg, ihrer Expansion. Es gab vor allem zwei Möglichkeiten, Herrschaft in der Fläche zu organisieren: Klientelsysteme, zu denen im Römischen Reich ganze Städte gehörten,[214] und Abhängigkeit von Territorien. Auf dem Scheitelpunkt der Expansion, beim Übergang zur Stagnation der äußeren Grenzen, wendete sich die Aggressivität nach innen, trat Bürgerkrieg an die Stelle der Feldzüge in ferne Länder. Um dem Bürgerkrieg zu steuern, wurde die Republik zur Monarchie gemacht, die auf der »Perpetuierung der Amtsgewalt (imperium)« in der Hand des Monarchen beruht, auf der »Emancipierung der politischen Gewalt vom Staat«. Mommsen hat dies den »notwendigen Schlussstein« in der Entwicklung von »Sklavenhalter-aristokratien« bezeichnet.[215]

Sowohl die griechische als auch die römische Geschichte bilden Voraussetzungen für die Herausbildung des europäischen Systems. Das attische Modell verband eine Vielzahl kleiner und mittlerer Stadtstaaten und Monarchien zu einem kulturell, politisch und ökonomisch außerordentlich fruchtbaren und expansiven System, das jedoch unterlag, als der nahe Nachbar Makedonien die griechische Militärtechnik übernahm. Das Imperium Romanum vereinte die Mittelmeerwelt unter der zentralistischen Herrschaft einer städtischen Republik, die kurz vor unserer Zeitrechnung zur Monarchie überging und den Namen Kaiser als Bezeichnung für einen über regionalen Königen stehenden Herrscher überhaupt erst schuf.

Das Römische Reich wurde jedoch zwischen dem 4. und 5. Jahrhundert[216] von germanischen und slawischen nomadisierenden Waldbauern, die in Stämmen unter Heerkönigen organisiert waren, in eine schwere Krise gestürzt, und 410 gelang es Goten sogar, Rom zu erobern (und zu plündern). Die Stämme waren zwar durch die Westexpansion des eurasiatischen Reitervolks der Hunnen in Bewegung gesetzt worden, ver-

---

214 H. Callies: Zum römischen Klientelsystem, in: Nolte, Patronage, S. 26–34.
215 Mommsen a.a.O. Bd. 3, S. 476 ff.
216 H. Fuhrmann: Rom in der Spätantike, Darmstadt 1994.

fügten aber selbst nicht über eine den Legionen und ihren Hilfstruppen grundsätzlich überlegene Reiterei oder gar eine den Manipeln überlegene Infanterietaktik. Trotzdem ging der Westen des Imperiums auf lange Sicht verloren. Worin lag die Schwäche des Imperiums?

Wie die griechischen Poleis, so war Rom eine Gesellschaft der besitzenden Männer. Privates, nicht einem König oder einem Tempel gehörendes Land gab es auch in anderen Gesellschaften, z. B. in Japan[217] und Indien[218], aber die Eigentümer konnten dort ihre Interessen nicht mit der Dauerhaftigkeit durchsetzen wie Griechen, Karthager und Römer im Mittelmeerraum. Die Mehrheit dieser Gruppen besitzender Männer bestand aus freien Bauern, aber es gab auch Reiche – sei es aus dem alten Adel, sei es aus der neuen Nobilität – welche ihre Güter oder Manufakturen mit Sklaven betrieben.[219] Je mehr Sklaven herbeigeschafft werden konnten, desto eher konnten die Besitzer sich spezialisieren – meist für Politik und Militär, aber manchmal auch für Kunst oder Philosophie. Einigen dieser Eliten gelang es, untereinander Konsens zu bilden und sich vom jeweiligen König zu befreien, der das Land wie Eigentum verwaltete. Damit wurde eine neue Grenze zwischen privat und öffentlich gezogen, und die Angelegenheiten des Staates wurden zu einer öffentlichen Sache – res publica. Die Bürgerschaft dieser Republiken lebte, auch wenn es »Städte« waren, in vielen Fällen überwiegend von Landwirtschaft; sie nahm an den Wahlen teil und stimmte im Regelfall für ihre (oft adligen) Patrone, welche die aktive Politik bestimmten.

Sklaverei ist eine Lebensform mit schlechten Reproduktionsbedingungen, auch dies war ein Motiv zur Expansion – bei Eroberungen wurden ganze Bevölkerungen in die Sklaverei verkauft; aus dem kleinen Epirus z. B. wurden 167 v. u. Z. 150.000 Sklaven nach Rom verschleppt.[220] Mit dem Ende der Expansionen wurden Sklaven zwar vielleicht nicht teurer, aber man musste ihnen mehr Möglichkeiten geben, Familien zu gründen. Die Latifundien in der Form zentral geleiteter Sklavenwirtschaften rentierten sich immer weniger, und die Landwirtschaft wurde »archaischer«.[221] Andererseits sank im 4. Jahrhundert auch der Anteil freier Bauern an der Gesellschaft. Der Staat brauchte die Bauern nicht mehr für das militärische Aufgebot, aber er musste die Soldaten der Legionen an den weiten Grenzen bezahlen – nicht wenige von ihnen waren »Barbaren« aus den Wäldern jenseits der Grenzbefestigungen des Limes. Auch die wachsende Bürokra-

---

217 J.W. Hall: Feudalismus in Japan, in: Wunder, Feudalismus.
218 P. Ch. Jain: Socio-Economic Exploration in Medieval India, Delhi 1976, S. 113 f.
219 Vgl. für Griechenland M. Austin, P. Vidal-Naquet: Gesellschaft und Wirtschaft im alten Griechenland, München 1972, z. B. zu Athen S. 75 ff.
220 C. B. Wells: Die hellenistische Welt, in: Propyläen Weltgeschichte Bd. 3, Frankfurt 1962, S. 492 ff.; vgl. M.I. Finley: Die Sklaverei der Antike, deutsch München 1981, S. 155–159; N. Brockmeyer: Antike Sklaverei, Darmstadt 1977.
221 M. I. Finley: Die antike Wirtschaft, deutsch München 1977, S. 96 ff.

tie benötigte mehr Geld. Um den Anteil der Zentrale an dem Mehrprodukt der Landwirtschaft zu erhöhen, wurden die Abgaben erhöht. Die Latifundisten konnten sich dem entsprechenden Druck noch am ehesten widersetzen und auch kleineren Grundbesitzern Schutz gewähren – Schutz bedeutet meist auch Abhängigkeit. Aus solchen Schutzverträgen und dem Versuch des spätantiken Staates, die vorhandene Arbeitsteilung festzuschreiben, entstand ein neues Rechtsinstitut: die Schollenpflichtigkeit. Bauern verloren das Recht, ihre Höfe und Dörfer zu verlassen, sie wurden »der Scholle zugeschrieben« (glebae adscipti). Sie wurden nicht zu Sklaven so, wie aber die Lage von auf Latifundien mit eigenem Haus angesiedelten Sklaven sich besserte, glichen sich die Lage der Bauern und solche »servi casati« einander an.[222]

Die Krise des Imperiums[223] hatte also eine Wurzel darin, dass immer kleinere Teile der Bevölkerung an der Politik beteiligt waren, da die Bauern ihre politische Bedeutung und oft – durch Schutzverträge – auch ihre Freiheit verloren. In der Fläche führte das dazu, dass dem Vordringen zahlenmäßig kleiner germanischer und später slawischer Stämme relativ wenig Widerstand entgegengesetzt wurde und diese Stämme auf dem Territorium des Imperiums neue, kleinere, von Person zu Person organisierte Stammeskönigtümer errichten konnten.

In der geistigen und religiösen Welt des Imperiums führte die Krise der Sklaverei zu einem Aufblühen von Religionen, welche Sklaverei ablehnten oder einschränkten. Wieder kamen die neuen Konzepte aus dem Osten. Aber auch wenn der Mosaismus in Spätantike und Frühem Mittelalter durchaus Anhänger unter Menschen gewann, die nicht zum Volk Israel gehörten, war das Christentum durch seinen universalen Bezug auf alle Menschen ihm in dieser Hinsicht überlegen. Die Einberufung des ersten weltumfassenden »ökumenischen« Konzils 325 durch Kaiser Konstantin mit der Festlegung des Glaubensbekenntnisses und des Kanons der Heiligen Schriften und die Taufe des Kaisers auf dem Sterbebett 337 bereiteten die »konstantinische Wende« von der revolutionären Untergrund- zur Staatskirche vor, die durch Kaiser Theodosius 391 durchgesetzt wurde.[224] Aus der Verfolgung von Christen in den vorangegangenen Jahrhunderten wurde fast unmittelbar das Verbot nichtchristlicher Religionen und die Verfolgung von christlichen Gruppen, die sich von der Hauptkirche trennten (Sekten).

Das Christentum bot dem Staat eine gemilderte Kritik der Sklaverei, die gut zur Zusammenführung von als Familien wohnenden Sklaven und Bauern zum neuen Stand der Schollenpflichtigen passte. Das Christentum sah Menschen nicht als Sachen an und for-

---

222 G. Dulckeit, F. Schwarz: Römische Rechtsgeschichte, München 1963, S. 224 ff.
223 L. Várady: Die Auflösung des Altertums, Budapest 1978; P. Anderson: Von der Antike zum Feudalismus, deutsch Frankfurt 1978.
224 H. Jedin Hg.: Handbuch der Kirchengeschichte, Freiburg 1952 ff.; K. D. Schmidt Hg.: Die Kirche in ihrer Geschichte, Göttingen 1966 ff.; R. Kottje, B. Moeller: Ökumenische Kirchengeschichte, München 1970.

derte auch für Sklaven die Einhaltung bestimmter Rechte; es erneuerte die Moralvorstellungen und schützte darin die Schwächeren, nicht zuletzt die Frauen – z. B. indem es Sexualität außerhalb der Ehe anerkannte und ablehnte, dass zu den Aufgaben von Sklaven die sexuelle »delicatio« der Herren gehörte. Die sozialen und politischen Grundforderungen des Christentums stabilisierten den Staat – sowohl, dass jeder in seinem Stande bleiben solle, als auch, dass man dem Kaiser zu geben habe, was des Kaisers ist. Nicht zuletzt entstand in der Hierarchie des Klerus ein neuer Verwaltungszug mit einem wirksamen Zugang zum Volk, der über das Haupt in der Hauptstadt auch der Politik der Hauptstadt zugänglich war – auch wenn die Teilung des Imperiums und die Tatsache, dass der Kaiser nicht in der alten Hauptstadt Rom residierte, schon bald auch Konflikte zwischen Westen und Osten andeutete.

476 rufen die germanischen Söldner Odowaker in Rom zum Heerkönig aus und erhalten statt des ausstehenden Soldes ein Drittel des Bodens der römischen Güter. Dies wird auch in der Folgezeit das Modell der Ansiedlung siegreicher Germanen im Westen, der nun für 80 Jahre unter germanischen Heerkönigen aufgeteilt ist.

Das Römische Imperium ist aber keineswegs geschlagen.[225] Die Hauptstadt Konstantinopel wird zum Zentrum einer Erneuerung. Die politische Herrschaft war schon im dritten Jahrhundert zeitweise auf vier »Cäsaren« verteilt worden, die sowohl den Truppen an den Grenzen als auch den Verwaltungsaufgaben der Provinzen näher waren. In Konstantinopel wird die Herrschaft auf zwei Basileus und zwei Cäsaren verteilt, daneben gibt es einen Senat und die politischen Parteien in der Stadt. Die Verfassung bietet durchaus Platz für eine Partizipation von Reichen und Mächtigen an der Politik – es gilt der Rechtssatz: »quod omnes tangit ab omnibus approbari debitur« – was alle angeht, dem müssen alle zustimmen. Zivil- und Militärverwaltung sind getrennt; durch umfangreiche Rechtssammlungen – »Corpus juris civilis« – wird die Rechtsprechung systematisiert,[226] das Kirchenrecht folgt im »Corpus juris canonici« nach. Mehrere Hochschulen werden betrieben, auch in anderen Städten des Imperiums – besonders Antiochien und Alexandria. Die Staatssprache ist noch lange Lateinisch, Umgangs- und Literatursprache jedoch Griechisch. Die Gesellschaft ist in Stände gegliedert, von denen die schollenpflichtigen Colones »glebae adscripti« den weitaus größten bilden. Nach der Landwirtschaft waren Textil, Leder und Metallgewerbe besonders in Konstantinopel führend, und die Hauptstadt versorgte das damalige Europa mit Luxusgütern.[227]

---

[225] P. Wirth, Grundzüge der byzantinischen Geschichte, Darmstadt 1976; G. Moravczik: Einführung in die Byzantinologie, Darmstadt 1976; R.-J. Lilie: Byzanz. Kaiser und Reich, Köln 1994.

[226] Textauszug in Heer, Dokumente; insbesondere zur Differenzierung von Naturrecht, Völkerrecht und Privatrecht, zur Sklaverei und zur väterlichen Gewalt. Vgl. Fuhrmann a.a.O., S. 309–330.

[227] Vgl. zu den Artefakten L. Wamser Hg.: Die Welt von Byzanz – Europas östliches Erbe, Darmstadt 2004 (Ausstellungskatalog, zu Alltag und Luxus S. 215–367).

Das außenpolitische Ziel ist die Erneuerung des Reiches – »Renovatio Imperii«. Diesem Ziel kommt Kaiser Justinian näher, als seine Heere das Vandalenreich in Nordafrika und das Ostgotenreich in Italien vernichten und den Westgoten große Teile des spanischen Südens abnehmen. Schon der Einbruch der Langobarden in Italien ab 568, endgültig jedoch der Verlust der Südküste des Mittelmeeres an die Muslime ab 633 machte deutlich, dass die östliche Hälfte des Imperiums mit diesem Versuch einer Wiederherstellung »Restitutio ad integrum« überfordert war. Sogar die Donaugrenze ging nach dem Angriff der Bulgaren 680 lange verloren. Aber »Ostrom« wehrte die Araber ab. »Es war das Unvermögen der arabischen Armee, Konstantinopel zu erobern, nicht die Niederlage einer arabischen Plünderertruppe zwischen Tours und Poitiers, die sowohl die östliche wie die westliche Christenheit zum Überleben befähigte.«[228]

Bis zu den Angriffen durch die Normannen und dem Überfall durch die Kreuzfahrer 1204 behauptete das Römische Imperium beträchtliche Territorien von Anatolien bis Süditalien. Allerdings wurde der Staat militarisiert, um die Verteidigung aufrechtzuerhalten, die Verwaltung wurde in »Themen« zusammengefasst und die Stellung des Kaisers überhöht. Hatte das Imperium sich etwas erholt, versuchte es regelmäßig erneut eine »Renovatio Imperii« – da jedoch inzwischen immer mehr Territorien verloren gegangen waren, auch an Serben und Türken, rückten die Ziele der Rückeroberungen immer näher an die Hauptstadt heran. Im 19. Jahrhundert erfanden Historiker für diesen Rest des Römischen Reiches den Terminus »byzantinisch« – vielleicht deswegen, weil man ungern daran erinnert werden wollte, dass es der lateinische Westen gewesen war, der das Römische Reich zur Beute gemacht hatte, bis es schließlich 1453 den Osmanen unterlag.

Feudalismus an der westlichen Peripherie

In Westeuropa war zu diesem Zeitpunkt schon lange eine neue Sozial- und Herrschaftsform entwickelt worden, die ihre Wurzeln in jenen Königreichen hatte, welche germanische und slawischen Stämme trotz den vielen Niederlagen gegen das Imperium südlich des Limes errichtet hatten – von den Vandalen in Afrika bis zu den Franken am Rhein und der Seine und von den Goten in Spanien bis zu Kroaten, Serben und Bulgaren an der Save und der Donau. Für einen Teil der Geschichtsschreibung beginnt die europäische Geschichte erst hier, mit Spätantike und Frühmittelalter.[229]

Der Zusammenbruch des Römischen Reiches im Westen hinterließ mit innerer Folgerichtigkeit Königreiche kleineren Zuschnitts, in denen ein zahlenmäßig oft kleines »barbarisches« Herrenvolk über romanische (oder romanisierte) Alteingesessene

---

228 B. Lewis: Die Welt der Ungläubigen. Wie der Islam Europa entdeckte (1983), deutsch Berlin 1987, S. 18.
229 T. Schieder Hg.: Handbuch der europäischen Geschichte, Bd. 1–7, Stuttgart 1968.

herrschte. Dies geschah in einer neuen Verschränkung horizontaler und vertikaler Differenzierung der Gesellschaft. Die romanischen Völker ernährten die Barbaren, denen jedoch meist das Waffenhandwerk vorbehalten blieb – bei den Ostgoten z. B. auch der juristischen Norm nach. Das Selbstbild der Einwanderer war noch weithin bäuerlich, sie ließen sich über den Westen verteilt die »Tertia«, den dritten Teil der Güter, aushändigen. Der Heerbann dieser Bauern war in der Regel in der Lage, die Grenzen der eroberten Gebiete ohne allzu großen Zeitaufwand zu erreichen. Die Königreiche standen jedoch unter einem starken Druck der imperialen Tradition, deren überlegene Institutionen nicht nur stückweise tradiert, sondern auch genutzt wurden. Insbesondere standen die Königreiche unter dem kulturellen Druck der Kirche, einer städtischen Verwaltung (jeder Bischof braucht einen festen Sitz in einer Stadt), die ihrem Selbstverständnis nach ökumenisch war. Dass viele Germanen einer Sekte angehörten – den Arianern –, verdoppelte die Schwierigkeit. Die germanischen Könige akzeptierten, um die Zugehörigkeit nicht zu verlieren, deshalb gern Titel aus Konstantinopel.

Gravierender war vielleicht noch, dass im Frankenreich, in England und in Irland Königreiche entstanden, die Territorien einbezogen, die nie zum Imperium gehört hatten. Auch sie bewunderten das römische Vorbild und übernahmen das Christentum als Religion, lagen aber völlig jenseits der Einflussmöglichkeiten des Kaisers in Konstantinopel. Das hatte Folgen für die stabilste Institution der Zeit, die Kirche. In der Christenheit hatten sich zwar östlich der Grenzen schon Absplitterungen durchgesetzt, aber innerhalb des Imperiums wurde die Ökumenizität durch die Konzilien und das Zusammenwirken der fünf Patriarchate – Rom, Konstantinopel, Antiochia, Alexandria und Jerusalem – noch gewahrt. Nun wurde die Obedienz des Papstes weit nach Westen und Norden ausgedehnt. Erste Auseinandersetzungen kündigten das spätere Schisma an; der Anspruch des Papstes auf den Primat verdeutlichte das steigende Selbstbewusstsein des Westens.

Der Vorstoß des Islam führte nicht zu einem Abbruch der Handelsverbindungen zwischen Norden und Süden,[230] aber er halbierte die Macht des Imperiums und verwies dieses auf den Weg der Gräzisierung. Weiter gelang es, die imperiale Macht im Osten Europas weithin in Einfluss umzumünzen. Die orthodoxe Mission fand den Weg zur Volkssprache für die slawischen Königreiche, deren Etablierung man nun nicht mehr hindern konnte. Man fand auch ein Konzept, mit dem die Kaiser am ökumenischen Anspruch festhalten und die Königreiche doch Selbstständigkeit erlangen konnten – der Kaiser wurde als »älterer Bruder« oder sogar »Vater« anerkannt. Diesem politischen System entsprach das geistig-religiöse der orthodoxen »Nationalkirchen«, in das im 10. Jahrhundert auch Russland einbezogen wurde.[231] Nicht zuletzt entsprach ihm ein öko-

---

230 Insofern ist H. Pirenne: Mahommed und Karl der Große, deutsch Frankfurt 1963, korrigiert worden.
231 D. Ostrogorsky: Byzanz und die Welt der Slawen, Darmstadt 1974, S. 35 ff.; F. Dölger: Byzanz und die byzantinische Staatenwelt, Ettal 1953.

nomisches System: Byzanz, das durch die »unbezwingbaren« Mauern geschützte Gewerbezentrum, lieferte Luxusgüter und erhielt dafür heidnische Sklaven, Pferde und Pelze von den slawischen Fürsten.[232]

Ein neues Imperium im Westen

Im Westen ließ die Vernichtung des Gotenreiches durch Araber die Franken in einer einzigartigen Position. Vielleicht ist der arabische Vorstoß über die Pyrenäen weniger an der militärischen Kapazität der Franken gescheitert als daran, dass Gallien noch weitgehend ein Waldland war, in dem Siedlungen durch weites, für Reitertruppen schwer beherrschbare Wildnis getrennt waren. Wie war es aber möglich, dass in diesem Waldland an der Peripherie des mediterranen Kulturkreises ein Reich aufgebaut wurde, in dem es kirchliche und königliche Zentralinstitutionen gab und römische Vorstellungen tradiert wurden?[233]

Das fränkische Reich war im Frühen Mittelalter in anderer Weise durch Überforderung gekennzeichnet als das Römische. Den kleinen Siedlungskammern hätten am ehesten regionale Herrschaften entsprochen, auch die Städte waren meist wenig mehr als Königsburgen und Bischofssitze. Der ökumenische Anspruch und die Tradition Roms wiesen jedoch immer wieder auf das Imperium.[234] Das fränkische Reich stand zwischen den Konzepten des Zentrums und den Möglichkeiten der Peripherie. Theoretisch war der Herrschaftsanspruch der frühmittelalterlichen Könige fast unbegrenzt, die Monarchie wurde theokratisch begründet und umfasste meist auch den Anspruch auf Obereigentum am Boden.[235] Solche Ansprüche entsprachen jedoch nicht den Herrschaftsmöglichkeiten. Diese Kluft konnte nur entweder mit (nicht grenzenlos wiederholbaren) Kraftanstrengungen oder mit Kompromissen überbrückt werden.

Der fränkische König erhob Anspruch auf Obereigentum an allem Land, das von seinem Volk erobert worden war. Dem stand die Kirche entgegen, die als Institution Eigentumsansprüche aufrechterhielt, deren »Ewigkeit« als Eigentum eines Heiligen begründet und auch schriftlich fixiert wurde. Dem königlichen Anspruch stand weiter der Adel entgegen, der eigene Eigentumsansprüche geltend machte und bei deren Durchsetzung angesichts der dauernden Überforderung des Königtums auch Erfolg hatte. Die Geldwirtschaft war noch nicht so weit entwickelt, dass Steuern und Zehnten ausgereicht hätten, um Krieger und Priester zu alimentieren. In Jahrhunderte dauernden Auseinan-

---

232 Vgl. die Handelsverträge mit den Rus in: R. Trautman Hg.: Die altrussische Nestorchronik, Leipzig 1936.
233 J. Fleckenstein: Das Großfränkische Reich, Möglichkeiten und Grenzen der Großreichsbildung im Mittelalter in: HZ 233 (1981).
234 R. Coulborn: Feudalism in History, Princeton 1956, S. 35 ff.
235 W. Ullmann: Individuum und Gesellschaft im Mittelalter, deutsch Göttingen 1974.

dersetzungen wurde ein Kompromiss gefunden: Der Adel erkannte für jedes Lehensgut, das er vom König erhielt – jedes »Feudum« – die Verpflichtung zur Heerfolge an, und diese Verpflichtung wurde dann auch auf solche Güter ausgedehnt, die der Adel als Eigengüter – als »Allodien« – besaß. Auch auf Kosten der Kirche wurden Feuda vergeben; mancher nach kirchlichem Recht »ewige« Besitz wurde aus dem Bereich der »Aeterna« in den der »Saecula« »entfremdet« – hier hat der Begriff der Alienierung eine seiner Wurzeln. Allerdings bedurfte es für diese Säkularisierung einer besonderen Rechtskonstruktion: Der Adlige (oder auch jeder andere, der vom Kirchengut lebte) erhielt nur den Nutzen, das »Praebendum« – die Pfründe.

Stärker als bei einem aus Beute, Steuermitteln oder dem Vermögen des Fürsten finanziertem Heer war der Führer eines feudalen Heeres von der Zuverlässigkeit seiner Leute abhängig; sie hatten ihren Teil ja schon, bevor der Kampf begann. Herr und Mann verbanden sich in besonderer, gegenseitiger Treue. Das Lehenssystem beruhte insofern von Anfang an auf einem gewissen Mitspracherecht der großen Adligen, es erzog zu Integration und besonderer Gruppenmentalität.[236] Weil dies die Lücke zwischen Anspruch und Wirklichkeit von der Ebene der Könige auf die der Adligen weitertrug, die Überforderung sozusagen institutionalisierte, war der europäische Feudalismus eine spannungsreiche, dynamische, aber auch von Risiko gekennzeichnete Gesellschaft, in der Katastrophen nicht selten waren.

Aus dem Kompromiss folgte, dass die Ansprüche an die Bauern im europäischen Feudalismus zersplittert waren. Neben Ansprüche des Königs traten solche der Kirche und des Adels.[237] Auch die großen Entfernungen zwischen den Siedlungsgebieten förderten die Selbstständigkeit von Bauern – oft war es für einen fernen Herrn schwierig oder teuer, seine Rechte wirklich wahrzunehmen.[238] Oft war es auch Bauern, die nicht in unmittelbarer Nähe eines adligen Herrn wohnten, möglich, sich in den Schutz eines entfernten Herrn zu begeben – der mit einer geringeren Abgabe zufrieden war. Kurz: Die Zersplitterung der Eigentumsrechte bot gute Bedingungen für das Bemühen der Bauern, möglichst viel Mehrprodukt selbst in der Hand zu behalten, und je mehr ihnen das gelang, desto eher lohnte es sich, einen neuen Pflug, eine eiserne Egge oder ein gutes Pferd anzuschaffen. Nach den Klöstern und manchmal noch vor den adligen Herren begannen auch Bauern, in die Produktivität ihrer Wirtschaft zu investieren.

Zwar gab es noch Sklaven in Europa. Aber der Gefahr, dass allzu viele Bauern in die Hörigkeit oder die Sklaverei gedrückt würden, wirkten nicht nur die Zersplitterung der

---

236 M. Bloch: European Feudalism, in: Wunder, Feudalismus.
237 Vgl. R. Hilton in: Sweezy, Dobb: Übergang; R. Hilton: Die Natur mittelalterlicher Bauernwirtschaften, in: Kuchenbuch, Feudalismus und L. Kuchenbuch: Bäuerliche Ökonomie und feudale Produktionsweise, in: Blaschke, Perspektiven..
238 Vgl. E. G. Franz: Grangien und Landsiedel, in: Franz, Bauerntum.

Eigentumsrechte und der Siedlungen, sondern auch die Kirche entgegen. Dass Leibeigenschaft unchristlich war, wussten auch wichtige Rechtsschreiber des Mittelalters wie Eike von Repgow, der es im Sachsenspiegel niederlegte.[239] Insbesondere Handel mit christlichen Sklaven war verboten. Zwar gab es Handel mit heidnischen Sklaven, der an der Peripherie durchaus Herrschaft fördern konnte,[240] aber doch insgesamt nur einen geringen Umfang hatte. Ohne umfangreichen Sklavenhandel aber blieben die ökonomischen Vorteile der Sklaverei begrenzt.

Die durch privates, wenn auch pflichtiges Eigentum gesicherte, dezentrale Aneignung eines Teils des bäuerlichen Mehrprodukts, der Rente, durch Adel und Kirche war also ein Kennzeichen des europäischen Feudalismus, ähnlich der Agrarverfassung von Japan und von Teilen Indiens, aber unterschieden von der z. B. Chinas oder des Osmanischen Reiches, wo der größte Teil der Rente vom Staat angeeignet wurde, so wie das in den modernen Gesellschaften generell der Fall ist und eben auch in vielen alten Gesellschaften der Fall war. Es macht wenig Sinn, den Entwicklungspfad Europas, Japans und Indiens als Sonderweg zu bezeichnen, es war einfach eine andere Lösung, die in allen drei Fällen entweder insgesamt (Westeuropa, Japan) oder teilweise (Hindu-Indien am Rand des Mogulreichs) peripheren Situationen zu einem Imperium entsprach. Man versuchte, der Überforderung durch das Vorbild der Imperien durch mehr Konsensbildung zu entsprechen.

Was war der Feudalismus? Wolfgang Reinhard hat einmal provokant formuliert, es sei ein durch die Rechtsform definierter »Sonderform des allgemeinen Phänomens Patronage-Klientel.[241] Klientelsysteme[242] sind durch asymmetrischen Tausch zwischen Patron und Klient sowie Zuordnung von Person zu Person bestimmt. Meist gibt der Patron eine »Gabe« wie Land oder Schutz, und der Klient gibt Waffenhilfe, Gefolgschaft oder Sachen bzw. Geld zurück. Da es immer um persönliche Beziehungen geht, entstehen »Trauben«, die aber durchaus einen Staat erfassen können. Klientelsysteme sind allgemein und bis auf den heutigen Tag wirksam; die Besonderheit des Feudalismus macht die Skizze auf S. 127 deutlich.

Die juristische Formulierung – der Herr gibt Schutz und Lehen, der Mann ist zur Treue und Gefolgschaft verpflichtet – macht das Verhältnis im Lehnsrecht justiziabel, das ist es in einer üblichen Klientelverbindung nicht.

Aus der Zersplitterung der Eigentumsrechte ergab sich eine Konkurrenzsituation, die auch bäuerlicher Selbstständigkeit unter Umständen zugute kam. Die unterschiedlichen und nicht selten guten Voraussetzungen für selbstständiges wirtschaftliches Handeln von Bauern, Klöstern und Adligen bildeten den Hintergrund für eine wichtige Veränderung

---

239 H. Thieme Hg.: Sachsenspiegel, Stuttgart 1962, S. 115 f. (Landrecht).
240 G. Schramm: Fernhandel und frühe Reichsbildung am Ostrand Europas, in: Colberg, Staat.
241 W. Reinhard: Freunde und Kreaturen, München 1979, Zitat S. 7.
242 Nolte, Patronage.

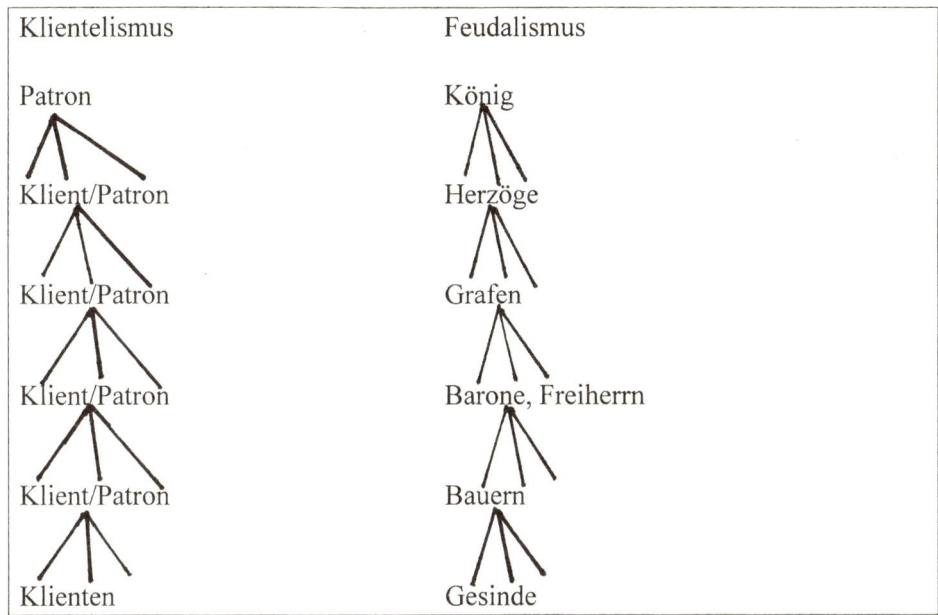

Klientelismus	Feudalismus
Patron	König
Klient/Patron	Herzöge
Klient/Patron	Grafen
Klient/Patron	Barone, Freiherrn
Klient/Patron	Bauern
Klienten	Gesinde

der agrarischen Technik: verstärkten Landesausbau und den Übergang von der Brandrode- zur Dreifelderwirtschaft, welche mit dem Übergang zum Regelanbau von Roggen verbunden war.[243] Vergleicht man diese europäische mit den beiden anderen großen »Agrarrevolutionen« des Mittelalters, dann fällt auf, dass die erste in den Quellen kaum auftaucht, weil sie weithin privaten Charakter hatte; ähnlich wie die islamische, dort wohl, weil diese ein sachlich sehr zerfaserter Prozess aus vielen ungleichzeitig erfolgenden Übernahmen war; aber anders als die chinesische, in welcher der Kaiser als (gewiss weithin formaler) Akteur eine wichtige Rolle spielt.[244] Überall war die Bedeutung auch kleiner Verbesserungen groß, weil schon eine geringe Erhöhung der Produktivität eine große Vermehrung des Mehrprodukts bedeutete (vgl. Kapitel 1).

Zu Beginn des Mittelalters wurde Landwirtschaft in Nordwesteuropa meist auf gerodeten Feldern betrieben, auf denen das gefällte Holz verbrannt war. Nach wenigen Jahren war die Fruchtbarkeit solcher Felder erschöpft, man musste neu roden und ließ das erste Stück wieder zuwachsen. Dies System setzte eine geringe Siedlungsdichte voraus.

---

243 G. Duby: Krieger und Bauern, deutsch Frankfurt 1977; F. W. Henning: Landwirtschaft und ländliche Gesellschaft in Deutschland Band 1, Paderborn 1979; Mitterauer, Europa.
244 M. Mitterauer: Roggen, Reis und Zuckerrohr. Drei Agrarrevolutionen des Mittelalters im Vergleich, in: Saeculum 52 (2001).

Der Übergang zu einer verbesserten Agrartechnik zog sich über Jahrhunderte hin und bestand aus sehr vielen einzelnen Verbesserungen – Pflüge mit Vorgestell, ganzeiserner Schar und Streichbrett, Pferde als Zugtiere statt der langsamen Ochsen, Wassermühlen etc. Als ausgebildetes Wirtschaftssystem setzte die Dreifelderwirtschaft voraus, dass die Ackerflur des Dorfes in drei gleiche Teile zerlegt wurde, von denen einer mit Winter-, einer mit Sommergetreide bestellt wurde und der dritte brach lag, so dass man Vieh darauf treiben konnte und der Boden sich erholte.

Die neue Wirtschaftsform – für die es schon früh einzelne Beispiele gibt – wurde etwa zwischen dem 10. und 12. Jahrhundert von Nordfrankreich aus verbreitet. Die Steigerung der agrarischen Produktivität war Voraussetzung für die Ernährung von mehr Menschen und für die Verdichtung der städtischen Siedlungen: Etwa alle 20 bis 30 km entstanden in Europa Städte, in denen die Bauern Handwerksprodukte kaufen konnten. Die Dreifelderwirtschaft war es auch, welche die deutsche Ostexpansion wirtschaftlich trug und slawische wie deutsche Herren Bauern ins Land holen ließ, die mehr Zins erwirtschafteten als die einheimischen. Mission, Verdichtung von Siedlung und neue Landwirtschaft schufen das »dritte Europa« nördlich der alten Grenzen des Imperiums.[245]

Die Vermehrung des Mehrprodukts wurde zuerst als Anstieg der Mittel der Könige deutlich, das bildete die sichtbare Oberströmung. Und diese nahmen – welche anderen Modelle für Herrschaft gab es, die dem Glanz Roms die Waage halten konnten? – mit der Konsolidierung ihrer Macht den Kampf um die Renovatio Imperii wieder auf, bei der sie sich auf die Kurie stützen konnten. Im Jahr 800 hatte Karl, der König der Franken und Langobarden Karl »den Namen eines Imperators und Augustus«[246] akzeptiert, aber dieser Versuch zur Restitution umfassender Herrschaft hatte wenig Dauer, obgleich Ostrom nach der Niederlage gegen die Araber 806 nicht umhin kam, dem westlichen Augustus 812 den Titel »Caesar« zuzugestehen (also den nach Basileus zweitrangigen der vier Titel der Tetrarchie). Von jetzt an heißen die westlichen Imperatoren Kaiser.

Es bildeten sich mehrere Reiche, die vom Umfang her den viel späteren Nationalstaaten ähnelten – Frankreich, Deutschland,[247] England, Polen, Russland u. a. Aber als der deutsche König[248] Otto I. nach seinen Siegen über die Ungarn mit der Möglichkeit konfrontiert wurde, gestützt auf den Papst das Imperium im Westen wieder aufzurichten, konnte er vom Selbstverständnis der Zeit her dieser Herausforderung kaum widerstehen. Die Bedrohung der christlichen Staaten im Westen Europas durch See- und Rei-

---

245 H. Samsonowisz: La tripartition de l'espace européen, in: Ahrweiler, Européens.
246 G. H. Pertz Hg.: Einhardi Vita Karoli Magni, ⁶Hannover 1911, S. 32 (Kapitel 28).
247 Zum Vergleich C. Brühl: Deutschland – Frankreich. Die Geburt zweier Völker, ²Köln usw. 1995. Das Verzeichnis der Quellen und der Literatur umfasst 70 Seiten.
248 Handbücher: B. Gebhardt: Handbuch der deutschen Geschichte, Neuaufl.; J. Leuschner Hg.: Deutsche Geschichte Bd. 1–10, Göttingen 1973–1984; P. Moraw Hg.: Neue deutsche Geschichte, München 1985 ff. Vgl. H. Mitteis: Lehnsrecht und Staatsgewalt, Leipzig 1933.

ternomaden im 9. und 10. Jahrhundert bildete einen der wichtigsten Gründe für eine Stärkung der Zentralgewalt; der deutsche König Heinrich hatte durch den Aufbau einer Truppe von gepanzerten Reitern über mehr Mittel zentral verfügt und den Aufwand mit dem Sieg in Riade 933 legitimiert. Der Sohn Otto bestätigte diese Politik mit dem Sieg auf dem Lechfeld 955, zu dessen langfristigen Folgen auch die Entstehung Ungarns als christliches Königreich gehört; kurzfristig zog der Sieg die Frage nach dem dauerhaften Schutz der Christenheit nach sich.

Da die Ottonen die kaiserliche Macht nicht zuletzt auf die Kirche stützten, konnten sie vermittels der kirchlichen Bürokratie weltliche Macht ausüben – die zugleich als geistliche begriffen wurde. Diese Inanspruchnahme der Kirche für das Reich hatte z. B. zur Folge, dass der Erzbischof von Mainz immer auch Erzkanzler des Reiches war, und führte von Anfang an zu Schwierigkeiten mit dem Papst.[249]

Aber auch wenn es ihr Ziel war, das Imperium im Westen wieder aufzurichten, mussten die neuen Kaiser doch mit den Nationen rechnen. Kaiser Otto III. knüpfte an oströmische Kompromissformeln an, indem er davon ausging, dass die verschiedenen Nationen vor ihm, dem Kaiser, gleichberechtigt sein sollten. In diesem Verständnis überreichte er im Jahre 1000 dem Herzog von Polen das Diadem, das Autonomie und Gleichrangigkeit der »Slavia« mit Deutschland, Frankreich und Italien anzeigte.

Der imperiale Anspruch ging trotz solcher Kompromisse fast von Anfang an über das Potenzial der deutschen Könige. Die ständige Überforderung ließ schon kleine Niederlagen zu Katastrophen werden – immer wieder brach die kaiserliche Herrschaft über Italien zusammen, und die Nationen waren mit einer Rolle, wie Otto III. sie angeboten hatte, nie zufrieden. Der klassische Satz, dass jeder König in seinem Lande Kaiser sei, machte das deutlich – von Philipp dem Schönen von Frankreich bis zu Heinrich VIII. von England gegenüber dem Papst.[250] Und die Katastrophe der Staufer zeigte endgültig, dass der Raum, den ein Imperium im Westen hätte zusammenfassen sollen, zu groß war für die Mittel der Zeit, wenn es um intensive Herrschaft gehen sollte. Schon allein die Entfernungen bedeuteten Belastungen – aus den deutschen Wäldern über die Alpen durch die malariagefährdeten Ebenen Italiens und wieder zurück. Keine deutsche Dynastie hat das lange ausgehalten.

Dass die Kaiser trotz des Anstiegs des Wohlstandes nicht dauerhaft über genug Mittel verfügen konnten, um das Imperium wieder aufzurichten, lag aber auch am Papst. Er besaß nicht nur religiöse Macht, sondern auch weltliche, und die Päpste bestanden auf dem Vorrang vor dem Kaisertum.[251] Als der Kaiser mit dem Ende des Investiturstreits 1122 seinen bestimmenden Einfluss auf die Einsetzung der Bischöfe in Italien und Bur-

---

249 H. Beumann: Das Kaisertum Otto des Großen, HZ 195 (1962)
250 F. G. Ash: Free World, London 2004, S. 26.
251 G. Tellenbach: Libertas, Kirche und Weltordnung, Stuttgart 1936.

gund verlor, bedeutete das eigentlich die Entscheidung, auch wenn er diesen Einfluss in Deutschland behielt. Dass die Staufer danach, auf der Grundlage der Erbschaft des normannischen Reiches in Süditalien sowie der Reichsrechte in der Lombardei, noch einmal versuchten, das Imperium zu erneuern – den Höhepunkt bildete der Plan Kaiser Heinrichs VI. 1196, sowohl Sizilien als auch das Reich in seinem Haus erblich zu machen –, entsprach zwar einem Gefühl von Welt, das in Italien und Deutschland verbreitet war, aber nicht dem stärker national geprägten Westen und Osten Europas. Die Staufer, so hat Hermann Heimpel formuliert, begründeten so »im Festhalten des alten Königs- und Kaisergedankens jene Entfremdung Deutschlands in Europa, jenen deutschen Nonkonformismus mit den jeweils geltenden Ideen, welcher die deutsche Geschichte bis heute belastet.«[252] Das galt ähnlich für Italien, denn der Katastrophe der Kaiser folgte jene der Päpste als universaler Macht; das Europa des späten Mittelalters ist ein Europa der (vormodernen) Nationen. In Deutschland und Italien entwickelten sich stattdessen die Regionen, wenigstens so weit sie staatliche Eigenschaften erwerben konnten.

Der Aufstieg der Stände

Mit dem Scheitern der imperialen Versuche wurde Konkurrenz zum entscheidenden politischen Prinzip Europas. Und indem Konkurrenz politisches Prinzip wurde, wurde es auch als soziales und ökonomisches Prinzip gesichert – wäre es einer universalistischen Macht gelungen, eine politisch geeinte Herrschaft durchzusetzen, dann hätte dieser eine starke Tendenz innegewohnt, auch sozial-ökonomisch regelnd und zentralisierend einzugreifen. Nun aber wurden politische Bündnisse mit allen geschlossen, die reale Macht ausübten – krass gesagt, die ein Fähnlein Bewaffneter ins Feld stellen oder Einfluss kaufen konnten. Und es konnten eben auch die Bürger Mailands sein, mit denen der Papst sich gegen den Kaiser, bzw. die Bürger Kölns, mit denen der Kaiser sich gegen den Erzbischof verbündete. Da ökonomische Macht sich in politische übersetzen ließ, mussten die Herren darauf sehen, dass ihre Städte florierten. Nicht zuletzt wurde das Prinzip der Konkurrenz auch für die Geisteswissenschaften konstitutiv – dass es weder Papst noch Kaiser gelang, das neu entstehende Universitätswesen zu monopolisieren, lag eben auch daran, dass ihre Macht nicht bis Paris reichte.

Indem die Könige und Kaiser die realen Machtverhältnisse anerkannten und mit allen Politik machten, die über Macht verfügten, akzeptierten sie die Zustände – »status«. Zunehmend geschah diese Anerkennung der »Stände« auch in juristischer Form. So unterschiedlich, wie die Verhältnisse waren, so unterschiedlich war auch, was man unter

---

252 H. Heimpel: Entwurf einer deutschen Geschichte, in: Ders.: Der Mensch in seiner Gegenwart, ²Göttingen 1957; vgl. H. Beumann Hg.: Aspekte der Nationenbildung im Mittelalter, Sigmaringen 1978.

Die Christenheit – das europäische System im Mittelalter

»Stand« begriff – ja die Begriffe überschnitten sich. Der Erzbischof von Köln gehörte sozial gesehen zum geistlichen Stand und fiel damit unter eine eigene Gerichtsbarkeit, politisch aber war er in Person einer der vornehmsten Reichsstände – nämlich Kurfürst. Die neuen Verhältnisse wurden in Rechtsnormen festgelegt. Zum Beispiel galt in vielen Städten Deutschlands, dass Adlige ihre Hörigen, wenn diese in eine Stadt entliefen, nach einer Frist nicht mehr zurückfordern durften: »Stadtluft macht frei binnen Jahr und Tag«. Städter wurden zu einem eigenen Stand mit eigenem Gericht.[253] Der Klerus bildete nicht nur einen eigenen Stand, sondern die Kirche forderte außerdem, alle anderen Stände – auch den Kaiser! – in bestimmten Fällen vor ihr Gericht ziehen zu können – z. B. in Fragen des Ehelebens oder bei von der Kirche zuverlässig bekämpften Kindstötungen.[254]

Der Anspruch der Kronen, eine Verwaltung mediterranen Zuschnitts aufzubauen und z. B. die Grafen für das Königsgericht vom Zentrum aus zu senden, traf ja schon von Anfang an auf die reale Notwendigkeit, den regionalen Adel einzubinden, deutlich z. B. im Edikt des Frankenkönigs Chlotar 614, Grafen nur aus dem Adel der Region zu bestimmen zu. Ohne den regionalen Adel ließ sich nicht regieren, und diese Tendenz verschärfte sich, so dass es auch im Interesse der Kronen war, ihn korporativ zu organisieren. Im Aufstieg der Stände kam die Unterströmung des hohen Mittelalters an die Oberfläche: der langsame und in Krisen[255] mehrfach unterbrochene Anstieg der Produktivität durch Durchsetzung der Dreifelderwirtschaft und Landesausbau sowie durch eine zunehmende Differenzierung der städtischen Handwerke. Waren es zu Beginn des Mittelalters nur wenige Barone, die es sich leisten konnten, lange von zu Haus fortzubleiben und beim König ihre Interessen zu vertreten, wurden nun immer mehr Menschen, um mit Max Weber zu reden, »abkömmlich«. Auch Städte bezahlten nun Ratsgesandte, sie strebten nach Mitbestimmung und wurden von den Königen auch in die Lehensparlamente eingeladen – vor allem, wenn man Geld brauchte. Wer in welchem Land genug Macht erreichte, um zum politischen Stand im Parlament zu werden, war unterschiedlich – waren es in Frankreich Geistlichkeit, Adel und Städte, so gehörten in Schweden und einigen Territorien des Reiches auch die Bauern dazu. Es gab Ständetage in kleinen Territorien, aber auch im Rahmen der mittelalterlichen Nationen und im Rahmen des Reiches. Im Reichstag saßen die geistlichen Fürsten durch die Wahl ihrer Kapitel und die Einsetzung; die weltlichen Fürsten durch Geburt und die Vertreter der Reichsstädte durch den Auftrag ihres Rates – die drei Kurien vertraten nicht nur unterschiedliche Mächte, sie waren auch nach unterschiedlichen Kriterien gebildet. Die Reichsritter und auch viele Grafen und Freie Herren waren im Reichstag (zumindest anfangs) nicht vertreten.

Die Differenzierung der Gesellschaft, die in der ständischen Bewegung zum Ausdruck kam, machte überhaupt Neuordnungen nötig. War es im Rechtswesen im frühen Mit-

---

253 E. Pitz in C. Haase Hg.: Die Stadt des Mittelalters Bd. 1, ³Darmstadt 1978.
254 D. Illmer: Im Wartestand auf eine bessere Zukunft, in: Journal für Geschichte 1980/3.

telalter die Aufgabe der Obrigkeit, den Frieden zwischen den Familien zu wahren, so übernahm sie nun den Aufgabe, dem Recht an sich zum Sieg zu verhelfen. Wurden also früher Anklagen durch Eide der Beklagten und ihrer Genossen entschieden oder durch Gottesurteil, so musste nun der Staat versuchen, selbst die Wahrheit herauszufinden. Genossenschaftlich organisierte Gruppen setzten sich gegen an Familien gebundene, gentilizisch tradierte Rechte durch; Schwurbruderschaften und Einungen, in denen man davon ausging, dass die Schwurbrüder gleich waren, drängten an Personen gebundene Rechte zurück.[256] Das Modell aus der Kirche, die Ordensgemeinschaft mit der Gleichheit der Brüder, ist zu spüren. Wo es zu verfassungsmäßigen Ständen kam, spiegelten diese Kompromisse wider, wie sie das Wort Stand ja schon andeutet: Personen, die Mitglieder großer Familien waren (Dynastien), konnten genauso Landstand oder Reichsstand werden, wie Einungen (Städte, Ritterschaften oder auch bäuerlich bestimmte Landschaften); letztere mussten selbstverständlich einen Repräsentanten wählen. Diese reale Vielfalt der Stände entsprach zwar nicht der »offiziellen« Theorie des »ordo«, aber was bedeutet das?[257] Ein Blick auf die Tabelle zeigt, wer alles Stand werden konnte:

ca. 8. Jhdt.		Ständeordnung, ca. 10. - 13. Jhdt.						
Geburt	Lebensgrundlage	»ordo«	Recht	Politische Stände, etwa ab 13. Jhdt.				
				Frankreich	England	Deutsches Reich		
							Reichstag	Tirol
edel	a) Fronhof aa) Allod ab) Feudum b) Bauernhof	1. Geistliche	ständisches Gericht	1. Kurie 1	1. Kammer 1 + 2		1. Kurie 1 + 2	1. Kurie 1
frei	a) Bauernhof b) vorstädtische Siedlung	2. Adel	ständisches Gericht	2. Kurie 2	2. Kammer 1-3 4 z. T.		2. Kurie 1 + 2	2. Kurie 2
		3. Bürger	ständisches Gericht	3. Kurie 3			3. Kurie 3 z. T.	3. Kurie 3
hörig	a) als Gesinde auf Fronhof b) auf selbst bewirtschaftetem Hof c) in vorstädtischer Siedlung	4. ? Bauern ob Bauern Stand sind, ist strittig	a) freie Bauern allgemeines Gericht b) selbst wirtschaftende Hörige, Gericht des Herrn	"nulle terre sans seigneur" - die Bauern sind politisch und juristisch mediatisiert	Die Pächter sind politisch, aber nicht juristisch mediatisiert	Landständisch 1-3, Reichsritter sind weder in Landtagen noch im Reichstag vertreten. Bauern je nach Landesrecht, aber auch Reichsbauernschaften (Schweiz)		Talschaften 4
(Sklaven)		unterständisch: Gesinde	hausväterliche Gewalt					

---

255 Vgl. L. Kuchenbuch, B. Michael: Zur Periodisierung des europäischen Feudalismus, in: Argument Sonderband 32, Berlin 1978.
256 H. Mitteis. H. Liebrich: Deutsche Rechtsgeschichte, München 1965; zu den mittelalterlichen Coniurationes O. G. Oexle, G. Schwineköper Hg.: Gilden und Zünfte, Sigmaringen 1985.
257 Zum Begriff O. G. Oexle in: GG Bd. 9; D. Gerhard Hg.: Ständische Vertretungen in Europa, Göttingen

Entstehung des politischen Systems »Christenheit«

Europa wurde also kein Imperium. Königreiche und Stadtstaaten begannen, weniger nach »innenpolitischen« Kriterien der Stellung zu den großen Fragen der Christenheit, als »außenpolitisch«, nach den Regeln der Interessen der partiellen politischen Einheit miteinander zu verkehren. Verfassungsgeschichtliche Bedenken gegen die Anwendung des Konzepts Außenpolitik auf das Mittelalter, die im Grunde davon ausgingen, dass die universalistischen Mächte die alleinige oder doch bestimmende Realität der Periode gebildet hätten, haben in den Forschung an Bedeutung verloren, wobei selbstverständlich das Konzept der Souveränität, das dann im 16. Jahrhundert entwickelt wurde, nicht zurückprojiziert werden darf. Aber »…bereits für das Hohe Mittelalter (wurde) aufgrund eines wachsenden Bewusstseins von ›innen‹ und ›außen‹ mit intensivierter Reflexion auf Grenzen bzw. Grenzräume eine verstärkte, ›auswärts‹ gerichtete Kommunikation zwischen Herrschern und Reichen in West- und Mitteleuropa konstatiert …«.[258] Da viele, wenn auch keineswegs alle Akteure in diesen außenpolitischen Beziehungen des Mittelalters in der Moderne zu Nationen wurden und der Bezug auf die Ethnie dieser Politik keineswegs fremd war, kann man diese Akteure (Frankreich, Polen, England z. B.) durchaus als Protonationen bezeichnen. Der Begriff »Nation« bedeutete aber im Mittelalter Zugehörigkeit zu einer an der Politik eines Regnum beteiligten Schicht. Erst in der Fremde – auf einem Konzil, an einer auswärtigen Universität – entstand im 14. und 15. Jahrhundert dann die Bedeutung der Zugehörigkeit zu einer sprachlichen Gemeinschaft oder Großregion.[259]

Aber es wurde auch keine bloße Ansammlung von Königreichen, von denen eines den ziemlich irreführenden Titel »Heiliges Römisches Reich«[260] trug – denn weder war dieser Staat heilig, noch römisch, noch ein Imperium. Europa wurde ein System, das »Christenheit« genannt wurde. Auch dieser Titel war irreführend, denn keineswegs alle Christen der Welt gehörten dem System an; aber er war insofern stimmig, als nur Chris-

---

1969; C.-H Hauptmeyer: Leitlinien der wissenschaftlichen Diskussion, in: Ders.: Souveränität, Partizipation und absolutistischer Kleinstaat, Hildesheim 1980; W. Schulze Hg.: Ständische Gesellschaft und soziale Mobilität, München 1988.

258 D. Berg, M. Kitzinger, P. Monnet Hg.: Auswärtige Politik und internationale Beziehungen im Mittelalter (13.–16. Jahrhundert), Bochum 2002, Zitat D. Berg, Einleitung S. 13. Vgl. D. Berg, England und der Kontinent, Bochum 1987.

259 J. F. Bergier: De la région à la nation, in: Ahrweiler, Européens; K. F. Werner: Volk, Nation Abschnitt Mittelalter in: GG Bd. 7 (1992)

260 Ebd., S. 243: Zwischen 1450 und 1550 ist dem Titel »Deutscher Nation« hinzugefügt worden, in der Moderne hat man auf diesen eben irreführenden Zusatz wieder verzichtet; bis zum Ende des Reiches gehörten französisch, italienisch und tschechisch redende Obrigkeiten mit dazu. Erst der Nationalismus des 19. Jahrhunderts hat diesen Titel – Heiliges Römisches Reich deutscher Nation – zu dem scheinbar allgemeinen gemacht

ten Mitglieder waren.²⁶¹ Hinzu kam, dass innerhalb des Systems keine Nichtchristen geduldet wurden – mit der einzigen, aber immer wieder unsicheren Ausnahme der Juden. Die Christenheit bestimmte sich selbst in Abgrenzung vom Islam und intoleranter als z. B. die muslimischen Imperien. Nicht, als ob die stets tolerant gewesen wären, aber sie waren doch nicht so systematisch vom Grundsatz beherrscht, dass es nur eine Herde und nur einen Hirten geben dürfe, wie die christlichen Reiche.

Religiöser Vater, aber oft auch konkreter Organisator dieser Einheit war die römisch-katholische Kirche.²⁶² Die orthodoxe Kirche, die sich in den frühen Dogmen und den kirchlichen Strukturen – abgesehen vom Primat des Papstes – kaum von der lateinischen unterscheidet, wurde 1054 durch das Schisma außen vor gestellt; wo lateinische Mächte orthodoxe Territorien besetzten, ersetzten sie die orthodoxe Hierarchie durch eine romtreue – das fing in Süditalien nach der Eroberung von Bari durch die Normannen 1071 an; allerdings hatten die Orthodoxen hier das Spiel begonnen und wenige Jahrhunderte zuvor die Obedienz von Rom nach Konstantinopel verlegt, und Rom vergisst nicht. Es endete mit einem lateinischen Patriarchen auf dem Stuhl von Konstantinopel 1204. Häresien wurden von der Kirche blutig ausgerottet, wie die Albigenser nach 1209 erfuhren; das 4. Laterankonzil schrieb 1215 das Aufspüren und Verfolgen der Häretiker mit dem Instrument der Inquisition vor (und doch entgingen viele Waldenser in Hochtälern der Alpen auch dieser).²⁶³ Vor allem aber war die Kurie der Organisator der Kreuzzüge (vgl. unten).

Die Rolle der Kirche beschränkte sich aber nicht auf die Herstellung der Einheit nach außen, durch Inklusion oder Exklusion, sondern vor allem entschied sie, was auf der offiziellen Ebene verkündeter Religion geglaubt wurde. Fraglos gab es viel schamanistischen und magischen Glauben unterhalb der Decke und reichte der Zugriff der Geistlichkeit oft nicht weit »nach unten«. Sicher dauerte auch heidnischer Glaube an abgelegenen Orten fort und hielten viele Juden, die unter Zwang oder aus Karrieregründen sich hatten taufen lassen, insgeheim am Mosaismus fest. Aber auf der Ebene des sonntäglichen Kirchganges, der Beichte, der gefeierten Messen und vor allem der vielen Wallfahrten war es die Kirche, welche Inhalte setzte und Normen vorschrieb. Trotz des Scheiterns des universalen Herrschaftsanspruchs des Papstes war die geistige und religiöse Macht der Kirche in den drei Jahrhunderten von 1200 bis 1500 ganz außerordentlich.

Dies galt auch auf organisatorischen Ebenen. Die Kirche unterhielt in der ganzen (lateinischen) Christenheit einen zentral gesteuerten Verwaltungsapparat, mit Karrierelei-

---

261 Kleinschmidt, Beziehungen, Vorwort.
262 Vgl. oben den Abschnitt zum Christentum. Zur Geschichte der Kurie F. J. Coppa Hg.: Encyclopedia of the Vatican and Papacy, Westport/Cct. 1999; B. Schimmelpfennig: Das Papsttum, Neuaufl. Darmstadt 1996.
263 L. S. Fernandez: Église et hérésie an occident, in: Ahrweiler, Européens.

tern, die von dem kleinen Städtchen Cues an der Mosel bis nach Rom führen konnten. Es gab einen gemeinsamen Kanon an Wissen, den man hier beherrschen musste, mindestens musste man eine fremde Sprache lernen (Latein), und wollte man zu den Gebildeten gehören, sogar noch eine zweite (Griechisch). Dieser Verwaltungsapparat war sogar in der Lage, in allen Teilen Europas Steuern einzuziehen![264] Vor allem lebte der geistliche Stand aber von Pfründen, und in der Regel wurden diese Pfründe in Rom verteilt, wo es einen regelrechten Markt für sie gab.[265] Die Kirche unterhielt in der gesamten (lateinischen) Christenheit weiter eine eigene Gerichtsbarkeit, welche wichtige Fragen regelte – zum Beispiel das gesamte Ehe- und Sexual-Strafrecht. Wer einen Dispens brauchte, um die Nichte zu heiraten (und das Familienvermögen zusammenzuhalten) der musste sich an Rom wenden und die dortigen Notare bemühen (was selbstverständlich nicht billig war).

Der Charakter des religiösen und intellektuellen Systems wird noch deutlicher durch die Einrichtung und Ausbreitung von Universitäten.[266] Im Unterschied zu den oströmischen Hochschulen war es ihr Ziel, eine »Universitas Studiorum« zu schaffen, und um diese zu erreichen, setzten sie vor die Spezialisierung in den Fächern Theologie, Jurisprudenz oder Medizin das gemeinsame Studium der »septem artes liberales« – der sieben freien Künste: Grammatik, Rhetorik, Dialektik, Geometrie, Arithmetik, Astronomie und Musik. Die Universitäten waren geistliche Korporationen mit großem, wenn auch verschiedenem Grad von Autonomie; vor allem kam es darauf an, wie ertragreich die Stiftungen waren. Jeder Student hatte für die Dauer des Studiums einen (niedrigen) geistlichen Grad, der ihn sowohl zur Askese verpflichtete als auch den Waffengebrauch verbot und zugleich dem Schutz der Obrigkeiten empfahl. Dieses Modell einer asketischen und unbewaffneten Lebensphase, in der man Universalwissen erwirbt, erwies sich als so erfolgreich, dass es in wenigen Jahrhunderten über die gesamte (lateinische) Christenheit ausgebreitet wurde; orthodoxe Länder haben dieses Modell erst in der Frühen Neuzeit übernommen. Die Universitäten bildeten in allen Ländern der (lateinischen) Christenheit eine Schicht ähnlich gebildeter Akademiker heran, die auch von Lund nach Salamanca wandern konnten und zumindest auch in Prag die Bücher aus Oxford lasen (die ja in einer Sprache geschrieben waren).

In vieler Hinsicht ähnlich waren die hohen Schulen des Islam, die Medresen, organisiert; auch sie waren geistliche Institutionen und oft mit Moscheen vereint, und auch hier

---

[264] Und zwar gestaffelt nach Bevölkerungsdichte und Wohlstand, dem West-Ost-Gefälle folgend: G. Forquin: Histoire Économique de l'occident Mediéval, Paris 1990, S. 196.
[265] B. Schwarz: Römische Kurie und Pfründenmarkt im Spätmittelalter, in: Zeitschrift für historische Forschung 20 (1993).
[266] Carpentier, Lebrun a.a.O. S. 180–193; Reformstatut von Paris 1366, S. 190 ff. Karte der Ausbreitung NCMH Atlas, S. 68 f.

wurde neben muslimischen Recht auch Koranexegese, Grammatik, Literatur und Medizin gelehrt. Medresen entstanden früher als die christlichen Universitäten, waren vielleicht sogar Vorbilder. Aber es gab kein so relativ einheitliches Curriculum, und auch wenn die in der islamischen Welt wandernden Gelehrten fraglos zum Zusammenhalt beitrugen, blieben die Unterschiede zwischen den Medresen größer, schon weil sie in der Regel unter die verschiedenen Rechtsschulen aufgeteilt waren.

Das System war auch dadurch charakterisiert, dass Innovationen recht schnell verbreitet wurden. Das lag sicher auch an der gemeinsamen Bildungssprache und am Verschicken der Manuskripte zwischen den Abteien. Es lag an der Konkurrenz der Staaten – trotz der Konzilsbeschlüsse, die Armbrüste und Gewehre als unritterliche Waffen verurteilten (weil man mit ihnen nicht von Mann zu Mann focht), konnte doch kein Fürst auf diese Waffen verzichten, solange der Nachbar sie besaß. Ähnlich verbreiteten sich die Erfindungen, die zur Dreifelderwirtschaft gehörten, oder neue Webstühle. Das System war nicht geschlossen gegenüber außen, sondern übernahm z. B. den Kompass, der im 2. Jahrhundert n. u. Z. in China erfunden worden war, gut ein Jahrtausend später – das neue Instrument wurde dann sehr schnell vom Mittelmeer bis in den Norden verbreitet. Im Schiffbau war die Hansekogge im 12. Jahrhundert eine Revolution: An zwei Masten vereinte sie das Rahsegel vorn mit der schrägen Lateinersegel achtern und ließ sich leichter gegen den Wind segeln. Auch war sie hochbordig und ließ sich so leichter gegen die Boote der Wikinger, Slawen und Balten verteidigen, die zwar schneller waren, aber weniger Last trugen. Wenige Jahrhunderte später entwickelte die portugiesische Karavelle das Prinzip weiter, nun aber mit drei Masten und Kanonen auf beiden Seiten. Und auch die Staaten betrieben Werksspionage – Ostrom gab Geld, um Seidenraupen in die Hand zu bekommen; England finanzierte Spione, um die piemontesische Seidenspinnerei auszuforschen, und die Republik Venedig versuchte, die Geheimnisse der englischen Kanonengießerei zu erfahren.[267]

Auch ökonomisch bildet die Christenheit ein System. Einem beträchtlichen Handel mit der Außenwelt, vor allem mit muslimischen Gesellschaften im Mittelmeerraum, steht ein großer »Binnenhandel« gegenüber, von dem im Ostseeraum die Hanse lebt. Dabei entwickelt sich im Spätmittelalter die Achse Mailand – Oberschwaben – Rheinland – Flandern zum Zentrum, in dem Fertigwaren hergestellt werden und das Geld und Dienste exportiert, während die Anrainer der Ostsee und die Bewohner Spaniens vor allem Rohstoffe liefern (Getreide, Holz, Wolle) und zur Semiperipherie werden. Die Peripherie des Systems im Spätmittelalter besteht aus den Kolonien der italienischen Seestädte, den Staatsgründungen mittelalterlicher Orden wie Malteser oder Deutschem Orden und den adligen Herrschaften wie dem Herzogtum Athen; sie liefern Zucker, Rosinen, Pelze, Kerzenwachs und andere Güter mit wenig Gewicht je Wert.

---

267 Cipolla, Before, S. 158–181.

Nicht zuletzt aber bildeten die europäischen Staaten auch ein politisches System.[268] Bei Gelegenheit agiert man gemeinsam, sowohl in der Expansion als auch in der Verteidigung. In der Expansion schlossen z. B. die Teilnehmer am 4. Kreuzzug 1204 eben vor dem Angriff auf Konstantinopel einen Vertrag darüber, wer welchen Anteil an der Beute haben sollte, wie sie also das römische Reich aufteilen wollten: die »partitio Romana«.[269] Ganz ähnlich schlossen der König von Dänemark, der Schwertbrüderorden und die Kurie 1238 in Stenby einen Vertrag, wie sie Russland aufteilen wollten.[270] Die Aufteilung der noch zu erobernden neuen Welt in Tordesillas 1494 war nichts Ungewöhnliches, sondern normales Geschäft in der Politik, so dass z. B. der kaiserliche Gesandte in Moskau den Zaren 1684 durchaus nahe legen konnte, doch Teile des Osmanischen Imperiums zu erobern.[271]

Nicht zuletzt aber musste man nach dem Fortfall der kaiserlichen Spitze die Verteidigung gegen Nichtchristen im System organisieren. Das gelang so gut wie gar nicht, als die Mongolen bis Ungarn und Schlesien vorstießen – sie zogen sich nur wieder zurück, weil der Khan die Truppen an anderer Stelle brauchte.[272] Gegenüber dem Vormarsch des Osmanischen Reiches zeigte die gemeinsame Verteidigung immerhin einige Wirkung – der Malteserorden, der aus dem Adel des Westens gebildet war, nahm an der Mittelmeerfront an der Verteidigung teil, auch wenn Rom auf dem Primat bestand – immerhin rief es zum Kreuzzug gegen die Osmanen auf, nur dass die Kreuzzugsheere ihnen unterlagen, wie 1396 bei Nikopolis und 1444 bei Varna. Als Sultan Mohammed II. aber schließlich zum Sturm auf das »zweite Rom« ansetzte, waren es nur wenige Genuesen, die auf der Seite der Christen kämpften – und fielen.

Die Außengrenze des Systems Christenheit veränderte sich also im 11. Jahrhundert vor allem durch die Exklusion der Orthodoxie. Sie wurde nicht nur durch die Kurie vorangetrieben, die unerbittlich auf dem Primat Roms bestand, sondern entsprach auch dem Überlegenheitsgefühl der ritterlichen Öffentlichkeit des Westens gegenüber dem Oströmischen Imperium, dessen Verfassung in steten Abwehrkämpfen militarisiert worden war. Für die feudalen Herren des Westens war Ostrom mit seiner zentralen Verwaltung

---

268 H.-H. Nolte: Pleading for a Set of Indicators and Nonlinear Research: The European System in the Middle Ages, in: Hroch, Criteria.
269 R. Lange: Imperium zwischen Morgen und Abend, Die Geschichte von Byzanz in Dokumenten, Recklinghausen 1972, S. 331.
270 Die Argumentation I. P. Shaskol'skijs zu diesem Punkt ist überzeugend, vgl. H.-H. Nolte: ›Drang nach Osten‹, Frankfurt 1976, S. 214–217. Vgl. auch Ders.: Die Eroberung des Baltikums durch deutsche Herren im 13. Jahrhundert in globalgeschichtlicher Perspektive, erscheint in: F. Anton, L. Luks Hg.: Russland, Deutschland und das Baltikum, Festschrift Peter Krupnikow (2005).
271 H.-H. Nolte: »Mit lähren Händen«. Zur Moskauer Konferenz 1684, in: JbGOE 2002.
272 Weiers, Mongolen, S. 97–104.

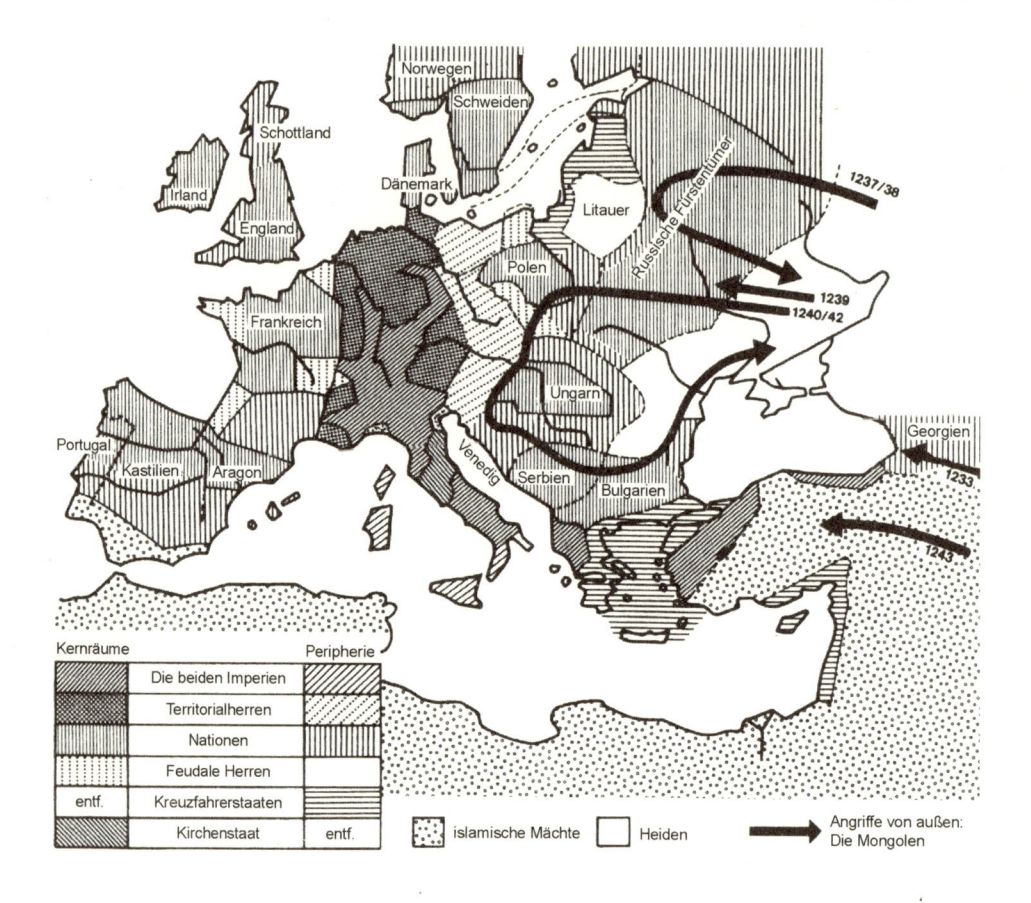

und seinen Diplomaten ein Gegenbild der eigenen Gesellschaft.[273] Die orthodoxe Restauration nach der Wiedereroberung bemühte sich denn auch »durch Übernahme der lateinischen Traditionen und Verhaltensweisen das marode Byzanz zu retten« – vergeblich.[274]

Die lateinische Expansion war für die Orthodoxie ein Desaster. Die von Lateinern eroberten Gebiete in der Ägäis werden zum Platz erbitterter Fehden zwischen kleinen und zum Teil kolonialen Mächten, bis sie an die Osmanen verloren gehen, was langfristig die Islamisierung Anatoliens möglich machte. Nach der Eroberung durch die Mongolen fiel Russland, das im Hochmittelalter dazugehört hatte, aus dem politischen System hinaus – russische Fürsten hatten in alle regierenden Familien des Westens geheiratet. Der

---

273 Deutlich z. B. in der Literatur, etwa im König Rother.
274 R.-J. Lilie; Byzanz und die Kreuzzüge, Stuttgart 2004, Zitat S. 196.

Die Christenheit – das europäische System im Mittelalter

größte Teil Ungarns verschwand nach der Niederlage gegen die Osmanen 1526 aus dem Blickfeld. Dafür wurde Südspanien gewonnen, die überseeische Expansion begann, und Moskau eroberte den Wolgaraum – die erfolgreiche orthodoxe Macht wurde dann im 17. Jahrhundert auch wieder Teil des Konzerts.[275]

Auch wenn sie zu Gunsten von Orthodoxen nicht eingesetzt wird und gegen die Osmanen letztlich erfolglos bleibt, gibt es doch eine gemeinsame Abwehr der Christenheit. Dass die Osmanen siegreich sind, zeigt ihre Macht und ihre gute Organisation; nicht aber, dass es keine gemeinsame Abwehr des Systems gegeben hätte. Selbstverständlich hätte das europäische System auch unterworfen oder wesentlicher eingeschränkt werden können – vergleichbar der Niederlage der Marathen gegen die Afghanen 1761 oder des Systems der tatarischen Khanate gegen Moskau und die Osmanen 1552 ff. –, aber es gelang 1529, Wien zu verteidigen, obgleich die Hauptmacht des Kaisers in Italien war.

Nun war das Osmanische Imperium im 16. Jahrhundert alles andere als ein von Steppennomaden getragenes Reich (vgl. Kapitel 7). Dass sich die Machtbalance zwischen Nomaden und Sesshaften in der Frühen Neuzeit zu Gunsten der Letzteren neigte, wurde durch das Scheitern des Vorstoßes der Kalmücken im 17. Jahrhundert vielleicht am deutlichsten.

Die lamaistischen, eine mongolische Sprache redende Stammeskonföderation »Kalmücken«[276] war in vier Stämmen organisiert, die von Adelsclans unter Taischas geführt wurden. Sie zogen Pferde, Kamele, Schafe und Ziegen und weideten sie in Zentralasien, wo sie Anfang des 17. Jahrhunderts unter den Druck des westlichen Herrschers der Chalka-Mongolen gerieten, der in russischen Quellen der Zeit Altyn-Zar genannt wird. Der Stamm teilte sich, der westliche Zweig wanderte im Grenzsaum der russischen Festungen nach Westen, der östliche gründete im Bereich der Siebenströme an der chinesischen Grenze das Dsungarische Reich. Im Westen vertrieben die Kalmücken Tataren, Nogaier und Baschkiren aus dem Gebiet im Süden des Ural; die Russen konnten ihre Untertanen nicht schützen. Die Pläne der Kalmücken gingen dahin, den Ost-Westhandel über die Steppenwege zu erneuern und bis zur Krim zu ziehen; sie unterlagen aber schon im Kaukasusvorland 1644 den Tscherkessen im Bündnis mit den Terek-Kosaken.

Militärisch konnten die Kalmücken zwar andere Nomaden vertreiben, es gelang ihnen aber nicht, russische Festungen zu erobern. Sie unterbrachen durch Belagerung Astrachans 1650–52 den Wolgahandel, also den Austausch zwischen Russland und Persien; sie gaben sich aber im Friedensschluss mit der Anerkennung ihres Handels in der Stadt zufrieden. Sie leisteten dem Zaren Unterwerfungseide, stellten aber lange keine Geiseln. In den Don-Kosaken fanden die Kalmücken sowohl Verbündete wie im Steppenkrieg gegen die Tataren als auch gefährliche Gegner; 1677 musste der Zar intervenieren, weil er

---

275 Zur Kontinuität Feldbauer, Mittelmeer.
276 Einleitend H.-H. Nolte: Religiöse Toleranz in Russland, Göttingen 1969, S. 36–52.

die Kosaken im Kampf um Podolien brauchte. Der wichtigste Khan dieser Periode, Ajuk, sicherte seinen Ulus gegen die orthodoxe Mission, die besonders in der petrinischen Periode vorangetrieben wurde; nach dem Tod Peters des Großen wurde eine zum Christentum übergetretene Gruppe überfallen und massakriert (1730).

Ihre neue ökonomische Rolle fanden die Kalmücken im Verkauf von Pferden und zunehmend auch von Rindern, die über mehr als ein Jahr hinweg mit den Rindern anderer Gegenden zusammen auf die großen Frühwintermärkte in den beiden Hauptstädten getrieben wurden. Sie betrieben auf beiden Seiten der Wolga Transhumanz-Wirtschaft, bei der sie mit ihren Herden den Niederschlägen folgten und relativ feste Hütten errichteten. Die Verbindung zum Buddhismus erwies sich jedoch als stärker als die politische und ökonomische Einbindung: Auf Einladung des Mandschu Kaisers wanderten die Kalmücken 1771 (unter schwersten Verlusten durch die Kasachen) nach Zentralasien zurück. Die russische Regierung war gegen diese Abwanderung, sie sperrte die Wolga, und es gelang ihr in der Tat, das westlichste Viertel des Volkes zwischen Wolga und Kaukasus festzuhalten, wo ihr Staat heute ein »Föderationssubjekt« der Russländischen Föderation bildet.[277]

Sieht man die nomadischen Einfälle nach Europa in einer historischen Reihe von den Hunnen bis zu den Kalmücken, dann fällt der langsame, aber stetige Machtanstieg der europäischen Mächte ins Auge. Wurden die Hunnen in Frankreich und die Ungarn in Deutschland besiegt, so kamen die Mongolen noch bis Polen (zu dem Schlesien damals gehörte) und zur Adria; den Kalmücken gelang es jedoch nicht einmal mehr, ihre Macht über den Don auszubreiten, den Herodot als Ostgrenze Europas bestimmt hatte. Der Aufstieg Europas war deutlich.

---

277 Die meisten Aussagen nach P. S. Pallas: Sammlung historischer Nachrichten über die mongolischen Völkerschaften, Bd. 1–2, (St. Petersburg 1776) Nachdruck Graz 1980, besonders Bd. 1, S. 24–96. Vgl. insgesamt D. Schorkowitz: Die soziale und politische Organisation bei den Kalmücken, Frankfurt 1992.

Kapitel 7

Die Entstehung des modernen Staates

Das Osmanische Reich

Ziemlich am Anfang der Entwicklung des modernen Staates in Russland steht der Rat Ivan Peresvetovs an Zar Iwan IV., er möge doch das Osmanische Imperium als Vorbild für Moskau nehmen, dem hohen Adel weniger freie Hand lassen und statt dessen auf eine gute Armee sehen: »Durch Krieger wird ein Zar stark und berühmt.«[278]

Türkischsprachige Gruppen hatten unter der Führung der Dynastie Osman am Anfang der Frühen Neuzeit ein Reich aufgebaut,[279] das nicht nur immer stärker in Europa expandierte, sondern auch auf die entstehenden modernen Staaten einwirkte. Zum einen als Gegner: Die Bedrohung durch äußere Feinde legitimierte die Zusammenfassung des Potenzials im Inneren – gegenüber Muslimen allgemein, wenn entsprechende Steuern in die Hände der Zentrale flossen, wie der Vykup Russland (die Steuer, aus welcher der Rückkauf von Christen aus der Sklaverei finanziert wurde),[280] die Santa Hermandad in Kastilien (die Verpflichtung der Städte, Infanterie für den Kampf gegen Granada zu alimentieren) oder die Türkensteuern im »Heiligen Römischen Reich«.[281] Es gab aber auch die Wirkung des feindlichen Vorbilds: das Argument, dass Zentralisierung eben notwendig sei, wenn man gegen islamische Mächte – Mauren, Osmanen, Tataren – zum Sieg kommen wolle. Die abgelehnte und verachtete sowie schließlich zerstörte christliche (oströmische) Variante des starken Staates kam in muslimischer Form zurück. Das Osmanische Reich wurde von manchen als Erbe Ostroms verstanden (z. B. von Venedig bei der Legitimation der osmanischen Eroberung Otrantos 1480).[282]

Im 10. Jahrhundert lebten die meisten türkischen Stämme in den zentralasiatischen Steppen; 955 eroberte Fürst Seldschuk Buchara, 970 übernahmen viele den Islam, im 11.

---

278 I. S. Peresvetov: Bolshaja chelobitnaja, in: A. A. Zimin Hg.: Khrestomatija po istorii SSSR XVI–XVII vv., Moskva 1962, S. 73–85, Zitat S. 81; vgl. R. G. Skrynnikov: Iwan der Schreckliche und seine Zeit, deutsch München 1991.
279 Übersichten: S. Faroqhi: Geschichte des Osmanischen Reiches, München 2000; A. Stiles: The Ottoman Empire 1450–1700, London 1995; J. Matuz: Das Osmanische Reich. Grundlinien seiner Geschichte, ²Darmstadt 1990.
280 H.-H. Nolte: Eigentumsrechte im Moskauer Russland, in: Colberg, Staat, hier S. 237.
281 W. Schulze: Reich und Türkengefahr im späten 16. Jahrhundert, München 1978. Auch nutzten einige Fürsten den Zentralisierungseffekt, um das Steuerbewilligungsrecht mancher Landtage zu umgehen.
282 Cardini, Europa, S. 177–202.

Jahrhundert wurde über Persien der Irak erobert und 1055 auch Bagdad, wo die Seldschuken sich selbst an die Stelle des »Emir al-Omra« setzten, der die weltliche Macht im Kalifat innehatte.[283] Von hier aus griffen sie das Oströmische Imperium an, das nach der Niederlage von Manzikert 1071 die anatolischen Hochebenen nicht mehr verteidigen konnte. Eine Gruppe gründete das Sultanat von Rom – »Rum-Seldschuken« –, was das damals nicht erreichte Ziel Konstantinopel plakatiert. Aus dessen Zerfall gründete Osman I. 1299 ein neues Sultanat, das schon bis zum Marmarameer vorstieß. Im 14. Jahrhundert wählte man als Hauptstadt des Reiches das europäische Adrianopel (Edirne). Die Niederlage gegen Timur Lenk 1402 bei Ankara hielt den Aufstieg nur wenig auf, die christlichen Kreuzfahrer konnte man besiegen, und 1453 gelang endlich wirklich die Eroberung Konstantinopels – nicht zuletzt durch den Einsatz von Artillerie.[284]

Der stetige Vormarsch gegen die oströmischen Besitzungen in Anatolien sowie die slawischen Königreiche auf dem Balkan war in einem Dualismus zwischen Nomadentum und Bauerntum vor sich gegangen. Nomadische Stämme und muslimische Glaubenskrieger ohne festen Wohnsitz (Ghasi) fielen an den Grenzen in die Territorien der alten Reiche ein, machten Beute und zerrütteten die bäuerliche Wirtschaft der Unterworfenen – schon dadurch, dass sie für ihre Herden Weideland in Anspruch nahmen. Solche Einfälle konnten auch in der Form des Dschihads geschehen, also eines heiligen Krieges. Sobald ein Territorium aber fest erobert war, nahmen die neuen Herren die Bauern unter ihren Schutz und veranlagten sie zu Steuern. Die Osmanen begannen schon von der ersten Hauptstadt Bursa aus den Aufbau eines zentralisierten Staates, der vielfältig die Verwaltungsinstitutionen des Oströmischen Imperiums übernahm.

Die Struktur des Osmanischen Imperiums – nimmt man die Periode Mehmet des Eroberers am Ende des 15. Jahrhunderts für eine solche systematische Darstellung – war die eines »absoluten Fürstentums«:[285]

Sultan
Die Dynastie Osman schaffte es, in der gesamten Dauer des Imperiums die Macht in der Hand zu behalten. Die große Zahl von Frauen im Harem sicherte eine große Zahl von Nachkommen. Damit aber das Reich nicht geteilt wurde (wie etwa das der Seldschuken), wurden nach dem Tod eines Sultans beim Kampf um die Nachfolge die Brüder oder Neffen getötet; seit dem Beginn des 17. Jahrhunderts jedoch in einem speziellen Käfig im Harem gefangen.

---

283 Karten bei Kettermann, Atlas, S. 96–119.
284 Zur Frühzeit E. Werner: Die Geburt einer Großmacht – Die Osmanen, Berlin 1978.
285 Die Darstellung folgt Stiles und Faroqhi, Anm. 279.

Die Entstehung des modernen Staates

Politisches System
Wesir mit Diwani (dort findet die Beratung des Wesirs durch die wichtigen Amtsinhaber statt). Zentralisierter Beamtenapparat (in der Hauptstadt).

Rechtssystem
Das Osmanische Reich war ein Rechtsstaat, in dem die Scharia galt und in dem auch der Sultan der Rechtsprechung der islamischen Gelehrten (Ulema) unterlag. Wichtige Entscheidungen, z. B. die Ausrufung eines Dschihad, lagen in der Hand der Ulema, nicht des Sultans. Die Rechtsprechung erlangte durch die vom Sultan durchgeführte Ernennung von Kadis in den Provinzen Gültigkeit, auch wenn vielerorts tradiertes Recht (Adat) weiterhin eine Rolle spielte.

Militär
1. Haustruppen: ca. 30.000 Mann: a. Janitscharen (aus der Knabenlese von christlichen Untertanen sowie Kriegsgefangenen gebildete, kasernierte (also dauernd einsatzbereite) Truppe (aus nicht Verheirateten). Schon im 16. Jahrhundert sind alle mit Musketen ausgerüstet. b. Marine c. Artillerie.
2. Reichstruppen (mehr als 200.000 Mann) a) Spahis (schwere Kavallerie). Alimentiert aus den Steuereinnahmen von einem Stück Land (timar) b) Leichte Kavallerie (erhält weder Sold noch Einnahmen aus dem Land, sondern Beute; eingesetzt, um hinter den feindlichen Heeren die Kommunikation zu stören und zu plündern.
3. Hilfstruppen von Vasallenstaaten (Wallachei, Krimkhanat, Moldau, im 16. Jahrhundert Siebenbürgen, etc.).

Bildungsystem
1. Mektebs (Koranschulen, in zentralen Gebieten lernt jeder muslimische Junge Koranarabisch lesen und schreiben)
2. Medresen (je nach dem lokalen Standards Gymnasien oder Hochschulen, Moscheen angegliedert und durch Stiftungen – vakf – erhalten. Lernstoffe sind Koranexegese, Scharia, Naturwissenschaft, Literaturwissenschaft und Geschichte). Aus dem Studium an den Medresen geht der Stand der Gelehrten hervor (Ulema), aus dem die Kadi bestimmt werden.
3. Palastschule (vor allem für die politischen Beamten).

Bodenrecht
Es gab drei Formen von Recht am Boden: privat (mülk); Stiftungen (vakf); Staatsbesitz (arz i miri). Staatsbesitz war aufgeteilt in Domänen und Timar, also Land, aus deren Einnahmen die Spahis alimentiert wurden. Unter Mehmet dem Eroberer wurde als Regel aufgestellt, dass nur intensiv genutztes Land wie Weinberge oder Gärten mülk bzw. vakf

sein und der gesamte Rest arz i miri sein solle. Dadurch wurde es möglich, einen großen Teil des Bodens als Timar zu bestimmen. Die Spahis haben kein Eigentum an diesem Land und betreiben keine Eigenwirtschaft, ähnlich wie im Mogulreich (oder im Karolingerreich bezüglich des Kircheneigentums) verfügen sie über Einnahmen, die ihnen »überlassen« sind, »praebenden« (»Pfründenfeudalismus«) Beim Tod eines Spahi haben die Söhne kein Erbrecht, aber Anspruch auf Versorgung.

Bauern
Bauern zahlen bzw. liefern an die Spahis oder an die Domänenverwaltungen die allgemeine Landsteuer, Sondersteuern und den Zehnten. Sie waren nicht leibeigen, waren also nicht als Personen abhängig, wie groß ihre ökonomische Abhängigkeit auch immer gewesen sein mag. Die Stellung auch christlicher Bauern war nicht selten besser als unter christlichen Gutsherren.

Sklaven
Sklavinnen und Sklaven wurden sowohl aus dem Norden als auch aus Afrika importiert. Viele lebten in den Häusern der Reichen und Wohlhabenden als abhängige Dienstboten, andere arbeiteten als Landarbeiter auf Staatsdomänen oder Gütern, die trotz der zitierten Regelung Mehmets schnell wieder entstanden. Außerdem gab es Militärsklaven wie die Janitscharen und Galeerensklaven (vgl. Kapitel 11).

Städter
Städter zahlten keine Steuern, außer als Nichtmuslime die entsprechende Kopfsteuer. In der Kasse des Sultans machten aber die Zölle einen großen Betrag aus, und zwar sowohl die vom Fernhandel als auch jene vom lokalen Handel.

Religiöse und soziale Gruppen
Die Sozialstruktur des Imperiums war durch die Überschneidung religiöser und sozialer Zugehörigkeiten geprägt. Etwa 75 % der Bevölkerung waren Bauern; die Nomaden wurden zusammen mit den Roma mehr und mehr zur Unterschicht. Über den Bauern gab es einen im Vergleich mit den meisten Ländern Europas großen Prozentsatz von Städtern und eine kleine Schicht der eigentlichen Herren von den Spahis über die Verwaltungsbeamten bis zum Sultan selbst. Nur diese letzte Gruppe war ausschließlich muslimisch; in allen anderen Gruppen gab es neben Muslimen Angehörige anderer geduldeter Religionen wie Juden, Armenier und Orthodoxe. Sie waren unter ihrer religiösen Führung als »Millets« zusammengefasst und unterstanden damit auch der Gesetzgebung ihrer Patriarchen. Dadurch, dass alle Orthodoxen dem Patriarchen von Konstantinopel unterstanden, wurden die nationalen Kirchen der Serben und Bulgaren mediatisiert; eine erneute Gräzisierung der Orthodoxie war die Folge.

Alle Nichtmuslime mussten Kopfsteuer zahlen. Die schwerste Belastung war aber wohl die »Knabenlese« – christliche Bauern mussten in vom Sultan festgelegten Zeiten und Mengen Jungen im Alter von 15 bis 20 Jahren an den Sultan abgeben, wobei etwa auf 40 Familien ein Sklave kam. Aus diesen Jungen wurden die klügsten und gesündesten 10 % in den Palast aufgenommen und persönliche Diener; die anderen bildeten zusammen mit Sklaven das Janitscharen-Korps. Nicht wenige von ihnen machten auch Karriere; für ihre Religion waren sie aber verloren, da sie als Muslime aufgezogen wurden.

Regionen
Neben den unmittelbar nach den Regeln des Sultans verwalteten Gebieten gab es Territorien, die autonom regiert wurden, und zum dritten Vasallenstaaten, die Tribut zahlten, wie Siebenbürgen, das Krimtataren-Khanat, die Republik Ragusa oder kurdische und arabische Fürstentümer. Zeitweise zahlten auch Venedig für Zypern und König Ferdinand für seinen Besitz in Ungarn Tribute. Es gab also Ringe verschiedener Dichte von Herrschaft. Vom Mittelalter an waren periphere Regionen oft Ausgangspunkte für Umsturzversuche.

Alltag und Kultur(en)
Über Alltag und Kultur(en) des Imperiums informieren nicht nur die vielfältigen Reisebeschreibungen und die Bauten, die noch heute den Besucher beeindrucken, sondern auch Briefe und nicht zuletzt Akten aus einem der umfangreichsten Archive der Welt.[286] Die Vielfalt der Kulturen des Imperiums führte früh zu Erscheinungen von Grenzgängern, die wir heute als modern bezeichnen würden.

Geschlechterrollen
Frauen waren Rechtssubjekte, konnten beim Kadi also sowohl klagen als auch beklagt werden, und behielten die Kontrolle über ihr Vermögen. In einer wesentlich von Männern bestimmten Öffentlichkeit war die Realisierung von formalen Rechten sicher oft schwierig, wie in allen patriarchalischen Gesellschaften – es kam dann auf Herkunft und Vermögen der Frau an. Scheidungen konnten vom Mann ohne Begründung ausgesprochen werden, die Frau bekam dann die im Ehevertrag festgelegte Summe. Auch wenn Polygamie möglich war, war Monogamie die Regel.

Der Sultan hielt es für seine Aufgabe als Herrscher, seine Untertanen (besonders die Städter) mit preiswerten Waren zu versorgen und es auch den Ärmsten zu ermöglichen, ein Auskommen zu finden. Weil Zölle eine wichtige Einnahmequelle bildeten, aber auch, um

---

286 S. Faroqhi: Kultur und Alltag im Osmanischen Reich, München 1995; Ausstellungskatalog Türkische Kunst und Kultur aus osmanischer Zeit, 2 Bde., ²Recklinghausen 1985.

Bündnisse mit auswärtigen Mächten zu fördern, privilegierte man auswärtige (auch christliche und jüdische) Händler und erließ ihnen die Kopfsteuer. Das Imperium trieb Handel mit Persien, Kaukasien und Zentralasien, mit Arabien, Afrika und Europa. Der Kern der osmanischen Wirtschaft war jedoch endogen, mit einem ausgedehnten interregionalen Handel – Weizen aus Ägypten, Zucker und Baumwolle aus Syrien, Silber aus Bosnien, Rinder vom Balkan, Wolle aus Anatolien, Pferde aus den arabischen Provinzen.[287]

Das Potenzial der neuen Weltmacht wurde dem europäischen System am deutlichsten durch die Vernichtung des Königreichs Ungarn demonstriert. Im 15. Jahrhundert hatte Ungarn, gestützt auf die Festung Belgrad, im Wesentlichen die Donaugrenze verteidigt. 1526 vernichtete die osmanische Armee im Gewehr- und Kanonenfeuer jedoch die ungarische Reiterei bei Mohacz nördlich der Drau; König Ludwig II. fiel. Als sein Nachfolger wurde im Weststreifen Ungarns, in Pressburg, der deutsche König und Erzherzog von Österreich Ferdinand gewählt, der Bruder Kaiser Karls V.; im Osten wurde in der Hauptstadt Ofen (Buda) Jan Zapolya zum König gewählt; nach seinem Tod wurde Zentralungarn osmanische Provinz, und nur Siebenbürgen blieb ein autonomes Fürstentum unter osmanischer Oberhoheit. Sehr schnell nahm das Land bis zur Grenze ein »orientalisches« Aussehen an, das von Minaretten und den Kuppeln von Moscheen und Badehäusern bestimmt war.[288]

Warum wurde Ungarn als selbstständiger Staat vernichtet? Zuerst einmal, weil seine Armee antiquiert und an den neuen Waffen nicht angemessen ausgebildet war. Zum anderen aber auch, weil das System keine Hilfe sandte. Ludwig II. war ein Schwiegersohn Kaiser Karls V., aber der Kaiser war vollständig in die Auseinandersetzung um Italien verstrickt – 1525 vernichtete die spanische Infanterie die französische Adelsreiterei bei Pavia (allerdings war dies auch ein Gefecht schwäbischer gegen schweizerische Landsknechte). 1526 gründeten Papst, Frankreich, Venedig, Florenz und Mailand die Liga von Cognac gegen die Habsburger, 1527 plünderte die spanisch-deutsche Soldateska, die eben keinen Sold erhalten hatte, das heilige Rom. Als 1529 die Osmanen vor Wien standen, war die kaiserliche Armee wieder nicht zur Stelle – trotzdem misslang der Eroberungsversuch, und Ferdinand konnte durch Tributzahlung einen Frieden erlangen.[289] Der Krieg geht im Mittelmeer weiter.

Indem es de facto und oft auch de jure zum Bundesgenossen Frankreichs im Krieg gegen die Habsburger wurde, wurde das Osmanische Reich so etwas wie ein stiller Teilhaber des Systems der Christenheit. Aber es wurde kein offizielles Mitglied; es ließ christ-

---

287 H. Inalcik, D. Quataert Hg.: An Economic and Social History of the Ottoman Empire 1300–1914, Cambridge 1994; Faroqhi, Attitudes.
288 L. Klusáková Hg.: The Road to Constantinople. Sixteenth-Century Ottoman Towns through Christian Eyes, Prag 2002.
289 Vgl. A. Kohler: Ferdinand I., Fürst, König und Kaiser, München 2003.

lichen Gesandten Plätze in Stambul, etablierte aber selbst keine Botschafter in europäischen Hauptstädten. Trotz vielfältiger diplomatischer, ökonomischer, finanzieller und religiöser Beziehungen zur Außenwelt[290] blieb das Grundkonzept, dass das Osmanische Imperium selbst mächtig genug sei. Es kam ja hinzu, dass Persien oder Afrika für das Imperium nicht weniger wichtig waren als Europa. Die Übernahme von Titel und Funktion des Kalifen nach der Eroberung von Syrien, Irak und Ägypten 1517 stärkte dieses Bewusstsein der Einmaligkeit. So blieb das Christentum insgesamt »dar al harb«, also Haus des Krieges – im Gegensatz zum Haus des Friedens »dar al islam«.[291]

Die christliche Welt begegnete im 16. Jahrhundert also einer zentralistisch verfassten und militärisch höchst modernen Weltmacht. Welche Auswirkungen hatte das auf das System der Christenheit, das auch im Moment der Gefahr des Verlustes mehrerer Mitglieder nicht zu gemeinsamer Abwehr fand?

Die christlichen Staaten

Im Unterschied zu den mittelalterlichen Personenverbänden, die als Klientelsysteme organisiert waren (so dass ein König von England durchaus als Herzog von Poitou auch Lehensmann des Königs von Frankreich und ein Graf von Nörten-Hardenberg inmitten welfischer Lande durchaus Lehensmann des Erzbischofs von Mainz sein konnte), wurde beim Übergang zur Moderne ein Territorialstaat geschaffen, der den Anspruch erhob, innerhalb seiner Grenzen für alles – oder doch immer mehr – kompetent zu sein (so dass der König von England sein Herzogtum in Frankreich verlor und der Graf von Nörten-Hardenberg Untertan des Kurfürsten von Hannover wurde).[292]

In Spätmittelalter und Früher Neuzeit veränderten sich die alten Königreiche Europas, die christlichen Mächte in mehrerer Hinsicht.[293] Einige von ihnen wurden Staaten, wobei ein wichtiges Kriterium war, ob sie Teilnehmer im Konzert der Mächte wurden oder nicht. Das waren nicht alle alten »regna«. Einige wurden zusammengefasst, wie Aragon, Navarra und Kastilien zu dem neuen Spanien; andere wurden unterworfen wie Irland oder Livland. Einige traten aus dem Schatten ehemaliger Vormacht und wurden unabhängig, wie z. B. Schweden oder die Niederlande. Wieder andere behaupteten sich als separatistische Teilmächte – das berühmteste Beispiel bildet vielleicht die Republik Venedig, die schon im 10. Jahrhundert aufhörte, die oströmische Datierung weiterzu-

---

290 Herausgearbeitet von S. Faroqhi: The Ottoman Empire and the World around it, Gordonsville/Va. 2004.
291 Vgl. Lewis, Welt, S. 152–173.
292 Übersichten: I. Mieck: Europäische Geschichte der Frühen Neuzeit, Stuttgart 1970 u. ö.; R. van Dülmen: Entstehung des frühneuzeitlichen Europa = Fischer Weltgeschichte Bd. 24, Frankfurt 1982; H. Schilling: Die neue Zeit, Berlin 1999; H. Schulze: Phoenix Europa, Berlin 1998 = Siedler Geschichte Europas.
293 M. Prak: Un nouvel ordre politique, in: Ahreweiler, Européens.

führen; ein anderes die Hanserepublik Hamburg nach 1648 oder das Herzogtum Toskana. Und wieder andere verloren die Kapazität, im System als Mitspieler aufzutreten, wie das Heilige Römische Reich.

Die Mitspieler im System werden »Staaten«.[294] Das Wort kommt eigentlich von status = der Zustand so wie wir es von Sonntagsstaat noch kennen, und wird noch lange auch in dieser Bedeutung gebraucht.[295] Definiert ist ein Staat durch die feste Ordnung, durchgesetzte Gesetzgebung, Verwaltung, Verkehrswege, Polizei, Armee und Post innerhalb fester Grenzen – nicht dagegen durch ein Gewaltmonopol; viele Staaten kennen bewaffnete Milizen, das Waffenrecht des Adels wird kaum irgendwo aufgehoben und wird in den USA sogar zum Menschenrecht erweitert. Bei der Definition des Staates kommt es nicht auf Würde und Alter an; gemessen wird nach der entstehenden Statistik – wie viele Einwohner, wie viele Quadratmeilen, welche Truppen etc.

Kastilien geht in der Herausbildung des neuen zentralisierten Staates voran. Die Königreiche[296] auf der Iberischen Halbinsel hatten schon im 9. Jahrhundert mit der Rückeroberung des von den Muslimen besetzten Landes begonnen. In dieser Phase war die »Reconquista« ein gesamteuropäisches Unternehmen, das durch die Kurie, durch Kreuzzugsaufrufe und durch die Wallfahrt zum Grab des Heiligen Apostels Jakob im äußersten Nordwesten der Halbinsel gestützt wurde. Voraussetzung des christlichen Vordringens war, dass die Muslime die Christen nicht vertrieben oder ausgerottet hatten und sich die muslimischen Reiche geteilt hatten. Bei der Eroberung waren häufig soziale Aufsteiger führend – man konnte reich werden, Land erobern und in den Adel aufsteigen, der sich in wehrhaften Städten an den Grenzen sammelte; auch militärische Orden spielten eine wichtige Rolle. Wirtschaftlich führte die Reconquista zu einer Extensivierung der Landwirtschaft – an die Stelle von Oasenwirtschaft trat oft Schafzucht.

Entscheidend für die Reconquista in den spanischen Hochländern aber wurde die starke Stellung der Krone. Aus jener frühen Phase, in welcher der Kontakt mit Rom abgebrochen war, hatten die Könige von Kastilien und Leon Rechte gegenüber der Kirche bewahrt, wie etwa die Einsetzung der Bischöfe, die anderen Herrschern verloren gegangen waren. Als Anführer gegen die Ungläubigen behielt der König eine theokratische Aura und galt als Haupt des Corpus mysticum, des mystischen Leibes der christlichen Gemeinde. Zwar mussten auch die Könige von Kastilien die Stände um Geld angehen,

---

294 Vgl. H.-H. Nolte : Radikalisierung von Macht und Gegenmacht. Staatswerdung und Rivalitäten, in Grandner, Weltgeist.
295 Etwa in dem Titel B. A. Elsevier: Res publica et Status Imperii Romano-Germanici, Amsterdam 1634, wo es in der Vorrede heißt: »Ecce tibi, amici lector, accuratissimam totius Germaniae descriptionem, historiam, imprimis autem, quae ad Statum Politicum spectant.«
296 Kurz F. Edelmayer: Die spanische Monarchie der katholischen Könige und der Habsburger, in: Barceló, Spanien bes. S. 139–145; W. L. Bernecker, H. Pietschmann: Geschichte Spaniens, Stuttgart 1993; A. McKay: Spain in the Middle Ages. From Frontier to Empire, London 1977.

Die Entstehung des modernen Staates

aber Gesetze konnten die Könige schon im 15. Jahrhundert ohne ständische Mitwirkung erlassen. Und am Ende des 15. Jahrhunderts stellte die Krone – die seit 1469 verheirateten Herrscher Isabella von Kastilien und Ferdinand von Aragon – dem Land die Aufgabe, auch das letzte muslimische Königreich auf iberischem Boden, Granada, zu erobern. Alle Städte wurden in einer heiligen Bruderschaft, der »Santa Hermandad«, zusammengefasst, um eine neue Steuer durchzusetzen und die Pflicht einzuführen, dass jeweils 150 Haushalte einen Soldaten unterhalten mussten. Damit war der Anfang der Infanterie finanziert, und wirklich gelang es 1492, Granada zu erobern.[297]

Ein viel diskutiertes Beispiel bietet Burgund,[298] obgleich hier nicht die reale oder vorgestellte[299] Bedrohung durch den Islam, sondern die strukturelle Unsicherheit der Staatsgründung das Motiv der Zentralisierung war. Die Herzöge von Burgund sammelten im Spätmittelalter Freie Herrschaften, Grafschaften und Herzogtümer auf beiden Seiten der Grenze zwischen dem Heiligen Römischen Reich und Frankreich. Für das eine Land waren sie dem Kaiser lehnspflichtig, für das andere dem König. Sie beginnen, in Dijon eine Zentralverwaltung aufzubauen, welche die verschiedenen Territorien zusammenfassen will und schaffen einen burgundischen Gesamtstaat, der von Holland bis Mittelfrankreich reicht. Allerdings fehlen ihnen die Schweiz und das Herzogtum Lothringen; der letzte Herzog von Burgund, Karl der Kühne unterliegt 1476 gegen das Schweizer Fußvolk bei Grandson und Murten (die »Burgunderbeute« ist noch heute in den Museen der Kantone zu bestaunen) und fällt vor Lothringens Hauptstadt Nancy 1477.

Damit ist der Plan eines Gesamtstaates mit einer eigenen Königskrone dahin, und Frankreich kann das Herzogtum Burgund als erledigtes Lehen einziehen. Aber die Tochter Karls, Maria, heiratet Kaiser Maximilian, und er kann Artois und Flandern halten. Die Grenze des Heiligen Römischen Reiches rückt damit im Westen von der Schelde an die Somme vor.

Burgund ist also ein Beispiel dafür, dass die neue Staatlichkeit gegen tradierte Ansprüche nicht durchgesetzt werden kann. Trotzdem entsteht etwas Neues: die Niederlande. Die Erbin beruft Vertreter ihrer Länder nach Genf. Diese Vertreter nennen sich selbst Generalstände, weil sie in diesen Territorien Macht ausüben – Bauern in Friesland, Städte in Flandern, Hochadel in Brabant. Diesen Generalstaaten gewährt Maria (in der Stunde, in der alles auseinanderzubrechen droht) das »Große Privileg«, das Zugeständnis der Mitregierung, und es sind die Stände, die den neuen Staat der Niederen Lande (im Unterschied zu Burgund und zum Rheinland) mit schaffen.

---

297 W. Otto: Conquista, Kultur und Ketzerwahn, Spanien im Jahrhundert seiner Weltherrschaft, Göttingen 1992; A. Dominguez Ortiz: The Golden Age of Spain, London 1971.
298 L. Boehm: Geschichte Burgunds, Stuttgart 1971,
299 Machiavelli rühmte an Ferdinand, dass er die Religion kunstfertig zur Mehrung seiner Macht benutzte, vgl. Niccolò Machiavelli: Der Fürst; deutsch: Frankfurt 1990, Kapitel 21, S. 106 f.

In dem alten und ehrwürdigen Königreich Frankreich[300] wird in der Frühen Neuzeit der umgekehrte Weg beschritten. Im späten Mittelalter hatten die Könige in der Auseinandersetzung mit dem Papst und anderen Gegnern selbst die Stände gefördert, die aus dem Rat des Königs (curia regis) entwickelt wurden. 1302 hatte Philipp der Schöne Lehnsfürsten, Kronvasallen und Städte als Generalstände (États généraux) einberufen, um seiner Politik Legitimität zu verleihen und den wachsenden Geldbedarf zu decken. Die Generalstände entwickelten sich zu einem Gremium aus drei Kurien:

1. Geistlichkeit
2. Adel
3. Bürger (Besitzende)

Zu den ordentlichen Einkünften aus Grundherrschaften, Lehen, Gerichtsabgaben und Schutzgeldern von Juden und Italienern im Land (Lombarden) kamen anfangs außerordentliche Steuern hinzu – die Kopfsteuer (Taille), von der Geistlichkeit und Adel befreit waren, sowie die Verbrauchssteuern, von denen die auf Salz (Gabelle) die wichtigste war. Die teure Hofhaltung, der Kauf von Loyalitäten (Bestechung wäre eine falsche Vokabel) und vor allem die Kriege gegen England und Flandern kosteten dann so viel Geld, dass der König zu weiteren Mitteln griff – die Auflösung des Templerordens.

Die Siege der flandrischen Bürger und der englischen Bogenschützen machten aber schon im 14. Jahrhundert deutlich, dass die militärische Leistungsfähigkeit der voll gepanzerten Ritterheere an ihre Grenzen stieß. Die Siege der Schweizer über Burgund bestätigten den Trend. Man brauchte also Söldner, Fußsoldaten – man brauchte entsprechend Sold, also noch mehr Geld. Zu der dazu nötigen Veränderung der Gesellschaft hatte Frankreich gute Voraussetzungen.

Frankreich war am Beginn der Frühen Neuzeit[301] das mit Abstand volkreichste Land des Konzerts der christlichen Mächte. Seine Bevölkerung erreichte im 14. Jahrhundert ein Hoch von 19 Millionen, sank während der Pest auf 12 und stieg dann wieder an – um 1500 17, um 1600 18, um 1700 auch durch die Erwerbungen bis 21 und um 1800 über 25 Millionen Menschen. Der Bevölkerungsanstieg war langsamer als der des wichtigsten Konkurrenten England, das aber in absoluten Zahlen auch 1800 noch deutlich zurücklag – die Bevölkerung der Britischen Inseln wird für 1340 auf 5, für 1450 auf 3 und für 1500 auf 4,4 Millionen geschätzt; danach beginnt das Wachstum: 1600 6,8; 1700 über 8 und 1800 über 15 Millionen, davon über 9,2 in England.[302]

---

300 Überblick E. Hinrichs Hg.: Kleine Geschichte Frankreichs = Reclam 9333, Neuaufl. Stuttgart 2003. Vgl. Jean Favier Hg.: Geschichte Frankreichs (1984), Bde. 1–6, deutsch Stuttgart 1989–1995; F. Braudel: Frankreich (1986) Bde. 1–3, deutsch Stuttgart 1989–1990.
301 I. Mieck: Die Entstehung des modernen Frankreich, Stuttgart 1982 (Neuaufl.).
302 Wirtschaftsploetz S. 50–53. Die Schätzungen variieren etwas.

Das Eigentum am Boden in Frankreich war in aller Regel feudal, es gab aber auch einige Prozentsätze allodialen Bodens, den also der Herr aus Rechten innehatte, die älter waren als das Obereigentum des Königs. Für dieses Land war er ihm nicht zur Gefolgschaft verpflichtet. Die Lehen fielen in Frankreich an die Krone heim, wenn kein männlicher Erbe vorhanden war – die schon im Mittelalter vorkommende Ausnahme auch weiblicher Erbfolge wurde in der Frühen Neuzeit zur Regel. Die Bauern besaßen das adlige Land oft mit guten Rechten und meist in Erbfolge, solange sie die Abgaben zahlten. Es gab in Frankreich Hörige, meist als Hausdiener; 1789 waren es etwa eine Million Menschen.

Über 80 % der französischen Bevölkerung lebten von der Landwirtschaft – im Norden war die Dreifelderwirtschaft vorherrschend, deren Fruchtbarkeit meist bei 1:4 oder 1:5 (ausgesätes zu geerntetem Korn) lag. Als neue Pflanzen wurden Mais und Tabak eingeführt, Kartoffeln erst am Ende des 18. Jahrhunderts. Besonders im Süden Frankreichs nahm der Weinanbau zu, der umgekehrt in der Normandie verschwand, wo statt dessen Vieh für den wachsenden Markt in Paris gezogen wurde: Die regionale Arbeitsteilung nahm zu. Sonderproduktionen entstanden: In der Champagne gelang die Produktion von Champagner, wozu man Glas aus den waldreicheren Grenzgebirgen und Kork aus Portugal holte. Champagner war von Anfang an auch ein Exportprodukt für den englischen Markt. Überhaupt etablierten sich französische Manufakturen auf dem Weltmarkt früh als Exporteur von Luxus- und Qualitätswaren, die im 17. Jahrhundert staatlich gefördert, aber auch kontrolliert wurden. Die Kämpfe gegen Holland akzentuierten auch die Förderung einer französischen Handelsmarine; in der Wirtschaft sah der langjährige Minister Colbert Holland als den Gegner, gegen den man aufholen musste.

Der wichtigste Abnehmer der französischen Manufakturen war aber – noch vor dem Hof – die Armee. Frankreich vervielfältige sein stehendes Heer von etwa 10.000 Mann im 16. Jahrhundert auf 360.000 Mann im Jahr 1710. Sie alle brauchten Uniformen, Nahrungsmittel, Pferde, Munition und nicht zuletzt Musketen mit gleich gezogenen Läufen, aus denen man in Manufakturen produzierte Kugeln verschießen konnte.

Hauptgegner und Hauptgrund für die Militarisierung Frankreichs war die Gegnerschaft zu Spanien mit seinen Territorien im Reich. Die Niederlage Frankreichs in Pavia 1525 hatte ein Jahrhundert spanischer Vorherrschaft begründet, in dem es Madrid immer wieder gelang, über hochadlige Gegner der Krone in die Innenpolitik des nördlichen Nachbarn hinein zu wirken. Gegen äußere Einflüsse, aber auch gegen den französischen Protestantismus wandte sich Jean Bodins klassische Definition des Absolutismus 1577: »Majestas est summa in cives ac subditos ligibusque soluta potestas.« – »Die Majestät besteht in der höchsten, von Gesetzen freien Macht gegen Bürger wie Untertanen.« Das hieß nicht etwa, dass der König über den Regeln der Religion stünde, aber dass er, um Gesetze zu erlassen, die Stände nicht brauchte. Entsprechend wurden die Generalstände Frankreichs nach 1614 nicht mehr einberufen, während viele Provinzstände durchaus ihre Bedeutung behielten. Frankreich wurde zur »Königsnation«.

Die Zentralisierung der Ressourcen beim König wurde dadurch erreicht, dass die Einziehung systematisiert wurde. Bei der Aufteilung der an den König gehenden Vermögenssteuer auf die Bürger der verschiedenen Provinzen behielten die regionalen Ständeversammlungen ihre Rechte; die Erträge der indirekten Steuern – besonders der Gabelle, der Salzsteuer – wurden ab 1661 durch Überwachung der Pächter erhöht. Wichtiges Instrument dazu war eine wachsende Beamtenschaft, die sich dann gegen Geld adeln ließ und zur »noblesse de robe« aufstieg. In Frankreich hatten die Städte in der Regel nicht jene Autonomie erreicht, die Max Weber dem an die »freie Reichsstadt« angelehnten Typus von Stadt zugrunde gelegt hat. In Paris z. B. hatte »der König« – also seine Verwaltung – Gericht und Zunftwesen in der Hand behalten, und wo Städte mächtige Autonomien entwickelt hatten, wie in Anlehnung an die protestantische Sache in La Rochelle, da wurden sie im 17. Jahrhundert unterworfen und eingegliedert. Um königliche Regierung auf dem Land durchzusetzen, wurde – aus der Tradition des Königsboten – die Institution des »Intendanten« entwickelt, der anfangs die Versorgung der Armee in den Provinzen sichern sollte, aber zunehmend darüber hinaus Zuständigkeiten an sich zog – die Kontrolle der Manufakturen und schließlich sogar die Kontrolle der Prozesse, die vor den adligen Gerichten gehalten wurden. Die Funktionen des Hochadels in ihren alten Lehensfürstentümern nahmen ab; der Herzog von Nevers, aus altem Adel – »noblesse de race« –, zog es schließlich vor, sich am Hof von Versailles um Anerkennung des Königs und entsprechende Renten zu bemühen, als sich mit dem Intendanten in Nevers selbst herumzuschlagen.[303]

Der Hof von Versailles, der weit auf Kontinentaleuropa ausstrahlte und für die meisten Fürsten in Deutschland ein Vorbild für Mode, Kultur und Habitus wurde, lief den Spaniern schon früh den Rang ab. Militärisch aber galt die spanische Infanterie, die 1525 bei Pavia Frankreich so vernichtend geschlagen hatte, noch immer als führend: die Gewalthaufen aus Pikenieren und Arkebusieren, die mit selbst gegossenen Kugeln und langen Lanzen weithin aus dem Lande leben konnten. Das französische »militaire« entwickelte dagegen die neue Form des Krieges: die Linie, die mit laufendem Feuer der Musketen, gedeckt durch Artillerie, Schlachten entscheiden konnten, ohne dass es zum Gefecht Mann gegen Mann kam. Hatte die französische Adelsreiterei in Pavia verloren, so fielen 1643 bei Rocroi die spanischen Pikeniere und deutschen Lanz-Knechte im Feuer der französischen Musketen. Wieder verwendbare Waffen verloren an Bedeutung, und der Krieg wurde zum Abnützungskrieg, der auf Entfernung geführt wurde. Wollte man aus allen Musketen kontinuierlich feuern, mussten alle gleiche Läufe haben und musste der Nachschub funktionieren. Die Nähe zu den Magazinen bestimmte die Kriege der folgenden Generation. Die Schlacht bei Rocroi entschied den Dreißigjährigen Krieg,

---

303 Klassisch und vor allem architekturgeschichtlich dargestellt bei N. Elias: Höfische Gesellschaft, Neuwied 1969. Zum Hof in Versailles und dem Personenkult um den König auch, mit vielen Bildern: M. Kossok: Am Hofe Ludwigs XIV., Stuttgart 1990.

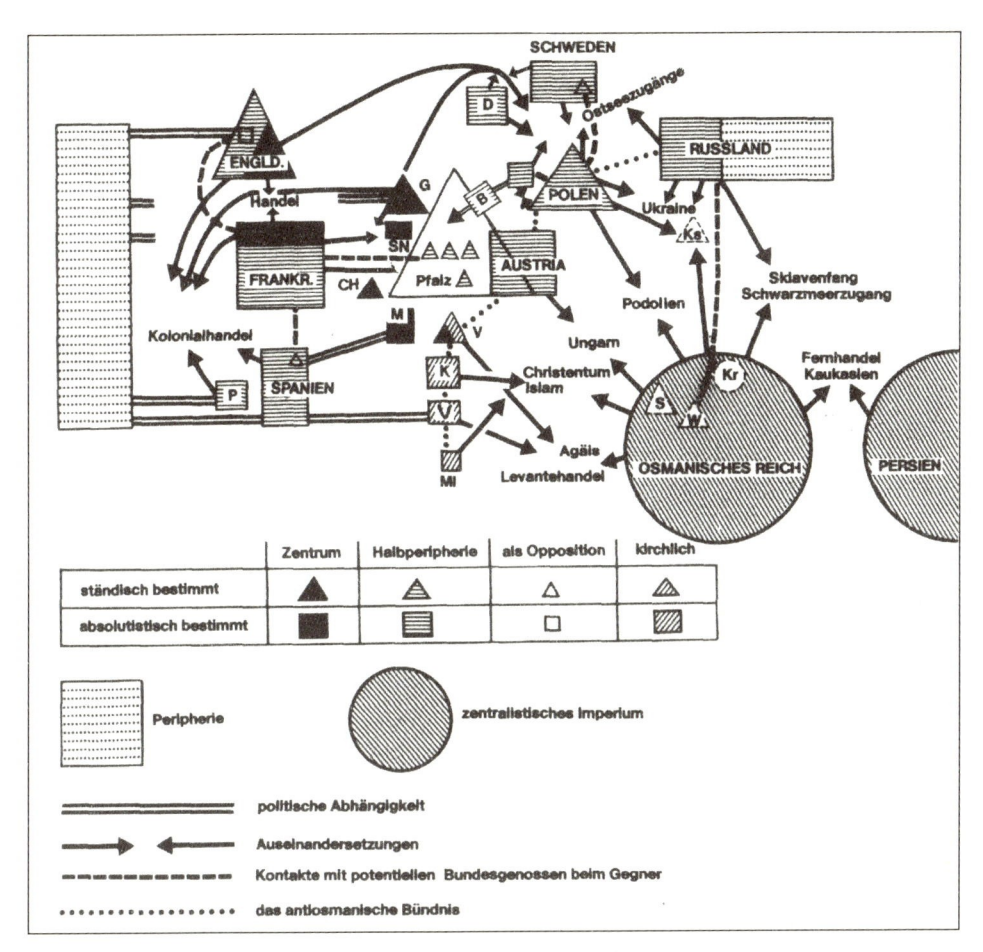

Abkürzungen: B = Brandenburg mit Kleve und herzoglich Preußen; CH = Confoederatio Helvetica; D = Dänemark; G = Generalstaaten; K = Kirchenstaat; Kr = Krimkhanat; Ks = Kosaken; M = Mailand; Ml = Malteserorden; N = Neapel; P = Portugal; S = Siebenbürgen; SN = Spanische Niederlande; V = Venedig; W = Wallachei und Moldau. Das große, nicht ausgefüllte Dreieck symbolisiert das Reich.

da die Kaiserlichen kaum Hoffnung auf einen Sieg mehr haben konnten, sie entschied aber vor allem die spanisch-französische Rivalität um die Hegemonie auf dem Kontinent. Immer mehr Königreiche führten das französische »militaire« ein, das im deutschen Sprachraum bald zum Lehnwort wurde; und immer mehr Reiche finanzierten das Militär, den »miles perpetuus« – das stehende Heer –, durch absolutistische Maßnahmen – von großen wie Schweden oder Brandenburg bis zu kleinen wie Schaumburg-Lippe.

Und die parlamentarischen Staaten? Douglas C. North hat die zwei Wege der Entwicklung von Staaten einander gegenübergestellt: »Jener der absolutistischen und den jener Staaten, in denen das Parlament Kontrolle über die Finanzen errang und aus diesem Grund auch über die Politik.«[304] Dass die Wohlhabenden über das Parlament den Staat kontrollierten, so North, trug dazu bei, die Zinsen zu senken, da die Furcht vor unberechenbarem Zugriff sank.

Das bekannteste Beispiel ist vielleicht England (s. o. Kapitel fünf).

Konkurrenz war das bestimmende Prinzip des europäischen Konzerts, und die Konkurrenz bezog so weit möglich die innere Opposition des Gegners ein. Es gab auch Bündnisse und Absprachen, auch solche »der Christenheit« gegen äußere Gegner. Der wichtigste Vorteil der Teilnahme am Konzert waren die Informationen – über Stärken und Schwächen der Gegner, über Erfindungen, über profitable Unternehmungen …

Was bedeutete es, dass in Kontinentaleuropa zuerst unter der Hegemonie Spaniens und dann Frankreichs immer mehr Staaten zum Absolutismus übergingen?[305] Globalgeschichtlich, im Vergleich mit anderen Großstaaten der Periode, bedeutete es eine Annäherung. Auch muslimische Imperien hatten Beratungsgremien und selbstständige Rechtsprechung. Die chinesische Bürokratie wurde in der westlichen Öffentlichkeit manchmal als Vorbild gesehen; auch ihr Ausbildungsgang war ja durch eine Art Akademiesystem organisiert. Es ist zu Recht darauf verwiesen worden, dass auch in absolutistischen Staaten Europas die reale, auch die legitime Macht oft verteilt blieb, so dass man vom zusammengesetzten Charakter absolutistischer Staaten gesprochen hat: sowohl was Regionen anlangte, die mehr oder weniger vom Zentrum bestimmt wurden, als auch was soziale Bereiche anlangte, in denen die Einwirkungen der Kronen gering blieben.[306] Dies unterschied die Staaten Europas aber nicht grundlegend von denen etwa Indiens, wo ja stets auch innerhalb des Mogulreiches hinduistische Rajahs gesicherte Stellungen bewahrten.

In der Geschichte Europas bedeutete die absolutistische Periode eine Differenzierung zwischen den Mächten, die am ständischen Parlamentarismus festhielten – wie das Reich, Polen oder innerhalb des Reiches besonders die geistlichen Fürstentümer – oder ihn sogar weiterentwickelten, wie die Seemächte, die Sieben Provinzen und England. Allerdings zeigten sich die kurzfristigen Vorteile des Absolutismus auf dem Kontinent deutlich – jene Mächte, die ihre Ressourcen und Entscheidungsstrukturen nicht so neu ordneten, dass sie das stehende Militär einführen und Außenpolitik ohne Rücksichten auf öffentliche Meinung führen konnten, verloren Provinzen oder verschwanden von der Landkarte. Dabei stärkten die absolutistischen Regierungen die ständischen Bewegun-

---

[304] D. C. North: Institutions, transaction costs, and the rise of merchant empires, in: Tracy, Merchant Empires I, Zitat S. 26.
[305] Vgl. W. Hubatsch Hg.: Absolutismus, Darmstadt 1973; E. Hinrichs Hg.: Absolutismus, Frankfurt 1986.
[306] R. G. Asch, H. Duchhardt Hg.: Der Absolutismus – ein Mythos? Strukturwandel monarchischer Herrschaft, Köln usw. 1996.

gen in den Nachbarländern, um diese außenpolitisch schwach zu halten; am krassesten vielleicht im Fall Schwedens, wo Russland nach dem Frieden von 1721, der die Großmachtrolle Stockholms beendete, zum Bundesgenossen der ständischen Partei wurde, und selbstverständlich im Fall Polens.

Gerade von den Seemächten aus (und aus der Sicht späterer, demokratischer Perioden) wurde Absolutismus jedoch auch oft zu einem polemischen Begriff und mit Tyrannei oder zumindest der aristotelischen »Tyrannis« gleichgesetzt. Auch die innenpolitische Opposition benutzte die polemische Wendung, z. B. Charles de Montesquieu, der in den Ständen seiner Provinz selber mitwirkte. Dieser Begriff ging an der Realität vorbei, denn allmächtig war der König im Absolutismus nicht – er blieb an das göttliche und das Naturrecht gebunden, sowie von den Vorentscheidungen einer wachsenden und an Kompetenzen zunehmenden Bürokratie abhängig.

So ging ich denn noch bis ans End des Randes
In diesem siebten Kreise ganz allein
Zu Menschen, die in ihrer Trübsal saßen.
Hervor aus ihren Augen brach der Jammer,
mit Händen wehrten sie sich da und dort
gegen die Glut des Regens und des Sandes
behende, wie die Hunde tun im Sommer
mit Schnauze und mit Pfote, wenn von Flöhen,
von Mück und Bremsen sie gestochen werden.
Ich richtete mein Aug dem ein und andern
ins Angesicht unter der Feuertraufe,
doch kannt' ich keinen, aber ich bemerkte,
dass jeglichem am Halse eine Börse
mit eigner Farb und eigner Zeichnung hing ...
Dante Alighieri[307]

Kapitel 8

Globale Ökonomien

Josef Kulischer hat in seiner Wirtschaftsgeschichte Europas (die er schlicht »Allgemeine« nannte) die »Erweiterung des Marktes« von der Stadtwirtschaft zur Volkswirtschaft als das Hauptkennzeichen der Neuzeit bestimmt und sich gegen Sombarts Versuch gewandt, einen durch Erwerbsstreben und ökonomischen Rationalismus geprägten Begriff von Kapitalismus für die Periode anzunehmen.[308] Fritz Blaich untersucht die Wirtschaftsgeschichte Europas im 17. und 18. Jahrhundert unter dem Blickpunkt des Merkantilismus,[309] Peter Kriedte als Übergang zwischen Spätfeudalismus und Handelskapital.[310]

---

307 Dante Alighieri: Die Göttliche Komödie, Hölle: 17. Gesang, Deutsch von Karl Vossler, Neuausgabe Stuttgart 1977, S. 82 f.
308 J. Kulischer: Allgemeine Wirtschaftsgeschichte des Mittelalters und der Neuzeit, 2 Bde. (1928), Neuaufl. Darmstadt 1976; Zitat Bd. 2, S. 2. Kulischer erklärt: »Stadt und Land beginnen für andere, entfernter liegende Landesteile zu produzieren.« Auch W. Treue: Wirtschaftsgeschichte der Neuzeit, 2 Bände ³Stuttgart, schreibt europäische Wirtschaftsgeschichte, fügt aber für das 19. Jahrhundert die USA und Japan und für das 20. Jahrhundert weitere Länder hinzu.
309 F. Blaich: Die Epoche des Merkantilismus, Wiesbaden 1973.
310 P. Kriedte: Spätfeudalismus und Handelskapital, Grundlinien der europäischen Wirtschaftsgeschichte vom

Kennzeichnend für diese Ansätze ist, dass sie außereuropäische Wirtschaft nur im Rahmen der Geschichte des europäischen Fernhandels einbeziehen.

Bin Wong, Andre Gunder Frank und Kenneth Pomeranz haben gegen eine solche Sicht eingewandt, dass (zumindest) die ökonomische Entwicklung im Yangtse-Delta hinter der westeuropäischen nicht zurückstand und mit raschem Bevölkerungswachstum, zunehmendem Gewerbe sowie Steigerung des Bedarfs an Energie und Böden auch an ähnliche Probleme stieß wie Westeuropa (vgl. Kapitel 3).[311] Bevor dieses Argument noch einmal aufgenommen wird, ist eine Übersicht über die globale Wirtschaft geraten, die nicht bei Europa einsetzt.[312]

Nichteuropäische Welt-Systeme

Industrie-Entwicklungen fanden an vielen Orten des Großkontinents statt. China war durch einen schnellen Anstieg der Leistungsfähigkeit der Landwirtschaft gekennzeichnet; im 18. Jahrhundert wuchs die Bevölkerung des Reiches von ca. 200 auf 300 Millionen Menschen ohne Import von Nahrungsmitteln, abgesehen vom Zucker aus Indonesien. Dabei nahmen allerdings die durchschnittlichen Flächen je Hof ab, und Handwerke erhielten eine größere Bedeutung für die Höfe.[313] Im Yangtse-Delta in China produzierten sicher mehr Menschen in protoindustrieller Arbeit Tuch und Gebrauchsgegenstände als im Delta von Rhein, Maas und Schelde. Die Rohstoffversorgung mit Holz und Erzen, aber auch mit Reis aus anderen Provinzen wurde über die Ströme und Kanäle vielleicht über weitere Strecken organisiert, als die des westeuropäischen Zentrums aus den baltischen Ländern oder Norwegen über See und dem Schwarzwald über den Rhein. Die Arbeitsteilung in den Porzellanmanufakturen war mindestens so differenziert wie die in den Drahtziehereien. Die Entwicklung protoindustriellen Gewerbes breitete sich schnell auch in halbperipheren Gebieten Chinas aus,[314] so wie sie in Europa in Polen oder Russland rasch entstand, sobald die Bevölkerung wuchs.

Das europäische Fernhandelssystem war auch keineswegs das einzige, das in der Frühen Neuzeit existierte. Chinesen nahmen Taiwan/Formosa den Holländern ab, produ-

---

16. bis zum Ausgang des 18. Jahrhunderts, Göttingen 1980; R. S. Duplessis: Transitions to Capitalism in Early Modern Europe, Cambridge 1997.
311 Zusammenfassend und kritisch E. Pilz: Warum nicht China, in: Linhart, Ostasien; P. H. H. Vries: Are Coal and Colonies really crucial? In: JWH 12.2 (2002).
312 A. Komlosy: Chinesische Seide, indische Kalikos, Maschinengarn aus Manchester, in: Grandner, Weltgeist.
313 Fang Xing: The Retarded Development of Capitalism, in: Xu Dixin, Wu Chengnig Hg.: Chinese Capitalism 1522–1840, London 2000.
314 Vgl. Jonas, Linsbauer, Produktivkräfte, S. 248–253.

Globale Ökonomien

zierten Zucker in Indonesien und waren Haupthandelspartner sowohl Japans als auch Zentralasiens (vgl. Kapitel 5).

Der indische interregionale Handel wurde von der hinduistischen Kaste der Banyas, muslimischen Clans und religiösen Sondergruppen wie den Parsen organisiert. Diese Gruppen schufen auch vor der Durchsetzung des Kolonialismus »Indiens eigene Handelsstruktur mit Institutionen wie Brokerage, Depositenbank, Wechseln in der Funktion von Geld und Versicherung.«[315] Wie tief dieser interregionale Handel reichte, ist für alle Gesellschaften der frühen Moderne strittig.[316] Aber der zeitgenössische Reisende Tavernier beschrieb für 1676–79 doch ein eindringliches Tableau des interregionalen Handels innerhalb Indiens:[317]

1. Seide aus Bengalen, die z. T. an Holländer, z. T. an »Tataren« verkauft wird und in Gujerat zu Atlas und zu Teppichen verarbeitet wird;
2. Leinen aus Mittelindien, das gefärbt und zu Tuchen verarbeitet ein Exportprodukt für Afrika und Indonesien ist;
3. Baumwolle aus Gujerat, die auch nach Europa exportiert wird;
4. Indigo aus Nordindien;
5. Salpeter aus Nordindien;
6. Gewürze aus Südindien;
7. darunter grober Pfeffer;
8. Zimt aus Ceylon;
9. Gummi aus Burma und Bengalen;
10. Lack aus Bengalen und Burma;
11. Zucker aus Bengalen (auch weißer);
12. Opium und Tabak aus der Gegend zwischen Agra und Surat.

Der Indische Ozean[318] bildete ein eigenes Fernhandelssystem, das mit dem chinesischen jedoch über den malaiischen Archipel und dem europäischen über den Levantehandel verbunden war, auch abgesehen vom Einbruch der Portugiesen am Ende des 16. Jahrhunderts. Hier wurde seit Jahrtausenden Fernhandel getrieben:

1. Sklaven, Nelken und Elfenbein aus den afrikanischen Häfen;
2. Waffen aus Syrien und Indien;

---

315 I. Habib: Merchant Communities in Precolonial Indian Commerce, in: Tracy, Merchant Empires II, Zitat S. 398 f. Vgl. Chaudhuri, Asia.
316 Kritisch Rothermund XXX
317 J. B. Tavernier: Reisen zu den Reichtümern Indiens (deutsch 1681). Neuausg. S. Lausch, F. Wiesiger, Stuttgart 1984, S. 181–188.
318 Chauduri, Asia; Rothermund/Weigelin-Schwiedrzik: Indischer Ozean; R. J. Brandse: Trade and State in the Arabian Seas, in: JWH 11.1 (2000).

3. Kaffee und Weihrauch aus Hadhramaut;
4. Seide aus Persien;
5. Pferde aus Mesopotamien und Persien;
6. Kamele und Kaffee aus Arabien;
7. Perlen aus dem Golf;
8. Textilien aus Indien (bis zur Eroberung Bengalens durch die englische Ostindienkompanie einheimisches Handelsgut);
9. Schiffsmaterialien und ganze Schiffe aus Indien;
10. Edelsteine aus Indien und Afghanistan;
11. Gewürze aus Indonesien, besonders Muskat und Nelken; Zimt aus Ceylon (bis zur Eroberung durch die holländische Ostindienkompanie ein eher regionales Handelsgut);
12. Elfenbein und Elefanten aus Thailand;
13. Holz aus Indien, auch aus Thailand in die arabische Welt;
14. Reis.

Bei den Azteken gab es eine Händlerkaste, die *pochteca*. Sie lebte auf einer eigenen Insel im See, Tlateloco, die neben der von den Aristokraten bewohnten Hauptinsel lag. Es gab viele Märkte, darunter einen grossen Markt, auf dem täglich viele Tausende einkauften und auf dem man alles erwerben konnte, was im Lande für wertvoll gehalten wurde. Man benutzte Geld, aber ein sehr grosser Teil der Waren stammte aus Tributen der unterworfenen Völker. Mit dem Zusammenbruch der Macht der Azteken brach infolgedessen auch dieser Handel zusammen.[319] Die aztekische Ökonomie reichte von Ozean zu Ozean und hätte sich vielleicht weit entwickelt – de facto aber wurde sie nach der Conquista der globalen Ökonomie der Christen unterworfen und zugeordnet.

Afrika

Wie in allen Gesellschaften dieser Periode, überwog auch in den afrikanischen die Produktion für Eigenbedarf und lokalen Handel. Afrika war aber auch für mehrere Güter ein wichtiger Teil des Welthandels.

Das galt einmal für Sklaven. Paul Bairoch schätzt, dass zwischen dem 7. Jahrhundert und 1890 14–15 Millionen Afrikaner in den islamischen und zwischen 1600 und 1870 etwa 11 Millionen in den von Europäern beherrschten Raum verkauft worden sind.[320]

---

319 Topik/Pomeranz, Trade, S. 22.
320 P. Bairoch: Economics and World History, Chicago 1993, S. 146–149.

Welche Wirkungen hatte dieser Handel auf Afrika?[321] Die Handelskompanien beider Seiten sind bis zum Ende des 19. Jahrhunderts nur in Ausnahmefällen in das Innere Afrikas vorgestoßen, der Handel bis zur Küste blieb in der Regel in den Händen afrikanischer Kaufleute. Diese verhinderten fremde Handelsmonopole und sorgten dafür, dass die Preise hoch blieben. Entsprechend sorgten die Kapitäne im Atlantikhandel dafür, dass die Mortalitätsraten niedrig waren, zumindest, weil jeder Tod den Gewinn schmälerte. Aber trotz des Baus von besonders schnellen und kleinen Spezialschiffen starben noch am Ende des 18. Jahrhunderts etwa 8 % der Sklaven während der Überfahrt – in früheren Jahrhunderten lag der Prozentsatz mit Sicherheit höher. Der atlantische Sklavenhandel war also über die Jahrhunderte hinweg mit sehr hohen Menschenverlusten verbunden.

Der Sklavenhandel stärkte im Inneren Afrikas die Möglichkeiten für Sklaverei in großen Haushalten. Da Mitmenschen ein zentrales Handelsgut bildeten, trug die Möglichkeit, auch wegen kleiner Vergehen zur Sklaverei zu verurteilen, zur Sozialdisziplinierung der Bevölkerung bei; noch heute gibt es übrigens in manchen einheimischen Kreisen afrikanischen Adels das Vorurteil, dass die Nachfahren ehemaliger Sklaven eben Nachfahren ehemaliger Verbrecher seien. Im Effekt vermehrte der Sklavenhandel die Handlungsmöglichkeiten afrikanischer Herrscher und nicht selten ihren Luxuskonsum.

Das zweite wichtige Welthandelsgut aus Afrika war bis zum 17. Jahrhundert Gold aus den Gebieten nördlich des Golfs von Guinea. Obwohl die Bergwerke relativ nah an der Küste lagen und Karawanentransport etwa doppelt so viel kostete wie Seetransport, blieb der Handel über die Sahara eine wichtige Route, an den Endpunkten gefördert durch die Regierungen des Osmanischen Imperiums und Marokkos. Als neue Güter tauchten schon um 1700 Elfenbein, Leder und Gummi auf; aus dem Norden kamen vor allem Tuche.[322]

Das europäische Welt-System. Europa insgesamt

Europa[323] war wie die anderen dicht und wohlhabend besiedelten Regionen der Welt in der Frühen Neuzeit ein vor allem durch agrarische Wirtschaft geprägter Subkontinent, in dem meist mehr als acht Zehntel der Bevölkerung auf dem Lande lebten. Um 1600 lebten in Europa einschließlich Russland und Südosteuropa etwa 100 Millionen, um 1700 ohne Russland und Südosteuropa etwa 90 Millionen und um 1800 etwa 125 Millionen

---

321 H. Bley: Wallerstein's analysis of the Modern-World-System revisited, in: Hauptmeyer, Welt; A. Eckert: The Impact of the Atlantic Slave Trade on Africa, in: Pietzschmann, Atlantic (auch zu Entschädigungsforderungen).
322 R. A. Austen: Marginalization, Stagnation and Growth: the Transsaharan Caravan Trade in an era of European expansion, in: Tracy, Merchant Empires II.
323 C. Cipolla Hg.: Europäische Wirtschaftsgeschichte, 6 Bde. Stuttgart 1985.

Menschen, deutlich weniger als in China oder Indien also. Im Zentrum lebten über 20 % der Bevölkerung in Städten; zu den Rändern waren das deutlich weniger. Großstädte mit über 200.000 Einwohnern waren um 1600 nur Neapel und Paris (sowie Konstantinopel), mehr als 150.000 Einwohner hatten London, Mailand und Venedig; und zu den genannten hinzu gab es weitere 16 Städte mit zwischen 60.000 und 150.000 Einwohnern – neun in Italien, fünf auf der Iberischen Halbinsel, zwei in Frankreich und je eine in den Niederlanden, Portugal und Russland. In Deutschland gab es keine so große Stadt, hier überwogen – der Kleinräumigkeit der Territorien durchaus entsprechend – eher Kleinstädte. Erst bis 1800 stieg die Zahl der Städte mit mehr als 60.000 Einwohnern auf 39, von denen 8 in Mitteleuropa lagen.[324]

Europa war in der Frühen Neuzeit durch eine im Vergleich zum Mittelalter zunehmende regionale Arbeitsteilung gekennzeichnet. Es entstand ein ökonomisches System von Handel und Produktion, in dem Geld, Dienste und Fertigwaren aus dem Zentrum in Randgebiete und Rohstoffe oder Halbrohstoffe aus den Randgebieten ins Zentrum verkauft wurden. Der zentrale Raum wechselte, vor allem indem er aus dem Süd-Osten in den Nord-Westen wanderte; war im Mittelalter der mediterrane Raum zwischen Konstantinopel, Venedig, Pisa, Florenz und Genua sowie Barcelona die Wirtschaftsachse der europäischen Welt, so wurde das mit der Frühen Neuzeit zunehmend das Gebiet zwischen Florenz und London entlang der alten Limes-Grenze des Römischen Imperiums – in ziemlich großer territorialer Kontinuität zu dem, was heute die »europäische Banane« genannt wird, also dem Streifen erhöhten Durchschnittseinkommens, erhöhter Anmeldungen zu Patentämtern je Einwohner etc. von Norditalien bis Südengland.[325]

Während es heute möglich ist, solche Differenzen in vielfältigen Indikatoren zu messen, sind für die Frühe Neuzeit nur wenige Indikatoren – wie Urbanisierungsgrad oder Seuchen – gut erschließbar. Über die geringere Leistungsfähigkeit Osteuropas besteht kein Zweifel,[326] aber auch für das südliche und westliche Spanien, für Irland und die Bretagne kann man die Differenz feststellen.[327] Sie korrespondiert mit den verschiedenen Versuchen, Europa einzuteilen.[328]

---

324 Wirtschaftsploetz, S. 49–60
325 http://inforegio.cec.eu.int ; vgl. D. Eissel, A. Grasse: Regionalpolitik in der Europäischen Union, in: Nolte, Innere Peripherien III; H.-H. Nolte: Die Kette innerer Peripherien entlang christlich-muslimischer Fronten, in: ZWG 3.1 (2003); letzte (englische) Fassung in P. Herrman, A. Tausch Hg.: Dar al Islam, Hauppauge/NY 2005.
326 D. Chirot Hg.: The Origins of Backwardness in Eastern Europe, Berkeley 1989; H. Sundhaußen: Die Ursprünge der osteuropäischen Produktionsweise, in: Boškovska-Leimgruber, Frühe Neuzeit.
327 Nolte, Peripheries I.
328 H. Samsonowicz: La tripartition de l'espace européen, in Ahrweiler, Européens; J. Szücs: Die drei historischen Regionen Europas, deutsch Frankfurt 1994.

Ziemlich gut messbar ist die fiskalische Leistungsfähigkeit im Krieg. Nimmt man die Kriegskosten für den Spanischen Erbfolgekrieg,[329] ergibt sich folgendes Bild:

Land	Einwohner (Mio.)	Ausgaben (Mio. Pfund)	Ausgaben/Bürger (Pfund)
Frankreich	20,0	300	15
England	5,5	171	31
Niederlande	1,5	70	47
Habsburg	5,5	59	11

Das Bild bietet nur eine grobe Annäherung, die aber doch illustriert, dass Frankreich in absoluten Zahlen zwar immer noch die meisten Ressourcen einsetzen konnte, dass die Niederlande jedoch je Einwohner deutlich mehr in die Waagschale werfen konnten, während die Leistungsfähigkeit der Habsburger Länder deutlich abfiel – nicht weit unter dem Niveau Frankreichs, aber auf Grund der geringen Bevölkerungszahl in absoluten Ziffern weit weniger. Die Seemächte sind je Person eindeutig finanziell leistungsfähiger als die Kontinentalmächte.

Für die darin deutlich werdende Verlagerung des Schwerpunktes gab es mehrere Gründe. Einer lag sicher in der jahrtausendelangen agrarischen Nutzung des Mittelmeerraum, die oft zu einer Übernutzung geführt hatte; zu ausgedehntem Ackerbau, der den Boden für Regen und Wind offen legte und zu Abschwemmungen führte, sowie zu überhöhter Waldnutzung, die Verkarstungen verursachte. Am Verlanden einiger Häfen Italiens und dem wachsenden Delta des Po werden diese Vorgänge greifbar.[330] Hinzu kam, dass die im Nordwesten entwickelte Dreifelderwirtschaft tiefere Böden und mehr Niederschlag erforderte, als im Mittelmeerraum meist vorhanden war.

Der Anstieg des Überseehandels und das Entstehen einer atlantischen Ökonomie war ein weiterer wichtiger Zusammenhang. War das Mittelmeer das Kinderzimmer des europäischen ökonomischen Systems gewesen, mit Handelskolonien und Siedlerstaaten in der Levante oder Achaia[331], so wurde der Atlantik das Jugendzimmer, mit zunehmenden Einbeziehungen auf beiden Seiten.[332] Darin kam zum Ausdruck, dass die europäischen Schiffe viel an Kapazität gewannen, die offenen Ozeane zu überqueren. Im Indischen Ozean trafen sie auf alte transozeanische Schifffahrt von Arabern, Gudscherati, Malaien

---

329 P. G. Dickson: War Finance 1689–1714, in: NCMH Vol. VI, S. 284–315, Wirtschaftsploetz; zum Kontext auch H.-H. Nolte: Radikalisierung von Macht und Gegenmacht, in: Grandner, Weltgeist.
330 O. Seuffert: Die Landschaft des Mittelmeerraums – Kultivierung und Degradierung von der Antike bis zur Gegenwat, in: ZWG 6.1 (2005), S. 25–37.
331 Feldbauer, Liedl: Mittelmeer.
332 Einführend W. Reinhard: Atlantischer Austausch, in: ZWG 5.2 (2004), S. 57–66; Pietschmann, Atlantic; Edelmayer, Welthandel; Afflerbach, Atlantik.

und Chinesen, in welche die Europäer sich nicht zuletzt auf Grund ihrer militärischen Überlegenheit integrieren konnten.[333]

Wichtig für den Anstieg des Nordwestens waren jedoch auch endogene Verbesserungen der Verkehrssysteme. Das betraf zum einen die Kanäle, die in England und den Niederlanden und dann auch in Frankreich angelegt wurden, und die auch für den Personenverkehr viel angenehmer waren als Straßen. Immerhin wurde auch das Straßenwesen im 18. Jahrhundert wesentlich verbessert.[334] 1747 wurde die »École des ponts et chaussées« gegründet, die erste Ingenieurshochschule. In Österreich bemühte man sich ebenfalls, ein Straßensystem aufzubauen, das die Teile der Monarchie verband.[335] In Russland blieb der Wasserverkehr entscheidend, vor allem der Aufbau eines Kanalsystems zur Versorgung der exzentrisch gelegten Hauptstadt St. Petersburg; im Winter war man auf Schlittenbahnen schneller als in Westeuropa – in den Regenzeiten allerdings blieben die Wege grundlos.[336]

Grundlegend waren die agrarwirtschaftlichen Veränderungen.[337] Die Dreifelderwirtschaft, verbreitet seit dem Hohen Mittelalter, setzte relativ viel Niederschlag und tiefe, humusreiche Böden voraus, für die es in Südeuropa oft schon zu trocken war. Wo Dreifelderwirtschaft in Nordeuropa möglich war und eingeführt wurde, folgte daraus ein dichtes Städtenetz mit den entsprechenden Wegen und allen Vorteilen einer kleinräumigen Bewirtschaftung, aber auch der Anbindung an eine über die Kleinregion hinausgehende Arbeitsteilung. Nicht eingeführt wurde sie z. B. in den Mooren Niederdeutschlands, die meist erst im 18. Jahrhundert erschlossen wurden, den Pripjet-Sümpfen, die bis auf den heutigen Tag (zur Freude der Klimaforscher) nicht trockengelegt sind, oder in der Taiga bzw. Trockensteppe Russlands[338].

Die Dreifelderwirtschaft wurde im Verlauf der Frühen Neuzeit durch eine zunehmende Fruchtwechselwirtschaft differenziert (vgl. Kapitel 1 und zu England 5). Die sozialen Folgen dieser Veränderung waren tiefgreifend. Während die Dreifelderwirtschaft eine geregelte Kooperation der Bauern erforderte und so zu einem festen System von Regeln führte, legte die Fruchtwechselwirtschaft nahe, dass jeder Landwirt für sich allein handelte. Die unterschiedlichen Fruchtfolgen ließen sich nicht koordinieren, und wenn jeder das Vieh auf seinem (mit Grassamen eingesäten) Acker stehen ließ, wurde auch die gemeinsame Weide unpraktikabel. Das Gemeindeland wurde also aufgeteilt und eben-

---

333 R. Pieper: Die Anfänge der europäischen Partizipation am weltweiten Handel, in: Edelmayer, Welthandel.
334 Chaunu, Kultur S. 366–378.
335 J. Totschnig: Verwaltung und Verbesserung der Land- und Wasserstraßen in der Habsburgermonarchie, Diplomarbeit Wien 1992; A. Helmedach: Das Verkehrssystem als Modernisierungsfaktor, München 2002.
336 Nolte, Russland.
337 W. Rösener: Einführung in die Agrargeschichte, Darmstadt 1997; Ders.: Die Bauern in der europäischen Geschichte, München 1993. Wichtig bleibt W. Abel: Agrarkrisen und Agrarkonjunktur, Hamburg 1978.
338 Kartenskizze in Nolte/Vetter, S. 66.

falls eingezäunt. Damit verloren die Armen im Dorf, die vorher ihre Kuh auf die Gemeindewiese hatten stellen dürfen, Subsistenzmöglichkeiten. Der Anstieg der Produktivität der Landwirtschaft und die teilweise Expropriation der Dorfarmut, die nun noch mehr nach Nebenbeschäftigungen suchen musste, bildeten Voraussetzungen für die Industrielle Revolution.[339]

Für die Gewerbeentwicklung in der Frühen Neuzeit – und zwar genauso für die in Indien und China wie für die in Europa – war kennzeichnend, dass ein immer größerer Teil der Produkte nicht in Städten produziert wurde, sondern auf dem Land – ohne Zunftzwang und von ländlichen Handwerkern, die mit geringerem Lohn auskommen konnten, weil sie nebenher noch einen Garten oder einen kleinen Hof betrieben. Mit solchem billigem Tuch konkurrierten die Engländer im Mittelmeer gegen die italienischen Qualitätswaren und die Holländer im Ostseeraum gegen die städtischen Weber der Städte. Die Ausbreitung ländlicher Gewerberegionen wurde zu einem wichtigen Kennzeichen der Zentrumsländer.[340] Aber auch städtisches Gewerbe nahm an Bedeutung zu, z. B. Schiffbau.

Das Zentrum

Nehmen wir jene europäische »Banane« zwischen Florenz und London als das »Zentrum« des Systems, dann fällt auf, dass die Sozialstruktur des Zentrums durch eine Tendenz zu freier und spezialisierter Arbeit gekennzeichnet war. In England und in den Niederlanden gab es kaum noch Hörige, und auch in Frankreich machten sie nur einen kleinen Prozentsatz der Bevölkerung aus. Für grobe, ungelernte Arbeit kamen Deutsche nach Holland und Iren oder Walliser in die britischen Gewerbegebiete. Zunehmend war im Zentrum die Versorgungslage so sicher, dass Hungersnöte ausblieben. Die hygienischen Verhältnisse wurden gebessert, und nördlich der Loire sowie westlich der Elbe begannen einige der mittelalterlichen Volksseuchen auszusterben. Dies förderte, besonders in England, den Anstieg der Bevölkerung. Dabei stiegen – nach dem Reallohnverfall des 16. Jahrhunderts – in England und in den Niederlanden im 17. Jahrhundert die Reallöhne, während sie in Frankreich und in den Ländern der Halbperipherie stagnierten.[341]

Der Außenhandel des Zentrums war durch ein extremes Defizit gekennzeichnet. Zwar wurden Gewerbeprodukte und Fisch exportiert, aber die Importe an Rohstoffen für das

---

[339] P. Bairoch: Die Landwirtschaft und die Industrielle Revolution 1700–1914, in: Cipolla, Wirtschaftsgeschichte Bd. 3, Stuttgart 1985.
[340] P. Kriedte, H. Medick, J. Schlumbohm: Industrialisierung vor der Industrialisierung, Göttingen 1978.
[341] North, Thomas, Rise, S. 116 ff.; Holderness, Pre-Industrial England (wie Anm. 186), S. 27 ff.; Kriedte, Spätfeudalismus, S. 89 ff.

heimische Gewerbe und an Konsumgütern für Adel und Bürger machten deutlich höhere Summen aus. Zum Teil konnte dieses Defizit durch Dienstleistungen, vor allem im Schiffsverkehr, und durch Gewinne am Zwischenhandel ausgeglichen werden – Holland z. B. verdiente am Zwischenhandel mit Getreide und England an dem mit indischem Musselin. Zu einem großen Teil aber mussten die Kaufleute aus dem Zentrum das Defizit mit Edelmetall ausgleichen.[342]

Um zum Zentrum zu gehören, musste ein Land politisch souverän, Mitspieler im System sein (auch wenn nicht jedes souveräne Land zum Zentrum gehörte). Die meisten Staaten des Zentrums verfügten über große innere Peripherien[343] – England über den »keltischen Rand«[344], Frankreich über den Midí, die Niederlande über die »Generalitätslande« südlich des Rheins. Anders verlief die Entwicklung in Deutschland: Hier wurden die wohlhabenderen und agrarisch wie gewerblich führenden Gebiete von den östlichen, halbperipheren abhängig. Im Mittelalter hatten die Rheinlande nicht nur den ökonomischen, sondern auch den machtmäßigen Kern des Reiches gebildet – vier der sieben Kurfürsten saßen hier. Auf Grund der extremen Zersplitterung verlagerten sich die Machtzentren in Deutschland nach Osten – nach Wien, Dresden und Berlin. Überhaupt entschied die Zugehörigkeit zum Zentrum nicht automatisch über die Rolle als Macht. Kein europäisches Land erreichte je einen Vorsprung, den einzuholen andere Länder nicht mit Aussicht auf Erfolg versuchen konnten. Die Regeln der Staatsraison umfassten auch den Bereich der Ökonomie – militärische Siege konnten in ökonomischen Vorteil umgemünzt werden (etwa in das Asiento für britischen Sklavenhandel in Spanisch-Amerika 1713), militärische Niederlagen bewirkten auch ökonomische Schwäche (etwa in den Folgen von 1648 für deutsche Territorien). Aber das Potenzial eines Landes wurde durch die Zugehörigkeit zum Zentrum fraglos gesteigert, und eine halbperiphere Macht (wie die habsburgische) war noch eher in Gefahr der »strategischen Überdehnung« als ein Zentrumsland.[345]

Warum stiegen Länder, die zum Zentrum gehörten, ab? Italien illustriert die Frage vielleicht, auch wenn sie so kurz nicht zu beantworten ist. Gewiss gab es auch ökonomische Schwierigkeiten, das teure, in Zünften produzierte italienische Tuch im Angesicht der billigen Konkurrenz der englischen und holländischen Landweber zu verkaufen. Dann erwies es sich als unmöglich, die verschiedenen italienischen Staaten zu gemeinsamer Wirtschaftspolitik zu bewegen, z. B. konnte man nicht – wie Kastilien 1398 und

---

342 Attmann, Flow, S. 125 ff.
343 Nolte, Innere Peripherien I.
344 M. Hechter: The Celtic Fringe in British National Development, London 1975.
345 Kennedy, Rise, chapters 1–4; vgl. für Russland H.-H. Nolte: Tradition des Rückstands, in Vierteljahresschrift für Sozial und Wirtschaftsgeschichte 78 (1990); für Polen D. Adamczyk: Zur Stellung Polens, Hamburg 2001, S. 204–233.

England 1652 – italienische Schifffahrt fördern, indem man Transport von Waren des Landes auf ausländischen Schiffen verbot.[346]

Ähnliche Gründe politischer Schwäche trugen zum Niedergang Südwestdeutschlands bei. Schwaben und Franken gehörten zu den wichtigen gewerblichen Produktionsgebieten im Späten Mittelalter und im 16. Jahrhundert. Hier waren zwei alte deutsche Herzogtümer in viele kleine Grafschaften, freie Reichsstädte, Reichsritterschaften und sogar Reichsdörfer, habsburgische Ländereien und nicht zuletzt viele Fürstbistümer und Fürstabteien aufgeteilt worden. Die beiden größten Städte der Region, Augsburg und Nürnberg, waren auch im Gewerbe führend. 1610 gab es in Augsburg knapp 5.000 und in Nürnberg etwa 3.400 Handwerksmeister. In Augsburg produzierten sie mit Familien, Gesellen und Lehrlingen zwischen 400.000 und 500.000 Stück Barchent – ein aus einer Mischung von Fasern hergestelltes Tuch für den Alltag, für das man offensichtlich einen breiten Absatzmarkt brauchte; ähnlich wie für die Nürnberger Metallwaren. Die Ware wurde von Kaufleuten »verlegt« und vor allem in den ostmitteleuropäischen Raum verkauft. Am Anfang des 17. Jahrhunderts geriet die Wirtschaft in eine Krise, die während des Dreißigjährigen Krieges in eine Katastrophe mündete: 1632/33 lagen Kaiser und Schweden sich hier gegenüber, sowohl Augsburg als auch Nürnberg verloren etwa die Hälfte der Bevölkerung und nicht zuletzt ihre Märkte. Neues Gewerbezentrum im Südosten wurde das sichere Wien.[347]

Ähnlich beendete der Dreißigjährige Krieg die Wirtschaftsstellung anderer Teile Deutschlands. Es rächte sich, dass das Heilige Römische Reich durch die Auseinandersetzungen der Reformationszeit faktisch handlungsunfähig geworden war; niemand konnte den Krieg beenden, bis konkurrierende auswärtige Mächte ihn entschieden. Der Krieg vernichtete etwa ein Drittel der Bevölkerung des Landes und zerrüttete die Ökonomie. Dies traf z. B. das Rheinland und die südlichen Niederlande, da die siegreichen nördlichen Niederlande die Mündungen von Rhein und Schelde für Konkurrenten sperrten und Antwerpen de facto zu einer Binnenstadt machten. Die kleine Republik der Sieben Provinzen wurde im 17. Jahrhundert zum Zentrum eines weltweiten Wirtschaftssystems.

Was machte die Niederlande so wohlhabend? Vor allem Dienstleistungen – man organisierte den Handel und fuhr Fracht für Europa. Man sammelte Nachrichten und Kenntnisse, es gab eine Vielzahl von Erfindungen von der Mühlentechnik bis zur Optik und vom festen Käse bis zur Entwässerung, und man führte neue Pflanzen ein, z. B. Tulpen. All dies akkumulierte zu vielen Vorteilen. Man darf die Überlegenheit des Zentrums trotzdem nicht überschätzen, wie die folgende Skizze zeigt.

Was führte man aus den halbperipheren Gebieten in das Zentrum ein?

---

346 North, Thomas, Rise, S. 9 ff., 132 ff.;
347 E. Landsteiner: Kein Zeitalter der Fugger, in: Edelmayer, Globalgeschichte, S. 95–124.

1. Holz (Mastholz, Klappholz für Bretter, Brennholz) aus Schweden bzw. Finnland, Preußen, dem Baltikum, Norwegen;
2. Holzprodukte (Pech, Teer, Pottasche) aus Russland und Schweden;
3. Stangeneisen (für dessen Produktion man Holzkohle brauchte, während Raseneisenerz leicht zu finden war) aus Schweden und im 18. Jahrhundert aus Russland;
4. Hanf und Flachs (für Taue und Segelleinwand) aus Litauen, Livland, Westrussland und Polen;
5. Roggen aus Polen und Mecklenburg;
6. Ochsen aus Jütland, Polen, der Wallachei und Ungarn (in England kamen die Ochsen von den inneren Peripherien);
7. Wolle aus Spanien;
8. Wein aus Portugal und Spanien.

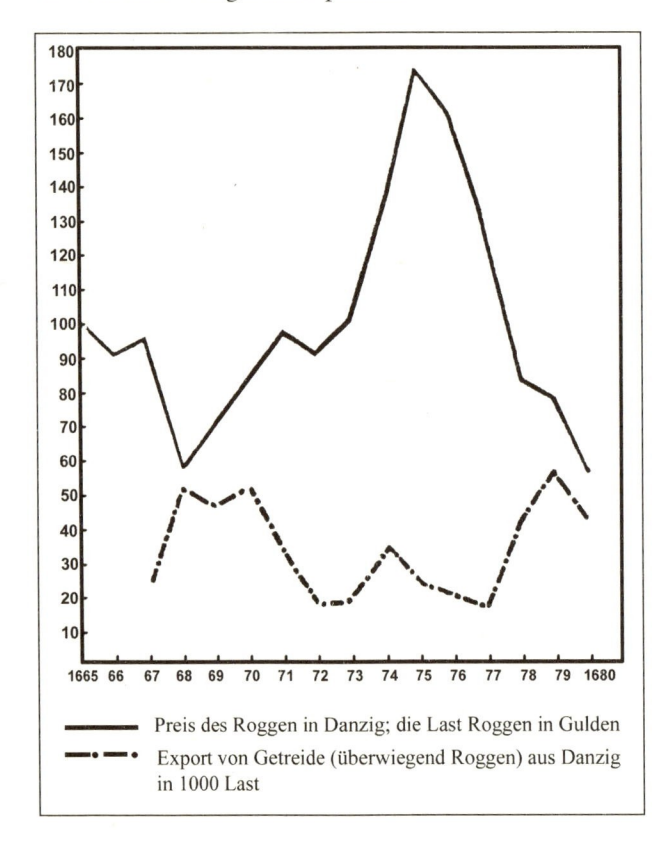

Der Preis des Getreides in Danzig folgte dem auf dem Amsterdamer Markt, wo – neben zunehmenden Verkäufen niederländischer Kaufleute – auch englisches und z. B. mecklenburgisches Getreide angeboten wurde. Das Angebot richtete sich jedoch nicht nach dem Preis, sondern nach den ›Überschüssen‹ der agrarischen Produktion, d. h. danach, über welchen Anteil an der jeweiligen Ernte der grundbesitzende Adel verfügen konnte: W. Kula: Theory of the Feudal System, englisch London 1976, S. 106.

——— Preis des Roggen in Danzig; die Last Roggen in Gulden
—·—· Export von Getreide (überwiegend Roggen) aus Danzig in 1000 Last

Baltische Exporte durch den Sund[348] – Marinebedarfsgüter spielten mindestens eine genau so große Rolle wie Getreide, da ja zu Hanf und Flachs noch Holzprodukte aller Art hinzukamen, vom Teer bis zum Mastholz.

	1580	1590	1600	1610	1620	1630	1640
Hanf und Flachs (in 1000 Schiffspfunden)	16	22	43	27	52	54	94
Getreide (in 1000 Lasten)	18	35	47	42	120	12	65

Eine der wichtigsten Quellen für die Zunahme der regionalen Arbeitsteilung im modernen Weltsystem sind die Zollbücher, die am Sund geführt wurden – sie zeigen, dass die Anrainer der Ostsee im 16. und 17. Jahrhundert immer stärker zu Exporteuren agrarischer Rohstoffe wurden. Die Zunahme war ungleichmäßig, z. B. führte Schwedens Eingreifen im Dreißigjährigen Krieg zu einer Dezimierung der Exporte. Ein Schiffspfund wog etwa 160 kg; die Last war ein Hohlmaß, das um 3.080 Liter fasste. Daten nach: A. Atmann, The Russian und Polish Markets in International Trade 1500–1650, Göteborg 1973.

Was führte man aus den peripheren Gebieten in das Zentrum ein?

1. Pelze (ein Produkt, das viel wenig berührte Natur und kalte Länder voraussetzt) aus Sibirien und Nordamerika;
2. Zucker (ein Produkt, das sehr gute Böden voraussetzt und einen hohen Arbeitsaufwand erfordert) aus Brasilien und der Karibik;
3. Tabak, Tee, später Kaffee;
4. Gewürze (aus niederländischen Kolonien in Ceylon und dem heutigen Indonesien);
5. besondere Hölzer.

Was führte man aus den asiatischen Ländern in das Zentrum ein?

1. Porzellan (das man bis zur Nacherfindung 1710 in Europa nicht herstellen konnte) aus China;
2. Feine Tuche (aus China – Seide; aus Indien – Baumwolle);
3. Lackwaren (aus Japan).

Was exportierte man aus dem Zentrum und wohin?
Die Statistik zeigt am Beispiel des englischen Exports 1722/24 die wesentlichen Exportgüter – besonders in den Mittelmeerraum, aber auch in andere Länder Westeuropas

---

348 Zum Ostseehandel auch W. G. Heeres u. a. Hg.: From Dunkirk to Danzig, Hilversum 1988.

und die Kolonien exportierte England Manufakturwaren sowie Getreide. Mehr als die Hälfte des englischen Exports bestand aus Re-Exporten – Manufakturwaren, die aus Indien und Westeuropa kamen, und Nahrungsmitteln, die aus der Karibik (Zucker) und Südeuropa stammten (Wein). Gegenüber dem Ostseeraum, Indien und den Amerikas bestand ein Handelsdefizit.

Der britische Außenhandel 1722/24, in Mio Pfund – abgerundet (Additionen in der Vorlage)

	Gesamt	Europa			Amerika	Indien
		Westl. d. Elbe	östl. d. Elbe	Mittelmeer		
1. Exporte eigene Herstellung						
Manufakturwaren (Wollwaren 3,0)	3,8	1,0	0,1	1,8	0,7	0,1
Nahrungsmittel (Getreide 0,6)	0,9	0,4	–	0,2	–	–
Bergbauprodukte	0,4	0,2	0,2	0,1	–	–
	5,0	1,5	0,3	2,3	0,8	0,1
2. Re-Exporte						
Manufakturwaren	1,1	0,6	–	–	0,4	–
Nahrungsmittel	1,3	1,0	–	0,1	–	–
Rohstoffe	0,3	0,2	–	0,1	–	–
	2,7	1,7	–	0,2	0,5	–
gesamte Exporte	7,7	3,3	0,3	2,3	1,7	0,1
3. Importe						
Manufakturwaren (Leinen 1,0/Baumwoll- und Seidenwaren 0,6)	1,9	1,0	0,1	–	–	0,6
Nahrungsmittel (Zucker 0,9/Wein 0,6)	2,4	0,1	–	0,7	1,3	0,3
Rohstoffe (Rohseide 0,7/Farbstoffe/Flachs/Hanf/Holz/Eisen)	2,4	0,2	0,5	1,0	0,4	0,1
gesamte Importe	6,7	1,4	0,6	1,8	1,7	1,0
Handelsbilanz ohne Re-Exporte	–1,7	0,1	–0,4	0,3	–0,9	–0,9

Die Zahlen gaben den jährlichen Durchschnitt einer Dreijahresperiode an. In den Summen sind auch die Ziffern für den Handel mit den kleineren britischen Inseln enthalten. Nachweis: R. Davis, English Foreign Trade 1700–1774, in: Economic History Review 15 (1962–3). Vgl. R. Davis, The Industrial Revolution und British Overseas Trade, Leicester 1979.

Gegenüber den Kolonien wurde das durch politische Macht ausgeglichen, gegenüber Osteuropa und Indien durch Silber (etwa 25 % der Exporte des Ostseeraums ins Zentrum und etwa 80 % der Exporte Indiens wurden mit Silber bezahlt). Ohne den Einsatz politischer und sozialer Gewalt in den Kolonien, konzentriert in der Sklaverei, und ohne Zugriff auf das lateinamerikanische Silber hätte England seinen Handel also nicht in dem Umfang führen können, der real war. Auch für den holländischen Handel war das Gesamtsystem entscheidend; erst die Stellung in diesem machte z. B. Ostsee- und Russlandhandel unentbehrlich.[349]

Aber das war erkennbar nicht die gesamte Geschichte. Auf die Bedeutung der »agrarischen Revolution« für die Seemächte wurde schon verwiesen. Aber das Zentrum war auch führend in Europa in der Entwicklung von differenzierter Produktion, in der Arbeitsgänge aufgeteilt wurden.[350] Zum Beispiel wurden in einer Kammsetzerei, die Kämme für die Bearbeitung von Schafwolle herstellte, acht Arbeitsgänge eingeführt:

1. Draht schneiden
2. Draht krümmen
3. Löcher in das Leder stechen
4. Draht doppeln
5. den gebogenen Draht in die Lederlöcher stecken
6. Kartatschen schleifen
7. Bretter hobeln
8. Kämme auf die Bretter nageln.

Für die Arbeitsgänge, die viel Körperkraft erforderten (1.–3. und 6.–8.) wurden Männer eingesetzt, für jene, bei denen es mehr auf Geschicklichkeit ankam, Frauen.

Zunehmend wurde auch Wasserkraft oder doch Pferdekraft (mit Göpeln) in der Gewerbeproduktion eingesetzt. Seit dem Mittelalter verwendete man Walkmühlen zum Verfilzen der Stoffe; nun wurden für Zwirnereien Mühlwerke gebaut und die Produktion von Messern, Gabeln und Löffeln mit Hammerwerken organisiert. Ein eindrucksvolles Beispiel bietet die Nadelfabrik Rumpe in Altena an der Lenne, in der zum Ziehen, Spitzen und Schlagen der Öhren an den Nadeln Wasserkraft eingesetzt wurde.

Zugleich strömte billige Arbeitskraft in die Zentren. So weit die Füße trugen liefen Westfalen und Rheinländer in die Niederlande, um die harten und schlechter bezahlten Jobs zu übernehmen (vgl. Kapitel 11). In den Niederlanden produzierten auch die aus Flandern geflohenen Weber, die vor allem bei Leyden saßen, außerhalb jeder Zunftord-

---

349 H.-H. Nolte: The Netherlands and Russia in the Seventeenth Century, in: Review X.2 (1986) (Misleading mistakes in printing: p. 231, line 25: »I am not interested«; page 240, line 18:«Oranian tactics«.)
350 Jonas, Linsbauer: Produktivkräfte, S. 184–256.

nung billiges Tuch. In vielen Teilen Europas – von Sheffield bis Leyden, aber auch in Ravensberg, in Schlesien, in Lissa in Polen und in Ivanovo in Russland – entstand nichtzünftisches Gewerbe, das billige Produkte auf den Markt brachte. Es waren vor allem bäuerliche Unterschichten – »Gärtner«, »Kötner«, »Brinksitzer« –, die auf der Grundlage weitgehender Selbstversorgung in den Nahrungsmitteln ihre Waren produzierten und nicht nur für den Zins an den Grundherren und die Hilfe der Großbauern im Dorf arbeiteten, sondern auch Genussmittel erwerben konnten wie Tabak oder Zucker – letztere wurde mehr und mehr zum Nahrungsmittel. Die »Protoindustrialisierung« veränderte die Landschaften; es entstanden (und entstehen) riesige »Dörfer«, die vorwiegend von gewerblicher Produktion lebten.[351]

Die Bevölkerung löste sich von den agrarischen Ressourcen und war auf die Verdienste aus diesen Produktionen angewiesen, konnte sich damit aber oft auch aus den engen Forderungen lösen, vor einer Ehe die »Nahrung« nachweisen zu müssen; außerdem konnten Kinder früh Zulieferarbeiten machen. Die Bevölkerung der protoindustriellen Gebiete wuchs also schnell. In vielen dieser Gebiete entstanden auch kaufmännisches Know-how und Kapital, die im 19. Jahrhundert dem Kauf der ersten Spinnmaschine oder der ersten Dampfmaschine vorausgingen.[352]

Halbperipherie

Was bedeutete es, wenn wir sagen, dass Osteuropa ein halbperipherer Raum, also in einer zugeordneten Form auf das Zentrum bezogen, war?

Nehmen wir ein konkretes Beispiel.[353] Der polnische Schlachtiz Pasek lässt in der Nähe seines Gutes am Oberlauf der Weichsel einige Flöße bauen und Roggen darauf schütten. Die Flöße werden den Strom hinuntergefahren; in Danzig wird der Roggen, des »Gasthandelsverbots«[354] wegen, an Danziger Kaufleute verkauft. Die Danziger verkauften das Getreide an holländische Schiffer, die es auf die Fluyt luden, die zu einem Teil ihnen gehörte; der Schiffskapitän war meist auch ein kleiner Unternehmer. Die

---

351 O. Bockhorn, I. Grau, W. Schicho Hg.: Wie aus Bauern Arbeiter wurden, Frankfurt 1998.
352 P. Kriedte, H. Medick, J. Schlumbohm: Industrialisierung vor der Industrialisierung, Göttingen 1978; M. Cerman, S. Ogilvie Hg.: Protoindustrialisierung in Europa. Industrielle Produktion vor dem Fabrikzeitalter, Wien 1994. Zur Protoindustrialisierung in Russland K. Gestwa: Protoindustrialisierung in Russland, Göttingen 1999; »Ravensberger« als nachgeahmte Marke in Russland Nolte/Vetter, Aufstieg Nr. 79.
353 H. G. Wytrzens Hg.: Die goldene Freiheit der Polen. Aus den Denkwürdigkeiten von J. C. Pasek, deutsch Graz 1967.
354 Die Hansestädte setzten durch, dass kein Gast an den andern verkaufen durfte – der polnische Gutsherr also nicht an den holländischen Kaufmann; die Zwischenhandelsgewinne der Danziger waren also durch Rechtsnormen abgesichert.

Schiffer brachten den Roggen nach Amsterdam, wo Kaufleute ihn erneut aufkauften – der Schiffer hatte also hier zu kalkulieren, ob seine Reise Gewinn gebracht hatte oder Verlust, und mit den anderen Schiffseignern abzurechnen. Die Amsterdamer großen Kaufleute ließen den Roggen nun in ihre Speicher schütten und verkauften ihn dann, wenn das einen Gewinn versprach. Zum Beispiel verkauften sie holländischen Weizen, wenn der Preis hoch stand, in das Mittelmeer, und den polnischen Roggen an die Saisonarbeiter aus Westfalen, die so oder so über die hohen Lebensmittelpreise in den Niederlanden klagten.

Aktiv an diesem Handel beteiligt waren in Polen höchstens 5 % der Bevölkerung, wenn man annimmt, dass die Hälfte des Adels in der Lage war, Handel mit ihren Produkten zu treiben (es gab sowohl sehr arme Adlige – »nackte Schlachta« – als auch Adlige, für die es sich nicht lohnte, Getreide zu verkaufen, weil ihre Güter nicht nah genug an flößbaren Strömen lagen). In den Niederlanden waren nur Schiffer, Schiffseigner und Kaufleute beteiligt, sicher nicht mehr als 1 % der Bevölkerung. Auch wenn man die jeweiligen Arbeitskräfte hinzurechnet, kommt man auf keinen wirklich hohen Prozentsatz. Auf der polnischen Seite waren das schollenpflichtige Bauern, welche die Flöße stromab fuhren; auf der niederländischen die sieben Matrosen je Fluyt (neben dem Kapitän) und die Arbeiter an den Speichern, u. U. Saisonarbeiter aus Westfalen.

Auch den Anteil des Außenhandels am polnischen oder russischen Bruttosozialprodukt darf man nicht überschätzen, er lag bei 2–5 %; allerdings war der Anteil am Markt viel größer. Die große Masse der wirtschaftlichen Produktion blieb Subsistenzwirtschaft; die Produkte kamen nicht auf den Markt, sie wurden verzehrt, getauscht oder auch als Fron an den Herrn gegeben bzw. bildeten die Voraussetzung dafür, dass ein schollenpflichtiger Bauer auf dem Eigenacker des Herrn arbeiten konnte. Es ist trotzdem berechtigt, Polen und die Niederlande als Teile eines ökonomischen Systems anzusehen, und nicht nur, weil der Anteil der für den Außenhandel bestimmten Güter am Markt doch bei etwa einem Fünftel lag, sondern auch, weil die im Verhältnis zur Bevölkerung wenigen Polen oder Niederländer, die diesen Handel betreiben, die Politik ihrer Länder bestimmten.

Es ist auch sinnvoll, Russland als halbperipheres Land im europäischen System zu bestimmen. Einmal nahm es am Handel mit Massengütern teil – Marinebedarfsgüter wie Hanf und Flachs, Pech und Teer, aber auch Taue wurden regelmäßig exportiert. Darüber hinaus konnte Russland kaum umhin, die neue westliche Rüstungstechnik, aber auch westliche Offiziere und andere Fachleute ins Land zu holen, die dazu beitrugen, eine Diskussion über die Konkurrenzfähigkeit Russlands im System zu eröffnen und schließlich eine soziale und intellektuelle Grundlage für die Modernisierungspolitik Peters I.[355]

---

355 Nolte, Stellung; Ders.: Areastudies; Ders.: The Netherlands and Russia a.a.O., Anm. 349.

Nachdem die Wälder zuerst in England und den Niederlanden und dann auch in Irland abgeholzt waren, kam es in diesen Gebieten zu einer Holznot.[356] Holz war für Bauen, Heizen und manche chemischen Produktionen ein unentbehrlicher Rohstoff. Man konnte den Bedarf durch Importe von Holzprodukten wie etwa Schiffen aus Übersee etwas decken, in der Regel war man aber auf den Import aus halbperipheren Ländern wie Norwegen, Schweden,[357] herzoglich Preußen[358] oder Russland angewiesen, auch wenn hier manchmal Raubbau zur Erschöpfung der Vorräte an bestimmten Holzsorten führte.[359]

Für Mitteleuropa, in dieser Periode ein Übergangsraum zur Halbperipherie, galt das Schlagwort »Holznot« nicht, weil hier in einem Beziehungsgeflecht von Besitzansprüchen und Nutzungsrechten lange eine ökologisch einigermaßen ausgewogene Forstpolitik betrieben wurde und weil – wie Joachim Radkau schreibt – die Städte in Europa dem Umland ihre Interessen nicht mit Radikalität aufzwingen konnten.[360] Der Holzpreis blieb in Mitteleuropa auch deswegen hoch, weil im 18. Jahrhundert der Eigenverbrauch einer wachsenden Bevölkerung an die Stelle der Holzexporte nach Holland trat.[361]

Peripherie

Die wichtigsten Produkte der Peripherien für das Zentrum sind oben aufgeführt; es sind meist Waren von relativ geringem Gewicht je Wert wie Edelmetalle, Pelze, Pfeffer, Zucker, Tabak oder Kaffee. Diese Waren wurden überwiegend durch Unfreie und in einigen wichtigen Gebieten durch Sklavenarbeit hergestellt (vgl. Kapitel 11). Unfrei war die meiste Arbeit auch in den halbperipheren Gebieten; Sklavenarbeit allerdings war selten geworden, und im Zentrum, auch in Frankreich und Nordwestdeutschland, war sogar Hörigkeit relativ selten geworden. Die Massensklaverei im karibischen Raum war jedoch eine Eigentümlichkeit; seit der Antike hatte es einen solchen Masseneinsatz von Sklaven in der Produktion nicht mehr gegeben. Die Peripherien boten jedoch auch Platz für freie Grenzbevölkerungen; allerdings nur in solchen Gebieten, die wegen ihres Klimas für die Herstellung von »Kolonialprodukten« tropischer Provenienz nicht taugten. Dass die meisten dieser Kolonialprodukte wie Zucker, Tabak, Tee und am Ende des 18. Jahrhun-

---

356 Allgemein M. Williams: Deforesting the Earth, Chicago 2003.
357 I. G. Layton: The Timber and Naval Stores Supply Region, in: Nitz, World-System.
358 M. North: Ducal Prussia, in: Nolte, Innere Peripherien I.
359 Vgl. H. Pinl: Der Kriegsschiffbau Russlands zwischen 1725 und 1762, Langenhagen 2003 (Books on Demand), S. 103–131 zu Eichen; der Mangel führte zu Ausfuhrverboten.
360 J. Radkau: Natur und Macht. Eine Weltgeschichte der Umwelt, München 2002, hier S. 176 f. .
361 U. Schmidt: Der Wald in Deutschland im 18. und 19. Jahrhundert, Saarbrücken 2002, hier S. 58 f.

derts auch Kaffee zu alltäglichen Nahrungs- und Genussmitteln in den Zentren (Westeuropa, China, USA) wurden, verdeutlicht ihre Funktion für diese: sie bildeten eine wichtige Ergänzung der Nahrungsmittelpalette.

Die Peripherien importierten Gewerbeprodukte und Nahrungsmittel aus dem Zentrum, allerdings nur für die Nachfrage der eingewanderten Plantagenbesitzer oder Händler, sowie auch für die – über die jeweiligen Herren vermittelte – Nachfrage der Sklaven, die wirtschaftlich viel stärker am Markt auftauchten, als die endogene Bevölkerung, weil Sklaven vom Herrn zu versorgen waren. Allerdings gingen viele Plantagenbesitzer dazu über, ihren Sklaven Eigenwirtschaften zu gestatten.

Kenneth Pomeranz hat die Kontrolle über die ökologischen Ressourcen der Peripherie für einen entscheidenden Nutzen des Zentrums aus der Expansion erklärt und versucht, den Effekt zu berechnen.[362] Die Ausbeutung der damals noch riesigen Fischvorkommen der Neufundland-Bank, der Pelzvorkommen Sibiriens und Kanadas, aber auch die Verringerung des Bedarfs an im Lande angebauten Nahrungsmitteln bzw. Bekleidungsrohstoffen durch die Importe von Zucker und Baumwolle, z. B. aus der Karibik, fällt in der Tat ins Auge.

Transportsysteme

Während der gesamten Frühen Neuzeit war Wassertransport wesentlich billiger als Landtransport. Darin lag erneut ein Nachteil der mesoamerikanischen Kulturen. Sie hatten ihre Zentren auf gebirgigen Hochebenen, wo es außer Seen kaum Möglichkeiten des Seetransports gab. Trotzdem unterhielten die Azteken von Mexiko und die Inka von Cuzco aus Fernhandel, der über viele hundert, ja einige tausend Kilometer weite Strecken überwand. Die Inkas verwendeten dazu ein Tragtier, das Lama; bei den Azteken trugen Männer einer besonderen Kaste ›tamames‹ die Waren über Tausend Kilometer weit auf ihren Rücken. Es versteht sich, dass es dabei nur um besonders wertvolle Waren, um Luxusgüter gehen konnte.

---

362 Pomeranz, Divergence, S. 211.

Schema des europäischen Welt-Systems[363]

c.g.s.[364]	Zentrum	Halbperipherie	Peripherie	Die anderen Welten
Region	»Banane«[365]	Spanien bis Osteuropa	Sibirien Amerikas Philippinen	China Japan Osman. Reich
Exporte	»Geld«, Fertigwaren, Dienstleistungen	Rohstoffe mit viel Gewicht je Wert	Rohstoffe mit wenig Gewicht je Wert	Fertigwaren
Importe	Rohstoffe	Fertigwaren	Konsum	Edelmetall
Arbeitsverf.	frei	schollenpflichtig	Sklaverei	frei
Politische Verfassung	Parlamente, Absolutismus, Monarchie[366]		Kolonie	Imperium
Stellung im System	Konzert der Mächte			eigene Systeme
Emigration	Fachleute	Siedler und Saisonarbeiter		
Immigration	Saisonarbeiter	Fachleute	Sklaven + Herren	
Re-Orient[367]				Asien Zentrum

Tragtiere sind dann billig, wenn sie während der Reise fressen können, d. h. wenn es keine enge Bebauung der Wege gibt. Das war im Zentrum Indiens der Fall, wo eine eigene Kaste, die ›Banjara‹, mit Karawanen von bis zu 10.000 Bullen durch das Land zogen. Ein Bulle konnte etwa 275 Pfund Ware schleppen. Die Banjara versorgten die Mogul-Hauptstadt Akkra mit Reis.

Aber auch der Landverkehr mit Wagen zwischen Städten war sehr teuer. Man konnte sich ausrechnen, wann die Pferde oder Maultiere und die Pferdeknechte das Getreide aufgegessen hatten, das sie transportieren sollten; deshalb gab es in landgebundenen Orten schon Hungersnöte, auch wenn 60 oder 70 km weiter keine Hungersnot herrschte. Die normale Fahrt eines Bauern zum Markt betrug 25 oder 30 km; im Zentrum eines solchen Kreises mit etwa einer Tagesfahrt Radius lagen die Städte.

---

363 So entworfen in: Nolte, Eine Welt. Grundsätzlich Wallerstein, Welt-System.
364 Cum granu salis – solche allgemeinen Aussagen können nicht wirklich präzis sein.
365 Das Gebiet zwischen London und Florenz, das auch heute die höchsten Durchschnittseinkommen in der EU, die meisten Patente je Kopf etc.hat; vgl. Interrevio, 6th Periodic report on the Regions 1999; http://inforegio.cec.eu.int
366 Diese Aussage macht selbstverständlich nur als Tendenz Sinn: Es gab in der europäischen Halbperipherie auch parlamentarische (an Ständeparlamente gebundene) Monarchien wie Polen oder das Heilige Römische Reich, aber sie unterlagen absolutistischen Gegnern, Polen gegen Russland, Österreich und Preußen und das Heilige Römische Reich gegen Frankreich unter Napoleon.
367 A. G. Frank: Geschichtswissenschaft und Sozialtheorie ›Re-Orientieren‹! In: ZWG 5.1 (2004), grundsätzlich Frank, Re-Orient.

Dies war nur zu Wasser anders, und die Mündungen der großen Ströme mit vielen Armen hatten deshalb einen entscheidenden Produktionsvorteil vor landgebundenen Orten. Das waren in Europa die Niederlande an der Mündung des Rheins und London an der Themse, in Ägypten das Nildelta, in Indien das Delta von Bhramaputra und Ganges und in China das des Yangtse und des Hoangho. Daneben waren küstennahe Städte und Produktionen bevorzugt, solange die Piraterie nicht überhand nahm – die europäischen Küstenmeere, Rotes Meer und Persischer Golf, Bengalischer Golf und malaiische Inseln, Südchinesisches und Gelbes Meer, Japan.

Etwa um 600 n. u. Z. begann China einen großen Kanal zu bauen, der die Hauptstadt Peking mit den größten Strömen des Landes und vor allem dem Gewerbezentrum am Yangtse verband. 1420 war der Kanal fertig, etwa 2.000 km lang, mit vielen Schleusen und Brücken; um 1700 ist belegt, dass auf dem Kanal genug Reis befördert wurde, um eine Million Menschen zu ernähren. Der Preis für Reis schwankte in China bei schlechten Ernten um 100 %; in Frankreich, wo für viele Regionen keine Zufuhr auf dem Wasser möglich war, schwankte der für Weizen um 300 bis 400 %. Im 18. Jahrhundert baute man überall in Europa Kanäle; Petersburg z. B. hätte ohne ein weitreichendes Fluss- und Kanalsystem bis zum Ural kaum mit Nahrungsmitteln, Holz und Eisen versorgt werden können.[368]

China baute auch die größten Schiffe der Zeit, mit 7.800 t waren die chinesischen Schatzschiffe des 15. Jahrhunderts größer als alles, was Europäer bis zum 18. Jahrhundert gebaut hatten. Allerdings hörte man auf, diese Großschiffe zu bauen, als die Ming-Dynastie 1433 ihre Unterstützung der überseeischen Expeditionen beendete. Die privaten Kaufleute bauten kleinere Schiffe, davon allerdings so viele, dass die Tonnage der chinesischen Kaufmanns-Dschunken im Hafen von Manila die der spanischen Schiffe stets um ein Vielfaches überstieg.

Der europäische Schiffbau entwickelte sich schon im Mittelalter schnell, als die friesischen und wikingischen Boote der nordeuropäischen Tradition mit Rahsegel zu hochbordigen deutschen »Koggen« mit festem, verstrebtem Rumpf und »Kastellen« an Heck und Bug weiterentwickelt wurden, aus denen man die anderen Händler in den Booten gut bekämpfen konnte.[369] Schließlich wurden Koggen mit dem im mediterranen Schiffbau verwendeten Lateinersegel zusammengebaut, aus ihnen wurden portugiesische Karavellen und Karacken, die mit Rah und Lateinersegel fuhren, und damit unter vielen Bedingungen segeln konnten.[370] Die englischen und holländischen Rahsegler hatten ebenfalls meist ein lateinisches Segel am letzten, dem »Besanmast«.

---

368 Nolte, Russland, S. 112 f.
369 Anschauliche Übersicht der Geschichte des europäischen Schiffbaus bei Afflerbach, Atlantik S. 94–117.
370 Ein Modell einer Kogge mit Rah aus dem 14. Jahrhundert: J. Schildhauer, K. Fritze, W. Stark: Die Hanse, Berlin 1977, S. 176 gegenüber, ebd., Zeichnung von Dreimastern von 1497. Zeichnung sowohl von Schiffen mit Lateinersegels als auch mit Rahsegeln vor Antwerpen 1500: Jonas, Produktivkräfte, S. 167; ›Oceana Classis‹ mit Rah und Lateinersegel ebd., S. 169. Vgl. McNeill, Web S. 163–168.

Die europäischen Schiffe waren kleiner und langsamer als die arabischen Last-Dhaus und chinesischen Dschunken, aber sie waren sehr wendig und konnten gut gegen den Wind gesegelt werden, und vor allem: Sie hatten einen schweren Holzkörper, auf dem man Kanonen in einer langen Reihe aufstellen und abfeuern konnte, ohne dass das Schiff kenterte – Dhaus und Dschunken konnten, so wie auch mediterrane Galeeren, Kanonen nur am Heck aufstellen und also keine Breitseiten feuern. Es ist vom Mittelalter an deutlich, dass die Entwicklung des europäischen Schiffbaus in einer nicht zuletzt militärischen Konkurrenz vor sich geht; man lernt vom anderen, um ihn besiegen zu können. Handel und Piraterie – oder, in vornehmeren Fällen, Protektion – gingen Hand und Hand. Während es in der Frühen Neuzeit gelang, den inneren Kreis des Handels zwischen Halbperipherie und Zentrum zu »entwaffnen«, blieben Handels- und Protektionsgeschäfte »beyond the line« in der gesamten Periode auf Waffengewalt angewiesen.[371]

Die wirtschaftlich entscheidende Innovation im europäischen Schiffbau der Frühen Neuzeit waren Spezialschiffe, die nur zu bestimmten Zwecken gebaut wurden – das berühmteste war die holländische Fluyt, ein relativ langsames Frachtschiff, das mit acht Mann gesegelt werden konnte und entsprechend billig transportierte. Die Fluyt konnte nicht im Handel über die Ozeane eingesetzt werden, weil sie keine Bewaffnung trug. Die Holländer entwickelten auch Spezialschiffe für Heringfang: Fangboote, die während der Saison auf der Doggerbank liegen blieben, und Jachten, die den Fang einsalzten und schnell nach Texel brachten. Auch diese Schifffahrt war unbewaffnet und musste das sein, weil die Ware sonst zu teuer geworden wäre; der Fischfang auf der Doggerbank bildete deswegen auch in den Kämpfen zwischen England und Holland eine Schwachstelle der Generalstaaten.[372]

Karawanenhandel war ungefähr doppelt so teuer wie Seehandel[373] und konnte nur dort konkurrieren, wo er einen großen geografischen Vorteil besaß, die Landwege deutlich kürzer waren als die Seewege und wo er von starken Regierungen geschützt wurde. Das galt vor allem für den Karawanenhandel aus Asien zu den Mittelmeerhäfen, der im 17. Jahrhundert gegen englische und holländische Kompanien Einbußen hinnehmen musste, nachdem die Portugiesen ihre Kontrollstellung in Hormuz verloren hatten.[374] Auch litt der Handel zwischen Levante und Indischem Ozean regelmäßig unter den Kriegen zwischen Osmanischem und Persischem Reich – unter diesen Umständen stieg dann der Handel auf den Nord-Süd-Routen, die im Norden an den Wolga- und Zen-

---

371 Topik, Trade, Kap. 2.
372 Afflerbach, Atlantik, S. 190–191. Zur niederländischen Schifffahrt L. M. Akveld, S. Hart Hg.: Maritieme geschiedenis der Nederlanden, Bussum 1977; zum Schiffbau R. Unger: Dutch shipbuilding before 1800, Assum 1978.
373 Austen, Marginalization, S. 313–315.
374 N. Steensgard: The Asian Trade Revolution of the Seventeenth Century, Chicago 1974.

tral-Asien Handel anschlossen.[375] Der zentralasiatische Ost-West-Handel verlor in der Frühen Neuzeit chinesische Waren an den Seehandel, er litt aber mehr unter der politischen Unsicherheit auf den Steppen als unter ungünstigen Kosten.[376] Versuche der Kalmücken, den Handelsweg wieder in eine Hand zu bringen, scheiterten; der westlichste Punkt der Expansion der Mandschu war nur die Hälfte des Weges, und der direkte Handel China – Russland hätte die Waldroute nehmen müssen, die länger und schneereicher ist und immer wieder von Strömen unterbrochen wird, die quer zur Strecke fließen.[377]

Bei allen Verbesserungen der Verkehrsmittel ist wahrscheinlich, dass auch der Verkehr zu Fuß in dieser Periode anstieg, zumindest in objektiven Zahlen. Die Zahl der Sklaven, die aus der Ukraine oder dem Inneren Afrikas zu den Häfen – sei es Kaffa, Gorée oder Mombasa – wandern mussten, nahm fraglos zu; hier war die Menge neu. Hinzu kamen die Saisonarbeiter, die aus Westfalen in die Niederlande zogen, eine neue Erscheinung.[378] Auch Transhumanz – die schon in der Antike vorkommt – scheint zugenommen zu haben, zumindest in den Gebieten, die vom Königreich Kastilien und vom Osmanischen Imperium erobert wurden – die Mesta trieb ihre Schafe mit der Sonne vom Norden in den Süden Spaniens und zurück; die »Wallachen« zogen aus den Tälern des Balkans in die Berge, und die Banjara mit ihren Ochsenherden nach Agra. Schließlich gab es, vielleicht nur nach wie vor, ethnische Wanderungen wie die der Kalmücken (vgl. Kapitel 6) und der Roma und Sinti, wobei an der Wanderung Letzterer auffällig ist, dass sie nicht mit Waffengewalt durchgesetzt wurde,[379] wie auch schon die Ostwanderung der Juden im Mittelalter, zu der in der Frühen Neuzeit die der spanischen Juden hinzukommt (vgl. Kapitel 10).

Schließlich liefen auch noch viele Tiere, nicht nur die Schafe der Mesta und die Ochsen der Banjara, sondern auch die vielen Ochsen, die in riesigen Zügen von Polen, Ungarn, Jütland und Schottland zur Versorgung der wachsenden Städtelandschaft zwischen London und Venedig nach Westen oder Süden getrieben wurden, so wie übrigens im 18. und 19. Jahrhundert aus dem Süden Russlands zur Versorgung Peterburgs und Moskaus in den Norden.

---

375 H. Kellenbenz: Die russische Transithandel mit dem Orient, in: JbGOE 12 (1964); K. Heller: Russische Wirtschafts- und Sozialgeschichte, Darmstadt 1987, S. 201–211.
376 M. Rossabi: The ›decline‹ of the central Asian Caravan Trade, in: Tracy, Merchant Empires II.
377 K. Heller: Der Russisch-Chinesische Handel von seinen Anfängen bis zum Ausgang des 19. Jahrhunderts, Erlangen 1980.
378 H. Diederiks: Deutsche Arbeitsmigranten; F. Bölsker-Schlicht: Deutsche Saisonarbeiterin; Nolte, Migrationen.
379 I. Wilharm: Sinti und Roma, in: Nolte, Migrationen.

Kapital

Fraglos hat weltweit die Verfügung über Edelmetall zugenommen,[380] was ebenso fraglos die Monetarisierung gefördert hat. Es wurden mehr Dinge und Dienstleistungen zu Waren. Allerdings hatten alle Kaufleute, die mit Geld handelten, mit religiösen Zinsverboten zu kämpfen, und nicht nur Dante sah die Geldhändler im siebten Kreis der Hölle. Trotzdem entstanden an vielen Orten kapitalkräftige Firmen, von Fukien über Surat nach Djulfa und Amsterdam.

So wurde der interregionale Handel des Mogulreiches durch Firmen finanziert, welche meist Familien waren; sie nahmen in der 1. Hälfte des 17. Jahrhunderts Anleihen zu monatlich 1 % auf – nach 1650 sanken die Zinsen auf 0,5 bis 0,75 %. Auch europäische Kaufleute nutzen indische Kapitalgeber.[381] Das vielleicht spannendste Beispiel aus dem 17. Jahrhundert bot die armenische Kompanie.[382] Gestützt auf den Schah von Persien – ihr Hauptsitz war Isfahan – gelang es der Kompanie, den persischen Seidenhandel in ihre Hand zu bekommen und dieses Geschäft auch dann zu verteidigen, als der Schah das Monopol nicht erneuerte. Die Kompanie kontrollierte auch den Nordweg über die Wolga, der neben Aleppo aber stets zweite Wahl blieb.

Eigentümlich für Westeuropa waren die anonymen Gesellschaften; Firmen, die nicht einer Familie gehörten, sondern mehreren Inhabern von Besitzpapieren. Vorläufer waren die großen kolonialen Handelsgesellschaften, wie die beiden Ostindienkompanien der Seemächte. Ihr Geschäft beruhte auf Monopolen, und sie wurden zu Adam Smiths Zeiten zu bevorzugten Feinden einer liberalen Öffentlichkeit; die Anteilseigner fanden es trotzdem notwendig, das Risiko zu teilen und die Mittel zusammen zu tun, wie das im Kleinen in der Schifffahrt allgemein häufig war. Von 1723 an lassen sich die Werte der Aktien der beiden Ostindienkompanien vergleichen; die holländische begann bei ca. 700 je Nennwert und die englische bei ca. 150 – nach 1790 stürzten die Amsterdamer Werte ab (Napoleon), während die Londoner auf um 200 gestiegen waren.[383]

Alice Teichova und Ginette Kurgan-van Heutenryk bestätigen das klassische Bild, dass die Techniken des Bankwesens im 15. und 16. Jahrhundert vor allem in Italien entwickelt wurden und auch hier die Familien am Anfang standen.[384] Das Zentrum dieses Bankver-

---

380 A. Attmann: American Bullion and the European World Trade 1600-1800, Göteborg 1986; C. M. Cipolla: Die Odyssee des spanischen Silbers, deutsch Berlin o.J.; North, Geld.
381 I. Habib: Merchant communities in precolonial India, in: Tracy, Merchant Empires I.
382 A. Baladouni, M. Makepeace Hg.: Armenian Merchants of the Seventeenth and early Eighteenth Century, Philadelphia 1998; die russischen Quellen in: Armjano-Russkie otnošenija v XVII veke, Erevan 1953, vgl. H. Kellenbenz: Der russische Transithandel mit dem Orient, in: JbGOE 12 (1964).
383 L. Neal: The Dutch and English East India Companies compared, in Tracy Merchant Empires I.
384 A. Teichova, G. Kurgan-van Heutenryk, D. Ziegler Hg.: Banking, Trade and Industry, Cambridge 1997.

kehrs wanderte über Genf, Lyon, Brügge und Antwerpen an den Ärmelkanal. Im 17. Jahrhundert ging die Führung auf die Niederländer über, die mit der Gründung der Wechselbank in Amsterdam eine Art Papiergeld schufen – Wechsel auf Ware wurden z. B. in Danzig angenommen und in Amsterdam an der Börse gehandelt.

Nicht nur in Indien, auch am Ärmelkanal sanken die Zinsen, je mehr Geld zur legalen Ware wurde; in den Niederlanden auf 3 oder 4 % im Jahr im 18. Jahrhundert.

Zugehörigkeiten

Die »California-School«[385] hat überzeugend herausgearbeitet, dass es seit der Antike einen Weltmarkt gab (also einen Markt, der den gesamten Großkontinent umfasste), was ältere Autoren wie Artur Attmann und Abu-Lughod bestätigte. Frank hat betont, dass man die Kategorien auch dementsprechend bilden muss. Auf diesem Weltmarkt wurde aber nur mit Gütern gehandelt, die einen großen Wert je Gewicht hatten (oder selber laufen konnten wie Sklaven), also mit Luxuswaren und Edelmetall. Die Veränderung der Frühen Neuzeit besteht in der Zunahme des massenhaften Handels mit Massengütern über weite Strecken. Auch solchen Handel hat es schon in der Antike gegeben, Athen, Rom, das neue Rom, Istanbul – sie alle waren auf Getreideversorgung über weite Strecken angewiesen. Aber dieser Handel war nicht weltweit integriert. Es gab in der Frühen Neuzeit vielmehr mehrere, mindestens drei Handelssysteme mit Massengütern: das chinesische, in dem Reis über Tausende Kilometer über den Kaiserkanal, Holz über die großen Ströme und Zucker aus Indonesien und Taiwan in das chinesische Wirtschaftszentrum an der Yangtse-Mündung und die Hauptstadt gebracht wurde; das indische, in dem Reis über Ochsenwege in die Hauptstadt und Pferde sowie Holz über See zu den Armeegestüten und den Werften an der Westküste gebracht wurde, und das europäische, das oben beschrieben wurde. Was bedeutete das für die ökonomische Zugehörigkeit?

Auch wenn es mehrere florierende Fernhandelssysteme gab und diese miteinander verbunden waren, blieben die Anteile des Fernhandels an der Produktion in den jeweils beteiligten Ländern gering. Dies gilt selbst für die Zentrumsländer des europäischen Fernhandelssystems. Für halbperiphere Länder wie Polen und Russland habe ich den Prozentsatz am Bruttosozialprodukt auf 2–3 % geschätzt,[386] der größte Teil des BSP war agrarischer Natur und wurde – sei es regional – ausgetauscht oder selbst verbraucht. Die Bauern, die ihre Produkte an den jeweiligen Herrn lieferten oder auf dessen Feldern Fronarbeit verrichteten, kamen also mit dem Fernhandel kaum in Berührung.

---

385 E. Pilz: ›Warum nicht China‹? in: Linhart, Ostasien; vgl oben Kapitel 3.
386 Nolte, Stellung.

Der Anteil der jeweiligen Eliten am Fernhandel war wesentlich größer, und es geht hier um diesen Anteil. Auch Wirtschaftsgeschichte, sieht man von Selbstversorgung und regionalem Austausch ab, wurde in der Frühen Neuzeit von Eliten gemacht, und nicht von der Mehrheit der Bevölkerung. Suchte die jeweilige Elite ihren Vorteil im Außenhandel? Das war für viele – wie am polnischen Beispiel gezeigt – durchaus der Fall, wobei es meist nicht darum ging, kapitalistische Gewinne zu machen, sondern darum, Geld in die Hand zu bekommen. Je mehr der Staat Zölle erhob und Akzisen einsammelte, desto wichtiger wurden auch die Interessen des Staates, und es ist ja kein Zufall, das die meisten Quellen, über die wir verfügen, fiskalischer Natur sind – von den Sundzollakten angefangen. Der Steuerstaat hatte Interesse am Fernhandel, im Osmanischen Imperium genauso wie in Frankreich, und also die vom Staat alimentierten Bürokratien.

Weder im Bereich des Fernhandels mit Luxuswaren noch in jenem mit Massengütern gab es einen grundsätzlichen Unterschied zwischen China, dem Osmanischen Reich oder Dänemark. Der Unterschied entstand nur dadurch, dass das jeweilige Reich zu dem europäisch beherrschten Handelssystem gehörte oder nicht. Ganz sicher kann man das für China, Japan, für das Mogulreich, das Khanat Buchara und das Osmanische Imperium ausschließen; selbstverständlich nahm man auch Zölle aus dem europäischen Handelssystem mit, aber diese bildeten nicht die wichtigsten oder sonst unverzichtbaren Einnahmen. Die Christen und ihr Handel waren einfach noch nicht sehr wichtig.[387] Weder einheimischer Adel noch einheimische Bürokratie bezogen sich ausschließlich auf Europa und seine Handelskompanien und auch nicht auf das Edelmetall, über das die Europäer verfügten. Sie sahen ihren Vorteil im Import von Silber und Gold, deshalb boten sie eigene Waren dafür. Nur dort, wo die Interessen westeuropäischer Händler die Märkte bestimmten, macht es Sinn, von einer Einbeziehung in das europäische System zu sprechen. Das war schon in Afrika und Asien nur an den Küstenorten, in den europäischen Faktoreien der Fall. Anders war es nur dort, wo afrikanische bzw. asiatische Gesellschaften wirklich gezwungen waren, den Interessen der Europäer entsprechend zu handeln, also in Kolonien wie den Molukken oder den Philippinen.

---

387 Faroqhi, Attitudes, S. 97.

> *Once, I remember, we came upon a man-of-war anchored off the coast. There wasn't even a shed there, and she was shelling the bush. It appears the French had one of their wars going about thereabouts ... In the empty immensity of earth, sky and water, there she was, incomprehensible, firing into a continent ...*
>
> Joseph Conrad: *Heart of Darkness*[388]

Kapitel 9

Expansionen

Konkurrenz und Militarismus

Ein Kennzeichen des christlichen Systems war Konkurrenz. Der Kaiser kämpfte gegen den Papst, die Christenheit gegen den Islam und, wenn das denn Gewinn versprach, die lateinische Christenheit gegen die griechische. Aber Lucca kämpfte auch gegen Florenz, die Bauern von Schwyz und Dithmarschen kämpften gegen die Herzöge von Holstein bzw. die Grafen von Habsburg, und die Bürger von Isny hatten Mühe, ihre Unabhängigkeit gegen die Grafen von Waldburg zu verteidigen. In diesem Punkt gab es wenig Unterschiede zwischen der Periode vor und jener nach 1500 – es gab neue Mitspieler und alte verschwanden; für alle, die nun mitspielten, wurde der Begriff Staat geprägt, und es wurden neue Maßstäbe an die geforderte Dichte von Herrschaft gelegt, aber Konkurrenz war weiter bestimmend. Für alle galt auch, dass man die Regeln und Verfahren der Christenheit zu beachten hatte, aber die Konkurrenz prägte den Alltag.

Die hatte Folgen darin, dass die Landesherren Universitäten gründeten, um die Landeskinder auf eigenem Boden mit eigenen Leuten ausbilden zu lassen, und es hatte Folgen darin, dass die Landesherren ihre eigene Wirtschaft förderten auf Kosten der Nachbarn; z. B. indem die Niederlande die Schelde sperrten oder die Grafen von Waldburg auf Kosten der Stadt Isny die Landspinnerei förderten. Es hatte aber vor allem Folgen darin, dass alle europäischen Mächte, ob groß oder klein, viel Geld für Kriegsknechte ausgaben, und dass diejenigen, welche das nicht taten, durch Machtverlust oder mit Geld dafür bezahlten. Und es hatte Folgen darin, dass es keine Instanz gab, die den Rüstungswettlauf stoppen konnte. Ein Verbot, die Fernwaffen Armbrust und Bogen gegen Chris-

---

388 J. Conrad: Heart of Darkness, (1902) Neuaufl. London 1994, S. 20.

ten einzusetzen, welches schon das Laterankonzil 1139 erlassen hatte, war nicht durchsetzbar – anders als die Einschränkung des Gebrauchs von Feuerwaffen in Japan im 16. Jahrhundert. Die Fernwaffen änderten den Charakter des Krieges, indem sie den Kampf Mann gegen Mann zurücktreten ließen und die schwere Rüstung der Ritter in ihrer Bedeutung erst einschränkten und später aufhoben – auch wenn immer wieder Gegenmittel gegen die Pfeilhagel erfunden wurden, z. B. die breiten Eisenkrempen der Soldatenhüte im 15. Jahrhundert. Die ständigen Kriege selbst auf der untersten Ebene machten das Militär zu einer dauernden Institution der Akkulturation, des Lernens.[389]

Vielleicht bieten Kanonen ein Beispiel. Sie kamen aus der muslimischen Welt in die Christenheit und sind im 14. Jahrhundert zuerst an den Fronten im Süden belegt.[390] Anfangs waren sie vor allem eine Verteidigungswaffe: Sie waren schwer zu bewegen, aber auf Festungstürmen oder bei einer Belagerung zum Schießen von Breschen besonders wirksam. Mit der neuen Belagerungsartillerie wird 1453 Konstantinopel erobert und 1552 Kasan – nicht, dass die Christen in Konstantinopel oder die Muslime in Kasan keine Kanonen gekannt hätten, sondern weil die alten Befestigungen nicht standhielten, wenn der Gegner das Umland so sicher beherrschte, dass er seine schwere Belagerungsartillerie sicher in Stellung bringen konnte.

Eine entscheidende Neuerung für die bewegliche Kriegsführung brachten schon die Hussiten im 15. Jahrhundert. Sie schlugen die Kreuzzügler aus dem Reich auch durch eine neue Taktik: Sie setzten die neue Artillerie als Feldartillerie ein, und überbrückten die langen Schussfolgen, indem sie die Zwischenräume zwischen den Wagen, auf denen sie Artillerie und Büchsen montierten, durch Ketten für Attacken der Reiterei sperrten. Die Siege über das (vorwiegend) deutsche Kreuzheer 1420 und 1421 führten nun zwar zu einer Veränderung der Heeresorganisation im Reich – 1427 wurde das erste Reichskriegssteuergesetz erlassen –, änderten aber nichts an der Überlegenheit der neuen, von Johann Žižka von Trautzenau entwickelten Taktik. Die Hussiten gingen seit 1426 zu weiten Feldzügen in die um Böhmen liegenden Länder und sogar bis Pommerellen über, ein weiteres Kreuzheer unterlag 1431 bei Taus. Erst als 1433 der gemäßigtere Teil der Hussiten durch das Zugeständnis des Laienkelches von dem radikaleren Teil, der in waldensischer Tradition die Bibel zur Grundlage der Kirche machen wollte, getrennt werden konnte, gelang es Kaiser Sigismund, diese radikalen Taboriten zu besiegen und als König von Böhmen wieder anerkannt zu werden.[391]

Die neue Militärtaktik fand sofort ihren Weg über die Grenzen, nicht zuletzt wurde sie von den Osmanen übernommen und von den Timuriden bei der Eroberung Indiens

---

389 T. Kolnberger, I. Steffelbauer, G. Weigl Hg.: Krieg und Akkulturation, Wien 2004.
390 G. Liedl: Wettrüsten oder der Weg der Kanone, in: Lield, Pittioni: Kanone.
391 Gebhardt 1, S. 649–656; F. Seibt: Hussitenstudien, ²München 1991; allgemein zum Königreich Böhmen K. Bosl Hg.: Handbuch der Geschichte der böhmischen Länder, Bde. 1–4, Stuttgart 1967–1974.

ab 1526 (siehe Kapitel 4). Die osmanischen Heere waren aber nicht nur durch ihre Feldartillerie überlegen, sondern auch durch die gute Disziplin der Truppe, die sie zum Vorbild der Christen machte.[392] In Europa war Burgund der Vorreiter. Karl der Kühne, Herzog von Burgund, hatte ein stehendes Heer eingerichtet, das Armbrust und Büchsenschützen sowie Feldartillerie als Fernwaffe einsetzte, Panzerreiter für den Angriff und Infanterie für die Verteidigung.

Das burgundische Heer verlor jedoch gegen die Schweizer Gewalthaufen, die Langwaffen und Blankwaffen zusammenführten, um die gegnerische Kavallerie erst durch die Lanzen zu stoppen und dann durch den unmittelbaren Angriff von Mann zu Mann zu vernichten – so wie das auch die flämischen Bürgerheere getan hatten. Bei der Niederlage gegen die Schweizer bei Grandson 1476 verloren die Burgunder auch die Artillerie, und in der folgenden Schlacht bei Murten bestätigten die Schweizer Fußtruppen ihre Überlegenheit gegen die burgundische Kavallerie. Nicht zuletzt siegten die Schweizer, weil sie entschlossener kämpften als die burgundischen Söldner – eine aus den Kämpfen gegen Österreich entstandene Bereitschaft »für das vatterland zu sterben« kündigte einen »neuzeitlichen Volkspatriotismus« an.[393] Grandson und Murten zeigten, dass die Artillerie allein nicht die Kriege entschied, auch wenn Frankreich die Fußtruppen der Eidgenossen schon 1515 bei Marignano durch die effektivere Artillerie besiegte. Setzten die Schweizer Siege den Aufstieg der Infanterie gegenüber der Kavallerie fort; so zeigten die Franzosen die neue Bedeutung der Fernwaffen. Das zeigte auch ein politisches und finanzielles Problem – ein Knecht mit Lanze war wesentlich billiger auszurüsten, als ein Artillerist.

Das 16. Jahrhundert beherrschten aber weder die Schweizer noch die Franzosen, sondern die Spanier. In den langen Kämpfen mit der maurischen Infanterie hatten sie das Karree so entwickelt, dass die Pikeniere die Arkebusiere so lange deckten, bis diese geladen hatten. Diese Verbindung von Fernwaffen und Infanterie sicherte Kaiser Karl V. den glänzenden Sieg von Pavia 1525, der für ein Jahrhundert die Vorherrschaft Spaniens in Italien begründete und in der Schlacht bei Mühlberg die Sache der Protestanten zurückwarf.

Die spanische Vorherrschaft im Zentrum Europas wurde erst beendet, als Frankreich als das Land mit den meisten Ressourcen eine so hohe Feuerkraft von Infanterie und Artillerie erreichte, dass die Karrees der spanischen Hauptarmee in der Schlacht bei Rocroi 1643 vernichtet werden konnten. Von nun an war das französische »Militaire« führend in Europa, so dass man mit der neuen Taktik auch die französischen Termini übernahm.[394] Schweden und die Kaiserlichen waren auf dem Weg zur Erhöhung der Feuer-

---

392 Cardin, Europa, S. 201 f.
393 G. Himmelsbach in Förster/Pöhlmann, Schlachten, S. 108–122.
394 P. Chaunu: Europäische Kultur im Zeitalter des Barock (1966), dt. München 1968, hier S. 69–72.

kraft vorausgegangen. Das am besten untersuchte Beispiel ist der Krieg in Irland 1641–1649: Hier wurden alle Merkmale der »militärischen Revolution« eingesetzt: »die Artilleriefestung, die Breitseite in der Seeschlacht, die Entscheidung des Gefechts durch Feuerkraft und der Einsatz mehrerer Armeen in gemeinsamer Aktion.«[395] Auch die irischen Aufständischen begannen fast sofort damit, Kanonen zu gießen und eroberten Festungen der Gegenseite durch Artilleriebombardement.

Die Militarisierung der europäischen Mächte führt im 17. Jahrhundert zu einem Standard von Rüstung und Ausrüstung der Armeen, der sie den außereuropäischen Armeen – von denen man noch im 16. Jahrhundert gelernt hatte – überlegen macht. Russland übernimmt diesen Standard und kommt eben dadurch in die Lage, Schweden zu besiegen und selbst zur europäischen Großmacht aufzusteigen. Die Militarisierung bedeutete zugleich einen unverhältnismäßigen Anstieg des Militärs. Zwischen 1470 und 1630 stieg die Truppenzahl in Spanien von 20.000 auf 300.000 und in Frankreich von 40.000 auf 150.000. 1690 hatte Frankreich 400.000 Mann unter Waffen, 1756/60 immerhin noch 330.000, während Russland eine ebenso große Armee aufgebaut hatte und England und Österreich je 200.000 Mann und Preußen 195.000 stellte. Gewiss wird man diese Zahlen nicht als präzis ansehen, die Differenz zwischen Ist- und Sollbeständen war überall groß,[396] aber sie geben einen Eindruck vom Zuwachs des Militärs.

An sich lernt man selten schneller als im Krieg und vom Krieg.[397] Das Osmanische Imperium übernahm jedoch die neue Taktik genauso wenig wie das Mogulreich, wie Polen oder die geistlichen Fürstentümer im Heiligen Römischen Reich. Das dürfte weniger auf Mentalitäten oder Habitus zurückzuführen sein als vielmehr auf die sozialen und realen Kosten der Umstellung. Polen ist ein bekanntes Beispiel: Um den »miles perpetuus« im für erfolgreiche Konkurrenz notwendigen Ausmaß zu etablieren, hätte der Adel auf einen Teil seiner Einnahmen verzichten müssen. Der Adel war in Polen eine sehr große Gruppe mit ca. 9 % der Bevölkerung; hätte diese Gruppe auf Privilegien wie die Steuerfreiheit verzichtet, dann wäre der arme Adel – die »nackte Szlachta« – noch tiefer in die Armut gedrückt worden. Und es gab ja auch immer wieder Erfolge der Adelsreiterei, auch nach den Niederlagen gegen schwedische und brandenburgische Infanterie wie in der Schlacht vor Warschau 1656, zum Beispiel in der glanzvollen Teilnahme polnischer Adelsreiterei am Kahlen Berge 1683. Allerdings: Das von den Osmanen besetzte Kamenec Podolsk konnten die Polen ohne genügend Artillerie und Infanterie weder erobern noch erfolgreich vom Nachschub abschließen.

---

395 G. Parker: Empire, War and Faith in Early Modern Europe, London 2002, Zitat S. 172.
396 Kennedy, Rise, S. 56, 98. Zur russischen Armee s. Nolte/Vetter, S. 44.
397 T. Kolnberger, I. Steffelbauer, G. Weigl Hg.: Krieg und Akkulturation, Wien 2004, besonders lernten die Europäer – wie erwähnt – von den Türken, vgl. ebd. M. Kurz: Die türkische Herausforderung für Wien, sowie M. Hochedlinger: Militär und Staatsverdichtung in der Habsburger Monarchie.

Das weist schon darauf hin, warum das Osmanische Reich seine Militärverfassung nicht grundlegend änderte, obgleich oder weil ja viele der anfänglichen Veränderungen aus dem Imperium kamen.[398] Trotz des Verlustes von Ungarn, von Belgrad und der Kleinen Walachei siegte man nicht nur 1711 über Russland, sondern eroberte bis 1718 den Peloponnes und bis 1739 die Donaugrenze zurück. Die Reformen, die man durchsetzte, schienen also ausreichend gegenüber Habsburg und Venedig. Der Aufstieg Russlands dagegen beruhte ja auch auf dessen enormer Zunahme an Menschen und Potenzial, die man von Istanbul aus zu hindern keine Machtmittel hatte (nicht mehr hatte, seitdem die Tataren keine Sklaven mehr in Russland jagen konnten und die weiten fruchtbaren Steppen von Russen und Ukrainern sowie nach der Annexion der Krim 1783 auch von Deutschen, Serben und anderen besiedelt wurden).

Der nächste Schritt der Militarisierung betraf die Flotten. Seit die Portugiesen ihre hochbordigen Schiffe mit Kanonen bestückt hatten, wurden Flotten immer teurer; Kanonen wurden in zwei und dann in drei Reihen übereinander angebracht, und man konnte nur sehr festes, also teures Holz benutzen. Hinzu kamen die Kosten des Unterhalts – Muscheln wuchsen auf den Schiffsrümpfen, das Holz verrottete etc. Russland, ein Newcomer im 18. Jahrhundert und auf den ersten Blick zur Landmacht prädestiniert, gab ein Drittel seines Etats für die Ostseeflotte aus, um einen Dreimächtestandard in der Ostsee zu halten – um also eine genauso große Flotte zu besitzen wie Dänemark und Schweden. England steckte während des Spanischen Erbfolgekrieges 35 % seiner Rüstung in die Flotte – 40 % in die Armee und 25 %[399] gab England für Subsidien aus.

Auch bei den Flotten führte die kontinuierliche Hochrüstung der europäischen Mächte schließlich dazu, dass keine der asiatischen Mächte mehr mithalten konnte. Die Überlegenheit wurde deutlich, als es der neuen, aber nach europäischen Standards ausgerüsteten russischen Flotte gelang, die alte osmanische Seemacht 1770 gegenüber Chios entscheidend zu schlagen. Im Opiumkrieg 1839–1842 war die chinesische Marine nicht in der Lage, die chinesische Küste gegen die staatlichen Drogenhändler der Periode, also die Briten, zu verteidigen, und wenig später erzwingt ein amerikanisches Geschwader die Öffnung Japans und einen Handelsvertrag mit den USA. Dass dieser Vorsprung in der Marinerüstung aber nicht in einer unterschiedlichen Mentalität begründet war, zeigte das Kaiserreich dann jedoch bekanntlich in kürzester Zeit.

Die europäische Expansion war bis 1650 vor allem zur See erfolgreich, und europäische Mächte beherrschten Küsten und Inseln bis Chile und Japan. In der ersten großen Landexpansion hatten Russen Sibirien erobert. Die meisten asiatischen Reiche aber bildeten noch eigene »Welten«.

---

398 McNeill, Web, S. 192–200.
399 NCMH VI.

Im Machtbereich des europäischen Systems

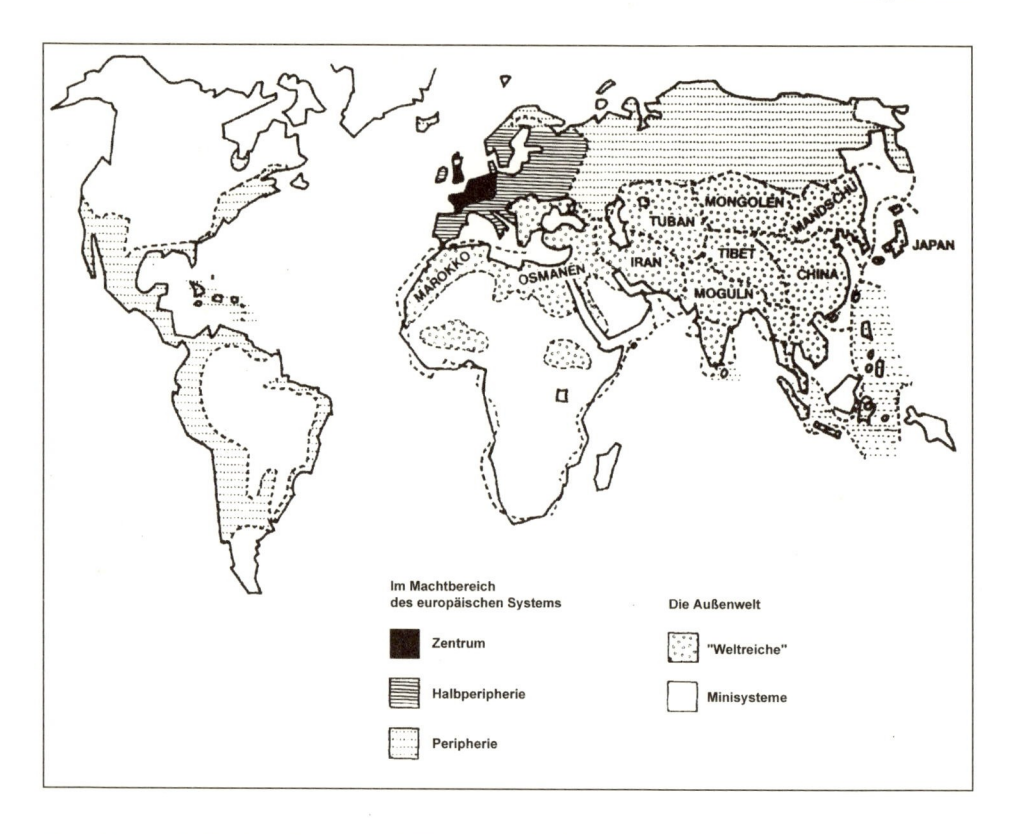

- Zentrum
- Halbperipherie
- Peripherie

Die Außenwelt

- "Weltreiche"
- Minisysteme

Entscheidende Punkte des neuen Militärs sind schon 1776 von Adam Smith herausgearbeitet worden: »Die erste Pflicht eines Herrschers, das Land vor Gewalt und Unrecht anderer Staaten zu schützen, ist nun mit fortschreitender Entwicklung laufend kostspieliger geworden ... In einem modernen Krieg bedeuten die hohen Kosten der Feuerwaffen unbestreitbar einen Vorteil für jene Nation, die diese Ausgaben am ehesten aufbringen kann. Deshalb ist eine reiche und zivilisierte Nation einem armen und wenig entwickelten Lande stets überlegen. Im Altertum konnten sich die reichen Länder kaum gegen die armen Barbarenstämme verteidigen. Heute hingegen ist es für ein unterentwickeltes Volk schwerer, sich gegen ein zivilisiertes Land zur Wehr zu setzen. Die Erfindung der Feuerwaffen erscheint damit auf den ersten Blick verderblich. Sie begünstigt jedoch mit Sicherheit den Fortbestand und die weitere Ausbreitung der Zivilisation.«[400]

---

[400] A. Smith, auszugsweise in G. Wachtler Hg.: Militär, Krieg, Gesellschaft, Frankfurt 1983, S. 53–65, Zitate S. 64 f. Die Zitate unterscheiden sich von A. Smith: Eine Untersuchung über Natur und Wesen des Volkswohlstands, deutsch Gießen 1973, Bd. 2, S. 395–397, deutlich, aber nicht in der hier herausgehobenen Tendenz. Zur Geschichte des Militarismus-Konzepts V. R. Berghahn: Militarismus. Die Geschichte einer internationalen Debatte, deutsch Leamington Spa 1986.

Erasmus von Rotterdam hatte 1517 in seiner Philippika gegen den christlichen Militarismus auf den Widersinn verwiesen, wenn Anhänger der Lehre der Liebe und Vergebung so besonders erbittert Krieg führen – »Die Heere treffen zusammen, auf beiden Seiten das Kreuzzeichen vorantragend …« – oder gar der Papst für Teilnahme an bestimmten Kriegen Vergebung der Sünden verspricht. Er kritisierte sogar die Kriege gegen die Türken: »ich trachte nach dem Reichtum der Türken und spanne die Verteidigung der Religion vor.« Aber er war wohl skeptisch, wie weit die Kritik einer verlogenen Religion tragen würde und betonte auch die materiellen Verluste : »Ehe du anfängst, hast du deinem Vaterland schon mehr geschadet, als du mit deinem Sieg nutzen könntest.«[401] Je mehr die Überlegenheit der christlichen Mächte über »die Türken« und Andere in den folgenden Jahrhunderten wuchs, desto weniger stimmte dieses ökonomische Argument – da man eh gezwungen war, ein hohes Rüstungsniveau zu finanzieren, verloren Kriege gegen »unterentwickelte Länder« den Charakter des Risikos; das Risiko entstand überwiegend aus dem Zusammenstoß mit anderen christlichen Mächten. Die Begründung ist säkular: Auch Smith bedauert den Krieg, aber es scheint, als ob der Vorteil der Ausbreitung der Zivilisation das ausgleicht.

Geoffrey Parker hat eine Reihe von Gründen für die Überlegenheit der europäischen Armeen gegenüber dem »Rest der Welt« zusammengefasst:[402]

1. Die Europäer kämpften, um zu töten (während Indianer oder Afrikaner immer an die Möglichkeit dachten, Arbeitskräfte, Sklaven zu gewinnen);
2. die Europäer bauten überall sofort und oft sehr gute Festungen (während z. B. die Hauptstadt Acehs noch 1620 unbefestigt war);
3. die Programme nachholenden Lernens der Anderen kamen oft spät und folgten vielfach technologisch schlechten Wegen, z. B. machte man Artillerie groß statt vielfältig und schnell einsetzbar (Car Pushka, Zar-Kanone im Kreml);
4. muslimische oder hinduistische Kriegergesellschaften fanden es schwierig, militärische Disziplin zu lernen, sofern sie nicht Sklaven einsetzten (wie die Mamelucken oder die Janitscharen).

Die militärische Überlegenheit des Westens wurde im Verlauf der Moderne zu einer derartigen Selbstverständlichkeit, dass es im Rahmen der Kriegsgeschichte an den Kriegsakademien eine Tradition der Vorstellung gab, europäische Kriege seien von den Grie-

---

401 B. Hannemann Hg.: Erasmus von Rotterdam: Süß scheint der Krieg den Unerfahrenen, München 1987, Zitate S. 52, 82, 83.
402 G. Parker: Europe and the wider world 1500–1750, the military balance, in: Tracy, Merchant Empires I; Ders.: Empire, War and Faith in Early Modern Europe, London 2003. Vgl. kritisch W. R. Thompson: The Military Superiority Thesis, in: JWH 10.1 (1999).

chen und Römern an durch kulturelle Besonderheiten geprägt.[403] V. D. Hanson hat in dieser Tradition in den Vereinigten Staaten einen »national bestseller« geschrieben, in der er beschreibt, wie die westliche Kultur – geprägt durch Widerspruchsgeist, Erfindungen und das Konzept der Bürgerschaft – von der Schlacht bei Salamis 480 v. u. Z. über Tenochtitlán 1521 und Lepanto 1571 bis Midway 1942 und schließlich zur Tet-Offensive 1968 kontinuierlich bessere Waffen und bessere Soldaten hervorgebracht hat. Er nennt die westliche Kultur des Krieges »holistisch«, also umfassend; man könnte auch mit dem 1. Punkt von Parker sagen: systematischer, radikaler.[404]

Phasen der europäischen Expansion

Adam Smith hat einen entscheidenden Punkt benannt, der schon innerhalb Europas und erst recht in den Verhältnissen zwischen europäischen und außereuropäischen Mächten im Verlauf des Aufstiegs der christlichen Mächte bestimmend wurde: Die Konkurrenz zwischen den europäischen Mächten trieb das Niveau der Rüstung in eine Höhe, die sich immer weniger Mächte leisten konnten. Dies erscheint Smith verderblich – nämlich für die unterentwickelten Länder –, aber doch auch positiv, weil durch die Überlegenheit der Waffen die Zivilisation ausgebreitet wird.

Der Militarismus der europäischen Mächte war also die Voraussetzung der europäischen Expansionen.[405] Andererseits ist nicht zu übersehen, dass Expansionen meist erst im Zusammenspiel mit endogenen Mächten Erfolg hatten – die Engländer hätten Bengalen kaum ohne das Bündnis mit dem Heerführer des Nawabs erobert, und viele Kriege gegen Indianer in den USA wurden mit indianischen Verbündeten geführt.

Man kann drei große Phasen der europäischen Expansion unterscheiden:[406]

1. die im Hohen Mittelalter des 11. und 12. Jahrhunderts, deren Träger Kirche, Adel und Stadtrepubliken waren.[407] Ihr entscheidendes Instrument und ihre Legitimation nahm diese Expansion aus dem Kreuzzug,[408] der von der Kurie mit der Lehre vom Ablass

---

403 Vgl. H. Nolte: Vom Cannae-Mythos, Göttingen 1991, bes. S. 16–28.
404 V. D. Hanson: Carnage and Culture. Landmarks in the Rise of Western Power, New York 2003.
405 Frühe Neuzeit: Reinhard, Expansion; B. C. Shafer Hg.: Europe and the World in the Age of Expansion, 10 Bde. Minneapolis 1974; Anfänge: Feldbauer, Mittelmeer.
406 H.-H. Nolte: Europe in the Global Society, in: International Social Science Review 31 (1991).
407 Zuletzt Feldbauer, Mittelmeer.
408 S. Runciman: Geschichte der Kreuzzüge, deutsch München 1967; W. Sutton Hg.: A History of the Crusades, 6 Bde. Madison/Wisc. 1969–1985; W. Erbstösser: Die Kreuzzüge, ²Leipzig 1980; H. Beumann Hg.: Heidenmission und Kreuzzugsgedanke, Darmstadt 1973. Kleinschmidt, Beziehungen nennt sein drittes Kapitel »Die Kreuzzüge als Weltkrieg«. Didaktik: Beiträge zur Historischen Sozialkunde 1996/3.

gefördert wurde: Wer am Kreuzzug teilnahm (und zunehmend auch, wer einen finanzierte, der am Kreuzzug teilnahm), dem wurde zugesagt, dass die Zeit verkürzt werden würde, die er im Fegefeuer zu leiden hätte. Das dem Kreuzzug zugrunde liegende Konzept, das erlaubte, Religion mit der Waffe zu verbreiten, lag in der Übertragung der Apostasie auf die Einwohner Palästinas oder anderer Länder – sie waren einmal christlich gewesen und sollten nun, nach der »Rückeroberung«, zum Gehorsam gegen die Kirche gezwungen werden.[409] Fraglos war es eine Voraussetzung für die Begeisterung besonders des französischen Adels, dass man zweite und dritte Söhne standesgemäß unterbringen konnte, und die Begeisterung der italienischen Stadtrepubliken, dass man an den Kreuzzügen und in den neuen Kolonien Gewinne machen konnte. Bauern haben auf der Iberischen Halbinsel und östlich der Elbe in der Folge von Kreuzzügen neues Siedland gefunden. Militärisch beruhte die Expansion auf den schwer gerüsteten Rittern, deren Keilangriff schwer auszuhalten war, die allerdings (sowohl in der Levante als auch im heidnischen Litauen) geschlagen werden konnten, wenn man sie an der Front stoppte und an den Seiten mit Fernwaffen angriff. Diese Expansion fand ihr Ende an der muslimischen Gegenwehr und wurde schließlich, nach der Schwächung des oströmischen Imperiums durch die Lateiner 1204, zum Ausgangspunkt des osmanischen Vormarsches in Europa.

2. Die frühneuzeitliche Phase der Expansion[410] im 16. und 17. Jahrhundert schloss auf der Iberischen Halbinsel an der hochmittelalterlichen an; auch wenn man die religiöse Bedeutung von Gold im 16. Jahrhundert nicht unterschätzen sollte, waren zunehmend Geldgier und der Wille zum sozialen Aufstieg an der Peripherie die treibenden Motive. Träger der Expansion waren Könige, Kaufleute und Abenteurer. Vom 17. Jahrhundert an beteiligten sich Aktiengesellschaften und die Rechenhaftigkeit der Gewinnerwartungen stieg. Das wichtigste militärische Instrument der Expansion war das hochbordige, mit Kanonen bewaffnete und mit Rah und Gaffel an mehreren Masten sehr manövrierfähige, wenn auch nicht unbedingt schnelle Schiff. In Begegnung mit Hochkulturen, die sich auf steinzeitlichem Niveau befanden, gelangen große territoriale Eroberungen; teilweise durch Unterwerfung, teilweise durch Vernichtung der Bewohner wurde in den Amerikas und Australien spanische, portugiesische, französische und vor allem englische Siedlung möglich. Asiatische Territorialmächte konnten aber nur ausnahmsweise besiegt werden (Bengalen).

---

409 Die orthodoxe Kirche hat sich dagegen geweigert, Waffen zu segnen, und hat das Konzept des Kreuzzugs nicht übernommen: Cardini, Europa, S. 50. Die russischen Kriege gegen die Tataren waren kirchenrechtlich keine Kreuzzüge, auch wenn antimuslimische Legitimationen benutzt wurden.

410 Handbuchcharakter hat Reinhard: Expansion; gut lesbarer Überblick H. Gründer: Eine Geschichte der europäischen Expansion, Leipzig 1998.

3. Die dritte Phase der europäischen Expansion fällt in das 19. Jahrhundert.[411] Getragen wird sie von Staaten, Kaufleuten, Industriellen und Grenzgenerälen. Das Vorbild der so erfolgreichen 2. Phase ist jetzt überall wirksam, die 3. Phase hat einen systematischen Charakter. Indien und Indonesien werden fast ohne Reste erobert, alte muslimische Staaten in Zentralasien und Nordafrika werden ebenso unterworfen wie kleinere Staaten im buddhistischen Bereich; China wird in eine abhängige Position gedrückt; nur Japan und – schon im 20. Jahrhundert – der Türkei gelingt es, den Anschluss an den westeuropäischen Kern zu finden. Die Herrschaft der europäischen Mächte zur See bleibt unangefochten; erste Schnellfeuerwaffen erlauben die Unterwerfung Afrikas zu relativ geringen Kosten. In Nordamerika und Australien wird die Besiedlung von Gebieten, aus denen die vorherigen Einwohner vertrieben wurden, zu einer Massenbewegung. Länder wie Italien und Deutschland, die keine wohlhabenden Gesellschaften mehr finden, die sie unterwerfen könnten, und keine größeren für Europäer bewohnbaren Gebiete, aus denen man die einheimische Bevölkerung vertreiben könnte, begnügen sich in »Vorsorgekapitalismus« mit der Eroberung unfruchtbarer Territorien.

Die Kontinuität der europäischen Expansion reicht über alle Perioden des Mächtesystems. Mancherorts werden Formen von Expansion noch durchgeführt, die andernorts schon nicht mehr erfolgreich sind – so erobert der Deutsche Orden im 13. Jahrhundert die Länder der südlichen Ostseeküste, als die Besitzungen im Heiligen Land schon verloren gehen; und so geht die Reconquista in die Conquista über.

Das Ende der Expansion, darauf hat Constantin Franz 1859 verwiesen und Adolf Rein hat 1953 daran erinnert, war erreicht, als die gesamte Erde unter europäische Herrschaft gebracht war. Dies musste zu einer Veränderung des Staatensystems führen, das bis zum 19. Jahrhundert als europäisches Konzert funktioniert hatte.[412] Am Beginn des 20. Jahrhunderts war die Grenze der bewohnbaren Welt fast überall erreicht; Expansionen konnten sich nur noch gegen andere Länder des Systems richten. Dies führte zu einer Verschärfung der Konkurrenz und zur weiteren Militarisierung der beteiligten Nationen.[413]

In der Folge der Expansion entstehen vor allem zwei Typen kolonialer Herrschaft:[414]

---

411 Gesamtdarstellung G. Schöllgen: Das Zeitalter des Imperialismus, ²München 1991; Sammlungen von Positionen und Einzeldarstellungen: W. J. Mommsen Hg.: Der moderne Imperialismus, Stuttgart 1971; Hans-Ulrich Wehler Hg.: Imperialismus, Köln 1970; P. Cain, M. Harrison Hg.: Imperialism. Critical Concepts in Historical Studies, Bd. 1–3 Andover 2000.

412 A. Rein: Über die Bedeutung der überseeischen Ausdehnung für das europäische Staatensystem, Neuausgabe Darmstadt 1965.

413 Nolte, Eine Welt, S. 107.

414 Als systematische Übersicht und zu Definitionen Osterhammel, Kolonialismus. Zur Geschichte D.K. Fieldhouse: Die Kolonialreiche seit dem 18. Jahrhundert, deutsch Frankfurt 1965; R. v. Albertini: Eu-

1. Die Siedlungskolonie, die häufig bis auf den heutigen Tag Bestand hat. Typisch ist etwa die mittelalterliche deutsche Ostsiedlung, in der Städte wie Neu-Köln oder Neu-Münster die Herkunft der Siedler anzeigen oder Städte wie Königsberg die Gründer ehren bzw. ehrten. In diesen Gebieten entstand eine neue Bevölkerung aus Slawen, Pruzzen und Deutschen. Ähnlich verlief die Siedlung östlich und südlich der Oka mit Städten wie »Nieder-Neustadt« (Nizhnij Novgorod) und Provinzen wie »Neurussland«, Städten wie Neu-York und Ländern wie »Neu-England« oder »Neu-Süd-Wales« bzw. den vielen Städten, und Orten, welche Namen aus der alten Heimat tragen, wie Bismarck oder Alberta. Anders als die deutsche Grenze im Osten, an der jeder integriert wurde, der den christlichen Glauben annahm, und die russische Grenze, an der jeder integriert wurde, der die Herrschaft des Zaren akzeptierte, war die Grenze der englischsprachigen Expansion durch Exklusion gekennzeichnet: Indianer konnten bis zum 20. Jahrhundert in der Regel nicht Teil der amerikanischen Nation werden.[415]
2. Die Wirtschaftskolonie,[416] die meist mit dem Ende einer bestimmten Periode (oder nach einer Abfolge von Konjunkturen) aufgegeben wird. In diesen Fällen erwerben oft kleine Gruppen von Kaufleuten, Jägern, Kosaken oder Trappern, von Plantagenbesitzern oder auch von Angestellten besonders gegründeter Gesellschaften Territorien, um – in der Regel im Handel mit dem Mutterland – Gewinne zu machen. Das kann die Zuckerproduktion sein, die von Zypern in die Karibik wandert, der Pfeffer, den die Ostindische Kompanie monopolisiert, oder der Pelz, der aus Sibirien und Kanada auf den europäischen Markt kommt.

Auch hier gibt es selbstverständlich Übergänge, etwa in Sibirien, das im 17. Jahrhundert eine Wirtschaftskolonie ist, die auf Pelzausfuhr basiert, und wo zu Beginn des 20. Jahrhunderts die Massenansiedlung gefördert wird.[417]

Vorteile der Expansion

Zuerst einfach solche der Migration, der Wanderung, der Eroberung neuer Weidegründe – direkt und im übertragenen Sinn. Durch die Migration von Deutschen im 12. und 13. Jahrhundert nach Osten wurde daheim Druck von der Bevölkerung genommen,

---

ropäische Kolonialherrschaft, München 1982; Quellensammlung B. v. Borries Hg.: Kolonialgeschichte und Weltwirtschaftssystem, Düsseldorf 1982.
415 H.-H. Nolte: Deutsche Ostgrenze, russische Südgrenze, amerikanische Westgrenze. Zur Radikalisierung von Grenzen in der Neuzeit, in: J. Becker, A. Komlosy Hg.: Grenzen weltweit, Wien 2004.
416 Bei Osterhammel »Beherrschungskolonie«.
417 M. Aust: Rossia Siberica, in ZWG 1 (2000).

hatten zweite und dritte Söhne eine neue Chance. In Westdeutschland war damals in den meisten Gebieten die beim Stande der Dreifelderwirtschaft angemessene und oft auch die mögliche Zahl der Höfe erreicht, man konnte keine neuen Höfe mehr einrichten, die jene 40 bis 60 Morgen umfassten, die für einen Hof mit Pferden und Vieh notwendig waren. Die Erlaubnis zur Ehe war an ausreichend Besitz gebunden, um Kinder zu ernähren, und außereheliche Kinder hatten fast keine Überlebenschancen. Trotzdem legte man zum Teil kleinere Höfe an, Kötner oder Brinksitzer, deren Inhaber auf Zuarbeit angewiesen waren – eine der Quellen der ländlichen Gewerbe. Aber es war einfacher, wenn zweite und dritte Söhne eine Chance im Osten fanden. Das war auf der Iberischen Halbinsel im Süden ähnlich, in den von den Arabern eroberten Gebieten. Und es war auch im Osten, an den russischen Grenzen zur Steppe ähnlich, obgleich die Durchsetzung der Dreifelderwirtschaft hier auch im 16. Jahrhundert noch große Gebiete ausließ. Russische Bauern fanden hier mehr soziale Freiheit – die Schollenpflichtigkeit wurde an den Rändern weniger durchgesetzt –, sie fanden aber auch noch mehr wenig ausgebeutete Natur, aus der sie Fisch, Wild und Honig holen konnten. Die Eroberung von Randgebieten bot auch immer die Chance, Problemfälle aus der expandierenden Gesellschaft an die Grenze abzuschieben, wo sie unter neuen Bedingungen durchaus eine zweite Chance nutzen konnten. Der Räuber Jermak wurde schließlich zum Voevoden der ersten zarischen Siedlung in Sibirien.

Ähnlich waren auch die Vorteile der Migration von Spaniern, Engländern oder Iren nach Übersee – in der Heimat wurde sozialer Druck vermieden, und in Übersee nicht selten beträchtlicher Wohlstand erworben, weil eine fortgeschrittene Technik in Gebiete gebracht wurde, in denen Grund und Boden fast nichts kosten. Die amerikanischen Siedler gehörten wahrscheinlich schon im 18. Jahrhundert zu den Gesellschaften mit dem höchsten Durchschnittseinkommen der Welt. Manchmal bewahrte die Migration auch vor dem Hungertod, etwa bei der irischen Hungersnot 1840, während derer etwa eine Million Iren starben, eine weitere Million in Arbeitshäuser kam und eine dritte in die USA auswanderte.

Die Siedlerkolonien bildeten Märkte für Waren aus der Heimat, z. B. für andalusisches Öl, für Tuche und Waffen sowie später für britische Industriewaren. Auch die Siedlerkolonien waren oft Rohstoffproduzenten; von südspanischer Wolle und südrussischem Getreide bis zu den Agrarexporten der USA. Nicht zuletzt aber bildeten die Siedlerkolonien Machtfaktoren für die Mutterstaaten, etwa die 13 Kolonien auf der Seite Großbritanniens im Siebenjährigen Krieg, oder die russischen, serbischen, deutschen Siedler in »Neurussland« im Krimkrieg.

Dies war bei der chinesischen Expansionen der Frühen Neuzeit nicht grundlegend anders. Auch hier gab es vorwiegend auf Handel und vorwiegend auf Siedlung gerichtete Kolonisation. China hatte im 15. Jahrhundert eine Überseeexpansion gesucht und durchgeführt, die bis Ostafrika führte, diese aber wieder aufgegeben, als die Bedrohung durch

Steppenvölker wieder zunahm (vgl. Kapitel 3). Im 17. Jahrhundert eroberten chinesische Kaufleute Formosa/Taiwan von den Holländern, vor allem der Zuckerproduktion wegen, und chinesische Kaufleute gründeten in den Territorien der niederländischen Ostindischen Kompanie, also dem heutigen Indonesien, weitere Zuckerplantagen. Als es zu Massakern von Malaien an den chinesischen Kaufleuten bei Batavia kommt und die Kompanie nicht energisch eingreift, überlegt der Mandschu-Hof, ob er intervenieren soll – unterlässt es aber, weil er dazu eine Flotte hätte aufbauen müssen. Die chinesische Handelsexpansion unterscheidet sich von der europäischen also dadurch, dass sie ohne den Schutz des Staates auskommen muss, es ist eine rein von Marktkräften angetriebene Expansion.

Anders die chinesische Binnenkolonisation, die eine Siedlungskolonisation ist, welche die vorchinesischen Stämme immer weiter in die Berge zurückdrängt. Sie beruht auch darauf, dass das chinesische Landwirtschaftsmodell – also bis weit nach Mittelchina hinein der arbeitsintensive Anbau von Wasserreis und die häusliche Spinnerei der Hausfrauen – in Gebiete vorangetragen wird, in denen sie noch nicht prägend waren.

Es gab noch eine andere wichtige Unterscheidung zwischen der chinesischen oder auch indischen und den europäischen Expansionen: Die letzteren waren durch staatliche Konkurrenz gekennzeichnet. Die spanische war ohne die portugiesische nicht erklärbar, nicht nur gab es Abkommen über Abgrenzungen gegeneinander, sondern auch Kooperationen, z. B. im »Asiento« Spaniens zum portugiesischen Sklavenhandel. Auch die holländische Expansion machte ohne die portugiesische und spanische keinen Sinn – die beiden indischen Kompanien suchen ja die königlichen Vorgänger zu beerben, und es ist ganz praktisch (zumindest nach der Union Portugals und Spaniens von 1580), dass die beiden Kronen auch die Feinde sind, gegen die man die Freiheit und den Calvinismus verteidigen muss. Für die sephardischen Juden, die aus Spanien geflohen waren, hatte der Kampf dann noch eine andere Seite.

Und auch die russische Expansion war durch Konkurrenz anderer europäischer Mächte mit bestimmt. Die Holländer klapperten schon die Nord-Ost-Durchfahrt um Sibirien ab, um selbst an die Pelze, das Elfenbein (von Mammuts, Narwalen und Walrössern) zu gelangen, als Moskau die Durchfahrt südlich Novaja Zemlja sperrte, um die Konkurrenz auszuschließen. Die Eroberung Sibiriens hätte sich auch gar nicht gelohnt, wenn man den Zobel nicht auf den Märkten in Leipzig oder Amsterdam hätte verkaufen können. Für viele europäische Expansionen gab es eine ökonomische Rationalität, nämlich die Märkte im Zentrum und die fiskalischen Interessen der Halbperipherie (sofern nicht Zentrumsländer selbst die Expansionen durchsetzten).

Erfolgreich aber waren alle diese Expansionen europäischer Monarchen oder Handelskompanien vor allem deswegen, weil sie über ein militärisches Niveau verfügten, das den nichteuropäischen Mächten überlegen war – und nur dort, wo das der Fall war, lohnten sich die Expansionen. Die Eroberung Sibiriens wurde nicht von großen Gruppen von Kosaken und bewaffneten Kaufleuten durchgeführt; aber die kleinen Gruppen besaßen bessere Handfeuerwaffen (Kanonen hatten die Tataren z. B. auch) und waren als reine Männerbanden von der Rücksicht auf die Familien »frei«. Gewiss war die russische Front gegen die Tataren nicht die klassische, und die Tataren waren periphere Vertreter muslimischer Gesellschaften, aber die Überlegenheit der russischen Waffen, die ja auch nachgebaut und oft direkt in Holland oder England gekauft waren, zeigte doch, dass in der kontinuierlichen Konkurrenz Westeuropas der Standard der Waffentechnik anstieg.

Radikalisierung der Grenze

Überall war Grenze am Anfang keine Linie, sondern ein Saum, eine Zone. Überall sicherte ein theologisches oder ideologisches Konstrukt die Legitimation der Expansion – Kreuzzug gegen die Wenden und Liven, Sicherung der christlichen Staatsmacht Moskaus gegen die Tataren, zivilisatorische und schließlich rassische Überlegenheit gegenüber den Indianern. Überall trieben konkrete Interessen, meist an Land für Siedlung, diese Säume immer weiter hinaus, immer weiter fort vom Zentrum – nach Osten, Süden oder nach Westen. Überall war militärtechnische Überlegenheit eine Voraussetzung.

Aber auch Unterschiede werden deutlich. Vergleicht man Grenzregime und Grenzregionen innerhalb Europas über die Jahrhunderte hinweg,[418] dann ergibt sich der Eindruck einer vom lateinischen Westen ausgehenden Radikalisierung, die mit der fehlenden Toleranz der römischen Kirche gegenüber Minderheiten und z. B. der Übernahme eines theologischen Konstrukts wie der Schwertmission zusammenging, aber auch mit der sozialen Dynamik Westeuropas sowie der zunehmenden technischen und organisatorischen Überlegenheit gegenüber den »Barbaren«. Diese westeuropäischen Konzepte mit ihrer größeren Systematik führen schon im Mittelalter zu einem Leitbild vollständiger Exklusion der Nichtchristen.

Die muslimischen Staaten jenseits der Grenzen europäischer Mächte duldeten stets Angehörige anderer Buchreligionen wie Christen und Juden, so dass es möglich blieb, in den Grenzsäumen zusammenzuleben oder die Grenzen zu überschreiten. Auch im Bereich des orthodoxen Russland, wie übrigens ebenfalls im katholisch geführten Polen, waren die jeweiligen Ostgrenzen in der Frühen Neuzeit manchmal viele hundert Kilometer breite Säume in der Steppe. Vielleicht auch deswegen, weil es offenbar so viel Platz gab, konkret aber aus der Teilnahme an den Machtkämpfen der Steppe heraus siedelten sowohl der König als auch der Zar muslimische Überläufer im eigenen Machtbereich an. Der Zar gliederte beim russischen Vorrücken in die »Tartarei« muslimische bewaffnete

---

418 H.-H. Nolte: Von Andalusien bis Tatarstan, in: Boškovska-Leimgruber, Frühe Neuzeit.

Verbände in das eigene Machtsystem ein. Das war anders als im Westen – in Andalusien erzwangen die Eroberer die Taufe – und verfolgten später die »Neuchristen« mit der Frage nach dem »Blut«, also der Frage nach den Eltern und Ureltern, die sich einmal der Zwangstaufe gebeugt hatten. Der Übergang zu einer rassistischen Interpretation lag hier nahe.

Der Charakter einer kirchlich und staatlich definierten Exklusion wird an der Ostgrenze des Heiligen Römischen Reiches besonders deutlich: In der Eroberungssituation des 12. und 13. Jahrhunderts wurden heidnische Stämme, z. T. durch terroristische Pogrome, zur Massentaufe gezwungen. Danach gab es eine über die Jahrhunderte hinweg vor sich gehende sprachliche Angleichung zwischen den zugewanderten deutschen (holländischen, friesischen, wallonischen) Bauern und ihren slawischen Nachbarn nach den Mehrheitsverhältnissen. Unterschiede der Rechtsstellung zwischen slawischen und deutschen Bauern wurden im 16. Jahrhundert mit der Durchsetzung der Schollenpflichtigkeit für fast alle eingeebnet. Die spätmittelalterliche Reichsverfassung wollte sichern, dass ethnische Kriterien keine zentrale politische Bedeutung gewannen, obgleich sie durchaus eine Rolle spielten. Erst nach dem Sieg am Weißen Berg 1620 gaben die Habsburger dem deutschen Adel in Böhmen ein derartiges Übergewicht, dass der Sieg der tschechischen Bewegung im 19. und 20. Jahrhundert auch zum Sieg der Demokraten wurde (weil es eben fast keine tschechische Aristokratie mehr gab).

Die »Frontier« der Vereinigten Staaten (vgl. Kapitel 15) war ebenfalls ein eigener und anfangs sehr großer Raum, in dem die Siedler vordrangen. Die indianische Bevölkerung hatte kaum eine Chance zur Integration, da die Exklusion nach ethnischen Kriterien erfolgte. Wo die Weißen ihre Expansion mit religiösen Konzepten begründeten, bewirkte die partikulare Struktur der protestantischen Kirchen, dass es keine Kontrolle theologisch daherkommender Aufrufe gab (anders als etwa in der Diskussion zwischen Theologen der Polen und des Deutschen Ordens auf dem Konzil von Konstanz). Mit zunehmender Aufklärung beriefen sich die USA auf säkulare Kriterien wie Zivilisation. Da sich die Regierung an Verträge mit Indianern nicht hielt – selbst wenn die Gerichte anders votierten –, wurde deutlich, dass die Regierung gegenüber Indianern den Standard Zivilisation aber nicht wirklich gelten lassen wollte. Die Legitimation von Vertreibungen wurde entsprechend zunehmend rassistisch. Mit dem »closing of the frontier« 1889 wurde meist der Bestand an Reservationen festgeschrieben, die Vertreibungen beendet.

Abgesehen von »alten«, in den Differenzen des europäischen Systems seit dem Mittelalter fassbaren Besonderheiten von Kirchen oder Ländern gab es auch einen umfassenden Prozess der Radikalisierung der Grenze. Dies hing mit der Geschichte des Welt-Systems insgesamt zusammen oder auch, wenn man so will, mit dem Sieg des Westens. Das schnelle Wachstum der Bevölkerungen christlicher Länder führte dazu, dass immer neue landsuchende Migranten an die Grenze zogen – von der deutschen Ostexpansion bis zur amerikanischen Westexpansion. Die Grenzsäume wurden schnell »aufgefüllt«, und allein die Menge erhöhte die Notwendigkeit für Grenzen, die schließlich zu einem Strich im Gelände wurden. Damit wurde Frontier als »dynamischer Raum«[419] beendet.

Der Vormarsch von Grenzern war in allen Fällen mit Massenmord und Vertreibung verbunden, aber diese werden im 19. Jahrhundert nicht nur säkular begründet, sondern vor allem immer systematischer.[420] Auch in Russland war Eroberung einer neuen Provinz am Kuban mehr von Umsiedlung und Vertreibung begleitet, als die Expansion an Wolga und Kama. Amerikanische Siedler haben im 19. Jahrhundert in Kalifornien und Texas systematisch Indianer ermordet; Ziel staatlicher Politik ist Genozid in den USA jedoch nicht gewesen (vgl. Kapitel 10). Die deutsche Kriegsführung gegen die Herero in Südwestafrika überschritt die Grenze zum Genozid. Schließlich wurde im Nationalsozialismus der vollständige Genozid an Juden und Roma und Sinti sogar zum Ziel staatlicher Politik.

Der Versuch, die rechtliche Verfolgung eines solchen Verbrechens auf Weltebene durchzusetzen, wurde mit der Konvention gegen den Genozid 1948 begonnen.[421] Die Konvention hatte jedoch nur eine Chance, Gesetzeskraft zu erlangen, wenn die großen Mächte zustimmten – wegen des sowjetischen Rechtsverständnisses rechnet die Konvention Politizid (also Ermordung von Menschengruppen aus politischen Gründen) jedoch nicht zum Tatbestand, und wegen des angelsächsischen Rechtsverständnisses fehlt »Umsiedlung«. Dieses Instrument der Politik hatten die Großmächte in Potsdam ja auch gerade erst vertraglich sanktioniert. Die Politik des »Removal«, der Umsiedlung oder Vertreibung der Angehörigen von Ethnien, die auf der falschen Seite der Grenze lebten, ist von der Weltgemeinschaft bisher völkerrechtlich nicht verurteilt worden.

In allen vorgestellten Fällen gab es eine »Freiheit der Grenze« – eine Freiheit, schnell reich zu werden, den engen Kontrollen daheim zu entgehen, neue Gesellschaftsformen aufzubauen oder auch, alte Gesellschaftsformen – wie die Selbstbestimmung der Kosaken im Kreis – an der Grenze zu retten. In Russland ging dieses innovative Potenzial jedoch verloren, weil das Zentrum die gesamte Entwicklung kontrollierte, woran auch die Oktoberrevolution nichts änderte. In Amerika entstand an der Grenze eine wohlhabende weiße Bevölkerung, die offen war für Erfindungen und zum Beispiel in der Agrartechnik eine Revolutionierung trug. Hier wurde jeder waffentragende Mann für grundsätzlich gleich angesehen. Die »Frontierstaaten« bildeten deshalb die politische Grundlage für die langsame Durchsetzung des Prinzips »ein Mann, eine Stimme« in den USA. Hier wurde aus dem in den Kolonien tradierten Ständewesen die Demokratie eine Stufe wei-

---

419 G. Drekonja: Frontier/frontera, in: Periplus 1999.
420 H.-H. Nolte: Deutsche Ostgrenze, Russische Südgrenze, Amerikanische Westgrenze, Zur Radikalisierung der Grenzen in der Neuzeit, in: J. Becker, A. Komlosy Hg.: Grenzen weltweit, Wien 2004.
421 Bundesgesetzblatt 1954, Teil II, S. 730 ff.

terentwickelt, indem auch die nicht grundbesitzenden und nicht steuerzahlenden Menschen eine Stimme erhielten (sofern sie männlich und weiß waren).

Der Doppelcharakter der Rolle der Grenze in den USA als Motor von Demokratisierung und Modernisierung, aber auch als Ort einer Vielzahl von Genoziden an indianischen Gruppen verweist mit Schärfe auf das »Janusgesicht der Moderne«. Hannah Arendt, für die Hannover von den Nationalsozialisten zur falschen Seite der Grenze gemacht wurde und die im Zufluchtsland USA überlebte, hat die Krise des Nationalstaates vor dem Zweiten Weltkrieg u. a. daran festgemacht, dass eine steigende Zahl von Vertriebenen und Staatenlosen das Grundversprechen des modernen Staates in Frage stellte, gleiches Recht für alle zu sichern.[422] Sie hat bei dieser Kritik übersehen, dass schon vor dem Ersten Weltkrieg viele Nationalstaaten dieses Versprechen nicht hielten – Hunderttausende polnische und russische Saisonarbeiter schufteten innerhalb der deutschen Grenzen, ohne Bürgerrechte zu besitzen,[423] und Hunderttausenden amerikanischen Indianern wurden nicht nur die Bürgerrechte versagt, sondern oft genug auch der Schutz des Staates gegen Raub und Mord, obgleich sie innerhalb der Grenzen der USA lebten.

---

422 H. Arendt: Elemente und Ursprünge totaler Herrschaft (1951), München 1986, S. 422–470. Vgl. S. 226.
423 A. von Saldern: Polnische Arbeitsmigranten im Deutschen Kaiserreich, in: Nolte, Migrationen.

Die Qualen ihr erdachtet nach Barbaren Art,
Griechen, was mordet ihr dies Kind, das ohne Schuld?

Euripides: *Die Troerinnen*[424]

In den fürchterlichen Jahren der Jeschowtschina stand ich 17 Monate lang in den Gefängnisschlangen Leningrads. Einmal »erkannte« mich jemand. Da riss sich eine Frau, die mit blauen Lippen hinter mir stand, und die natürlich nie zuvor meinen Namen gehört hatte, aus unserer allgemeinen Erstarrung los und fragte flüsternd (niemand redete dort mit lauter Stimme):
– Ihr könnt das beschreiben?
– Und ich antwortete: ja.
– Da flog so etwas wie ein Lächeln über das, was einmal ihr Antlitz gewesen war.

Anna Achmatowa: *Requiem*[425]

Kapitel 10

Massaker und Vertreibungen

Eine globale Geschichte der Gewalt liegt nicht vor. Norbert Elias hat als These publiziert, dass in der Gesellschaft der europäischen Höfe des Absolutismus ein gewaltärmerer Raum mit starker Affektkontrolle geschaffen worden sei.[426] Dem lässt sich entgegenhalten, dass die Durchsetzung des Absolutismus in der Halbperipherie, mindestens in Russland, mit einer Vermehrung von Strafen gegen den Körper zusammenging, wie sie in Westeuropa meist schon im Spätmittelalter in die Rechtsordnungen aufgenommen worden waren. Die Anwendung von Gewalt im öffentlich-rechtlichen Bereich nahm also zu. Weiter lässt sich einwenden, dass an den Peripherien der Einsatz von Gewalt gegen »Eingeborene« außerordentlich hoch war und vermutlich ebenfalls anstieg. Wenn die Gewaltanwendung im Zentrum wirklich abnahm, dann nahm sie an den Rändern beim Aufbruch in die Moderne sicherlich zu.[427]

---

424 L. Wolde Hg.: Euripides, Tragödien, München 1959 S. 141. »Die Troerinnen« wurde 415 v. u. Z. im Theater von Athen aufgeführt; ein Jahr zuvor hatte Alkibiades die männliche Bevölkerung der Insel Melos niedermetzeln sowie Frauen und Kinder in die Sklaverei verkaufen lassen.
425 A. Achmatowa: Stikhotvorenija i poemy, Leningrad 1989. S. 456.
426 N. Elias: Über den Prozess der Zivilisation, 2 Bde. Frankfurt 1976.
427 H.-H. Nolte: Violence on the Fringes, erscheint in M. Engel, G. Gillespie Eds.: Enlightened Violence – Violent Enlightenment, Paris 2005 (International 18th. Century Studies).

Behauptete Elias – der sein Buch den im Nationalsozialismus ermordeten Eltern widmete – mit einer gewissen hoffnungsvollen Trotzigkeit den auf weniger Gewaltanwendung hinführenden Charakter der Moderne, so entsteht für den heutigen Beobachter – der viel weniger persönlichen Anlass für Zweifel an der Moderne hat – manchmal der gegenteilige Eindruck, als bewege die Moderne sich auf immer mehr Gewalt zu; als sei z. B. »das zwanzigste das Jahrhundert der Genozide«.[428]

Wir wissen jedoch insgesamt noch wenig über die Geschichte der Gewalt. Fast unbekannt ist uns, wie viel Gewalt es im Alltag gab, wie weit sie das Leben in den Häusern und Höfen bestimmte. Und ähnlich unbekannt ist uns, wie es mit alltäglicher Gewalt in anderen Teilen der Welt aussah, in China oder Japan, Afrika oder Lateinamerika. Das ist verblüffend, da »asiatische Despotien« ja oft als besonders gewalttätig beschrieben worden sind. Waren sie das überhaupt? An der Geschichte von der Grausamkeit jenes Nawab von Bengalen, den die Kompanie stürzen wollte, gibt es jedenfalls Zweifel.[429] Oder kennen wir keinen zuverlässigen Vergleich? Jedenfalls scheint, dass der häufigen Aussage, Russland sei gewalttätiger als die westeuropäischen Gesellschaften, kein systematischer Vergleich zugrunde liegt.[430]

Da die Geschichte der Gewalt im Alltag so vieler Gesellschaften wenig erforscht ist, kann es hier nur um einen besonders auffälligen Teilbereich gehen, über den es häufiger Quellen gibt: Vertreibung, Massaker und Genozid. Zu diesem Teilbereich gibt es eine Weltgeschichte[431] sowie ein erstes Lexikon.[432]

Massaker und Genozide gibt es, so weit zurück wir Geschichte rekonstruieren können. Das reicht von der expliziten Anordnung des Gottes Israels, die vorisraelitischen Völker des Gelobten Landes auszurotten,[433] über den Verkauf ganzer Völker eroberter Gebiete in die Sklaverei durch Rom oder die Vernichtung der Tanguten unter Dschingis Khan[434] bis zu den Massakern an den Katharern. Bei der Eroberung einer ihrer festen Städte, Beziers, rief der Abt von Citeaux: »Haut sie nieder, denn der Herr kennt die Seinen«[435].

Die Moderne kommt aus Traditionen, in denen Vertreibungen, Massaker und Genozide immer wiederkehrende Rollen spielen. Nimmt man die wenigen skizzierten Bei-

---

428 M. Levene: Warum ist das Zwanzigste das Jahrhundert der Genozide? in: ZWG 5.2 (2004), S. 9–38.
429 I. MacFarlane: The Black Hole or the Making of a Legend, London 1975.
430 Vgl. Nolte wie Anm. 4.
431 Im journalistischen Genre: H. Dollinger: Schwarzbuch der Weltgeschichte, München 1997.
432 G. Heinsohn: Lexikon der Völkermorde, Reinbek 1998 (leider mit einem unklaren Opferbegriff).
433 Josua 5–12, z. B. Kapitel 11, Vers 14 f.: »Alle Beute aus diesen Städten und das Vieh nahmen die Israeliten. Jedoch alle Leute schlugen sie mit des Schwertes Schärfe bis zu ihrer völligen Vernichtung; nichts von dem, was Odem hatte, ließen sie übrig./Der Herr hatte es seinem Knechte Moses aufgetragen, so befahl Moses es dem Josua, und also brachte es Josua zur Ausführung ...« (Vgl. S. 27)
434 Das Buch vom Ursprung der Mongolen, Hg. Heißig, deutsch ²München 1989, Kapitel XII.
435 J. Leuschner Hg.: Die Kirche des Mittelalters, Stuttgart 1975, Nr. 20.

spiele zum Ausgangspunkt von Überlegungen, dann spielen folgende Faktoren eine Rolle:

- Macht (Machtgewinn, Machterhalt)
- Beute (an Sklaven, an Vieh)
- Land (als Weidegründe, als Ackerland)
- Religion (Genozid »in Gottes Auftrag«)

Religion wird allerdings vorzüglich in den Beispielen aus den abrahamitischen Religionen zum Grund für Massaker und Massenmord, und diese Tradition wurde in den Jahrhunderten nach der Reformation fortgesetzt.[436] Religion, wie sie in der Ausrottung von vorisraelitischen Stämmen Kanaans oder katharischer Gemeinden eine strukturierende Rolle spielte, brachte also gegenüber den anderen angesprochenen Formen eine Verschärfung und Systematisierung. Zwar kannte auch die religiös überhöhte Form des Genozids Ausnahmen – die Hure Rahab wird gerettet, weil sie ihre Mitbewohner in Jericho an Joshua verraten hatte, und einige kanaanitische Stämme wie die Bewohner Gibeons und die Nachfahren des Kenisitters Kaleb, weil sie sich Israel verbündet oder unterworfen hatten.

Die Offenbarungsreligion Mosaismus legitimierte also einerseits radikale Genozide, akzeptierte aber andererseits Ausnahmen für Bundesgenossen. Da der »Gott Israels« ethnisch zugeordnet war, konnte man mit Völkern Abkommen treffen, die andere Götter hatten. Im späteren Judentum, vor allem aber im Christentum fielen solche Möglichkeiten fort, weil Gott nun wirklich der alleinige Gott aller Menschen geworden war. Dies hatte keine Folgen, solange Juden und Christen machtlos waren. Nach der Konstantinischen Wende erlangte jedoch das Christentum staatliche Macht, und fast unmittelbar wurde nun aus dem Offenbarungsanspruch der Religion des einen Gottes gefolgert, dass keine Ausnahmen mehr gemacht werden – weder gegenüber den Donatisten, gegen die der heilige Augustin schrieb, noch gegenüber den Katharern oder auch gegenüber pruzzischen Stämmen, die nach der Taufe zum Heidentum zurückkehrten und damit Apostaten wurden. So wurden unter der Leitung des Deutschen Ordens Massaker an ihnen verübt, etwa im »Lande Schaulen« an der Memel nach dem Aufstand von 1260: Tötung der Männer, Versklavung von Frauen und Kindern, Raub des Viehs.[437] Das führte zur Verödung ganzer Landstriche, die dann zur Neubesiedlung durch Deutsche offen standen.

---

436 Vgl. zur Kritik dieser Aussage und apologetisch für die Offenbarungsreligionen G. Baudler: Gewalt in den Weltreligionen, Darmstadt 2005.
437 Peter von Dusburg: Chronik des Preußenlandes, Hg. K. Scholz, D. Wojtecki, Darmstadt 1984, 3. Buch, Abschnitte 184 und 185, S. 303. Vgl. zur Einschätzung H. Boockmann: Der Deutsche Orden, ²München 1982, S. 93–114.

Der Vorgang ist aber nicht nur im religiösen Kontext zu verstehen, sondern auch im Kontext einer Kriegsführung, die von beiden Seiten auf Verwüstung setzte. Und das Vorgehen hatte eine klare religiöse Grenze: Wer Christ wurde, wurde geschont. Es war also kein Genozid mit dem Ziel, alle Slawen oder alle Balten auszurotten – diese wurden vielmehr nach der Taufe in vielen politischen und sozialen Positionen in den Herrschaftsaufbau des Heiligen Römischen Reiches kooptiert, vom böhmischen König über die mecklenburgischen und pommerschen Herzöge bis zu hörigen Bauern auf den Gütern des neuen Adels.[438]

Religiöse Aus- und Eingrenzung blieb auch im 16. und 17. Jahrhundert die Regel. Der Prozess der Herstellung der Einen Welt war mit Diskriminierung, Verfolgung, Vertreibung oder sogar Ausrottung von Minderheiten eng verbunden. Dass in diesen Vorgängen die Minderheiten selten die Akteure waren, hat schon Émile Durkheim in seinem klassischen Diktum festgestellt, dass »jede Gesellschaft sich ihre Minderheiten selbst schafft.« Norbert Elias hat diesen Forschungsbereich erweitert, nicht zuletzt durch die Arbeiten zu »Ingroup« und »Outgroup«. Beide Konzepte sind relativ statisch, weshalb die heutige Geschichtsschreibung die Konzepte »inkludieren« und »exkludieren« herausstellt, die den Prozesscharakter verdeutlichen. Minderheiten werden hergestellt – in vielfältigen Vorgängen und mit unterschiedlichen Zusammenhängen und Bedingungen, auch unterschiedlicher Aktivität der Minderheit, aber bestimmt von den Mehrheitsgesellschaften.

Für Europa ist das vielfältig beobachtet worden, in der Regel am Schicksal von Minderheiten in Westeuropa wie Juden in England und Frankreich im Hochmittelalter oder Muslimen in Spanien.[439] Das christliche Staatsmodell, nach dem es »eine Herde und einen Hirten« geben solle, war aber auch in Osteuropa – wo es sowohl in Polen als auch in Russland tradierte Formen von Toleranz gab – so prägend, dass in Polen in der Folge der Gegenreformation vom 17. Jahrhundert an wenigstens die Protestanten exkludiert wurden (nachdem man im 16. Jahrhundert sogar Wege gefunden hatte, nicht nur Lutheraner und Calvinisten, sondern sogar Antitrinitarier und Täufer zu dulden). Und in Russland, wo man außer Juden alle Religionen duldete, sollten lange wenigstens die Altgläubigen aus dem Staat ausgeschlossen werden.[440] Die Tendenz zur Exklusion beim Aufbau des neuen Staates wurde aber auch, wie oben gezeigt (Kapitel 5), in Japan durchgesetzt, als die Christen ausgerottet wurden. Und der Großmogul Aurangzeb versuchte, dem Islam in Indien eine herrschende Position zuzuweisen.

Viele Steppenreiche wurden aus verschiedenen Ethnien mit unterschiedlichen Religionen gebildet; zum Beispiel gab es im mongolischen Imperium fast alle Religionen der

---

438 H.-H. Nolte: Deutsche Ostgrenze, russische Südgrenze, amerikanische Westgrenze, in: Becker: Grenzen.
439 M. Aymard in: F. Braudel Hg.: Europa. Bausteine seiner Geschichte, deutsch Frankfurt 1989.
440 H.-H. Nolte: Religiöse Toleranz in Russland 1600–1725, Göttingen 1969.

damaligen Welt. So lange sie das Herrschaftscharisma der Dschingisiden nicht in Frage stellten, hatten sie keine Schwierigkeiten. Sie waren keine »Minderheiten«; zwar gehörte der Großkhan nicht zur ihrem Glauben, aber die ethnische oder religiöse Gruppe war eine von vielen, näher oder weiter von der Macht entfernt und durchaus in eine hierarchische Ordnung eingebunden, aber doch eine unter vielen Gruppen. Dies blieb auch so, als die muslimischen Turkvölker im Bereich der Goldenen Horde die Macht übernahmen: Einerseits erhielt die russische orthodoxe Kirche vielfältige offizielle Privilegien, da die Khane sie als herrschaftsstabilisierend ansahen, andererseits mussten auch muslimische Stämme Abgaben, Jasak zahlen – wenn sie in der Machthierarchie des Khanats unten standen. Im Moskauer Staat waren Muslime beim Kampf um die Macht »out«; aber sie waren als Adlige und Gutbesitzer zum Teil sehr gut situiert und auf dieser Ebene kooptiert. Minderheiten wurden sie eigentlich erst, als Moskau sich auf den Weg machte, dem westlichen Modell des Monokulturalismus zu folgen.

Religion und Staat

Die Minderheiten im modernen Sinn entsprachen reziprok dem Anspruch und der Möglichkeit, dass ganze religiöse oder ethnische Gruppen zur »Ingroup« gehörten.[441] Solche Ansprüche kamen zuerst in den Kreuzzügen auf, zu denen ja alle Christen aufgerufen waren, aber auch in den muslimischen Grenzerkriegen gegen die oströmischen Besitzungen in Anatolien. Im Rekurs auf Konzepte des Staatskirchentums, wie sie im 4. Jahrhundert im Römischen Reich entstanden waren, nutzten in der Frühen Neuzeit viele Herrscher Zugehörigkeit zu Religionen und Ethnien, um ihren Staaten mehr Stabilität, mehr Zusammenhang zu geben. In diesen Prozessen wurden beide Seiten verändert – sowohl die Gruppe, die zur Mehrheit, als auch jene, die zur Minderheit wurde. War die religiöse (und ethnische) Toleranz in Polen im 16. Jahrhundert vor allem mit dem unabhängigen Status des Adels begründet, so wurde genau diese im Prozess der Katholisierung Polens im 17. und 18. Jahrhundert eingeschränkt; je mehr z. B. die Orthodoxen zu einer Minderheit wurden, die zu dulden immer schwerer fiel und die man wenigstens zur Union mit Rom bereden wollte, desto mehr wurden die Schlachtizen in ihrer Unabhängigkeit eingeschränkt – gerade wenn sie die unierten Bischofsposten anstrebten.

Weder in Polen noch in Russland bedeutete das übrigens, dass die verfolgten religiösen Gruppen verschwanden, vielmehr wurde ihre Stellung in der Hierarchie der Gruppen verschlechtert. Anders in Frankreich bei der Vertreibung der Juden 1394[442] und dann wieder bei der Aufhebung des Edikts von Nantes 1685: Hier wurde das Konzept der Ein-

---

441 M. Aymard: Die Minderheiten, in: F. Braudel Hg.: Europa, deutsch Frankfurt 1989.
442 Poliakov, Antisemitismus II, S. 76 ff.

heit von Herde und Hirt dagegen vollständig durchgesetzt. Allerdings machte die französische Expansion die Einheit wieder zunichte – mit der Annexion von Metz, Toules und Verdun 1552 kamen nach Reichsrecht geduldete Juden unter französische Oberhoheit, und beim Vorrücken im Elsass vom 17. Jahrhundert an auch protestantische Gemeinden.

Die neuen Minderheiten wurden also im Kontext neuer Loyalitäten der Mehrheiten gebildet. Man kann durchaus formulieren, dass beides konstruiert wurde, man muss dann aber dazu setzen, dass alte, vorhandene Differenzen bei dieser Konstruktion benutzt und in das neue Gebäude eingebaut wurden.

Im Mittelalter war die Grundvorstellung also, dass es keine Minderheiten gab, dass alle in der Christenheit Christen waren – die Außengrenze auch die Grenze der Exklusion war. Der Christenheit stand die heidnische Außenwelt gegenüber. Das war keine notwendige Entwicklung. Gegen die unter Konstantin begonnene Massenchristianisierung hatte noch Kaiser Julian 361 ein Toleranzedikt erlassen, das Heiden, Juden, und Christen verschiedener Denominationen freie Glaubensausübung versprach. Der Kaiser wurde von der Kirche deswegen nach seinem Tod zum Abtrünnigen erklärt: Julian Apostata. 391 erklärte dagegen Kaiser Theodosius das Christentum zur alleinigen Lehre und verbot alle anderen Kulte, wofür die Kirche ihn mit dem Titel »der Große« ehrte. Damit übertrug der Kaiser die aus der Offenbarungsreligion stammende Spaltung der Welt in Wissende und Unwissende auf den politischen Raum.[443] Dies gab der Ingroup Christenheit die Macht eines Wissens über eine schon bestehende Outgroup wie die Judenheit – oder auch eine erst noch zu exkludierende Gruppe wie die Donatisten –, ohne dass sie viel Energie darauf verwenden musste, wirklich etwas über diese in Erfahrung zu bringen. Wo solches Machtwissen in eine Todesdrohung mündete, wurde der erkenntnistheoretische Kurzschluss unaufhebbar.

Die Westkirche war in dieser Intoleranz vorangegangen; der heilige Augustinus hatte als Bischof von Hippo in Nordafrika das Eingreifen des Kaisers gegen die Sekte der Donatisten gefordert und legitimiert.[444] Beide Teile des Römischen Reiches wurden also religiös homogen gemacht; dass die einbrechenden germanischen Völker selbst meist einer Sekte angehörten, dem Arianertum, überdeckte die Intoleranz nur bis zum Untergang ihrer Völker oder dem Übertritt der Könige zum Katholizismus.

Eine Ausnahme blieb lange die Duldung der Juden.[445] Sie tragen Waffen, tun sich als Fernkaufleute hervor, machen Proselyten und leben mit den Christen zusammen. In Deutschland sehen sie aus wie Deutsche und reden die Dialekte ihrer Städte, in Spanien

---

443 I. Ahlers: Die Kreuzzüge, in: Feldbauer: Mittelmeer, hier S. 41.
444 Zur innerkirchlichen Überwindung der Intoleranz bei Nicolaus Cusanus – auch wenn sie praktisch weithin ohne Folgen blieb – vgl. den Text »De pace fidei« bei Heer, Dokumente, S. 78–83.
445 E. Kotowski Hg.: Handbuch der Geschichte der Juden in Europa, Bd. 1-2 Darmstadt 2001; F. Battenberg: Das europäische Zeitalter der Juden, Darmstadt 1990; H. Graetz: Geschichte der Juden Bd. 1-11 (1908), Neuaufl. 1998.

reden sie Spanisch. Dies änderte sich erst im 11. Jahrhundert; es kamen Gerüchte auf, dass das Grab Christi auf Anstiftung der Juden zerstört worden sei. Im 1. Kreuzzug kommt es dann zu Massakern, besonders am Rhein. Viele Juden werden zwangsweise getauft, aber Kaiser Heinrich IV. erlaubt den Zwangsgetauften die Rückkehr zu ihrem Glauben. Dagegen protestiert der Papst, und so wird eine reichsrechtliche Lösung gefunden: Die Juden werden in den Haushalt des Kaisers aufgenommen, werden seine Kammerknechte. Sie dürfen nur noch in besonderen Straßen wohnen, die durch eigene Tore abgesperrt sind – die unterschiedliche Lebensweise, nicht zuletzt die Sabbatheiligung, lässt sich abgeschlossen ohne große Probleme durchsetzen. Mit dem Machtverlust des Kaisers wird auch das »Judenregal« territorialisiert – die Duldung ist zu einer Einnahmequelle der Fürsten geworden. In England dagegen werden alle Juden 1290, in Frankreich 1394 ausgewiesen.[446]

Noch entschiedener als England und Frankreich geht in den Vorgang der Konstituierung der Nation Spanien die Exklusion der spanischen Juden (Sephardim)[447] und der Muslime[448] ein. Auf der Iberischen Halbinsel bildeten die Juden eine städtische Mittelschicht mit wahrscheinlich etwa 20% der Gesamtbevölkerung. Nach dem einleitenden Pogrom in Sevilla 1391 wurde diese Gruppe immer häufiger vor die Wahl gestellt, sich entweder taufen zu lassen oder ihrer Religion treu zu bleiben – dann mussten sie in einem ummauerten Sonderbezirk der Stadt wohnen, den »Juderias«, durften keine Staatsämter übernehmen und einen gelben Ring zur Kennzeichnung auf der Kleidung tragen. Die Taufe ermöglichte eine Karriere, der »Neuchrist« musste aber stets die Verdächtigung fürchten, insgeheim am alten Glauben festzuhalten – traf diese Verdächtigung zu, machte man sich der Häresie schuldig und wurde wie alle Häretiker auf dem Scheiterhaufen verbrannt. Zunehmend richteten sich Pogrome vor allem gegen diese Gruppe, die »Marranen«, etwa 1449 in Toledo und 1473–74 in Córdoba.[449] Die Inquisition, die den Gehorsam im Glauben im Zweifelsfall prüfte, fragte nach der »Reinheit des Blutes«, also danach, ob auch Eltern und Großeltern Christen gewesen waren, und verließ sich auf Anzeigen – die aber, da der Denunziant die Hälfte des Vermögens des Denunzierten erhielt und da die Folter die übliche Methode der Befragung war, oft zu falschen Ergebnissen kamen.

Nach dem Sieg über Granada 1492 wurden die Juden aus Kastilien und Aragon ausgewiesen, sie flohen überwiegend in das Osmanische Imperium, zunehmend aber auch

---

446 Poliakov, Antisemitismus I.
447 Übersicht B. Leroy: Die Sephardim. Geschichte des iberischen Judentums, deutsch München 1987; romanhaft V. Marcu: Die Vertreibung der Juden aus Spanien, deutsch München 1991. In der leeren Haupt-Synagoge in Rhodos trafen wir 2003 eine alte Frau, die völlig gerührt war, als meine Frau sie in spanischer Sprache anredete: Spuren einer langen Vertreibung.
448 B. Brentjes: Die Mauren. Der Islam in Nordafrika und Spanien, Leipzig 1989; zur Geschichte der Periode zwischen Eroberung und Vertreibung J. C. Baroja: Los Moriscos del Reino de Granada, ³Madrid 1985.
449 J. Edwards in: Levene Roberts: Massacre, S. 55–68.

in den Norden Europas, wo in Amsterdam eine große sephardische Gemeinde entstand. Gegen Bestechung oder insgeheim konnten auch viele Marranen fliehen, die rechtlich als Christen nicht auswandern durften. Oft galten sie als »Portugieser«, weil Portugal die Ausreise gegen Geld erlaubte. Die geflohenen Marranen kehrten zum Mosaismus zurück und hielten an spanischer Sprache und spanischer Literatur fest. 1609/14 wurden auch die Morisken – muslimische Bauern und Weber – aus Kastilien und Aragon ausgewiesen, etwa 300.000 Menschen oder 4 % der Gesamtbevölkerung wurden deportiert.[450]

Die Könige von Kastilien und Aragon schufen die (vormoderne) spanische Nation durch Zentralisierung der Verwaltung, Förderung des Kastilischen als Hochsprache, Siege gegen äußere Feinde, aber eben auch durch Exklusion von zwei religiös differenten Gruppen, von denen eine aber so fest in der spanischen Kultur verwurzelt war, dass sie im Exil im Osmanischen Reich (meist bis zur Vernichtung durch Deutschland 1943/44) an ihr festhielt. Manche Familien bewahrten bis zum Ende die Schlüssel zu jenen Häusern in Toledo oder Sevilla auf, die sie zurücklassen mussten.

Der Mechanismus, der in Westeuropa die Gründung von – vormodernen – Nationen beförderte, wurde in der Mitte Europas eingesetzt, um die Territorialisierung voranzubringen; die Abtrennung souveräner Nationalstaaten – der Republik der Niederlande und der Schweiz – und die Aufteilung des Heiligen Römischen Reiches in Landesherrschaften.[451] Die Duldung der Juden als »Kammerknechte« des Königs wurde zum Regal der Landesherren, an die nun auch die »Judentaxe« ging. Nimmt man Niedersachsen als Beispiel, so wurden 1258 die Juden erstmals aus dem Stift Hildesheim ausgewiesen, und nach der Pest 1349/50 folgten endgültige Verbote (1371 Stadt Lüneburg, 1424 Stift Osnabrück), so dass es zu Beginn des 16. Jahrhunderts keine Juden mehr in Niedersachsen gab. Erst im 17. Jahrhundert kamen sie wieder zurück – zwar duldete der Rat der Stadt Hannover keine jüdische Konkurrenz, aber der Herzog brauchte Hofjuden zur Finanzierung seiner Politik. 1661 gab es wieder einen jüdischen Friedhof vor den Toren Hannovers, und 1712 lebten zwölf jüdische Familien mit herzoglichen Schutzbriefen in der Neustadt, stets angefeindet von der lutherischen Altstadt.[452]

---

450 F. Edelmayer in: Baceló: Spanien, hier S. 185.

451 Die Darstellung der deutschen Geschichte folgt Gebhardt: Handbuch der deutschen Geschichte, 8. und 9., z. T. auch 10. Aufl., sowie J. Leuschner Hg.: Deutsche Geschichte, 10 Bde. Göttingen 1975; P. Moraw Hg.: Neue deutsche Geschichte, München 1985 ff.; außerdem vielfältigen Seminaren und Exkursionen mit Hermann Heimpel, Joachim Leuschner, Bernd Brinken, Katharina Colberg und Rolf Wernstedt von der Plesse bis Erfurt und von Straßburg und Nürnberg bis Lübeck und Greifswald, vgl. zum Letzteren H. Thörmer: Wie ein Staat zerbröselte, in: W. Jüttner, O. Negt, H. Thörmer Hg.: Leitlinien politischen Handelns, Freundesgabe für Rolf Wernstedt, Hannover 2005.

452 C.-H. Hauptmeyer: Randgruppen in der spätmittelalterlichen und frühneuzeitlichen Gesellschaft, in: Nolte: Migrationen.

Ähnlich verfuhren die Obrigkeiten mit den Sinti und Roma, die vom 15. Jahrhundert an in Deutschland auftauchen – 1697 werden sie aus dem Stift Hildesheim verwiesen, und 1710 wird ihnen bei Zuwiderhandlung Hinrichtung ohne Prozess angedroht; allerdings kamen sie immer wieder.[453] In vielen Gebieten schuf die Moderne sich auch neue Randgruppen,[454] besonders im Hexenwahn. Gewiss gab es auch in Mitteleuropa noch Magie als subkutane Religion, gab es noch Zauber. Indem die Hexerei nun systematisch und mit dem Mittel der Inquisition verfolgt wurde, schuf man aber etwas ganz anderes – eine neue Minderheit, der man Vermögen abnehmen und die man terrorisieren konnte, besonders unter Frauen.[455]

Mit der zeitweisen Vertreibung aller Juden unterschied sich Niedersachsen von Westdeutschland, wo besonders in den kleinen Territorien kontinuierlich Juden geduldet wurden, bis im 18. Jahrhundert auch absolutistische Staaten wie das Herzogtum Württemberg zur Toleranz übergingen – schon deshalb, weil die christlichen Kaufleute nicht über dieselben Finanzverbindungen verfügten wie ihre jüdische Konkurrenz.

Der wichtigste Fall der Territorialisierung allerdings betraf die Konfessionen. Auf den Thesenanschlag Martin Luthers 1521 folgte der Bann gegen den Mönch, die Verweigerung des Widerrufs auf dem Reichstag in Worms und die Reichsacht, das Edikt gegen seine Anhänger. Da die Reform der Gesamtkirche und auch die des Reiches nicht vorankommt, beginnt der Kurfürst von Sachsen 1527 damit, die Pfarreien visitieren zu lassen. Die Exekution der Reichsacht stand immer noch bevor, und der Kaiser versuchte, über die Exklusion der Protestanten die Stellung im Reich zu stärken – mit den Instrumenten der Reichsacht und der Reichsmatrikel, der Festlegung der Leistungen der Reichsstände. Aber der osmanische Angriff auf Wien 1529 und der Vorrang der italienischen Politik für den Kaiser zwingt seinen Bruder, auf dem Reichstag in Nürnberg 1532, den Protestanten einen »Anstand«, eine Pause zu gewähren – bis zum nächsten Konzil. Die Lutheraner hatten sich 1530 auf das »Augsburger Bekenntnis« geeinigt, die »Confessio Augustana« – damit wurde der Begriff für diesen Streit innerhalb des Christentums gebildet. Als das Konzil 1545 einberufen wird und absehbar ist, dass die Protestanten sich dort nicht werden durchsetzen können, scheint es nach dem glänzenden Sieg der spanischen Infanterie gegen Kursachsen bei Mühlberg 1547, als ob die Sache Luthers enden werde wie die von Jan Hus. Aber auch jetzt kann der Kaiser das Wormser Edikt nicht durchsetzen, da sein Verbündeter Moritz von Sachsen die Partei wechselt, dem König von Frankreich das Reichsvikariat über Metz, Toul und Verdun verspricht und der Kai-

---

453 I. Wilharm: Sinti und Roma in Deutschland, in: Nolte: Migrationen.
454 Übersicht B. Roeck: Außenseiter, Randgruppen, Minderheiten, Göttingen 1993. Vgl. weiter P. Burke: Helden, Schurken und Narren, deutsch Stuttgart 1987.
455 R. V. Dülmen Hg.: Hexenwelten, Magie und Imagination, Frankfurt 1987; H.-J. Wolf: Geschichte der Hexenprozesse, Erlensee 1995; R. Decker: Hexen, Darmstadt 2004.

ser vor der doppelten Bedrohung kapitulieren muss. Auf dem Reichstag in Augsburg 1555 muss den Lutheranern ewiger Friede gewährt werden; die weltlichen Stände erhalten das Reformationsrecht. Der Religionsfriede von Augsburg galt nicht für die Calvinisten, das »helvetische Bekenntnis«, und vertiefte so den Graben zu den calvinistischen Kantonen der Schweiz und zur Republik der Sieben Provinzen. Der Friede galt erst recht nicht für die Täufer, die im ganzen Reich verfolgt wurden. Aber der Friede etablierte das Prinzip der territorialen Entscheidung über die Konfession; von jetzt an wurde es zur entscheidenden Frage, wer als Reichsstand gelten konnte.

Das »Heilige Römische Reich« hatte über 3.000 Glieder. Im Reichstag waren nur die sieben Kurfürsten, die Fürsten und die Reichsstädte in den drei Kurien vertreten. Von den sieben Kurfürsten der 1. Kurie, die das Recht hatten, den König zu wählen (der dann Kaiser wurde), waren vier weltlich – der König von Böhmen, und die Mark- bzw. Pfalzgrafen von Sachsen, Brandenburg und der Pfalz. Drei waren geistlich – die Erzbischöfe von Köln, Mainz und Trier. Die wachsende Zahl der Fürsten der 2. Kurie war in eine geistliche und eine weltliche Bank geteilt; in der ersten saßen zum Teil mächtige Herzöge wie die von Bayern und von Braunschweig und zunehmend auch kleinere Grafen wie die der Wetterau, die einen Grafenverein gebildet hatten, um sich zu behaupten. In der geistlichen Bank saß der Primas Germaniae, der Erzbischof von Salzburg, der über ein großes Territorium gebot, und der Vogt der (kleinen) Nonnen-Abtei Quedlinburg. Die Differenzen an Macht und Einfluss waren innerhalb der Fürstenkurie ähnlich groß wie die innerhalb der Vertreter der Reichsstädte – hier saßen die Vertreter von Köln oder Nürnberg neben jenen von Rothenburg oder Buchau am Bodensee. Zu den Ständen, die im Reichstag vertreten waren, kamen aber noch jene, die nicht dort repräsentiert waren – die Reichsritter an erster Stelle, die oft nur über wenige Dörfer oder auch nur eines geboten (wie der Reichsfreiherr von und zum Stein über Frücht), aber es gab auch Reichsdörfer und freie Bauernschaften wie die Dithmarschen. Sie alle konnten über die Konfession entscheiden und auch das Judenregal ausüben – ein einzelnes reichsritterliches Dorf mochte also lutherisch sein und eine jüdische Gemeinde haben, obgleich die Umgebung katholisch war und Juden nicht duldete. Die Konflikte waren vorprogrammiert – Reichsstädte wie Donauwörth oder Konstanz wurden von ihren katholischen Nachbarn überwältigt und zu Landstädten gemacht, die Reichsstandschaft von ritterlichen Korporationen wurde bestritten wie die der oberösterreichischen Freiherren, Reichsbistümer wurden von den protestantischen Nachbarn sei es ganz – sei es wenigstens teilweise – säkularisiert, ganz wie Bremen oder zum Teil wie Hildesheim.

Fast überall wurde die Konfessionalisierung zur Exklusion der anderen Konfessionen genutzt, und oft ging sie mit der Durchsetzung des Absolutismus zusammen. So ließ König Ferdinand 1521 Führer der Aufständischen nach der Niederlage der Protestanten am Weißen Berg hinrichten, worauf die Angehörigen der Familien aus den böhmischen Ländern flohen – die deutschen Städter, meist Augsburgischen Bekenntnisses, genauso wie der tschechische Adel, der meist helvetischen Bekenntnisses war, wie auch die letzten Hussiten. Sie wurden in den protestantischen Ländern aufgenommen, wo Orte wie Nowa Wes (neues Dorf) bei Potsdam davon zeugen, und noch lange hegten sie Hoffnungen auf Restitution.

Während des Dreißigjährigen Krieges erleichterte die religiöse Überhöhung und Legitimierung des Krieges fürchterliche Massaker, wie die Plünderung Magdeburgs durch die Kaiserlichen 1631, auf welche die Schweden mit der Plünderung von Mainz antworteten. Der Versuch der deutschen Landesfürsten, mit dem Frieden von Prag zwischen Kaiser und Sachsen 1635 die Selbstständigkeit des Reiches gegen die Intervention von außen zu verteidigen, scheiterte an dem offenen Eintritt Frankreichs in den Krieg, der nun eindeutig zum Krieg um die Hegemonie in Europa wurde und sowohl (nach der Schlacht bei Rocroi, s. o.) die führende Stellung Frankreichs im Konzert als auch im Zusammengehen mit dem lutherischen Schweden die offene Durchsetzung der Staatsräson bedeutete. Der Friede von 1648 war deshalb wirklich ein europäischer Friede – ein Versuch, die Gräuel der Glaubenskriege durch die Vernunft der Staaten zu beenden. Da Frankreich und Schweden Garantiemächte des Friedens waren und Oldenburger, Brandenburger und bald auch Sachsen wie Hannoveraner Fürsten nicht nur innerhalb, sondern auch außerhalb der Reichsgrenzen, waren die Reichstage von nun an Gesandtenkongresse der europäischen Welt.

Es war den Kaisern nicht gelungen, aus der Vielfalt in der Mitte Europas eine vormoderne Nation zu formen – mal zwangen die Osmanen zu Rücksicht, mal der französische Drang nach Osten, mal war die spanische Stellung in Italien wichtiger. Was aus der Sicht Wiens ein Misslingen sein mochte, bildete aus der Sicht der vielen kleinen deutschen Herren und deutschen Städte eine Chance für ein regional verankertes, auf der Mitbestimmung vieler Mächtiger beruhendes Gemeinwesen wie das der Schweiz, die in vielen Teilen Deutschlands als Vorbild in Anspruch genommen wurde. Die Territorien wurden nicht nur durch die Konfessionalisierung gestärkt – noch 1731/2 vertrieb der Erzbischof von Salzburg seine lutherischen Untertanen –, sondern ihre Verwaltung wurde ausgebaut; sie sorgten in der Kreisverfassung auch für eine gemeinsame Verteidigung, für die sie allerdings im Effekt zu wenig Geld ausgaben. Viele kleine Reichsstände haben diese Chance durch Kooperationen zu wahren gesucht. Sie sind nicht an sachlicher Unfähigkeit gescheitert, etwa weil sie wegen der Kleinheit die anfallenden Veränderungen nicht hätten bewältigen können, sondern an der militärischen Niederlage des Heiligen Römischen Reiches gegen Napoleon und den absolutistischen Mittelstaaten, die der Imperator an die Stelle parlamentarischer und kooperativer Lösungen setzte.[456]

---

456 Schwarz in: Nolte, Peripherien II

Ethnien und Staat

Wurden Spanien, Frankreich und die deutschen Territorien durch die Exklusion von religiösen Minderheiten konstituiert, so Großbritannien durch die Exklusion der Kelten der Randgebiete – der Walliser, Iren und Schotten (vgl. Kapitel 5). Richtete sich die Exklusion der Juden und Araber, der Katholiken und Protestanten gegen die Personen, die allerdings mit dem Recht zu bleiben auch ihre Vermögen verloren, so richtete sich die Exklusion der Kelten auf den britischen Inseln gegen die soziale Stellung und vor allem das Vermögen, wobei viele derart Diskriminierte danach das Land verließen.

Die Unterwerfung des Keltischen Randes hat eine lange Vorgeschichte, aber mit dem Beginn der Neuzeit war Schottland unabhängig. Wales war de facto ein Teil Englands, in Irland hatten die Engländer Festungen, aber weite Teile der Insel waren unabhängig.

Auch bei der Konstituierung der (vormodernen) Nation England spielten Religion und Kirche eine zentrale Rolle, aber nicht in Fronten zwischen universalen Ansprüchen, sondern von Anfang an in nationaler Rolle. König Heinrich VIII. erklärte sich 1534 zum obersten Bischof der englischen Kirche. 1542 erklärte er sich auch zum König von Irland und übertrug die neue Kirchenverfassung, in Reaktion auf die katholische Reaktion auf die Suprematsakte, auf die kleinere Insel. Dass es gelungen war, eine Nationalkirche zu gründen, war ein wichtiger Schritt auf dem Weg zur Nation – die Übertragung auf Irland ein Akt der Expansion, mochte er auch defensiv motiviert sein.[457] Die Iren hatten gute Gründe, die Motive des Königs zu hinterfragen – das Todesurteil gegen Thomas Morus machte klar, dass der Weg in die Nationalkirche in einen moralischen Provinzialismus führte. Immerhin gelang es, sowohl die Unabhängigkeit Englands als auch die Abhängigkeit des Königreichs Irland zu sichern. Das schottische Problem schien gelöst, als der Sohn von Mary Stuart 1603 auch König von England wurde und damit die Kronen der drei Länder vereinte.

Die strategische Sicherheit war jedoch nur scheinbar, weil sowohl die schottische als auch die irische Unabhängigkeit noch Anhänger hatte und 1641 die Katholiken die Protestanten aus Irland vertrieben, wobei etwa 6.000 Protestanten umgebracht wurden.[458] König Karl I. musste, um Truppen finanzieren zu können, das Parlament einberufen; das Parlament ergriff die Chance, das Steuerbewilligungsrecht zum Hebel der Macht zu machen, und es kam zum Bürgerkrieg. Bei der Rückeroberung Irlands durch Cromwell wurden die Festungen Drogheda und Wexford zu offenen Städten mit vielen erschlagenen Katholiken. Entscheidend war Cromwells Landpolitik: In drei der vier Grafschaften wurde alles Land katholischer Grundbesitzer konfisziert. Ab 1673 schloss die Testakte nicht nur alle Katholiken auch formal von der Politik in England aus, sondern auch alle Protestanten, die den König nicht als Oberhaupt der Kirche anerkennen wollten.

---

457 S. Ellis: The inveterate dominion, in: Nolte, Peripheries I.
458 R. Clifton: ›An indiscriminate Blackness‹, in: Levene/Roberts, Massacre, S. 107–126..

Die Glorious Revolution 1688 machte mit der Thronerhebung des Statthalters der Niederlande Wilhelm III. den Sieg des Protestantismus vollständig, später wurden die Stuarts per Gesetz von der Thronfolge ausgeschlossen. Zugleich sicherte Wilhelm dem Parlament in der »Bill of rights« das Recht auf Steuerbewilligung, die Wahl und Redefreiheit und den Verzicht auf ein stehendes Heer zu; die in den Niederlanden so erfolgreiche, aus monarchischen und parlamentarischen Elementen gemischte Verfassung wurde auf die Insel übertragen. Der Widerstand der Katholiken wurde vor allem vom Keltischen Rand getragen; nach dem Sieg in der Schlacht am Boyne 1690 wurde die Politik des Landraubes noch verschärft – nur noch 3 % des Bodens von Irland blieben in katholischer Hand. Die Iren blieben mehrheitlich katholisch und waren entsprechend mit Gewalt auf die Rolle landloser Pächter beschränkt; sie mussten obendrein Zehnten an die Kirchen der anglikanischen High-Church zahlen.

Die Integration Schottlands in die neue Nation Großbritannien verlief ganz anders. Schottland war ein Staat aus drei Ethnien – Englischsprechenden im Süden in den Lowlands, Gälischsprechenden im Norden, in den Highlands und Skandinavischsprechenden auf den Inseln im Norden. Das gesamte Land war noch zu Beginn der Frühen Neuzeit in clans organisiert, die sich auf einen »Vorfahren« bezogen. Die Clans wurden im Krieg von einem Chief, einem Häuptling, angeführt. Die Highland-Clans waren stärker und kannten anfangs keine Primogenitur, sondern machten den »Stärksten« zum Chief, der die Interessen des Clans am besten zu wahren versprach; in den Lowlands wurden feudale Rechtsformen eher durchgesetzt. Für die Auseinandersetzungen waren Überfälle auf andere Clans und Massenmorde an ganzen Familien kennzeichnend, selbst beim Kirchgang.

König James VI. von Schottland, zugleich als James I. König von England, versuchte ab 1600, die Streitigkeiten einzudämmen und konnte, besonders in den Lowlands, Kirche und Städte befrieden und königliche Beamte einsetzen. Er versuchte, die Auseinandersetzungen in den Highlands an belegte Rechtsansprüche zu binden und im Bündnis mit einigen Clans andere in die Schranken zu weisen. Dieser Prozess der Pazifizierung, der das gesamte 17. Jahrhundert bestimmte,[459] wurde durch die Auseinandersetzung zwischen Presbyterianern und Katholiken verschärft und durch das Landrecht in den Highlands kompliziert: Jeder Inhaber eines »Ward«, einer Ackerstelle, musste für seinen Lord Militärdienst leisten sowie sein Gericht besuchen; nicht notwendig war dieser Lord aber auch der Chief seines Clans, so dass es zu konfligierenden Loyalitäten kam.

Die Vorstellung des 19. Jahrhunderts, dass die Clans ein gemeinsames Land besessen hätten, über das der Chief nur vertretungsweise verfügt habe, sind der Romantik verpflichtet;[460] die Mitglieder des Clans erwarteten aber, dass der Chief sie bevorzugt mit

---

459 A. Macinnes: Slaughter under Trust, in: Levene/Roberts Hg., Massacre.
460 T. Smout: A History of the Scottish People, Edinburgh 1989, S. 43.

Land versorgte, und die Chiefs nahmen auch erst am Ende des 17. Jahrhunderts Anleihen auf ihr Land auf – der Boden des Adels wurde also spät in den Bodenmarkt integriert. Die Clangesellschaft stand in den Bürgerkriegen Englands mehrheitlich auf der Seite der Stuarts und war nach der Glorious Revolution gern bereit, gegen die Oranier und Hannoveraner zu kämpfen. Das geplante Massaker eines oranischen Regiments an den Mac Donalds von Glencoe 1692 bedeutete trotz seines verbrecherischen Charakters das Ende der Clankriege; als die Highlander nach 1744 den letzten Pretender »Bonny Prince Charly« unterstützten, wurde ihr letztes Aufgebot 1746 nach der Niederlage in der Schlacht bei Culloden niedergemacht.

Vergleiche innerhalb des europäischen Systems

Ähnlich war für Protestanten und Katholiken, dass sie als Minderheit aus ihrer Heimat vertrieben werden konnten – nach 1620 der tschechische protestantische Adel aus Böhmen, nach 1649 der irische katholische Adel aus Irland. Unterschiedlich war, dass in Irland eine katholische Unterschicht als Mehrheit bestehen blieb, die durch die Testakte von der Politik ausgeschlossen war, während in Böhmen die Unterschicht, so weit sie z. B. hussitisch war, zwangsweise katholisiert wurde. Ähnlich an der Behandlung der Juden in England, Frankreich und Spanien sowie im Heiligen Römischen Reich war, dass sie seit den Kreuzzügen auf der Kleidung Abzeichen tragen, in Ghettos leben und übermäßige Abgaben zahlen mussten. Unterschiedlich war, dass sie in Westeuropa vertrieben wurden, in Mitteleuropa jedoch aus einigen Territorien ausgewiesen wurden und in anderen bleiben konnten. Ganz anders war die Entwicklung in Polen, wo die Juden zwar im 18. Jahrhundert auch Nachteile erfuhren, insgesamt in ihrer Existenz aber nicht gefährdet waren.

Ähnlich war, dass die Konstituierung von Minderheiten überall genutzt wurde, um den Staat zu stabilisieren – unterschiedlich blieb, dass in Westeuropa dieser Prozess von Exklusion und Inklusion eingesetzt wurde, um die Nation zu fördern, und in Mitteleuropa, um die Territorien zu stärken. Im Vergleich zur Donatistenverfolgung oder auch den Massakern bei der Eroberung von Konstantinopel und Jerusalem war ein Kriterium nicht völlig neu, aber doch von größerer Bedeutung – das Kriterium der Ethnizität. Neu war vielleicht auch, dass Massaker, Vertreibung und Verkauf in die Sklaverei als Instrumente der Macht schriftlich begrüßt werden – von Niccolò Machiavelli.[461] Wenn wir ihm folgen, dann zeichnet es die »neuen Fürsten« im System aus, dass sie nicht nur Religion, sondern auch Grausamkeit als Instrumente des neuen Staates kalkulieren und einsetzen, als Teil der Staatsräson.

---

461 Machiavelli, Principe, S. 106.

Massaker an den Peripherien

a) Russland in Sibirien

Nach der Unterwerfung Russlands[462] durch die Mongolen seit 1237 bildeten diese allein schon deshalb den wichtigsten Feind des Landes, weil man nicht nur das Ackerland im Süden, sondern auch sehr viele Menschen verlor und einen hohen Tribut zu zahlen hatte. Hinzu kam, dass der Westen an Polen/Litauen verloren ging; trotzdem gab es im Moskauer Reich auch damals schon nichtchristliche Untertanen fremder Sprachen.[463] Auch nach dem Zerfall des mongolischen Imperiums blieb Moskau den turksprachigen und muslimischen Tataren der Goldenen Horde tributpflichtig, bis Zar Ivan III. es 1480 wagen konnte, diesen Tribut zu verweigern. Das entschied die Machtverhältnisse in der Steppe jedoch nur scheinbar und öffnete dem ältesten Fernhandel Osteuropas, dem Sklavenhandel, ein altes Feld neu – die Tataren waren nun wieder frei, orthodoxe Bauern zu fangen, teils für die Güter des tatarischen Adels bei Kasan und auf der Krim, teils für den Sklavenmarkt in Kaffa (vgl. Kapitel 11).

Im 16. Jahrhundert eroberte Russland dann den Wolgalauf:[464] 1552 das Khanat Kasan, 1556 das Khanat Astrachan und ab 1582 Sibirien. Voraussetzung war eine, allerdings begrenzte, russische waffentechnische Überlegenheit und vor allem wohl die größere Zahl. Die Legitimation der Eroberung waren der Glaube an die Überlegenheit des Christentums und Rache für die lange Unterdrückung; die russischen Sklaven auf den Gütern um Kasan wurden befreit. Es gab manche Töne, die auch in einer Kreuzzugspredigt ihren Platz hätten finden können, aber insgesamt war dies kein Kreuzzug, für den der Papst Ablass von Sündenstrafen versprochen hatte, sondern ein Feldzug des Zaren – unter dem Banner der Muttergottesikone. Nach langer Belagerung und Eroberung wurde Kasan geplündert[465] und die Stadtfestung, der Kreml, von da an für Muslime verboten.

Die teils muslimische, teils animistische, vielsprachige Bevölkerung der Wolgaregion leistete nach der russischen Eroberung dem Zaren den Eid »nach ihrem Glauben«, die Muslime also auf den Koran. Der muslimische Adel wurde von Moskau kooptiert, er diente in besonderen Truppen.[466] Es entstand eine multiethnische und multireligiöse Gesellschaft mit vielen Abstufungen, in der die obersten und die untersten Schichten dieser

---

462 Zur russischen Geschichte einführend Nolte, Russland; Lexikon H.-J. Torke Hg.: Lexikon der Geschichte Russlands, München 1985; gründlichste deutschsprachige Darstellung: M. Hellmann, G. Schramm, K. Zernack Hg.: Handbuch der Geschichte Russlands, 3 Bde. Stuttgart 1981 – (Bd. 2.1) 2001. Quellensammlung Nolte: Aufstieg.
463 Für den gesamten Vorgang A. Kappeler: Russland als Vielvölkerreich, München 1992.
464 A. Kappeler: Russlands erste Nationalitäten, Köln 1982.
465 Nolte, Aufstieg, Nr.115.
466 Nolte, Toleranz, S. 54–89; Kappeler 1982 a.a.O..

Gesellschaft oft russisch und orthodox, während die Mittelschichten meist muslimisch und tatarisch waren.

Die russische Sozialordnung der vorpetrinischen Zeit unterschied vor allem zwischen »steuerpflichtigen« und »dienenden« Menschen (das Verständnis von Gerechtigkeit [pravda] war verbreitet, dass man entweder zur einen oder zur anderen Gruppe gehören müsse); wer dem Zaren diente und keine Steuer zahlte, war in diesem Sinn auch vom Zaren als adlig anerkannt, und zu dieser Gruppe gehörten viele Tataren, die nach dem Verständnis der Gesellschaft und ihrer eigenen Familien Fürsten oder Mursen waren. Aber auch die tatarischen Freibauern (Kosaken und Ulanen) bildeten eine eigene privilegierte und bewaffnete Schicht, die bei Krieg im Feld zu erscheinen hatte, auch wenn der Mann nur einen Hof besaß. Ähnlich bildeten die russischen Kosaken einen Stand freier Wehrbauern, die, auch zur Verteidigung der Verhaulinien gegen die Sklavenjäger, angesiedelt wurden oder ohne Hof im Grenzsaum lebten. Ihre Raubzüge in Feindesland wurden manchmal nachträglich legitimiert, wie die Annexion des Khanats Sibir nach der Eroberung durch Kosaken unter dem Ataman Jermak, die von den Kaufleuten Stroganov bezahlt worden waren.[467] Die Institution der russischen Kosaken beruhte auf einer Adaption der muslimischen Institution. Privilegiert war nur die orthodoxe Kirche: Mit dem Tod bedroht wurde, wer einen Orthodoxen zum Islam bekehrte. Umgekehrt wurde die orthodoxe Mission unter den Muslimen vom Zaren gefördert; trotzdem hat sie insgesamt nur wenig Erfolg gehabt.

Mit der Eroberung des Wolgalaufs wurde die Front verkürzt. Aber nach wie vor machten die Krimtataren weite Einfälle, die noch 1570 bis vor die Tore Moskaus führten. Man sammelte eine eigene Steuer, den »vykup«, um Christen in Kaffa zurückkaufen zu können (was de facto denn doch auf eine Art Tribut hinauslief). Das militärische Problem lag darin, dass die Russen die weite offene Steppe südlich der Oka gegen die tatarische Reiterei nicht decken konnten. Die Zaren ließen Verhaulinien anlegen: Quer über die Steppe wurden von der Wolga zur Oka und später weiter südlich Landwehren aus Bäumen, Zäunen, Holz und Gestrüpp gebaut, die in festen Entfernungen durch Forts gesichert wurden. Das erwies sich im Großen und Ganzen als erfolgreich; hinter ihnen begann schon bald bäuerliche Siedlung – und je weiter russische Bauernsiedlungen in den Süden vordrangen, desto bessere Böden standen zur Verfügung und desto geringer wurde die Gefahr zu frühen Frosts. Allerdings kamen die russischen Bauern mit der Siedlung im Süden auch den Sklavenmärkten auf der Krim näher, und wenn es den Tataren gelang, die Verhaulinien zu durchbrechen, konnten sie noch im 18. Jahrhundert schnelle Beute machen.

Das Wort »Pogrom« stammt von dieser Grenze, es bedeutet Vernichtung. Pogrome waren typisch hier. Ein schneller Tatarenüberfall auf ein russisches Dorf, wer sich wehrt,

---

[467] Zur Eroberung Sibiriens zuletzt M. Aust: Rossia Siberica, in: ZWG 1 (2000); E. M. Stolberg: Replik, in ZWG 4.1 (2003).

wird getötet – die anderen, vor allem Frauen und Kinder, als Sklaven nach Kaffa getrieben. Ein überraschender Vorstoß kosakischer Boote an die anatolische oder persische Küste, was wertvoll ist, wird geraubt – auch Frauen nimmt man mit nach Russland und verkauft sie als Sklaven (Jasyry). Ein Überfall kosakischer Pelzhändler auf eine Tungusensiedlung in Sibirien, was Konkurrenten bei der Zobeljagd ausschließt und auch wieder Frauen bringt. Der Zar hätte lieber die Pelzabgaben von den Tungusen gehabt, und die Kirche bemühte sich dann, dass die Kosaken die tungusischen Frauen im Fort, im Ostrog, heirateten.

Im 18. Jahrhundert, unter dem Einfluss des Westens, wurde der Umgang mit den Nichtchristen systematischer und intoleranter. Schon unter Peter I. wurden der tatarische Adel des Wolgaraums sozial deklassiert und verlor weithin seinen adligen Status. Die Mission blieb auch jetzt meist erfolglos, führte aber zu Umsiedlungen, da Christen und Muslime nicht im selben Dorf leben sollten.[468] Nach der Eroberung des Krimkhanats unter Katharina 1783 wurden die nomadischen Nogaier in die Nordkaukasussteppe umgesiedelt; andere flohen über die Grenze ins Osmanische Imperium. Ihre alten Weideplätze erhielten deutsche, griechische und andere Siedler für Bauernhöfe. Die Krimtataren blieben im Lande. Bei der Eroberung des Landes der Tscherkessen am Kuban im Nordwestkaukasus kam es zu Massakern; große Zahlen der muslimischen Kaukasier wurden über das Schwarze Meer in die Türkei deportiert.[469] Im Krieg gegen Shamil und die Muslime im Nordostkaukasus kommt es nicht zur Massenvertreibung – fraglos auch deswegen nicht, weil das zerklüftete Bergland nicht zur Siedlung einlädt. Das Prinzip, Völker, die irgendwie nicht ins Bild passten, umzusiedeln, wurde dann unter Stalin im 20. Jahrhundert geradezu zum alltäglichen Instrument der Politik.[470]

b) USA

Die Bevölkerung Nordamerikas war vor dem Erscheinen von Europäern durch eine große Vielfalt an Sprachen und Kulturen geprägt.[471] Niemals gab es so etwas wie »die Indianer«; dieser Begriff ist vielmehr ein ideologisches Konstrukt der Europäer, um leichter Feindbilder aufbauen zu können. Die Engländer unterschieden sich von den Völkern, die vor ihnen da waren, durch die Überlegenheit der Organisation, der Waffen sowie der Landwirtschaftstechnik und von anderen Europäern durch größere Exklusivität.

---

468 H.-H. Nolte: Umsiedlungen als Instrument der russischen Mission im Wolgaraum 1740–1748, in: JbgOE 45 (1997); R. P. Geraci, M. Khodarkovsky Hg.: Of Religion and Empire, Ithaca/N.Y. 2001.
469 S. Shenfield: The Circassians. A Forgotten Genocide? In: Levene, Masscres.
470 P. Poljan: Ne po svoej vole, Moskva 2001; deutsch einführend H.-H.Nolte: Demographische West-Ost und Ost-West-Bewegungen in Osteuropa, in: VSWG 89 (2002).
471 Einführend C. Feest: Die eingeborenen Völker Nordamerikas um 1500, in: Edelmayer, Neue Welt; W. Arens, H.-M. Braun: Die Indianer Nordamerikas, München 2004. Vgl. E. Washburn: The Indian in America, Neuausg. New York 1986; J. Wilson: The Earth Shall Weep, London 1998.

Die Briten hatten schon im eroberten Irland engen Kontakt mit den katholischen »british savages« abgelehnt und haben gegenüber indianischen Völkern keine umfangreichen Missionsbemühungen unternommen.[472] Insgesamt hat eine Politik der Vertreibungen und ethnischen Säuberungen im Kontext mit der verheerenden Wirkung von Seuchen dazu geführt, dass die indianische Bevölkerung der späteren USA von geschätzten fünf Millionen im Jahr 1492 auf 228.000 Menschen im Jahr 1890 dezimiert wurde.[473]

An der Ostküste Nordamerikas trafen die Engländer auf eine Gartenbaukultur, in der Mais und Bohnen angebaut sowie Truthähne gezüchtet wurden. Es war Brandrodewirtschaft; man musste regelmäßig neue Felder urbar machen. Zusätzlich zum Gartenbau wurde gejagt. Die geschlechtsspezifische Arbeitsteilung – Gartenbau war Frauensache – sicherte eine relativ gute Stellung der Frau. Die Stämme waren unterschiedlich groß, und manche herrschten über andere; es gab aber auch Bündnisse wie etwa die Föderation der Irokesen (five nations).[474]

Die Siedler brachten mit der Dreifelderwirtschaft eine weit produktivere Form der Landwirtschaft mit, die sie ohne hohe Kosten für den Boden (denn wenn sie überhaupt Boden von den Indianern kauften, dann zu Spottpreisen) einsetzen konnten, wodurch sie vermutlich nach der ersten Phase der Rodung schon bald zu den Menschen mit dem höchsten Pro-Kopf-Einkommen der Welt gehörten.[475] Außerdem verbreiteten die Europäer Infektionskrankheiten, an denen ein großer Teil der Indianer starb, da sie weniger Immunität dagegen besaßen.[476] Die Siedler veränderten die indianischen Gesellschaften auch auf andere Weise – sie kauften Pelze und drängten die Indianer aus den fruchtbaren Ebenen in die Berge, wo der Speiseplan auf mehr Wild umgestellt werden musste. Beides machte die Jagd wichtiger, womit die Rolle der indianischen Frau geschwächt und jene des Mannes gestärkt wurde. Musketen wurden verkauft, und einigen Stämmen gelang es, Nachbarn im Westen zu unterwerfen sowie einen weit ins Hinterland reichenden Pelzhandel aufzubauen. Dabei wurde das Männerbild geändert, und es entstand jene Rolle des Indianers als »brave«, als tapferer und wilder Krieger, die den Erwartungen der Weißen entsprach.

Die Europäer breiteten sich in dem festen Glauben aus, nach dem Vorbild Israels ein von Gott auserwähltes Volk zu sein.[477] So glaubten sie, dass die Pocken bei den Indianern ein Zeichen seien, dass Gott auf der Seite der Siedler stehe.[478] Die Engländer gingen bru-

---

472 H. H. Tanner Hg.: The Settling of North America, New York 1995, Zitat S. 36.
473 R. Thornton: Population History of Native North Americans, in: M. R. Haines Hg.: A Population History of North America, Cambridge 2000.
474 Allgemein J. Wilson: The Earth Shall Weep. A History of Native America, London 1998.
475 C. White: Russia and America. The Roots of Economic Divergence, London 1987.
476 Neill, Plagues; Diamond, Guns.
477 W. Kreutzberger: Das Gottesvolk in der Wildnis, in: Füllberg-Stolberg, Amerika
478 D. Stannard: American Holocaust, Oxford 1992, S. 109.

tal vor, so steigerten sie die Racheaktion nach dem Tod zweier Weißer 1634 und 1636, bis Massachussetts den Pequot-Indianern den Krieg erklärte. Mit Hilfe anderer Indianer überfielen sie das Hauptdorf der Pequot, Mystic, während die Krieger nicht in der Nähe waren, setzten die Wigwams in Flammen und töteten Alte, Frauen und Kinder. Sie verstanden auch diesen Terrorakt als Willen Gottes: »Und wirklich: Gott ließ diese Menschen derart von Angst erfasst werden, dass sie vor uns flohen und in das Feuer rannten …«[479]

Nach dem Siebenjährigen Krieg veränderte sich die Lage an der Atlantikküste Amerikas, weil diese nun insgesamt in britischer Hand war, so dass die Indianer nicht mehr den einen Weißen gegen den anderen ausspielen konnten. Großbritannien verbot den Siedlern jedoch, die Appalachen zu überschreiten – sowohl um die Indianer, als auch um den Pelzhandel zu schützen.

Der schnelle Vermögenszuwachs der Siedler gab der »Aristokratie« der neuen Kolonien die Muße, sich der Selbstverwaltung zu widmen (vgl. Kapitel 15). Sie forderten in Amerika Parlamente, wie sie diese in England gekannt hatten, und insbesondere das Recht, über die Steuern selbst zu bestimmen. Im Rekurs auf die »Rechte aller Menschen« revoltierten die 13 Kolonien gegen London; sie schützten aber die Rechte der Indianer nicht, die bei ihnen siedeln wollten.[480] Da die Revolution auch darauf zielte, die Appalachengrenze zu beseitigen, kämpften die Indianer meist auf der Seite Großbritanniens. Schon während des Unabhängigkeitskrieges wurden viele Siedlungen vernichtet, und nach dem amerikanischen Sieg mussten die Reste der Irokesen nach Kanada auswandern. Während des Unabhängigkeitskrieges und auch im 2. britisch-amerikanischen Krieg verhärtete sich das Bild, das Amerikaner von den Indianern hatten. Dabei trat die säkulare Kategorie »Zivilisation« argumentativ in den Vordergrund, bis hin zu Aussagen wie die, dass zivilisierte und unzivilisierte Menschen nicht im selben Territorium leben könnten.

Aber nicht alle Indianer hatten die Seite der Briten ergriffen. In den heutigen Südstaaten lebten die sieben Clans der Cherokee, die Mais, Bohnen, Tabak und Sonnenblumen anbauten sowie zusätzlich Jagd und Sammelwirtschaft betrieben. Sie hatten immer wieder Land abgeben müssen und waren in die Berge zurückgedrängt worden. Die Führung der Indianer kam zum Ergebnis, dass das Volk nur als »zivilisiertes« eine Chance zum Überleben habe. 1820 erklärte die Cherokee-Nation sich zur Republik, ein eigenes Alphabet wurde erfunden, eine eigene Tageszeitung erschien. Einige kauften sich sogar schwarze Sklaven, um dem Vorbild der Weißen zu entsprechen. Vor allem wurde zum Grundgesetz erklärt, dass man kein weiteres Land abgeben könne. Damit aber stand

---

479 J. Mason: A Brief History of the Pequot War, Boston 1736, S. 29.
480 Vgl. das Massaker an den Conestogee-Indianern in Pennsylvanien – sie wurden von maskierten »Riders« ermordet, ohne dass die Verbrecher zur Rechenschaft gezogen wurden: I. Unger, R. Tomes Hg.: American Issues, ³Upper Saddle River 2000, S. 59–62.

die Cherokee-Nation all jenen Südstaatlern im Weg, die – nachdem sie die Ebenen besetzt hatten – sich nun auch die Berge aneignen wollten.

Die offizielle Politik der USA war es in dieser Periode, die Indianer, die östlich des Mississippi lebten, in das Territorium Oklahoma im Westen des Stromes umzusiedeln. Im Mai 1830 erließ der Kongress den »Indian Removal Act«, der diese Umsiedlung vorsah; der Akt bildete also eine vom Parlament beschlossene ethnische Säuberung. Mehrere Indianerstämme wollten sich daraufhin den amerikanischen Behörden unterwerfen und Bürger der Bundesstaaten werden, auf deren Territorien sie lebten; man ließ sie aber meist zur Registrierung nicht zu. Die Vertreibungen aus der angestammten Heimat begannen zuerst im Norden der Union. Die Cherokee wählten den Weg der Weißen und klagten vor dem Bundesgericht, wo sie Recht erhielten: »Die Nation der Cherokee ist eine eigene Gemeinschaft, die ihr eigenes Territorium besitzt …, das die Bürger Georgias ohne Erlaubnis der Cherokee nicht betreten dürfen …«.[481] Aber der Präsident der USA und Chef der Exekutive, der »Mann von der Grenze«, Andrew Jackson, soll daraufhin gesagt haben, dass der oberste Richter diesen Urteilsspruch auch selbst durchsetzen müsse. 1835 hatte man endlich eine kleine Gruppe von Verrätern gefunden, die das Land der Cherokee (verfassungswidrig) verkauften. Der parlamentarische Führer der Gegenpartei im Kongress, John Quincy Adams, der in Harvard studiert hatte, nannte den Vertrag eine Schande, aber Jackson brachte ihn mit einer Stimme Mehrheit durch. Unter der Bewachung von 7.000 Soldaten wurden die Cherokee gezwungen, aus den Bergen Georgias und Alabamas in die Steppe Oklahomas zu wandern; die Todesrate auf dem »trail of tears« lag bei 20–40 %.[482]

Es war eindeutig, dass die weiße amerikanische Gesellschaft gerade eines nicht wollte, nämlich dass die Indianer sich »zivilisierten«. Das hätte die Legitimation der Expansion in Frage gestellt. Die Darwin-Rezeption in den USA stand noch bevor, und offen rassistische Argumente waren noch selten – der Sinn der amerikanischen Indianerpolitik an der Grenze war aber klar: Man kann mit Leuten aus Deutschland oder Schweden zusammenleben und notfalls sogar mit Schwarzen (wenn sie wissen, wo sie hingehören), aber nicht mit Indianern. Dies war eine Meinung der Grenze – in Harvard (also ungefähr da, wo 200 Jahre vorher die Pequot in dem Massaker von Mystic dezimiert worden waren) war man jetzt liberaler. Hier im Osten fanden sich auch Leser für jene Literatur, in der die Erinnerung an die Bundesgenossenschaft der jungen Kolonien mit dem Irokesenbund gegen die Franzosen eine späte Verherrlichung erfuhr und die Figur des »edlen Wilden« ihre amerikanische Fassung erhielt, in der sie Teil der Weltliteratur wurde: J. F. Coopers »Der letzte Mohikaner«[483].

---

481 Zitat Wilson a.a.O., S. 167.
482 Wilson a.a.O., S. 171.
483 Vgl. zu der Problematik U. Bitterli: Alte Welt – Neue Welt, München 1986; T. Heye Hg.: Wir und die

Massaker und Vertreibungen

Die Demokratisierung der USA wurde gerade von Jackson vorangetrieben, der als Hinterwäldler (für Quincy Adams einfach »a barbarian who could not write a sentence of grammar and hardly could spell his own name«[484]) der Herrschaft der Gutsbesitzer und Kaufleute aus dem Osten ein Ende setzte: Mit dem Wahlspruch »to the victor the spoils« wurden die Ämter des Staates an die Parteigänger verteilt. Von jetzt an, gestützt auf den Westen, setzte sich in den USA das Prinzip durch, dass jeder Mann eine Stimme habe. Verbunden war damit eine Wendung gegen die Intellektuellen des Ostens und ein Bild von der Grenze als dem Ort, an dem jeder, der anständig zupackt, etwas werden kann.

Die Aneignung der Länder westlich von Mississippi und Missouri war der letzte Akt der großen amerikanischen Expansion.[485] Zuerst wurde der »Ferne Westen« besetzt. Die spanische Politik gegenüber den Indianern in Neu-Mexiko und Kalifornien zielte auf Mission und Einordnung in Arbeitsprozesse zu Gunsten spanischer Rancher oder patriarchalisch geführter Missionen. Die Republik Mexiko erklärte die Indianer für frei – auch wenn sich in der Realität der Lebensumstände oft nicht viel änderte, wenn mexikanische Großgrundbesitzer die Missionen übernahmen. Aber mehr Indianer flohen ins Innere, von wo aus sie die mexikanische Herrschaft bis auf die Küste zurückdrängten. Allerdings wurden sie 1838 durch eine Malariaepidemie dezimiert, und ihre Zahl war von etwa 700.000 auf vielleicht 200.000 gefallen, als die USA die Provinz im Krieg gegen Mexiko 1848 eroberten.[486]

Nachdem in Kalifornien Gold gefunden war, strömten Tausende Amerikaner an den Pazifik – 1860 hatte der Staat schon 380.000 nichtindianische Einwohner. Dabei war es nicht nur die Größenordnung dieser Wanderung, welche die indianische Bevölkerung bedrohte, sondern auch der Unterschied zur mexikanischen Herrschaft: in kürzester Zeit wurde nun die indianische Bevölkerung ausgerottet. Ganze Siedlungen wurden mit Frau und Kind ermordet, z. B. wenn sie Weißen die Arbeit verweigerten. Bürger sammelten Geld, um Prämien für Indianerskalps zu zahlen. Weiter wurden zwischen 1850 und 1863 etwa 10.000 indianische Kinder an Haushalte in Knechtschaft verkauft, wodurch sie überlebten. In den Worten von James Wilson: »Wahrscheinlich starben in Kalifornien mehr Indianer in der Folge von bewusstem, kaltblütigen Genozid als irgendwo sonst in Nordamerika«.[487]

Das letzte Kapitel der Geschichte der »frontier« bildeten die »plains«, die Prärien, die lange als »Wüste« galten. Sie waren von indianische Stämmen erst dichter besiedelt wor-

---

Wilden, Reinbek 1984, und immer noch (wenn auch an ganz anderen Beispielen) F. Fanon: Schwarze Haut, weiße Masken (1956), deutsch Frankfurt 1980.
484 D. Muzzey: A History of our country, Boston 1953, S. 215.
485 R. Hine, J.M. Mack, J. Mack: The American West. New Haven/Conn. 2000.
486 Vgl. C. Feest: Die Indianerpolitik Mexikos und der USA 1830–1930, in: Edelmayer, Viele Amerikas.
487 Zitat Wilson a.a.O., S. 228.

den, als das Pferd (wieder) nach Amerika gekommen war (durch die Spanier); die Nomaden lebten von der Jagd. 1862 sicherte die Regierung von Abraham Lincoln im »Homestead-Act« gesetzlich zu, dass jeder Bürger der USA über 21 Jahren in den noch »freien« Gebieten ohne Entgelt eine Farm von 60 bis 100 Morgen in Besitz nehmen dürfe. Eine außerordentliche Agrarkonjunktur beflügelte diese letzte Expansion: Der Bürgerkrieg ließ die Preise für Getreide emporschnellen und zugleich begann amerikanischer Weizen auf dem Weltmarkt gegen russischen zu konkurrieren. Die amerikanischen Farmer lernten, in ariden Klimata zu ernten. 1867 kam der verbesserte McCormick auf den Markt; er machte die Erschließung neuer Getreideflächen profitabler und führte auf Erde, auf der noch nie Getreide gestanden hatte, einen Stand von Technik ein, der in manchen deutschen Dörfern noch zwei Generationen später revolutionär war (vgl. Kapitel 15).

Dass es »neben« solcher Technik noch Jägervölker in den USA gab, erschien unglaublich. Nachdem schon 1839 S. G. Morton die Überlegenheit der weißen Rasse durch Schädelmessungen zu belegen gesucht hatte – mit der Schlussfolgerung, dass der Indianer nicht einmal zur Versklavung tauge –, begann jetzt die Rezeption des Sozialdarwinismus in den Staaten.[488] Die Indianer wurden als schwächere Rasse gesehen. Dass sie so oft Seuchen zum Opfer fielen, schien das zu beweisen – womit das alte Argument von Epidemie als Zeichen Gottes eine scheinwissenschaftliche, säkulare Form erhielt.

Dass es 1876 den Sioux gelang, in der Schlacht am Little Bighorn ein Regiment der 7. US-Kavallerie zu vernichten, festigte nur die Entschlossenheit, eine denkbare und historisch mögliche andere Entwicklung – die Aufnahme indianischer »first nations« (wie die Kanadier heute Indianer- und Eskimo-Völker nennen) in die Union auf gleicher Ebene – durch Zerstörung der fremden Sozialstruktur und Degradierung der anderen Ethnien unmöglich zu machen. Die Eisenbahngesellschaften und die Armee vernichteten bewusst die Büffelherden,[489] um die Indianer durch Hunger in die Reservationen zu zwingen. Aber auch dort waren sie nicht sicher; der Anführer der Sioux am Little Bighorn, Sitting Bull, wurde 1890 im Handgemenge mit Polizei erschossen, und im selben Jahr wurde die letzte »frei« durch die unfruchtbarsten Gegenden des Westens ziehende Gruppe von Sioux, nachdem sie ihre Waffen abgegeben hatte, am Fluss Wounded Knee von Einheiten der 7. Kavallerie massakriert. Am 22. April 1889 wurde der Oklahoma-Vertrag gebrochen: Auf den Startschuss hin durften Siedler in das Indian Territory hinein rasen (in das die Cherokee und viele andere Stämme 40 Jahre vorher umgesiedelt worden waren). Am Abend war ein großer Teil des Landes in Farmen aufgeteilt, waren Städte abgesteckt und sogar die Wahlen für die Regierung des neuen Mitgliedstaates der Union Oklahoma schon vorbereitet.[490]

---

488 Wilson, S. 234–237.
489 Tanner, a.a.O. S. 126.
490 Bild Muzzey a.a.O., S. 379.

Das signalisierte das Ende der Expansion, »the closing of the frontier«. 1893 bestimmte der Historiker Frederick Jackson Turner die Bedeutung der Grenze für die USA – Ausbreitung in »freies Land« habe seit 400 Jahren Amerika geprägt und zähe, unternehmerische Menschen geschaffen. Nun sei es Zeit, Entwicklung nicht in der »Wilderness«, sondern durch Bildung und Wissenschaft zu suchen. Das Stichwort allerdings wurde auch aufgenommen, um die neue Expansion über die Grenze hinweg zu legitimieren und zugleich ein neues Männerbild zu schaffen. Präsident Theodore Roosevelt propagierte die Vorstellung vom amerikanischen Mann als einem einsamen, harten Jäger (mit einem vorzüglichen Gewehr): Der Nachkomme holländischer Großkaufleute »erfand sich selbst neu als Verwandten der Vagabunden, die an seiner Seite galoppierten«[491] – wie vor ihm Buffalo Bill und nach ihm Millionen von Bewunderern der Hollywood-Western. Die Stadt hatte den Westen eingeholt, und an die Stelle der realen Hoffnung auf die heile Welt der kleinen Farmen mit glücklichen Familien trat der Mythos.

Die indianischen Völker hatten den Jahrhunderte dauernden Krieg verloren, ihre Bevölkerung wurde von geschätzten 7–10 Millionen bei Ankunft der Engländer auf weniger als 250.000 reduziert.[492] Nach der Jahrhundertwende nahm ihre Zahl jedoch wieder zu, und heute leben etwa zwei Millionen Indianer in der USA. 1924 erhielten sie die Staatsbürgerschaft, auch wenn sie um das Wahlrecht in den einzelnen Staaten noch lange kämpfen mussten. Wo Gruppen überlebt haben, wurden sie überwiegend nicht in die allgemeine Bevölkerung integriert, sondern bilden eigene kleine Ethnien.

Globale Prozesse

In den ökonomisch erfolgreichen Gesellschaften der Frühen Neuzeit gab es tiefgreifende Prozesse von Sozialdisziplinierung – in Japan durch die Fünfergruppen, in China durch die Kontrolle der Han durch die Mandschu und in Europa durch die Konfessionalisierung bzw. den Aufbau eines modernen Staates. Wie China durch die Mandschu, wird Indien durch die Mongolen politisch diszipliniert; die Tiefe der Herrschaft des Mogulreiches erreichte jedoch nicht die der Mandschu, schon weil es nie ein den Kontinent umfassendes Imperium in sicheren Grenzen gab. Auch Schottland wurde nicht ohne Rückhalt an fremder Macht diszipliniert, ähnlich ging es später z. B. den von Preußen annektierten Provinzen Polens.

Zu diesen Prozessen von Disziplinierung gehörten zunehmend Ausschlüsse, Exklusionen von Minderheiten, die sich nicht einfügten:

---

491 Zitat Hine a.a.O., S. 498.
492 So die Zahlen bei Wilson a.a.O., S. 283; vgl. oben.

- Christen in Japan
- Chinesen in Manila
- Hindus auf Java
- Juden und Muslime in Spanien
- Protestanten in Böhmen oder Salzburg
- Katholiken in Irland
- Altgläubige in Russland
- Clans in Schottland
- Steuer verweigernde Indigene in Sibirien
- alle Indianer in den USA (bis 1830: westlich des Mississippi)

Es gab auch Gruppen, die überall in der Christenheit ausgeschlossen, verboten und verfolgt wurden und nur in den USA eine Zuflucht fanden – jene protestantischen Denominationen, welche die gesetzte Obrigkeit an sich in Frage stellten und die religiöse Gemeinde der Kontrolle durch Staat oder Großkirchen entziehen, der Täufer also an erster Stelle. Insgesamt aber hat man den Eindruck, dass es weniger um den Sieg der einen oder anderen Partei ging als vielmehr um die Vertreibung an sich und die damit mögliche Neustrukturierung der Gesellschaft; nicht nur die Umverteilung von Eigentum, sondern auch den Aufbau neuer Loyalitäten.

Die Exklusionen waren oft unmittelbar gewalttätig, nicht selten sind es Massaker wie die Bartholomäusnacht, das Prager Blutgericht, die Flucht der Earls aus England oder die Christenverfolgung in Japan. Geplant oder ungeplant führen die Verfolgungen zur Flucht der Minderheit, manchmal gegen den Willen der Herrschenden wie bei den Hugenotten. Obgleich der König von Frankreich im Westfälischen Frieden 1648 das Recht des Abzugs als eines der ersten Freiheitsrechte für das Reich vertraglich mit festgelegt hatte, war er keineswegs bereit, dieses Recht für sein Königreich zu akzeptieren. Die Hugenotten nahmen es sich trotzdem und flohen.

Dabei war das verkündete Ziel der Regierungen, ihre Länder zu pazifizieren, durchaus glaubhaft. Und wirklich stand ja das Massaker von Glencoe am Ende der Clan-Massaker in Schottland, wurde Salzburg durch die Vertreibung der Lutheraner das geschlossen katholische Land, das es bis heute ist. Aber da die Obrigkeiten selbst so ausgiebig zur Gewalt griffen, wurde Gewaltanwendung in den Auseinandersetzungen auch immer wieder legitimiert. Und so reihte sich Bauernaufstand an Bauernaufstand.

Ein Vergleich von Grenzregimen ist hier nur für die europäischen Mächte möglich. Dabei ergibt sich,[493] dass vom lateinischen Westen eine Radikalisierung ausging, die mit der fehlenden Toleranz der römischen Kirche gegenüber Minderheiten und z. B. der

---

493 H.-H. Nolte: Von Andalusien bis Tatarstan. Innere Peripherien in der Frühen Neuzeit im Vergleich, in: N. Boškovska-Leimgruber Hg.: Die Frühe Neuzeit in der Geschichtswissenschaft, Paderborn 1997.

Übernahme eines theologischen Konstrukts wie der Schwertmission zusammenging, aber auch mit der sozialen Dynamik Westeuropas sowie der zunehmenden technischen und organisatorischen Überlegenheit gegenüber den »Barbaren«. Diese westeuropäischen Konzepte mit ihrer größeren Systematik führen schon im Mittelalter zu einem Leitbild vollständiger Exklusion der Nichtchristen.[494]

Die muslimischen Staaten jenseits der Grenzen europäischer Mächte duldeten stets Angehörige anderer Buchreligionen wie Christen und Juden, so dass es möglich blieb, in den Grenzsäumen zusammenzuleben oder die Grenzen zu überschreiten. Auch im Bereich des orthodoxen Russland, wie übrigens ebenfalls im katholisch geführten Polen, waren die jeweiligen Ostgrenzen in der Frühen Neuzeit manchmal viele hundert Kilometer breite Säume in der Steppe. Vielleicht auch deswegen, weil es offenbar so viel Platz gab, konkret aber aus der Teilnahme an den Machtkämpfen der Steppe heraus siedelten sowohl der König als auch der Zar muslimische Überläufer im eigenen Machtbereich an. Der Zar gliederte beim russischen Vorrücken in die »Tartarei« muslimische bewaffnete Verbände in das eigene Machtsystem ein. Das war anders als im Westen – in Andalusien erzwangen die Eroberer die Taufe und verfolgten später die »Neuchristen« mit der Frage nach dem »Blut«, also der Frage nach den Eltern und Ureltern, die sich einmal der Zwangstaufe gebeugt hatten. Der Übergang zu einer rassistischen Interpretation lag hier nahe.

Die »Frontier« der Vereinigten Staaten war ebenfalls ein eigener und anfangs sehr großer Raum, in dem die Siedler vordrangen. Die indianische Bevölkerung hatte kaum eine Chance zur Integration, da die Exklusion nach ethnischen Kriterien erfolgte. Wo die Weißen ihre Expansion mit religiösen Konzepten begründeten, bewirkte die partikulare Struktur der protestantischen Kirchen, dass es keine Kontrolle theologisch daherkommender Aufrufe gab. Mit zunehmender Aufklärung beriefen sich die USA auf säkulare Kriterien wie Zivilisation. Da die Regierung sich an Verträge mit Indianern nicht hielt – selbst wenn die Gerichte anders votierten –, wurde deutlich, dass die Regierung gegenüber Indianern den Standard Zivilisation nicht wirklich gelten lassen wollte. Die Legitimation von Vertreibungen wurde entsprechend zunehmend rassistisch. Mit dem »closing of the frontier« 1889 wurde meist der Bestand an Reservationen festgeschrieben, die Vertreibungen beendet.

Abgesehen von »alten«, in den Differenzen des europäischen Systems seit dem Mittelalter fassbaren Besonderheiten von Kirchen oder Ländern gab es auch einen umfassenden Prozess der Radikalisierung der Grenze. Dies hing mit der Geschichte des Welt-Systems insgesamt zusammen oder auch, wenn man so will, mit dem Sieg des Westens. Das schnelle Wachstum der Bevölkerungen christlicher Länder führte dazu, dass immer neue landsuchende Migranten an die Grenze zogen – von der deutschen Ostexpansion

---

[494] H.-H. Nolte: Deutsche Ostgrenze, russische Südgrenze, amerikanische Westgrenze in: Becker, Grenzen.

bis zur amerikanischen Westexpansion. Die Grenzsäume wurden schnell »aufgefüllt«, und allein die Menge erhöhte die Notwendigkeit für Grenzen, die schließlich zu einem Strich im Gelände wurden. Damit wurde Frontier als »dynamischer Raum«[495] beendet.

Der Vormarsch von Grenzern war in allen Fällen mit Massenmord und Vertreibung verbunden, die im 19. Jahrhundert systematischer wurden. Auch in Russland war die Eroberung einer neuen Provinz am Kuban mehr von Umsiedlung und Vertreibung begleitet, als die Expansion an Wolga und Kama. Amerikanische Siedler haben im 19. Jahrhundert in Kalifornien und Texas systematisch Indianer ermordet. Ziel staatlicher Politik ist Genozid in den USA jedoch nicht gewesen, auch wenn die Vielzahl von Genoziden an indianischen Gruppen mit Schärfe auf das Janusgesicht der Moderne verweist.[496]

Der Versuch, die rechtliche Verfolgung eines solchen Verbrechens auf Weltebene durchzusetzen, wurde mit der Konvention gegen den Genozid 1948 begonnen.[497] Diese hatte jedoch nur eine Chance, Gesetzeskraft zu erlangen, wenn die Veto-Mächte zustimmten – wegen des sowjetischen Verständnisses rechnet die Konvention Politizid (also Ermordung von Menschengruppen aus politischen Gründen) nicht zum Tatbestand, und wegen des angelsächsischen Rechtsverständnisses fehlt »Umsiedlung« (removal).

---

495 G. Drekonja: Frontier/frontera: Grenze als dynamischer Raum, in: Periplus 1999.
496 Vgl. F. Bajohr, W. Lohe, U. Lohalm Hg.: Zivilisation und Barbarei. Die widersprüchlichen Potentiale der Moderne. Gedenkschrift Detlev Peukert, Hamburg 1991. Vgl. S. 199.
497 Bundesgesetzblatt 1954, Teil II, S. 730 f.; vgl. zur Geschichte O. Luchterhandt: Bekämpfung von Völkermord: Konzepte des Völkerrechts, in: M. Dabrag, K.Platt Hg.: Genozid und Moderne I, Opladen 1998.

> *Preacher man don't tell me*
> *Heaven is under the earth*
> *I know, you do not know*
> *What life is really worth.*
> *It's not that glitters is gold*
> *And half of the story has never been told.*
> *So now you see the lights*
> *Stand up for your rights!*
>
> Bob Marley, Peter Tosh

Kapitel 11

Formen der Arbeit

In der gesamten Welt gab es in der Frühen Neuzeit mehrere Formen der Arbeit, die man grob untergliedern kann in

- Freiheit
- Hörigkeit und
- Sklaverei.

Freiheit

Freiheit ist heute ein abstrakter Begriff, der einen im hohen Maß utopischen, allerdings auch weithin beliebigen Inhalt hat – er meint frei »an sich«, kann aber für die »Freiheit der Nation«, die »Freiheit des Handels« die »Freiheit der Meinungen« stehen.[498] Historisch gibt es keine Freiheit »an sich«; auch der freie Mensch lebt in Bindungen, ist durch Gesetze eingegrenzt und wird von seinen gesellschaftlichen Konventionen und dem mitgebrachten Habitus vorgeprägt. Unser Begriff von Freiheit ist für uns wichtig, weil er den Entwurf einer »besseren« Gesellschaft enthält, in dem jede/jeder unter wirklich gleichen Chancen ihre/seine Talente entwickelt – im Horizont der weiteren Utopie, dass er dies nicht auf Kosten Anderer tut.

Im Mittelalter und in der Frühen Neuzeit war Freiheit meist ein konkreter Begriff. Er meinte überwiegend frei »von etwas« – zum Beispiel war eine Domfreiheit frei vom Re-

---

498 Vgl. W. Conze u. a.: Freiheit, in: GG Bd. 2.

gelungsanspruch des Rats der Stadt oder eines anderen Stadtherren, so wie eine »Freiheit« vor den Toren einer Stadt, einer Burg, eines Klosters o. ä. Er konnte auch »Freiheit der Kirche« (vom Kaiser oder jeder anderen weltlichen Gewalt) meinen und dann ein Schlachtruf sein.[499] Für diese Untersuchung definieren wir frei als »eigenverantwortlich vor Gericht«. Ein freier Mensch muss für seine Taten oder Unterlassungen selbst vor Gericht stehen. Das galt vorrangig für die Männer aus dem Adel, für die meisten Männer aus den Städten und die meisten Bauern. Es galt nicht für Frauen, Hörige oder Gesinde. Dieser Begriff von frei fällt nicht mit dem »Freiheit der Arbeit« zusammen, der meint, dass man seine Arbeit wählen kann, im formalen Fall in einem Kontrakt. Wer war in der Frühen Neuzeit in diesem Sinn frei?

Verblüffenderweise waren das nicht die Oberschichten. Der europäische Adel war vor dem 18. Jahrhundert in der Regel weder frei in der Wahl seines Arbeitsgebers noch in der seiner Arbeit; er hatte meist ein Lehen ererbt, für das er einem Herren zu Dienst verpflichtet war – und zwar ganz überwiegend zum Dienst mit der Waffe. In dieser Hinsicht unterschied sich das Lehen auch nicht von der Reispfründe der Samurai oder dem Timar der Spahis im Osmanischen Reich. Der Adel in Indien war freier in der Wahl seines Arbeitgebers, seines Herren – er war es gewohnt, zwischen Turan, Iran und Dekkan unter den Herren zu wechseln und konnte das auch, weil er weniger oder nicht an Grundbesitz gebunden war. Aber auch der Adel in Indien konnte de facto nur einen Beruf ausüben – den des Militärs. Gehörte er dem Hinduismus an, war er zumindest theoretisch in die Kaste der Kshatria hineingeboren, auch wenn der Marathenkönig Shrivaji zeigte, dass es auch hier Handlungsmöglichkeiten gab (vgl. Kapitel 4). Die Städter, die Kaufleute und Handwerker, waren dagegen in den meisten Staaten der Welt frei sowohl in der Wahl des Arbeitsplatzes als auch der Arbeit, soweit das in Gesellschaften möglich war, in denen Erbe von Vermögen wie Beruf die normale Form der Entscheidung in der Frage des Berufs war.

Aber der Adel und viele Städter waren zumindest in der Form frei, die hier zugrundegelegt wird: Sie vertraten ihre Sache selbst vor Gericht. Dies galt in ganz Nordwestdeutschland auch für die Mehrheit der bäuerlichen Eingesessenen. In Holland spielte der Adel sogar schon im 15. Jahrhundert nicht nur in den Städten keine Rolle, sondern auch in der ganzen Grafschaft, wo kaum 10 % des Bodens ihm gehörten und grundherrliche Rechte, Hoch- und Niedergericht nur in Einzelfällen bestanden. In den Grafschaften Friesland und Groningen gab es keinen Adel. Hier war reale Freiheit zu handeln schon zu Beginn der Moderne an Armut und Reichtum und die Stellung im Gesinde gebunden.[500]

---

499 G. Tellenbach: Libertas, Kirche und Weltordnung, Stuttgart 1936.
500 H. Lademacher: Geschichte der Niederlande, Darmstadt 1983, S. 6–11.

1642 wurde Hörigkeit in England verboten. Im Nordwesten Europas entstand ein Raum, in dem an Geburt gebundene Unfreiheit aufhörte, eine Rolle zu spielen.[501]

Das betraf auch die Städte. In fast allen Städten der Welt gab es auch Hörige oder Sklaven, deren Zugang zum Gericht eingeschränkt oder völlig unterbrochen war. Hier bildeten die deutschrechtlichen Städte in Mitteleuropa eine Ausnahme, indem sie Hörigkeit in den Mauern der Städte »binnen Jahr und Tag« des Aufenthalts eines Hörigen verboten und so die Stadt zu einer rechtlichen Einheit machten.[502] Das galt keineswegs für alle deutschen Städte; so besaß das von den Zähringern gegründete Freiburg das Privileg, nicht aber das alte Basel, und in den deutschen Kolonialstädten Reval und Riga wurde der Rechtssatz erst 1515 bzw. 1543 durchgesetzt.[503] Und es galt weder im Westen noch im Osten Europas; sowohl in Paris als auch in Petersburg gab es bis 1789 bzw. 1861, besonders im Gesinde, viele, die sich nicht selbst vor Gericht vertreten konnten.[504]

Nicht selbstständig vor dem Gericht waren weiter die Mitglieder des »Hauses« oder in Russland des »Hofes« (auch wenn das ein Hof in der Stadt war).[505] Ehefrau, Kinder und Gesinde unterstanden der Hauszucht des Hausherrn, der andererseits ihre Taten auch vor Dritten und vor Gericht zu verantworten hatte, zumindest soweit, dass Schaden wieder gutgemacht wurde. Zeigte sich der Hausvater unfähig, Rechtsfrieden zu schaffen, konnten aber auch Frau oder Knecht vor Gericht gezogen werden. Noch deutsche Könige des 13. Jahrhunderts haben über unbotmäßige Söhne selbst gerichtet,[506] aber in der Frühen Neuzeit wurden freie Söhne und Frauen immer vor ihren Gerichten angeklagt.[507]

Die Todesstrafe wurde, meist im späten Mittelalter, zum Monopol des Staates – auch wenn französische Adlige sie noch im 18. Jahrhundert für Hausdiebstahl von Domestiken ihrer »hotels« in Anspruch genommen haben.[508] Wie man mit den Hausgenossen umging, dazu gaben im christlichen Kontext eigene »Hausväterbücher« Auskunft, deren erste Aufgabe war, die Hausherren zu lehren, wie man wirtschaftete – die Bücher schlossen an das Genre der Ökonomien an, der Lehren der Ordnung im Haus – οικοςνόμοσ, die im Russischen als »Domostroj« publiziert waren. Die russische Form sieht z. B. vor,

---

501 Vgl. auch H. A. Diederiks u. a.: Van agrarische Samenleving naar Verzorgungstaat, ²Groningen 1994, bes. S. 65–132.
502 E. Pitz in: C. Haase Hg.: Die Stadt des Mittelalters, ³Darmstadt 1978;
503 Stadtrecht von Basel 1260, § 12, in: F. Keutgen Hg.: Urkunden zur städtischen Verfassungsgeschichte, Berlin 1901, Nr. 132; R. Wittram: Baltische Geschichte, ²Darmstadt 1973, S. 44.
504 A. Kappeler: Stadtluft macht nicht frei, in: Feldbauer, Stadt; vgl. N. Elias: Die höfische Gesellschaft, Neuwied 1969, S. 68–101 zu den Domestiken in Paris.
505 Am deutschen Beispiel P. Münch: Lebensformen in der Frühen Neuzeit, Berlin 1998, S. 167–201.
506 Mitteis, Liebrich, Kapitel 4.II.
507 Nicht nur im Hexenprozess, vgl. zu Deutschland U. Rublack: Magd, Metz oder Mörderin, Frankfurt 1998.
508 N. Elias: Die höfische Gesellschaft, Neuwied 1969, S. 77 f.

dass der Hausvater die männlichen Mitglieder auch körperlich züchtigen muss; die weiblichen Mitglieder soll die Hausfrau züchtigen – der Hausvater muss notfalls die Hausfrau züchtigen, soll das aber nicht in der Öffentlichkeit tun. Die Strafgewalt innerhalb des Hauses lag also beim Hausherrn, und seine Hausgenossen waren vor Gericht nicht frei. Das galt auch für Lehrlinge und Gesellen, solange sie im Haus lebten.[509]

Die soziale Mobilität der Handwerker und Kaufleute war überall außer in China auch formal durch ständische Regeln eingeschränkt. In Europa bildeten sie meist den 3. Stand, ein Aufstieg in den Adel war eigentlich ausgeschlossen, de facto aber durch vielfältige Verleihungen des Adelstitels an bürgerliche Beamte oder auch reiche Financiers doch möglich. In Japan bildeten Handwerker und Kaufleute den 3. und 4. Stand. In Indien war die soziale Mobilität nach religiösen, aber keineswegs weniger wirksamen Gesetzen durch das Kastensystem eingeschränkt. In China war der Aufstieg in die Literati theoretisch jedem offen, und es gab auch Bewegungen, die diesen theoretischen Anspruch in die Praxis umsetzen wollten; der reale Vorsprung von Kindern aus gebildeten Familien bei den Prüfungen war aber groß. Und: Kein Chinese konnte Mandschu werden.

Handwerker und Kaufleute arbeiteten in Europa besonders im 16. Jahrhundert noch oft auf Vertrag – ein Adliger, ein Bürger, ein Bauer bestellte Waffen, Tuch oder Schuhe, und der Handwerker lieferte es ihm. Zunehmend arbeiteten sie für Märkte – Knochenhauer (Fleischer), Schneider, Bäcker wohnten in der Reihe, nebeneinander und konkurrierten so gegeneinander, waren so aber auch der Kontrolle der Obrigkeit zugänglich. Muslimische Städte waren während der gesamten Frühen Neuzeit durch ihre Märkte bestimmt; auch hier wurde Konkurrenz organisiert, indem Verkäufer gleicher Waren nebeneinander anboten. Wie Fernand Braudel vor allem für Europa ausgeführt hat, waren es die großen Industriellen, die sich dem Markt entzogen und sich als Monopolanbieter z. B. für die Armee zu etablieren suchten.[510]

»Unterhalb« der Schicht der Hausherren und Handwerksmeister nahm im gesamten Großkontinent während der Frühen Neuzeit die Schicht derer zu, für die Wohnung und Arbeitsort auseinander fielen, für die Haus und Betrieb also getrennt waren. Das waren Altgesellen, die nicht im Haus des Meisters lebten, Knappen in den Bergstädten, in Eisenhütten, Arbeiter in Manufakturen. Das waren z. B. Arbeiter in den Porzellanmanufakturen Chinas, Knappen in den Bergstädten wie Schwaz, Bystritz, Neusohl oder Clausthal-Zellerfeld; Arbeiter auf den Taudrehereien (den Reeperbahnen) von Bengalen bis Hamburg und Archangel'sk, Zwirnereien in England und Westfalen, Dockarbeiter in Amsterdam oder London. Auch hier waren die Hausherren rechtlich verantwortlich,

---

[509] O. Brunner: Hausväterliteratur, in: Handwörterbuch der Sozialwissenschaften Bd. 1, Stuttgart 1956; F. Hartmann: Hausvater und Hausmutter als Hausarzt, in: Colberg, Staat; Altrussisches Hausbuch Domostroj, deutsch Leipzig 1987.
[510] F. Braudel: Die Dynamik des Kapitalismus, deutsch Stuttgart 1986, S. 48–69.

aber die Mitarbeit der Frauen verschaffte ihnen mehr eigenen Einfluss, und Gesinde gab es selten. In Osteuropa gab es auch Manufakturen und Bergwerke, die mit Hörigen betrieben wurden; das scheint aber weltweit eine Ausnahme gewesen zu sein.

Auch die meisten Bauern auf dem Großkontinent waren frei und unterstanden dem normalen Gericht – im Islam dem des Kadi, in China dem des Mandarin. Das Konzept der Rechtsprechung war, dass im Islam alle Muslime und in China alle Han-Chinesen gleichem Recht unterworfen waren; in China waren die Mandschu aus diesem gleichen Recht ausgenommen. Auch in Indien waren die Bauern frei und unterstanden wie alle Hindu dem Gericht des Brahmanen, der allerdings vom Kastensystem ausging, das die Bauern vielfältig auf z. T. enge Rollen festlegte. Auch in Westeuropa waren die meisten Bauern persönlich frei, in Frankreich führte der (nicht selten neu nobilitierte) Adel im 18. Jahrhundert wieder fast vergessene Rechte des »Seigneurs« ein, und da das unterste Gericht auf dem Lande in der Regel seigneural war, war die reale Abhängigkeit der Bauern größer als in Deutschland, soweit dort herzogliches Gericht gehalten wurde[511] oder man an das Reichskammergericht appellieren konnte. In Niedersachsen waren die Bauern meist im 13. Jahrhundert frei geworden. In der Frühen Neuzeit besaßen sie ihre Höfe nach Meierrecht, unterhalb des Obereigentums von Adel, Kirche und Staat. Sie zahlten – meist einen zwischen Naturalabgaben, Dienstleistungen und Geld gemischten – Zins an die Eigentümer, hatten aber selbst gute Besitzrechte und konnten nur »abgemeiert« werden, wenn sie die vertraglich festgelegten Verpflichtungen nicht erfüllt hatten. Allerdings gab es in Niedersachsen beträchtliche Möglichkeiten, Zwang unterhalb der Rechtsebene einzusetzen, so dass die Differenz zu den Niederlanden doch größer war, als die Rechtsform vermuten lässt.[512] In England unterstanden alle Bauern dem Friedensrichter; die Institution der Hörigkeit wurde 1642 verboten.

Die westeuropäischen Verhältnisse unterschieden sich aber dadurch von denen in den meisten anderen Gebieten der Welt, dass Adel und Klerus aus dem allgemeinen Gericht herausgenommen waren und eigene Gerichte hatten, so wie ja auch die Bürger in den deutschrechtlichen Städten einem besonderen Gericht unterstanden, eben dem des Stadtherrn. Diese Privilegierungen schufen tiefe soziale Trennungen. In manchen europäischen Ländern entstand eine Vielzahl von Gerichtsständen, da alle Adelskorporationen auf gesondertes Gericht drängten und die Herzöge nicht zusammen mit den Grafen und die wieder nicht zusammen mit den Freiherrn vor Gericht stehen wollten. Im alten Russland gab es diese ständischen Sondergerichte nicht; im 18. Jahrhundert wurden jedoch auch hier viele ständische Besonderungen eingeführt.

---

511 E. Weis: Der französische Adel im 18. Jahrhundert, in: R. Vierhaus Hg.: Der Adel vor der Revolution, Göttingen 1971.
512 C.-H. Hauptmeyer, I. Rund Hg.: Quellen zur Dorf- und Landwirtschaftsgeschichte, Bielefeld 1992.

Je weiter nach Osten in Europa, desto mehr nahmen die Anteile freier Bauern an der gesamten Bauernschaft ab. Die Elbe bezeichnet ungefähr die Linie, wo die Mehrheiten wechselten. Auch in Ostpreußen gab es freie Bauern, die ihr Gericht vor dem Amt hatten (Kölmer), aber es waren weniger als jene, die durch adlige Gerichtsherrschaft mediatisiert waren. In Russland blieben auch am Anfang des 18. Jahrhunderts etwa 20 % der Bauern »schwarz«, also ohne adlige Herren, und der Anteil stieg bis 1780 auf 36 %.[513] Sie hatten ihr eigenes Dorfgericht, das über »Haut und Haar« urteilte, während das Gericht des Zaren über »Leib und Leben« befand. In Polen allerdings hatte der Adel die Rechtsvermutung, dass jeder Bauern unter das Gericht eines Gutsherrn fällt, fast vollständig durchgesetzt; nur besondere Gruppen wie Mennoniten im Danziger Werder oder Kosaken an der Steppengrenze bewahrten ihre alte Freiheit.

Frei in dem hier definierten Sinn waren aber oft auch die dörflichen Unterschichten. In West- und Mitteleuropa war oft schon im 12. oder 13. Jahrhundert die Zahl der Höfe erreicht, die beim Stand der damaligen agrarischen Technik in den Dorffluren Platz hatten. Die klassische Größe für einen Hof, der in Dreifelderwirtschaft produziert, liegt zwischen 40 und 60 Morgen, was in Mitteleuropa oft auch als Hufe bezeichnet wurde – wie alle Maße der Zeit bedeutete auch dieses in verschiedenen Gegenden Unterschiedliches. Teilt man die Ackerflur unter die (jeweilige) Größe der Hufe, dann erhält man in etwa die Zahl der in einem Dorf möglichen Normalhöfe. Man konnte jetzt höher hinauf in den Wald oder tiefer hinein in das Moor roden, aber auch hier gab es Grenzen, die von Klima, Erosion oder Übernässung gesetzt wurden. Und bei einer Klimaverschlechterung mussten die Hochlagen und Moordörfer oft aufgegeben werden.

Der Zuwachs an Bevölkerung, der in der Frühen Neuzeit nicht nur in Europa, sondern auch in China und Indien auffällig ist, wird also nicht durch den Bau neuer Höfe möglich, sondern dadurch, dass die zweiten und dritten Kinder am Rand der Dorflagen kleine Höfe oder Gärten erhalten, in denen sie in intensiver Gartenbauwirtschaft einen Teil ihres Lebensunterhalts erwirtschaften. Den anderen Teil erwerben sie durch unzünftiges Dorfhandwerk – Weberei, Spinnerei, Töpferei oder in Waldgebieten Schnitzerei von Löffeln und Spielzeug. Eine andere Möglichkeit war – z. B. im Siegerland bei Köln, aber auch in den Wäldern Nordrusslands – kleinräumige Eisengewinnung, Messerschmieden, Gabelherstellung etc.

Es entstanden »ländlich verdichtete Räume«, in denen neben Bauern eine breite unterbäuerliche Schicht lebte – Kötner, Brinksitzer, Gärtner. Diese Schicht war an der politischen Selbstverwaltung der Dörfer nicht beteiligt, die lag in den Händen der Bauern. So bildeten sich in den Dörfern »geschlossene Heiratskreise« heraus – Acker heiratete Acker, oder mit anderen Worten: Bauerntöchter heirateten keine Kötner. Aber auch die

---

513 Nolte/Vetter, Aufstieg S. 65.

Kötner waren freie Leute, sie arbeiteten für den Markt oder auf Bestellung und kamen vor das Amtsgericht.

Eine Sonderform der freien Arbeit bildeten die Saisonarbeiter. Aus dem ganzen Raum zwischen der niederländischen Grenze und der Weser, aber auch aus dem Keltischen Rand der britischen Inseln wanderten im Sommer Arbeiter in die Gewerbezentren, um Arbeit zu suchen – aus Westniedersachsen ging vom 16. bis zum 19. Jahrhundert ungefähr jeder fünfte Mann zur Arbeit über die Grenze. Er ging wirklich, einen Rucksack mit ca. 40 kg auf dem Rücken. Er fand Arbeit bei der Heumahd auf den Wiesen in Friesland und Groningen, beim Torfstechen in Mooren und Brüchen, beim Lastenschleppen in Amsterdam, bei der Mannschaft auf den Fischkähnen und Walfischfängern, aber auch auf den Kriegsschiffen der Kompanien (Offiziere waren immer die Holländer) und auch als Soldaten der niederländischen Armee. Die Frauen aus dem Rheinland und Westfalen wurden Dienstboten in holländischen Familien.[514] Da Nahrungsmittel in den Niederlanden teuer waren, schleppten die Saisonarbeiter so viel westfälischen Schinken und haltbares Schwarzbrot mit sich, wie sie tragen konnten – ein schweres Brot, von dem die Franzosen meinten, es sei »bon pour Michel« – gut genug für die deutschen Michels –, heute nennt man das Brot Pumpernickel. Und obgleich die Saisonarbeiter, insbesondere beim Torfstechen, oft Malaria oder andere Krankheiten bekamen, durften sie nicht krank werden – wurden sie es doch, wurden sie auf »Krüppelfuhren« wieder an die Grenze gekarrt (von dort an mussten die Heimatgemeinden für sie sorgen, die Krankheiten kosteten die Holländer also nichts).

In einem gewissen Sinn die freiesten Menschen überhaupt war das »fahrende Volk«, Menschen ohne festen Wohnsitz, die zu keiner Gemeinde gehörten. Das waren einmal auf dem gesamten Großkontinent Reste nomadischer Bevölkerung inmitten von Bauern. Im Osmanischen Reich wechselte ihre soziale Stellung – standen die Nomaden im 14. Jahrhundert noch an der Spitze der sozialen Leiter, wurden sie später, je mehr agrarisch begründete Gesellschaften stabil wurden, zunehmend ausgegrenzt. Ähnlich wurde der nomadische Teil der Tataren im Rahmen des russischen Imperiums zu einer Außengruppe – die Kalmücken dagegen erreichten niemals die Herrschaftsposition, die sie anstrebten, und arme Kalmückenkinder wurden schon im 17. Jahrhundert als Dienstboten in die Schuldknechtschaft verkauft. In China war der Prozess der Ausgrenzung der Nomaden konstitutiv, wenn auch schon im Mittelalter; unter der Mandschu-Herrschaft wurde das Bekenntnis zu einem Nomadismus zwar an der Spitze zeitweise zur Mode, die Akkulturation der Mandschu an die chinesische Kultur ging jedoch schnell vor sich.

In Europa tauchten zu Beginn der Frühen Neuzeit die Sinti und Roma auf, die aus Asien zugewandert waren.[515] Die Behörden versuchten anfangs, sie wieder zu vertreiben,

---

514 Vgl. H. Diederiks, F. Bölsker-Schlicht in: Nolte, Migrationen.
515 I. Wilharm: Sinti und Roma, in: Nolte, Migrationen; E. Stolberg: Sinti und Roma in: ZWG 6.2 (2005).

ihnen den Aufenthalt zu verbieten oder doch auf wenige Tage zu beschränken. In der Aufklärung versuchten dieselben Behörden, das fahrende Volk, das man nicht mehr vertreiben konnte, wenigstens ansässig zu machen. Zum fahrenden Volk gehörten aber auch andere Gruppen ohne festen Wohnsitz, die wie Sinti und Roma ihren Lebensunterhalt mit Reparaturarbeiten oder Unterhaltung verdienten – »Scherenschleifer«, »Böhmische Musikanten« oder nicht zu einer Gemeinde gehörige Bettler. Konnte man doch herausfinden, wo sie geboren waren, dann sandte man sie z. B. in Österreich notfalls »in Stock und Eisen« in ihre Heimatstädte zurück.[516]

Die fahrenden Leute waren in dem Sinn frei, dass niemand sie haben wollte.[517] Auch ein höriger Bauer stand auf der sozialen Stufenleiter höher als sie. Dies erinnert daran, dass Freiheit beim Aufbruch zur Moderne wenig über Einkommen und Wohlstand aussagte. Nun sind Aussagen über durchschnittlichen Wohlstand in dieser Periode schon an sich schwierig, weil viele statistischen Reihen keine Kontinuität besitzen.[518] Man kann jedoch gesichert sagen, dass im 16. Jahrhundert die Getreidepreise gestiegen sind, und zwar – nach Silbergehalt der verglichenen Münzen gerechnet – auf das Drei- bis Sechsfache in verschiedenen Märkten. Die Preise für Gewerbeerzeugnisse und die Löhne blieben z. T. weit dahinter zurück. Nach der Krise des 17. Jahrhunderts stiegen die Reallöhne im 18. Jahrhundert an, allerdings nur in England, in etwa parallel zu den Getreidepreisen; die Kaufkraft in Mitteleuropa sank. Erst im 19. Jahrhundert stiegen die Löhne in Westeuropa stärker als die Getreidepreise.[519] In Frankreich hing es bis etwa 1860 von den Ernten ab, ob es zu Engpässen oder gar Hungersnöten kam.[520] Das Einkommen der unteren Schichten blieb an der Grenze zur Armut, und sie mussten nicht selten hungern – auch in Freiheit.

Hörigkeit

Als Hörige werden Menschen verstanden, die einer Person oder Institution gehören, aber doch Rechtssubjekte sind. Grundsätzlich war die Lage der Hörigen im Haus des Herrn (non casatus) von der von Hörigen mit eigenen Häusern (casatus) unterschieden.

---

516 A. Komlosy: Grenze und ungleiche regionale Entwicklung, Wien 2003.
517 Teilweise kann man alle Randgruppen dazu rechnen, vgl. B. Roeck: Außenseiter, Randgruppen, Minderheiten, Göttingen 1993 zum deutschen Fall.
518 H.-H. Nolte: Comparing Internal Peripheries. A Plea for Non-linear Research, in: B.Etemad, J. Batou u. a. Hg.: Towards an International Economic and Social History, Festschrift P. Bairoch, Genf 1995.
519 Abel, Agrarkrisen , zum 16. Jh. S. 126; zum 17. S. 184; zum 18. S 198, zum 19. S. 260 und häufiger..
520 Braudel, Sozialgeschichte Bd. 1, S. 137. Vgl. F. Crouzet: Les niveaux de vie en Europe à la fin du XVIIIème siècle, in: Etemad a.a.O.

Formen der Arbeit

Seit vorchristlicher Zeit gab es in fast allen Gesellschaften Sklaven. Sie waren streng genommen rechtlos, ein Herr konnte sie straflos töten, sie lebten meist in den Höfen ihrer Herren. Insbesondere im Mittelmeerraum gab es auch Massensklaverei auf Gütern oder in Fabriken (vgl. Kapitel 6).

Das Christentum veränderte die Stellung aller Sklaven, sofern diese wie ihre Herren Christen waren, indem es seine kirchenrechtlich festgelegte Moralforderung auch auf sie bezog. Ein Herr durfte die ihm Gehörenden also nicht erschlagen oder verhungern lassen, zumindest von der Kirche aus.[521] So entstand eine eigene Gruppe von Menschen, die zwar einer Person gehörten, aber doch mindestens nach dem Kirchenrecht Rechtssubjekte waren – Leibeigene oder Hörige. Man konnte als Höriger geboren sein oder es werden, z. B. durch Verschuldung (russisch Kabalnye kholopy, englisch Indentured servants). Schuldknechtschaft bestand auf Zeit, auch wenn die Regel des Alten Testaments – jede Schuldknechtschaft erlischt nach sieben Jahren – nicht galt. Zum Zeichen der Leibeigenschaft musste man bestimmte Abgaben leisten – z. B. den Todfall, eine Abgabe des Erben aus dem Vermögen des Verstorbenen, worin noch deutlich wird, dass in früheren Perioden das ganze Vermögen an den Herrn fiel. Die Leibeigenschaft wurde in England 1642 und in Frankreich 1789 verboten, zu diesem Zeitpunkt bildeten Leibeigene etwa 5 % der Bevölkerung Frankreichs.[522] In Russland waren es im 17. Jahrhundert etwa 10 %.[523]

Zuerst einmal finden sich Hörige als Teil des Gesindes. Das Gesinde kann aus Hörigen bestehen, das muss aber nicht so sein, und im Verlauf der Frühen Neuzeit tauchen in Westeuropa zunehmend Gesindeangehörige auf, die einen Kontrakt geschlossen haben. Auch in diesem Fall war ein Angehöriger des Gesindes der Hauszucht untertan, wenn auch nur auf Zeit. Das »Haus« war, wie oben gezeigt, eine Grundeinheit der globalen Sozialverfassung der Frühen Neuzeit. Bei Azteken wie Chinesen, Europäern wie Japanern: Jeder, der zum Haus (oder Hof) gehörte, war der »Hand« des Hausherrn untertan, nicht zuletzt die Familie. Jemanden aus der Hand nehmen – e manu cipere – ist über die gesamte Frühe Neuzeit hinweg ein immer wiederkehrender Prozess; Emanzipation höriger Dienstboten, Bauern, und von Sklaven ist ein normaler, anfangs strikt auf

---

521 DelaCampagne, Sklaverei, S. 22, schreibt, die christlichen Kirchen hätten die Sklaverei gebilligt, erwähnt aber S. 114 zu Recht, dass die Kirchen moralische Skrupel bei Sklaverei von Christen hatten und mehrere Konzilien den Sklavenhandel verboten.

522 Voltaire: Auszug aus einer Denkschrift für die vollständige Abschaffung der Leibeigenschaft in Frankreich, deutsch in: G. Mensching Hg.: Voltaire. Schriften 2, Frankfurt 1979; G. Lemarchand: Feudalismus in Frankreich, in: Kuchenbuch, Feudalismus zu Fronen, Besthauptabgaben etc. bei einzelnen bäuerlichen Gruppen. In einigen Gebieten steigen im 18. Jh. die Einnahmen aus grundherrlichen Rechten stärker als die aus der Produktion (wie der Zehnte)..

523 R. Hellie: Slavery in Russia, Chicago 1982. Das russische Cholopstvo, über das Hellie schreibt, entspricht Hörigkeit.

eine Person bezogener Rechtsakt. Der Hörige hatte die Pflicht, Anordnungen des Hausherrn bzw. der Hausfrau zu folgen. Die Strafgewalt des Hausherrn gegenüber Hörigen ging weit. Noch lange nahmen französische Adlige für sich das Recht in Anspruch, gegen Hörige auch die Todesstrafe fällen zu dürfen. So weit ging z. B. das Recht des Herrn in Russland nie, er durfte an Haut und Haar strafen, aber nicht an Leib und Leben.

Unbestritten war, dass der Hörige die Arbeiten zu erledigen hatte, die ihm aufgetragen wurden. Der Begriff »Hausarbeit« war in der Frühen Neuzeit überall noch viel umfangreicher, als wir das heute gewohnt sind: Wasser holen, Holz hacken, Ofen heizen, Fegen und Schrubben, Kochen, Reparieren, Spinnen, Kleider nähen und Stopfen, Kot und Urin wegbringen. Zum Haus auch der Städter gehörten »Gärten«, in denen Obst und Gemüse angebaut wurde. Wichtige Aufgaben waren das Besorgen der Tiere – wie heute ein Auto, so hatten Wohlhabende ein Pferd im Stall, auch in den Städten; man hielt Kühe und Ziegen, fütterte Schweine und hatte Hühner für den Hahn im Topf und das Ei zum Frühstück. Man musste das Fleisch für den Winter pökeln, Bier brauen, Wein küfern. Zu den meisten städtischen Häusern gehörte ein Gewerbe, zu dem Hörige ebenfalls herangezogen werden konnte.

Die sexuelle Verfügbarkeit des Gesindes für den Hausherrn war in einzelnen Kulturen unterschiedlich. Konnte ein wohlhabender chinesischer Gelehrter sich offiziell eine oder mehrere Konkubinen kaufen und ein reicher Muslim bis zu vier Frauen haben, so verbot im Christentum die Kirche Sex außerhalb der Ehe. Die Kirche untersagte Übergriffe des Herrn und konnte Kirchenstrafen verhängen – sobald jemand klagte (die Hausfrau z. B.). Auch ein »Jus primae noctis« gab es im Christentum nicht; vermutlich ist es jedoch oft in Anspruch genommen worden, denn wie weit solche Rechtsnormen in der Praxis durchgesetzt wurden, ist eine kaum beantwortbare Frage. Jedenfalls mag das Lebensglück einer Konkubine manchmal größer gewesen sein als das einer Dienstmagd, die vielleicht ihren Herrn liebte, vielleicht auch ihm nur zu Willen war, aber in fast keinem Fall ein uneheliches Kind großziehen konnte; für uneheliche Kinder blieb (sieht man von den großen Herren ab) fast nur Infantizid. Erst im 18. Jahrhundert stieg die Zahl der unehelichen Kinder, die überlebten – besonders in den Städten.

Eine weitere wichtige Form rechtlicher Gebundenheit von Bauern stammte aus der Spätantike: die Schollenpflichtigkeit. Im späten Römischen Reich war eine feste Ständeordnung eingerichtet worden, die es den Bauern verboten hatte, ihre Dörfer zu verlassen. Sie waren »glebae adscriptus« – an die Scholle festgeschrieben; so stand es im Co-

---

524 Der damit seine eigene Einteilung – Menschen sind entweder Freie oder Sklaven, Heer, Dokumente S. 63 – moderiert.
525 Gute knappe Übersicht: C. Schmidt: Leibeigenschaft im Ostseeraum, Köln usw. 1997; der ältere Forschungsstand in: A. Casanova, C. Parain: Die zweite Leibeigenschaft in Mittel- und Osteuropa, in: Kuchenbuch, Feudalismus.

dex iuris Justinians.[524] In der Frühen Neuzeit wurde diese Rechtsform besonders östlich der Elbe wieder eingeführt, nachdem im Späten Mittelalter die Bauern hier meist frei geworden waren.[525] In Polen wurde in den vom Adel beherrschten Ständen die Rechtsvermutung aufgestellt, dass Bauern immer schollenpflichtig waren, falls sie nicht das Gegenteil beweisen konnten. Die Verschlechterung der Lage der Bauern ging in Polen mit der Steigerung der Agrarpreise, der Vermehrung des Eigenlandes der Güter und dementsprechend der Frontage zusammen. Je mehr Eigenwirtschaft betrieben wurde, desto mehr Fronarbeit musste geleistet werden. Ihre Grenze fand diese Wirtschaftsweise in der Reproduktion von Mensch und Vieh, die von den Bauern auf den zu ihren Höfen gehörenden Flächen erwirtschaftet werden musste. In Russland wurden die Bauern im 17. Jahrhundert zu etwa 80 % schollenpflichtig gemacht. Dabei wurde hier aber weniger die Eigenwirtschaft der Gutsbesitzer gestärkt, als die Abgaben erhöht – sowohl an den Staat als auch an den Adel. Vor allem wurde die Abhängigkeit festgeschrieben; bis dahin hatten die Bauern ihre Herren wechseln können – das wurde jetzt unmöglich gemacht.[526]

Servi casati – Hörige, Unfreie, die ein eigenes Haus hatten und auf den Feldern der Gutsbesitzer arbeiteten – hatte es auch vorher gegeben, und Schollenpflichtige waren anfangs keine Leibeigenen. Es gelang dem Adel in Polen jedoch, den Rechtszug der Schollenpflichtigen vor das königliche Gericht zu durchbrechen, so dass sie vor dem Gutsherrn ihr Gericht hatten. Sie waren damit mediatisiert und hatten wenig Möglichkeiten mehr, sich unrechtmäßigen Zugriffen zu entziehen – nur die Kirche trat gegebenenfalls für sie ein. In Russland veränderte sich die Lage der Bauern nicht nur durch die erhöhte Belastung unter Peter I., sondern auch dadurch, dass Katharina II. ihnen das Beschwerderecht nahm. Durch Steuer und Rekrutenaushebung verschwamm der Unterschied zwischen Hörigen auf Gütern und schollenpflichtigen Bauern, und durch das Ende des Beschwerderechts wurden beide noch abhängiger vom Gutsherrn.[527]

In der Frühen Neuzeit wird die Schollenpflichtigkeit zum Massenphänomen in halbperipheren Ländern. Im Rahmen des Handelssystems – hier besonders der Ostseeanrainer – funktioniert das so, dass Händler im Zentrum – im 17. Jahrhundert in Amsterdam, im 18. Jahrhundert in London – Kauf und Verkauf der Produkte organisieren; die vor allem adligen Grundbesitzer organisieren die (gebundene) Arbeit auf den Gütern und verkaufen die Produkte an die wachsende einheimische Bevölkerung sowie an die fremden Kaufleute in den Hafenstädten. Die Gewinne gehen im Zentrum an die Händler, in den halbperipheren Ländern an den Gutsbesitzer und im Transport an die Schiffsherren. Auf jenen Teil der Gewinne, die an den Gutsherrn gehen, können auch die jeweiligen Kronen zugreifen, so dass sie eigene Macht im politischen System erlangen können. Das letztere galt vor allem für Russland, wo der Adel bis zum 18. Jahrhundert nur selten zur Eigen-

---

526 R. E. F. Smith: The Enserfment of Russian Peasantry, Cambridge 1968.
527 Nolte/Vetter, Nrn. 89, 92.

wirtschaft überging, sondern von Abgaben lebte oder die Fronarbeit in bäuerlicher Wirtschaft auf als gutsherrlich abgeteilten Äckern erzwang, deren Bearbeitung aber in den Rhythmus der Dreifelderwirtschaft des Dorfes einbezogen war. Die Höfe bearbeiteten also oft das Gutsland mit demselben Inventar, das sie auch für ihre eigenen Flächen nutzten.[528]

Auch in Lateinamerika war nur ein kleiner Teil der Arbeit als Sklaverei organisiert (besonders in der Karibik), die meisten Arbeitsverhältnisse lassen sich eher als Schollenpflichtigkeit beschreiben – wobei allerdings die ethnische Differenz eine Rolle spielte.[529] Unmittelbar nach der Eroberung hatten die Conquistadores das Land unter sich aufgeteilt (Repartiemento) und sich diese Aufteilungen dann von der Verwaltung bestätigen lassen (Encomienda). Dieses Verfahren führte oft zu einer exzessiven Ausbeutung der Indios, die sowohl Krone als auch Kirche bekämpften und Ende des 16. Jahrhunderts auch beenden konnten. Typisch wurde vielmehr, dass die Dörfer der Indios (pueblo de indios) indianische Selbstverwaltungsorganisationen fortführten oder auch nach spanischem Beispiel neu erhielten. Insbesondere in den Anden gewannen indianische Kaziken lokale Autorität, allerdings unter der Kontrolle des Staates und der Kirche. Diese Dörfer waren dann entweder zu Steuerzahlungen oder Zinsabgeltungen von alten Encomienda-Familien oder zur Stellung von Arbeitern verpflichtet. Der wichtigste Fall für Letzteres war die Mita. Die Indios aus 17 Hochlanddistrikten mussten in jedem Jahr ein Siebtel der Männer zwischen 18 und 50 Jahren in Rotation in die Silberbergwerke schicken, d. h. jeder Indio dieser Dörfer musste alle sieben Jahre nach Potosí. Flucht half nicht, da dann die restlichen Bewohner des Dorfes entsprechend mehr belastet wurden. Allerdings konnten die Dörfer sich de facto freikaufen, also Arbeit in Geld ändern. Auf den entstehenden Haziendas, die z. B. Nahrungsmittel für Potosí produzierten, forderte man Arbeitskräfte aus den umliegenden Dörfern bei Bedarf an – brauchte man sie nicht, schickte man sie wieder zurück.

Wie im Ostseeraum, besonders in Russland, und in Spanien selbst behielten die Dörfer also großen ökonomischen Spielraum. Das erleichterte es, Krisen durchzustehen, da die Bauern dann vom Land leben konnten. Hörigkeit oder Schollenpflichtigkeit ist eine Zwischenform zwischen Freiheit und Sklaverei, in der bestimmte Rechte bei den Personen bleiben. Sie scheint typisch für christliche Peripherien oder Halbperipherien.

---

528 R. E. F. Smith: Peasant Farming in Muscovy, Cambridge 1968; D. Moon: The Russian Peasantry 1600–1930, Harlow 1999. Als Beispiel eine Dorfbeschreibung von 1543/4: Nolte/Vetter, Nr. 1.
529 B. Hausberger in: Edelmayer, Globalgeschichte, S. 53–74

Sklaverei

Sklaverei ist eine sehr alte Institution, die seit etwa 3000 v. u. Z. belegt ist.[530] Der Mensch wird in ihr zu einer bloßen Sache, res, mit welcher der Besitzer oder die Besitzerin umgehen kann, wie es ihm oder ihr richtig oder vorteilhaft zu sein scheint.[531] Normalerweise wird ein Besitzer seine Sache so behandeln, dass er lange Nutzen davon hat; trotzdem hatte insgesamt Sklaverei einen hohen Verbrauch an Menschen und eine geringe Reproduktionsrate der Sklavenbevölkerung.

In den zentralasiatischen Gesellschaften gab es Sklaven zum Beispiel in den tatarischen Wolgakhanaten auf den Gütern des höheren Adels und in China auf den Bannergütern des Mandschu-Adels. Oft waren das Kriegsgefangene. Große Anteile an der Gesamtbevölkerung haben diese Sklavenbevölkerungen nicht erreicht; sowohl in den Wolgakhanaten als auch in China waren die meisten Landbewohner freie Bauern.

In allen drei monotheistischen Gesellschaften wurde Sklaverei eingeschränkt durch den Anspruch der Religion, dass alle Menschen nach Gottes Ebenbild geschaffen sind, dass also für alle Mitglieder der Glaubensgemeinschaft grundsätzlich dieselben Gesetze gelten – ganz anders als z. B. im Hinduismus, in dem die Differenz zwischen religiös definierten sozialen Gruppen durch die Lehre von der Seelenwanderung erklärt wird; anders als im Konfuzianismus, in dem die Verehrung für die Ahnen doch immer wieder darauf hinweist, wie verschieden die Menschen bei aller grundsätzlichen Gleichheit vor dem Gesetz sind. Man konnte aber ohne moralische Schwierigkeiten Heiden oder Angehörige anderer Religionen als Sklaven besitzen. Allerdings galten die moralischen Forderungen der Religion auch für den Umgang mit Sklaven. Und: Bekehrte sich ein Sklave aus einer anderen Religion zum Islam oder zum Christentum, dann galt auch für ihn, dass zumindest die Rechtsgelehrten erwarteten, der Besitzer werde ihn/sie nach einigen Jahren oder zum Ende des Lebens freilassen. In vielen muslimischen Ländern wurde die Siebenjahresregel übernommen, und mindestens erwartete man, dass ein Herr eine Sklavin freiließ, mit der er ein Kind hatte. Dies galt de facto vor allem für Haussklaven. Es gab im Islam regelmäßig viele Sklaven, vor allem im Haus, aber auch auf den Gütern der Sultane und Khane und auch bei den Handwerkern, vielleicht 10–15 % der Bevölkerung.[532] Die Masse der Bauern aber war frei.

Nachschubgebiete für die Sklaven im Osmanischen Imperium der Frühen Neuzeit waren einmal die christlichen Gebiete im Norden des Schwarzen Meeres, zum anderen Afrika. In der Regel wurden aus diesen christlichen Russen oder Polen in Anatolien mus-

---

530 DelaCampagne, Sklaverei, S. 29.
531 Vgl. den Codex Hammurabi bei Heer, Dokumente, S .21.
532 R. Segal: Islam's Black Slaves, London 2002, bes. S. 35–36.

limische Türken.[533] Man schätzt, dass zwischen dem 7. Jahrhundert und 1890 etwa 14–15 Millionen Menschen aus Afrika in die Welt des Islam verkauft wurden, während vom 16. Jahrhundert bis 1870 etwa elf Millionen in die christliche Welt gebracht wurden.[534] Auf den Märkten der muslimischen Welt erzielten Frauen einen höheren Preis als Männer; Männersklaven wurden außerdem regelmäßig kastriert. Es gab also wenig Möglichkeiten einer Fortpflanzung der Sklavenbevölkerung an sich und entsprechend kaum afrikanische Bevölkerung in den arabischen Ländern.

Das Verhältnis der Christenheit zur Sklaverei hätte aus der Reihe fallen können, da es durchaus immer wieder als Skandal empfunden wurde, dass Menschen jemandem gehören sollten. In der Plantagensklaverei[535] hat die Christenheit jedoch die wohl größte Ansammlung von Sklaven in der Weltgeschichte organisiert.[536] Sie hat in der Periode der Frühen Neuzeit mehr Menschen aus Afrika fortgeführt als die muslimische Haussklaverei. Im Handel der Afrikaner mit den Europäern erzielten männliche Sklaven die besseren Preise, da der offensichtliche Zweck dieser Käufe der Einsatz auf den Plantagen war. Nur etwa ein Drittel der importierten Sklaven waren Frauen, und es war schon aus diesem Grund kaum möglich, dass die Plantagensklaven sich selbst reproduzierten – ganz abgesehen davon, dass die Arbeitsbedingungen auf den Plantagen oft nicht dazu einluden, Kinder großzuziehen. Es war also stets Nachschub notwendig, und erst im 19. Jahrhundert, nach der Emanzipation der Sklaven, begann ein Anstieg der afrikanischen Bevölkerung in den Ländern rund um das karibische Mittelmeer. Nun kam die eigene Kultur der Sklavenbevölkerung[537] zum Tragen und wurde zur Grundlage eines eigenen Kulturkontinents.

In der Karibik entstanden also Gesellschaften, die es weder in der alten Christenheit noch im Islam gegeben hatte: Gesellschaften, in denen die Sklaven die Mehrheit bildeten. Den Sklaven wurde auch nicht, etwa nach dem jüdischen Beispiel, mit irgendeiner Systematik die Freiheit geschenkt – zwar gab es die Entlassung in die Freiheit (Manumission), und wie im Islam erwartete man von einem Herrn, der mit einer Sklavin Kinder hatte, dass er ihr die Freiheit schenkte, so wie auch einem Sklaven, der im Dienst im Haus alt geworden war. Aber der Anteil von Freigelassenen blieb klein.

---

533 S. Faroqhi: Quis custodiet custodies? Controlling Slave-Identities and Slave Traders, in: E. Andor, I. G. Tóth Hg.: Frontiers of Faith, Budapest 2001.

534 P. Bairoch: Economics and World History, Chicago 1993, S. 146–149. Zum Sklavenhandel zuletzt H. Klein in: Pietzschmann, Atlantic.

535 B. Higman: Plantagensklaverei, in: ZWG 3.2 (2002); U. Schmieder: War die iberoamerikanische Sklaverei milde? in: ZWG 4.1 (2003); DelaCampagne, Sklaverei, S. 131–240.

536 Überblick A. Wirz: Sklaverei und kapitalistisches Weltsystem, Frankfurt 1984. Vgl. J. Osterhammel: Sklaverei und die Zivilisation des Westens, München 2000.

537 M. Zeuske: Schwarze Karibik, Sklaven, Sklavereikultur und Emanzipation, Zürich 2004.

In der Karibik organisieren einzelne Unternehmer, Kapitalgruppen oder Kompanien die Produktion von Kolonialwaren in der Peripherie und kaufen dazu Sklaven vorzüglich aus Afrika, die um die halbe Erde gebracht werden, auch um in der neuen Umgebung weniger Möglichkeiten zum Widerstand zu haben. Sowohl Plantagenbesitzer als auch Handelskompanien und Sklavenhändler kommen aus dem Zentrum; sie machen die Gewinne. Ähnlichkeiten und Unterschiede liegen auf der Hand und werden auch daran deutlich, dass die Formen gebundener Arbeit in anderen Gebieten Lateinamerikas eher der Schollenpflichtigkeit ähneln – der Grad von Selbstbestimmung der Bauern/Landarbeiter ist bei diesem System deutlich höher. Das hat im Rahmen des Welthandels den Vorteil, dass eine Region in einer Baisse sich eher auf Selbstversorgung zurückziehen kann. In dem Sklavereisystem ist die Rechenhaftigkeit des Verfahrens für solche Rückzüge vom Markt zu groß; das System muss sich lohnen, um das Kapital in London oder Bordeaux zu bedienen oder wenigstens, um den Plantagenbesitzern Konsum nach dem Modell des heimischen Konsums zu ermöglichen.

Zusammenfassung

In den asiatischen und den westeuropäischen Gesellschaften sind in den Jahrhunderten der entstehenden Moderne die meisten erwachsenen Männer persönlich frei, die Familienmitglieder dagegen sowie auch das Gesinde sind an unterschiedliche Zwangsverhältnisse im »Haus« gebunden. Sklaven gibt es überall, meist als Haussklaven, aber auch zur Arbeit auf Gütern oder als Soldaten. Massensklaverei aber ist paradoxerweise in der Frühen Neuzeit ein Phänomen in Gesellschaften mit Religionen, die »eigentlich« Sklaverei einschränken wollen, ein Phänomen des Islam und des Christentums. Die Differenz zwischen den muslimischen und den christlichen Sklavengesellschaften ist dabei auffallend: Die Bedienung im Haus, die im Islam oft Haussklaven aufgetragen wird, wird in den christlichen Gesellschaften in England und Holland zunehmend von Dienstboten erledigt, die auf Kontrakt arbeiten und teilweise sogar aus dem Ausland kommen, wie die rheinländischen Mägde in Holland. Im Osten Europas sind die Dienstboten in der Regel Hörige der Gutsherren, auch wenn diese in der Saison in den Hauptstädten leben; in Russland findet der Übergang zu bezahlten Dienstboten erst im 19. Jahrhundert statt. Die Galeerensklaverei spielt nur in der Schifffahrt der Mittelmeeranlieger eine große Rolle. Die Plantagensklaverei findet in einem eigenen, funktional zugeordneten Raum statt: in bestimmten Peripherien bzw. Kolonien von den Südstaaten der USA bis Brasilien.

Sklaverei auf Gütern spielt in Europa keine Rolle mehr, aber östlich der Elbe treten Schollenpflichtige und Hörige an die Stelle der Sklaven. Die Schollenpflichtigen und auch die Hörigen behalten an vielen Orten ihre autonomen Dorforganisationen; wenn sie ihre Abgaben abliefern, haben sie wenig Kontrolle zu befürchten. Erst im 18. Jahrhundert, mit zunehmender Marktintegration Russlands, werden die Schollenpflichtigen dort durch den Verlust von Interventionsmöglichkeiten zu »Leibeigenen«, wie sie das in Polen durch die Mediatisierung vor Gericht schon vorher geworden waren. Die Schollenpflichtigkeit ist eine Sonderentwicklung in christlichen Gesellschaften, nach dem Vorgang (und den Rechtsbegriffen) des spätantiken Römischen Imperiums und offenbar, um den Normvorschriften der Kirche nicht allzu sehr zu widersprechen.

Formen der Arbeit sind in der Frühen Neuzeit sehr weitgehend traditionell bestimmt, werden vom Vater auf den Sohn, von der Mutter auf die Tochter vererbt. In Japan, wo die Handwerker einen eigenen Stand bildeten, tauschten die Familien ihre Kinder schon im frühen Alter aus, damit sie bei anderen lernten. Meist waren mit dem Erbe Tätigkeiten vorgeschrieben oder ausgeschlossen. Als Merkmal des Adels gilt noch lange das »Kriegshandwerk«, für die Samurai ganz ähnlich wie für die preußischen Junker.

Die meisten Menschen leben in Ständen, in Indien in Kasten. Es treten aber auch neue Möglichkeiten für soziale Mobilität auf – in allen Grenzergesellschaften von Conquista-Spanien bis zu Neu-Russland jenseits der Oka, in den an Wohlstand zunehmenden städtischen Berufen in den Niederlanden, in China besonders innerhalb der Han-Chinesen. Es entsteht auch neuer Adel – im Mogulreich und bei den Mandschu durch Eroberung, in der Ukraine durch Kooptation der reichen Kosaken in den russischen Adel, in Frankreich und im Heiligen Römischen Reich durch vielfältige Aufnahme bürgerlicher Familien in den Briefadel. Aber trotz mancher sozialer Mobilität: In der Regel bleibt das Verhältnis des Individuums zur Arbeit von seiner Geburt an festgelegt.

Die eindrucksvollste Ausnahme bildet in der Tat Nord-West-Europa, wo doch sehr viele Bürger den Aufstieg schaffen (und sich dann, wie in Frankreich, nobilitieren lassen) und wo die Tendenz zur Abschaffung von Leibeigenschaft 1640 bzw. 1789 gesetzlich festgeschrieben wird. Aber diese Freiheit im Zentrum ist mit der Unfreiheit in der Peripherie schon mit dem Stück Zucker im Tee verbunden. Claus Fuellberg-Stolberg hat in einem Überblick zu Zwangsarbeit von der Plantagensklaverei bis zum Gulag und den Zwangsarbeitern im Nationalsozialismus zu Recht geschrieben, dass das »Janusgesicht der Moderne … sich bereits an ihrem Anfang« zeigte:[538] Es gab keine allgemeine Tendenz zu mehr Freiheit, sondern nur eine Tendenz zu mehr Freiheit zusammen mit mehr Sklaverei.

---

538 C. Fuellberg-Stolberg: Zwangsarbeit in der Moderne – Vergleichende Überlegungen, in: ZWG 3.2 (2003), Zitat S. 71.

> Φαίνεταί μοι κῆνος ἴσος θέοισιν
> Ἔμμεν ὤνηρ οττις ἐνάντιός τοι
> Ἰσδάνει καὶ πλάσιον ἀδυ φωνεί
> Σας ὑπακούει
>
> Καί γελαίσας ἱμέροεν το μή μάν
> Καρδία ἐν στήθεσιν ἐπτόαισεν
>
> Sappho[539]
>
> Men act, women appear
>
> J. Berger[540]

Kapitel 12

Alltag und Geschlechterrollen

Alltag

Zu den größten Entdeckungen für einen Historiker meiner Generation (geb. 1938) gehört, dass Alltag ein Thema der Geschichte ist. Bei einem so vielfältigen und in einiger Hinsicht auch neuem Gebiet fällt allerdings die Abhängigkeit globalhistorischer Versuche von zusammenfassenden Länder- oder Kulturstudien noch stärker ins Gewicht als bei politischen Themen. Nur bei wenigen Themen sind genug Forschungen bekannt, um einen wie auch immer skizzenhaften Vergleich zuzulassen. So fehlen (für die hier vorgelegte Arbeit, in den wenigen hier herangezogenen Historiographien) Texte aus China, Afrika oder Indien, die erlauben, vergleichend über ein so wichtiges Thema wie Gewalt im Alltag zu berichten, über das anhand europäischer Beispiele doch etwas gesagt werden kann.[541]

Und zum Alltag insgesamt liegen doch einige allgemeinere Arbeiten vor. Philippe Ariés und Georges Duby haben eine auf Westeuropa konzentrierte »Geschichte des privaten Le-

---

539 E. Staiger Hg.: Sappho, griechisch und deutsch, Zürich 1957, S. 20: »Jener scheint mir den Göttern gleich, jener Mann, der Dir gegenüber sitzt, und Deinem süßen Gespräch zuhört, und Deinem schmelzenden Lachen. Mir aber schlug wild das Herz in der Brust ...«

540 Zitiert bei S. Brown: ›Ways of Seeing‹ Women in Antiquity, in: A. O. Koloski-Ostrow, C. L. Lyons Eds.: Naked Truths. Women, sexuality, and gender in classical art and archaeology, London 1997, S. 16.

541 Vgl. demnächst M. Engel, G. Gillespie Hg.: Enlightened Violence, Paris 2005, sowie zu Russland H.-H. Nolte: Violence in Russia, erscheint in: Classical Russia 1 (bei Schlacks).

bens« herausgegeben.[542] Der Altmeister der DDR-Geschichtsschreibung, Jürgen Kuczynski, hat schon 1981 eine »Geschichte des Alltags des deutschen Volkes« vorgelegt;[543] Paul Münch hat eine Übersicht über »Lebensformen« der Frühen Neuzeit im deutschsprachlichen Raum publiziert, die auf regionale und soziale Differenzen eingeht sowie Lebensrhythmen, Häuser, Lebensalter, Geselligkeit, Nahrung und Wohnung, Arbeitsverhalten und Feste sowie Krankheit und Tod skizziert.[544] Carsten Goehrke hat eine große Studie über Alltag in Russland vorgelegt.[545] Fernand Braudels Werk, das vornehmlich mit süd- und westeuropäischen Beispielen arbeitet, aber auch immer wieder außereuropäische Fälle einfügt, besitzt Weltruhm.[546] Ferdinand Seibts Buch erweitert die Beispiele nach Nordwesten.[547] Suraiah Faroqhis Bücher über Alltag und Kultur im Osmanischen Reich führen mit großer Sachkenntnis in einen muslimisch geprägten Bereich.[548]

Vielleicht muss man für Leser aus dem 21. Jahrhundert und aus dem Zentrum des Weltsystems erst einmal betonen, dass Alltag in fast allen vormodernen Gesellschaften durch harte körperliche Arbeit und enge Regeln bestimmt war. Die sozialen und regionalen Unterschiede waren groß – für die einen war Fleisch zum größten Fest des Jahres ein Luxus, für die anderen der sonntägliche Hahn im Topf selbstverständlich. Noch andere bestanden auf weißem Zucker oder sogar Kaffee. Allerdings blieb die Schicht derer, deren Leben nicht durch Plackerei bestimmt war, klein – obgleich sie im 18. Jahrhundert sowohl in China und Asien als auch in Europa anwuchs (und in den Kolonien Amerikas eine weitere reiche Elite hinzukam). Der Zugriff der Herrschaft auf den Einzelnen verdichtete sich, wurde aber in vielen Ländern ausgleichend an Regeln gebunden, entweder durch Parlamente oder durch Rechtsnormen, die auch die Monarchen banden. In den verdichteten Regionen der Welt stieg die Zahl der Menschen, die nicht nur rechtlich frei waren, sondern auch materiell beträchtliche Handlungsspielräume besaßen; in Nordamerika erklärten die 13 Kolonien sogar, der Mensch habe ein unveräußerliches Recht auf individuelles Glück. Karrieren konnte man aber auch als Kaufmann in Japan oder China machen.

Die Nahrungsmittel[549] unterschieden sich in den verschiedenen Teilen der Welt selbstverständlich nach dem Angebot, das die Landwirtschaft machte; es entstanden aber

---

542 P. Ariés, G. Duby Hg.: Geschichte des privaten Lebens (1985), deutsch Bd. 1–5, Frankfurt 1989–1993.
543 J. Kuczynski: Geschichte des Alltags des deutschen Volkes Bd. 1–5, Köln 1981.
544 P. Münch: Lebensformen der Frühen Neuzeit, ²Frankfurt 1998.
545 C. Goehrke: Russischer Alltag, Bd. 1–2, Zürich 2003–2004 (Zeitbilder 3–5).
546 F. Braudel: Sozialgeschichte des 15. – 18. Jahrhunderts, Bd. 1: Der Alltag (1979), deutsch München 1990.
547 F. Seibt: Die Begründung Europas, Frankfurt 2004.
548 S. Faroqhi: Kultur und Alltag im Osmanischen Reich, München 1995; Dies., Christoph Neumann Hg.: The Illuminated Table, the Prosperous House, Food and Shelter in Ottoman Material Culture, Würzburg 2003; Dieselben Hg.: Ottoman Costumes. From Textiles to Identity, Istanbul 2004.
549 Allgemein K. K. Kiple, K. C. Ornleas Hg.: The Cambridge History of Food, Vol. 1–2, Cambridge 2000.

auch Austauschbeziehungen (zwischen Polen und den Niederlanden und dem Mittelmeerraum, zwischen Süd- und Nord-China, zwischen Bengalen und Agra, Ägypten und Istanbul), die Nahrungsmittel über weite Strecken zur Verfügung stellten, was Hungersnöten vorbeugte. Das wichtigste Brotgetreide im Mittelmeerraum war von Anatolien bis Spanien Weizen; in Mittel- und Nordeuropa trat Roggen an dessen Stelle. Man aß aber auch viel Brei, aus Weizen, aber auch aus Hirse, Hafer und Gerste. Erst in der zweiten Hälfte des 17. Jahrhunderts wurde Reis in Arabien zur Grundlage von Brei, ähnlich wie Mais in Italien. In Russland war Winterroggen im Spätmittelalter zur wichtigsten Feldfrucht geworden. Man buk ein rundes Roggenbrot, aber alles Getreide (Hirse, Hafer und Weizen) wurde sowohl zu Brot gebacken als auch zu Brei verarbeitet. Mais war das Grundnahrungsmittel der Azteken, man aß ihn in sehr vielen Formen von Brei bis zu Tortillas mit verschiedenen Gewürzen und Zutaten. Man aß Fleisch von Hunden, Fasanen und Truthähnen; und es gab viel Gemüse – vor allem Chili und Tomaten.[550]

Fleisch war überall teuer und der Genuss auf Oberschichten oder Feste beschränkt. Nördlich der Alpen wurde die Fleischversorgung der Städte durch Ochsenzüge aus peripheren Gebieten erweitert; in Petersburg kaufte man im Dezember einen Ochsen, hängte das geschlachtete Fleisch hoch am Haus auf und hatte so über den Winter Tiefkühlfleisch.[551] Abgesehen von solchen Vorteilen kalter Gebiete wurde im Norden Fleisch gepökelt, während es im Süden gedörrt wurde, um es haltbar zu machen. Religiöse Esstabus spielten besonders beim Schwein eine Rolle – für die Muslime war es nicht nur verboten, sondern galt als widerlich –, weshalb es umgekehrt in Spanien zur Glaubensprobe für Conversos gemacht wurde, Schweinefleisch zu essen. In China wurde weniger Fleisch gegessen als in Europa und dann mehr Geflügel und Fisch als Rind oder Schwein (das aber nicht tabuisiert war). Um die nötigen Proteine einzunehmen, aß man in Ostasien viel Sojabohnen. Die Lebenserwartung von Japanern und Chinesen lag sicher nicht unter jener der Menschen in den wohlhabenderen Gebieten Europas.[552]

In Westeuropa verringert sich die Lebensdauer von Kleidung. In schnellem Wechsel werden Kleider zu Mitteln der Distinktion – zwischen oben und unten, aber auch individuell von dem oder der anderen in derselben Stadt, an demselben Hof. In Russland wird Kleidung zur kulturellen Scheide zwischen Westlern und »alten Russen« gemacht. Die Geschwindigkeit der Modewechsel macht deutlich, wer mithalten kann, fördert aber auch eine Verbilligung, vielleicht sogar »Demokratisierung« des Konsums. In China gab es unter der Quing-Dynastie kaum Veränderung in der Kleidung; es kam gegenüber der auch modisch bewegten Ming-Periode zu einer Stabilisierung.[553]

---

550 M. Lucena: Así vivían los aztecas, Madrid 1992, S. 52–58.
551 Nolte, Russland, S. 112 f.
552 Pomeranz, Divergence, S. 35–39.
553 Pomeranz Divergence, S. 114–165; C. Breward: Fashion, Oxford 2003.

Auf die rechts- und arbeitsgeschichtliche Bedeutung des Hauses wurde schon verwiesen. Die Institution des »Hauses« erscheint seit Jahrhunderten und über alle Kontinente hinweg auch als eine der Grundgrößen für die Gestaltung des Wohnens.[554] Auf seine Rolle bei den Azteken wurde oben verwiesen, Japan bietet ein weiteres Beispiel (vgl. Kapitel 5). Für Mitteleuropa hat Otto Brunner die klassische These formuliert, dass das »Große Haus« eine zentrale Institution war.[555] Fraglos war das Haus auch für die russische Geschichte die zentrale untere Einheit, auch wenn Haus hier Hof heißt, weil es de facto ein Hof war, selbst wenn es in der Stadt lag.[556] Das Haus hat auch in den dichter besiedelten Städten Westeuropas noch lange die Form eines, wenn auch zusammengedrängten Hofes.[557] Aber auch für China spielte das Haus die Rolle der sozialen Basiseinheit, die von der Regierung gefördert wurde. Und im Osmanischen Reiches bildete der Haushalt die Grundeinheit des wirtschaftlichen und sozialen Lebens.[558]

Zum »Haus« gehörten sehr weit verbreitete Rollen der Arbeitsteilung zwischen den Geschlechtern, etwa dass Frauen das Wasser holen, wie wir es am Parthenon-Fries sehen,[559] über Rebekka in der Stadt Nachors (des Bruders von Abraham) am Euphrat lesen[560] oder aus dem Faust für das frühneuzeitliche Frankfurt schließen können.[561] Wie sehr die Herstellung von Textilien in China der Mandschu-Zeit eine Aufgabe der Frau im Rahmen des bäuerlichen Hauses war, wurde (Kapitel 3) skizziert; unter ganz anderen sozialen Bedingungen war das Weben von Tuch eine weibliche Tätigkeit im homerischen Griechenland.[562] Und auch im frühneuzeitlichen Italien sind viele Arbeitsgänge bei der Seidenproduktion in der Hand von Frauen.[563] Obgleich es sowohl in Indien als auch in Europa Weberei als Beruf und Weber als Männerzunft gibt, bleibt doch eine Nähe der Tuchherstellung und Tuchbearbeitung im Haus für Frauen, die es dann auch erleichtert, dass protoindustrielle Tuchproduktion für Märkte entsteht, an der Frauen beteiligt sind.

---

554 W. Hoepfner Hg.: Geschichte des Wohnens, Bd. 1 ff., Stuttgart 1999 ff.
555 O. Brunner: Sozialgeschichte Europas im Mittelalter, Salzburg 1978.
556 Vgl. Goehrke, Alltag Bd. 1; H.-H. Nolte: Autonomien im Moskauer Russland, in: H.-J. Becker Hg.: Zusammengesetzte Staatlichkeit, Berlin 2005.
557 N. Elias: Die höfische Gesellschaft, Neuwied 1969, S. 68 ff., vom Hof des Königs.
558 Faroqhi, Kultur, S. 66.
559 J.G: Younger: Gender and Sexuality in the Parthenon Frieze, in: Koloski-Ostrow, Lyons op. cit. p. 120–153, hier S. 135.
560 Genesis 24.
561 J. W. von Goethe: Faust. Eine Tragödie, Vers 3544–3586, in: E. Trunz Hg.: Goethes Werke Bd. 3, Hamburg 1962, S. 113 f.
562 B. Wagner-Hasel: Der Stoff der Gaben. Kultur und Politik des Schenkens und Tauschens im archaischen Griechenland, Frankfurt 2000, besonders S. 141–152.
563 D. Lombardi: Work and Gender in Early Modern History, in: A. K. Isaacs Hg.: Political systems and definition of Gender-roles, Pisa 2001.

Adliges Landleben war vermutlich tatsächlich ein Spezifikum nordwesteuropäischer Kultur.[564] Diese Tradition knüpfte an die Burgen des Adels an, die im Mittelalter zwischen Polen und Frankreich sowie England und Mittelitalien entstanden waren. In Städten, die das Recht erlangten, Läuflinge binnen Jahr und Tag für frei zu erklären, baute der Adel üblicherweise keine Stadthöfe; diese Städte mussten also ohne den Adel als Konsumenten auskommen. Die mittel- und nordeuropäische Entwicklung der über das Land verteilten Adelssitze, aus der so viele Kleinstädte entstanden (denn wo ein Adliger saß, ließ sich auch gern ein Handwerker nieder) hatte Parallelen in Japan, während es in China keine Burgen gab. Weltweit war das der häufigere Fall: Die Oberschichten nahmen in Istanbul, Agra und Nanking bis Peking in den Städten am urbanen Leben teil (denn bei allem Respekt für Brunners Einzelfall – auch ein gebildeter Landadliger konnte nur selten das Niveau einer Stadt an Informationssammelstelle oder auch Unterhaltung erreichen). Gegebenenfalls suchte man auch Karriere am Hof. Was Elias als Veränderung in der höfischen Gesellschaft in Frankreich beschrieb, war also eher eine Annäherung an das weltweit Übliche als eine Sonderentwicklung.

Auch in Südeuropa war der Adel in der Regel stadtsässig, ähnlich wie in Russland – man hatte ein Stadtpalais für den Winter und die »Saison« und ein Landgut für den Sommer.[565] Auch in Posen oder Krakau kann man noch heute an der Architektur der Stadtzentren sehen, wie die großen Magnatenfamilien die Städte prägten, nachdem der Adel grundsätzlich durchgesetzt hatte, dass Bauern schollenpflichtig waren. In Andalusien hatte der Adel seine Machtbasis ebenfalls in den Städten, und über die Städte war er in den Cortes, dem Parlament vertreten.[566] In Mitteleuropa entwickelt sich der Typus der vom Adel mitgeprägten Stadt erst in der Moderne mit der Residenzstadt, die in der Regel keine alten Stadtfreiheit besitzt und in der man Stadtschlösser errichtet.[567]

Geschlechterrollen

Die Literatur gibt uns vielfältige Hinweise darauf, dass Leidenschaft und Liebe, Übernahme tradierter und Erfindung neuer Rollen zu den wiederkehrenden Phänomenen gehört, die nicht auf Länder oder Perioden begrenzt sind. Dabei genügt schon die Erinnerung, dass Sappho eine Frau war, um zu verhüten, sich Leidenschaften, Zuwendung und Besitzergreifung als einseitig männlich vorzustellen, auch wenn die gesellschaftli-

---

564 O. Brunner: Adeliges Landleben und europäischer Geist, Salzburg 1949.
565 C. Goehrke: Russischer Alltag, Bd. 1, Zürich 2003, S. 255 ff.
566 C. Nolte: Andalusien, in: Nolte Peripherien I, hier S. 76–80.
567 In Hannover dadurch besonders deutlich, dass die Altstadt mit einem autonomen Rat rechts und die herzogliche Calenberger Neustadt links der Leine liegt.

chen Rollen einseitige Zuweisungen vermitteln. Wie Carsten Goehrke für Russland im 17. Jahrhundert beschreibt, wird man auch sonst vorsichtig sein, die Rolle der Eltern und Geistlichkeit für Liebe und Ehe unmittelbar aus den schriftlichen Berichten ablesen zu wollen.[568] Aber die Geschichte der Sexualität und des Eros, nach Essen und Trinken die alltäglichste aller Geschichten, kann hier nicht einmal gestreift werden.[569] Vielmehr werden einige enge Bereiche aus dem Alltag des Aufbruchs in die Neuzeit herausgegriffen, die gut erforscht sind und ein Schlaglicht auf die Veränderungen werfen: Geschlechterrollen in Haus und Hof sowie die Veränderung der Nahrung.

Unter den Malaien der Inseln zwischen Sumatra und den Philippinen hatten Frauen oft starke Positionen im Handel, wenn auch zum Teil nur deswegen, weil Handel unter der Würde von Männern aus guten Familien war, die Familien auf die Einkünfte aus dem Handel aber nicht verzichten wollten. Weibliche Kaufleute nahmen auch am Fernhandel teil, der die Inseln mit Indien und China verband; sie kontrollierten entsprechend ihre Fruchtbarkeit – sie konnten ja nicht auf hoher See niederkommen, in einem Geschäft, das immer Entschlossenheit erforderte; sehr zum Ärger erst der muslimischen und dann der christlichen Missionare. Auch nachdem die Niederländer einen großen Teil des Fernhandels mit Waffengewalt in ihre Hand brachten, waren sie bis zum 19. Jahrhundert nicht in der Lage, das flache Land zu behaupten und also die Ware bis zum Kunden zu bringen. Viele Niederländer heirateten in dieser Lage malaiische Frauen, ganz wie die Portugiesen vor ihnen. Viele malaiische Kauffrauen fanden es gewinnbringend, sich auf einen Angestellten der Kompanie für ihren Schutz berufen zu können; viele Angestellte hofften, über ihre Frauen zu Reichtum zu kommen. Nach malaiischem Recht hatten die Kauffrauen Anteil am Vermögen; manche Holländer haben allerdings bei ihrer Rückfahrt versucht, das angesammelte Vermögen nach europäischem Recht an sich zu ziehen und damit nach Holland zu verschwinden (wo sie, wie sie hoffen konnten, mit weniger selbstständigen Meisjes glücklicher werden wollten). Oft allerdings ging die Sache andersherum aus, weil viele Holländer das Klima nicht vertrugen und früh starben. Es entstand also eine eigene Gruppe wohlhabender und selbstständiger malaiischer Witwen in Batavia.[570]

Die malaiischen Kauffrauen und die Reaktion der niederländischen Kaufmänner verdeutlichen, dass die Geschlechterrollen nicht überall in der Welt gleich verteilt waren. Insgesamt aber führte die Systematisierung der Sozialverhältnisse in allen großen Kulturen der Periode eher zu einer Einschränkung der Frauen. In Europa fand diese Systema-

---

568 C. Goehrke: Russischer Alltag, Bd. 1, Zürich 2003, S. 348 ff.
569 Vgl. jedoch F. Eder, S. Frühstück Hg.: Neue Geschichten der Sexualität. Beispiele aus Ostasien und Zentraleuropa 1700–2000, Wien 2000; M. Levitt, A. Toporkov Hg.: Eros and Pornography in Russian Culture, Moscow 1999.
570 Topik: Trade, S. 29–31.

tisierung durchwegs auf einem Niveau statt, das unter dem des späten Mittelalters lag.[571] Das Leben der bürgerlichen Frauen war auf den Ehemann, auf das Haus und auf die Herkunft bezogen (das Geschlecht im Sinne von Großfamilie), die Verwirklichung eigener, von den Traditionen unabhängiger Ziele war nur selten möglich. Das galt sicher im weiteren Sinn auch für die Männer, aber eben nur im weiteren Sinn. Für die Frauen in Europa gab es Lebensmöglichkeiten wie Seefahrerin (wie bei den Malaien) oder Soldatin (wie in Dahomey) nur als Ausnahme, und dann musste sie sich in einer falschen sexuellen Identität durchschlagen, wie »Gustav Adolfs Page«. Auch Priesterin wie im Schamanismus oder in den vorchristlichen Hochreligionen konnten Christinnen nicht werden, und selbst die im Katholizismus mögliche Ausweichexistenz als Nonne (oder Begine) wurde in protestantischen Ländern unmöglich gemacht, soweit die Klöster wirklich aufgehoben und nicht, wie etwa in den welfischen Landen, in Stifte überführt wurden. Ähnlich wie im Judentum, wurde im Protestantismus für Menschen mittleren Alters die Ehe zur Normalform des Lebens.

An europäischen Höfen konnten Frauen in Mittelalter und Früher Neuzeit eine beträchtliche Rolle spielen; sie konnten als Ehefrauen, Hofdamen und Geliebte Einfluss ausüben, vor allem aber als Witwen und Mütter unmündiger Söhne reale Macht.[572] Katharina die Große von Russland, die von der Prinzessin eines deutschen Duodezfürstentums zur mächtigsten Fürstin des 18. Jahrhunderts wurde, ist vielleicht das interessanteste Beispiel – auch, weil es bei ihr Männer waren, die über das Bett Karriere machten.[573] Die Unabhängigkeit der russischen Zarinnen des 18. Jahrhunderts beruhte (ähnlich wie die Stellung von Elisabeth I. in England) auf der Thronfolgeordnung; mit der Übernahme des vor allem französischen Modells der Primogenitur in männlicher Linie wurde diese Unabhängigkeit von Fürstinnen im 19. Jahrhundert unmöglich gemacht. Derartig selbstständige Herrscherinnen wie die russischen Zarinnen des 18. Jahrhunderts gab es weder in Westeuropa noch in Asien; viele kluge Frauen im Islam haben aber aus dem Harem heraus politische Bedeutung erlangt, so wie Fürstinnen im Westen in ihren Ehen (etwa Sophie von Hannover).[574] Auch im polnischen Adel konnten Frauen dann leicht eine entscheidende Rolle spielen, wenn der Mann im Felde stand oder gestorben war.[575] Dies war in Japan in der Tokugawa-Zeit anders, weil Frauen nicht stellvertretend für Erben handeln konn-

---

571 H. Wunder: ›Er ist die Sonn, sie ist der Mond‹, München 1992.
572 Vor allem solche Fälle bei B. S. Anderson, J. Zinsser: Eine eigene Geschichte, Bd. 2, deutsch Frankfurt 1995; vgl. R. Averkorn: Herrscherinnen und Außenpolitik, in: K.-H. Schneider Hg.: Geschlechterrollen in der Geschichte, Münster 2004.
573 E. Donnert: Katharina II., Darmstadt 1998; Nolte, Russland, S. 119 f.
574 Faroqhi, Kultur.
575 D. Żołądź-Strzelczyk: Die Rolle der Frau in der polnischen öffentlichen Meinung, in: Schneider, Geschlechterrollen a.a.O.

ten.[576] Im China der Mandschu-Zeit wurde die tradierte Rollenteilung, dass Frauen »im Haus« und Männer »auf dem Feld« arbeiten, zum Rechtssatz. Zur Arbeit der Frau gehörte das Spinnen und die Pflege der Maulbeerbäume für die Seidenraupen, die zu jedem Hof gehörten. Das gesponnene Tuch wurde vom Mann verkauft, aber zu erträglichen Preisen.[577]

Heiraten unter den Besitzenden waren in Europa selten frei, sondern in aller Regel zwischen den Familien arrangiert: Acker heiratet Acker oder Fürstentum Fürstentum. Ehescheidungen waren im Christentum unmöglich. In Japan war Heirat sowohl bei den Samurai als auch bei den Bauern eine Sache zwischen zwei »Häusern«. Die Partnerwahl war relativ frei, junge Männer und Frauen waren in Bünden organisiert und trafen sich zu gemeinsamen Abenden. Es war eine Mitgift zu zahlen, außerdem spielte die Arbeitskraft bei der Brautwerbung eine große Rolle – sie musste Tuch für die Familie des Mannes weben. Im Haushalt übte die Frau »Hausfrauengewalt«, deren Symbol der Reisspatel war, mit dem den Mitgliedern des Hauses ausgeteilt wurde. An die Stelle der matrilokalen Ehe (geht der Mann fort, ist die Ehe geschieden) trat die patrilokale, jedoch blieb Ehescheidung eine Sache zwischen den Häusern. Der Mann stellte einen Scheidebrief aus, nach dem beide wieder heiraten konnten; verwehrte der Mann die Scheidung, konnte die Frau z. B. in einen Tempel fliehen und so nach einiger Zeit die Scheidung erzwingen.[578]

Erben

Im frühmittelalterlichen China wurde das Vermögen eines Haushalts beim Erben in gleichen Teilen zwischen den Söhnen geteilt; Witwen und Töchter hatten nicht nur Recht auf Unterhalt und Mitgift, sondern waren auch »Schützer des Eigentums« des Hauses, wenn es keine Söhne gab. Die Rolle des männlichen Haushaltsvorstandes, der gegenüber dem Staat für die Steuer und gegenüber dem Haus für die Verehrung der Ahnen verantwortlich war, wurde seit der Mongolenherrschaft gestärkt, indem bei Familien ohne Söhne Adoption gefördert wurde. Die Konsolidierung der patrilinearen Erbfolge durch die Förderung der Adoption beschnitt also unter den Ming und Quing frühere Anrechte von Frauen, wenn kein männlicher Erbe da war.

In der Quing-Zeit verzichtete der Staat de facto auf seinen Obereigentumsanspruch gegenüber Bauernland, das also allodifiziert wurde.[579] Über 90 % des Bodens in China waren im 18. Jahrhundert frei verkäuflich, weit mehr als in jedem europäischen Land dieser Periode. Es gab nur wenige Einschränkungen: In einigen Provinzen besaßen Stiftun-

---

576 Neuss-Kaneko, Familie, S. 18–30
577 Pomerance, Divergence, S. 98–106.
578 Neuss-Kaneko, Familie, S. 37–42.
579 K. Bernhardt: Women and Property in China 940–1949, Stanford 1999; vgl. Kapitel 3.

gen größere Ländereien, dem Staat gehörten etwa 3 %, und in einigen Gegenden musste ein Verkäufer Land, das er verkaufen wollte, erst Mitgliedern seines Clans anbieten, die aber viele Mitglieder hatten.[580] Die systematische Ausschließung von Frauenansprüchen an Bodeneigentum hatte eine weitgehenden Kapitalisierung des Bodenmarktes befördert, und erst im 20. Jahrhundert wurde die weibliche Statusminderung beim Erbfall ausgeglichen.

Auch in Japan führte die Systematisierung der Sozialverhältnisse in der Tokugawa-Zeit besonders bei den Samurai zu einer Einschränkung der Möglichkeit von Frauen, ein Erbe zu erlangen.[581] Bei den Bauern setzte sich mehr und mehr die Primogenitur in männlicher Linie durch, es gab aber auch Gebiete mit Primogenitur ohne Festlegung des Geschlechts, bei der dann der Ehemann der Erbin zum Haushaltsvorstand ernannt wurde. Auf Zeit konnten aber auch Frauen Haushaltsvorstand sein.[582]

Bei den Bauern im Osmanischen Reich waren in erster Linie die Söhne erbberechtigt, gab es aber keine, konnte das Erbe auch an Töchter gehen – die allerdings eine Sondergebühr zu zahlen hatten.[583]

Russland war durch die Testierfreiheit innerhalb der Familie bei allodialem Land gekennzeichnet, wenn die Töchter auch oft den Söhnen beim Erben nachgestellt wurden. Vom Zaren ausgegebenes Lehens-Land (pomest'ja), das ja die Funktion hatte, einem Mann Kriegsdienst zu ermöglichen, durfte nur an Söhne vererbt werden (Witwen und Töchter mussten aber versorgt sein). Das Verhältnis zwischen den beiden Typen von Land war im 17. Jahrhundert etwa 1 : 1.[584] Bäuerlicher Landbesitz wurde in weiten Bezirken Russlands seit dem 18. Jahrhundert zwischen den Dorfgenossen umverteilt, meist für jedes Ehepaar. Nach der Durchsetzung der Stolypin'schen Reform 1905 verlor die Bäuerin ihre tradierten Mitbesitzrechte am Hof.[585]

Im Languedoc gab es in der Tradition römischen Rechts schon im Mittelalter viel Besitz städtischer Notabeln auf dem Land. Sie verpachteten es, Bauern waren hier also oft Pächter. Beide Gruppen vererbten nach männlicher Primogenitur.[586] Trotzdem wurde bekanntlich nicht das Languedoc, sondern der feudal strukturierte Nordwesten Frankreichs zur führenden Wirtschaftsregion des Königreichs.[587] Auch im Rheinland und an-

---

580 Pomeranz, Divergence, S. 70–80.
581 Neuss-Kaneko, Familie, S. 18–30.
582 Ebd., S. 34.
583 Faroqhi, Kultur, S. 66.
584 H.-H. Nolte: Eigentumsrechte im Moskauer Russland, in: Colberg, Staat.
585 Indem festgelegt wurde, dass jeder Hausherr seinen Anteil in »privaten Besitz« überführen konnte: Manifest vom 3. XI. 1905, § 1, in: O. I. Chistjakov Hg.: Rossijskoe Zakonodatel'stvo Tom 9. Moskva 1994, hier S. 235.
586 E. Le Roy Ladurie: Die Bauern der Languedoc (1969) deutsch München 1990.
587 W. Brustein: French Internal Peripheries, in: Peripheries I.

deren stadtnahen Regionen Westeuropas gab es bürgerlichen Besitz an Land, der strukturell einer Kapitalisierung eher zugänglich war als gebundenes und pflichtiges »feudales« Eigentum. In der historischen Realität entschied allerdings die Politik und der ihr folgende Wille der Erblasser, in welche Richtung die Entwicklung gehen sollte – katholische Testamente aus Köln stellten mehr Mittel für mildtätige Stiftungen zur Verfügung, während protestantische, die auf »augmentation des Capitals« zielten, durch den Sieg der Gegenreformation im Hochstift hinfällig wurden.[588]

Für das Geschlechterverhältnis war entscheidend, dass sich die männliche Primogenitur auf Kosten der Töchter in Bodenbesitzsystemen mit städtischen Besitzern sich radikaler zu Gunsten der Söhne auswirkte als feudale Systeme, in denen wenigstens die Versorgung der Frauen der Familie vorgeschrieben war. Diese systematischere Bevorzugung des »Patron« wurde dann im Code Civile, von Napoleons mediterraner Herkunft ausgehend, zur Rechtsnorm in immer größeren Teilen Europas und schließlich 1905, wie erwähnt, sogar zum Bestandteil der Bodenreform in Russland.

Vielleicht kann man den Gesamtvorgang so zusammenfassen: Das Ende der alten Besitzverfassungen und die Durchsetzung kapitalkonformerer ging mit einer Systematisierung von Eigentumsformen zusammen, die viele alten Formen gerade weiblichen Mitbesitzes ausschloss. China ging hier Europa voraus. Die unter kapitalistischen Bedingungen einzig mögliche Form der Berücksichtigung von Frauenrechten war die völlige rechtliche Gleichstellung. Diese musste aber erst erkämpft werden; oft gelang das im 20. Jahrhundert – aber im Zentrum, während an den Peripherien der Prozess der Aushöhlung alter gemeinschaftlicher Besitzsysteme (wie der russischen Umteilungsgemeinde) noch als Minderung der Besitzansprüche von Frauen durchgesetzt wurde.

Luxus und Drogen

Schon Werner Sombart hat darauf hingewiesen, dass der steigende Luxuskonsum in der zweiten Hälfte der Frühen Neuzeit eine große Bedeutung für die Entstehung des Kapitalismus besaß. Er skizzierte den Verbrauch von Hof, bürgerlichen Reichen und Adel und dessen Bedeutung für Gewerbe wie Spiegelmacherei, Spitzenklöppelei, Porzellanmanufakturen, aber auch für Schneider, Stellmacher, Tapezierer und Tischler.[589] Sowohl für die europäischen Länder[590] als auch für China[591] lässt sich ein Anstieg von Luxuskonsum

---

588 H.-H. Nolte: Kapitalmentalität und Rentenmentalität, in: Held, Kultur.
589 W. Sombart: Liebe, Luxus und Kapitalismus (1912) Neuaufl. München 1967.
590 J. Brewer, R. Porter: Consumption and the World of Goods, New York 1994; R. Reith, T. Meyer Hg.: Luxus und Konsum – eine historische Annäherung, München 2003.
591 Pomeranz: Divergence, S. 114–165.

feststellen, in China vor allem im Sammeln von Möbeln, Essensutensilien, Büchern und feinen Textilien. Der europäische Luxuskonsum unterschied sich z. B. durch die Nachfrage nach orientalischen Gütern, während in China noch im 18. Jahrhundert europäische Luxuswaren kaum absetzbar waren. Ähnlich war in beiden Ländern die Zunahme von Drogen wie Opium. Insbesondere die Ähnlichkeit der Zunahme beim Verbrauch von Zucker und Tabak fällt ins Auge, außerdem wurden beide von der Luxusware zur Massenware »entwickelt«.

Michael North hat eine neue Übersicht zum Kulturkonsum im deutschsprachigen Raum des 18. Jahrhunderts vorgelegt, in dem er nach Büchern, Reisen, Mode, Wohnen, Gärten, Kunst, Musik und Theater auch die neuen Genussmittel vorstellt. Sehr häufig erläutert er den neuen Massencharakter auch statistisch, z. B. Bildergeschmack an Versteigerungskatalogen und Schauspielgeschmack an den Aufführungsverzeichnissen aus Mannheim und Dessau.[592]

Drogen[593] – Stoffe, die den Benutzern halfen, die Grenzen des normalen Zustandes zu überschreiten, sei es nun größerer Potenz, tieferer Einsicht oder erhöhter Aufmerksamkeit wegen –, solche Drogen sind benutzt worden, so weit zurück wir die Geschichte des Essens und Trinken kennen. In der Frühen Neuzeit wurden manche, vor allem tropische Drogen globalisiert und schließlich zur Massenware. Einige wurden kriminalisiert, etwa Alkohol im Islam, in dem am Beginn des 16. Jahrhunderts auch Kaffee verboten wurde – Letzteres allerdings nur für eine kurze Zeit. In China wurde 1729 Opium verboten, das im Westen eine völlig normale Handelsware war. Um dieses Verbot aufzuheben und Opium aus Indien nach China frei importieren zu können, haben die Briten, Opium-Barone des 19. Jahrhunderts, gegen China Kriege geführt.

Z. B. Kokain: Das Kauen der Blätter der Koka-Pflanze war in Südamerika schon vor den Inka bekannt; beim Kauen werden Alkaloide frei, welche die Symptome von Hunger, Durst und Müdigkeit verdecken und den Nutzer damit in die Lage versetzen, länger zu arbeiten. Koka wurde bei den gemeinschaftlichen Festen der Indianer benutzt, um die Gefühle aufzuputschen und die Teilnehmer zu langen Tänzen und Sitzungen zu befähigen.

Die Pflanze erhielt eine neue Bedeutung, als im 16. Jahrhundert in Südamerika die großen Silberminen erschlossen wurden, die 14.000 Fuß hoch liegen. Da Koka-Kauen von den Spaniern mit der vorchristlichen Kultur verbunden wurde, wurde es kurzfristig verboten, aber der Bischof von Potosí sah ein, dass die Indios das Aufputschmittel benötigten. Kokain selbst wird von Bauern an den Abhängen der Anden angebaut; Zehntausende von Lamas schleppten die Blätter nach Potosí. Der Gebrauch wurde also indivi-

---

592 M. North: Genuss und Glück des Lebens. Kulturkonsum im Zeitalter der Aufklärung, Köln 2003. Zur Funktion von Bildern und Konzerten auch J.J. Berns und P. Schleuning in: Held, Kultur.
593 Topik: Trade, S. 77–108.

dualisiert; aus einer Droge für eine gemeinschaftliche Feier wurde eine für den individuellen Konsum.

Nach Europa wurde Koka zuerst 1544 exportiert, es war ein normales Aufputschmittel. Erst 1860 gelang es deutschen Wissenschaftlern, das Alkaloid zu isolieren und damit Kokain zu schaffen, das anfangs als Anästhesiemittel benutzt wurde, aber bald einen breiten Benutzerkreis in den europäischen wohlhabenden Schichten fand. Es gab eine Kokain-Mode, und die Droge wurde zu einem Welthandelsprodukt. Die Verbotsbewegung entstammt erst dem 20. Jahrhundert – im Rahmen der Prohibition-Laws verboten die USA die Benutzung 1920, 1922 auch den Import. Der Welthandel brach zusammen, die Koka-Bauern in Bolivien und Peru verarmten. Aber noch bis 1948 hatte Coca Cola Bestandteile der Koka-Pflanze; die amerikanischen Soldaten, die Coca Cola im Krieg tranken, benutzten also das alte indianische Aufputschmittel Koka.

Z. B. Kakao: Während seiner zweiten Entdeckungsreise begegnete Columbus einem Handelskanu der Mayas, und als einige Bohnen zur Erde fielen, gab es ein aufgeregtes Durcheinander: Diese Bohnen vom Ka-ka-wa-Strauch waren Geld. Kakao wurde in den Hochkulturen Amerikas als Aphrodisiakum, als Stimulans und Halluzinogen getrunken; Krieger tranken es, bevor sie in die Schlacht gingen – besonders von grünen Bohnen. In diesen Funktionen verbreitete sich Kakao in Europa; es galt als katholisches Getränk – während Kaffe zuerst als muslimisches und später als protestantisches galt. Kakao war insbesondere ein Getränk der katholischen Geistlichkeit, man warf den Jesuiten sogar vor, dass sie versuchten, ein Monopol aufzubauen. In der Tat gelang es den Spaniern schon früh, Kakao in Plantagen anzubauen und damit die Kontrolle über die Produktion zu gewinnen. Man trank ihn mit Wasser, Zucker, Zimt oder Vanille, als Luxus, vor allem als Stimulans. Das Getränk war weiterhin so wertvoll, dass die Bohnen in Lateinamerika bis ins 18. Jahrhundert als Geld benutzt wurden.

Erst im 19. Jahrhundert gelang es Holländern (van Houten), in Kakao mit Milch eine Variante des Getränks zu entwickeln, in der die Stimulantien und Halluzinogene an Wirkung verloren hatten und das dann zum Getränk auch für Frauen und Kinder wurde. Damit änderte sich die Geschichte des Kakaos grundlegend.

Z. B. Tee: Er ist ebenfalls ein Aufputschmittel. Tee war in China schon um 600 nach unserer Zeitrechnung bekannt, er wurde zu einem der wichtigsten Handelsgüter des Landes. In den zentralasiatischen Steppen wurde Tee, zu kleinen Ziegeln gepresst, sogar zu Geld; über die Steppen breitete sich die Konsumption nach Russland und in den Islam aus. Dabei blieb die Produktion in diesen Jahrtausenden bäuerlich, Tee wurde nur in Südchina angebaut.

Ab dem 16. Jahrhundert wurde Tee in Westeuropa verbreitet, aber erst im 18. Jahrhundert wurde er zu einer Massenware; in England stieg der Import um das 400-fache. Die Teekonjunktur ging mit der Zuckerkonjunktur zusammen; Tee bietet ein Aufputschmittel und Zucker eine schnell verwertbare Kalorienzufuhr. Aber erst im 19. Jahrhundert gelang es Europäern, das chinesische Monopol zu durchbrechen – 1827 wurden die ersten Teepflanzen im holländischen Java angebaut, 1877 in Ceylon. Von 1839 an wurde das noch relativ dünn bevölkerte Assam zum Ort eines auf Plantagen angebauten Tees, etwa zur gleichen Zeit, in der die Briten China zwangen, die Opiumeinfuhr zuzulassen, um chinesischen Tee bezahlen zu können – sie hatten eben noch ein zweites Ass im Ärmel. Aber das ist dann Geschichte des 19. Jahrhunderts.

Und z. B. Zucker:[594] Vor dem Späten Mittelalter gab es in Europa nur ein Mittel, Essen und Trinken zu süßen, nämlich Honig; außerdem je nach Saison süße Früchte. Im Osmanischen Reich kamen Korinthen dazu, übrigens auch ein Exportgut.[595] Zucker ist ein Gras, das etwa 300 vor unserer Zeitrechnung in Indien domestiziert und im Lauf der Züchtung zu einem Rohr ausgemendelt wurde. Die Kultur dehnte sich sehr langsam nach China, Japan und den Mittleren Osten aus. Im arabischen Raum wurde er zuerst in größeren Mengen angebaut, die Araber brachten ihn nach Iberien. Im Mittelalter wurde das Gewürz von Venezianern und Kreuzfahrern in ihren mediterranen Kolonien angebaut, z. B. auf Zypern und Rhodos. Später wurde der Anbau auf die spanischen und portugiesischen Atlantikinseln ausgeweitet; der Schwiegervater von Columbus besaß eine Zuckerpflanzung auf Madeira. Zucker war im 16. Jahrhundert ein sehr teures Gewürz. Deswegen lohnte es sich, Zucker in Plantagen anzubauen, die mit den Raffinerien organisatorisch vereint waren. Zuckerrohr laugt den Boden aus, die Plantage muss also viel Land haben, von dem sie immer nur einen Teil für Zucker nutzt.

Der Anbau erforderte viel Menschenkraft, sowohl für das Ernten als auch das Pressen des Rohrs in Walzen und später das Raffinieren des Saftes. Zucker wurde deshalb zur Leitpflanze der Plantagensklaverei; an Plätzen, von denen die Sklaven möglichst nicht weglaufen konnten (also Inseln oder Rodungen mitten im Urwald), wurde der Zucker in Zwangsarbeit angebaut: nach rationalen Regeln, die durchaus denen einer Fabrik ähnelten. Die Masse der Zwangsarbeiter waren schon bald in Afrika gekaufte oder auch (seltener) gejagte Sklaven. Dazu an anderer Stelle mehr.

Insbesondere im 18. Jahrhundert wurde Zucker von einem Gewürz zu einem Nahrungsmittel. Zucker bietet dem Körper Kohlehydrate, also eines der Grundnahrungsmittel neben Eiweiß und Fett, Mineralien, Spurenelementen und Vitaminen. Zucker wird wesentlich schneller abgebaut als Stärke, der anderen Quelle für Kohlehydrate, er stärkt also unmittelbar – daher seine ursprüngliche Nähe zu Aphrodisiaka und Drogen. Im 18. Jahrhundert wurde Zucker zur schnellen Kalorienzufuhr benutzt, insbesondere in der Form von Tee oder Kaffee mit Zucker, womit auch Wasser nachgeführt wurde. Damit begann Zucker, an die Stelle von Bier zu treten, das bis dahin zur Zufuhr von

---

594 Klassisch S. W. Mintz: Die süße Macht (1985), deutsch Frankfurt 1992.
595 Faroqhi, Kultur, S. 235.

Stärke und Wasser zwischen den Hauptmahlzeiten benutzt wurde und in manchen Berufen und Weltgegenden noch heute so benutzt wird.

Der Übergang des Zuckers vom Gewürz zum Nahrungsmittel setzte eine außerordentlichen Vermehrung der Zuckermengen im Welthandel voraus. Diese beruhte auf der Plantagensklaverei in der Karibik. Die Kontrolleure dieses Welthandels saßen in London, Amsterdam und Paris und machten zeitweise sehr große Gewinne – so große, dass Erik Williams, Historiker und erster Premierminister von Trinidad & Tobago, 1944 sogar die These aufstellte, dass die Gewinne aus dem Zuckerhandel die Voraussetzung für die Industrielle Revolution gewesen seien.[596]

Für die kontinentalen europäischen Mächte bedeutete der Zuckerimport einen steten Verlust an Valuta. Sie förderten deshalb Ersatzproduktionen, und 1747 entdeckte Andreas Sigismund Markgraf den Zucker in der Rübe. Er wurde später Leiter des Chemischen Labors der Preußischen Akademie der Wissenschaften, und sein Schüler Franz Carl Achard, seit 1782 Direktor der Physikalischen Klasse dieser Akademie, baute mit Finanzierung König Friedrich Wilhelms III. von Preußen 1801 die erste Zuckerrübenfabrik in Cunern in Schlesien. Aber damit sind wir schon im 19. Jahrhundert.

Man könnte die Geschichte der Drogen in der Frühen Neuzeit weiter verfolgen, über Kaffee und Tabak zu Opium und, nehmen wir eine Nichtgeschichte, über die Früchte des Hülsenbaumes, die im Mittelalter in Europa für Entrückung, Trance und sexuelle Potenz genutzt wurden, wurden spätestens mit den Hexenprozessen so weitgehend tabuisiert, dass vielerorts sogar der Name der Pflanze verloren ging und wir sie nur noch lateinisch Ilex nennen.

Der Einfluss von Kultur und Politik auf Drogen war immer besonders unmittelbar. Manche Droge wurde zum normalen Nahrungsmittel, wie Zucker, manche wurde verboten, wie Koka, manche wurde durch Zugaben entschärft und zum Kindergetränk, wie Schokolade, und manche wurde zum täglichen Genussmittel, wie Kaffe oder Tee. Als Tendenz kann man für die Frühe Neuzeit festhalten, dass gemeinschaftliche Benutzung abnahm und individuelle zunahm; das gilt nicht nur für Koka, sondern auch für Tabak, der von den Indianern in kultischen Sitzungen oder bei Verhandlungen geraucht wurde. Ihre, die Kommunikation fördernde Wirkung haben viele Drogen aber auch in der Frühen Neuzeit behalten – Teestuben und Kaffeehäuser entstanden und zeitweise sogar Tabakskollegien.

Diese Prozesse der Integration von Drogen und Gewürzen in das tägliche Leben fanden nicht nur in Europa statt, sondern auch in anderen Kulturen wie dem Islam oder Japan. In Europa fanden sie nicht einheitlich, sondern im Rahmen des Konkurrenzsystems statt. Seine Konfigurationen sind nicht nur daran erkennbar, dass die Preußische Akademie der Wissenschaften die Entwicklung von Rübenzucker fördert, sondern auch daran,

---

596 E. Williams, Capitalism and Slavery, Chapel Hill/NC 1944; deutsch 1966.

dass bestimmte Genussmittel zu Teilen der Nationenbilder werden – die Engländer trinken Tee, die Deutschen Kaffee, die Italiener Espresso, die Österreicher Melange …

Hygiene

Die aztekische Kultur gehörte zu den saubersten Kulturen dieser Periode, man badete täglich, und es gab öffentliche Bäder für die weniger Wohlhabenden. Als Seife benutzte man bestimmte Früchte.[597] Sowohl das Judentum als auch der Islam schreiben mindestens wöchentliche rituelle Waschungen vor, und niemand durfte mit schmutzigen Füßen eine Moschee betreten. Die Christen wussten mit den Fußbädern der großen Moschee in Cordoba dagegen nichts anzufangen und pflanzten Orangen in die kleinen Wannen. Unter den Christen auch der beginnenden Moderne waren die Hygienestandards so gering, dass im 17. und 18. Jahrhundert viele hundert Frauen als Soldaten und Seeleute durchgehen konnten (also Berufe ausübten, in denen man sehr eng miteinander lebte).[598] Wahrscheinlich war die christliche die schmutzigste der Hochkulturen; die Verachtung des Leiblichen hatte ihren Preis. Allerdings wird für die chinesische Kultur Ähnliches berichtet.[599]

Nicht, dass man im Christentum kein Badehaus gekannt hätte – Badehäuser gab es überall, und die Geschlechter badeten sogar zusammen, was wiederum in anderen Religionen untersagt war. Aber es fehlten die strengen Waschvorschriften der beiden anderen abrahamitischen Religionen, etwa die Vorschriften des Händewaschens vor dem Morgengebet und vor jeder Mahlzeit sowie des Vollbades nach dem Sexualverkehr und nach jeder rituellen Verunreinigung in fließendem Wasser einer Mikwe im Judentum. Die Verhöflichung der Umgangsformen, die Zunahme von Affektkontrolle, die keineswegs geradlinig, aber doch kontinuierlich am Beginn der Moderne standen, setzten beim Schnäuben, Furzen und Spucken ein[600] und erhöhten die Schamgrenze bei diesen Belästigungen der Nachbarn und weniger beim Waschen. Oft wurden erst im 18. Jahrhundert Vorschriften wie das Händewaschen vor dem Essen in christlichen Gesellschaften eingeführt.

Hygiene war ein Projekt der Aufklärung, das in Europa erst Momentum gewann, als die christlichen Konfessionen in ihrem Einfluss auf das tägliche Leben eingegrenzt wurden.

---

597 Lucena, Así vivían a.a.O., S. 50 f.
598 Münch, Formen a.a.O., S. 297.
599 Braudel, Sozialgeschichte I, S. 39 f.
600 Münch, Formen a.a. O., S. 235–269; 294 f.; Chaunu, Kultur, S. 428–430. In hessischen Ackerbürgerstädten wie Rauschenberg bei Marburg lagen noch nach 1945 die Misthaufen zwischen Haustür und Straße.

Wenn Du, Großfürst, Gesalbter Gottes und Zar, jedoch anordnest, Deinen Zorn über uns Sünder auszuschütten, uns unseren unerschütterlichen orthodoxen christlichen Glauben durch diese Prediger eines neuen Glaubens wegzunehmen und die Überlieferung unserer heiligen Wundertäter sowie aller anderen Heiligen zu dem – schreiben wir Dir: es ist besser, den irdischen Tod zu erleiden, als in Ewigkeit zugrunde zu gehen!

Die Mönche des Klosters Solowetzki 1670[601]

For the Laws of Nature (as Justice, Equity, Modesty, Mercy, and (in sum) doing to others, as we would be done to) of themselves, without the terror of some Power to cause to be observed, are contrary to our natural passions, that carry us to Partiality, Pride, Revenge and the like. And Covenants without the Sword are but Words, and of no strength to secure man at all.

Thomas Hobbes 1651[602]

Kapitel 13

Religion und Ideen

Christentum, Fundamentalismus und Säkularisierung

Die Vielfalt und die Konkurrenz des europäischen Mittelalters wurde im religiösen und intellektuellen Leben von der lateinischen Kirche zusammengehalten. Früh gab es Risse, durch die eine andere Realität hindurchschien – nach den Katharern und Waldensern machten die Hussiten am deutlichsten, dass der innere Widerspruch zwischen der Lehre der Gleichheit vor Gott und der Realität einer völlig feudalisierten Kirche nicht dauerhaft vertuscht werden konnte. In der Kirche waren nur nicht alle Stellen der oberen Hierarchie für den Adel reserviert, sondern auch darüber hinaus der Klerus als abgeschlossener Stand gegenüber den Gläubigen etabliert. Er betonte das, indem er in einer für die Allgemeinheit unverständlichen Sprache redete und beim Abendmahl den Kelch für sich monopolisierte. Aber nach der Niederwerfung der Taboriten und dem Kompromiss mit den gemäßigten Utraquisten schien die Einheit der Machtkirche wieder sicher.

---

601 Materialy po istorii Raskola Vol. III, Moskva 1874, Nr. 45. Etwas gekürzt, vgl. Nolte Aufstieg, Nr.43.
602 Hobbe's Leviathan, Reprinted from the Edition of 1651, with an Essay by W. G. P. Smith, Oxford 1909, p. 128, orthographisch modernisiert. Übersetzung in: I. Fetscher Hg. Thomas Hobbes, Leviathan, Frankfurt 1966, S. 131.

Während es aber in den waldensischen Tälern Savoyens und bei den böhmischen Brüdern um eine neue Religiosität ging, verschliss in den Städten Italiens der Glaube unter der Decke der Kirchlichkeit.[603] Die junge Elite der Kaufleute und Banker fand sich in den Lehren der Kirche nicht wieder, vermied aber so weit möglich den Kampf gegen die Kirche. In Florenz vor allem wurde das Erbe der Antike zur Wiederaneignung, Gelehrte aus dem von den Osmanen eroberten Konstantinopel brachten Textkenntnisse und Lesefertigkeiten, und in Klientelsystemen fanden Künstler und Intellektuelle Schutz bei reichen und mächtigen Häusern, vor allem den Medici.[604] Die Konkurrenz zwischen den italienischen Städten verhinderte, dass Florenz als Ort der neuen Kultur früh ausgeschaltet wurde, und es gelang »Lorenzo Il Magnifico«, eine Gruppe von Schreibern, Malern und Bildhauern zu fördern, welche die antiken, nicht christlichen Philosophen und Dichter lasen und die Individualität, die begehrenswerte Nacktheit und sogar die Hässlichkeit darstellten: »Nihil humani alienum a me puto« – nichts, was zum Menschen gehört, halte ich als fremd von mir fort. 1486 lud ein Wunderkind der Zeit, Pico della Mirandola, die Gelehrten zu einer Disputation ein, zu deren Eröffnung er »Über die Würde des Menschen« vortrug und Gott bei der Schöpfung Adam anreden ließ: »Die fest umrissene Natur der übrigen Geschöpfe entfaltet sich nur innerhalb der von mir vorgeschriebenen Gesetze. Du wirst von allen Einschränkungen frei nach deinem eigenen Willen, dem ich dich überlassen habe, dir selbst deine Natur bestimmen … Du kannst nach unten hin ins Tierische entarten, du kannst aus eigenem Willen wiedergeboren werden in das Göttliche.«[605]

War es doch mehr das Tierreich? Lorenzo selbst bat seinen fanatischsten Kritiker, den Domikanerprior Girolamo Savonarola, ihm im Angesicht seiner Sünden bei der Suche nach einem gnädigen Gott zu helfen und die Angst vor der Hölle zu nehmen. Und Sandro Botticelli, der die heidnische Göttin der Liebe so begehrenswert gemalt hatte, trug eigene Bilder auf den »Scheiterhaufen der Eitelkeit«, den der Mönch für die Reue der Florentiner errichtet hatte. Aber nun bekam es die Kurie mit der Angst zu tun und ließ den Prior (der sich nicht gescheut hatte, auch die Lebensführung des Papstes zu kritisieren) 1498 selbst auf dem Scheiterhaufen verbrennen. Weder der Mensch auf dem Weg zu Gott noch der auf dem Weg zum Tier wurde zum Signum der Epoche, sondern die Skepsis der Macht. Die Säkularisierung war nicht aufzuhalten – allerdings, so musste man aus dem Florentiner Beispiel schließen, kontrolliert von den Mächtigen und eingeschränkt auf die Reichen und Schönen.

---

603 Klassisch und unverzichtbar Jacob Burckhardt: Die Kultur der Renaissance in Italien (1860) ²Wien o. J. (Phaidon, Nachwort W. Waetzold). Vgl. E. Carbonell, R. Cassanelli, T. Velmans: Das Zeitalter der Renaissance. Kunst, Kultur und Geschichte im Mittelmeerraum, deutsch Stuttgart 2003.
604 Ch. Hibbert, The Rise and Fall of the House of Medici (1974), Neuaufl. London 1979 ff.
605 Text bei Heer, Dokumente, S. 84–87, Zitat S. 86 f.

Was heißt Säkularisierung? Die Kirche ging – und geht – davon aus, dass ihre Wahrheiten ewig sind, zum Bereich der Aeterna gehören. Sie ging auch davon aus, dass ihre Institution als Schöpfung Christi ewigen Bestand hat und sogar ihr Besitz der Kirche nicht wieder entzogen, nicht entfremdet (alieniert) werden darf. In Auseinandersetzung damit überführten immer weitere Gruppen und Individuen zumindest die konkrete Ausführung der Lehren, aber auch Institutionen und Besitz in den Bereich des Zeitlichen, den Bereich, der in Jahrhunderten zählbar ist – den Bereich der Saecula. Anfänge dieses Prozesses fanden ihren Ausdruck in der Änderung der Lehre vom Fürsten als eines an die Moral der Kirche in besonderem Maß gebundenen Menschen, einem Rex Christianus, zu einem Mann, der sich nach der Vernunft der Umstände, Ragione di statu zu verhalten und stets um den Erhalt der Macht besorgt sein muss, wie Niccolò Machiavelli das formulierte.[606] Dazu rechneten sich auch die Päpste, und so verkauften sie Ablässe von Sündenstrafen in der ganzen Christenheit, und finanzierten mit dem Geld sowohl den Bau von St. Peter als auch ihre Politik.[607]

Hieß Säkularisierung hier Verweltlichung einer kleinen Oberschicht, einschließlich der Kurie selbst und insbesondere der Päpste, so setzte die Reformation[608] gerade beim Protest gegen diese Säkularisierung an. Nicht nur war die beginnende Säkularisierung in Italien auf die Oberschichten begrenzt, sondern sie war in Europa auch regional unterschiedlich verbreitet, und in Deutschland waren mehr Menschen gläubig.[609] Vergleicht man die Christenheit des 16. Jahrhunderts mit einer Kathedrale,[610] dann gab es gewiss einige Zweifler im hohen Chor unter den Klerikern und in den Fürstenlogen der Patronatsherren, aber die Laien im niederen Chor waren meist gläubig, und in den Seitenschiffen eher noch vollständiger als im Hauptschiff. In der Krypta, das darf man nicht vergessen, glaubten die Besucher auch an Magie und Zauber – und kaum jemand, auch nicht unter den Gelehrten der Zeit, der nicht zu mancher Zeit seines Lebens in die Krypta

---

606 N. Machiavelli: Der Fürst (1513) deutsch Frankfurt 1990, besonders Kapitel 15.
607 Zum frühneuzeitlichen Rom mit kommentierter Auswahlbibliographie A. Karsten, V. Reinhardt: Kardinäle, Künstler, Kurtisanen, Darmstadt 2004.
608 Die Reformation ist in der deutschen Geschichtswissenschaft umfangreich erforscht, vgl. als Einführung zum Forschungsstand mit auswählender Bibliografie und Stichwortregister S. Ehrenpreis, U. Lotz-Heumann, Reformation und konfessionelles Zeitalter, Darmstadt 2002. Klassisch sind Leopold von Ranke: Deutsche Geschichte im Zeitalter der Reformation, 6 Bände 1839–47; Karl Brandi: Deutsche Geschichte im Zeitalter der Reformation und Gegenreformation, Neuauflage München 1960. Vgl. B. Moeller: Deutschland im Zeitalter der Reformation = J. Leuschner Hg.: Deutsche Geschichte, Bd. 4, Göttingen 1978 u.ö.; E. Hinrichs in: Kleine Geschichte Deutschlands, Stuttgart 1995. Quellenbände: D. Plöse, G. Vogler Hg.: Buch der Reformation, Berlin 1989.
609 Eine sehr gute Einführung für die europäische Geschichte bietet K. von Greyerz: Religion und Kultur. Europa 1500–1800, Darmstadt 2000; vgl. dort die Verzeichnisse von Quellen und Literatur sowie die Register.
610 H.-H. Nolte: Religions et confessions, in: Ahrweiler, Européens.

hinabstieg.⁶¹¹ Der Ablass wirkte wie eine der Treppen in diesem System – kirchenjuristisch sauber definiert als Gnade der Kirche, die Zeit im Fegefeuer zu verkürzen, wirkte es im Alltag der einfachen Gläubigen als magisches Mittel, Absolution für die Sünden zu erlangen.

1513 hatte das Magdeburger Domkapitel einen jungen Zollern aus dem benachbarten Brandenburg zum Erzbischof gewählt – so jung, dass er noch nicht das kanonische Alter erreicht hatte. Dafür kaufte man in Rom einen teuren Dispens – zu den »normalen« Summen, die man für die Wahl in ein solches Amt ausgeben musste, kam das Geld für den Dispens also noch hinzu. 1514 wurde nun auch noch der Erzbischofssitz von Mainz frei; allerdings verbot das kanonische Recht seit jeher die Kumulation von Bischofsämtern. Die Brandenburger kauften auch dafür einen Dispens für die runde Summe von 10.000 Dukaten – da sie aber nicht zahlen konnten, wurde dem neuen Erzbischof erlaubt, einen Ablass für Lebende und Tote zu verkaufen; die eine Hälfte der Einkünfte sollte nach Rom gehen, die andere durfte der junge Erzbischof behalten. Die Fugger übernahmen die Zwischenfinanzierung und schossen den Brandenburgern für die gesamten Kosten 34.700 Dukaten vor.

Da der Ablass offenkundig dazu diente, die Position der Zollern im Reich zu stärken, stieß er bei den anderen deutschen Fürsten auf wenig Gegenliebe; insbesondere bei Sachsen, wo man mit Ärger sah, dass Brandenburg nicht nur Magdeburg, sondern auch Mainz besetzt hatte. Der Kurfürst von Sachsen verbot also den Verkauf des Ablasses in seinen Ländern. Das half aber wenig, weil die Leute in den nächsten magdeburgischen Ort liefen, um den Ablass dort zu kaufen. Es passte also gut ins politische Geschäft, dass ein junger Professor an der Universität der Hauptstadt des Kurfürstentums 1517 den Missbrauch des Ablasses angriff: Warum, so eine der 95 Thesen, leert der Papst das Fegefeuer nicht aus christlicher Liebe und auf einen Schlag, wenn er das denn kann?⁶¹² Die junge Universität Wittenberg im Nordosten Deutschlands lag von Florenz oder Rom aus gesehen fernab, am Rande. Aber Martin Luther attackierte die Finanzgrundlage der Kurie, und so wurde schon im Juni 1518 der Ketzerprozess gegen ihn eröffnet.

Luther, 1483 geboren, stammte aus eher kleinbürgerlichen Verhältnissen, der Vater, der es im Bergbau zu einigem Wohlstand gebracht hatte, ließ ihn in Erfurt studieren. Gegen den Willen der Eltern wurde er Mönch, und als sein Orden ihn 1510 nach Rom sandte, hat der junge Mann noch selber Ablässe erworben. Die glänzende Kritik der Erfurter Humanisten am Kirchenwesen hat ihn kaum berührt; aber in der seelsorgerischen und akademischen Arbeit in Wittenberg 1515/16 gelangte er zur Kritik nicht nur am Ablass, sondern überhaupt an der Vorstellung, dass man die Gnade Gottes durch irgendwelche äußeren Werke erlangen könne. Luther nahm den Kampf gegen den Ablass aus theologischer Opposition auf, und sein Landesherr deckte ihn aus politischen Gründen.

---

611 R. Kieckhefer: Magie im Mittelalter, deutsch München 1992.
612 Text in: Heer, Dokumente, S. 88–93.

Religion und Ideen

Das war verblüffend, denn schon 1519 musste der Professor bei einem Disput in Leipzig zugeben, dass nach seiner Meinung auch ein Konzil irren könne – er also gar nicht nur gegen den Papst, sondern gegen die gesamte Kirche stand. Aber Luther ging in diesen Jahren weit; er schrieb an den »christlichen Adel deutscher Nation«, dass der Laienstand der Kirche aufhelfen müsse – alle Christen seien geistlichen Standes. Und er schrieb in dem »Sermon von den guten Werken«, dass die sichtbaren Werke der Barmherzigkeit keineswegs als Zeichen der Gnade Gottes gesehen werden könnten. Und schließlich schrieb er 1520 »Von der Freiheit eines Christenmenschen«, dass jeder Christ zweierlei Natur habe, geistliche und weltliche, dass kein »äußerliches Ding« einen Christen frei und fromm machen kann, sondern er nur durch den rechten Glauben frei werde – den aber finde ein Christ nur durch die Bibel: »sola fide, sola scriptura«: allein durch den Glauben, allein durch die Schrift findet der Mensch zu einem gnädigen Gott.[613]

Luther propagierte in diesen Jahren de facto einen radikalen Individualismus (denn auch wenn er an die Einheit der Christenheit glaubte – wer, wenn nicht einmal ein Konzil, sollte sie herstellen?), aber zugleich einen religiösen Fundamentalismus, der alle zu säkularer Realität vermittelnden Positionen abschnitt. Nicht einmal gute Werke machen Hoffnung auf einen gnädigen Gott: »Denn die Gerechtigkeit Gottes wird nicht aufgrund von aneinander gereihten Werken erworben, wie Aristoteles lehrt, sondern durch den Glauben eingegossen.«[614] Kein Wunder, dass Humanisten wie Erasmus bei der alten Kirche blieben.

Trotzdem stützten deutsche Fürsten den Wittenberger Professor, weil sie seine Lehre nutzen wollten, um die »gravamina«, die Beschwerden Deutschlands gegen Rom, vorzubringen – Proteste gegen die Herrschsucht der Päpste, die Hoffahrt des Klerus und die Geldschneiderei der Dispense und Ablässe. So konnte der sächsische Kurfürst sogar erreichen, dass der als Ketzer verurteilte Professor auf einem Reichstag gehört wurde. 1519 war der König von Spanien als Karl V. (der gerade in Barcelona war) zum König von Deutschland gewählt worden;[615] der junge Erzbischof von Mainz hatte eine von sieben Wahlstimmen und erhielt 100.000 Gulden für die Wahl des Habsburgers, 10.000 erhielten seine Räte. Die Gelder für die Wahl des Zollern zum Erzbischof hatten sich schnell amortisiert. Am 23. Oktober 1520 wurde Karl in Aachen gekrönt, drei Tage später verkündete der Erzbischof von Mainz, dass der Papst auch diesem deutschen König den Titel »erwählten Römischen Kaisers« zugestanden hatte.

Der Kaiser wollte auf dem Reichstag in Worms 1521 vor allem feste Geldzusagen von den Ständen. Die Fürsten wollten Luther auf dem Reichstag hören, um die »gravamina«

---

613 Texte H. Gollwitzer Hg.: Luther, Frankfurt 1955 u.ö.; K. Aland Hg.: Luther Deutsch, 10 Bde. Stuttgart 1957.
614 Aus der Heidelberger Disputation 1518, in: Gollwitzer, Luther, S. 33–38, Zitat S. 36.
615 P. Rassow: Karl V., Köln 1960; H. Koenigsberger: The Habsburgs and Europe, London 1971.

vorzutragen, und auch die spanischen Räte des Kaisers fanden es nicht schlecht, etwas gegen den Papst in der Hand zu haben. Von Luther erwartete der Kaiser einfach den Widerruf – zu dem dieser nicht bereit war. Das brachte schließlich auch den jungen burgundischen Spanier auf – in französischer Sprache (Deutsch sprach er nicht) ließ er dem Reichstag verkünden: »Ihr wisst, dass ich von den allerchristlichsten Kaisern der edlen deutschen Nation, den katholischen Königen von Spanien, den Erzherzögen von Österreich und den burgundischen Herzögen abstamme, die alle immer und bis an ihren Tod treu zur römischen Kirche standen.« Er werde alles einsetzen, dass nicht durch seine Schuld Ketzerei unter die Menschen komme. Über Luther wurde die Reichsacht verhängt. Wiederholte sich das Schicksal von Jan Hus auf dem Konzil von Konstanz? Nein, der Kurfürst brachte seinen Schützling auf die Wartburg und versteckte ihn.

Warum wurde die Reichsacht nicht verwirklicht? 1521 geschahen so viele Dinge – Cortez eroberte Mexiko, der Bruder Karls V., Ferdinand heiratete die Schwester des Königs von Ungarn, und der Kaiser marschierte nach Italien, wo der König von Frankreich Mailand besetzt hatte, auf das Karl sowohl als Reichslehen als auch als dem Erbe der Sforzas Ansprüche erhob (Kaiser Maximilian hatte in zweiter Ehe Maria Sforza geheiratet). Es gab einfach wichtigere Dinge. Was war Wittenberg gegen Mailand, gegen die Vorherrschaft in Italien, sofern man über das Veltlin und Tirol die Verbindung mit Deutschland und über Genua die mit Spanien sichern konnte! Der Papst war in Italien einer der Gegner, und es war immer noch gut, etwas gegen ihn in der Hand zu haben, z. B. um ihn zu einem Konzil zu zwingen. Und nach dem Sieg bei Pavia 1525 war erst einmal das Geld alle, und man konnte nicht einmal dem Schwager des Bruders in Ungarn gegen die Osmanen helfen.

In Deutschland ging derweil die reformatorische Bewegung weiter. Es war wirklich eine Bewegung – waren die Menschen vorher in Scharen gelaufen, um Ablässe zu kaufen und Wallfahrtsorte zu besuchen, so ergriffen nun viele die Hoffnung, allein durch den Glauben, allein durch die Schrift einen gnädigen Gott zu erhalten; sie verschlangen die von Luther gerade in kraftvoller Sprache übersetzte Bibel, forderten Prediger, die ihnen die Schrift erklärten und verlangten die Messe in deutscher Sprache. Oft waren es Handwerker, welche die lutherischen Prediger in die Stadt holten oder zu ihnen vor die Tore zogen wie in Göttingen. Durchsetzen konnte sich die Bewegung überall dort, wo sie Verbündete in der Obrigkeit fand. Und Ratsherren wie Landesfürsten hatten oft auch ziemlich weltliche Gründe – Luthers Kritik am äußeren Schein der guten Werke ging gut zusammen mit der Kritik am guten und nicht selten auch unheiligen Leben der Mönche und Nonnen. Klöster, Domkapitel, Ordenshäuser – in den meisten Territorien und Städten gehörte ihnen ein Viertel oder gar ein Drittel des Bodens. Die Obrigkeiten – hier ein Graf, dort ein hochwohllöblicher Rat der Stadt und dort ein Kurfürst – zogen das Kirchengut ein und sanierten sich. In Schweden erhöhte der König seinen Anteil am Grund und Boden von 5 auf 28 %. Das macht schnell Schule, auch in katholischen Ländern – als der König von Spanien einmal wieder finanziell am Ende war, gab er den Fuggern das Land spanischer Ritterorden zum Pfand, und der Papst ging bei der Verteilung des Kirchengutes an die Neffen und Nichten mit schlechtem Beispiel voran. Säkularisierung war hier zuerst einmal eine Rechtfertigung für Vermögenstransfer. Insbesondere die kleinen Fürsten Deutschlands erfuhren eine beträchtliche Vermehrung ihres Potenzials.

Aber trotz der nahe liegenden Interpretation ging es den protestantischen Fürsten der ersten Generation wohl nicht hauptsächlich um das Geld; nur wenige von ihnen waren Humanisten oder Machtpolitiker, die meisten waren tiefgläubige Menschen. Allerdings wurde die Reformation sofort politisch, wenn es um die Kirchenverfassung ging. Indem Luther allen Glauben auf die Schrift gründete, machte er es möglich, dass jedermann sich selbst um seinen Glauben kümmerte, der lesen konnte. Während in der alten Kirche die Messe in einer fremden Sprache gelesen wurde und also schon deswegen jedem bewusst war, dass man zur Vermittlung von Gnade einen besonderen Fachmann brauchte, wurde nun der Gedanke verbreitet, dass jeder Christ Priester sein könne. Wie die Kirche zu organisieren war, das war im 16. Jahrhundert für jeden von zentralem und alltäglichem Interesse; was der Pfarrer predigte, war nicht Erbauung, sondern Lebensentscheidung. Die Gemeinde begann, ihre Pfarrer selbst zu wählen. Luther vertraute in den ersten Jahren darauf, dass das Wort sich durchsetzen werde, das rechte Wort selbstverständlich. Aber es zeigte sich bald, dass es viele Worte gab. Gerade die Bibel konnte man ganz verschieden lesen.

Hier entstand jene Mischung, die zum Aufstand führte. Die Reformation der Kirche war auf der einen Seite eine Sache der Herrschenden. War die Kirche die führende Institution im Lande, oder war es der entstehende säkulare Staat? Wer sollte über das Geld verfügen, mit dem die Gläubigen sich die Angst vor der Hölle von der Seele halten wollten – der Papst für den Bau von St. Peter oder der Kurfürst von Sachsen für den Bau der Landesuniversität Wittenberg? Die Reformation war auch eine Sache der Humanisten, die seit dem Späten Mittelalter an Bibelübersetzungen arbeiteten und gegen die Verrechtlichung argumentierten, mit welcher die Kirche den Glauben sichern wollte.

Luther hatte diese feinen Debatten sozusagen mit dem Holzhammer entschieden: allein der Glaube, allein die Schrift! Wer also die deutsche Bibel lesen konnte, der konnte sich seine Argumente zur Kirchenverfassung selbst zusammensuchen. Damit aber wurde die Reformation für einen historisch kurzen Moment, für drei, vier Jahre, zu einer Sache des Volkes. Und damit trat sie in den Kontext einer anderen Bewegung, die auch seit dem Späten Mittelalter Deutschland in Unruhe hielt: den Kampf der lokalen Gemeinden gegen die Landesherrschaft, gegen die zunehmende Normierung des Lebens, die Eingriffe in die Rechtsprechung der Genossenschaften. Der wichtigste Fall war der Aufstieg der Schweizer Eidgenossenschaft gegen die Habsburger im 14. Jahrhundert, aber auch die Kämpfe der Dithmarschen Bauern gegen die Holsteiner Herzöge oder die vielen Bauernaufstände in Südwestdeutschland, vom »Armen Konrad« bis zum »Bundschuh«, gehören in diese Reihe. Frei wie die Schweizer wollte man werden, frei von der Landesherrschaft, frei von den Abgaben an die Kirche – außer vom Zehnten, wie er in der Bibel steht. Es waren selten arme Leute, die diese Aufstände führten, sondern meist wohlhabende Bauern, in Kriegen erfahrene Landsknechte, Gemeindeschreiber.

1524 begann an der Grenze zur Schweiz ein weiterer Aufstand in dieser Reihe. Im März 1525 einigten sich die Bauern auf zwölff Artikel, die sich von Anfang an auf die Bibel berufen und im 1. § fordern: »ain gantze gemain sol ain Pfarrer selbst Erwölen und kiesen …«, also weder die Kirchenhierarchie, noch der Landesherr oder der Patron. Die anderen Artikel setzen fest, welche Abgaben die Bauern zahlen wollen – nur den Zehnten –, dass sie Leibeigenschaft als unchristlich verurteilen, freie Jagd, freie Holzung fordern, das Eigentum am Land … Die Bauern wurden von den Landesherren geschlagen (der Kaiser war ja in Italien) – hätten sie gesiegt, wäre die deutsche Geschichte anders verlaufen, wohl nicht »frühbürgerlich«, wie Friedrich Engels meinte, aber stärker genossenschaftlich, näher am Schweizer Modell.[616] Die Täufer wurden aus dem landesherrlichen Luthertum exkludiert.[617]

Mit dem Sieg der Landesherren und der Zurückdrängung des genossenschaftlichen Elements in der deutschen Politik wurde außenpolitisch das endgültige Ausscheiden der Schweizer Konföderation aus dem Reich gefördert, auch wenn dieses erst 1648 rechtsgültig wurde, und innenpolitisch der Weg zum modernen, absolutistischen Fürstenstaat geebnet. Die Reformatoren trugen dazu bei, z. B. mit dem immer wieder zitierten Satz: »Denn es ist keyn oberkeyt, denn allein von Gott, und alle oberkeyt ist von Gott geordnet. Wer nu der oberkeyt widder steht, der widdersteht Gottes ordnung, und wer widdersteht, der wirt gestrafft.« Wo blieb die ganze Diskussion über das Widerstandsrecht?

Der kurze Moment der Freiheit an der Peripherie wurde für beendet erklärt. 1527 ordnete der Kurfürst von Sachsen eine landesherrliche Visitation der Gemeinden an. Die Landesfürsten werden zum Haupt ihrer jeweiligen Landeskirche »in äußeren Sachen« (also nicht in dogmatischen Fragen), der Ausbildungsgang der Pfarrer wird als Universitätsstudium festgelegt, nicht die Gemeinden haben das Wahlrecht, sondern der örtliche Kirchenpatron – meist ein adliger Gutsbesitzer, der Rat der Stadt oder der Landesfürst. Welcher Pfarrer würde die Courage haben, auch die Sünden dessen anzuklagen, der in der »Prieche« saß – dem gesonderten Raum der Patronatsherrschaft? So stärkte die Reformation die protestantischen Territorien auch darin, dass die Fürsten ihren Einfluss auf die Kirchenorganisation sicherten. Die geistliche Bank in den Landständen war von nun an mit Bischöfen oder Superintendenten besetzt, die vom Landesfürsten eingesetzt wurden; Opposition in den Landständen wurde mehr und mehr zu einer Sache allein des Adels. Es entstand das Landeskirchentum: provinzielles Ende eines großen Konzepts, aber wichtig für

---

616 Vgl. P. Blickle: Der Bauernkrieg. Die Revolution des Gemeinen Mannes, München 1998.
617 H. Fast Hg.: Der linke Flügel der Reformation, Bremen 1962; R. v. Dülmen Hg.: Das Täuferreich zu Münster, München 1974.

die Ausdifferenzierung des Systems, weil den Landesherren eine tiefreligiöse Legitimation ihrer säkularen Herrschaft zufiel, die zugleich staatstreu und individualistisch war. Luther riet den Gläubigen zwar, um des »äußerlichen Friedens« willen den Fürsten zu gehorchen, obgleich diese »gemeiniglich die größten Narren und die ärgsten Buben auf Erden« sind, aber eben »Gottes Stockmeister und Henker«. Aber »der Obrigkeit soll man nicht widerstehen mit Gewalt, sondern nur mit Bekenntnis der Wahrheit« – Luther stellt das Reich der Welt dem Reich Gottes gegenüber, und es wird zu einer Frage der Gnade Gottes, ob ein Land einen christlichen Fürsten hat: »Frösche müssen Störche haben.«[618]

In Westeuropa[619] konnte die Reformation in dieser Form keine Wirkung haben, weil sie oft hinter den erarbeiteten Stand von gesellschaftlicher, aber auch individueller Selbstbestimmung zurückgefallen wäre, also kein Programm für eine Opposition gegen die herrschende Kirche und die ihr verbündeten Fürsten bot. Das tat Johan Calvin, der sich bewusst von Luthers aufbrausendem Charakter absetzte und ein sowohl radikaleres als auch stärker auf Gesellschaft gerichtetes religiöses Reformprogramm vortrug. Weniger das Amt des Pfarrers stand bei ihm im Zentrum, als die Gemeinde, die von den Ältesten geführt und auch kontrolliert wurde. Damit bot er vor allem Mittelschichten eine Alternative zur römischen Kirche – Adel, Kaufleuten und Handwerkern, wie in vielen Schweizer Kantonen, den Niederlanden und den schottischen Lowlands (vgl. Kapitel 5).

Die Reformation in der lutherischen Form hatte als ein Fundamentalismus, als ein Zurück zu den Ursprüngen und zum reinen Text begonnen, war aber durch die Landesherren schnell »eingestaatet« worden. Die Kontinuität der deutschen Territorialstaaten und der dem Augsburgischen Bekenntnis folgenden skandinavischen Länder legt die Vermutung nahe, dass die katholische Kirche diesen Bruch vielleicht hätte vermeiden können, wenn sie weniger machtbewusst und renaissanceprächtig aufgetreten und den Interessen der nordischen Fürsten entgegengekommen wäre. Aber Entgegenkommen und Toleranz war nicht die Sache der Kurie, die lieber sich selbst im alleinigen Besitz der offenbarten Wahrheit sah und die Gemeinde mit Inquisition und Scheiterhaufen von allen Häresien reinigen wollte. Die lutherischen und die calvinistischen Obrigkeiten folgten. So wurde Toleranz in der Tradition der Humanisten und »Politiker« erst im 17. Jahrhundert wieder eine der Forderungen der Intellektuellen und zugleich ein Argument gegen alle Orthodoxien.[620]

Die wichtigste Folge der Reformation war die Auflösung der Einheit der Christenheit. Es ist deutlich, dass dieser Prozess nur in einem Mit- und Gegeneinander der Mächte im

---

618 Martin Luther: Von weltlicher Obrigkeit (1523), in: Gollwitzer, Luther, S. 141–170, Zitate S. 162, 163 und 169.
619 U. Rublack: Die Reformation in Europa, Frankfurt 2003.
620 H. Lutz Hg.: Zur Geschichte der Toleranz und Religionsfreiheit, Darmstadt 1977; H. Kamen: Intoleranz und Toleranz zwischen Reformation und Aufklärung, deutsch München 1967.

Rahmen der Christenheit möglich war; ohne Frankreich, aber auch ohne das Vordringen der Osmanen hätte die lutherische Sache vielleicht genauso wenig überlebt wie die hussitische. In keinem der europäischen Länder geschah auch in dieser Auflösung dasselbe; der italienische Katholizismus unterschied sich vom spanischen, das Luthertum im Reich von dem in Schweden, und der Calvinismus hatte in Genf ein anderes Gesicht als in Schottland. Es gab aber auch übergreifende Prozesse, zum Beispiel wurden viele einzelne Nationen bzw. Territorien konfessionalisiert.[621]

Die Konfessionen innerhalb der Christenheit wurden zu Instrumenten der Durchsetzung einer neuen Ordnung, und zwar nicht nur in den protestantischen, sondern nach dem Konzil von Trient auch in den katholischen Gebieten. Die Gläubigen wurden im Alltag nun genauer angeleitet, sowohl durch mit Sanktionen versehene Vorschriften als auch vor allem durch eine umfassendere Organisation von Frömmigkeit. Auch in Ländern wie Russland, die erst nach der Reformation wieder voll in die Christenheit aufgenommen wurden (da die Orthodoxie ja nun nicht mehr die einzige Abweichung war), wurde in der Politik gegen die Altgläubigen eine bessere Lehre und intensivere Seelsorge mit stärkeren Kontrollen (Beichtlisten z. B.) verbunden.[622] Eignet sich das Konzept Konfessionalisierung[623] für die Globalgeschichte?

Die große Spaltung im Islam zwischen Sunna und Schia stammt aus dem 7. Jahrhundert, ging also der frühneuzeitlichen Welt voraus. Nach der Gründung des Safawiden-Imperiums erklärte Schah Izmail den Zwölfer-Schiismus zur herrschenden Konfession im Iran; und obgleich die Mehrheit der Iranis zur Sunna gehörten, verbot er deren Bruderschaften und machte Persien schiitisch.[624] Die Schia zur Staatsreligion zu machen war sachlich widersprüchlich, da keine Regierung in der Abwesenheit des verborgenen Imam legitim sein konnte. Unter Schah Abbas wurden gemäßigtere Geistliche aus Arabien in das Land eingeladen und bedeutende Medresen gegründet. An die Stelle der Verehrung von Sufi-Heiligen wurde die des Imam Hussein gesetzt, dessen Passionsgeschichte öffentlich aufgeführt wurde. Aber es entstand auch eine neue schiitische Opposition gegen die Vereinnahmung durch den persischen Staat; ihr Führer Mulla Sadra bestand darauf, dass Wahrheit keinesfalls durch Gewalt erreicht werden konnte. Die mystischen Bestandteile der Schia erlangten neue Bedeutung, als Nadir Shah im 18. Jahrhundert die Sunna wieder einführen wollte – die muslimischen Gelehrten, die Ulema, verließen das

---

621 E. W. Zeeden: Typen der Konfessionalisierung in katholischen Territorien Deutschlands, in: HZ 185 (1958), S. 249–299.
622 Nolte, Kleine Geschichte , zuletzt R. Crummey: Eclesiastical Elites and Popular Belief in Seventeenth Century Russia, in: Tracy, Religion.
623 E. W. Zeeden: Grundlagen und Wege der Konfessionsbildung (1956), in: Ders.: Konfessionsbildung, Stuttgart 1985; W. Reinhard, H. Schilling Hg.: Die katholische Konfessionalisierung, Gütersloh 1995; vgl. Anm. 608.
624 Armstrong, Islam, S. 99–104.

Land und lebten unter osmanischer Oberhoheit an den heiligen Stätten der Schia, Kerbela und Najaf. Ihr Einfluss auf die Gläubigkeit im Iran war aus der Fremde eher noch größer, als er im Lande gewesen war.

Aber auch ein neuer sunnitischer Fundamentalismus entstand. Muhammad ibn Abd al-Wahab[625] rief in der Mitte des 18. Jahrhunderts dazu auf, zu den reinen Lehren in der Auslegung von Koran und Hadith durch anerkannte Gelehrte zurückzukehren; er wandte sich Neuerungen zu wie der Verehrung von Heiligen als Fürsprecher bei Gott und sufischem Mystizismus. Er gründete im Bündnis mit dem Sultan ibn Saud bei Riyadh in Zentralarabien ein neues Reich, das zeitweise die heiligen Stätten kontrollierte, allerdings 1818 von Ägyptern und Osmanen besiegt wurde. Die Wahabiten zogen sich in die Wüste zurück.

In Indien war im 16. Jahrhundert der Sikhismus gegründet worden, der Hindus und Muslime einen wollte, aber de facto eine neue Religion wurde. Der Gründer, der als erster Guru verehrt wird, schrieb im Auftrag Gottes über 900 Hymnen, die 1603/4 in einem heiligen Buch gesammelt wurden. In der Auseinandersetzung mit der Islamisierungspolitik des Großmogul Aurangzeb organisierte der neunte Guru die Rechtfertigung der Religion, wurde zum Tode verurteilt und damit zum Märtyrer. Der zehnte Guru organisierte am Ende des 17. Jahrhunderts eine starke Militärorganisation, und jeder Sikh fügte seinem Namen »Singh« für Löwe hinzu. Am Beginn des 19. Jahrhunderts wurde ein von Sikhs beherrschter eigener Staat »Punjab« geschaffen.[626]

Der Großmoghul Akbar[627] machte die Aussöhnung zwischen Islam und Hinduismus zur einer Staatsaufgabe – er hob die Sondersteuer für Nichtmuslime auf und wurde Vegetarier, um den Hindu entgegenzukommen. 1575 baute er ein »Haus des Gottesdienstes« für alle Religionen, und er gründete einen eigenen Sufi-Orden, der dem »Göttlichen Monotheismus« gewidmet war und von den Korantexten ausging, die nahe legen, dass Gott sich in jeder recht geleiteten Religion offenbaren könne. Sein Urenkel Aurangzeb allerdings glaubte, dass das Heil des Imperiums in einer strengeren Durchsetzung der Sunna lag. Die Schia wurde verboten, Weinanbau wurde verboten, die Ungläubigensteuer wurde wieder eingeführt. Überall im Reich wurden Hindu-Tempel zerstört und Moscheen errichtet. Der Versuch einer strikteren Konfessionalisierung stärkte den Widerstand der Hindu, insbesondere der Marathen und damit die Tendenz zur Territorialisierung des Konflikts.

Eine außerordentlich folgenreiche Konfessionsgründung am Beginn der Moderne war auch der Lamaismus[628] als besondere Form des Buddhismus (vgl. Kapitel 1). Am Anfang

---

625 Lewis, Middle East, S. 310; Hourani, Arabische Völker, S. 317 f.
626 Oxtoby, World Religions.
627 Armstrong, Islam, S. 105–110.
628 J. Powers: Tibetan Buddhism, Ithaca/NY 1995; S. Weirong: Leben und historische Bedeutung des ersten

des 15. Jahrhunderts systematisierte der erste Dalai Lama in Tibet die buddhistische Lehre zu einem neuen Tugendsystem »Gelupka«. Im Bündnis mit dem Altyn-Khan wurde die Mission unter den Mongolen verstärkt, und 1621 einte der fünfte Dalai Lama mit ihrer Hilfe Tibet unter einer theokratischen Herrschaft, zu deren Zeichen der Potala-Palast in der Hauptstadt Lhasa errichtet wurde. Heterodoxe Schulen wurden gezwungen, außer Landes zu gehen, und Tibet wurde konfessionell einheitlich.

Selbstverständlich geschah in allen diesen Fällen jeweils etwas anderes, das in der Regel sogar feindlich gegen einen Anderen gerichtet war – nicht nur in der konkurrierenden Verfestigung von Katholizismus und Protestantismus, sondern auch in der umfassenden Organisation der Schia im Iran und dem sunnitischen Fundamentalismus der Wahabiten in Arabien. Die erste Schlussfolgerung aus den neuen konfessions- oder religionsbildenden Prozessen ist also das Wachsen der Unterschiede. Gemeinsam war aber mehreren, auch außereuropäischen Gesellschaften, dass mit den Instrumenten der Religion eine stärkere Disziplinierung der Gläubigen durchgesetzt wurde, auch in Japan nach dem Verbot des Christentums (siehe Kapitel 5), und in China im Neo-Konfuzianismus. Der Vorgang der Sozialdisziplinierung, als dessen erste Phase Wolfgang Reinhard die Konfessionalisierung sieht,[629] wurde in vielen Gebieten der Welt auch durch religiöse Systematisierung in die Wege geleitet.

Ideengeschichte

Ideengeschichte[630] ist aus der Mode gekommen. Selbstverständlich wäre ein Versuch, die gesamte Geschichte aus der Geschichte von Ideen erklären zu wollen, auch zum Scheitern verurteilt. Und es bleibt wichtig, im Kopf zu behalten, dass Ideen nicht die Anschauungen und Weltbilder der Menschen wiedergaben; dieser historische Gegenstand wird vielmehr von der Mentalitätsforschung bearbeitet. Ideengeschichte bietet eine Skizze jener Gedanken und Konzepte, die in den intellektuellen Eliten der Periode diskutiert worden sind. Das macht sie wichtig, macht aber auch die Grenzen deutlich. Aber Ideen und Konzepte gehören genauso zu den Bedingungen, unter denen die Menschen Geschichte machen, wie Natur, das Auf und Ab von Mächten, wie technische Entwicklungen oder Klimaschwankungen: »Die Menschen machen ihre eigene Geschichte, aber

---

Dalai Lama, Nettetal 2002. Eindrucksvolle Übersicht der Geschichte der geistlichen Herrscher: G. Schulemann: Geschichte der Dalai Lamas, Leipzig 1958.
629 W. Reinhard: Sozialdisziplinierung – Konfessionalisierung – Modernisierung, in: Boškovska-Leimgruber, Frühe Neuzeit, S. 39–56
630 Vgl. Journal of the History of Ideas, Bibliografie auch »Formen der Weltauffassung« in: Dahlmann-Waitz. Umfassende Literatur: F. Heer, Europäische Geistesgeschichte, Stuttgart 1953 u.ö.; H. Gollwitzer: Geschichte des weltpolitischen Denkens, Bd. 1-2, Göttingen 1972–1982.

sie machen sie nicht unter selbstgewählten, sondern unter unmittelbar vorgefundenen, gegebenen und überlieferten Umständen. Die Tradition aller toten Geschlechter lastet wie ein Alp auf dem Gehirne der Lebenden.«[631] Wie Karl Marx den Einfluss von Ideen auf das Handeln formuliert hat – nur ins Negative gewendet, weil er die Erkenntnis der richtigen Zusammenhänge für leicht hielt, wenn man den einen angemessenen, praxisbezogenen Standpunkt angenommen hatte.[632] Dies ist, nach so vielen irreführenden Analysen nicht allein, aber auch von Marxisten, ein unbegründeter erkenntnistheoretischer Optimismus. Umso wichtiger wird die Geschichte der Ideen, um zur Kritik irreführender Konzepte beizutragen. Dabei wird aus den Diskursen der Frühen Neuzeit jener ausgesucht, in dem es um die Frage ging, was Denken, was wissenschaftliche Forschung ist.

Wie stets muss man ins Mittelalter zurückgehen, um die Entstehung der Moderne zu verstehen. Damals ging der Streit um die »Universalien«, die großen Allgemeinbegriffe wie Art, Gattung, die Unterscheidung zwischen wesentlichen und zufälligen, akzidentellen Eigenschaften, also um grundlegende Kategorien der damaligen Welt. Im 9. Jahrhundert, als Wissenschaft im westlichen Europa nur in Klöstern betrieben wurde, ging man davon aus, dass Universalien eine von den Dingen unabhängige, eigene Existenz hätten; dass sie »ante res«, vor den Dingen vorhanden seien – als Gedanken Gottes. Schon im 11. Jahrhundert wurde eine Gegenposition aufgebaut: Die Universalien seien nur Namen, »post res« entstandene Begriffe zur Bezeichnung von Ähnlichkeiten in der Sache. Thomas von Aquin und die klassische Diskussion der Hochscholastik vertrat dann im 12. Jahrhundert eine vermittelnde Position: Die Universalien sind »in rebus«, in den Dingen, haben also eine eigene Realität.

Die Position des Thomas eignete sich besonders für jene Aufgabe, welche die Universitäten im Späten Mittelalter zunehmend zu lösen versuchten: die auseinander strebenden Entwicklungen der Christenheit logisch, also theo-logisch, als ein Gesamtbild von Gott und seiner Schöpfung zu erklären. Die Scholastik beanspruchte, die Anfänge des Glaubens mit Hilfe des natürlichen Lichts der Vernunft – »lumen naturale« – einsichtig erklären zu können –, die eigentlichen Geheimnisse Gottes aber bedurften der Offenbarung, brauchten das übernatürliche Licht des Glaubens: »lumen supranaturale«. Wenn ein getaufter Christ dem lumen naturale, so wie die Scholastik es sah, nicht zu folgen vermochte, lag der Schluss nahe, dass er vom geistigen Hochmut, der größten Erbsünde der Christenheit verwirrt, dass er Ketzer und Apostat war. Und musste im äußersten Fall der Reinigung durch das Feuer überantwortet werden, also dem Scheiterhaufen – so wie Jan Hus.

Der Widerspruch zwischen dem Anspruch, mit dem »natürlichen Licht der Vernunft« fast alles erklären zu können, und dem Glauben, die entscheidenden Wahrheiten aus

---

631 K. Marx: Der 18te Brumaire des Louis Napoleon (1852), in: MEW 8, S. 113–207, Zitat S. 115.
632 K. Marx: Thesen über Feuerbach, in: MEW 3, S. 5 f.

Schrift und Tradition zu besitzen, führte während des ganzen Mittelalters zu einer »doppelten Wahrheit«, wobei im Zweifelsfall das Licht des Glaubens über dem des Verstandes stand. Dem Kirchenvater Tertullian wird das Diktum zugeschrieben, das den zweiten Fall auf eine Formel brachte: »credo, quia absurdum« – ich glaube, obgleich es absurd ist.

Zu diesem Opfer des Verstandes – »Sacrificium intellectus« – waren in der Frühen Neuzeit immer weniger Denker bereit. Michel de Montaigne, der zum südfranzösischen Adel gehörte, las weniger Platon und Aristoteles, als die stoischen Philosophen – Seneca, Epikur, Lukrez. Auch er zitierte den Satz von Terenz »humani nihil a alienum puto« – nichts, was menschlich ist, halte ich als fremd von mir fort. Ich gehe davon aus, dass alles, was Menschen tun, in mir auf eine Verwandtschaft stößt. Wenn ich auf einen Mörder stoße, denke ich nicht, dass ich nichts mit ihm gemein habe, sondern überlege, ob ich so frei von jedem Wunsch zu töten bin. Montaigne verfährt als Humanist also genau umgekehrt wie die Scholastiker: Er grenzt nicht aus, sondern überlegt, was dieser andere Mensch mir über die Conditio humana, das Wesen des Menschen, sagt. Montaigne beobachtete auch, dass das »Licht der Vernunft« nur unsicher leuchtet. »Ich stehe auf so unsicheren und wackelhaften Füßen, ich finde sie dergestalt zum Schwanken und Knicken, und meine Art, die Sachen anzusehen, so wenig sicher, dass ich mich des Morgens nüchtern als einen anderen Menschen fühle als Nachmittags nach der Mahlzeit.«[633] Er lehnte es entsprechend ab, als Gelehrter zu gelten und war der Meister der kleinen Form, des Essays. Gott ist für ihn vermutlich irgendwo vorhanden, aber unserer Vernunft nicht zugänglich, Deus absconditus, verborgener Gott. Die Calvinisten sind ihm entsprechend fremd, ihre Rigidität, ihr Fanatismus irritieren ihn. Wie kann man sich über Religionssachen so aufregen, wenn wir so wenig Verlässliches über Gott wissen? Denn: »Jede Seele ist die Königin in ihrem Reich, indem sie alles, was ihr begegnet, mit ihren Kleidern behängt.«[634]

Der erkenntnistheoretische Skeptizismus Montaignes setzte die Selbstständigkeit des gebildeten Publikums in Frankreich gegenüber Kirche und Staat voraus. Dies beinhaltete (selbstverständlich) auch eine ökonomische Unabhängigkeit; der Humanismus war eine Sache der wohlhabenden Mittelschichten und des Adels. Die Heiterkeit, mit der man den offenen Konflikt mit der Kirche vermied, um außerhalb der offiziellen Rollen die Kleider anzulegen, welche die Seele mochte – all das gehörte zu Frankreich im 16. Jahrhundert. Die »Politik« derer, die den großen Konflikt ertragen wollten, wurde freilich mit der Radikalisierung der Religionskämpfe zwischen Calvinismus und Katholizismus, besonders dem Massaker der Bartholomäusnacht 1572 in Frage gestellt,[635] so wie

---

633 Michel de Montaigne, Gesammelte Schriften, Hg. O. Flake und W. Weigand, Leipzig 1910, Zitat II, 12. Vgl. H. Friedrich: Montaigne, Bern 1949.
634 Zitiert bei Friedrich, S. 286. Vgl. zu Montaigne jetzt H. Stilett: Montaigne für Lehrer. Zwölf Plädoyers für eine lebenspraktische Erziehung, Frankfurt 2004.
635 M. Greengrass: Hidden Transcripts, in: Levene, Massacre.

die italienische Renaissance 1527 im Sacco di Roma beendet worden war.[636] Der Humanismus scheiterte nicht einfach an der Gegenwirkung der Kirche oder jener der wütenden antiklerikalen Massen (wenn man den »sacco« so erklären will), sondern daran, dass er den Wunsch der Menschen nach Mord und Beute unterschätzte.

Die »Krise des europäischen Geistes«[637] ging von der realen Erfahrung des Todes aus, von der Gewissheit, dass »archaische« Leidenschaften immer erneut einbrachen in die geordnet und maßvoll scheinende Welt der Philosophen. Die erste Hälfte des 17. Jahrhunderts war erfüllt von solchen Erfahrungen der Gemetzel und der Grausamkeiten der Religionskriege. Gerade auch weil viele säkulare Ziele dem Dreißigjährigen Krieg zugrunde lagen, wurde die religiöse Legitimation doch nicht selten als Freibrief für Raub, Vergewaltigung und Todschlag verstanden. Und ähnlich war es in der anschließenden »Sintflut« in Polen mit den Massakern an der jüdischen Bevölkerung besonders in der Ukraine.

Wie ließ sich Vernunft in diesem Chaos sichern? Am Anfang des 17. Jahrhunderts entstand in den Niederlanden und vor allem in England erneut ein selbstständiges und gebildetes Publikum, stärker bürgerlicher Herkunft – zumindest im Vergleich zum humanistischen Frankreich. Im französischen Exil, auf der Flucht vor dem Bürgerkrieg in England, schrieb Thomas Hobbes 1651, dass der Naturzustand des Menschen der Krieg jedes gegen jeden sei (bellum omnium contra omnes), weil die menschliche Natur durch Konkurrenz, Misstrauen und Ruhmsucht geprägt sei. Der einzige Weg in Richtung eines dauerhaften Friedens liegt in der Übertragung der Macht auf einen Menschen oder eine Versammlung von Menschen. Nur dadurch wird der Staat begründet, der Leviathan, jener »sterblicher Gott, dem wir unter dem unsterblichen Gott unseren Frieden und Schutz verdanken.«[638]

Francis Bacon setzte die Erkenntniskritik fort. Auch er dachte über die Begrenzungen des menschlichen Verstandes nach, aber er führte diese Begrenzungen nicht allein auf die wechselnden menschlichen Schwächen zurück, sondern auf bestimmte und benennbare »Götzenbilder und falsche Begriffe, die von dem menschlichen Geist schon Besitz ergriffen haben und fest in ihm wurzeln«, und die selbst bei besserem Wissen immer wiederkehren. Bacon nennt neben der Schwäche des individuellen Verstandes auch gesellschaftliche Idole – die des Marktes, der falschen Lehrsätze und des Theaters. Entscheidend aber ist seine Schlussfolgerung: Der Mensch ist den Idolen nicht rettungslos verhaftet, sondern er kann sich durch Erfahrung, Beobachtung und Experiment von

---

636 Vgl. auch P. Burschel: Das Heilige und die Gewalt, in: Archiv für Kulturgeschichte 86.2 (2004).
637 Vgl. P. Hazard: Die Krise des europäischen Geistes, deutsch Hamburg 1939 u.ö., vgl. M. Schneider: Das Weltbild des 17. Jahrhunderts, Darmstadt 2004.
638 I. Fetscher Hg.: Thomas Hobbes, Leviathan, deutsch Berlin 1966, Zitat S. 134; Massing, Demokratietheorien.

ihnen befreien. Aus vielen Experimenten wird man schließlich mit der einzig richtigen wissenschaftlichen Methode, der Induktion, sogar die Naturgesetze erkennen und damit die Macht des Menschen über die Natur erhöhen: »Tantum possumus quantum scimus« – wir vermögen so viel, wie wir wissen.[639]

In einem Diskurs, an dem stets viele in ganz Europa teilgenommen hatten, der aber innerhalb des Systems häufig die Haupt-Standorte wechselte, hatten sich die Fronten seit der Scholastik also verkehrt. Sie behauptete, im Rekurs auf Platon und/oder Aristoteles eine Summa, eine umfassende Begründung für Gott und die Welt liefern zu können, die vom natürlichen Licht der Vernunft erleuchtet wurde. Die Humanisten betonten dagegen die Schwäche des menschlichen Verstandes und die Unerkennbarkeit Gottes. Bacon und die englischen Empiristen setzten nun dagegen, dass man nicht aus Platon und Aristoteles und nicht aus Lukrez oder Seneca erfahren konnte, was wirklich ist, sondern aus dem Experiment. Die Tradition wird plötzlich unwichtig. Die Vermehrung von empirischem Wissen wird zum Kern der Wissenschaft. Nicht, als ob man früher nicht beobachtet hätte! Aber entscheidend blieben die Schriften – die der Bibel und die antiken.

Für das zähe Festhalten an alten Schriften gab es viele Beispiele. Der deutsche Pole Nikolaus Kopernikus hatte 1543 ein Buch darüber veröffentlicht, dass die Erde nicht im Mittelpunkt des Universums war, sondern die Sonne – ein Buch, das auf Beobachtungen und Berechnungen vieler Astronomen beruhte. Noch am Ende des 16. Jahrhunderts musste Galilei das neue heliozentrische Weltbild vor der Inquisition widerrufen. Aber die Fernrohre wurden immer billiger, und immer mehr Menschen konnten beobachten, wie der Mond und die Planeten sich bewegten.

Auf immer mehr Gebieten nahmen Kenntnisse zu, die sich mit der Tradition nicht in Einklang bringen ließen. Das traf schließlich auch auf Aussagen in der Bibel zu; man begann, Bibelkritik zu treiben. Der holländische Jude Spinoza zog sich mit der Feststellung, dass Moses die fünf Bücher Mosis unmöglich selbst geschrieben haben könne, den Zorn seiner Glaubensgenossen zu und wurde als Ketzer aus der jüdischen Gemeinde ausgeschlossen. Aber Bibelkritik ergab sich auch aus der Chronologie. Man hatte ja genau ausgerechnet, in welchem Jahr nach der Schöpfung man lebte – die Welt ist (nach der byzantinischen Ära) am 1. September 5509 vor Christi Geburt geschaffen worden. Je mehr man von den alten Kulturen erfuhr, z. B. erkannte, wie alt die ägyptische war, desto mehr wuchsen die Schwierigkeiten, diese zwischen Erschaffung der Welt und Judentum irgendwo unterzubringen. Und dann die Indianer – waren sie mit Adam verwandt? Oder mit Noah?

Von allen Ecken her wurde die Tradition in Frage gestellt. Kirche und Obrigkeiten versuchten lange, sie mit Gewalt aufrechtzuerhalten. Sie wandten sich gegen die Ketzer,

---

639 Lenk, Ideologie, S. 63 –66. Zu den politischen Traktaten Massing, Demokratietheorien; W. Abendroth u. a. Hg.: John Locke, Zwei Abhandlungen über die Regierung, deutsch Frankfurt 1967.

gegen die Freidenker und zunehmend auch gegen die Anhänger von Magie, die ja durchaus noch zu finden waren. Und genauso oft, wie der Kampf gegen »Ketzer« zu Gewaltorgien ausuferte, so auch der Kampf gegen Zauberer und Hexen, gegen Menschen, die selbst magische Praktiken übten oder auch nur verdächtigt wurden; immerhin fiel dem Denunzianten ein Drittel oder gar die Hälfte des Vermögens des Denunzierten zu. Es war deutlich, das der obrigkeitliche Terror der zunehmenden Differenzierung nicht Einhalt gebieten und noch weniger die intellektuellen Probleme der Zeit lösen konnte. Zwang allein führt zum Zynismus, zur Bigotterie, verkehrt die eigentlichen Inhalte des Glaubens. Das war weniger ein Problem der Menge als vielmehr der Eliten – des Adels, der Kaufleute, der Universitätslehrer. Ohne intellektuelle Redlichkeit ist die Moral einer Elite nicht aufrechtzuerhalten, und eine Elite ohne Moral macht sich zu viele Feinde. Mit dem Scheiterhaufen kann die Inquisition erreichen, dass der Adlige – statt Montaigne zu lesen – z. B. am Sonntag zur Kirche geht. Wenn derselbe Adlige jedoch, weil er sich an Moral nicht mehr gebunden glaubt, am Montag darauf seine Leute sadistisch prügelt, macht er nicht nur sich selbst Feinde.

Die Aufgabe einer Restitution des Weltbildes[640] nahm René Descartes auf sich, aus einer wohlhabenden Familie, im Jesuitenkolleg erzogen, dann Offizier, zeitweise unter Tilly im Dreißigjährigen Krieg. Fast zwei Jahrzehnte lang zog er sich nach Holland zurück. 1637 erschien sein »Diskurs über die Methode, wie man den Verstand gut führt und in der Wissenschaft Wahrheit sucht.«[641]

Statt wie die Jesuiten den Gehorsam gegenüber der Lehre an den Anfang zu stellen – das Sacrificium intellectus – stellt Descartes den Zweifel an den Anfang; nur des Zweifels ist man sich wirklich sicher. »Nur weil ich zweifele, bin ich«, könnte man sein berühmtes »Cogito, ergo sum« vielleicht übersetzen. Von diesem radikalen Zweifel aus aber fasst er auch wieder Vertrauen, denn unter den Vorstellungen des eigenen Denkens findet Descartes die Idee von Gott. Diese Idee, so folgert er, kann nicht aus ihm selbst kommen, da sie eine vollkommene Realität meint – die Ursache der Gottesidee muss also Gott selbst sein. Gott aber, da es ihn also gibt, kann nicht anders als gütig gedacht werden, und dies wiederum heißt, dass er die Welt intelligibel, verständlich gemacht hat, denn sonst wäre er ja bösartig. Es kommt darauf an, die richtige Methode zu finden: Was man klar und deutlich – »clarus et distinctus« – erkennen und beschreiben kann, das ist auch vorhanden und wahr. Die vorzüglichste Methode, mit der man diese Klarheit erreichen kann, ist die Mathematik.

Von der äußeren Welt haben wir eine solche klare und deutliche Vorstellung. Die wesentliche Eigenschaft der äußeren Welt ist Ausdehnung, extensio. Die gesamte Schöpfung ist in kleinsten Körperchen organisiert, die alle miteinander in einer Art Maschine

---

640 Vgl. F. Borkenau: Der Übergang vom feudalen zum bürgerlichen Weltbild, Paris 1934 u.ö.
641 René Descartes: Abhandlung über die Methode des richtigen Vernunftgebrauchs, deutsch Stuttgart 1961.

verbunden sind, deren Bewegungen und Verhältnisse naturgesetzlich bestimmt sind. Gott braucht nicht mehr einzugreifen; Gott ist für Descartes – so sagt ein jesuitischer Gegner – nur noch der Uhrmacher, der das riesige Werk in Gang gesetzt hat. Die wesentlichste Eigenschaft Gottes ist das Denken, cogitatio, er hat keine Ausdehnung. Der Mensch ist gespalten, ist eine »res cogitans«, eine denkende Sache und fällt damit unter beide Bereiche.

Für Descartes zerfällt der Mensch also in zwei unterschiedliche Substanzen: Zweifeln und Denken, das keine Ausdehnung hat, und den Leib, der wie eine Maschine nach den Gesetzen der Natur verfährt. Mit den Leidenschaften seines Leibes hat der Mensch vernunftgemäß umzugehen: Man muss die Regeln kennen und berücksichtigen, gemäß denen Leidenschaften befriedigt werden können. Keinesfalls im asketischen Sinn – auch die Freuden, die der Körper gewährt, kann man annehmen, wenn man sich nur nach den Regeln vernünftigen Umgangs, den Regeln der »sagesse« verhält.

Nicht zuletzt bringt Descartes den Menschen in eine neue Position gegenüber der Natur. In der mittelalterlichen Philosophie sind Mensch, Tier und Pflanze zwar in einem Stufenbau gegliedert, aber doch als Geschöpfe Gott gegenüber gleich. Bei Descartes wird die Natur zum Objekt der »res cogitans«, zum Objekt, dessen Gesetze man erforschen muss, um sie vernunftgemäß für die eigenen Zwecke zu nutzen. Das Verhältnis zur Natur wird technisch.

Die Natur zu erkennen, sie verfügbar zu machen und vernünftig zu erklären – dies wird zum Impetus der französischen Forschung, die damals in der Akademie ein Zentrum bekommt. Zwar wird auch hier angewandte Forschung betrieben, werden z. B. Textilfarben erfunden, aber ihren Höhepunkt hat die französische Wissenschaft bei der Grundlagenforschung – der Wahrscheinlichkeitsrechnung, der Berechnung der Himmelskörper. Die Regelhaftigkeit des Universums bewies die Erkennbarkeit, die clara et distincta perceptio, die Gott ermöglicht hatte. Im Bild der Zeit ist das zusammengefasst in jenem Astronomen, der durch das Fernrohr das Weltall erforscht und in der Ferne Gott erkennt.

Nicht zuletzt aber kam die Beschreibung der Welt als ein geordnetes, umfassendes System den Erkenntnisinteressen absolutistischer Politiker entgegen. Descartes lebte zwar in Holland und er hätte in Frankreich auch gar nicht in solcher Ruhe zweifeln und nachdenken können, obgleich Holland ihm fremd blieb. Als sein System jedoch fertig war, als die Zusammenhänge deutlich wurden, da lud Richelieu ihn ein, nach Frankreich zu kommen, und eine andere Fürstin auf dem Weg zum Katholizismus, Königin Christine, lud ihn nach Schweden ein. Dort ist der Philosoph gestorben – das cartesianische System jedoch wurde zur intellektuellen Grundlage des aufgeklärten Absolutismus und der kontinentalen Aufklärung überhaupt. Dazu gehörte der erkenntnistheoretische Optimismus, die Betonung der Mathematik, die Deduktion von wenigen Sätzen aus. More geometrico – das wird die Grundforderung der französischen Aufklärung.

Die englische Aufklärung stellt dagegen stärker das Experiment ins Zentrum. Da niemand genau vorhersagen konnte, was dabei herauskam, bot der Empirismus wenig Sicherheiten für die Monarchie, aber ein angemessenes Konzept für eine breite und differenzierte Mittelschicht, wie sie bei den Seemächten vorhanden war. Allerdings musste für deren Sicherheit die Macht der Krone eingegrenzt werden – es ist die Rolle des Königs, so schrieb Spinoza 1670 in Holland, die Freiheit zu wahren, und – so fügte Locke 1688 in England hinzu – das Eigentum zu schützen. Mit der Hochschätzung des Experiments und der Sicherheit des Eigentums waren zwei Voraussetzungen dafür gegeben, dass England im 18. Jahrhundert ein Land der Entdeckungen wurde: Harvey fand den Blutkreislauf, Newton die Gravitationsgesetze, Arkwright erfand die Spinnmaschine, Watt die Dampfmaschine und Darby die Koksverhüttung.

In England wurden empirische Kenntnisse, die versprachen, die Macht der Menschen über die Natur zu erhöhen, nicht nur geschätzt, sondern über das Patentrecht auch bezahlt. Die Inquisition brauchte, zumindest nach dem Sturz der Stuarts, niemand zu befürchten. Die Vielfalt, die mangelnde Zuordnung der vereinzelten empirischen Kenntnisse wurde nicht als allzu schwerer Einwand empfunden in einer Gesellschaft, die auch selbst nicht allzu straff organisiert war und in der neben der Londoner Kaufmannschaft und der Gentry doch auch der Hochadel und die Kirche ihren Platz fanden. Es passt dazu, dass ein später Vertreter der Empiristen, John Locke, aufbauend auf Thomas Hobbes auch die politische Theorie der neuen Gesellschaft geschrieben hat. Locke ging davon aus, dass es keine natürliche Gewalt gab, die sozusagen von alters her Macht begründe. Die Gewalt des Monarchen und aller anderen staatlichen Institutionen beruhe auf dem Vertrag, den die im Naturzustand freien Menschen miteinander schließen, um dem Krieg aller gegen alle zu entkommen. Die Erfahrung der Kriege bringt die Menschen dazu, im Gesellschaftsvertrag Macht abzugeben, aber der Vertrag kann deshalb auch nur beschränkte Gültigkeit haben: Er kann keine absolute Macht legitimieren, weil dann der ursprüngliche Sinn, nämlich die Sicherung von Person und Eigentum, verloren gehen würde.[642] Immanuel Kant entwickelte gegen Hobbes, aber auch im Unterschied zu solchen Begründungen für Frieden aus Eigeninteresse das Konzept des Friedens als bürgerliche Pflicht.[643]

Es ist schon aus dieser groben Skizze deutlich, dass sowohl die Differenzierung der Religionen als auch die Herausbildung der verschiedenen Denkschulen durch die verschiedenen Gesellschaften innerhalb des Systems und ihre Geschichten geprägt sind. Es

---

642 Massing, Demkratietheorien; Locke, 11. Kap., § 134.
643 Immanuel Kant: Zum ewigen Frieden, in: K. v. Raumer Hg.: Ewiger Friede, München 1953. Zur Bedeutung der Gegenüberstellung Hobbes – Kant für die ideengeschichtliche Differenzierung zwischen Europa und den USA vgl. R. Kagan: Paradise and Power, New York 2003, S. 37 ff., 57 ff.; T. G. Ash: Free World, London 2004, S. 57.

ist auch deutlich, dass die Auflösung der religiösen und intellektuellen Einheit durch das System konfiguriert war; sie fand unter den Bedingungen des politischen Systems statt. Man kann, um das zu verdeutlichen, kontrafaktisch fragen, ob der Kaiser nach der Schlacht bei Mühlberg die Einheit der Kirche wiederhergestellt hätte, wenn Frankreich nicht gewesen wäre; oder ob der skeptische Humanismus überlebt hätte, wenn England nicht einen anderen politischen Weg gegangen wäre als das absolutistische Frankreich. Die Kernaussage bleibt: Auch die religiöse und die intellektuelle Entwicklung tragen die Spuren des Wettbewerbs im System. Die großen Entwürfe blieben die Sache des Kontinents, aber auch sie sind in intellektuellen Traditionen unterschiedlich konfiguriert. Welch weiter Weg liegt zwischen dem Gebrauch der Vernunft bei Montaigne, die dazu dienen soll, den Menschen zu einem maßvollen Genuss zu verhelfen, und der moralischen Wendung, in der Immanuel Kant es zur Frage des Mutes machte, »sich seines Verstandes zu bedienen«![644]

Am Abschluss der Geschichte der Frühen Neuzeit, schon als Antwort auf die Französische Revolution, steht der Entwurf von Hegel. Georg Friedrich Hegel brachte in sein Nachdenken über Geschichte das Konzept mit, »dass die Vernunft die Geschichte beherrscht, dass es also auch in der Weltgeschichte vernünftig zugegangen ist.« Zwar habe man die »Geschichte zu nehmen, wie sie ist«, aber »jeder bringt seine Kategorien mit und sieht durch sie das Vorhandene … Wer die Welt vernünftig ansieht, den sieht sie auch vernünftig an, beides ist in Wechselbestimmung.«[645] Der Forschungsgegenstand der Geschichte sei der Weltgeist, der über die Völker zu seinem Begriff komme. »Indem also das Volk sich ausgestaltet, seinen Zweck erreicht hat, schwindet sein tieferes Interesse. Der Volksgeist ist ein natürliches Individuum, als ein solches blüht es auf, ist stark, nimmt ab und stirbt« … »denn jedesmal das Volk ist an der Zeit und das regierende, das den höchsten Begriff des Geistes gefasst hat.«[646] Da die Weltgeschichte den »Stufengang der Entwicklung des Prinzips« darstelle, »dessen Gehalt das Bewußtsein der Freiheit ist«[647], kommt Hegel zu drei grundlegenden »Stufen«

- das orientalische Zeitalter, in dem einer frei ist (der orientalische Despot)
- das griechisch-römische Zeitalter, in dem einige frei sind, und
- das germanisch-christliche Zeitalter, in dem der »Mensch als Mensch« frei ist.

Hegel fasste einen Grundtypus europäischen Denkens über den »Rest der Welt« in ein eindringliches Geschichtsbild: Der Orient ist despotisch, wir (die Europäer) sind frei,

---

644 I. Kant: Sämtliche Werke, Hg. K. Rosenkranz, F. W. Sombart, VII. Teil, 1. Abteilung Leipzig 1838, S. 145–154 (Beantwortung der Frage: »Was ist Aufklärung?« 1784).
645 G. W. F. Hegel: Die Vernunft in der Geschichte, Einleitung in die Philosophie der Weltgeschichte, Hg. G. Lasson, Leipzig 1930, S. 7.
646 Ebd., S. 45.
647 Ebd., S. 135.

aber einige europäische Völker sind noch freier als die anderen, weil sie bei der »Arbeit des Geistes, wie er zur Erkenntnis dessen gekommen, was er ist«, einen besonderen Anteil gehabt, »Epoche gemacht« haben.[648]

Hegel setzt an die Stelle Gottes im alten Glauben den Weltgeist, der in der Arbeit der Völker und ihrer Staaten zur Erkenntnis dessen kommt, was er ist. Dieses Konzept ist im Säkularen immanent, überschreitet, transzendiert das Säkulare aber mit Hilfe eines intellektuellen Konstrukts, das sich der Nachprüfung entzieht. Die Wirkung Hegels insbesondere in den halbperipheren Gebieten Europas spiegelt diesen Doppelcharakter gut wider – Preußen, Spanien, Russland –, sie alle suchten nach einem großen Entwurf, nach einer Legitimation für die Anstrengungen einer nachholenden Industrialisierung, aber der Entwurf musste weltimmanent sein. Hegels Konzept des Volkes, das den höchsten Begriff des Geistes gefasst hat und nun seine historische Rolle spielt, schien ein solche Legitimation zu bieten. Aber es war kein wissenschaftliches Konzept, es hatte den Skeptizismus und die Suche nach empirischen Beweisen sozusagen nicht nötig.

Das galt erst recht für das Bild vom Orient, das Hegel transportierte. Es war ein Bild, das von Empirie fast frei war; das ein Wunschbild der Europäer (und hier wieder besonders der Deutschen, die außerhalb einiger Gelehrtenstuben ja wenig von Asien kannten) in eine gedachte Ewigkeit des Geistes hypostasierte.[649]

China

Das Ausgangsproblem der europäischen Ideengeschichte der Frühen Neuzeit – wie gehe ich mit dem Anspruch der Offenbarungsreligion um, Aussagen über Gott und die Welt zu machen, ohne sie in der Erfahrung zu begründen, wie verteidige ich meinen Verstand gegen die Forderung, etwas glauben zu sollen, obgleich es absurd ist –, dieses ganze Problem stellte sich in China nicht, da der Konfuzianismus keine Offenbarungsreligion ist.

China faszinierte die europäischen Intellektuellen, z. B. Leibniz.[650] Das fing mit den Waren an – das feine Porzellan, die Seide – und ging mit der Struktur des Landes weiter. China (s. Kapitel 3) wurde ja von einer gelehrten Bürokratie regiert, welche die Ränge untereinander nach akademischen Prüfungen festlegte. China war also ein großes, kulturell und technisch fortgeschrittenes Land ohne Geburtsadel (sah man von den Mandschu ab), ein Staat, in dem Herrschaft auf Leistung beruhte. Erst langsam wurde deutlich, dass auch diese bürokratische Gesellschaft, in der, wenn nicht die Regierung, so

---

648 Ebd., S. 163.
649 Zur Kritik Said; zuletzt Frank, Re-Orient
650 Vgl. zum Chinabild J. Osterhammel, Die Entzauberung Asiens, München 1988.

doch die Verwaltung in den Händen von Intellektuellen lag, ihre Schwächen hatte. Aus der ersten begeisterten Kenntnisnahme, die ja weitgehend auf Unkenntnis beruhte und nur sehr grobe Linien vermittelte, wurde Entzauberung und wurde schließlich ein Gegenbild: China als »orientalische«, statische Despotie. Wie sah es im Einzelnen aus, hier also in der Geistesgeschichte?

Der Konfuzianismus war immer eine der und meist die Hauptreligionslehre in China. Aber er war eben keine Offenbarungsreligion. Konfuzius (551–478 v. u. Z.) behauptete nicht, eine besondere Nachricht von Gott erhalten, sondern sich ihm in Selbstvervollkommnung genähert zu haben. Er legte in mehreren Büchern vor allem eine Sittenlehre nieder – das Wohl des Staates hängt danach von der Selbstvervollkommnung des Einzelnen ab, der sich selbst zu einem gerechten Wesen erziehen muss und als höchste Pflicht die Pietät gegen Eltern und Vorgesetzte hat.

Das Ausgangsproblem des Sacrificium intellectus gab es im Konfuzianismus also nicht; stimmte man mit den Lehren des Meisters nicht überein, dann konnte man Taoist, Buddhist oder Muslim werden und lange Zeit hindurch auch Christ – bis zum Ende des Mittelalters gab es in China nestorianische Christen sowie übrigens auch Juden; weiterhin gab es andere Religionen, z. B. Verehrung einer Muttergottheit.[651] Der Konfuzianismus blieb jedoch religiöse Hauptlehre. Im 16. und 17. Jahrhundert,[652] in der Spätzeit der Ming-Regierung, wuchsen Reformbewegungen, die eine moralische Erneuerung der chinesischen Gesellschaft forderten. Sie kritisierten, dass das System der Prüfungen immer formelhafter geworden war und nur noch Söhne aus Mandarin-Familien in der Schul- und Verwaltungslaufbahn Erfolg hatten, dass die Mandarine sozusagen durch Vererbung von Prüfungswissen eine erbliche Position erreicht hatten.

In China entstanden Erneuerungsbewegungen[653] wie die Taizhou-Schule des Neo-Konfuzianismus,[654] welche die Gleichheit der Menschen fördern wollten und ein breites Bildungssystem aufbauten, das auch Bauern, Holzfäller, Töpfer und Männer aus anderen, wenig angesehenen Berufen zu Lesungen einlud und ihnen Schreibkurse anbot. Getragen wurde die Bewegung von Kaufleuten und Beamten am mittleren Yangtse. Eine andere Reformbewegung gründete im 16. Jahrhundert an vielen Orten des Landes Akademien, deren berühmteste die Donglin-Akademie war. Die Lehrer forderten ein Ende der Korruption und die Selbstreinigung der Individuen durch Selbstprüfung. Die Donglin-Akademie rief sogar zu einer Art moralischem Kreuzzug gegen die Ming-Regierung auf, was 1625/26 zur Schließung führte. Eine neue wurde gegründet, die ebenfalls Bildung auch für die Armen forderte und wieder Schreibkurse und Lesungen anbot. Die

---

651 R. Shek: The alternative moral universe of religious dissenters in Ming-Quing China, in: Tracy, Religion.
652 Goldstone, Revolution, S. 387 ff.
653 Vgl. zu anderen R. Taylor: Spirits of the Penumbra, in: Tracy, Religion.
654 W. T. deBary: The Unfolding of Neo-Confucianism, New York 1975; H. Zurndorfer, Confusing Confucianism with Capitalism, Paper GEHN-Workshop Konstanz 2004.

Mandschu haben diesen Reformbewegungen auch dadurch den sozialreformerischen Impetus genommen, dass sie die Stellung der Mandarine privilegierten und zugleich über Zensur darauf achteten, dass keine kritische Literatur entstand.

Die Auseinandersetzung mit dem Offenbarungsanspruch konnte in China nicht zur Achse der intellektuellen Entwicklung werden, da keine Offenbarung eine herrschende Stellung beanspruchte. Es gab aber auch in China im 16. Jahrhundert eine Bewegung, die man »zurück zum reinen Konfuzius« nennen kann; sie führte aber nicht zum Sieg in einzelnen Territorien (die in China ja durchaus die Größe europäischer Königreiche hätten haben können), sondern im Kontext der Eroberung durch die Mandschu zu einer imperialen Dämpfung durch sozialen Aufstieg von Trägern und Zensur von Abweichenden.

Die intellektuelle Energie des Imperiums wurde unter diesen Umständen im 18. Jahrhundert einer breiten enzyklopädischen Sammelbewegung zugewandt. Technisch auf der Grundlage des Blocksatzes[655] erschien ein riesiger Korpus von Literatur: 260 Bände Provinzialstatistiken des Landes unter den späten Ming, viele Bände einer Sammlung allen in China verfügbaren Wissens (erschien 1710), eine Anthologie der chinesischen Literatur in 1.628 Bänden (erschien 1725) und nicht zuletzt das große Wörterbuch der chinesischen Sprache in 130 Bänden, das unter Kaiser Hang Hsi ebenfalls am Anfang des 18. Jahrhunderts fertiggestellt wurde, vergleichbar dem Grimmschen Wörterbuch der deutschen Sprache, das seit 1852 erscheint. In China scheinen im 18. Jahrhundert weniger technische Erfindungen gemacht worden zu sein, als im Westen des Großkontinents. Jahrhundertelang hatte China die Welt auf dem Gebiet der technischen Erfindungen angeführt (vgl. Kapitel 3); vielleicht machte es jetzt eine Pause.

Das Bild des Fremden

Der Westen und der Osten des Großkontinents hatten über die Jahrtausende hinweg meist einige Kenntnisse voneinander, aber sie waren eingeschränkt und oft zufällig. In der Frühen Neuzeit wurden diese Kenntnisse vermehrt und gesammelt, auf beiden Seiten. Zugleich wurden die Bilder voneinander verändert und erweitert, aber auch den intellektuellen Bedürfnissen untergeordnet – man verschärfte sie zum Feindbild oder überhöhte sie zum Ideal, das man der eigenen Gesellschaft vorhielt. Die Veränderungen des Chinabildes bilden einen Fall; einen anderen bot Persien. Schah Abbas I. (1588–1626) wurde nach der Eroberung Georgiens und dem Tod von Königin Katharina durch Andreas Gryphius als Symbol des schurkischen Tyrannen, als »Bluthund«[656] bezeichnet.

---

655 Vgl. Mitterauer in: Grandner/Komlosy, Weltgeist.
656 Andreas Gryphius, Catharina von Georgien (1647?), Hg. A. M. Haas, Stuttgart 1975, S. 65. Vgl. zur nationalen Mythologie Georgiens Roin Metreveli, Georgia, englisch Nashville/Tennessee 1995.

Der Schah – der Bündnispartner gegen das Osmanische Imperium suchte – hatte Westeuropäer eingeladen, und es gab viele Berichte, die den Glanz des frühen Safawidenreiches herausstellten, auch seine Toleranz gegenüber orientalischen Christen und Juden. Dieses positive Bild wurde für Charles-Louis de Montesquieu zum Ausgangspunkt der Selbstkritik – 1721 publizierte er anonym die »lettres Persanes«, die er als Briefe von zwei Persern ausgab, die durch Frankreich reisten und sich über die französischen Sitten wunderten.

War die Leitlinie Montesquieus der Verweis auf die hohe, aufgeklärte Kultur asiatischer Länder zur Kritik des einheimischen französischen Absolutismus, so änderte sich das Bild des Fremden nach Rousseaus Kritik am Fortschritt. Er hatte 1750 die Frage der Akademie von Dijon, ob der Fortschritt der Kultur die Menschheit gebessert habe, eindeutig verneint: Nur im Urzustand seien die Menschen glücklich, frei, unschuldig und tugendhaft gewesen. Rousseau plädierte nicht dafür, zur Natur zurückzukehren, sondern dafür, sich an diesen Urzustand zu erinnern, um diese Tugenden zu pflegen.

Diese Wendung erlaubte es, auch die an den Peripherien unterworfenen Völker, die keine Hochkulturen entwickelt hatten, mit anderen Augen zu sehen. Christoph Seume, der als hessischer Soldat gegen die 13 Kolonien in Amerika kämpfen musste, hatte alle Gründe, die Indianer für menschlicher zu halten als seinen Landesherrn, der ihn an die Briten verkauft hatte. Er beschreibt, wie ein Hurone einen deutschen Siedler bei einem Unwetter um Obdach bittet und abgewiesen wird. Als der Siedler sich bei einer Jagd verirrt und seinerseits einen Indianer im Obdach bittet, teilt dieser mit ihm das Essen und begleitet ihn zu seinem Haus zurück. Erst an der Haustür erkennt der Siedler den Huronen und stammelt Entschuldigungen, auf die der Indianer antwortet:

> »Seht, ihr fremden, klugen, weißen Leute
> Seht, wir Wilden sind doch bessre Menschen!
> Und er schlug sich seitwärts in die Büsche.«[657]

Die berühmteste Darstellung des »edlen Wilden« findet sich dann bei James Fennymore Cooper, auch wenn bei ihm die Gegner der Huronen, die Mohikaner, den Stoff für die Helden bieten.

Zum Ende des Jahrhunderts entsteht so ein Interesse an den Unterlegenen. Man wird einschränken müssen, dass dieses Interesse der Intellektuellen einen pädagogischen Hintergrund hatte, dass das Bild vom edlen Wilden eingesetzt wird, um gegen die Vereinzelung und die Selbstsucht zu argumentieren – so wie die Bilder der chinesischen und persischen Kultur eingesetzt wurden, um das Selbstbild von Europa als dem einzigen Träger fortschrittlichen Denkens zu hinterfragen. Es bleibt aber doch bestehen, dass man in Eu-

---

657 Zitiert nach Theye, Wir …, S. 190 ff.

ropa begann, die Folgen der Expansion wahrzunehmen. Das konnte mit dem Ziel geschehen, der eigenen Kultur im Fremdbild einen Spiegel vorzuhalten, oder mit dem Ziel, die Abgrenzungen zu verschärfen und das Visier herunterzulassen, nur ganz ohne Fakten kamen diese Bilder immer weniger aus.

Johann Gottfried Herder übertrug das Modell des edlen Wilden auf die Verhältnisse innerhalb Europas und beschrieb die von Deutschen unterworfenen Slawen als »fleissige und glückliche Völker«, erinnerte daran, dass die Araber Europa die Wissenschaften vermittelt haben und plädierte dafür, auch die Stärken der Türken zu sehen: »… die ganze Cultur des nord-ost und westlichen Europa ist ein Gewächs aus römisch-griechisch-arabischen Samen. Lange Zeit brauchte das Gewächs, ehe es auf diesem Boden nur gedeihen und endlich eigene, anfangs sehr saure Früchte bringen konnte; ja auch hierzu war ein sonderbares Vehikel, eine fremde Religion nöthig …«.[658]

Der lutherische Generalsuperintendent in Weimar findet eine gute Bezeichnung für das Ende der Geschichte von Religion und Geist im Christentum während der Frühen Neuzeit: Das Christentum selbst wird als »sonderbares Vehikel« und »fremde Religion« erst einmal als äußerlich entgegengesetzt gesehen. Die Kritik an der europäischen Expansion ist bei ihm deutlich: »Keines von diesen Ländern (China und Indien) hat andere Welten aufgesucht, um sie als Postament seiner Größe zu gebrauchen oder durch ihren Überfluss sich Gift zu bereiten; jedes nutzt, was es hat und ist sich selbst genüglich … Unsere Staatskörper sind also Tiere, die unersättlich sind am Fremden, Gutes und Böses, Gewürze und Gift, Kaffee und Tee, Silber und Gold verschlingen und in einem hohen Fieberzustande viel angestrengte Lebhaftigkeit beweisen; jene Länder rechnen auf ihren inwendigen Kreislauf; ein langsames Leben wie das der Murmeltiere, das aber eben deswegen lange gedauert hat und noch lange dauern kann, wenn nicht äußere Umstände das schlafende Tier tödten …«.[659]

Aber: Die These vom langsamen Leben der orientalischen Reiche, die bei dem machtkritischen Herder die lutherische Kritik an Ruhmsucht und Drogenkonsum unterstützte, war doch dieselbe These, die dem machtbesessenen Preußen Hegel dazu diente, Asien auf eine frühe, despotische Stufe der Entwicklung festzuschreiben. Von der Brauchbarkeit des wirkungsmächtigsten Konzepts in Herders Schriften, dem Konzept des organischen Wachstums der Völker, für die wichtigste Ideologie des 19. Jahrhunderts, den Nationalismus, noch ganz zu schweigen.

---

658 Johann Gottfried Herder, Ideen zur Philosophie der Geschichte der Menschheit (1784–1791), in: J. G. v. Müller Hg.: Sämtliche Werke, Stuttgart 1853, 30. Band, S. 24, S. 34.
659 Ebd. Band 28, S. 38.

Zusammenfassung

Die hier erzählte Geistesgeschichte lässt sich vielleicht so zusammenfassen: Mosaismus, Christenheit und Islam waren intellektuell durch den Anspruch der Offenbarungsreligion gefangen, die entscheidende und grundlegende Wahrheit schon vor allem Nachdenken, vor aller Empirie als Wort Gottes zu besitzen. In der Christenheit misslang der Versuch einer kleinen Oberschicht, sich während der Renaissance durch Betonung säkularer (antiker) Themen und Stoffe von diesem Zwang zu befreien, weil die (meisten) Protagonisten selbst durch die Angst vor dem Tod und die Sorge um die Gnade Gottes geprägt waren. Die Reformation bot eine individualistische Lösung des Glaubensproblems – die in der Gesellschaft aber nur realisiert wurde, indem innerer und äußerer Mensch einander gegenübergestellt wurden und man von Letzterem Gehorsam gegen die Obrigkeit forderte. Darin kam zum Ausdruck, dass die Reformation nur partikular durchgesetzt werden konnte – der Konkurrenzcharakter des politischen Systems war Voraussetzung dafür, dass sie nicht als Häresie von der lateinischen Kirche ausgelöscht wurde.

Eine Wiedervereinigung der Kirche schien bei einem Sieg des Kaisers im Dreißigjährigen Krieg nicht ausgeschlossen; ein Sieg wurde aber durch das Eingreifen Schwedens und Frankreichs verhindert. Die Konfessionskriege allgemein und der Dreißigjährige im Besonderen umfassten die gesamte Christenheit von Spanien bis Schweden und – durch den Angriff Russlands auf Polen im Bündnis mit Schweden 1633 – sogar das orthodoxe Russland. Der Sieg des katholischen Frankreich über Spanien und den Kaiser zeigte nicht nur die Säkularisierung des politischen Systems, sondern förderte auch eine spezifische, territorial organisierte Form von religiöser Toleranz, auch wenn viele katholische Mächte sich ihr bis ins 18. Jahrhundert entzogen.

Die Konfessionskriege des 16. und 17. Jahrhunderts ernüchterten die intellektuellen Eliten, die – vor allem in England und Holland – entschieden daran gingen, den Einfluss der Kirchen einzugrenzen. Diese Eliten okkupierten die Lichtsymbolik des Glaubens und verkündeten die zunehmende Säkularisierung von Wissenschaft und Philosophie als Aufklärung. Die Entscheidung über Glaubensfragen sollte dabei zur Privatsache werden, die Landeskirchen verschiedenster Art blieben aber nicht nur bestehen, sondern wurden ausgebaut. Für die absolutistischen Staaten formulierte Descartes ein Programm der Aufklärung, das auf der Trennung von Materie und Denken beruhte.

Bei aller Unterschiedlichkeit war aber die Gesamtbewegung der europäischen Gesellschaften durch Säkularisierung, durch Betonung des (Inner-)Weltlichen gegenüber dem Ewigen geprägt. Auch Säkularisierung war jedoch nicht ein unabwendbares Schicksal. In den USA hat, bei aller frühen Übernahme der Konzepte und sogar der Baustile der Aufklärung,[660] in der politischen Form einer strengen Trennung von Kirche und Staat und

---

660 P. Dukes: The Superpowers, London 2000, S. 11–29.

ausschließlich auf Grund des individuellen Engagements der Gläubigen in ihren Gemeinden, viel mehr prägende Religiosität fortbestanden als in Europa, so dass am Ende des 20. Jahrhunderts eine Renaissance der Religion auch in der Politik möglich wurde, die fragen lässt, ob die Säkularisierung nicht auf Europa beschränkt wird – oder schon ist.[661]

In der islamischen Welt kam es in der Frühen Neuzeit nicht zu einer allgemeinen Politik von Säkularisierung und Aufklärung. Die Durchsetzung der Schia im Persien der Safawiden erschütterte den Islam nicht im gleichen Ausmaß wie der Protestantismus den Westen, und es kam nicht zu Konfessionskriegen, welche die gesamte Welt des Islam von Marokko bis zum Mogulreich einbezogen. Es gab auch nicht jene moralischen Erschütterungen, die in der Christenheit Voraussetzung für die Wendung zur Säkularisierung und Individualisierung waren. Toleranz war nicht das Hauptproblem der muslimischen Gesellschaften, die sich vielmehr meist (nicht ohne Ausnahmen) an die Regel hielten, dass die Anhänger anderer Buchreligionen geduldet werden sollten. Aufklärerische Arbeit von Gelehrten blieb also ein Alltagsgeschäft, das nicht mit jenem moralischen Anspruch getan wurde, wie ihn die Aufklärer in der Christenheit vor sich her trugen. Anders als in der Christenheit wurde die Offenbarungsreligion nicht in Frage gestellt (dass der Jude Spinoza schon im 17. Jahrhundert deistische Positionen vertrat, blieb ja auch im Westen vereinzelt). Die islamische Welt nahm entsprechend auch keinen Anteil an der religiös (oder antireligiös) überhöhten Begeisterung, mit der in der Christenheit (die nun und hier zu Europa wurde) vom 17. und besonders vom 18. Jahrhundert an geforscht wurde, war nicht Teil jenes asketischen Wissenschaftsethos, das Christen an ihre Abwendung vom Christentum wandten. Und war auch nicht Teil jener Wissenschaftsbegeisterung, die Europa von nun an prägte.

Selbstverständlich gab es auch keine Aufklärung als Politik der Intellektuellen gegen die Kirchen in Kulturen, in denen Aufklärung als normale Arbeit von Gelehrten und Schriftstellern zumindest nicht an die von einer Offenbarungsreligion gesetzten Grenzen stieß, obgleich fraglos auch in China und Japan vielfältige Einschränkungen und Tabus für selbstständiges und kritisches Denken und Forschen bestanden, z. B. in der Zensur der Mandschu oder den Fünfergruppen Japans.

---

661 H. Lehmann: Säkularisierung. Der europäische Sonderweg in Sachen Religion, Göttingen 2004.

Wehe Italien, knechtisch Land des Elends,
ein steuerloses Schiff bist Du im Sturm,
ein offnes Haus und keine Herrscherin!
Dante Alighieri[662]

Kapitel 14

Das Europäische Konzert und die Schaffung der Nationen

Der Übergang vom europäischen System des Mittelalters zu dem der Moderne war langsam und graduell, wie etwa der Rückgriff auf die Institution des Kreuzzugs in der Heiligen Liga gegen das Osmanische Reich 1683 zeigte.[663] Aber im Verlauf der drei Jahrhunderte vom Vertrag von Tordesillas 1493 bis zum Wiener Kongress 1815 wird die Struktur des Systems präzisiert und verändert; es wird zum Konzert der Mächte.[664] Die Veränderungen kann man als

- Institutionalisierung
- Professionalisierung und
- Systematisierung

der internationalen Beziehungen[665] in Europa und dem von Europa abhängigen Teil der Welt kennzeichnen.

Institutionalisierung

Schon im Mittelalter gab es Bündnisse zwischen Dynastien und Königreichen, die das Gesamtgefüge der Mächte der Christenheit betrafen.[666] So etwa zu Beginn des 13. Jahr-

---

662 Dante Alighieri: Die Göttliche Komödie, Fegefeuer, 6. Gesang; Deutsch von Karl Vossler, Neuausgabe Stuttgart 1977, S. 196. Für Dante war das Bekenntnis zu Italien kein Widerspruch zur Treue zum Kaiser, auch wenn dieser aus Deutschland kam.
663 Zur Kontinuität Kleinschmidt, Beziehungen, S. 23–63.
664 L. von Ranke: Die Großen Mächte (1833), Neuausgabe Göttingen 1954; L. Dehio: Gleichgewicht oder Hegemonie? (1948) Neuausgabe Darmstadt 1996; P. Kennedy: The Rise and Fall of the Great Powers, New York 1987; deutsch Frankfurt 1991.
665 Vgl. vor allem Duchhardt, Handbuch.
666 Vgl. Kapitel 6.

hunderts das Bündnis Staufer – Frankreich gegen Welfen – England. Man sandte Botschafter und verabredete sich (vgl. Kapitel 5).

In der Frühen Neuzeit entstanden Gesandtenkongresse, auf denen die Friedensbedingungen ausgehandelt wurden. Das konnte lange dauern, z. B. verhandelte man zehn Jahre lang über das Ende des (schließlich) Dreißigjährigen Krieges – und noch dazu an zwei Orten, in Münster und Osnabrück. 1668 tagte der Reichstag ununterbrochen in Regensburg, und da fast alle großen Mächte vertreten waren, bildete der »Immerwährende Reichstag« eine Nachrichtenbörse und ein Verhandlungsgremium. Von den Gliedern des Reiches konnten Habsburg und (anfangs mit großen Abstrichen) Brandenburg als große Mächte gelten; aber Schweden war durch seine 1648 zugesprochenen Länder, Spanien durch die spanischen Niederlande vertreten und Dänemark nicht nur über Holstein, sondern auch über Oldenburg. Später kamen über die hannöversche Erbfolge England, über die Wahl des Kurfürsten von Sachsen zum König Polen und fast am Ende des 18. Jahrhunderts über die Erbschaft der Herrschaft Jever sogar Russland hinzu. Frankreich als Garant des Westfälischen Friedens und die Kurie unterhielten Gesandte.

Der Westfälische Friede bildete eine Epoche, einen Wendepunkt[667] besonders in der angelsächsischen Welt, weil sich in ihm die Mächte des neuen europäischen Systems für ein lange Phase durchsetzten und weil das System mit immer weniger Rekurs auf universalistische Positionen nach den Kriterien der Machtpolitik zwischen souveränen Staaten funktionierte. Das System des Gleichgewichts, der Balance of power, welches das 18. Jahrhundert prägte,[668] ist nach Meinung einiger Autoren erst in der Gegenwart zu Ende gegangen, weil die USA offen die Veränderung der Binnenstrukturen anderer Staaten nach amerikanischem Bilde fordern, also Souveränität nicht als Grundlage internationaler Politik akzeptieren – so wie auch umgekehrt die globalen Terroristen keine nationale Souveränität akzeptieren.[669] Diese Begründung von 1648 als Epoche ist allerdings wenig überzeugend: Russland hat – wenn auch in verquerer Weise – die ständischen Verfassungen in Polen und Schweden gestützt, um die Vorteile des eigenen Absolutismus besser zum Tragen zu bringen, und Frankreich verteidigte nicht nur in der Schlussphase des Dreißigjährigen Krieges die »Libertät« der deutschen Fürsten gegen den Kaiser. Und das revolutionäre Frankreich förderte demokratische Verfassungen von Neapel bis Mainz, die dann in der napoleonischen Periode Departements oder Sekundogenituren des Hauses Bonaparte wurden. Die Differenz lag eher in der Asymmetrie der Macht – sie war im 18. Jahrhundert bei weitem nicht so überwältigend wie im 21.

---

667 Kleinschmidt, Beziehungen, S. 127 ff.
668 H. Duchhardt: Balance of Power und Pentarchie = Duchhardt, Handbuch Bd. 4.
669 R. Kagan: Paradise to Power, New York 2003, S. 138 ff.; abgewogener T. G. Ash: Free World, London 2004, S. 184.

Reichten die Kontakte im Reichstag nicht aus, dann organisierte man eben Konferenzen. Das säkulare Europa, in welches sich die Christenheit wandelte, war ein »Kommunikationsraum«, in dem man dauernd Kriege gegeneinander führte, aber auch miteinander konferierte, dieselben Bücher las etc.[670]

Professionalisierung

Im 16. Jahrhundert sandte man hochadlige Gesandte wie etwa den Freiherrn von Herberstein zu Fürsten, mit denen etwas zu verhandeln war – wie eine Hochzeit, ein Friedensschluss oder ein Bündnis. Solche Gesandtschaften waren oft teuer, da sie über 100 Leute umfassen konnten, vom Kanzler über den Schreiber bis zum Lakaien. Oft waren das auch Handelsgesandtschaften – die Gesandten erhielten keine festen Summen, sondern man erwartete von ihnen, dass sie als Lehensleute für ihre Herren Dienste taten. Sie erhielten aber oft Zollfreiheit für das, was sie mit sich führten, und sie nahmen selbstverständlich Geschenke. Man hätte es seltsam gefunden, wenn jemand ein Geschenk abgelehnt hätte – übrigens erwartete man von den Gesandten ja auch umgekehrt, dass sie Geschenke mitbrachten.

Zunehmend werden aber jeweils in den Hauptstädten der anderen Mächte im System Residenten, ständige Gesandte, eingesetzt. Langsam entstand der Berufsstand des Diplomaten, wobei zunehmend studierte Leute den Adligen an die Seite traten oder sie sogar ersetzten. Der Rang dieser Leute war oft »Rat«, studiert hatten sie meist die Rechte, und viele von ihnen erhielten von ihrem Landesherrn einen Adelstitel wie z. B. von Müller.

Zur Professionalisierung gehörte die Entwicklung des Völkerrechts. Sein wichtigster Vordenker wurde der vor radikalen Reformierten aus Holland nach Frankreich geflohene Jurist Hugo Grotius mit seinem 1625 erschienenen Buch »Über Krieg und Frieden nach dem Recht«. Er hielt die Gültigkeit des Naturrechts für ein Gebot der Vernunft und stellte das von den Völkern geschaffene Recht »ius gentium« als eigenen Bereich daneben. Zu seinen bekannten Rechtssätzen gehört, dass das Meer frei sei. Grotius übernahm auch die antike Definition, dass nur derjenige ein Kriegsfeind sein kann, der einen öffentlichen Beschluss über Krieg und Frieden trifft, weil man auch nur mit ihm Frieden schließen kann. Kriegführende aus Gesellschaften ohne diesen Grad an Verfasstheit, so zitiert er, sind Straßenräuber und Diebe.[671]

Der Friede von Münster und Osnabrück 1648 gilt als Abschluss dieses Vorgangs der Professionalisierung von Außenpolitik, weil alle Wahrheits- und Glaubensfragen explizit ausgeklammert wurden und das Prinzip der Konsensbildung der Staaten an die Stelle der

---

670 Kleinschmidt, Beziehungen, S. 12.
671 Textauszug Heer, Dokumente, S. 94–99.

Berufung der christlichen Gemeinschaft trat. Die Zahl der Akteure im Konzert wurde vervielfältigt, da alle deutschen Reichsstände das Recht zu eigener Außenpolitik erhielten.

Systematisierung

Zunehmend wurden alle Interessen der Staaten systematisch wahrgenommen. Es ging immer weniger »nur« um Titel, Heiraten und vielleicht Grenzprovinzen. Es ging um Fragen des Fiskus, um ökonomische und strategische Ziele, um Fragen der Opposition im anderen Lande, um Personalinteressen und religiöse Toleranz für Religionsverwandte. Und immer noch um Titel, Heiraten und Grenzprovinzen.

Nimmt man das Beispiel des Endes des Nordischen Krieges zwischen Schweden einerseits und Dänemark, Sachsen, Polen und Russland andererseits, fällt auf, wie lange der Krieg sich noch hinzog, auch nachdem die strategische Entscheidung in der Schlacht bei Poltava 1709 insofern gefallen war, als Schweden nie wieder eine Armee von der Schlagkraft aufstellen konnte, wie sie in der Ukraine verloren gegangen war.[672] Auch nachdem Russland 1710 das Baltikum erobert hatte, schloss Schweden keinen Frieden, weil es hoffen konnte, mit diplomatischen Mitteln seine Position zu stärken. Es waren ja sehr viele Interessen im Spiel, allen voran das französische Interesse an der nordischen Macht als zweiter Garantiemacht des Westfälischen Friedens und die Hoffnung, Frankreich werde nach dem Ende des Spanischen Erbfolgekrieges seinen alten Bundesgenossen unterstützen. England sah sein Interesse darin, dass niemand den Ostseehandel mit Marinebedarfsgütern monopolisieren solle und ließ deshalb eine Flotte in der Ostsee patrouillieren, wodurch Russlands Bewegungsfähigkeit eingeschränkt wurde. Dann waren da die Interessen der norddeutschen Mächte an schwedischen Besitzungen im Reich – Brandenburg an der Odermündung, Mecklenburg am Hafen Wismar und Hannover am »nassen Dreieck« zwischen Elb- und Wesermündung. Der Kaiser, der Schweden vor der Niederlage Privilegien für die schlesischen Protestanten hatte zugestehen müssen, wollte verhindern, dass Russland sich über die Verbindung nach Mecklenburg auf Dauer im Reich festsetzte. Dänemark hätte gern Schonen zurückerobert.

Derweil hielt Russland das Baltikum, baute an der Newamündung seine neue Hauptstadt und besetzte 1714 auch Finnland. Einige Zeit lang versuchten Schweden und Russland, zu einem Ausgleich untereinander zu kommen – Schweden könne Großmacht bleiben, wenn es auf Kosten Dänemarks nach Westen »verlagert« würde. Allerdings wurde der schwedische König beim Angriff auf Norwegen erschossen, so dass dieser Plan ins

---

672 R. Wittram: Peter I. Czar und Kaiser, 2 Bde. Göttingen 1964; W. Mediger: Mecklenburg, Russland und England-Hannover, 2 Bde., Hildesheim 1967; L. Hughes: Russia in the Age of Peter the Great, New Haven 1998.

Wasser fiel – und der schwedische Rat, der ihn mit Russland verhandelt hatte, wurde in Stockholm zum Tode verurteilt. Und die norddeutschen Mächte schlossen eine nach der anderen Sonderfrieden mit Schweden – ihre Kriegsziele hatten sie erreicht.

So blieb Schweden, durch russische Wüstungsfeldzüge erschöpft, schließlich doch nichts übrig als den Verlust des Baltikums und der Newamündung anzuerkennen. Der Friedensschluss betraf aber viel mehr Punkte: Schweden erhielt Geld, es behielt das Recht, für den Nahrungsbedarf besonders von Stockholm im Baltikum zollfrei Getreide zu kaufen, die Autonomie des baltischen Adels, der Städte und der Gilden wird zugesichert und der Zar verpflichtet sich, »keinerlei Nötigung in Glaubenssachen« einzuführen, also die lutherische Kirche nicht infrage zu stellen. Dafür erhielt das Königreich Finnland zurück.

Wieder hatten die Räte auf beiden Seiten die Möglichkeiten ausgehandelt. Gewiss: das Militär war entscheidend. Aber die politischen Institutionen gewannen an Gewicht – und sie waren eben viel billiger.

Mitglieder

Zuerst einmal: Wer war nicht Mitglied im System, das zunehmend als Konzert bezeichnet wurde? Die Außengrenze bildete in der gesamten Frühen Neuzeit, wie schon im Mittelalter, die Zugehörigkeit zur Christenheit. Die symbolische Landkarte von Johannes Putsch (Basel 1544), die Europa als Frau und Spanien als ihr Haupt darstellt, umfasst auch die orthodoxen Länder bis zur Grenze am Don – wenn auch als unterste, dienende Teile.[673] Im 16. und 17. Jahrhundert gab es in protestantischen Ländern einen gelehrten Disput darüber, ob man Russland als christliches Land ansehen könne; die Kurie wusste von vornherein besser, dass die schismatische Orthodoxie ihr dogmatisch und strukturell näher stand als die protestantische Ketzerei.[674] Christentum als Außengrenze hieß nicht, dass christliche Mächte nicht, den Regeln der Staatsräson folgend, Bündnisse mit muslimischen Mächten schlossen – es gab häufig Bündnisse zwischen Frankreich und dem Osmanischen Reich, und der Kaiser suchte Bündnisse mit Persien. Aber auch wenn Frankreich Gesandte an der Pforte unterhielt – die Pforte unterhielt keine in Paris. Man war zu Bündnissen bereit, aber nicht zu dauerhafter Einbindung. Erst nach dem Krimkrieg erklärte der Friede von Paris 1856 »die Pforte für zugelassen, an den Vorteilen des allgemeinen Rechts und des Europäischen Konzerts teilzunehmen ...«.[675]

---

673 Kleinschmidt, Beziehungen, S. 108.
674 Vgl. H.-H. Nolte: Religiöse Toleranz in Russland, Göttingen 1969, S. 110 f.
675 F. Martens Hg.: Recueil des Traites et Conventions conclus par la Russie, Bd. 1 ff., Sankt Peterburg 1874 ff., Bd. XV, Nr. 523; kurz Nolte/Vetter, Aufstieg, Nr. 124.

Wer war Mitglied? Simpel gesagt, alle christlichen Staaten, die in Europa militärische Macht ausüben konnten und Armeen bzw. Flotten unterhielten.

Das waren die Könige, an erster Stelle gewiss die von Frankreich, aber auch die von England, Polen, Portugal, Schweden, beider Sizilien etc. Dann war das die lateinische Kirche – der Kirchenstaat an erster Stelle, aber auch die geistlichen Kurfürstentümer und überhaupt die Fürstbischöfe, und nicht zu vergessen die Orden – die Johanniter auf Malta, der Orden von Calatrava, der Deutsche Orden – nach der Säkularisierung Preußens und der Eroberung Livlands bis zum Ende des Heiligen Römischen Reiches der Deutschmeister mit der Hauptstadt Mergentheim. Weiter waren Republiken Mitglieder im Konzert – Venedig, die sieben nördlichen Provinzen der Niederlande und Genua als zeitweise mächtige, aber auch mittlere und kleine Stadtrepubliken wie Nürnberg oder Rothenburg. Und schließlich gab es Bauernrepubliken wie die Urkantone der Schweiz oder die Dithmarschen. Verfassungsrechtlich waren das, so weit sie zum Reich gehörten, bewaffnete Stände – teilweise auf dem Weg in die Souveränität, welche die Niederlande und die Confoederatio Helvetica 1648 auch formal erreichten. Aber es gab noch andere bewaffnete Stände in Europa – z. B. Adelsfamilien, die eigene Armeen unterhielten, wie manche polnische Magnaten oder zeitweise die Pairs von Frankreich, aber auch die Hugenotten als Partei in Frankreich. In Deutschland waren die Reichsritterschaften bewaffnet, obgleich sie nicht Mitglied im Reichstag waren; aber auch manche Talschaften Tirols.

Auch das »Heilige Römische Reich« war noch immer eine Macht, wenn auch wohl die am buntesten »zusammengesetzte«.[676] Der Titel wirkt heute sinnlos, wenn nicht widersinnig, denn weder war das Reich heilig noch römisch, noch ein Imperium, ein Reich. Aber es vereinte immer noch Machtmöglichkeiten, besonders aus den Reichsbistümern und Reichsabteien in Schwaben und Franken, aus dem katholischen Zweig des Deutschen Ordens und auch der Reichsritterschaft. Außerdem war der Titel für die Habsburger nützlich, um ihre verstreuten, aber beachtlichen Besitzungen in Westdeutschland »vor dem Arlberg«, also das vordere Österreich mit der Hauptstadt Freiburg im Breisgau, zusammenzuhalten. Und schließlich konnte der Kaiser Rangerhöhungen politisch einsetzen oder sich bezahlen lassen – und alle wollten ja einen höheren Rang, vom Herzog von Calenberg, der gern Kurfürst werden wollte, bis zum Grafen von Aremberg, der den Herzogstitel anstrebte. Die Machtbasis der Habsburger aber waren ihre Erbländer im Reich, zu denen zeitweise immerhin auch die südlichen Niederlande, also das heutige Belgien, gehörten.

Das Recht, Waffen zu tragen und auch »Knechte« für einen Krieg anzuwerben, war in Europa unterschiedlich verteilt. Im Reich lag dieses »Fehderecht« nicht nur beim Adel, sondern auch bei vielen Städten und gar nicht so wenigen Bauern. Der europäische

---

676 J. Becker Hg.: Der zusammengesetzte Staat, Berlin 2005.

Adel hielt an diesem Recht als an einem Distinktionsmerkmal fest, auch wo er nicht mehr die Möglichkeit besaß, eigene Armeen aufzustellen, forderte er doch (seit jeher gegen die Kirchengesetzgebung und in der Frühen Neuzeit auch die Gesetzgebungen der absolutistischen Staaten) das Recht zum Duell. Insbesondere der französische Druck auf die Westgrenze des Reiches führte dann zu einer genaueren Zusammenfassung der waffentragenden Gruppen in den »Reichskreisen«. In ihnen riefen »ausschreibende« Fürsten die kleineren Territorien zu den Waffen, und auch die entsprechenden »armierten Stände« hatten im Konzert eine Stimme. Der Begriff Konzert meint also wirklich, dass Spieler auf ganz unterschiedlichen Instrumenten beteiligt waren – laute und leise, kleine und große.[677]

Freilich bildeten die Großen eine eigene Gruppe. Oft bildete sich eine Fünfergruppe heraus, die »Pentarchie«:

- im 16. Jh. Spanien, Frankreich, der Kaiser, die Protestanten, Polen
- im 17. Jh. Spanien, Frankreich, die Niederlande, der Kaiser, Schweden
- im 18. Jh. Frankreich, England, Österreich, Preußen, Russland.

Pentarchie war dabei oft eher ein Ziel als die Realität der Mächtekonstellation – ein Ziel deshalb, weil eine Fünfergruppe relativ viel Stabilität versprach: wurden zwei zu mächtig, hatten sie drei gegen sich. Die oberste Handlungsmaxime des Konzerts hieß Gleichgewicht – man versuchte, das Übergewicht einer Macht, die Hegemonie, zu verhindern.[678] Deshalb war es leicht, alle gegen Karl V. zu einen oder gegen Ludwig XIV. und, am Ende der Frühen Neuzeit, gegen Napoleon.

Was war das Hauptproblem der Mächte? Man kann es mit einem Wort sagen: Geld. Macht kostete Geld.

Der Unterhalt der Hofstaaten, die Pensionen und Bestechungen bildeten meist nur den kleinsten Teil der Ausgaben. Der größte Teil der Staatseinnahmen, oft 80 %, ging an das Militär:

- Sold für die Soldaten
- Produktion von Musketen und Kanonen
- Produktion von Pulver und Kugeln
- Herstellung von Kleidung (Uniformen)
- Ernährung von Truppen und Tross
- Kauf von Pferden

---

677 P. Krüger Hg.: Das europäische Staatensystem im Wandel, München 1996.
678 H. Duchhardt: Gleichgewicht der Kräfte, convenance, Europäisches Konzert, Darmstadt 1976; A. Reese: Europäische Hegemonie versus Weltreich, Idstein 1995.

Mit der Abnahme der Bedeutung der Reiterei stieg paradoxerweise der Bedarf an Pferden, wenn auch anderer Züchtungen, für den Transport von Truppen und Nachschub.

Noch teurer als Armeen waren Flotten, sie machten oft ein Drittel der Militärausgaben jener Mächte aus, die Flotten unterhielten. »The motor of fiscal change in France, as for all the main European monarchies, was expenditure on war.«[679] Die Summen wurden kontinuierlich gesteigert, 1624–1642 (in diese Periode fällt die mittelbare Teilnahme am Dreißigjährigen Krieg) brachte Frankreich 70 Millionen Lire auf, 1708–1715 (also in der zweiten Phase des Spanischen Erbfolgekrieges) 200 Millionen. Wie wurde das Geld aufgeteilt? 1624 bis 42 gab man 25 Millionen für das eigene Militär aus und zahlte 35 Millionen an Subsidien – besonders, aber keineswegs allein an Schweden; der Hof, die Pensionen etc. kosteten 10 Millionen. 1708–1715 gab man 120 Millionen für das eigene Militär aus, 65 Millionen an Subsidien und 15 Millionen für den Hof und die Pensionen.[680]

Wie bekam man das Geld? Für die Geldbeschaffung gab es eine natürliche Grenze: den Wohlstand der Menschen, die man besteuern kann. Man kann von Armen nicht so viel erhalten wie von Reichen, und man kann grundsätzlich von niemandem lange mehr Steuern oder andere Abgaben einziehen, als der mehr einnimmt, als die Kosten der Reproduktion seiner Person und seiner Wirtschaft ausmachen, und wenn man will, dass man auch nach seinem Tod Steuern einziehen kann, muss man ihm genug lassen, um seine Familie zu ernähren. Kurz: Man muss eine Kuh, die man melken will, auch fressen lassen.

Es gibt aber auch politische Grenzen für die Einziehung von Steuern oder Abgaben. Gerade Wohlhabende verfügen oft auch über Mittel, ihre Einkommen den Zugriffen von Obrigkeit oder Staat zu entziehen. Man kann die Kosten der Eintreibung erhöhen, indem man sich nicht antreffen lässt; man kann Vermögen und Einkommen verschweigen und außer Landes bringen. Ein legitimes Mittel zum Schutz eigenen Einkommens ist die Bindung des Besteuerungsrechts an die Zustimmung eines Parlaments; die Staaten der Frühen Neuzeit haben dem oft gerne zugestimmt, weil ihre Möglichkeiten, Steuer einzuziehen, oft beschränkt waren.

Nun hatten die großen Dynastien zuerst einmal eigenes Einkommen aus eigenem Vermögen. Noch heute gehören die Windsors, die Oranier, die Thurn und Taxis, die Arembergs zu den reichsten Familien der Welt, und manches von diesem Reichtum ist über 1000 Jahre alt. Fürstliches Einkommen stammte in der Frühen Neuzeit aus

- dem Domanium, eigenen Gütern und Wäldern;
- den Regalien, also den Einnahmen aus Bergrechten, Judenschutz etc.;

---

679 R. Bonney, France 1494–1815, in: Bonney, Rise, p. 123–176, Zitat, S. 161.
680 Ebd., S. 143.

- Gefällen und Gebühren, z. B. aus der Rechtsprechung;
- Zöllen;
- tradierten Abgaben des gemeinen Mannes, Hufenschoss, Pflugsteuer etc.

Aber für die wachsenden Aufgaben des modernen Staates reichten diese Einnahmen nicht. Man musste (mehr) Steuern erheben. Dazu gab es in der Frühen Neuzeit zwei Wege:
1. Der Monarch versuchte, die nötigen Summen mehr oder minder mit Gewalt »selbst«, d. h. über eine zentrale Verwaltung einzuziehen. Konnte oder wollte er keine eigene Verwaltung aufbauen, verpachtete er die Steuereinnahmen einem Pächter, der allerdings für die »Regiekosten« einen großen Anteil einbehalten konnte. Diesen »absolutistischen« Weg ging Frankreich, indem der König die Generalstände nicht mehr einberief; Preußen, indem es die Mitbestimmung der wichtigsten Stände, Kurbrandenburg und Preußen, mit Gewalt ausgeschaltet hatte, und Russland, indem es an der Phase anknüpfte, in der es in Russland keine Stände gegeben hatte. Diesen Weg gingen auch kleinere Staaten wie Schaumburg-Lippe oder ein mittlerer Staat wie Dänemark, wo nach der Katastrophe von 1659 (dem Verlust Schonens an Schweden) die Stände beschlossen, dass das Land absolut regiert werden sollte.[681] Das Risiko dieses Weges lag darin, dass mehr Steuern eingezogen wurden, als für die Wirtschaftsentwicklung gut waren, weil es keine angemessene Rückmeldung der Besteuerten gab. Dass Frankreich, Preußen und Russland in der Frühen Neuzeit in der Wirtschaftsentwicklung mit den Seemächten nicht mithalten konnten, hatte sicher viele Gründe, einer mag jedoch durchaus in der – für die Einkommen der Bürger – sehr hohen Steuerlast gelegen haben.
2. Der zweite Weg war, die Besitzenden im Land zu fragen, ob sie mehr Steuern zahlen würden. Das Risiko dieses Weges bestand darin, nicht genug Geld für die hauptsächliche Ausgabe, also das Militär, zusammenzubringen. Das war sicher der Fall in Polen,[682] in den deutschen Fürstbistümern (wo die Preußen sich nach der Säkularisierung wunderten, wie niedrig die Steuerlast gewesen war).[683] In den Niederlanden und in England war der Weg jedoch erfolgreich – der inflationsbereinigte Anstieg der Staatseinnahmen (ohne Anleihen) führte von 1490 bis 1820 von etwas über 100 auf 6.400 Pfund Sterling, die Staatseinnahmen wurde also in etwas über drei Jahrhunderten versechzigfacht.

---

681 E. Ekman: Das dänische Königsgesetz von 1665, in: Hubatsch, Absolutismus.
682 H. Roos, Ständewesen und parlamentarische Verfassung in Polen, in: Gerhard, Stände, S. 310–367, hier S. 357 f.
683 R. Freiin von Oer, Landständische Verfassungen in den geistlichen Fürstentümern Nordwestdeutschlands, in: Gerhard, Stände, S. 94–119, hier S. 118.

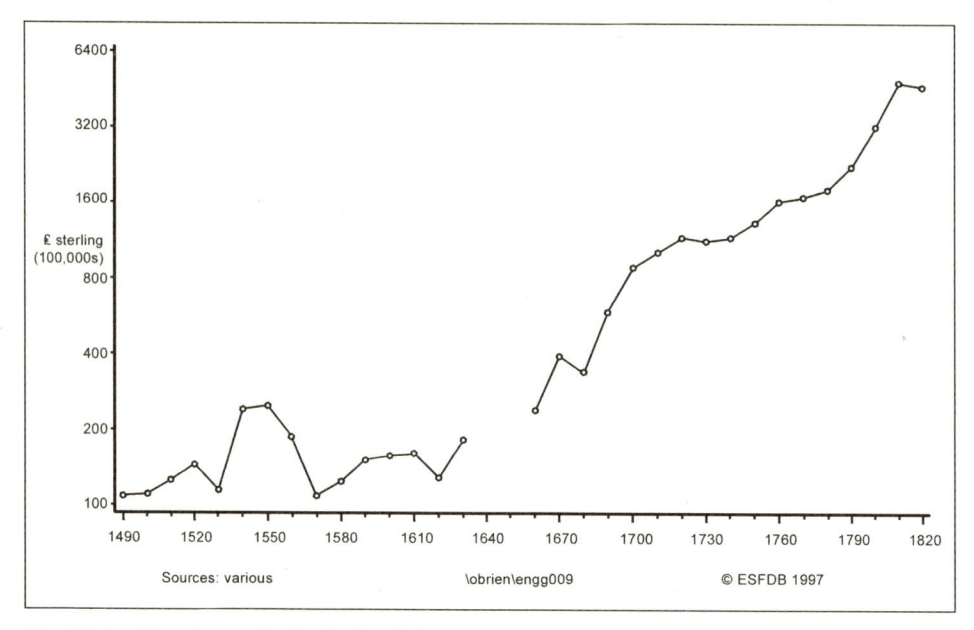

Neunjährige Veränderung des durchschnittlichen Gesamteinkommens in England von 1490 bis 1820 (konstante Preise von 1451–71); Quelle: P. K. O'Brien, P. A. Hunt: England 1485–1815, in: R. Bonney Hg.: The Rise of the Fiscal State in Europe, Oxford 1999.

Wie fanden die Niederlande und England in ihren Parlamenten Mehrheiten für höhere Militärausgaben? In beiden Ländern waren Bürger und Landwirte an den Ständen beteiligt, die an der Rüstung verdienten – sie lieferten Musketen, Kanonen, Pulver, Kugeln, Pferde, Nahrungsmittel, Schiffe etc. Und sie bestimmten mit über die Verwendung der Mittel, also über Krieg, Frieden und Subventionen. Als sich zum Beispiel nach der Jahrhundertschlacht von Malplaquet 1709 zeigte, dass den Alliierten kein Durchbruch durch die französische Festungskette gelang und zugleich die Möglichkeit wahrscheinlicher wurde, dass die Kronen von Österreich und die Spaniens zusammenfallen könnten, votierte man gegen die Fortsetzung der Militärausgaben und damit für die Beendigung des Krieges.

Um die Parlamente dazu zu bringen, vermehrt Geld zu bewilligen, begannen die Fürsten und alle anderen Interessierten nationale Kampagnen. Sowohl in den Niederlanden als auch in England beginnt man im 16. Jahrhundert, nationale Selbstbilder zu entwickeln – nicht zuletzt als Gegenbilder: in den Niederlanden gegen Spanien und im 17. Jahrhundert zunehmend gegen England; in England gegen den Katholizismus, gegen Rom und Spanien und für die englische Expansion. Im 17. Jahrhundert trat Frankreich an die Stelle des hauptsächlichen Gegners.

Moderne Nationen und ihre Konfgurationen

England und die Niederlande wurden zu ersten modernen Nationen, in denen Bürger, Adel und Landwirte (freie, selbst wirschaftende Bauern) integriert waren. Nationale Literaturen wurden geschaffen, nationale Kirchen, Nationalgefühl und Nationalhelden; und die Nation (der besitzenden Männer) setzte sich nationale Ziele.[684]

Was waren Nationen?[685] Vor der Moderne waren Nationen politische Gremien von Personen, welche konkrete Macht ausübten und nach ihrer Herkunft zusammengehörten. So gab es vier Nationen auf der Universität Prag (vor den Hussiten) – die Selbstverwaltungen der deutschen, böhmischen, ungarischen und polnischen Studenten und Professoren. Die Namen bezeichneten aber nicht ethnische oder sprachliche Einheiten, sondern politische Zugehörigkeit – die Schlesier gehörten historisch zur polnischen Nation, die Deutschen in Böhmen zur böhmischen und Österreich gehörte zur ungarischen Nation. Ähnlich bezeichnete auf den Konzilien des Spätmittelalters Nation eher die gemeinsame Richtung der Teilnehmer (wer aus dem Norden nach Basel kam, gehörte eben zur deutschen Nation, auch wenn es der Erzbischof von Lund war). Ganz deutlich wird die Bedeutung an der Formulierung litauischer Adliger – natione Polonus, gente Lituanus sum: von meiner Herkunft her bin ich Litauer und ich bin Mitglied den polnischen Adelsnation.

Wie entsteht eine moderne Nation?

- innenpolitisch durch die Inklusion neuer, größerer Schichten von Besitzenden, meist von »Bürgern«;
- institutionell durch den Staat umfassende, aber auch nur diesem unterstellte Behörden wie Nationalkirchen, Armeen und Flotten, Fiskus und Rechtssystem;
- ökonomisch durch die Zusammenfassung zu einem Wirtschaftsraum durch den Fortfall von Binnenzöllen, den Aufbau eines Postytems, von Kanälen und Straßen und schließlich auch durch Außenzölle, die das eigene Gewerbe fördern sollen;
- ideologisch durch die Entwicklung von Zusammengehörigkeitsgefühl, einer Identität als Brite, als Niederländer bis hin zur radikalen Identifikation eines »right or wrong: my country;«
- außenpolitisch bleibt bestehen, dass man sein Land als Teil eines Systems, als Teil der Christenheit begreifen muss. Nationalstaaten existieren nur in Systembeziehungen zu anderen Nationalstaaten.[686] Das heißt, dass man akzeptiert, dass das Land Grenzen

---

684 L. Greenfield, Nationalism, Five roads to Modernity, Cambridge/Mass. 1992. Europäische Beispiele in Scales, Nation.
685 O. Dann Hg.: Nationalismus in vorindustrieller Zeit, München 1986.
686 A. Giddens, Nation-State and Violence, Cambridge 1985.

hat. Sicher kann man versuchen, die Grenzen zu ändern, aber nicht, die Grenzen grundsätzlich abzuschaffen. Gewiss kommt es vor, dass Nachbarn einen alten Staat unter sich aufteilen, wie Spanien und Frankreich Navarra oder Schweden und Polen Livland, aber es bleibt selten. Und als Karl X. von Schweden daran denkt, Dänemark aufzulösen, provoziert er die Koalition, die zu seiner Niederlage beiträgt.

In der Herausbildung der modernen Nation kommt also eine Radikalisierung zum Ausdruck:[687] Auf die Verstärkung des Zugriffs der Kronen auf die Ressourcen und die Lebensführung der Untertanen antworten die Parlamente (im Zentrum des Systems) durch eine Verstärkung ihres Zugriffs auf die Mittel des Staates und die Herausbildung einer nationalen Identität, welche die Könige stützen, aber auch in Schranken verweisen kann.

Die Radikalisierung kommt in den beiden Zitaten gut zum Ausdruck:

- Der litauische Adlige sagt, dass er Mitglied der polnischen Adelsnation ist, aber das erschöpft seine Identität nicht, außerdem ist er noch Litauer und drittens könnte er, gehörte er etwa zu dem entsprechenden Zweig der Radziwiłł, auch noch sagen, dass er Calvinist sei.
- Wer dagegen »right or wrong: my country« sagt, der kennt nur noch eine Identität, ist nur auf seine Nation bezogen und stellt dahinter sogar sein moralisches Urteil zurück. Das mag im Ernstfall gar nicht so gemeint sein, kennzeichnet aber doch die verkündete Position.

Aber nicht nur die äußere Machtstellung, sondern auch die inhaltliche Ausgestaltung dieser neuen nationalen Identität ist in stärkerem Maß als im Mittelalter an eine bestimmte Konfiguration gebunden.[688] Konfiguration ist ein Begriff aus der Astronomie –

> »Wie an dem Tag, der dich der Welt verliehen
> Die Sonne stand zum Gruße der Planeten
> Bist alsobald und fort und fort gediehen
> Nach dem Gesetz, wonach du angetreten.«[689]

So wenig wie Goethe (der ja dies Urwort in eine Konfiguration mit vier weiteren Urworten stellt) meint Elias Zwanghaftigkeit. Es geht vielmehr um eine Bedingung, die sich umgehen und ändernd gestalten lässt, die aber erst einmal den nationalen Charakter mit bestimmt. Eine solche Konfiguration bieten innerhalb der Geschichte deutschsprachi-

---

687 Vgl. H.-H.Nolte: Radikalisierung von Macht und Gegenmacht, in: Grandner, Weltgeist.
688 N. Elias: Studien über die Deutschen, Frankfurt 1992.
689 Johann Wolfgang von Goethe, Urworte, orphisch (1817), in: E. Trunz Hg.: Goethes Werke Bd. 1, 5. Hamburg 1960, S. 359 f.

ger Länder die Verhältnisse zwischen Preußen, Österreich und dem »alten Reich« – von österreichisch-habsburgischer Vorherrschaft trotz der konfessionellen Minderheitsposition bis zur Exklusion Österreichs aus der modernen deutschen Nation 1866.

Eine für die europäische Geschichte strukturierende Konfiguration ist die der »Erzfeinde« England und Frankreich bis zum Ende des 18. Jahrhunderts:

- England als bulliger Angreifer, plebejisch und erfolgreich, grausam und rücksichtslos in seinen Kolonien, selbstsüchtig mit schlechter Küche und langweiligem Sex, aber Erfinder einer ganz neuen Wirtschaftsform;
- Frankreich als höfisch und überlegen, adlig geprägt, führend in der Mode und raffiniert in Sex und Küche, aber erfolglos in der Politik und zurückbleibend in der Wirtschaft.

Diese Stereotype geben eine Realität des 18. Jahrhunderts wieder, den Abstieg des adligen Absolutismus in Frankreich und den Aufstieg der »agrarian capitalists« in England. Sie geben aber auch unheimlich viel nicht wieder – den Wirtschaftserfolg der Kaufleute von Rouen und Bordeaux, den Dandyismus Londoner Snobs u. a. Trotzdem werden solche Stereotypen nun Bestandteile nationaler Selbst- und Fremdbilder und erlangen gewissermaßen ein eigenes Leben und eine gewisse Immunität gegenüber Einwänden aus der Realität – idola Fori, wie Bacon sagen würde.

Ein weiteres Beispiel ist die Konfiguration der »Erzfeinde« Russland und Polen.[690] Die Stereotype sind fest etabliert:

- Die Russen haben ein tiefes Gefühl, sind gehorsam und lassen fast alles über sich ergehen, haben aber eine anarchistische Ader, sie sind voller Leidenschaft und schnell bereit, sich für eine universale Angelegenheit zu engagieren.
- Die Polen sind freiheitsliebend und nationalistisch, sie können schlecht Ordnung halten, aber diskutieren für ihr Leben gern, sie sind große Verführer und oberflächlich.

Auch in diesen Stereotypen stecken Richtigkeiten, und die Konfiguration insgesamt gibt durchaus eine reale Geschichte zu erkennen.

Polen ist seit dem 15. Jahrhundert eine adlige Republik, in welcher der Adel Mann für Mann auf dem Landtag, dem Sejmik, erscheint und die Fragen der Provinz, der Wojewodschaft, entscheidet. Außerdem wählt er dort die Vertreter zum Reichstag, zum Sejm, wo die Vertreter der Sejmiki eine Kurie bilden – die Landbotenstube. Die Bischöfe (der katholischen bzw. unierten Kirche) und die Inhaber der großen Ämter bilden die andere Kurie, den Senat, dessen Mitglieder meist den großen Familien der »Magnaten« ent-

---

690 K. Zernack: Polen und Russland, Berlin 1994.

stammen. Diese vormoderne Nation, in der mit dem Adel 8–9 % der Bevölkerung politisch integriert sind, ist im 15. und 16. Jahrhundert militärisch außerordentlich erfolgreich und dehnt sich »von Meer zu Meer« aus; am Anfang der 17. Jahrhunderts wird lange Moskau besetzt und Smolensk erworben. Die Republik gerät in Probleme, weil der Adel nicht bereit ist, eine moderne Armee zu finanzieren, aber auch deswegen, weil der polnische katholische Adel den neuen, orthodoxen und ukrainischen Kosakenadel nicht integrieren will. Deswegen führt der Aufstand der Kosaken schließlich zur Unterwerfung Kiews unter Moskau und zum polnischen Verlust der Ostukraine 1667.

Das Moskauer Russland hat als Grenzstaat, der seine Unabhängigkeit gegen die muslimische Goldene Horde und später seine Bevölkerung gegen den Sklavenraub verteidigen muss, ähnlich wie Kastilien schon im späten Mittelalter eine starke Krone, und die ständische Bewegung blieb schwach. Russland rückte mit der Eroberung des Wolgaraums und Sibiriens nach Osten vor, verlor aber Grenzterritorien im Westen gegen Polen und Schweden, zuletzt 1617/18 den Zugang zur Ostsee und Smolensk. Dabei spielte eine Rolle, dass viele orthodoxe Adelsfamilien – wie übrigens auch lutherische im Baltikum – ihre Zukunft eher in der Adelsrepublik sahen als im autokratischen Russland. Moskau war jedoch institutionell daran gewohnt, ein stehendes Heer an der durch Verhaue gesicherten Grenze gegen die Steppe zu unterhalten und lernte aus den Niederlagen im Westen, z. B. warb es bei einem Versuch, Smolensk zurückzuerobern, 1634 Lanzknechte aus dem Westen an – damals ohne Erfolg. Es begann im 17. Jahrhundert ein militärisches Modernisierungsprogramm, das 1667 die Annexion von Smolensk und der östlichen Ukraine und unter Peter I. den Durchbruch zur Großmacht ermöglichte.

Nachdem die Schale der Macht zwischen Polen und Russland im 17. Jahrhundert zu Gunsten des Letzteren geneigt worden war, machte sich nun St. Petersburg zum Verfechter der »polnischen Freiheit«, also der Privilegien des polnischen Adels, da die militärische Schwäche des Nachbarn die Stärke der Nachbarn war; auch Preußens und Österreichs. Identifizierte sich der russische Adel mit orthodoxem Zarentum und Imperium, so identifizierte sich der polnische mit ständischem Parlament und katholischer Nation. Die Konfiguration war geschaffen, in welcher der »freie Pole« dem »sklavischen Russen« gegenüberstand.

Diese Konfiguration Polen : Russland hat also eine Geschichte, fand statt im Rahmen der Konjunkturen des Systems. Im Spätmittelalter hatten die Stände Konjunktur, weil sie von Zeit zu Zeit mehr Ressourcen organisieren können; das ständisch bestimmte Polen steigt auf. In der Frühen Neuzeit haben die Monarchien Konjunktur bis hin zum Absolutismus, deshalb haben die Randstaaten des Systems einen Vorteil, weil sie darauf eingerichtet sind, Machtmittel dauerhaft einzusetzen: Moskau steigt auf. Am Ende der Frühen Neuzeit haben wieder ständische Parlamente Konjunktur, weil sie in der Lage sind, das steigende Potenzial der Bürger zu integrieren – aber die Parlamente haben eben nur dort Konjunktur, wo die Bürger über ein steigendes Potenzial verfügen. Polen wird zwischen den absolutistischen Nachbarn geteilt und sieht sich selbst als demokratisches Opfer; nicht ganz zu Unrecht, weil es 1791 den Versuch macht, Bürger in die Adelsrepublik zu integrieren, aber auch nicht ganz zu Recht, da die Entstehung eines selbstständigen und wirtschaflich erfolgreichen Bauerntums im Sinne englischer Agrarkapitalisten (eine der Voraussetzungen des englischen Parlamentarismus) durch die lange Adelsherrschaft in Polen genauso verhindert worden war wie in Österreich oder Russland.

Gewiss kann man diese Konfiguration von Polen und Russland zuerst einmal als Ungleichzeitigkeit bzw. Rückständigkeit interpretieren[691] – Polen ist im Spätmittelalter »schon« ständisch, während Russland, weiter im Osten, »noch« monarchisch bestimmt ist. Diese Interpretation stimmt aber für das 18. Jahrhundert nicht mehr – im Westen, im Zentrum des Systems steigt die Leistungsfähigkeit der Parlamente, und Frankreich versucht 1789, die Entscheidung für den absolutistischen Weg zu korrigieren; im Osten, in der Halbperipherie, unterliegt jedoch das parlamentarische Polen gegen die spätabsolutistischen Staaten Russland, Österreich und Preußen.

Der Bezug zum System ist erklärungskräftiger. Die Radikalisierung von Macht und Gegenmacht im Rahmen des ökonomischen Wachstums hat zu einem Anstieg der militärischen Potenz Englands und Frankreichs geführt. Es liegt im Eigeninteresse der Mehrheit der Mitglieder des Konzerts, ein umfassendes Imperium zu verhindern, wie Napoleon es offen anstrebt; ein solches Imperium würde den freien Zugang Englands zu den Märkten der Halbperipherie behindern (und versuchte das ja auch in der Kontinentalsperre). Um Frankreich besiegen zu können, brauchten England (und die Niederlande) die osteuropäischen spätabsolutistischen Militärstaaten. Da Preußen, Russland und Österreich durch ein parlamentarisches Polen, das tendenziell zu Frankreich neigen würde, bedroht sind, erhält Polen in den Jahren der Teilung keine Unterstützung von Großbritannien. Es erhält auch keine von Frankreich, weil es nicht derartig überlegen ist, dass es im 1. Koalitionskrieg 1792–1797 bis Berlin und Wien vorstoßen könnte (oder auch, weil es die Eroberung der Rheingrenze und die Regelung der italienischen Fragen im französischen Sinn für wichtiger hält als die polnische Frage). So trägt der Anstieg französischer, zu diesem Zeitpunkt noch parlamentarisch verfasster Macht im Westen für Berlin, Wien und St. Petersburg zur Legitimation der Unterwerfung Polens bei.

Die einzige Macht, die gegen die Aufteilung Polens protestiert, ist das Osmanische Imperium.

---

691 Chirot, Backwardness; Hroch/Klusáková, Criteria.

Wer wird nicht Nation?

a) Das Osmanische Reich

Weder Polen, Russland noch das Heilige Römische Reich entwickelten sich im Verlauf der Frühen Neuzeit aus Mitgliedern im Konzert der Mächte zu modernen souveränen Nationen: Polen verlor seine Souveränität, Russland blieb ein multiethnisches Imperium, und das Heilige Römische Reich verlor unter französischem Druck seine Existenz. Auch innerhalb des Systems wurden also keineswegs alle Mächte zu Nationen.

Warum wurde das Osmanische Imperium – das zwar bis 1856 nicht offiziell zum System gehörte, aber doch vielfältig mit ihm verbunden war – bis zum Anfang des 20. Jahrhunderts nicht zur Nation? (Vgl. Kapitel 7).[692]

Die simpelste Antwort ist, weil es das zu diesem Zeitpunkt gar nicht wollte. Die christlichen Reiche waren für Stambul nur ein wichtiger Partner/Gegner von Außenpolitik, andere waren Persien, die arabischen Reiche und Afrika; wichtig waren die Krim und der Kaukasus. Das Osmanische Imperium war an Bevölkerungszahl und Leistungsfähigkeit jedem einzelnen europäischen Staat, selbst Frankreich überlegen, und es hatte noch lange eine größere Ausdehnung als der Westen Europas – von Algier bis zur Kaspischen See, von Buda-Pest bis Khartum.

Zum anderen war das Osmanische Reich ein Imperium, dessen Eliten sich noch lange für erfolgreich halten konnten. Der Verlust Ungarns 1699 war schmerzlich, aber Österreichs Expansion konnte an der Donau gestoppt werden, und gegen die russische Expansion ging bis 1783 zwar die Krim verloren, aber die war ja nur ein Vasallenstaat, und auch nach dem Scheitern des türkischen Rückeroberungsversuchs 1792 konnte die Dnjestr-Grenze gegen St. Petersburg gehalten werden. Ein Staat, der so riesig war wie dieses Imperium und so different in Religionen, Sprache und Institutionen, hatte es nicht leicht, zu der intensiveren Form von Staat überzugehen, welche die moderne Nation bedeutete. Es wurde auch schon früh deutlich, dass das Ende des Imperiums mit einem Ende von dessen bisheriger religiös-ethnischer Toleranz zusammengehen würde. Der Bischof von Montenegro, der zum politischen Führer des Aufstandes gegen die Pforte wurde, ließ am Heiligen Abend des Jahres 1702 alle muslimischen Einwohner des Berglandes in einer orthodoxen Bartholomäusnacht ermorden.[693]

Frau Kürşat beschreibt den osmanischen Verwestlichungsprozess vor allem als ein Lernen aus Niederlagen. Die Periode der eigenen Überlegenheit gegen die Christen wird in einem Selbstschutzmechanismus verfestigt, zum Panzer; die Elite aus Gelehrtenstand, der Ulema, dem Militär – besonders dem Janitscharenkorps – und der Palast-

---

692 Vgl. E. Kürşat, Der Verwestlichungsprozeß des Osmanischen Reiches im 18. und 19. Jahrhundert., Zur Komplementarität von Staatenbildungs- und Intellektualisierungsprozessen, 2 Bde., Frankfurt 2003.
693 Stadtmüller, Südosteuropa, S. 341.

verwaltung pflegt im 18. Jahrhundert einen Rekurs auf die Expansionsperiode und den Dschihad, den Krieg an der Grenze zu den Ungläubigen, als wichtiges Legitimationsinstrument. Gegen frühe Versuche einer begrenzten Übernahme westlicher Stile (etwa in der Tulpenzeit) kommt es zu populistischen Aufständen. Bis zu Selim III. (1761–1808) richtete das Imperium keine Botschaften bei den europäischen Mächten ein.

Die Notwendigkeit, auf militärischem Gebiet zu lernen, wurde zwar immer unübersehbarer, die osmanischen Eliten glaubten jedoch lange, die Lernprozesse eng auf das Militär beschränken zu können. Auch im 16. Jahrhundert gab es ausländische Kanonengießer und Artilleristen, die meist Überläufer waren – später kamen vor allem französische Ausbilder nach Istanbul, die aber ihre kulturelle Identität als französische Christen bewahrten und übrigens auch mit fremdsprachigen Lehrbüchern in der osmanischen Armee arbeiteten. Die Landung Napoleons in Ägypten (das ja osmanische Provinz war) machte sowohl die Botschaft der Französischen Revolution unglaubwürdig als auch das französische Bündnis unnütz; es wurde unübersehbar, dass das Imperium eine säkulare Verwaltung anstelle der geistlichen und ein auf endogener Rezeption der europäischen militärischen Revolution anstelle des auf französischen Lehrmeistern beruhendes Heer benötigt, wenn es im Konkurrenzkampf der europäischen Mächte bestehen will.

Es folgte unter Mahmud II. eine verwestlichende Modernisierung von oben, mit einer Veränderung des Selbstbildes, das in den Kleidervorschriften besonders deutlich wurde, nur die Kopfbedeckung blieb als Zeichen der Zugehörigkeit zum Islam. Bürokratie und Militär wurden zum Garanten des osmanischen Laizismus; Französischkenntnisse zum Distinktionsmerkmal einer neuen westlichen Elite – der die alte freilich vorwirft, sie habe nur ihre Kleider gewechselt. 1858 werden die Teile des Bodens, die in staatlichem Besitz waren, privatisiert; auch Ausländer können von nun an Boden erwerben.

Vielleicht kann man die These der Autorin dahin zusammenfassen, dass der Verwestlichungsprozess des Osmanischen Imperiums exogen induziert war (durch die Niederlagen gegenüber den christlichen Mächten), dass er aber die endogene Entwicklung einer neuen Intellektuellenschicht erforderte und dass diese auch entstand. Die innere Widersprüchlichkeit dieses Vorgangs wird in der Interpretation der Teilung der Intelligenz in der Tansimat-Periode eingängig verdeutlicht: Der eine Teil versteht sich als Brücke zwischen den Zivilisationen und Mittler im Wissenstransfer von Europa, der andere Teil will die politische Umgestaltung, die säkulare Macht um fast jeden Preis und muss sich deshalb an den Islam als »einzige kohäsive Kraft für die ersehnte Volksbewegung«[694] anlehnen.

Das Osmanische Imperium wurde nach dem westlichen Sieg im Krimkrieg im Frieden von Paris 1856 »zugelassen, an den Vorteilen des allgemeinen Rechts und des Eu-

---

694 Kürşat, Verwestlichungsprozess, Bd. 2, S. 535.

ropäischen Konzerts teilzunehmen«.[695] Damit war eine wichtige Voraussetzung dafür gegeben, dass das Imperium eine Nation wurde, aber keine zureichende, da es ja gerade eine Funktion des Konzerts war, Imperien und Nationen in einem politischen Beratungsgremium zu vereinen. Das Ziel, eine säkulare Nation zu werden, wurde von den Jungtürken in der zweiten Hälfte des 19. Jahrhunderts aufgenommen, mit der Verschärfung des Druckes zur Homogenisierung, die das Nationenmodell implizierte, und bald auch dem Vorhaben, den Vorgang der Homogenisierung abzukürzen, um die neue Stufe der Kohäsion schneller zu erreichen.[696]

b) Das Heilige Römische Reich

Weshalb wurde das Heilige Römische Reich nicht zur modernen Nation, obgleich humanistische Intellektuelle zum Titel »deutscher Nation« hinzusetzten und mancher Kaiser ihn auch in der Titulatur übernahm?

Die Struktur des Reiches war eher die einer Konföderation von über 3.000 Mitgliedern (vgl. oben) als die einer Monarchie, obgleich es selbstverständlich immer einen Kaiser gab, der den Titel König von Deutschland (rex Germaniae) trug – als ersten und vornehmsten seiner vielen anderen Titel, vom König von Böhmen bis zum König von Jerusalem. Wenn ein Habsburger gewählt wurde, wie stets in der Frühen Neuzeit mit der Ausnahme Karls VII., war der zweitvornehmste Titel der eines Königs von Ungarn. Das Reich hatte im Vergleich zu England oder Frankreich nur eine geringe Verwaltungsdichte erreicht, und – was wichtiger war – auch der Zugriff der großen Mitglieder des Reiches auf die Mittel der Einwohner war jenem des Kaisers weit überlegen. Hinzu kam, dass das Reich seit der Goldenen Bulle 1356 eine multiethnische Verfassung hatte. Im Westen wurde in vielen Reichsgebieten Französisch gesprochen, vom Reichsbistum Lüttich über die Stände der niederen Lande in Brüssel bis zur Franche Comté und zu Savoyen, das bis zum Ende zum Imperium gehörte; im Süden wurde weithin Italienisch gesprochen, nicht nur in Mailand, das ja noch lange Reichslehen war, sondern auch in Trient und Triest. Und im Osten wurden oft slawische Sprachen geredet. Entsprechend sollte jeder Kurfürstensohn Italienisch, Tschechisch und – als Bildungssprache – Latein lernen. Es gab keine kulturelle Hegemonie des Deutschen im Reich – es gab allerdings einen Vorgang in der Frühen Neuzeit, in dem Deutsch in den deutsch redenden Gebieten zur Bildungssprache wurde (anstelle von Latein). Das Reich war außerdem konfes-

---

695 F. Martens Hg.: Recueil des Traites et Conventions conclus pa la Russie, Sankt Peterburg 1874 ff., vol. 15, Nr. 523, § 7.
696 Vgl. M. Levene: Warum ist das Zwanzigste das Jahrhundert der Genozide? In: Zeitschrift für Weltgeschichte 5.2 (2004), S. 9–37; besonders S. 20–25.

sionell geteilt, und – was vielleicht wichtiger war – es gab auch in Deutschland keine katholische Nationalkirche. Der Erzbischof von Salzburg trug zwar den Titel eines Primas Germaniae, aber damit waren kaum Rechte verbunden (er konnte z. B. nicht die deutschen Hierarchen zu einem Nationalkonzil laden, geschweige denn, dass er »Interrex« gewesen wäre wie der Primas Poloniae).

Es war also schwierig, aus dem Reich eine moderne Nation zu machen.[697] Selbstverständlich machte die Vielfalt eine Nationsbildung nicht per se unmöglich, die Confoederatio Helvetica wurde ja im Verlauf der Frühen Neuzeit zur modernen Nation, und auch diese Konföderation umfasste zwei offizielle (plus zwei damals nicht offizielle) Sprachen, zwei Konfessionen sowie politisch sehr unterschiedliche, teils von städtischem Patriziat, teils von reichen Bauern geführte Kantone, von denen einige große Untertanenlande hatten. Entscheidend für die Schweiz war die politische Integration und der außenpolitische Erfolg, der sich nicht zuletzt im Erwerb der Untertanenlande zeigte. Föderative Lösungen wurden auch im Reich entwickelt.[698]

Entscheidend war also, dass keine der großen Mächte dieses Ziel verfolgte. Die Habsburger wollten ihre Großmachtstellung zwischen Neapel und Buda-Pest ausbauen, ihr Interesse am Reich richtete sich auf die Ressourcen. Dabei wurden alle diese erheirateten oder eroberten Territorien jenseits der Reichsgrenzen umso schwieriger zu integrieren, je stärker die Nationalbewegungen im 18. und 19. Jahrhundert wurden; der »imperial overstretch«, die imperiale Überdehnung, war in das Konzept habsburgischer Großmacht von Anfang an eingebaut. Die Hohenzollern als die letzten Aufsteiger zur Pentarchie überforderten ihr Potenzial allerdings noch entschiedener[699] und blockierten die Entwicklung von Reichsinstitutionen wie des Reichskammergerichts oder der Reichskreise für das Militär. Gescheitert ist das Heilige Römische Reich trotzdem erst gegen Napoleon, also bei der militärischen Expansion Frankreichs in das Reich hinein.

Nicht das Heilige Römische Reich, sondern Preußen und Bayern wurden zu modernen Nationen, mit »Nationalversammlungen« und »Nationaltheater«. Dieser Weg wurde zwar im Verlauf des 19. Jahrhunderts rückgängig gemacht, um die »kleindeutsche Nation« nördlich der Sudeten zu gründen. Aber der Versuch deutscher Territorialmächte, zur Nation zu werden, kennzeichnet die Stärke des Modells. Das lag schon an der militärischen Wirksamkeit, die sich in den napoleonischen Kriegen gezeigt hatte. Die Einsicht von Clausewitz, dass neben Rüstung und anderen Ressourcen der »Volksgeist des Heeres«[700] einen entscheidenden Beitrag zum Sieg bildet, führte dazu, dass kein

---

697 O. Dann: Nation und Nationalismus in Deutschland, ³München 1993, S. 36–84.
698 Vgl. Schwarze in: Nolte, Innere Peripherien III.
699 Vgl. A. Hillgruber: Die gescheiterte Großmacht, Düsseldorf 1980.
700 Carl von Clausewitz: Vom Kriege, Hg. W. Hahlweg, ¹⁹Bonn 1980, S. 209 f.

Fürst diese Waffe aus der Hand geben wollte, auch wenn er begriff, wie bedenklich die Nationalisierung im Endeffekt sein konnte.

Nationalismen und die Krise des Systems

Die unverhältnismäßige Vermehrung der Machtmittel eines Teilnehmers im System, wenn dieser den »Volksgeist des Heeres« anrief, kurz: die Gefährlichkeit der Nationalismen im Rahmen des Systems, bildete den Hintergrund der Friedensregelung des Wiener Kongresses 1815. Kaiser Franz von Österreich, Zar Alexander von Russland und König Friedrich Wilhelm von Preußen schlossen am 14. September 1815 ein Bündnis, in dem sie in § 1 erklärten, dass sie drei sich als »Menschen eines Vaterlandes« betrachteten und das gemeinsame Ziel hätten, »sich sowohl in der Regierung ihrer Staaten wie in ihren politischen Beziehungen zu allen anderen Regierungen von nichts anderem leiten zu lassen als den Regeln der heiligen Religion …«. Alle Regierungen, welche die Bedeutung der Religion und Brüderlichkeit anerkennen und ihren »aufgewiegelten Nationen« vermitteln, werden in die so gegründete »Heilige Allianz« aufgenommen.[701] Die drei Herrscher verabredeten sich, die Säkularisierung des internationalen Systems rückgängig zu machen und an die Stelle des machiavellistischen Machtkampfes brüderliche Einheitlichkeit zu setzen.

Vielleicht gab es durchaus eine Chance, dass der Aufruf zur Solidarität zwischen den christlichen Mächten Europas den Charakter der Politik dauerhaft verändert hätte, wenn die spätabsolutistischen Herrscher dieses Programm mit realen Schritten zur Teilung ihrer Macht verbunden und damit den Untertanen eine Chance gegeben hätten, mehr und mehr in die Rolle der Bürger hineinzuwachsen. Genau dies war aber nicht der Fall. Die Versprechen landständischer Verfassungen wurden nicht eingehalten, und unter der Leitung Metternichs wurde die Heilige Allianz zum Sinnbild für Geheimpolizei und Gedankenkontrolle. Der Nationalstaat wurde zur Forderung der Liberalen, die in den Imperien keine Handlungsmöglichkeiten fanden.[702]

Im Westen Europas, im Zentrum, machten die Liberalen bestehende Staaten zu den Arenen ihrer Politik. Sie gingen von der Wichtigkeit der Sprache, der Bedeutung von gedruckter Information und von Debatten im Parlament aus und förderten die jeweiligen Staatssprachen.[703] Aber das war nicht ihr wichtigstes oder jedenfalls nicht ihr einziges

---

701 Text in: F. Martens Hg.: Recueil des Traites et Conventions conclus par la Russie, Bd. VI.1, Nr. 99 ; Auszug Nolte/Vetter, Nr. 106.
702 Texte in: M. Jeismann, H. Ritter Hg.: Grenzfälle, Leipzig 1993.
703 Zur Bedeutung der Kommunikation bei der Nationsbildung vor allem K.W. Deutsch: Nationenbildung – Nationalstaat – Integration, deutsch Düsseldorf 1972.

Kriterium, in der Schweiz war man auch bereit, zwei Sprachen zuzulassen (später vier), und in Frankreich akzeptierte man nach 1815, dass das Industriegebiet am Mittellauf der Maas bis Lüttich nicht zu Frankreich kam, obgleich man dort Französisch sprach. Wichtiger waren innere Qualitäten, wie Marcel Mauss definierte: »eine Gesellschaft, die materiell und moralisch integriert ist, mit einer stabilen Zentralmacht, dauerhaft, mit festen Grenzen, die eine relative moralische, mentale und kulturelle Einheitlichkeit der Einwohner besitzen …«.[704] Je weniger allerdings an vorhandener Staatlichkeit partizipiert werden konnte, desto mehr wurde die politische Nation zum Konstrukt,[705] und desto mehr rückte gemeinsame Sprache in den Vordergrund, weil sie vorgegeben war. Herder begriff die Entwicklung der Menschheit im Bild des Baumes, an dem die Völker Äste und Zweige bildeten. Da kein Individuum »durch sich selbst Mensch geworden« sei, bildeten die Sprachen der Völker Erziehungsinstrumente zu Moral und Kultur.[706] In dieser auf die Sprache gerichteten Wendung wurde der Nationalismus zum Sprengsatz für die übernationalen Imperien Mittel- und Osteuropas.[707] Dies umso mehr, als viele der Nation jene religiöse Funktion zuwiesen, die vor der Säkularisierung die Kirchen ausgefüllt hatten: Die Nationen setzten danach die moralischen Maßstäbe oder spiegelten sie doch wenigstens wider (wie bei Mauss).

Diese Nationalisierung der Moral wirkte sich in den Außenbeziehungen der Nationen verheerend aus, und zwar insbesondere in den Beziehungen gegenüber jenen Gesellschaften, die durch die militärische Entwicklung in eine Europa gegenüber schwache Position geraten waren. Die Massaker gegen Indianer, Tscherkessen und Herero, die Kongogräuel und die Dezimierung der Aborigines in Australien machten deutlich, wozu eine solche Teilung der moralischen Normen führen konnte. Waren christliche Grenzer, wie fehlerhaft auch immer, doch an die von den Kirchen vertretene Moral gebunden, so fiel diese Hemmschwelle gegenüber Menschen fort, die man der eigenen Nation, der eigenen Kultur unterlegen glaubte.

Trotz des Anstiegs der Nationalbewegungen hat das 1815 eingegangene Bündnis zwischen Petersburg, Wien und Berlin in den verschiedensten Formen weiter bestanden und sogar den deutsch-österreichischen Krieg überlebt. Europa genoss die längste Phase allgemeinen, wenn auch nicht vollständigen Friedens; ein Jahrhundert wirtschaftlichen Auf-

---

704 M. Mauss: La nation, in: Ders.: Œuvres, Hg. V. Karady, Bd. 3, Paris 1969, hier S. 593.
705 B. Anderson: Die Erfindung der Nation, deutsch Frankfurt 1988.
706 J. G. Herder: Ideen zur Philosophie der Geschichte der Menschheit, in: Sämtliche Werke, Bd. 28, Stuttgart 1853, S. 3.
707 Vgl. H.-H. Nolte, B. Eschment, J. Vogt: Nationenbildung östlich des Bug, Hannover 1994; Ders.: »Spoznione« narody w Europie srodkowej i wschodniej, in: Przeglad Zachodni 51/1 1995/3 ; M. Řezník, I. Slezáková Hg.: Nations – Identities – Historical Consciousness (Festschrift M. Hroch), Prag 1997.
708 H.-H. Nolte: Die zweimal gescheiterte Weltmacht. Historische Erfahrungen mit Selbstüberschätzung, in: D. Heimann u. a. Hg.: Weltmacht Deutschland? Bremen 1996.

baus, erneuerter globaler Expansion und sogar einiger, wenn auch zögerlicher Demokratisierungen.

Der Machtanstieg Deutschlands im Zusammenhang von Industrialisierung und Einheit hat die deutschen Eliten jedoch dazu verführt, mit der Nichterneuerung des Rückversicherungsvertrags zwischen Deutschland und Russland 1888 die deutsche Politik weniger berechenbar zu machen – in einer Lage, in der insbesondere die russischen Eliten nach außenpolitischer Berechenbarkeit strebten, um ihr Land in einer Periode zunehmender innenpolitischer Unsicherheit außenpolitisch mit Erfolgen zu stabilisieren.[708]

Damit war eine Bedingung des Jahrhundertfriedens von 1815, die Kooperation der drei konservativen Großmächte im Osten Europas, aufgehoben – ohne dass eine neue säkulare Form der Solidarität zwischen den Nationen gefunden worden wäre. Das Konzert funktionierte noch eine Weile, und es gab die Hoffnung, dass internationales Recht die Leerstelle der Kooperation im System ausfüllen könnte, auch wenn die Quelle des internationalen Rechts wiederum die Nationen waren. Außerdem wurden aggressive Energien der Imperien und Nationalstaaten in die Expansion geleitet, in der europäische Mächte immer mehr Wüsten und Hochgebirge eroberten, die ökonomisch völlig unergiebig waren – solange man nur größere Teile des Globus mit der Farbe des eigenen Staates einfärben konnte. Schließlich aber war der Globus aufgeteilt, schon auf dem Berliner Kongress hatte man selbst afrikanische Staaten im Inneren des Kontinents einer europäischen Macht zugewiesen, China hatte man in Interessensphären aufgeteilt und Persien ebenfalls. Nun wendet sich die Aggressivität des Systems nach innen.

Die »Urkatastrophe des 1. Weltkrieges« machte deutlich, dass die Kapazität des Systems zur Selbstregulierung erschöpft war. Deutschland ging auf diesem Weg voran, indem es um eines vermeintlichen strategischen Vorteils willen seine international eingegangene Verpflichtung brach, die Neutralität Belgiens zu schützen, ja selbst in Belgien einfiel. Großbritannien folgte, indem es den eingegangenen Verpflichtungen zuwider eine Seeblockade gegen Deutschland verhängte, ohne Kriegsschiffe bei den blockierten Häfen zu stationieren (stattdessen wurde die Blockade zwischen Schottland und dem neutralen Norwegen durchgesetzt). Deutschland setzte eins drauf, indem es ebenfalls völkerrechtswidrig den unbeschränkten U-Boot-Krieg erklärte.

Die Versuche, die Wölfe durch eine internationale Rechtsordnung zu zähmen, wurden leichtfertig zunichte gemacht. Das 20. Jahrhundert, das Jahrhundert der extremen Nationalismen und der Völkermorde, war eröffnet. Ein wichtiger Grund dafür, dass es zum »Zeitalter der Extreme«[709] wurde, lag darin, dass kein universaler moralischer Kodex bestand, an den die Konkurrenten sich gebunden fühlten.

---

709 Vgl. E. Hobsbawm: The Age of Extremes. A History of the World 1914–1991, New York 1996.

Werd ich zum Augenblicke sagen:
Verweile doch! Du bist so schön!
Dann magst Du mich in Fesseln schlagen,
Dann will ich gern zugrunde gehen!

Johann Wolfgang von Goethe, 1808[710]

Ukaz: frühere Gutsbesitzer, adlige Feinde Unserer
Macht, welche Unruhe stiften und Bauern ruinieren, sind
zu fangen, zu verurteilen und aufzuhängen – kurz so zu
behandeln wie sie selbst, die kein Christentum in sich
haben, mit euch Bauern umgegangen sind. Nach der
Ausrottung jener Feinde und adligen Verbrecher kann
jeder Ruhe und ein friedliches Leben erwarten – das in
Ewigkeit andauern wird.

Emeljan Pugatschow als Imperator Peter III., 1774[711]

Kapitel 15

Revolutionen

Am Ende der globalen Geschichte der entstehenden Moderne stehen Revolutionen. Die grundlegendste war, dass Geschichte wirklich global geworden war; dass Ereignisse in England am Ende des 18. und zu Beginn des 19. Jahrhunderts auf die Struktur Indiens, Chinas und Japans einwirkten. Die »eine Welt« war hergestellt, der Aufbruch zur Globalgeschichte abgeschlossen.

Dass die Veränderungen der Zeit revolutionär waren, wurde auch von den Zeitgenossen so gesehen. Um das auszudrücken, erfanden und entwickelten sie als erstes einen neuen Begriff von Revolution.[712] Als Nikolaus Kopernikus 1543 sein epochemachendes Buch »de revolutionibus orbium coelestium libri VI« publizierte, verstand er unter »Revolution« die gesetzmäßige Umdrehung der Himmelskörper, wie der Begriff im lateinischen revolvere auch gebraucht wird und uns zum Beispiel in »Revolver« geläufig ist – das Magazin dreht sich, bis es wieder am Anfang seiner Bewegung angelangt ist. Eine politische und/oder religiöse Veränderung hieß in Mittelalter und Früher Neuzeit »refor-

---

710 Faust, Verse 1699–1702; in: E. Trunz, Hg. Goethes Werke Bd. 3, 6, Hamburg 1962.
711 R. V. Ovchinnikov Hg.: Dokumenty stavki E. I. Pugacheva, Moskva 1975, Nr. 41; deutsch in:. Nolte, Aufstieg, Nr. 90.
712 K. Griewank: Der neuzeitliche Revolutionsbegriff, Frankfurt 1969; Goldstone, Revolution.

matio«, Reform – wie etwa die reformatio Sigismundi oder eben die Reformation der Kirche im 16. Jahrhundert. Was drückte Revolution Neues aus?

Der Rekurs auf die Astronomie, hinter dem immer noch der auf die Astrologie stand, betonte die Konstellation der Sterne, die verstanden wurde als Konstellation der Umstände, welche den Einzelnen veranlassten, in bestimmter Weise zu handeln. Der Begriff betonte die gerade entdeckte Gesetzmäßigkeit der Abläufe auch im Rekurs auf die Kreislaufvorstellungen bei Polybios, der eine Abfolge der Staatsformen von der Monarchie über die Aristokratie zur Demokratie hin analysiert hatte. Eine ähnliche Abfolge hatte nun in England wieder zur Monarchie zurückgefunden, die Trommel hatte sich bis zum Anfang der Konstellation zurückgedreht: Auf das Königtum war die Gentry gefolgt, auf diese die Militärdiktatur und darauf wieder das Königtum. Revolution wurde also als etwas Ewiges verstanden, als die Wiederkehr des Alten.

Neu war es, in diesen Begriff Veränderung als Inhalt einzuführen. Dies geschah insbesondere in der französischen Diskussion der englischen Ereignisse. Die englischen Konservativen nannten den Aufstand eine Rebellion; die Linke einen Kampf für die Freiheit und für das Parlament, einige, die Leveller, sogar einen Kampf um die Gleichheit aller Engländer. Die Machtergreifung Wilhelms III. 1688 wurde von den Anhängern als Revolution im Sinn der Wiedereinsetzung der Monarchie und der Rechte des Parlaments bezeichnet; sie galt als »glorious«, weil sie so wenige Opfer gekostet hatte. Es war kein Umsturz aller Werte, sondern die Wiederherstellung der alten Verfassung.

Der Begriff brachte in seiner neuen Fassung also zwei Momente zum Ausdruck: Die Umwälzung selbst wird als gesetzmäßig verstanden, sie liegt in gewissem Sinn außerhalb der Verantwortung der Handelnden; und sie bezeichnet einen Punkt des Ablaufs, wenn nämlich die alte Konstellation, die alte Konfiguration des Standes der Sterne wieder hergestellt ist. In diesem Sinn wird sie in Frankreich negativ diskutiert: Die Herrschaft des Königs von Frankreich ist stabil, nicht von solchen Umwälzungen gekennzeichnet – das Königreich England dagegen ist instabil, von Veränderungen geplagt. Mit diesem Verständnis wurde der Kern der Veränderung nicht begriffen – die neue Dynamik der Transformation. Aber das Verständnis bot auch den Anhängern Wilhelms von Oranien Legitimation – sie schöpften Rechtfertigung aus dem Bewusstsein, dass etwas realisiert wurde, was gesetzmäßig vorgesehen war. Und doch schufen sie etwas Neues – eine konstitutionelle Monarchie.

Bauernkriege und Pugatschow

Die Wiederherstellung des alten Rechts, so wie es sich aus dem Evangelium ergab, war eine zentrale Forderung des deutschen Bauernkrieges. Gewiss spielte auch eine Interpretation der Bibel eine Rolle, die auf ein Umstürzen der Werte hinauslief (zu Müntzer

u. a. Kapitel 13), die meisten aufständischen Haufen forderten aber eine Restitutio, ein Zurück zu den Ursprüngen des Verhältnisses zwischen König, Adel und Gemeinde, wie es Bibel oder Herkommen beschrieben und wie man es deshalb für altüberliefert hielt: Pfarrerwahl und Zehnter, Verbot der Leibeigenschaft »wölch zu erbarmen ist, angesehen dass uns Christus all mit seinem kostbarlichen Blutvergießen erlöst und erkauft hat«, und die Freiheit der Jagd, weil Gott den Menschen Gewalt über die Tiere gegeben hat. Die Freiheit der Holzung soll »einer ganzen Gemein wieder anheimfallen«, Dienste sollen nur gefordert werden, »wie unsere Eltern gedient haben«, die Gemeindeäcker sollen den Gemeindemitgliedern zurückgegeben werden, und: »zum neunten sind wir beschwert (durch die) großen Frevel, so man stets neu Satzung macht ...«.[713]

Der Rückbezug auf das Alte und der Glaube an ewige Werte, die ja (zum Beispiel in der Frage der Leibeigenschaft) schon »immer« vertreten, aber oft missachtet worden waren, ergab eine Mischung, die für jene schwer einzuordnen war, die vom Revolutionsbegriff des 19. Jahrhunderts ausgingen und Revolution als völlige und noch dazu mit Bewusstsein durchgeführte Veränderung begreifen wollten. Für sie waren denn auch die Bauernaufstände der Frühen Neuzeit »nur« Revolten oder Aufstände, oder sie betonten die fundamentalistischen Positionen Thomas Müntzers.[714] Beides geht an Revolution im Sinn der Moderne vorbei: Sie argumentierte noch nicht säkular und systematisch wie Marx und Engels, und sie fühlte sich im Rekurs auf alte Verhältnisse sicherer, ohne doch einfach Altes wiederherzustellen.

Die russischen Revolutionen des 17. und 18. Jahrhunderts legitimierten sich in eben solchen Mischungen; da jedoch in Russland der aufgeklärte Absolutismus auch die Reformen initiierte,[715] lag es nahe, dass Oppositionsbewegungen eher die Schwächen dieser Reformen abhoben. Es kam also Opposition gegen den Einfluss der Fremden aus dem Westen, die den Modernisierungsprozess in Russland unterstützten, zu anderen Zielen hinzu.[716] Dabei waren diese Aufstände mit Sicherheit nicht an sich fremdenfeindlich, vielmehr haben Vertreter der nationalen Minderheiten im Land in großen Zahlen an ih-

---

713 D. Plöse, G. Vogler Hg.: Buch der Reformation, Berlin 1989, 12 Artikel, S. 356–362, Zitate S. 360 f.

714 R. Mousnier: Peasant Uprisings in Seventeenth Century France, Russia and China (1970), englisch New York 1972; V. I Bugunow: Bauernaufstände und Bauernkriege in Ost-, Mittel und Westeuropa, in: Jahrbücher für Geschichte der sozialistischen Länder 1977; W. Schulze Hg.: Europäische Bauernrevolten der frühen Neuzeit, Frankfurt 1982; E. Bruckmüller: Europäische Bauernaufstände, in: P. Feldbauer u. a. Hg.: Bauern im Widerstand, Wien 1992.

715 D. Geyer: Gesellschaft als staatliche Veranstaltung, in: Ders. Hg.: Wirtschaft und Gesellschaft im vorrevolutionären Russland, Köln 1975.

716 Paul Avrich: Russian Rebels 1600–1800, New York 1976; V. I. Bugunow Hg.: Klassenkampf und revolutionäre Bewegung in der Geschichte Russlands, Berlin 1977 (besonders der Beitrag des Herausgebers ebd.). Zum in der Regel unterschätzten Verhältnis zu den Westeuropäern H.-H.Nolte: Images of the West in Early Modern Peasant Uprisings, in: J. Ph. S. Lemmink Hg.: Baltic Affairs, Nijmegen 1990. Aufrufe in deutscher Übersetzung in: Nolte/Vetter.

nen teilgenommen – man hasste nur die Westeuropäer.[717] An anderer Stelle habe ich vorgeschlagen, diese »Bauernkriege« als Aufstände der Peripherie zu interpretieren.[718] Die Aufstände fanden überwiegend in Gebieten statt, die von Russland im 16. Jahrhundert erobert worden waren (vgl. Kapitel 1): der Razinaufstand an der Wolga südlich Kasan, der Bulavinaufstand am Don und der Pugatschowaufstand am Jaik (den wir heute Ural-Fluss nennen) an der Wolga südlich Kasan und im Ural.[719]

Solch eine Revolution war auch der Aufstand unter der Leitung des Donkosaken Emeljan Pugatschow, der sich als Kaiser Peter III. von Russland ausgab und zwischen 1773 und 1775 Kosaken, Bauern und nichtrussische Minderheiten gegen die Herrschaft Katharinas II.,[720] der Gemahlin und Anstifterin zum Mord eben jenes Peter III., anführte.[721] Der Aufstand hatte (nach dem Programm der Aufständischen) das Ziel, legitime Herrschaft wiederherzustellen; Peter III. sei den Anschlägen entkommen und wurde nun von Kosaken der Grenze nach St. Petersburg zurückgeführt.

Pugatschow versprach den Aufständischen vor allem die Rücknahme jener Belastungen, die Zar Peter I. eingeführt hatte, um den Aufstieg Russlands zur europäischen Großmacht zu finanzieren: keine Rekrutenaushebung, keine Kopfsteuer, keine sonstigen neuen Abgaben. Er versprach das als Zar, als Nachfolger Peters I. in einer Linie antiadliger Argumentation – nicht der Zar, sondern der Adel hat diese Untaten zu verantworten; wenn der ausgerottet sei, dann werde es in Russland endlich Ruhe und ein friedliches Leben geben.[722] Das sich dieser Aufruf zum Mord (der nicht ganz systematisch gemeint war, es haben viele kleine Adlige auf Pugatschows Seite gekämpft) auch gegen Westeuropäer richtete, verstand sich aus einem anderen Zusammenhang heraus: Pugatschow, der sich ja als der geborene Herzog von Holstein ausgab, konnte kein Wort Deutsch; er konnte also nicht zulassen, dass Westeuropäer in seine Nähe kamen.

---

717 A. Kappeler: Die Rolle der Nichtrussen der mittleren Wolga in den russischen Volksaufständen des 17. Jahrhunderts, in: Forschungen zur osteuropäischen Geschichte 27 (1980).
718 G.-G. Nolte: Russkie ›krest'janskie vojny‹ kak vosstanija okrain, in: Voprosy Istorii 1994. 11.
719 Nur der erste dieser Aufstände, der des Bolotnikov, hat im Zusammenhang mit inneren Wirren auch die zentralen Gebiete Russlands erschüttert.
720 E. Donnert: Katharina II., Darmstadt 1998.
721 V. V. Mavrodin: Krest'janskaja Voina v Rossii v 1773–1775 godakh, Bde. 1–3, Leningrad 1961–1970; J. T. Alexander: Autocratic Politics in a National Crisis, Bloomington 1969; D. Peters: Politische und gesellschaftliche Vorstellungen in der Aufstandsbewegung unter Pugacev, Berlin 1973.
722 R. V. Ovchinnikov Hg.: Dokumenty stavki E. I. Pugacheva, Moskva 1975, Nr. 41.

USA

1606 verlieh der König von England die Charta für Virginia, 1609 wurde Jamestown als erste englische Siedlung in Nordamerika gegründet.[723] Die englischen Siedler lebten anfangs mehr von der Jagd als die indianischen Bewohner des Landes – Ackerbauern, die den Engländern vor allem Mais und Bohnensorten als neue Feldfrüchte vermittelten. Erst der Anbau von Tabak brachte die Gewinne, für welche die Aktionäre in London Geld investiert hatten. Die Arbeit auf den entstehenden Gütern war Zwangsarbeit – anfangs von Schuldknechten (indentured servants), später von afrikanischen Sklaven. Der König ernannte den Gouverneur, die Grundbesitzer wählten ein »House of burgesses«, das Regeln des Alltags festlegte wie Sonntagsruhe, Kleiderordnung und Kontrolle der Arbeiter.[724]

Die Gründung der Massachusetts Bay Company 1628 gab eine andere Konfliktlage wieder – die strengen Calvinisten, die sich im eher liberalen Holland nicht wohl fühlten, wanderten nach Nordamerika aus, um Gottes Willen zu erfüllen und puritanische Gemeinden von »Heiligen« zu gründen, denen auch die nicht puritanischen Ankömmlinge untergeordnet wurden; 1636 wanderte Roger Williams aus diesen Kolonien aus und gründete in Rhode Island die ersten Kolonie, die auf der Trennung von Kirche und Staat beruhte. Auch in »Neu-England« ernannte der König den Gouverneur und wählten die Grundbesitzer eine Legislative; die soziale Konfliktlinie innerhalb der Gemeinden verlief zwischen denen, die den Handel kontrollieren wollten, und den Bauern.

Ob im Norden oder Süden – die Siedler brachten die Landwirtschaft auf dem Stand mit, der in England etabliert war, und konnten sie ohne hohe Kosten für den Boden (denn wenn sie überhaupt Boden von den Indianern kauften, dann zu Spottpreisen) einsetzen. Vermutlich gehörten sie schon bald nach der ersten Phase der Rodung zu den Menschen mit dem höchsten Pro-Kopf-Einkommen der Welt,[725] so dass sie Muße fanden, ihre eigenen Interessen zu fördern. Der Konflikt mit London verschärfte sich seit der Jahrhundertwende, als 1696 für viele der Güter, die in die Kolonien exportiert wurden, das Stapelrecht in London festgelegt wurde. 1733 wurde ein Sonderzoll für alle Mo-

---

723 Allgemein D. S. Muzzey: A History of our country, Boston usw. 1953; E. Angermann: Die Vereinigten Staaten von Amerika, ²München 1969, L. S. Luedtke Hg.: Making America, Washington 1987; A. Brinkley, R. N. Current Hg.: American History , Neuaufl. New York 1991; H. Zinn: A Peoples History of the United States, Neuaufl. New York 1997. Aktuelle deutsche Einführung H. G. Dahms: Grundzüge der Geschichte der Vereinigten Staaten, Neuaufl. Darmstadt 1997.

724 H. Wellenreuther: Vom Niedergang und Aufstieg. Die Geschichte Nordamerikas in der Frühen Neuzeit. Münster 2000; Ders.: Ausbildung und die Geschichte Nordamerikas vom Ausgang des 17. Jahrhunderts bis zum Ausbruch der Amerikanischen Revolution, Hamburg 2001; Ders.: Exploring Misunderstandings: Atlantic Political Culture in the Early Modern World, in: Pietschmann, Atlantic History; Übersicht: H.-H. Nolte Hg.: Demokratie und Expansion. Die USA bis zum Ersten Weltkrieg, Bad Schwalbach 2005.

725 C. White: Russia and America, The Roots of Economic Divergence, London 1987.

lasse (Zuckerrohrmasse) erhoben, die von nicht britischen Karibikinseln nach Nordamerika transportiert wurde. Die strategische Lage änderte sich, als im Siebenjährigen Krieg auch mit Unterstützung amerikanischer Heerführer die Franzosen aus Nordamerika vertrieben wurden und 1763 Kanada britisch wurde (nachdem schwedische und holländische Kolonien schon vorher annektiert worden waren). London wollte die Kolonien stärker zu den Kosten des Imperiums heranziehen und erließ 1765 den »Stamp-Act«, demgemäß die englische Krone eine Gebühr von allen Notariatsvorgängen einzog. 1769 wurden britische Truppen in Boston stationiert, nachdem die Legislativen der Kolonien den Rechtssatz – keine Besteuerung ohne Parlament, »no taxation without representation« – auch für sich gefordert hatten.

In allen Kolonien kam es zu Protesten, und man verbrannte sogar die Kutsche des Gouverneurs von New York. Daraufhin zog die Regierung das Stempelmarkengesetz zurück (wenn auch ohne den Anspruch aufzugeben, eine Steuer einheben zu können). Nun wurden Zölle auf alle Waren gelegt, auch die aus England; die Kolonisten antworteten mit einem Boykott englischer Waren. Als George Washington in Virginia im »House of burgesses« die Vorlage einbrachte, dass Steuern in Virginia zu erheben ausschließlich Sache dieses Parlaments und nicht die irgendeines Parlaments in London sei, wurde das House vom Gouverneur geschlossen. Die Abgeordneten trafen sich daraufhin in einem Privathaus und beschlossen den Boykott englischer Waren. Ihnen folgten alle Parlamente von Massachusetts bis Carolina. Die englische Regierung wich erneut zurück und hob die Zölle mit einer einzigen Ausnahme auf – worauf die Einkäufe bei britischen Firmen wieder in die Höhe gingen. Die Theoretiker der Revolution, die Aufklärer an den Universitäten und in den Städten verloren an Öffentlichkeit.

Es war schließlich die East India Company, über welche die Revolution doch noch in Gang kam. Der einzige Zoll, den London noch erhob, war der auf Tee – drei Pence je Pfund. Da die Amerikaner den Tee so oder so meist billiger aus Holland schmuggelten, konnte man diesen Zoll schwerlich als besondere Belastung werten. Nun erreichte die East India Company, die einen großen Posten unverkäuflichen Tees auf Lager hatte, eine Sondergenehmigung, diese Ware direkt (also unter Umgehung des Londoner Stapelrechts) in Amerika zu verkaufen, wodurch sie trotz Zoll die holländischen Konkurrenten unterbieten konnte. Es zeigte sich, dass die Engländer den politischen Charakter der Auseinandersetzung unterschätzten – in den meisten Häfen wurden die Teesegler nicht ausgeladen, in Boston enterten am Abend des 16. 12. 1773 einige junge Terroristen das Schiff, zerschnitten die Säcke und warfen den Tee in den Hafen, wodurch ein Schaden von ca. 9.000 $ entstand.

Das wollten die Briten, die ja schon mehrfach nachgegeben hatten, sich nicht bieten lassen. Das Londoner Parlament schloss den Hafen von Boston und legte zugleich fest, dass alles Land westlich der Alleghenies zur Provinz Quebec gehören solle. 4.000 Mann wurden nach Boston eingeschifft.

Inzwischen hatten aber die 13 Kolonien in Philadelphia einen »Kongress des Kontinents« eröffnet, der noch einmal die Forderung nach Selbstverwaltung und Selbstbesteuerung stellte und alle jungen Männer als Miliz organisierte, die jede Minute zur Verfügung stehen müsse (»Minutemen«). Als eine britische Patrouille von Boston aus am 18. April 1775 ein Munitionslager der Kolonie Massachusetts besetzten wollte, wurde sie bei Lexington von der Miliz gestellt. Die Amerikaner kämpften als Guerilla ohne Drill, hinter Bäumen als Deckung, während die Briten in Linie und Uniform aufmarschierten. Auch im zweiten Gefecht bei Bunker-Hill oberhalb Bostons verloren die Briten viel mehr Mann als die Kolonisten, obgleich Erstere den Hügel schließlich mit Hilfe der Schiffsartillerie erobern konnten. Am 3. Juli 1775 erklärte der Kongress des Kontinents den Krieg und am 4. Juli die Unabhängigkeit der 13 vereinigten Staaten von Amerika. Zu diesem Zeitpunkt hatten die USA 2,7 Millionen Einwohner, von denen 1,7 Millionen von Engländern stammten und je eine halbe Million von Siedlern aus anderen Staaten Europas bzw. aus Afrika. Die Indianer wurden nicht gezählt. Es gab acht Universitäten – die älteste, Harvard, war 1636 gegründet worden (mehr als 100 Jahre vor der ersten Universität in Russland).

Der »Revolutionskrieg« – Revolutionary war – wurde sehr schnell zu einem gesamteuropäischen Koalitionskrieg, nachdem es der amerikanischen Miliz 1777 sogar gelungen war, bei Saratoga am Hudsonriver eine reguläre englische Armee zu besiegen. Die englische Seite setzte Soldtruppen, z. B. Hessen, ein, und die amerikanische Seite erlitt schwere Niederlagen gegen die trainierten und modern ausgerüsteten gegnerischen Truppen. Lange hielten die Engländer New York und zeitweise den gesamten Süden besetzt, in dem royalistische Stimmungen so oder so weit verbreitet waren. Je tiefer britische Truppen jedoch in das Land vorstießen, desto effektvoller wurde die Miliz – je mehr Wildnis verteidigenden Truppen Deckung gab, desto weniger kam das geordnete Feuer der Linie zur Geltung. Entschieden wurde der Unabhängigkeitskrieg jedoch erst, als Frankreich, Spanien und die Niederlande mit den USA ein Bündnis schlossen, eine französische Flotte die rückwärtigen Verbindungen der Engländer in Frage stellte und französische Linientruppen auch die Schlachten an der Küste mit für die USA entschieden. Im Oktober 1781 musste eine englische Armee von 8.000 Mann bei Yorktown kapitulieren. Zwar drohte König Georg III., er werde der Krone entsagen und nach Hannover zurückkehren, falls die Unabhängigkeit Amerikas anerkannt werde – aber vielleicht verstand mancher in der Londoner City das eher als Angebot, jedenfalls unterzeichnete er 1783 den Frieden von Paris, durch den die 13 verbündeten Staaten unabhängig wurden und alles Land im Westen bis zum Mississippi als Expansionsraum erhielten.

Eine Weltmacht entstand. Selbstverständlich wusste das zu diesem Zeitpunkt keiner, und die wohlwollende Sympathie, mit der die Aufklärer in Europa die Gründung der USA verfolgten, verblasste wenige Jahre später vor den Ereignissen der Französischen Revolution. Erst anderthalb Jahrhunderte später wurde deutlich, dass die Sezession Amerikas einen grundlegenden Vorgang der globalen Geschichte ankündigte: das Ende der europäischen Expansion, bevor diese überhaupt ihren Höhepunkt erreicht hatte.[726]

Die Unabhängigkeitserklärung wandte sich keineswegs nur an das amerikanische Volk, sondern vor allem an die Weltöffentlichkeit, wollte die »opinions of mankind« für die amerikanische Sache gewinnen. Und sie bezog sich auf die Rechte aller Menschen:

»Wir glauben, dass folgende Wahrheiten keines Beweises bedürfen: dass alle Menschen gleich geschaffen sind, dass sie von ihrem Schöpfer mit bestimmten Rechten ausgestattet wurden, die sie nicht wieder verlieren können, und dass zu diesen Rechten das Leben, die Freiheit und die Suche nach Glück gehören. Und dass Regierungen unter Menschen eingerichtet wurden, damit diese Rechte gesichert werden, und dass diese Regierungen ihre Macht aus der Zustimmung der Regierten ableiten, und dass – falls eine Regierung behindert, dass diese Ziele erreicht werden – es das Recht des Volkes ist, eine neue Regierung einzusetzen. Die soll eine Grundlage schaffen und deren Macht soll so organisiert sein, wie man annimmt, dass Sicherheit und Glück am besten gesichert werden können.« Die Klugheit, so fährt die Erklärung fort, gebiete es, auch schlechte Regierungen eine Weile zu ertragen, aber wenn die Missbräuche unerträglich werden und man befürchten muss, dass sie zum Absolutismus führen, dann ist es nicht nur das Recht, sondern die Pflicht der Bürger, eine solche Regierung zu stürzen. Eine derartige Bedrohung aber sei von dem Tyrannen, dem jetzigen König von England, ausgegangen – um das zu beweisen, werden seine Vergehen in 27 Punkten ausgeführt. Die Aufzählung setzt ein mit dem Vorwurf, dass er seine Zustimmung zu sinnvollen Gesetzen verweigert hat, erwähnt die Steuerfrage und den Versuch, ein stehendes Heer ohne Zustimmung des zuständigen Parlaments zu unterhalten, kritisiert, dass der König einen Prozess zu beeinflussen gesucht habe, und schließt, er habe die gnadenlosen indianischen Wilden gegen sie aufgehetzt.[727]

Das alles dem armen Welfen Georg III., der allerdings in Hannover sicher besser am Platz gewesen wäre als in London, der aber immerhin mit einem Parlament regierte. Und das alles, so möchte man überspitzen, wegen drei Pence Zoll je Pfund Tee! Dazu die so weitreichende Aussage, dass alle Menschen gleich geschaffen sind und Rechte haben, auf die sie gar nicht verzichten können, auch nicht in irgendeinem *contrat social!* Oder ging es von Anfang an mehr um den Anspruch, »unter den Mächten jenen unabhängigen und gleichrangigen Platz einzunehmen, zu dem die Natur und ihr Gott (englisch: nature's God) sie berechtigen ...«, ging es also um Macht und Stellung im Konzert der Mächte?

---

726 Zur Außenpolitik einführend D. Junker: Power and Mission, ²Freiburg 2003; vgl. die Anfangskapitel in: P. Dukes: The Superpowers, London 2000.

727 Text in: Muzzey, a.a.O., S. I–III; J. H. Hazelton Hg.: The Declaration of Independence, New York 1970. Vgl. K.-H. Schneider: Die nordamerikanischen Kolonien bis 1776; Nolte, wei Anm. 724.

Nach der Verfassung,[728] die diese junge Republik sich gab, erhielt jeder Staat der Union unabhängig von seiner Größe zwei Sitze im Senat, der Staatenkammer. Die Sitze im Repräsentantenhaus wurden nach der Zahl der Einwohner aufgeteilt. Der Passus über diese Wahl enthält eine seltsame Modifikation: Die Zahl der Repräsentanten je Staat wird nach der Zahl der freien Personen berechnet, jedoch werden drei Fünftel der nichtfreien Personen hinzugerechnet. D. h. dass Staaten, in denen es viele unfreie Personen gab, mehr Repräsentanten erhielten, als es der Zahl der freien Personen entsprach; ein Entgegenkommen für die Staaten mit Sklaverei im Süden. Die Wahlrechte in den einzelnen Staaten waren ziemlich unterschiedlich – überwiegend wurden sie nach Grundbesitz zugeteilt, in einigen Staaten im Norden war das Wahlrecht jedoch an eine Steuersumme gebunden. Insgesamt waren 1788 ungefähr 11 % der amerikanischen Bevölkerung über 21 Jahren wahlberechtigt – ein Prozentsatz, der etwa der Größenordnung der Wahlberechtigten in der Republik Polen entsprach, wobei dort allerdings das Wahlrecht auf den Adel beschränkt war. Der Vergleich zeigt die Nähe der amerikanischen zu den ständischen Gesellschaften Europas, auch wenn es in den Kolonien kein durch Geburt erworbenes Wahlrecht gab, so war Vermögen doch erblich. Es waren patriarchalische, wohlhabende Grundbesitzer, die ihren Platz in der Welt beanspruchten. Der Präsident erhielt die klassischen Prärogative der englischen Könige – die Militär und Außenpolitik zu leiten sowie die Beamten der Union zu bestimmen. Getreu der Maxime Montesquieus wurde die Judikative als dritte Gewalt etabliert.

Und doch hatte die Verfassung der USA einige Grundsätze, die sich strukturell von denen ständisch bestimmter Staaten unterschieden. Nicht so sehr, dass der Präsident auf Zeit, auf vier Jahre gewählt wurde – dafür gab es z. B. in Venedig Ähnlichkeiten, sondern vor allem darin, dass die Verfassung als offen angelegt wurde, dass Veränderungen verfassungsmäßig zugelassen waren. Die Verfassung nahm die großartigen Formulierungen der Unabhängigkeitserklärung nicht auf und formulierte auch nicht einen Katalog von einklagbaren Grundrechten. Gewiss, auch die Großgrundbesitzer aus Virginia hatten dem Satz zugestimmt, dass alle Menschen gleich geschaffen seien, als es darum ging, sich für den Unabhängigkeitskrieg Mut zu machen. Nun sorgten sie dafür, dass ein Paragraf in die Verfassung kam, der jeden Staat verpflichtete, entlaufene Sklaven dem Besitzer zurückzubringen. Aber sie schlossen einen Kompromiss mit den Aufklärern – einen Wechsel auf die Zukunft. Später haben die Bürger diesen Wechsel wirklich eingefordert – zuerst 1792 Kentucky mit dem bahnbrechenden Prinzip, dass jeder Mann eine Stimme habe: »One man, one vote.«

---

728 Text in: Muzzey, a.a.O., S. IV–XVIII.

Wahlberechtigung in den USA in Prozent der Bevölkerung über 21 Jahren[729]

1776 – 11 % (Vermögens-, z. T. Grundbesitz-Zensus)
1828 – 25 % (seit 1792 nahm die Zahl der Staaten zu, die den Wahlzensus abschafften)
1866 – 45 % (Wahlrecht der Afrikaner)
1920 – 89 % (Wahlrecht der Frauen)

1920 gab es nur noch zwei Gruppen ohne Wahlrecht: die Indianer und die Immigranten.

Vergleich

Der fast gleichzeitige Aufstand der 13 Kolonien auf dem neu eroberten Kontinent gegen das ferne London hatte einige Ähnlichkeiten mit dem Aufstand Pugatschows an der Grenze zu Asien gegen das ferne Petersburg. Beide fanden in einem peripheren Gebiet statt, beide waren durch eine eigentümliche Mischung von Festhalten an alten Rechten und neuen Forderungen geprägt. In beiden kam Gleichheitstradition zum Ausdruck. Beide Aufstände wurden von Mittelschichten geführt – die 13 Kolonien von Kaufleuten und Pflanzern, der Aufstand Pugatschows von der kosakischen Oberschicht am Jaik. Beide wollten mehr regionale Selbstbestimmung – die kosakischen Heere gegen die zentralisierende Regierung an der Ostsee, und die der 13 Kolonien gegen das Londoner Parlament. Beide kämpften gegen die Institution des modernen stehenden Heeres, und rein militärisch haben in beiden Fällen die Grenzer in lockeren Verbänden Anfangssiege gegen reguläre Armeen errungen. Um zu gewinnen, haben die amerikanischen Revolutionäre allerdings soldatischen Drill lernen müssen – den die Kosaken nicht lernen wollten. Die USA gewannen auch deshalb, weil sie in Frankreich einen potenten Bundesgenossen fanden – die Pugatschowtschina verlor auch deshalb, weil der potenzielle Bundesgenosse, das Osmanische Reich, selbst schwach war.

Neben einigen Ähnlichkeiten gab es aber tiefgreifende Unterschiede, auch neben dem grundlegendsten, dass der eine Aufstand erfolgreich war und der andere verloren ging. Die Amerikaner kämpften gegen ihren König, die Russen für ihren »richtigen« Zaren. Die Kosaken kämpften zusammen mit Baschkiren, Kalmücken und Tataren, die Amerikaner vertrieben die indianischen Nationen aus Ohio, unter anderem auch darum, in ihrer Westexpansion nicht behindert zu werden. Die Amerikaner lernten den soldatischen Drill, den Franzosen und Preußen sie lehrten; die Kosaken suchten bis zum Schluss ihr Heil in Überraschungsangriff und Schnelligkeit, da sie von den Westlern

---

729 Muzzey, a.a.O., S. 442.

nichts lernen wollten. Die Kosaken verloren gegen die gedrillten und weithin von Deutschen befehligten zarischen Armeen, obgleich sie zeitweise mit dem Ural das damalige Rüstungszentrum des Imperiums kontrollierten. Die Amerikaner gewannen, obgleich sie wichtige Wirtschaftszentren wie New York schon früh aufgeben mussten und zeitweise in die Wildnis zurückgedrängt wurden.

Die Kolonisten wollten die Teesteuer von drei Pence nicht zahlen, ein kleiner Betrag, dem man ausweichen konnte (man brauchte ja nur keinen Tee zu trinken). Pugatschows Leute wollten die Kopfsteuer nicht zahlen, 80 Kopeken – grob geschätzt der Preis für 130 kg Gerste.[730] Niemand konnte der Kopfsteuer ausweichen (außer durch Flucht). Die Amerikaner bezogen sich auf die westeuropäische aufgeklärte Theorie des Jahrhunderts, die Russen auf altes Herkommen und auf die Vorschriften der Bibel, wie man als Christ miteinander umzugehen habe. Die Amerikaner forderten als Recht, dass jeder sein Glück machen darf; die Kosaken forderten, jedem seine Ruhe zu lassen. Die Kolonisten setzten den Gläubigen an die erste Stelle und leiteten die Bildung der religiösen Gemeinden von dessen Entscheidung ab, ohne allen Staat; die Kosaken blieben dabei, Staat und Kirche an die erste Stelle zu setzen, und es gab unter ihnen eine Partei, welche die Wiederherstellung des alten Glaubens forderte, mit einer weiter gehenden Bindung des Zaren an die Kirche, als man im aufgeklärten Petersburg akzeptieren wollte, und mit einem Patriarchen in apostolischer Nachfolge.

Für die aufständischen Amerikaner war die Moderne etwas, das man ergreifen musste, notfalls auch auf Kosten der Vorbewohner – für die Kosaken war die Moderne etwas, das man abwehren sollte, zusammen mit den Vorbewohnern des Landes. Die beiden Zitate am Anfang des Kapitels verdeutlichen diesen Unterschied – hier Goethes Faust, der keine Ruhe will, dort der Kaiser des Kosaken, Pugatschow, der eben die Ruhe seinen Gefolgsleuten verspricht.

Das erinnert daran, wie unterschiedlich ähnliche Vorgänge waren. Es macht zugleich deutlich, dass die Amerikaner aus einem Land des Zentrums gekommen waren, das schon einen hohen Lebensstandard hatte und in dem es seit 1640 keine Hörigkeit mehr gab, während die Kosaken und die freien Leute der Grenzstädte, um der Leibeigenschaft zu entfliehen, aus einem halbperipheren Land gekommen, aber (auch im Osten der alten Landesgrenzen südlich der Oka) in einem halbperipheren Staat geblieben waren.[731]

---

[730] R. Hellie: The Economy and Material Culture of Russia, Chicago 1999, S. 20, 646. Bei einem niedrigen Verhältnis von Aussaat zu Ernte, selten über dem 4. Korn, war das eine hohe jährliche Steuer.
[731] H.-H. Nolte: Russland und Amerika vor dem Kalten Krieg, in: C. Meier-Walser, B. Rill Hg.: Russland, München 2002.

Technische Revolutionen

Michael Mitterauer hat knapp zusammengefasst, wie die Technik des Buchdrucks, Religion und Massenkommunikation sich im eurasiatischen Raum entwickelt haben.[732] Buchdruck ist seit dem 8. Jahrhundert in Ostasien belegt, überwiegend aus der buddhistischen Tradition; als ältester überlieferter Text gilt eine in Sanskrit geschriebene, in chinesischer Schrift gedruckte Anrufung der Götter von etwa 770 aus Japan. Die Technik war Blockdruck; es wurde also Schrift spiegelverkehrt in Holzblöcke geschnitzt. Dies blieb in Ostasien bis in die Frühe Neuzeit die klassische Druckform auch für Bücher; ein Versuch des koreanischen Hofes 1403, bewegliche Lettern einzuführen, wurde in Ostasien zur Kenntnis genommen, hatte bei einer aus Piktogrammen bestehenden Schrift aber zu hohe Kosten (man hätte eine riesiges Reservoir von Drucktypen haben müssen) und wenig Erfolg. Im 17. und besonders im 18. Jahrhundert entwickelte sich vor allem in Japan, aber auch in China eine Massenkommunikation auf der Grundlage von Blockdruck.

Gutenbergs Erfindung von etwa 1450 unterschied sich vom ostasiatischen Druck nicht nur dadurch, dass die Lettern gegossen wurden, sondern auch dadurch, dass Druck mit beweglichen Lettern bei einer Buchstabenschrift nur geringen Aufwand erforderte. Außerdem stieß er auf ein breites, vor allem an Fragen der Religionsreform interessiertes Publikum. Schnell, ausgehend vom Bibeldruck, wurde die neue Technik über den ganzen Westen verbreitet; um 1500 gab es im Westen schon 1.700 Druckereien in 300 Städten.[733] Auch im Osmanischen Imperium gab es Druckereien, aber erfolgreich waren nur die der christlichen und jüdischen Minderheiten – da es verboten blieb, den Koran zu drucken, blieb in der Frühen Neuzeit zwischen dem Westen und dem Osten des Großkontinents eine muslimische Zone, die an der Revolution des Druckens wenig teilnahm.

Auch in anderen technologischen Bereichen wird man nicht davon sprechen können, dass der Westen dem Osten überlegen war; fast alle wichtigen Erfindungen des Mittelalters wurden in China früher gemacht als im Westen (siehe Kapitel 3). Vielleicht hat das europäische Universitätssystem durch die Stiftungs-Ökonomie und die institutionelle Autonomie eine größere Selbstständigkeit besessen[734] als das System von Akademien in China und Japan, das System der Medresen im Islam war aber ebenfalls durch langfris-

---

732 M. Mitterauer: Religion und Massenkommunikation, in: Grandner: Weltgeist. Die Initiative des koreanischen Hofes war entsprechend mit der Entwicklung einer Lautschrift verbunden; da Korea sich damit aber aus dem Informationssystem Ostasiens ausgeklinkt hätte, scheiterte dieser Versuch.
733 Jones, Miracle, S. 61.
734 Dies gilt selbstverständlich nur für alte, mit Stiftungen gesicherte Universitäten wie in Deutschland die Universitäten Köln oder Erfurt, die vom absolutistischen Preußen entsprechend nach der Annexion kassiert wurden. Die neuen, unmittelbar staatlichen Universitäten besaßen diese ökonomische Selbstständigkeit nicht.

tige Stiftungen gesichert, und selbstverständlich war kein Bildungssystem vom Staat wirklich unabhängig.[735] Und vor allem: An den Universitäten war Technik kein Lehrfach, damit befassten sie sich gar nicht.

Auch im ganzen Bereich der Protoindustrialisierung gab es keine wesentlichen Unterschiede zwischen Ostasien und Europa, sieht man einmal davon ab, dass die protoindustriell geprägten Gebiete in China mehr Menschen zählten. Die Differenz liegt auch nicht in den Qualitäten der Erzeugnisse – noch am Anfang des 19. Jahrhunderts war sowohl indisches als auch russisches Eisen zumindest in bestimmten Sorten besser als englisches – aber eben auch teurer.[736]

Die Erfindungen, die in England am Ende des 18. Jahrhunderts gemacht wurden, hatten jedoch wirklich revolutionären Charakter eben in diesem Punkt: Sie machten die Produkte billiger. Die Reihe von Erfindungen, die im Textilgewerbe gemacht wurden – von der Spinning-Jenny, die es erlaubte, 16 Spindeln von einer Person bedienen zu lassen, bis zur »Mule-Jenny« 1800, die ermöglichte, 216 Spindeln mit vier bis fünf Beschäftigten zu betreiben –, erhöhte die Menge des je Arbeitskraft gesponnenen Garns gegenüber dem Handspinnrad von 4,2 auf 420 Gramm Garn je Stunde, verhundertfachte also die Produktion je Arbeitskraft.[737] Die folgenreichste Erfindung war fraglos die Dampfmaschine, die es ermöglichte, unabhängig von Wasser oder Wind mechanisch Energie zu erzeugen – und die bald die Leistungen der Mühlen deutlich übertraf, von den Pferdegöpeln oder durch Menschen betriebenen Laufrädern als stationäre Energiequellen ganz zu schweigen.[738] Und die Erfindungen griffen ineinander – erst die Dampfmaschine stellte die Kraft zur Verfügung, die zum Betreiben von immer mehr Spindeln notwendig war, auch dann, wenn im Sommer die Bäche und Flüsse sogar am Rand der Mittelgebirge wenig Wasser führten.

Die technischen Erfindungen in England am Ende des 18. Jahrhunderts hatten wirklich umwälzenden Charakter. Sie sind schwer vorstellbar ohne den Kontext der auf Empirismus zielenden Wissenschaftskultur Englands (vgl. Kap. 13) – nicht in dem Sinn, als ob China oder Japan wegen des Fehlens dieser Kultur im Nachteil gewesen wären, denn dort gab es ja keine Offenbarungsreligion, gegen die man Empirismus erst durchsetzen musste, sondern in dem Sinn, dass in Europa technische Erfindungen ein unfreundliches oder doch uninteressiertes intellektuelles Klima vorfanden, solange die Offenbarungsreligion alles bestimmte. Die Erfindungen wurden nicht an den von christlichen Institu-

---

735 Vgl. Pomeranz: Divergence, S. 43.
736 Pomeranz: Divergence, S. 46; Nolte: Kleine Geschichte, S. 105.
737 A. Bohnsack: Spinnen und Weben, Die Entwicklung von Technik und Arbeit im Textilgewerbe, Reinbek 1981, S. 185 f., S. 235.
738 A. Paulinyi, U. Troizsch Hg.: Propyläen Technikgeschichte 1600–1840. Mechanisierung und Maschinisierung, Berlin 1991; J. Moel: The lever of riches: technological creativity and economic progress, New York usw. 1990. Zu einzelnen Erfindungen einführend Braun, Erfindungen.

tionen organisierten Universitäten gemacht, sondern in einem Milieu gelehrter Handwerker und ihrer Mentoren. Dass die Rüstungsindustrie mit ihrer Förderung der Metallproduktion sowohl bei der Entwicklung neuer Eisensorten als auch neuer Schlösser Voraussetzungen für dieses Milieu bot, ist deutlich – es wird vielleicht aus der Sicht eines Landes noch deutlicher, das die Erfindungen aus dem Westen teuer importieren musste und immer wieder daran scheiterte, auch das erfinderische Milieu ins Land zu holen.[739] Die Stärke des säkularen Staates als Akteur in der Bildung lag dann in der Einführung technischer Hochschulen, weil auch die säkularisierten Universitäten sich zu fein waren für so simple Dinge wie Rücklaufventile.

Dass diese Erfindungen in Europa gemacht wurden, beruhigt etwas, da man ja sonst den Verdacht hegen könnte, dass nur den Chinesen etwas einfällt. Ohne gleich in die Gegenthese verfallen zu wollen, dass es überhaupt keine – sei es genetische, sei es kulturelle – Prädispositionen für technische Intelligenz gibt, belegt die technologische Revolution doch, dass auch die Europäer über solche verfügen, und nährt die Hoffnung, dass alle Menschen zu solchen Leistungen in der Lage sind.

Industrielle Revolution in England

Die Industrielle Revolution bestand im überproportionalen Wachstum des industriellen Sektors gegenüber den anderen Sektoren. England war der Protagonist dieser Entwicklung. 1688 zählte Gregory King 240.000 Handwerker bei 5.500.520 Einwohnern in England, d. h. dass, auch wenn man einige Cottager und Labouring people in Unternehmen der Protoindustrialisierung hinzurechnet, wohl nicht mehr als ein Zehntel der Bevölkerung einem Gewerbe nachging.[740] 1801 waren es drei Zehntel, 1901 sogar fast fünf (45,3 %). Der Zuwachs erfolgte vor allem auf Kosten der Landwirtschaft – 1801 noch 35,9 % der Beschäftigten, sank er bis 1901 auf 8,7 %.[741]

David Landes hat bei seiner Darstellung der Herausbildung der, wie er das sieht, »europäischen Ausnahmestellung« in der Weltgeschichte herausgestellt, dass nur die Europäer die »Erfindung des Erfindens« gemacht haben. Entsprechend hat er die Industrielle Revolution durch drei Innovationen bestimmt:

- die Ersetzung körperlicher Anstrengung durch Maschinen;

---

739 Vgl. H.-H. Nolte: Tradition des Rückstands. Ein halbes Jahrtausend Russland und der Westen, in: VSWG.
740 G. O. Trevelyan: English Social History (1942), Neuausg. London 1948, S. 276–279.
741 T. Pierenkemper: Umstrittene Revolutionen, Frankfurt 1998, hier S. 10–31; A.. Komlosy: Chinesische Seide, indische Kalikos, Maschinengarn aus Manchester, in: Grandner, Weltgeist. Eine umfangreiche Übersicht von Forschungen und Positionen in: Braun, Industrielle Revolution.

- die Ersetzung belebter durch unbelebte Kraftquellen, insbesondere Wärmekraftmaschinen, und
- die Verwendung neuer Rohstoffe, besonders die Ersetzung organischer Substanzen durch anorganische und schließlich synthetische.

»Solche Substitutionen machten den Kern der Industriellen Revolution aus.«[742]

In der Tat bietet die Geschichte der Erfindungen den nahe liegendsten Einstieg in die Geschichte der Industriellen Revolution. Nimmt man die Dampfmaschine als Beispiel, dann zeigt sich zwischen Denis Papin (der 1707 das erste Dampfboot auf der Fulda fahren ließ und seit 1687 Professor für Physik in Marburg war) und James Watt (Universitätsmechanicus und Unternehmer, der bis 1782 die erste doppelt wirkende Dampfmaschine erfand) eine gut hundertjährige Entwicklung, in der

- die Energiequelle vom Zylinder und
- der Kondensationsprozess des Wassers vom Zylinder getrennt sowie schließlich
- die Einwirkung des Dampfes auf den Kolben verdoppelt wird, indem – je nach der Stellung desselben – im Zylinder oberhalb oder unterhalb Dampf zugeführt wurde.

Die Erfindung Watts wurde auch deshalb zur Lieblingsgeschichte der Industriellen Revolution, weil der Erfinder 1781 einen Patentprozess gewann und also durch die Rechtsinstitutionen Englands in die Lage versetzt wurde, seine Erfindung auch auszubeuten. 1775 gründete er die Firma Boulton und Watt. Kennzeichnend für die Erfindung der Dampfmaschine ist, dass sie in einem europäischen Milieu stattfand, in dem schließlich die größte Nachfrage den technischen Durchbruch in England erleichterte. Die Maschine bedeutete eine tiefgreifende Veränderung, weil sie erlaubte, mehr Kraft gleichmäßig an vielen Standorten zu erzeugen – anders als die Wasser- und Windmühlen, die lange wichtig blieben, aber von Wasserführung oder Wind abhingen. 1810 gab es 5.000 Dampfmaschinen in England, 200 in Frankreich und eine in Preußen.[743]

Voraussetzung für die Ausbreitung der Dampfmaschinen war der preiswerte Zugriff auf den Brennstoff Kohle. Kohle wurde, wo sie dicht unter der Oberfläche abgebaut werden konnte, schon seit dem Mittelalter sowohl in China als auch in Europa eingesetzt, um zu heizen und zu kochen; je teurer das Holz wurde, desto eher nahm man die Nachteile der Kohle – vor allem den schwefeligen Rauch und den alles verschmutzenden fetten Ruß – in Kauf. Für industrielle Zwecke und insbesondere zum Betrieb der Dampf-

---

742 D. Landes: Wohlstand und Armut der Nationen. Warum die einen reich und die anderen arm sind, deutsch Berlin 1999, S. 44 ff., S. 61 ff., S. 205.
743 O. Wagenbreth Hg.: Die Geschichte der Dampfmaschine, Münster 2002.

maschinen wurde Kohle vor allem in England eingesetzt, da die Lagerstätten günstig waren – während die Lagerstätten in China weitab vom Bedarf waren – und weil Holz schon im 18. Jahrhundert fast ausschließlich Importware war. Zum Gebrauch der Kohle für die Dampfmaschinen kam die neue Hüttentechnik mit Steinkohlekoks hinzu; Kohle wurde zum wichtigsten Träger anorganischer Energie.[744]

Dampfmaschine und Kohle bildeten aber nur einen der vielen kleineren Teilbereiche in der »Verschiebung der Struktur der volkswirtschaftlichen Hauptsektoren«, als die Toni Pierenkemper die Industrielle Revolution gekennzeichnet hat.[745] Große Teile der englischen Industrie blieben noch lange handwerklich geprägt. Trotzdem ging die Industrialisierung etwa ab der Mitte des 18. Jahrhunderts mit einem deutlichen Wirtschaftswachstum zusammen, das die Wachstumsrate ab 1760 für zwei Jahrhunderte auf einen Schnitt von 1,2 % jährlich ansteigen ließ. Der Machtanstieg Großbritanniens hatte seine Basis in diesem soliden Wachstum, und das wiederum machte es für alle anderen Mächte zwingend, dem Kurs des neuen Hegemons so weit als möglich zu folgen. Insbesondere jene Voraussetzungen wurden diskutiert und konkurrierend imitiert, die von außen leicht erkennbar waren – Maschinen und Industrie, der auf großen Kolonialbesitz gestützte Welthandel, das Konzept des freien Marktes. Weniger wurde deutlich, dass die Agrarrevolution eine der wesentlichen Voraussetzungen der Industriellen gewesen war.

Verschiedene Industrialisierungen

Der Machtzuwachs Großbritanniens in der Folge der Industriellen Revolution war so eindrucksvoll, dass kein europäischer Staat darauf verzichten konnte, dem nachzustreben. Dabei unterschieden sich zum einen Staaten wie Belgien oder Frankreich, Staaten des europäischen Zentrums, von Staaten der Halbperipherie oder der Peripherie. Die ersten waren durch produktive Agrarwirtschaft und verdichtete gewerbliche Räume so wohlhabend, dass die Industrialisierung weithin aus spontanen Marktkräften erfolgte, also aus der schon vorhandenen Nachfrage; mehrere aus dieser Gruppe, insbesondere die USA und Deutschland, sahen jedoch die Notwendigkeit, sich durch hohe Außenzölle gegen die britische Konkurrenz zu schützen.[746] Staaten der Halbperipherie fanden es nötig, zusätzlich in die Infrastruktur zu investieren, besonders in den Eisenbahnbau. Viele Länder – in Lateinamerika, im Voderen Orient – scheiterten bei Versuchen, den Vor-

---

744 H. Kiesewetter: Das einzigartige Europa, Göttingen 1996; Pomeranz, Divergence, S. 59 ff.
745 Pierenkemper a.a.O., S. 19.
746 Zur Literatur U. Menzel: Geschichte der Entwicklungstheorie, ²Hamburg 1993, S. 87–96 (zu Hamilton, Raymond, Carey als Theoretiker der nachholenden Entwicklung in den USA, zu Ferrier als Theoretiker der Kontinentalsperre und zu Friedrich List).

sprung aufzuholen.[747] Innerhalb industrialisierter Staaten wurden viele Regionen zu inneren Peripherien, wie der Midí in Frankreich, der Keltische Rand in Großbritannien, Mecklenburg und Ostdeutschland im Deutschen Reich, »Polen C«, oder Andalusien und Galizien innerhalb Spaniens.[748] Die Ungleichheiten stiegen an.

Periphere Länder, Kolonien, hatten weder die Möglichkeit, ihre Produktion durch Außenzölle zu schützen, noch durch Staatsinterventionen anzukurbeln. Die asiatischen Länder wurden jetzt zum Teil, wie Ägypten oder Indien, zur Peripherie gemacht, zum Teil, wie Persien oder China, in einem Status formaler Selbstständigkeit belassen, wenn sie nur keine Industrialisierungspolitik trieben – einigen wie Japan oder Argentinien gelang jedoch der Sprung in eine selbstbestimmte Moderne.[749]

Die Industrialisierung der USA war durch die Siedlung an der Grenze mit der großen Nachfrage an Wagen, Waffen, Kleidung und Pferden gekennzeichnet, zu der seit der Mitte des Jahrhunderts die nach Agrarmaschinen wie dem berühmten McCormick hinzukam.[750] Der Konflikt um die Sklaverei, aber auch die Führung im Lande zwischen Norden und Süden war 1865 entschieden; nun nahm eine beispiellose Konjunktur neue Geschwindigkeit auf. Im Dreieck zwischen New York, Philadelphia und Chicago lagen Steinkohle und Eisenerz günstig, und ein System von Kanälen hatte seit den fünfziger Jahren die Großen Seen mit Mississippi, Ohio und Hudson verbunden. Die Eisenbahnen brauchten nur den Kanälen zu folgen, bevor es ab 1862 über die Prärien und Rockies nach Westen ging, bis 1869 der erste Zug in sechseinhalb Tagen von Kalifornien bis New York fuhr. 1866 war das erste dauerhafte transatlantische Kabel verlegt worden: Amerika rückte zugleich an den Pazifik wie auch an Europa heran, die Welt wurde kleiner.

Deutschland[751] war durch die Differenz zwischen dem ökonomisch fortgeschrittenen und politisch demokratischen Westen und dem spätabsolutistischen Osten geprägt, in dem mit Wien und Berlin die Hauptstädte der beiden deutschen Großmächte lagen. Bürgerliche Gruppen scheiterten 1848 in dem Versuch, die deutschen Staaten zu einer konstitutionellen Monarchie zu reformieren; zwischen 1866 und 1871 gelang es jedoch der preußischen Monarchie, Österreich-Ungarn aus dem Deutschen Bund zu verdrän-

---

747 J. Batou : Cent ans de résistance au sou-développement, Genf 1990 ; Ders. Hg. : Entre développement et sous-développement, Genf 1991.

748 Nolte, Innere Peripherien, I–III.

749 Dieter Senghaas hat in »Von Europa lernen«, Frankfurt 1982, vor allem skandinavische Industrialisierungen verglichen, aber auch Entwicklungsblockaden in südosteuropäischen Ländern, Thailand, den Südstaaten der USA, Spanien und Australien. Vgl. auch die beiden Sammelbände D. Senghaas Hg.: Peripherer Kapitalismus, Frankfurt 1974; Ders. Hg.: Kapitalistische Weltökonomie, Frankfurt 1979.

750 Muzzey a.a.O., S. 340–355; der Selbstbinder von 1860 trug sofort dazu bei, die Produktion von Weizen und Mais zu verdoppeln, was nach der Einführung fahrbarer Dreschmaschinen 1880 wiederholt wurde. Zwischen 1870 und 1880 stieg die Zahl amerikanischer Farmen von 2,7 auf 4 Millionen.

751 H. U. Wehler Hg.: Moderne deutsche Sozialgeschichte, Köln 1968.

gen, Frankreich zu besiegen und in einer »defensiven Modernisierung« ein Deutsches Reich zu schaffen.[752] Durch die Industrialisierung vermehrten sich die Ressourcen dieses »Reiches« überdurchschnittlich schnell, schon 1861 hatte die deutsche Bevölkerung Frankreich mit 37,8 Millionen Menschen überholt. Ganz Deutschland, auch der Norden, wurde nun zu einem Zentrumsland; waren bis zum 19. Jahrhundert Deutsche als Saisonarbeiter in die Niederlande gezogen, so kamen nun Polen und Ukrainer.[753] Die in der Reichseinigung von oben gesicherten Reservatrechte von Adel und Monarchen bildeten sowohl Hindernisse gegen eine durchgehende Kapitalisierung der Landwirtschaft als auch gegen eine innenpolitischen Demokratisierung und schließlich auch gegen eine Außenpolitik, die den Machtzuwachs angemessen kalkulierte. Seit dem Ende des 19. Jahrhunderts strebten die deutschen Eliten nach der Weltmacht.

Daten zum Vergleich von industrieller Leistung und Sozialstruktur 1913 (abgerundet, z. T. errechnet):

	Indien	Russland (Reich)	Großbritannien	Deutschland	USA
Einwohner in Mio.	315	178	42	65	115
Verstädterungsgrad	9,5%	18%	79%	61%	50%
Roheisen, Mio. t	0,3	4,6	10,4	16, 8	31,5
Erdöl, Mio. t	–	10,3	–	0,1	33,1
Steinkohle, Mio. t	16	36,0	292	190	516
Wert der bergbaulichen Produktion 1912 in Mio. Goldmark	193	1700	2500	2100	8000
Mio Baumwollspindeln	6,6	9,0	55,6	11,2	32,1
Spiritusproduktion hl 100 % Alkohol	?	5,2	?	3,8	3,7
Prozentanteile am Wert der Weltmaschinenproduktion	?	3,5%	11,8%	20,7%	50,0%
Prozentanteile am Wert der Weltelektroindustrie	?	2,2%	16,0%	34,9%	28,9%

Nachweise: K. C. Thalheim, Die wirtschaftliche Entwicklung Rußlands, in: Rußlands Aufbruch ins 20. Jh., Hg. G. Katkov u. a., Olten 1970; V. Anstey; The economic development of India, to 1952; Große Sowjetenzyklopädie UdSSR, dt. B 1952; Cipolla, Borchardt a. a. O.; B. R. Mitchell, Historical Statistics of Europe, ³NY 1992. Danach produzierten 1913 Rußland 11,6; England 58,8 und Deutschland 69,2 Mio hl Bier (ohne Angabe der Alkoholanteile).

---

752 L. Gall: Bismarck. Der weiße Revolutionär, Frankfurt 1980.
753 A. v. Saldern: Bürger zweiter Klasse, in: Nolte, Migrationen; H.-H. Nolte. »Schlechte Wege und billige Arbeiter«, in: Sozialwissenschaftliche Informationen 30.1 (2001).

Russlands Industrialisierungsgeschichte hat zwar einen spontanen Vorlauf in der Textilproduktion, die auf dem Land oder zunehmend in Moskau ein Zentrum besaß. Die Hüttenindustrie war jedoch seit dem Vater Peters I. vom Staat gefördert und oft vorfinanziert worden. Der Krimkrieg zeigte dann den russischen Eliten die Notwendigkeit einer schnellen Industrialisierung, wenn man Großmacht bleiben wollte. Der Staat emanzipierte nicht nur die Bauern, sondern subventionierte auch den Eisenbahnbau, so dass eine moderne Eisenhüttenindustrie in der Ukraine entstand, die im Wesentlichen von französischem und belgischem Kapital finanziert wurde. Im Gegensatz zu den alten Hütten im Ural, die noch auf Holzkohlebasis Eisen machten, wurden die neuen Hütten am Donez mit örtlicher Steinkohle und Erzen aus Krivoj Rog betrieben; sie gehörten zu den modernsten Hütten der Welt. Zusammen mit der Rüstungsindustrie entstanden so industrielle Inseln. Der Anteil der Bauern an der Gesamtbevölkerung blieb jedoch bei 80 %, weil sie schnell wuchs.[754] Russland blieb »rückständig«,[755] und die Steuerquote war so hoch, dass die private Nachfrage nicht zum tragenden Element der Industrialisierung werden konnte.[756]

Indiens Industrialisierung[757] war dadurch gekennzeichnet, dass das Land – ab 1861 das Kaiserreich – auf mehreren Wegen Geld für Dienstleistungen und Macht nach England transferierte: als unmittelbaren Tribut, als »Homecharges« für die Pensionen des englischen Civil-Service und der Armee (meist gingen die Herren mit 50 bis 55 in Pension, die sie in England verzehrten) und als Tilgung der Anleihen, mit denen ein staatliches indisches Eisenbahnsystem aufgebaut war. Es gab keine Möglichkeiten, Indiens Binnenmarkt durch Binnennachfrage zu stützen oder durch Zölle gegen die Konkurrenz zu schützen, und der Außenhandel war in der Hand britischer Agencies. Hinzu am, dass die britische Regierung Indiens die Silberrupie als Währung im ganzen Land eingeführt hatte. Der weltweite Verfall der Silberpreise in der zweiten Hälfte des 19. Jahrhunderts führte zu einer Inflation in Indien, welche die Bauern zwang, gegen immer weniger Wert Getreide verkaufen zu müssen, um die Steuer zahlen zu können, was als Export billiges Getreide für London bedeutete. Die von indischen Nationalisten aufgestellte These, England habe sich zwischen 1835 und 1872 an Indien um etwa 1,5 Milliarden Pfund be-

---

754 D. Geyer Hg.: Der russische Imperialismus, Göttingen 1977; Ders. Hg.: Wirtschaft und Gesellschaft im vorrevolutionären Russland, Köln 1975; G. Schramm Hg.: Handbuch der Geschichte Russlands, Bd. 3, Stuttgart 1981 ff. (Lieferungen); Nolte, Kleine Geschichte Kapitel 11.6.

755 A. Gerschenkron: Wirtschaftliche Rückständigkeit in historischer Perspektive (1952), deutsch in: Braun, Industrielle Revolution I; D. Chirot Hg.: The origins of Backwardness in: Eastern Europe, Berkeley 1989; M. Hroch, L. Klusáková Hg.: Criteria and Indicators of Backwardness, Prag 1996; vgl. M. Hildermeier: Das Privileg der Rückständigkeit, in: HZ 244 (1987).

756 H.-H. Nolte: Tradition des Rückstands – ein halbes Jahrhundert ›Russland und der Westen‹ , in: Vierteljahresschrift für Sozial und Wirtschaftsgeschichte 78 (1991).

757 H. Kulke, D. Rothermund, Geschichte Indiens, Stuttgart 1982, S. 289–302.

reichert, lässt sich mit dieser Schärfe nicht aufrechterhalten – viel wichtiger war, dass Indien keine Regierung hatte, welche die ökonomische Entwicklung vorantrieb. Das Ergebnis zeigt die Tabelle von 1913: Indien hat eine Urbanisierungsrate von weniger als 10 % und liegt in fast allen Gebieten, sogar bei der Zahl der Baumwollspindeln, weit hinter den europäischen Mächten zurück, auch hinter Russland.

Die Tabelle deutet auch in einem anderen Punkt auf unterschiedliche Wege. Die USA waren schon damals in allen klassischen Sektoren der Industrie führend; bedenkt man, dass die Hälfte ihrer Bevölkerung noch auf dem Lande lebte, dann kann man die Dynamik des Wachstums der USA im 20. Jahrhundert erklären. Deutschland ist auf zwei neuen Sektoren führend – Elektrotechnik und, was die Tabelle nicht zeigt, Chemie; England hat seine erste Stelle in der Textilindustrie bis 1913 bewahrt.

Wer an den Weg baut, hat viele Meister.
Deutsches Sprichwort

Kapitel 16

Historiographisches Nachwort

Globale Geschichtsbilder

Jahrtausende lang war es die herrschende Lehre, dass es in der Geschichte um Aufstieg und Fall großer Reiche sowie um das Schicksal großer Männer gehe. Das Rad des Glücks hob die einen empor und ließ die anderen hinuntersinken. Wer das Rad drehte, schien keine entscheidende Frage zu sein – dass sich immer wieder Bauern fanden, die für »Große Reiche« Steuern zahlten, und dass sich immer wieder Frauen fanden, die den »Großen Männern« das Mittagessen kochten und die Kinder großzogen, das war vorausgesetzt.[758]

Die Wiederkehr des Gleichen, des Goldenen Zeitalters, hatte etwas Beruhigendes. Von Justinian bis zu den deutschen Kaisern (und manchem Bischof in Russland) hielten viele es für vordringlich, das Römische Imperium in einer Re-novatio Imperii zu erneuern, und noch die Anhänger von Re-volutionen im 18. Jahrhundert behaupteten oft, sie drehten das Rad zurück zu einem angemessenen früheren, einem »eigentlichen« Zustand. Dieselbe Denkfigur wiederholten viele europäische Nationalbewegungen und wiederholen heute Nationalbewegungen in aller Welt: zurück zu den »eigentlichen« Grenzen, zurück zum mittelalterlichen »deutschen« Reich, zurück zu den Grenzen des Königreichs Böhmen, zurück zu den altüberlieferten Grenzen Japans in den Kurilen ...

Erst mit der frühen europäischen Aufklärung begann man zu fragen, ob das Rad nicht in einer Richtung lief; und die Optimisten bejahten das und meinten: Ja, die Geschichte geht voran, die Moderne ist mehr als die Antike.[759] Zugleich begannen die »kleinen Leute« zu fragen, ob sie denn wirklich so viel Steuern zahlen müssten, und einige von ihnen an der Peripherie des britischen Imperiums begründeten ihre Revolution mit dem fundamentalen Anspruch darauf, »dass alle Menschen gleich geschaffen sind, dass sie von ihrem Schöpfer bestimmte Rechte erhalten haben, die ihnen nicht genommen werden können, und dass Leben, Freiheit und die Suche nach Glück zu diesen Rechten

---

758 Vgl. J. Galtung, S. Inayatullah: Macrohistory and Macrohistorians, London 1997.
759 H. U. Gumbrecht: Modern in: GG.

gehören.«[760] In der Tradition der Aufklärung, die in diesem Anspruch zur Geltung kommt, kann es für die Historiker nicht mehr allein um die Geschichte der Imperien und der Genies gehen, sie müssen die Geschichte aller Menschen zum Gegenstand machen. Wie aber kann man dann Geschichte schreiben? Denn eine Geschichte aller Menschen kann man weder schreiben noch würde ihr jemand zuhören mögen. Zuhören kann man nur einer Geschichte der Entwicklung der Menschheit.

Zum Gegenstand der Geschichtsschreibung wurde dementsprechend vom 18. Jahrhundert an für einen großen Teil der Historiker immer mehr eine Geschichte der Entwicklung aller Menschen. Johann Gottfried Herder, Theologe in Weimar, begriff diese in Stufen des Alterns und Reifens sowohl einzelner Völker als auch der Menschheit insgesamt.[761] Georg Wilhelm Hegel, Philosoph in Berlin, erkannte, dass man nicht von einem einfachen Fortschreiten sprechen könne, sondern nur von einer aus Widersprüchen resultierenden dialektischen Bewegung, die er insgesamt als Selbstbewusstwerden des Geistes in der konkreten Form der Staaten fasste.[762] Karl Marx, Emigrant in London, widersprach: »dass Rechtsverhältnisse wie Staatsformen weder aus selbst zu begreifen sind, noch aus der so genannten allgemeinen Entwicklung des Geistes, sondern vielmehr in den materiellen Lebensverhältnissen wurzeln … In der gesellschaftlichen Produktion ihres Lebens gehen die Menschen bestimmte, notwendige, von ihrem Willen unabhängige Verhältnisse ein, Produktionsverhältnisse, die einer bestimmten Entwicklungsstufe ihrer materiellen Produktivkräfte entsprechen.« Bei der Weiterentwicklung der Produktivkräfte geraten diese in Widerspruch zu den Produktionsverhältnissen – ein Widerspruch, der sich nur in einer Revolution durch den Übergang zu einer neuen Produktionsweise lösen lässt. Als solche bestimmte Marx »asiatische, antike, feudale und modern bürgerliche Produktionsweisen.«[763]

Im sowjetischen Marxismus wurde dieses Konzept der Stufen reduziert, indem die »asiatische Produktionsweise« fortfiel, und zugleich verallgemeinert, denn damit blieben nur solche Produktionsweisen, die weltweite Gültigkeit besitzen oder doch besitzen könnten – Urgesellschaft, Sklavenhaltergesellschaft, Feudalismus, Kapitalismus und schließlich Sozialismus. Die Abfolge dieser Stufen wurde als gesetzmäßig verstanden, so dass die kommunistischen Parteien auch aus ihrem Geschichtsbild die Sicherheit gewinnen konnten, dass die UdSSR sich im letzten, fortgeschrittensten Stadium, dem Sozialismus, befände.[764] Dass in einzelnen Ländern diese Stufen zu unterschiedlichen Zeiten

---

760 J. H. Hazelton Hg.: The Declaration of Independence, New York 1970.
761 J. G. Herder: Ideen zur Philosophie der Geschichte der Menschheit = Werke, Bd. 28 ff., Stuttgart 1853.
762 G. W. F. Hegel: Vorlesungen über die Philosophie der Geschichte = Werke Bd. 12, Frankfurt 1970, S. 29 ff.
763 K. Marx: Vorwort zur Kritik der politischen Ökonomie = Marx, Engels, Werke Bd. 13, S. 8 f.
764 W. Küttler: Formationsanalyse in der Geschichtswissenschaft, in: Argument Sonderband 32, Berlin 1978; vgl. H.-H. Nolte: Drang nach Osten, Köln 1976, S. 48 ff.

überschritten wurden und dass auch innerhalb von Ländern einzelne Regionen früher als andere durch die fortgeschrittenere Produktionsweise bestimmt wurden, wurde als Problem der Ungleichzeitigkeit diskutiert:

```
              1642        1789        1848        1861        1917
England      ........///_____
Frankreich   ..............///_____
Deutschland  ........................///_____
Russland     ..........................................///_____///========
```
... Feudalismus; _ Kapitalismus; = Sozialismus; /// Revolution

Das Faszinosum von Marx bestand wohl in dem Versuch, Ergebnisse der schottischen Aufklärung und ihres Erben Adam Smith mit Positionen des deutschen Idealismus zu vereinen. Die schottische Aufklärung sah die Entwicklung der Menschheit in drei Stufen, in denen die Arbeit der Menschen nacheinander durch Jagen und Sammeln, Landwirtschaft und Handel bestimmt war.[765]

```
              1780        1800        1850        1900        1950
England      .........._____==============oooooooooooooooooooo
Frankreich   ..................._____===========ooooooooooooo
Deutschland  ..............................._____===========oooooooooooooo
Russland     .........................................._____==========
USA          ..........................._____===oooooooooooooooooooooo
```
... traditionelle Gesellschaft; _ wirtschaftlicher Aufstieg; = industrielle Reife, oo Zeitalter des Massenkonsums

Der geschichtsphilosophische Optimismus war keineswegs auf den Marxismus beschränkt, sondern wurde auch in den USA vertreten, eindrucksvoll z. B. von Walt Whitman Rostow, der ein Konzept der Entwicklung verschiedener Länder zu Überflussgesellschaften vorlegte, in dem allerdings Revolutionen höchstens störend wirken. Rostow unterscheidet fünf Stadien: traditionelle Gesellschaft – Schaffung der Voraussetzungen für den wirtschaftlichen Aufstieg – wirtschaftlicher Aufstieg – Entwicklung zur Reife – Zeitalter des Massenkonsums. So wie die sowjetmarxistische Geschichtstheorie nach der Produktionsweise des Sozialismus das Ziel des konfliktlosen Kommunismus nicht aus dem Auge verlor, so visierte auch Rostow jenseits des Zeitalters des Massenkonsums eine neue, überlegene Gesellschaft an.[766] Die (vereinfachende) Skizze verdeutlicht, dass nach

---

765 P. Anderson: The Concept of Uneven Development since Enlightenment, in: Hroch, Criteria, hier S. 47.
766 W. W. Rostow: Stadien wirtschaftlichen Wachstums, deutsch Göttingen 1960.

Rostows Kriterien die USA schon lange im Zeitalter des Massenkonsums waren, während die Sowjetunion gerade das Stadium der industriellen Reife erreicht hatte.

So wie die sowjetmarxistische ist selbstverständlich auch die Rostowsche Stadienlehre vielfältig differenziert worden. Ihre Kernaussage, dass alle Gesellschaften auf dem Weg zur Konsumgesellschaft sind (auch wenn einige Länder dabei bedauerliche Umwege machen), gehörte jedoch zu den Grundannahmen westlicher Politik in der Nachkriegsperiode. Westliche Entwicklungspolitik hat kontinuierlich das Ziel verfolgt, das Wachstum in den Entwicklungsländern zu beschleunigen, »damit die Kluft zwischen dem Lebensstandard in den Entwicklungsländern und dem in den entwickelten Ländern verringert wird.«[767]

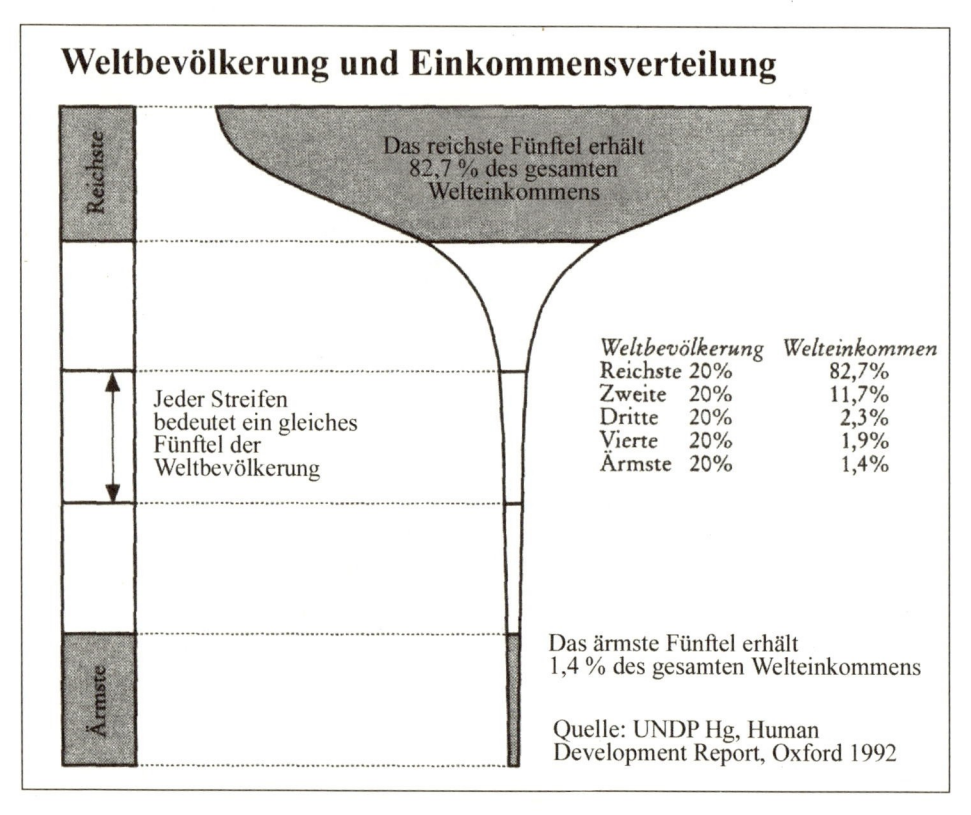

Weltbevölkerung und Einkommensverteilung

Das reichste Fünftel erhält 82,7 % des gesamten Welteinkommens

Jeder Streifen bedeutet ein gleiches Fünftel der Weltbevölkerung

	Weltbevölkerung	Welteinkommen
Reichste	20%	82,7%
Zweite	20%	11,7%
Dritte	20%	2,3%
Vierte	20%	1,9%
Ärmste	20%	1,4%

Das ärmste Fünftel erhält 1,4 % des gesamten Welteinkommens

Quelle: UNDP Hg, Human Development Report, Oxford 1992

Die Lücke zwischen den Ländern der »Ersten Welt«, die zuerst bei der Konsumgesellschaft anlangten, und jenen der »Dritten Welt«, die noch kaum auf einem erkennbaren Weg zu diesem Ziel sind, ist jedoch weder in den fünfziger und sechziger noch in den

---

[767] Allgemeine Grundsätze über den Welthandel, Genf 1964, in: H. Falkenstörfer Hg.: Entwicklungspolitische Dokumente, Bd. 1, Wuppertal 1970, S. 9.

achtziger und neunziger Jahren des 20. Jahrhunderts kleiner geworden, sie ist vielmehr nach allen Indikatoren gewachsen, z. B. auch nach denen des Human Development Report der Vereinten Nationen.

Die Lücke stellte und stellt bis heute das Konzept wesensmäßig gleicher, nur zeitlich verschobener Entwicklung in Frage. An seiner Stelle wurde in den sechziger Jahren – zuerst von lateinamerikanischen Soziologen und Ökonomen – vorgeschlagen, die andauernde Abhängigkeit (Dependencia) der weniger entwickelten Länder zum Ausgangspunkt der Analyse zu machen und die 1. Welt als Zentrum, die 3. als Peripherie zu bestimmen – als 2. Welt wurde in dieser Periode die kommunistisch beherrschte verstanden.[768] Aus diesem Kontext, seinen afrikanistischen Studien und der Rezeption polnischer Arbeiten heraus schlug Immanuel Wallerstein 1974 vor, die Entstehung der Gegenwart als Entwicklung eines Systems zu erklären, in dem es Regionen mit sehr unterschiedlichen Produktionen und Sozialverfassungen gibt, die jedoch alle aufeinander bezogen sind.[769] Dieses »moderne Welt-System« wird aus Zentrum, Halbperipherie und Peripherie gebildet, und die Geschichte des Systems besteht nicht nur aus seiner inneren Entwicklung, sondern auch aus seiner Ausdehnung, also der Verwandlung von »Außenwelt« in Peripherie. Politische Gewalt wird dabei nicht bloß aus sozialökonomischen Verhältnissen abgeleitet, sondern in eigener Funktion erkannt.[770] Die Verbindung zwischen äußeren und inneren Verhältnissen bildet dann eines der Leitmotive der »Einen Welt«.[771]

Indem Wallerstein die Geschichte des Kapitalismus als die eines Systems, also eines einzelnen Phänomens schrieb, schuf er eine Verbindung zu jener Geschichtsschreibung, die den Kapitalismus nicht als grundsätzlich verallgemeinerbares Stadium der Weltentwicklung, sondern als »historisches Individuum« zu erklären suchte. Max Weber hat von der Religions- und Geistesgeschichte her die Entstehung von okzidentaler Rationalität und kapitalistischem Arbeitsethos für einzigartig gehalten.[772] Otto Hintze hat von der Entwicklung der Korporationen und der Ständeverfassung her sowohl die Einzigartig-

---

768 Einführend D. Senghaas Hg.: Peripherer Kapitalismus, Frankfurt 1975. Zur Dependencia-Theorie vgl. kritisch U. Menzel: Das Ende der Dritten Welt und das Scheitern der Großen Theorie, Frankfurt 1992; dann K. Zapotoczky, P. C. Gruber Hg.: Entwicklungstheorien im Widerspruch, Frankfurt 1997; K. Fischer, I. Hanak, Ch. Parnreiter Hg.: Internationale Entwicklung, Frankfurt u. a. 2002.
769 I. Wallerstein: The Modern World-System, New York 1974. Bisher sind drei Bände seiner Geschichte des Weltsystems erschienen, deutsch I. Wallerstein: Das moderne Weltsystem, Bd. 1–3, Wien 1986–2004. Vgl. zur Historisierung des Konzepts in den siebziger Jahren auch I. Ahlers, H. Orbon, R. Tolle: Zur politischen Ökonomie des Handelskapitals, in: K. J. Ganzel Hg.: Herrschaft und Befreiung in der Weltgesellschaft, Frankfurt 1975; E. Krippendorff: Internationales System als Geschichte, Frankfurt 1975.
770 Ch. Chase-Dunn: Interstate-System and Capitalist World-Economy, in: W.L. Hollist Hg.: World-System Structure, London 1981.
771 H.-H. Nolte: Die Eine Welt, Hannover 1982, 1993.
772 M. Weber: Gesammelte Aufsätze zur Religionssoziologie, Bd. 1, Tübingen 1922.

keit der europäischen Entwicklung betont als auch auf die Herausbildung von Regionen innerhalb Europas verwiesen. Von Hintze stammt – aus einer ausführlichen Rezension Werner Sombarts, der in die gleiche Richtung argumentierte – der Terminus »Kapitalismus als historisches Individuum.«[773] In diesen Kontext gehört meine Rezeption Wallersteins, in der ich für die Einbeziehung von Religions- und Geistesgeschichte sowie der Geschichte politischer Institutionen in die Geschichtsschreibung internationaler Beziehungen votiert habe.[774]

Wenn Kapitalismus jedoch ein historisches Individuum ist, dann kann man weder seine Entstehung noch seine Entwicklung mit Gesetzesbegriffen erklären, da man auf etwas Einmaliges keine Gesetzesbegriffe anwenden kann. Auch Prognosen über die Zukunft kann man nicht mit dem Anspruch der Gesetzmäßigkeit machen. Das wurde schon früh für die Länder des Monopolsozialismus festgestellt.[775] Das gilt aber auch für die Entwicklung des Kapitalismus. Der Einwand von D. L. Meadows gegen die Vorstellung einer grenzenlosen Ausweitung des Wohlstands im Zentrum – die Ressourcen, die das Wirtschaftssystem benötigt, sind endlich[776] – wurde auch von Kritikern wie E. Pestel nicht widerlegt, der selbst zu der Annahme kam, dass die Weltbevölkerung nach dem ersten Viertel des 21. Jahrhunderts acht Milliarden betragen werde und dass um 2050 etwa vier Milliarden »in den Industrieländern« leben würden,[777] denn wie auch immer man das liest: Er ging davon aus, dass mindestens die Hälfte der Menschheit nicht in Industrieländern leben werde. Pestel war, wie die Kritik schon damals bemerkte[778] und heute offensichtlich ist, zu optimistisch. Das zeigt nicht nur der oben zitierte Human Development Report, sondern auch das Wachstum von Armut innerhalb der Industrieländer. Nach den Daten, die Arno Tausch gesammelt hat, profitieren nur die obersten 20 % der Einkommenspyramide von der Globalisierung, und der Ungleichheitsindex steigt seit 1991 steil an.[779] Zu den Prozessen innerhalb des Westens kam hinzu, dass Ostmitteleuropa und die Sowjetunion – die Pestel bei aller Kritik als industrialisiert ansah[780] – nach dem Zusammenbruch der UdSSR massive ökonomische Einbrüche mit weitgehenden Ent-Industrialisierungen erfahren haben, die z. B. in Russland etwa zu einer Halbierung

---

773 O. Hintze: Feudalismus und Kapitalismus, Hg. G. Oestreich, Göttingen 1970, hier S. 114 ff.
774 Nolte, Zur Stellung; Ders.: Gruppeninteressen und Außenpolitik, Göttingen 1979, S. 11–36.
775 R. Bahro: Die Alternative, Köln 1977; H.-H. Nolte: Bahros Sozialismuskritik und Perspektiven von Emanzipation im Weltsystem, in: H. Kremendahl Hg.: Perspektiven von Emanzipation im Weltsystem, Frankfurt 1981.
776 D. L. Meadows u. a., Die Grenzen des Wachstums, deutsch Stuttgart 1972.
777 E. Pestel: Jenseits der Grenzen des Wachstums, Stuttgart 1988, S. 20 f.
778 B. M. Malunat: Ein Remake der Wachstumsideologie, in: parlament 20.I. 1989.
779 A. Tausch: The European Union: Global Challenge or Global Governance?, in: G. Köhler, E. J. Chaves Hg.: Globalization: Critical Perspectives, Hauppauge/NY 2003, hier S. 93–103.
780 Pestel a.a.O., S. 102 f., S. 121 f., zur Kritik an der sowjetischen Ökonomie.

des durchschnittlichen Lebensstandards führten.[781] Aber auch wenn darüber hinaus weder die Möglichkeit der Verarmung großer Regionen[782] noch die großer Teile der Bevölkerung im Zentrum, nicht zuletzt von Arbeitsmigranten, ausgeschlossen werden kann,[783] so wird man sich doch hüten, diese Prozesse als gesetzmäßig anzusehen. Es ist auch möglich, dass mehr Schwierigkeiten durch kreative, disziplinierte und solidarische Politikformen gelöst werden, als es manchmal wahrscheinlich scheint.

Wie kann man als Historiker zu einem genaueren Verständnis der Moderne beitragen? Anders als in den USA oder Russland gibt es an deutschen Universitäten kein Fach Weltgeschichte, und abgesehen von der osteuropäischen Geschichte sind sogar die Area-Studies oft verblüffend mager institutionalisiert.[784] Der Nationalstaat ist seit der Gründung der Disziplin das bevorzugte Thema der – von ihm ja auch alimentierten – deutschen Geschichtswissenschaft. Desto wichtiger scheint der Versuch, dieser Einäugigkeit des Faches in Deutschland etwas entgegenzutreten – nicht um an die Stelle der Nationalgeschichte Universalgeschichte zu setzen, sondern um weitere Perspektiven zu beschreiben, weil es »so etwas wie die *eine* Geschichte überhaupt nicht gibt«.[785] Die »Revitalisierung nationaler Konfliktmuster«[786] macht den Blick über die Grenzen sogar notwendiger, als er früher war, denn diese Re-Nationalisierung geht ja mit einer ganz offensichtlichen und viel diskutierten Globalisierung zusammen, die den aktualistischen Antrieb für die neue Weltgeschichte bildet[787] – oder, wie Jürgen Osterhammel in bewusster Vermeidung des Konzepts Globalisierung vorschlägt, erweiterte internationale Geschichte.[788] Als Gegenstand wurde ein Teilbereich gewählt, in dem der Autor auf Grund vielfältiger vorangegangener Studien hoffen kann, die nötige Konkretisierung leisten zu können: die Herstellung der einen Welt zu Beginn der Moderne, also das Ergebnis der europäischen Expansion.

---

781 H.-H. Nolte: Innere Peripherien im modernen Weltsystem, in: Argument 196 (1992); Nolte, Kleine Geschichte, S. 426–432; H. Hofbauer: Osterweiterung, Wien 2003; A. Tausch: EU-Erweiterung oder Rekolonialisierung des europäischen Ostens, in: ZWG 5.2 (2004); D. Adamczyk: Replik, in: ZWG 6.2 (2005).
782 Nolte, Innere Peripherien, 2–3.
783 J. Blaschke, K. Greussing Hg.: »Dritte Welt« in: Europa, Frankfurt 1980.
784 G. Weinberg: Wo bleibt amerikanische Geschichte an deutschen Universitäten? In: ZWG 2.2 (2001); vgl. H.-H. Nolte: Weltsystem und Area-Studies, in: ZWG 1.1 (2000).
785 W. Mommsen: Geschichte und Geschichten. Über Möglichkeit und Grenzen der Universalgeschichtsschreibung, in: Saeculum 43.1 (1992), Zitat S. 131.
786 D. Geyer: Geschichtskonjunkturen, in: Saeculum 43.1 (1992), Zitat S. 14.
787 D. Rothermund u. a.: Neue Entwicklungen in der Geschichtswissenschaft. Universal-, Welt und Globalgeschichte = Beiträge zur Historischen Sozialkunde Sondernummer, Wien 1998.
788 W. Loth, J. Osterhammel Hg.: Internationale Geschichte, München 2000.

Expansionsgeschichte

Die klassische Geschichtsschreibung der europäischen Expansion zeichnet folgendes Bild: In Europa wurden Institutionen geschaffen und Erfindungen gemacht, die seine Überlegenheit begründeten. Damit schufen die Europäer die Moderne, für die parlamentarische Verfassung, Marktwirtschaft, Wissenschaft und Toleranz kennzeichnend sind. Zentrum dieses Übergangs zu einer nach rationalen Kriterien organisierten Gesellschaft waren Italien in der Renaissance, die Niederlande, England und Frankreich. Auch in den anfangs noch traditionalen Gesellschaften Europas wurden die neuen Kriterien und Institutionen als Modernisierungen durchgesetzt, zuerst in Deutschland, dann in einer späteren Phase auch in Ost- und Südeuropa. Schließlich wurde Modernisierung zu einem Schlüsselwort auch für den Rest der Welt. Wer es aus eigener Kraft nicht schaffte, dem ging es als Kolonie unter aufgeklärter westlicher Verwaltung oft noch besser als unter einheimischen Despoten.

Diesem Bild wurde in den siebziger und achtziger Jahren eine andere Geschichte der Ausbreitung der europäischen Macht entgegengesetzt,[789] in der diese als Einrichtung eines Systems verstanden wurde, das durch Expansion, Konkurrenz, Kompetenz-Akkumulation und Hierarchie gekennzeichnet war. Die Regionen der Welt konnten sinnvoll in Zentrum (etwa die Niederlande), Halbperipherie (etwa Russland) und Peripherie (etwa das koloniale Lateinamerika) gegliedert werden, soweit sie zum System gehörten. Als nicht zum System gehörig wurden jene Länder eingeordnet, die von den Regeln innerhalb des Systems noch nicht grundlegend geprägt waren, etwa Japan und China; sie wurden, vom Zentrum aus gesehen, als Außenwelt bezeichnet. Immanuel Wallerstein, der diese Konzept vortrug,[790] knüpfte dabei bewusst an Fernand Braudel,[791] die Dependencia-Debatte[792] und die polnische Geschichtsschreibung über die Frühe Neuzeit an.[793]

Für einen deutschen Osteuropa-Historiker war dieser Diskurs sowohl fremd und schwierig als auch neu und vielversprechend. Fremd, weil er mit einer gewissen Lässigkeit weit entfernte Ländergeschichten auch außerhalb der Diplomatiegeschichte miteinander in Beziehung setzte, und schwierig, weil die methodische Grundregel, die meine

---

[789] Nolte, Eine Welt.

[790] Zu Wallerstein a.a.O. vgl. H. Bley, H.-H. Nolte: 400 Jahre europäische Weltwirtschaft in: Journal für Geschichte 1980/2 sowie jetzt: I. Wallerstein: Wegbeschreibung der Analyse von Weltsystemen, oder: Wie vermeidet man, eine Theorie zu werden?, in: ZWG 2.2 (2001).

[791] Zu Braudel zuletzt H. Bruhns: Universalgeschichte und die schwierige Einheit der Sozialwissenschaft. Bemerkungen zu Max Weber und Fernand Braudel, in: ZWG 6.2 (2005).

[792] Zur Literatur Senghaas Hg. (Anm. 768) U. Menzel: Geschichte der Entwicklungstheorie, Hamburg 1993, S. 199–242.

[793] Vgl. D. Adamczyk: Zur Stellung Polens im modernen Weltsystem der Frühen Neuzeit, Hamburg 2001.

Generation von Historikern gelernt hatte – das Verstehen fremder Texte –, für eine derartige Geschichte nicht ausreichen konnte. Aber der Diskurs versprach, den Wachstumskonzepten der Rostowschule, welche die zunehmende Ungleichheit in der Welt nicht erklären konnten, und dem globalen Ansatz des sowjetischen Marxismus, der in ideologisch festgeklopftem Ökonomismus erstarrt war, einen ähnlich globalen Ansatz entgegenzusetzen, ohne sich von den ideologischen Grenzen dieser Konzepte binden zu lassen. Und der Welt-System-Diskurs war vielversprechend, weil die Geschichte Osteuropas in der neuen und neuesten Zeit offensichtlich durch vielfältige Beziehungen zu Westeuropa, wenn nicht Übernahmen bestimmt war, was im Fach nicht erst seit Alexander Gerschenkron[794] diskutiert wurde und man hoffen konnte, mit Hilfe der Welt-System-Ansätze diese genauer einordnen zu können.[795]

Der akademischen Herkunft entsprechend, blieb meine Arbeit deshalb auch weiterhin meist eng an fachnahen Themen, auch wenn diese oft den Vergleich mit westeuropäischen Verhältnissen zum Gegenstand hatten, wie insbesondere in der Frage der Stände, einem klassischen Thema der sechziger und siebziger Jahre. Dabei ging die Diskussion darum, ob Russland überhaupt Mitbestimmungsinstitutionen gehabt habe, ob es erklärungskräftig sei, den Begriff Stände auf russische Institutionen anzuwenden, oder ob man tatsächlich für Russland von Ständen reden kann. Ich gehörte und gehöre zu der dritten Gruppe.[796] Die Diskussion ging auch immer über den bloßen Vergleich hinaus zu der Frage weiter, wie denn der Transfer bestimmter Konzepte vom Westen nach Russland vonstatten ging, was für Implikationen er hatte und welche Rückwirkungen zu beobachten waren; in meinen Forschungen ging es dabei zum Beispiel um den Transfer des Pufendorffschen Konzepts für religiöse Toleranz nach Russland.[797] Dass dieser Transfer besonders für die baltischen Ziele Peters des Großen eine politische Bedeutung hatte, darauf hatte schon mein akademischer Lehrer Reinhard Wittram verwiesen.[798] Im Bereich der sowjetischen Geschichte ging es am Anfang vor allem um intellektuelle und institutionelle Zusammenhänge der Fremdwahrnehmung bis hin zur Funktionalisierung

---

794 A. Gerschenkron: Europe in the Russian Mirror, Cambridge 1970; vgl. Ders.: Wirtschaftliche Rückständigkeit in historischer Perspektive (1952), deutsch in: R. Braun, W. Fischer, H. Großkreutz Hg.: Industrielle Revolution, Wirtschaftliche Aspekte, Köln, Berlin 1972, S. 59–80.

795 Vgl. H.-H. Nolte: Weltsystem und Area-Studies: das Beispiel Russland, in: ZWG 1 (2000), S. 75–98.

796 Vgl. H.-H. Nolte: Gab es im Moskauer Staat Stände? Ein Plädoyer für nichtlinear vergleichende Forschung, sowie kritisch: E. Klug: Wie entstand und was war die Moskauer Autokratie?, in: E. Hübner, E. Klug, J. Kusber Hg.: Zwischen Christianisierung und Europäisierung, Festschrift Peter Nitsche, Stuttgart 1998, S. 91–128.

797 H.-H. Nolte: Verständnis und Bedeutung der religiösen Toleranz in Russland 1600–1725, in: JbGOE 17 (1969); H.-H. Nolte: Newly Enlightened – a Case of Intellectual Engineering, in: Canadian American Slavic Studies 38 (1–2), 2004.

798 R. Wittram: Peter I. Czar und Kaiser, Bd. II, Göttingen 1964, S. 176–179.

von Marx-Zitaten,[799] dann aber zunehmend um Vergleich und Interaktion im Zweiten Weltkrieg, zuerst in der ›Historiker-Debatte‹ um die Frage, wie weit Stalins Handlungen die des Nationalsozialismus beeinflussten, dann allgemeiner in Vergleichen der Massenverbrechen.[800]

Mein Buch »Die eine Welt« hatte sich an Immanuel Wallersteins Konzept des Welt-Systems angelehnt, nachdem ich meine wissenschaftlichen Differenzen zu ihm in einem längeren Aufsatz ausgeführt hatte, der auch in der Zeitschrift des Fernand-Braudel-Instituts in den USA – dessen Direktor Wallerstein ist – publiziert wurde.[801] Von Wissenschaftlern der California-School, vor allem von Andre Gunder Frank,[802] Kenneth Pomeranz[803] und Bin Wong ist gegen das Welt-System-Konzept Eurozentrismus eingewandt und für viele ökonomische Bereiche auch gut belegt worden. Meine Fassung der Geschichte des Internationalen Systems ist davon, wie mir scheint, wenig betroffen, da sie von Anfang an sozial-, religions-, geistes-, und politikgeschichtliche Zusammenhänge als genauso wichtig zugrunde legte wie wirtschaftsgeschichtliche. Meine Kernthese war und ist, dass Europa schon im Mittelalter ein System bildete, und dass seine Besonderheiten sich daraus erklären. Die California-School bleibt auf Grund ihrer Geringschätzung der politischen Geschichte letztlich die Erklärung dafür schuldig, warum denn Europa schließlich die asiatischen Reiche besiegt hat. Diese Erklärung habe ich in Weiterentwicklung meines Buches von 1982, jedoch konzentriert auf die Frühe Neuzeit hier vorgelegt.

Die Kernfrage der siebziger und achtziger Jahre war die Bedeutung des Transfers der Gewinne aus den kolonialen Eroberungen für die Durchsetzung der Industriellen Revolution.[804] Hatten diese Gewinne – die Beute von Mexiko und Bengalen, die Handelspro-

---

799 H.-H. Nolte: Deutsche Geschichte im sowjetischen Schulbuch, Göttingen 1972; ›Drang nach Osten‹. Sowjetische Geschichtsschreibung der deutschen Ostexpansion, Frankfurt 1975.

800 Vgl. zuletzt H.-H. Nolte, P. Poljan: Massenverbrechen in der Sowjetunion und im nationalsozialistischen Deutschland, zum Vergleich der Diktaturen, in: ZWG 2.1 (2001), S. 125–148; H.-H. Nolte: Töten in Belorussland 1936-1944, in: P. Gleichmann, Th. Kühne Hg.: Massenhaftes Töten. Kriege und Genozide im 20. Jahrhundert, Essen 2004, S. 143–157.

801 H.-H. Nolte: Zur Stellung Osteuropas im Internationalen System der Frühen Neuzeit. Außenhandel und Sozialgeschichte bei der Bestimmung der Regionen, in: Jahrbücher für Geschichte Osteuropas 28 (1980), S. 161–197; englisch in: Review VI.1 (1982), S. 25–84.

802 A. G. Frank: ReOrient. Global Economy in the Asian Age. Berkeley/Cal. 1998; vgl. A. G. Frank: Geschichtswissenschaft und Sozialtheorie ›Re-Orientieren‹! in: ZWG 5.1 (2004), S. 9–42.

803 K. Pomeranz: The Great Divergence. China, Europe and the Making of the Modern World Economy, Princeton 2000; vgl. K. Pomeranz: Nachdenken über Vergleichende Wirtschaftsgeschichte: ›Der fernöstliche Entwicklungsweg‹ als Konzeption, Geschichte und Politik, in: ZWG 4.2 (2003), S. 11–26.

804 H.-H. Nolte: Wie Europa reich und die Dritte Welt arm wurde, in: Geschichte in Wissenschaft und Unterricht 1981/1, S. 14–36 ; die Einwände von W. Fischer ebd.; sowie H.-H. Nolte: »Nach Golde drängt, am Golde hängt doch alles«, ebd. 1981/5, S. 293–296.

fite aus Zucker, Sklaven und Gewürzen – die Industrielle Revolution erst ermöglicht? Oder waren sie unerheblich? Meine Position in dieser Auseinandersetzung war darauf gegründet, dass die Ausgangsbetriebe der Industriellen Revolution nur wenig Kapital benötigten, dass jedoch die niedrigen Zinssätze im England des 18. Jahrhunderts ohne die Geldzuflüsse nicht denkbar gewesen wären. Weiter betonte ich die Bedeutung von Edelmetall für den Geldumlauf und verwies auf die Vorteile, welche die Emigration in Siedlungskolonien bot.[805] Gegen die These von der Bedeutung des Gewinntransfers für die Industrielle Revolution hat Patrick O'Brien 1982 eingewandt, dass der Anteil des Außenhandels insgesamt an der Wertschöpfung im 18. Jahrhundert gering blieb[806] – allerdings müsste man das für die Mittel des Marshall-Plans auch festhalten, und kaum jemand bestreitet, dass dessen Anteil an der Belebung der Konjunktur nach dem Zweiten Weltkrieg bedeutend war.

Dass am Ende des 18. Jahrhunderts die Vorherrschaft Europas in der Welt und die Industrielle Revolution stehen, ist unstrittig. Aber wie ist das passiert? Am Anfang des 16. Jahrhunderts sah es politisch eher so aus, als ob das Osmanische Imperium Europa erobern würde, und ökonomisch importierte Europa stets asiatische Fertigwaren. Es ist sofort überzeugend, dass diese Geschichte von zwei Seiten aus geschrieben werden muss; dass der Sieg Europas auch Gründe im Verhalten der anderen Seite hat. Um den Vorgang der Interaktion, der zwischen den Teilen der Weltbevölkerung zwischen dem 16. und dem 18. Jahrhundert vor sich ging, überzeugend zu erklären, habe ich mit einigen der nichteuropäischen Kulturen begonnen, dann die Geschichte des europäischen Systems behandelt und in jedem Kapitel zwischen europäischen und außereuropäischen Kulturen verglichen. So ist, wie ich hoffe, ein multiperspektivisches Bild der Geschichte entstanden, das aus der Tradition meines engeren Faches, der osteuropäischen Geschichte, stammt.

Der ursprünglich geplante Titel – Herstellung der Einen Welt – betont den Charakter des Machens. Und wirklich wird Geschichte als gemacht verstanden; bei anderen Entscheidungen der Mächtigen in Wirtschaft, Intelligenz oder Politik hätte die Geschichte auch anders verlaufen können. Der Titel betont zugleich die Vollendung der Tat, den perfektiven Charakter: Die Einheit der Welt ist am Ende des 18. Jahrhunderts wesentlich hergestellt, zwar bleiben bis zum Ersten Weltkrieg noch einige immer kleiner werdende »weiße Flecken«, aber mit diesen Ausnahmen (besonders in Afrika) ist die gesamte Welt zugänglich gemacht worden. Keine Frage, dass dies ein historischer Vorgang von

---

805 H.-H. Nolte: Die Peripherie in der Weltgeschichte. Zu ihrer Rolle im Weltsystem in der Frühen Neuzeit, in: C. Parnreiter, A. Novy, K. Fischer Hg.: Globalisierung und Peripherie = Historische Sozialkunde Bd. 14, Frankfurt 1999; die Gegenposition ebd.: J. Becker: Die Peripherie in der kapitalistischen Weltwirtschaft.

806 P. O'Brien: European Economic Development, in: The Economic History Review 35 (1982).

fundamentaler Bedeutung war. Keine Frage aber auch, dass man diesen Vorgang nicht bloß als Expansion beschreiben kann. Helmut Bley hat aus der Sicht des Afrikanisten zwei Forderungen an globale Konzepte wie das Weltsystem gerichtet:[807]

1. mehr Möglichkeiten des Handelns endogener Akteure und
2. zumindest für die afrikanischen Gesellschaften die Bedeutung von Luxuswaren hoch anzusetzen, weil sie für den Erhalt der Macht wichtig waren.

Luigi Cajani hat mich daran erinnert,[808] dass es eigentlich Wiederherstellung heißen müsste: Vor drei Millionen Jahren gab es nur eine Menschheit, nur eine Lebensweise, nur eine Vorstellung von Gott und Mensch. Vielleicht kann man sogar noch schärfer formulieren, dass es vor 40.000 Jahren, mit dem Auftauchen des Cro-Magnon-Menschen in Afrika, von dem wir alle genetisch abstammen, nur eine Welt gab. Danach aber verbreiteten sich die Sippen und Stämme über die Kontinente, entwickelten unterschiedliches Aussehen und verschiedene Sprachen und verloren die Kenntnis davon, dass sie eine Menschheit bildeten.

Die Geschichte der Frühen Neuzeit ist auch die Geschichte der Wiederherstellung dieser Einheit. Am Ende, am Beginn des 19. Jahrhunderts, ist klar, dass es nur eine Menschheit gibt, die in allen Kombinationen miteinander Kinder zeugt und Seuchen und Speisen, Sorgen und Hoffnungen, Liebe und Hass miteinander teilt – so verschieden die einzelnen Gesellschaften der Menschen auch geworden waren in den Millionen Jahren der Trennung. Und obgleich diese Periode der Wiedervereinigung eben jene ist, in der das Konzept entwickelt wird, dass verschiedene Rassen entstanden seien, die sich nicht »mischen« dürften, weil die einen oder die anderen die Entdeckung der Nähe nicht wahrhaben und eine Einzigartigkeit ihrer Gruppe postulieren oder auch mit Gewalt erzwingen wollten. Aber Rassismus ist, trotz mancher Vorläufer, wesentlich eine Erscheinung nach der Wiedervereinigung der Menschheit; man muss ja auch erst vereint sein, um behaupten zu können, dass man nie zusammengehörte.

Macht es Sinn, wenn ein Einzelner versucht, Globalgeschichte zu schreiben? Es liegt auf der Hand (und ist einem Osteuropa-Historiker besonders deutlich, weil ja niemand auch nur die vielen Kulturen Osteuropas von Lettland über die jüdische bis Tatarstan angemessen verstehen kann), dass niemand die Geschichte jener Vielzahl von Kulturen und Kontinente, die Globalgeschichte ausmachen, aus eigener Forschung beherrschen kann. Es spricht deshalb sehr viel dafür, Globalgeschichte als Sammlung zu schreiben.

---

807 H. Bley: Wallerstein's analysis of the modern world system revisited: The regional perspective – The case of (West) Africa, in: D. Adamczyk, B. Eschment, U. Obal Hg.: Die Welt querdenken, Festschrift für Hans-Heinrich Nolte, Frankfurt 2003, S. 95–106.
808 Vgl. L. Cajani: Weltgeschichte in der italienischen Schule, in: ZWG 4.1 (2003).

Das ist mit guten Gründen das Konzept sowohl der Propyläen-[809] als auch der Fischer-[810]Weltgeschichte, und es ist auch das Grundkonzept der Wiener Bände zu globalen Themen, die bei Böhlau, im Promedia, im Mandelbaum-Verlag oder in Kooperation mit dem Verlag Südwind entstanden sind. Die älteste dieser Reihen sind die Beiträge zur Historischen Sozialkunde.[811] Hervorgehoben sei die Reihe Weltregionen,[812] in der »Globalgeschichte« erscheint, die Beiträge verschiedener Fachleute zu chronologisch festgelegten Bereichen zusammenfasst;[813] aber auch Bände über die Geschichte von Großregionen wie dem Indischen Ozean[814] und die Reihe Querschnitte[815] oder die Sammelbände über Kontinente überspannende Sachthemen wie Welthandel[816] oder Grenzen.[817] Ohne Peter Feldbauers Energie und Vielfalt wären diese Bände wohl nicht oder zumindest nicht alle erschienen, und ohne die Bände wäre das vorliegende Buch nicht möglich geworden. Das gilt auch für Reihen wie »Beck-Wissen«[818] oder »Kontinente«[819] bei Böhlau. Selbstverständlich wurden auch viele Bände wichtig, die einzeln erschienen, z. B. zur Geschichte des Atlantik.[820] Übrigens sind auch viele Bände der in den siebziger Jahren von Hans-Ulrich Wehler herausgegebenen Reihe »Geschichte« im Rahmen der »Neuen Wissenschaftlichen Bibliothek« , die bei Kiepenheuer und Witsch erschien, für diese Arbeit von großem Wert, nicht zuletzt der von Ernst Schulin herausgegebene Band Universalgeschichte.[821]

Es liegt auch auf der Hand, dass man sich der Möglichkeiten des eigenständigen Vergleichens weithin begibt, wenn man über so weite Räume hinweg vergleichen will. Ver-

---

809 F. Kern, F. Valjavec Hg.: Historia Mundi, Bd. 1–10, Bern 1952–61 (Franke); G. Mann Hg.: Propyläen Weltgeschichte Bd. 1–Frankfurt 1960–1964 (Ullstein), Neuaufl. Berlin 1985 (Propyläen Verlag); vgl. auch H. Franke u. a. Hg.: Saeculum Weltgeschichte Bd. 1 ff., Freiburg 1965–1975 (Herder).
810 Fischer Weltgeschichte, Bd. 1- 36, Frankfurt 1966–1981 (Fischer)
811 Redaktion A. Schnöller, H. Stekl, M. Burkert: Beiträge zur Historischen Sozialkunde, Bd. 1 ff., Wien 1992ff.
812 A. Eckert, F. Edelmayer, P. Feldbauer u. a. Hg.: Edition Weltregionen, Bd. 1 ff.
813 F. Edelmayer, P. Feldbauer, M. Wakounig Hg.: Globalgeschichte 1450–1620, Wien 2002; M. Grandner, A. Komlosy Hg.: Vom Weltgeist beseelt, Globalgeschichte 1700–1815, Wien 2004.
814 D. Rothermund, S. Weigelin-Schwiedrzik Hg.: Der Indische Ozean. Das afro-asiatische Mittelmeer als Kultur und Wirtschaftsraum, Wien 2004.
815 I. Bauer, B. Bolognese-Leuchtenmüller, M. Cerman u. a. Hg.: Querschnitte, Bd. 1 ff., Wien
816 F. Edelmayer, E. Landsteiner, R. Pieper Hg.: Die Geschichte des europäischen Welthandels und der wirtschaftliche Globalisierungsprozess, Wien, München 2001.
817 J. Becker, A. Komlosy Hg.: Grenzen Weltweit. Zonen, Linien, Mauern im historischen Vergleich, Wien 2004.
818 Ohne Reihenherausgeber und mit kurzen und knappen Texten zu fast allen Wissensbereichen.
819 M. Krieger Hg.: Geschichte der Kontinente, Bd. 1 ff., Köln 2003 ff.
820 H. Pietschmann Hg.: Atlantic History, Göttingen 2002.
821 E. Schulin Hg.: Universalgeschichte, Köln 1974 = Neue Wissenschaftliche Bibliothek 72.

gleich ist heute ein sehr gut etabliertes intellektuelles Verfahren.[822] Reinhard Wittram hat 1958 nach einer Gegenüberstellung von vergleichenden Arbeiten Otto Brunners, Kurt von Raumers und Siegfried A. Kaehlers bemerkt: »… dass dieses Verfahren mehr und mehr zum festen Bestandteil der modernen Geschichtsforschung wird und deutlich einem weit verbreiteten und tief begründeten Bedürfnis entspricht.«[823] In der Tat ist das Verfahren heute durch die Rezeption französischer und amerikanischer Konzepte außerordentlich verfeinert worden.[824] Meine eigenen Arbeiten zum Vergleich »Innerer Peripherien«[825] beruhten auf organisierter Kooperation von Fachleuten für verschiedene Gebiete zu vorher bestimmten Fragestellungen. Ich kann mir sehr gut vorstellen, dass der Text, den ich hier vorlege, durch eine solche organisierte Kooperation überholt wird – allerdings setzt sie viel Zeit und viele vorangehenden Konferenzen voraus. Die akademischen Großbereiche, auf denen diese Arbeit beruht, seien wenigstens genannt.

Auch wenn der Großkontinent Eurasiafrika historisch eine Einheit war, sind die einzelnen Kontinente doch zu Rahmen für institutionalisierte Geschichtsschreibung geworden, die einzeln erwähnt werden müssen, weil unsere Arbeit auf ihnen beruht. Zu Asien liegt in deutscher Sprache eine Übersicht von Martin Krieger vor,[826] ein grundlegendes Hilfsmittel ist die große englische Asien-Enzyklopädie.[827] Das von Karl Marx stammende Konzept »asiatische Produktionsweise« bildete geistesgeschichtlich einen wichtigen Schritt zur Differenzierung des marxistischen Geschichtsschemas, gibt aber die Vielfalt und vor allem die Dynamik asiatischer Gesellschaften in keiner Weise wieder und entspricht auch nicht den Querbezügen innerhalb des Großkontinents.[828]

---

822 Übersicht H. Kaelble: Der historische Vergleich. Eine Einführung zum 19. und 20. Jahrhundert, Frankfurt 1999.
823 R. Wittram: Das Interesse an der Geschichte, ²Göttingen 1963, S. 49.
824 J. Paulmann: Internationaler Vergleich und internationaler Transfer, in: HZ 267 (1998), S. 649–685; M. Middell: Kulturtransfer und Historische Komparatistik – Thesen zu ihrem Verhältnis, in: COMPARATIV 10.1 (2000), S. 7–41; M. Werner, B. Zimmermann: Vergleich, Transfer, Verflechtung. Der Ansatz der Histoire croiséee und die Herausforderung des Transnationalen, in: Geschichte und Gesellschaft 28 (2002), S. 607–636; Ch. Conrad, S. Conrad: Die Nation schreiben. Geschichtswissenschaft im internationalen Vergleich, Göttingen 2002, S. 11–48.
825 H.-H. Nolte Hg.: Innere Peripherien I–III = H.-H. Nolte Hg.: Internal Peripheries in Early Modern Times, Göttingen 1991 (I); Ders. Hg.: Innere Peripherien im 20. Jahrhundert, Stuttgart 1996 (II); Ders. Hg.: Innere Peripherien in Ost und West, Stuttgart 2000; zuletzt H.-H. Nolte: Die Kette innerer Peripherien entlang christlich-muslimischer Fronten. Eine Forschungshypothese, in: ZWG 3.1 (2002) S. 41–58.
826 M. Krieger: Geschichte Asiens, Köln usw. 2003.
827 A. T. Embree Hg.: Encyclopedia of Asian History, Vol. 1–4, London 1988.
828 Vgl. F. Tökei: Zur Frage der asiatischen Produktionsweise, deutsch Neuwied 1969; G. Sofri: Über asiatische Produktionsweise, deutsch Frankfurt 1972; R. Kössler: Dritte Internationale und Bauernrevolution, Frankfurt 1982. Zur Kritik schon E. W. Said: Orientalismus, deutsch Frankfurt 1981; vgl. jetzt A. G. Frank: Geschichtswissenschaft und Sozialtheorie ›Re-Orientieren‹, deutsch in: ZWG 5.1 (2004), S. 9–42.

Europäische Geschichte ist unter der Geschichte der drei Kontinente das am umfassendsten etablierte Forschungsfeld. Für die weite, auch den Osten voll einbeziehende Anlage ist auf die französische Sammlung »Les Européens« zu verweisen,[829] klassisch im deutschen Sprachraum ist das ältere Handbuch[830]; eine nach Sachthemen organisierte, eindringlich argumentierte Einführung bietet Wolfgang Schmale.[831] Das Konzept des europäischen Sonderweges ist vielleicht von Eric Jones mit dem Titel »das europäische Wunder« am einprägsamsten benannt.[832] Auch dieses Konzept stammt – komplementär zum Konzept des Orientalismus – aus dem 18. Jahrhundert und fand seine marxistische Fassung in der Diskussion des »europäischen Feudalismus«.[833] In einem sehr sorgsamen Vergleich hat Michael Mitterauer jetzt die Besonderheiten der europäischen Entwicklung herausgearbeitet.[834] Das Thema dieses Buches ist die Eroberung des »Restes« der Welt durch europäische Mächte, und die Frage, woher die Kapazität zu einer solchen Welteroberung stammte, steht im Mittelpunkt, so dass die neue Diskussion hier aufgenommen wird. Eine frühe Fassung mancher Argumente wurde – in Rezeption der Arbeiten Immanuel Wallersteins – 1982 veröffentlicht.[835] Nicht nur, weil es der wissenschaftlichen Herkunft des Autors entspricht, sondern auch, weil die Frage der Grenze zu Asien für die osteuropäische Geschichte konstitutiv ist,[836] seien hier auch Literatur zum Gegenstand osteuropäischen Geschichte[837] und zum Studium des Faches genannt.[838]

---

829 H. Ahrweiler, M. Aymard Eds.: Les Européens, Paris 2000.

830 T. Schieder Hg.: Handbuch der europäischen Geschichte, Bd. 1–7, Stuttgart 1971.

831 W. Schmale: Geschichte Europas, Wien 2000.

832 E. Jones: The European Miracle, Cambridge 1981.

833 L. Kuchenbuch Hg.: Feudalismus – Materialien zur Theorie und Geschichte, Berlin 1977; L. Lambrecht Hg.: Gesellschaftsformationen in der Geschichte, Berlin 1978. Im Festhalten der sowjetmarxistischen Geschichtsschreibung an dem Konzept einer weltumfassenden Formation Feudalismus lag – neben dem Versuch der Legitimation der Oktoberrevolution – immer auch eine Kritik an der Isolierung der (west-)europäischen Entwicklung zur Norm der Gesamtgeschichte.

834 M. Mitterauer: Warum Europa? Mittelalterliche Grundlagen eines Sonderwegs, München 2003.

835 H.-H. Nolte: Die Eine Welt, ²Hannover 1993.

836 Vgl. S. Aust: Rossica Siberica; H.-H.Nolte: Weltsystem und Area-Studies, in: ZWG 1 (2000); E. Stolberg: Replik, in: ZWG 3 (2003). Es geht bei der Grenze aber nicht nur um die Bedeutung der Expansion nach Asien, sondern auch die der Impansion aus Asien, vgl. J.R. Lampe: Balkan Economic History 1550–1950. From Imperial Borderlands to Developing Nations, Bloomington 1982; E. Hösch: Geschichte der Balkanländer, München 1999.

837 Vgl. S. Creuzberger Hg.: Wohin steuert die Osteuropaforschung, Köln 2000; J. Baberowski u. a.: Geschichte ist immer Gegenwart, Stuttgart 2001; C. Goehrke, H. Haumann: Osteuropa und Osteuropäische Geschichte, in: JbGOE 52.4 (2004).

838 K. Zernack: Osteuropa. Eine Einführung in seine Geschichte, München 1977; Studienhandbuch östliches Europa, Bd. 1, Hg. H. Roth, Köln usw. 1999; Bd. 2 Hg. T.W. Bohn, D. Neutatz ebd. 2002.

Zu Afrika vgl. die deutschsprachige Einführung von Leonhard Harding[839]; ein deutschsprachiges, nach Ländern geordnetes Lexikon wird von Walter Schicho publiziert.[840] Afrika ist im Kontext des europazentrierten Geschichtsdiskurses der letzten Jahrhunderte auch historiographisch marginalisiert und nicht selten auf Tribalismus reduziert worden; auch diese Einschränkung ist nicht haltbar.[841] Afrikanische Geschichte kann nicht ohne die Interaktionen innerhalb des Großkontinents erklärt werden, den wir Eurasiafrika genannt haben, und nach der Eroberung Amerikas im globalen Rahmen.

Die Kapitel zur Religions- und Geistesgeschichte (Kap. 13) und zur Wirtschaftsgeschichte (Kap. 8), aber auch die kurzen Ausführungen zu zwei neuen Forschungsgebieten wie Alltag und Geschlechterrollen (Kap. 12) verweisen darauf, dass eine Globalgeschichte auch den Teildisziplinen gegenüber nicht genau genug ist. Ist eine Geistesgeschichte, wie sie oben vorgelegt wird, überhaupt legitim? Ihr Niveau ist das einer gesamteuropäischen Beziehungsgeschichte, die immer wieder den Vergleich und manchmal auch nach Beeinflussungen zwischen christlichen, muslimischen und den asiatischen Welten sucht. Sie bleibt in der Dichte der Analyse hinter Arbeiten zurück, die sich auf einen Diskurs innerhalb der europäischen Intellektuellen, ein Thema oder einen Autor konzentrieren. Sie bleibt erst recht zurück hinter Arbeiten, die interkulturelle Transfers untersuchen, sich also nicht nur auf wenige viel zitierte Texte beziehen, sondern intellektuelle interkulturelle Phänomene in Institutionen, Alltagswirkungen, sozialen Trägergruppen oder auch »nur« in einem Begriff rekonstruieren. Mancher Spezialist wird die Hände über dem Kopf zusammenschlagen, wenn er liest, wie wenig von seinem Thema übrig geblieben ist – falls er es überhaupt findet.[842]

Jeder Text zur Globalgeschichte muss außerdem nicht nur über die bloße Beschreibung der Expansion, sondern auch über den Vergleich hinausgehen und zur Darstellung von Interaktion kommen.[843] Auch dies ist für einen Osteuropahistoriker nahe liegend; kaum hatten ausländische Offiziere Russlands Armeen »in allen nöthigen Kriegs-Uebungen geschickt gemachet«[844] wurden die Armeen auch schon nach Westen in Marsch gesetzt, eroberten das Baltikum und standen 1714 in Mecklenburg ... Damit werden die methodischen Schwierigkeiten einer Gesamtdarstellung jedoch noch einmal vermehrt –

---

839 L. Harding: Einführung in das Studium der afrikanischen Geschichte, Münster 1992.
840 W. Schicho: Handbuch Afrika in drei Bänden, Bd. 1 ff., Frankfurt 1999 ff.
841 H. Bley: Probleme der Periodisierung Afrikas im Kontext der Weltgeschichte, in: R. Averkorn u. a. Hg.: Europa und die Welt in der Geschichte, Bochum 2004, S. 35–50.
842 Der Verfasser hat zumindest eine Vorstellung von dem Vorgang, vgl. H.-H. Nolte: Newly Enlightened. A Case of Intellectual Engineering, in: Canadian American Slavic Studies 38.1–2 (2004).
843 P. Feldbauer, A. Komlosy: Globalgeschichte 1450–1820. Von der Expansion zur Interaktion, in: D. Adamczyk, B. Eschment, U. Obal Hg.: Die Welt querdenken, Festschrift für Hans-Heinrich Nolte, Frankfurt 2003, S. 59–94.
844 Ukaz von 1702, in: Nolte/Vetter Nr. 48.

nicht nur jene Quellen, die über Strukturen berichten, aus denen Vergleiche möglich werden, müssen gelesen oder doch wenigstens über Dritte und Vierte rezipiert werden, sondern auch noch jene (aller Beteiligter), die Aktionen erkennbar machen.[845]

Warum trotz aller methodischen Einwände Globalgeschichte aus einer Hand? Weil die Erfahrung mit Kooperationen zeigt, dass die Kooperierenden selten wirklich eine Fragestellung umfangreich aufnehmen oder auch nur den Vorschlägen des Koordinators folgen. Und weil es, gewiss ferne und vermutlich nicht erreichbare, aber doch mehrere Beispiele für erfolgreiche ähnliche Unternehmen gibt – Braudels Geschichte des Mittelmeers,[846] Chaudhuris Geschichte Asiens, bevor die Europäer kamen,[847] Feldbauers Geschichte der islamischen Länder, bevor die Europäer siegten,[848] Mitterauers Geschichte Europas im Mittelalter.[849] Auch Demandts Kleine Weltgeschichte[850] ist ermutigend: aus abendländischer Perspektive, aber flüssig erzählt und gut bebildert. Nicht zuletzt aber habe ich das Buch geschrieben, weil einige Kolleginnen und Kollegen, einige Hörerinnen und Hörer mich ermutigt haben.

Aber ist, wenn man eine Globalgeschichte unternimmt, der Systembegriff wirklich der erfolgversprechendste? Der Kulturbegriff kann ihn nicht ersetzen, da er eine Teileinheit der Ökumene meint, ganz gleich, wie man ihn im Einzelnen fasst. Von Anfang an hat der Kulturbegriff die Tendenz, Inklusion und Exklusion historisch zu begründen, indem die Kultur auf einen »Kern«, ein »Wesen« zurückgeführt werden kann. Globalhistorische Prozesse können dann nur als wie auch immer dialektisch vermittelt erklärt werden – und das biologische Bild von Keim, Blüte, Frucht und Absterben liegt dann nahe, sowohl bei Danilevski als auch bei Spengler, Toynbee oder Huntington. Das heißt selbstverständlich nicht, dass der Kulturbegriff wissenschaftlich unergiebig sei, er ist nur als Gesamtkonzept für Weltgeschichte wenig ergiebig. Für ihn trifft zu, was allgemein zu »Area-Studies« gilt – sie sind notwendig, und jeder, der Weltgeschichte schreibt, sollte ein Fachgebiet haben, in dem er die Quellen kennt.[851] Aber der Kulturbegriff ist, wenn man ihn mit den oben skizzierten Konzepten von Religion vergleicht (die oft dasselbe Phäno-

---

845 Um die Geschichte von Vernichtung und Widerstand der Juden in dem Städtchen Slonim zwischen 1941 und 1944 zu schreiben, sind Akten, Erinnerungen und Gerichtsprotokolle aus Deutschland, der UdSSR, Israel und Belorussland einzusehen, in fünf Sprachen und drei Schriften, vgl. H.-H. Nolte: Slonim 1941–1944, in: G. Ueberschär Hg.: Orte des Grauens, Darmstadt 2003, S. 237–247; L. Abramowitsch, H.-H. Nolte: Die Leere in Slonim, Dortmund 2005 (Verlag des IBB)..
846 Fernand Braudel: Das Mittelmeer und die mediterrane Welt in der Epoche Philipps II. (1966), deutsch Bd. 1–3, Frankfurt 1990.
847 K. N. Chaudhuri: Asia before Europe. Economy and Civilisation of the Indian Ocean from the rise of Islam to 1750, Cambridge 1990.
848 P. Feldbauer: Die islamische Welt 600–1250. Ein Frühfall von Unterentwicklung? Wien 1995.
849 M. Mitterauer: Warum Europa. Mittelalterliche Grundlagen eines Sonderwegs, München 2003.
850 A. Demandt: Kleine Weltgeschichte, München 2003.
851 H.-H. Nolte: Weltsystemstudien und Area-Studies, in: ZWG 1 (2000).

men meinen), deutlich weniger präzise – Religionsgeschichte ist eine eigene Disziplin mit etablierten wissenschaftlichen Verfahren, die z. B. Kenntnisse bestimmter Texte beinhalten – solche festen Kontexte des Faches gibt es für Kulturgeschichte (im Sinn von »Großkulturen« à la Abendland) nicht.

Fred Spier hat den Begriff »Regime« vorgeschlagen, um jenen Grad von Regelhaftigkeit zu benennen, der bei Großeinheiten fassbar ist, weil ein Begriff wie »System« eine größere Stabilität suggeriere, »als festzustellen ist«.[852] Dass der Begriff »Regime« nicht sehr viel weiter führt, wird allerdings schon daran deutlich, dass der Übersetzer ihn mit »Regulationssystem« übersetzte, also System durch die Hintertür wieder hineinbrachte. Vater und Sohn McNeill haben den Begriff »Netzwerk« (web) zur Bezeichnung der strukturierten Zusammenhänge zwischen Menschen vorgeschlagen.[853] Der Begriff ist einladend, weil er dem Arbeitsalltag der heutigen Intellektuellen entstammt. Aber gibt er die Regelhaftigkeit der Abläufe angemessen wieder oder suggeriert er einen Grad von Freiheit, der uns sympathisch, der aber in Geschichte nicht vorfindlich ist? Jäger und Fischer, die aus dem von ihnen kontrollierten Stück Natur mehr erbeuteten, als nachwuchs, zerstörten ihre Jagd- oder Fischgründe, wie die Hanse vor Schonen oder die Kosaken in Sibirien. Ein junger Mensch, der eine Stelle anstrebte, für die er nicht den Stand, den Habitus oder die Klientelbeziehungen mitbrachte, büßte seine Lebenszuversicht ein, weil er zu oft scheiterte. Ein Kaufmann, der sich nicht den Regeln des Marktes entsprechend verhielt, verlor sein Vermögen, wie die Welser oder die Hochstätter. Ein Gewerbegebiet, in dem der Übergang zur produktiveren Stufe von Herstellung nicht erreicht wurde, verlor seinen Markt, wie die russische Eisenindustrie oder das schlesische Textilgewerbe. Ein Reich, das den Grad an staatlicher und besonders militärischer Leistungsfähigkeit nicht sicherte, der beim Übergang zur Moderne gefordert war, wurde zwischen den Nachbarn aufgeteilt, wie Livland im 16., Polen im 18. und das Heilige Römische Reich zu Beginn des 19. Jahrhunderts. Ein Politiker, der die ihm zur Verfügung stehenden Machtmittel für im Konzert nicht kompatible Ziele einsetzte, verlor seine Macht, wie Karl V. oder Napoleon.

Wenn wir den Begriff »System« gebrauchen, dann also nicht in einem (auch in den Naturwissenschaften durchaus strittigen) Sinn, dass die Handlungen der Menschen nicht frei, sondern vorherbestimmt seien und Freiheit höchstens »Einsicht in die Notwendigkeit« wäre, sondern in dem Sinn, dass der konkrete historische Zusammenhang der Menschen nach Regeln gestaltet ist, die der Einzelne zwar missachten oder auch einfach nicht kennen kann, die aber trotzdem durchgesetzt werden – sei es als Lernprozess des Han-

---

852 F. Spier: Big History. Was die Geschichte im Innersten zusammenhält, deutsch Darmstadt 1998, Zitat S. 14.
853 J. R. McNeill, W. H. McNeill: The Human Web. A Bird's Eye View of World History, New York u. a. 2003.

delnden, sei es als Verlust oder Beeinträchtigung seiner Kompetenz zu handeln. Die Politiker pflegen das (oft erst nach ihrer Wahl) »Sachzwänge« zu nennen, was die Realität, aber auch ihren Skandal angemessen zum Ausdruck bringt – Zwangssituationen sind real; dass wir sie oft nur als von Sachen ausgehend bezeichnen können, bezeichnet den Skandal der Beschränkung der menschlichen Selbstbestimmung.

Danksagungen

Im Sommer 2003 habe ich unter dem Titel DIE HERSTELLUNG DER EINEN WELT vorliegendes Buch als Abschiedsvorlesung an der Universität Hannover gelesen, an der Adelheid von Saldern, Helmut Bley und ich 1977 einen Vorlesungszyklus »Weltgeschichte« begründet haben – ein kooperatives Unternehmen, an dem schließlich fast alle Kolleginnen und Kollegen teilnahmen und das in fünf Semestern von der Antike bis zur (jeweiligen) Gegenwart führte. Ich bedanke mich bei Hörern wie Kolleginnen und Kollegen.

Auf Einladung der Universität Wien habe ich im Sommersemester 2004 diese Vorlesung vor einem anderen Publikum wiederholen können. Wie kann man einen solche Vorlesung in Textform niederlegen? Der Vorlesungstext beruhte einerseits auf der vielfältigen Literatur, die nachgewiesen ist, auf internationalen Konferenzen der World-History-Association in Pamplona und Victoria/BC und der Society for the Study of the 18th. Century in Los Angeles, sowie auch auf der jahrzehntelangen Erfahrung der Vorlesungen zur Weltgeschichte, die Kolleginnen und Kollegen des Historischen Seminars Hannover seit 1977 organisiert und den Studenten angeboten haben.[854] Nach Seminaren über Frank und Pomeranz (in Hannover bzw. Wien) wurde ein Aufbau nach Regeln bloßer regionaler Vielfalt (eine Vorlesung über China, eine über die Reformation in Deutschland) aufgelöst. Die neue Weltgeschichte kritisiert die alte (gleich ob in der affirmativen Form des »European Miracle« oder der kritischen Form der »World-System-Studies«) als eurozentrisch. In diesem Buch wird, diese Kritik aufnehmend, ein Überblick über die europäische Eroberung der Welt von der spanischen Unterwerfung Amerikas bis zum britischen Opiumkrieg gegen China gegeben. Um den Vergleich zwischen der europäischen und der »übrigen« Welt von Anfang an aufzunehmen, wurde der Text so aufgebaut, dass der von den Christen (die meist erst im 18. Jahrhundert anfingen, sich Europäer zu nennen) dass also der von Europa bestimmten Welt (I) andere (keineswegs

---

854 Nicht zum Thema, sehr wohl aber zu den Problematiken von Vergleich und Interaktion waren auch viele Tagungen zum Zweiten Weltkrieg und besonders zu Ostfeldzug und deutscher Besatzungspolitik in der UdSSR wichtig, die russische und deutsche Forscher zusammenbrachten; vgl. dazu das Verzeichnis diskutierter Themen einiger dieser Konferenzen: H.-H. Nolte: Russisch-deutsche Beziehungen, in: ZWG 4.1 (2003), S. 147–152. Diese Konferenzen führten die Diskutanten auch in den Wolgaraum und nach Sibirien.

alle) »Welten« (II) gegenübergestellt wurden. So wurden die Zusammenhänge herausgearbeitet, auf denen die Siege der Christen beruhten, und die Folgen deutlich, die sich für die verschiedenen Teile der Welt daraus ergaben. Der endgültige Text wäre nicht möglich gewesen ohne Ermutigung und Kritik von Hörern der Vorlesungen – im Gespräch nach der Vorlesung, aber nicht zuletzt in der Form von Klausuren oder Vorlesungsprotokollen. Dadurch erhielt ich eine Möglichkeit, zu erkennen, was von meiner Vorlesung denn im Kopf der Hörer angekommen war. Ich danke den Kommilitoninnen und Kommilitonen für ihr Interesse.

Weiter gingen in den endgültigen Text die Erfahrungen mehrerer Konferenzen im Sommer 2004 ein – des Instituto Italiano di Scienze Umane über Empire and World Order in Florenz, der Villa Vigoni über World History, des Global Economic History Network GEHN in Konstanz und der Historikervereinigung Historia a Debate in Santiago de Compostela. Ich danke den Kollegen, die mich zu diesen Tagungen einluden – Umberto Eco, Laurent Mayali und Aldo Schiavone, Pietro Rossi, Jürgen Osterhammel und Carlos Barros – sowie Vortragenden und Mitdiskutanten. Etwas danke ich auch den Genii loci dieser vier auf so unterschiedliche und doch verwandte Weise faszinierenden Städte – gern gestehe ich, was der Leser bemerkt haben wird, dass der Blick vom Palazzio Vecchio auf die im Sfumato gezeichnete Toskana für mich der Höhepunkt war. Die respektvollen Wanderungen um die prächtige, aber nach außen hinter der Pracht verhüllte Kathedrale im (iberischen) Galizien rief die Macht der Kirche und die europäische Expansion ins Gedächtnis; Vigoni die Gärten als Loci amoeni und Orte des Rückzugs in das Innere; Konstanz die Auseinandersetzungen um die Reformation der Kirche von Jan Hus bis zur Besetzung der Stadt durch die Habsburger.[855] Dass ich für eine von mir selbst organisierte Tagung über die deutsche und die russische Auseinandersetzung mit der Diktatur in Moskau kein Visum erhalten habe, war der Kontrapunkt dieses Jahres.[856] Auch fehlten Besuche in Asien oder Afrika – vielleicht in einem späteren Jahr?

Im präzisesten Sinn gilt mein besonderer Dank den vier aktiven Redakteuren der Zeitschrift für Weltgeschichte (ZWG)[857] – Dariusz Adamczyk, Christian Lekon, Udo Obal sowie Gerhard Schmidt – und den Mitgliedern des Vereins für Geschichte des Weltsystems,[858] mit denen ich die Themen und Probleme, die hier behandelt wurden, vielfältig diskutieren konnte.

Im allgemeinsten Sinn möchte ich mich bei den vielen Kolleginnen und Kollegen bedanken, deren Quellenpublikationen ich studieren und deren Bücher ich lesen konnte.

---

855 Vgl. meinen Bericht: »Konferenzen« in: ZWG 6.1 (2005), S. 125–132.
856 H.-H. Nolte Hg.: Auseinandersetzungen mit Diktaturen. Deutsche und russische Erfahrungen. Göttingen 2005 = Zur Kritik der Geschichtsschreibung, Bd. 9. Die russischsprachige Ausgabe wird von Marianna Korchagina herausgegeben.
857 Vgl. www.peterlang.de
858 Vgl. www.vgws.org.

Das hier vorgelegte Buch ist der Gemeinschaft der Wissenschaftler verpflichtet, ist ein kleines Stück res publica literatum. Meinen Tribut an die Republik der Gelehrten habe ich regelmäßig erbracht; in einer Vielzahl von Vorstellungen der Werke anderer in Rezensionen und bei Einladungen zu Vorträgen, einer großen Zahl von Übersetzungen aus dem Englischen oder Russischen – von Wallerstein bis Frank und Eisenstadt bis Mazlish –, aber auch in den halbjährlichen bibliografischen Notizen in der ZWG. Höchstwahrscheinlich habe ich trotz dieser Bemühungen wichtige Argumentationsketten übersehen; ich freue mich auf Hinweise und werde sie zu verstehen suchen.

Dass ich ohne meine Familie nicht hätte schreiben können – meine Frau, meine Mutter, meine Kinder und Enkelkinder –, das versteht sich eigentlich von selbst; ich möchte es aber auch niedergeschrieben haben.

Wähntest du etwa,
Ich sollte das Leben hassen,
In Wüsten fliehn,
Weil nicht alle Knabenmorgen-
Blütenträume reiften?

Hier sitz' ich, forme Menschen
Nach meinem Bilde,
Ein Geschlecht, das mir gleich sei,
Zu leiden, weinen,
Genießen und zu freuen sich,
Und dein nicht zu achten,
Wie ich.

Johann Wolfgang von Goethe:
Prometheus (zwischen 1774 und 1777)[859]

Fazit

Es gibt beim Aufbruch der Menschheit in die Moderne weltweite Ähnlichkeiten. Abgesehen von den beiden Amerikas steigen die Bevölkerungen in allen Teilen der Erde steil an. Umstellungen der hochmittelalterlichen agrarischen Revolutionen werden zusammengefasst, weitergetrieben und durch weitere Diffusion von Früchten und Nutztieren (nun auch aus Amerika) ergänzt. In vielen Ländern entstehen agrarisch verdichtete Räume mit ländlichem Gewerbe, von Edu über die Yangtse-Mündung bis Bengalen, von Ivanovo über das Ravensberger Land bis Sheffield. In vielen Werken, von den Porzellanwerken in Henan und der Kanonenmanufaktur in Jangpur bis zur Drahtzieherei in Altena und den Textilfabriken Manchesters, werden die Arbeitsgänge immer weiter aufgeteilt. Fast überall wird es ein Problem, den wachsenden Energiebedarf zu befriedigen – Wälder verschwinden in China und England, und man beginnt, sich fossilen Rohstoffen zuzuwenden (Torf in den Niederlanden, Kohle in England und China). Viele große und kleine Staaten von Japan bis Schaumburg-Lippe verschärfen die soziale Disziplin, und fast alle steigern ihre Rüstungen.

Aber es werden auch große Unterschiede deutlich. Viele brauchen mehr Holz, aber in einigen Ländern liegt Kohle günstig, in anderen weit entfernt von den Produktions-

---

859 Hamburger Ausgabe, Bd. 1, S. 46

stätten oder in großen Teufen. Alle steigern die Rüstung, aber Polen und Japan bei weitem nicht in dem Ausmaß wie Preußen oder das Mandschu-Reich. Und während Mandschu und Moguln riesige Heere ausstatten, treiben die europäischen Mächte, auch Russland, die Seerüstung voran. Das Osmanische Reich versucht, auf beiden Feldern mitzuhalten. Während in Westeuropa, China und Japan Hörigkeit und Sklaverei aussterben, wird in Osteuropa die Hörigkeit vermehrt und in beiden Amerikas die Sklaverei zu einer Masseninstitution. Während die Mächte des europäischen Kontinents und die Mandschu an alten Traditionen bürokratischer Herrschaft anknüpfen und diese ausbauen (Traditionen der Spätantike über Ostrom und Istanbul, der Mandarinverfassung über die Han-Chinesen) entwickeln die Seemächte und die USA die ständischen Verfassungen zu einem modernen, leistungsfähigen Parlamentarismus und bilden die Marathen eine Konföderation. Während die Konfuzianer (unter kaiserlicher Zensur) ihre literarischen und künstlerischen Werke in riesigen Kompendien sammeln, befreien sich einige Christen und Juden vom Anspruch der Offenbarungsreligion, das entscheidende Wissen vorweg zu besitzen – und verkünden die Säkularisierung der Wissenschaft einer manchmal vermutlich etwas staunenden Welt mit religiösem Pathos als globale Aufklärung – obgleich sie die entscheidenden Probleme der Verankerung einer säkularen Moral unter den Völkern und bei den Individuen noch gar nicht gelöst haben.

Gemeinsam ist vielen Gesellschaft der Welt in dieser Periode eine Tendenz zu Systematisierungen. Zum Beispiel werden die – durchaus begrenzten –Erbrechte, die Frauen im Mittelalter besitzen, von Japan und China bis Westeuropa und Russland zu Gunsten der Männer eingeschränkt. In sehr vielen Gesellschaften werden religiöse Minderheiten exkludiert oder sogar vertrieben – von den Christen Japans über die Sunniten Persiens bis zu Protestanten in katholischen und Katholiken in protestantischen Teilen Europas. Häufig sind auch Ausschließungen, gewaltsame Akkulturationen oder sogar Massaker an ethnischen Minderheiten – von den Ainu in Japan und den »Hilltribes« in Indien über Iren und Walliser im »Keltischen Rand« Großbritanniens bis zu den Indianern und den Aleuten im damals russischen Alaska.

Ein Unterschied zwischen Europa und den anderen gewerblich wie staatlich hoch entwickelten Gesellschaften wie China und Japan bleibt, dass Europa ein System bildete, in dem Konkurrenz, Expansion und Akkumulation von Fähigkeiten innerhalb eines gemeinsamen Bestandes von Kommunikations- und Verhaltenstechniken sowohl gegen als auch miteinander ins Spiel gebracht wurden.

Das System wurde anfangs durch die Religion zusammengehalten und nach außen abgegrenzt, also durch das Christentum in der Prägung der ökumenischen Konzilien bzw. nach der Exklusion, der Ausgrenzung der Orthodoxie im 1. Jahrhundert durch die Römische Kirche. In der Frühen Neuzeit wurde die Kirche durch Konfessionen diversifiziert, was die Rückkehr des letzten orthodoxen Staats in das System erleichterte. Die zunehmende Diversifizierung der Christenheit erleichterte die Säkularisierung, und auf der politischen Ebene wurde aus der Christenheit des Mittelalters das Konzert der Mächte der beginnenden Moderne. Bis zur Aufnahme des Osmanischen Imperiums in das Konzert 1856 blieben seine Mitglieder jedoch die christlichen Mächte, auch wenn von Fall zu Fall nichtchristliche Mächte ins Kalkül einbezogen wurden. Dem politischen System entsprach weithin ein ökonomisches, in dem Wirtschaftsprozesse funktional einander zugeordnet waren mit Zentrum, Halbperipherie und Peripherie. Die ökonomische Stellung eines Landes im System übersetzte sich aber nicht automatisch in eine politische; bis zum 19. Jahrhundert (als Deutschland zu einer Zentrumsmacht wurde) waren stets mehr Mitglieder der Pentarchie ökonomisch in der Halbperipherie zu Hause als im Zentrum.

Europa war nicht das einzige politisch/ökonomische System, in der Regel sind aber andere Systeme nach einiger Zeit unter den Nachbarn aufgeteilt worden oder untergegangen. Das System der Tatarenkhanate wurde zwischen Moskau und Istanbul geteilt, die Marathenkonföderation verlor gegen die Afghanen und musste schließlich die Oberhoheit der Engländer anerkennen. Die Konföderation der Irokesen konnte sich lange zwischen Franzosen und Briten behaupten, wurde aber im amerikanischen Unabhängigkeitskrieg zwischen Briten und Kolonisten vernichtet. Keines dieser politischen Systeme besaß die Lebensdauer des europäischen, keines entwickelte – was selbstverständlich mit der Dauer der Existenz zusammenhängt – die Vielfalt und Stabilität des europäischen, und in keinem fiel – was vielleicht der wichtigste Punkt war – die religiöse Institutionalisierung über eine so lange Dauer mit dem System zusammen.

Auffällig beim Aufbruch der Christenheit in die Moderne war ihre ungewöhnliche Kapazität, intellektuelle Widersprüche geradezubiegen. Vielleicht war diese dialektische Biegsamkeit des Intellekts durch theologische Positionen der Kirche wie Trinitätslehre oder Jungfrauengeburt vorbereitet worden. Jedenfalls legitimierte die Religion, in der die nach dem Jainismus weitestgehenden Bekenntnisse zur Gewaltlosigkeit Teil der Verkündigung geworden sind, einen durchgreifenden Militarismus, der sich den anderen Militarismen überlegen zeigte. Und obgleich das Christentum als Offenbarungsreligion an außerwissenschaftlichen Quellen der Erkenntnis stets festhielt, postulierten die Europäer die größte Wissenschaftsbegeisterung, und manche taten sogar so, als hätten sie die Wissenschaft »an sich« erfunden. Und obwohl das Christentum Menschenliebe predigte und »eigentlich« Sklaverei bekämpfte, errichteten Christen doch eines der größten, wenn nicht das größte System von Massensklaverei, das die Geschichte kennt.

Die Konkurrenz zwischen den Staaten des Systems verhinderte, dass eine umfassende Steuerregelung eingeführt wurde oder andere allgemeine Regeln des Wirtschaftens, was ein Imperium vermutlich versucht hätte. Mit der Schwächung der Kirche – bzw. dann der Kirchen – verloren moralische Vorschriften wie das Zinsverbot an Bedeutung, vielleicht etwas früher als in Gesellschaften mit länger andauerndem religiösen Einfluss (denn Zinsnehmen galt in allen Religionen als Sünde). Es gab im System immer Obrigkeiten und Regierungen, die Innovationen förderten. Die Kleinheit der Staaten und Territorien machte von Anfang an »internationalen Austausch« notwendig. Wahrscheinlich war dieser internationale Austausch nicht intensiver als »interregionaler« im Osmanischen Reich oder China, jedenfalls wurden in ihm keine größeren Entfernungen überwunden, aber er war stärker militarisiert, bezog sich immer auch auf politische Positionen oder Prätensionen und machte Flotteninterventionen zu einem häufigen, ja regelmäßigen Instrument der Politik – von der Intervention der Lübecker in der dänischen Grafenfehde 1534 bis zur Intervention der Franzosen im amerikanischen Befreiungskrieg 1778.

Die andauernde Kriegführung zu Land und zur See bei gleichzeitigem (oder fast gleichzeitigem) Austausch neuer Kriegstechniken innerhalb des Systems machte die europäischen Mächte zu den militärisch überlegenen Kriegsherren ihrer Zeit. Diese Überlegenheit wurde noch gestärkt, weil die Konkurrenz die Mächte des Konzerts noch systematischer werden ließ, als die anderen waren oder wurden. Überall gab es Sklaven, aber die Sklaverei war nirgends so radikal und prägend wie in den europäischen Kolonien der Karibik. Mit der Wendung der Europäer gegen die Sklaverei am Ende des 18. Jahrhunderts erhoben sie sofort pathetisch die Forderung, dass nun gar niemand mehr Sklaven halten dürfe. Diese »Universalisierung der Freiheitsidee«[860] machte nun wieder alle zu Barbaren, die nicht im selben historischen Moment zu derselben moralischen Position gelangt waren. Die Europäer zwangen dem Rest der Welt ihre Rhythmen auf.

Ökonomisch bildete der europäische stets nur einen Teil des Welthandels, ein Subsystem im Westen des Großkontinents Eurasiafrika. Allein die militärische Überlegenheit erlaubte es Europäern, die indianischen Kulturen Amerikas zu unterwerfen und großteils zu vernichten und entweder ihre Produkte oder ihr Land zur Vergrößerung ihres Anteils am Welthandel zu nutzen. Und die militärische Überlegenheit erlaubte es Europäern, in den Handel des Indischen Ozeans einzubrechen sowie einige den Kontinenten vorgelagerte Inseln und schließlich sogar Indien zu erobern. Damit konnten sie ihrem Handel die besten Positionen sichern. Diese Situation, in welcher der größte Teil der Ressourcen der Welt (einigen) Europäern zur Verfügung stand, bildete eine Voraussetzung für die Industrielle Revolution – die die Übermacht von Europäern über die Mehrheit der Menschheit ein weiteres Mal vergrößerte.

Die Industrielle Revolution erhöhte auch den Machtvorsprung Englands innerhalb des Systems. Aber wiederum wurden die Staaten zu Agenten einer Modernisierung, einer nachholenden Industrialisierung. Sie schützten die eigene Industrie mit Zöllen, förderten sie mit Staatsaufträgen und entwickelten landeseigene Eliten. So wie die Staaten, die Teilnehmer des Systems vom 15. bis ins 18. Jahrhundert, neue Universitäten gegründet

---

860 J. Osterhammel, Sklaverei und die Zivilisation des Westens, München 2000, S. 63.

hatten, um Juristen und später studierte Theologen auszubilden, so wurden im 19. Jahrhundert technische Hochschulen gegründet um Ingenieure auszubilden.[861] Bei solchen Politiken kam es stets auf das Maß an – Russland z. B. setzte so viel Ressourcen in Rüstung und Schwerindustrie ein, dass die spontane Marktnachfrage zurück blieb. Weiter spielte geografisches Glück eine Rolle – wo Kohle und Eisen günstig zueinander lagen, war es leicht, die Industrielle Revolution durchzusetzen. Die meisten souveränen Staaten konnten eine nachholende Industrialisierung durchsetzen.

Warum blieben die Kolonien zurück? Wo im »Augenblick« der Herausforderung durch die Industrielle Revolution kein von Eliten des Landes beherrschter Staat bestand, ließen sich die Wirkungen des Vorsprungs Englands (und dann der Industrieländer zweiter und dritter Staffel) kaum eindämmen. Selbst ein altes Handels- und Gewerbeland wie Indien konnte in der Konkurrenz nicht bestehen, da es keine staatlichen oder an einen Staat angelehnten Akteure gab, die mit Außenzöllen die Industrie schützten, Eisenbahn und Armee als Entwicklungsinstrumente nutzten (statt rollendes Material und Waffen bei der Kolonialmacht zu kaufen) und dafür sorgten, dass die Beamten auch nach der Pensionierung den Binnenmarkt stützten, vom Einsatz von Waffen für Wirtschaftsinteressen wie im britischen Opiumkrieg gegen China einmal ganz zu schweigen.

Das Ergebnis der Industriellen Revolution war so eine Vermehrung der Ungleichheiten in der Welt. Viele Ungleichheiten haben sehr alte und lange Geschichten. Aber es kamen neue hinzu – während noch in der Frühen Neuzeit die ostasiatischen Länder mit den europäischen wirtschaftlich gut konkurrieren konnten, verlieren sie diese Kapazität im 19. Jahrhundert. Und obwohl die Revolutionen am Ende des 18. Jahrhunderts nach Gleichheit rufen, wird die ökonomische und soziale Ungleichheit immer offensichtlicher. Trotzdem: Die Forderung nach Grundrechten für alle ist erhoben, und im industrialisierten Zentrum des Systems steigt der Lebensstandard.

Allerdings: die konkurrierenden Nationen schaffen keine moralische Autorität, die Übergriffe sanktioniert. Dies wird vielleicht am deutlichsten im Verhalten Großbritanniens, das im Opiumkrieg gegen China militärische Mittel einsetzte, um den Verkauf von Drogen zu fördern. Dies wurde geduldet, weil kein anderes Mitglied des Konzerts es in seinem Interesse fand, dagegen einzuschreiten, und da das Verbrechen weit weg von Europa geschah, schien es weniger gefährlich. Diese stukturelle Amoralität ließ jedoch weit zügellosere Verbrechen befürchten, wenn es zum Krieg aller gegen alle innerhalb des Systems, zum Kampf der Leviathane untereinander gekommen wäre. Die technischen Entwicklungen der Waffen und die wachsende Nationalisierung des Systems machten von

---

861 Die Gründungsdaten machen dabei das West-Ost-Gefälle gut deutlich – 1755, ein halbes Jahrtausend nach der Gründung der Universität Paris, wurde die erste russische Universität gegründet, aber seit 1747 gab es in Paris schon die nächste Generation für tertiäre Bildung, die erste technische Hochschule: die École des ponts et chaussées.

der Mitte des 19. Jahrhunderts an einen totalen Krieg[862] denkbar. Zwar konnte er vermieden werden, solange es noch nichteuropäische Fremde unter die Europäer zu verteilen gab, aber nach dem Ende dieser Aufteilung der Welt stieg die Wahrscheinlichkeit einer globalen Krise.

---

862 S. Förster, J. Nagler Hg.: On the Road to Total War, New York 1997.

Bibliographie zur Weltgeschichte

Zeitschriften, Websites

Saeculum, Jahrbuch für Universalgeschichte, 1 ff. 1949 ff.
Review. Fernand Braudel Center (Review) Vol 1 ff. 1977 ff.
Journal of World History (JWH) 1 ff. 1989 ff.
COMPARATIV 1ff. 1990 ff.
Periplus. Jahrbuch für Außereuropäische Geschichte 1ff. 1991 ff.
Zeitschrift für Weltgeschichte (ZWG) 1 ff. 2000 ff.
www.vgws.org = Verein für Geschichte des Weltsystems
www.newglobal.history.org = New Global History Website
geschichte.transnational@uni-leipzig.de = Auswahl für Globalgeschichte von Hist-Soz-Kult
thewha@hawai.edu = Executive Director der World History Association

Hilfsmittel

Der Große Ploetz. Die Daten-Enzyklopädie der Weltgeschichte, 33. Auflage Darmstadt 1998 (Wissenschaftliche Buchgesellschaft WBG)(Karl Ploetz: Auszug aus der Geschichte, 8. Auflage Berlin 1884, Verlag Ploetz)
Hans-Joachim Anderle u. a.: Weltgeschichte in Daten. Berlin 1964 (VEB Deutscher Verlag der Wissenschaften)
Sovetskaja Istoricheskaja Enciklopedija (Sowjetische Historische Enzyklo-pädie) Vol. 1–16, Moskva 1961–1976 (Sovetskaja Enciklopedija)
Brockhaus. Taschenlexikon Weltgeschichte, Leipzig-Mannheim 2004 (3.000 ungezeichnete Beiträge ohne Nachweise)
F. Jaeger Hg.: Enzyklopädie der Neuzeit. Bd. 1 ff. Stuttgart 2005 ff.
Helmuth K. G. Rönnefahrt: Konferenzen und Verträge (»Vertragsploetz«) Teil 1–5, Würzburg 1952–1975
K. M. Jung: Weltgeschichte in einem Griff, Berlin 1979 (synoptische Tabellen)
Hugo Ott, Hermann Schäfer Hg.: Wirtschafts-Ploetz. Würzburg 1984 (Ploetz)
Paul Bairoch, Jean Batou, Pierre Chèvre: La population des villes européennes de 800 à 1850, Genf 1988

R. R. Mitchell : *International Historical Statistics. Europe 1750–1988*, ³London 1992 (Stockton)
Peter Truhart: *Regents of Nations*, Vol. 1–3, ²München 2000 (Sauris)
Otfried Dankelmann Hg.: *Biographisches Lexikon zur Weltgeschichte*, Frankfurt 2001 (Lang) (gezeichnete Beiträge, Nachweise)
Ju.V. Bromlej Hg.: *Narody mira. Istoriko-geografičeskij spravochnik (Völker der Erde. Historisch-geographisches Lexikon)* Moskva 1988 (Sovetskaja Enciklopedija)
Fernand Braudel: *Grammaire de Civilisations* (1987), englisch: *A History of Civilisations*, London 1995 (Penguin)
Gerold Niemetz, Uwe Uffelmann: *Epochen der modernen Geschichte*, Freiburg 1986 (Ploetz) (gezeichnete Beiträge)
Immanuel Geiss Hg.: *Geschichte griffbereit*. Bd. 1–6. Bd. 1: Daten; 2: Personen, 3: Schauplätze, 4: Begriffe, 5: Staaten, 6: Epochen, ³Gütersloh 2002 (Verlag wissen.de) (Nachweise, Register)
Hermann Grotefend: *Taschenbuch der Zeitrechnung*. 12. Hannover 1982 (Hahn)
H. Kinder, W. Hilgemann Hg.: *dtv-Atlas zur Weltgeschichte*, 2 Bde. München 1964 u.ö. (dtv)

Serien

I. M. Shukow Hg.: *Weltgeschichte in zehn Bänden*, deutsch Bd. 1–10, Berling 1961–1968 (VEB Deutscher Verlag der Wissenschaften)
Golo Mann Hg.: *Propyläen Weltgeschichte* Bd. 1–6, Frankfurt 1960–1964 (Ullstein), Neuaufl. Berlin 1985 (Propyläen Verlag)
Herbert Franke u. a. Hg.: *Saeculum Weltgeschichte* Bd. 1–, Freiburg 1965–1975 (Herder)
Fischer Weltgeschichte Bd. 1–36, Frankfurt 1965–1982 (Fischer). CD-Rom: Digitale Bibliothek 119, Berlin 2004 (Directmedia-Publishing)
J.M. Roberts: *The Penguin History of the World* (1976). Überarbeitete Neuauflage London 1995
Redaktion A. Schnöller, H. Stekl, M. Burkert: *Beiträge zur Historischen Sozialkunde*, Bd. 1 ff., Wien 1992ff. (Böhlau u. a.)
A. Eckert, F. Edelmayer, P. Feldbauer u. a. Hg.: *Edition Weltregionen*, Bd. 1 ff. (Promedia) (darin u. a. F. Edelmayer, P. Feldbauer, M. Wakounig Hg.: *Globalgeschichte 1450–1620*, Wien 2002; M. Grandner, A. Komlosy Hg.: *Vom Weltgeist beseelt, Globalgeschichte 1700–1815*, Wien 2004)
I. Bauer, B. Bolognese-Leuchtenmüller, M. Cerman u. a. Hg.: *Querschnitte*, Bd. 1 ff. Wien 1999 ff. (Mandelbaum)
H.-H. Nolte, K. Kremb u. a. Hg.: *Studien Weltgeschichte*, Bd. 1 ff. Bad Schwalbach 2005 ff. (Wochenschau-Verlag)

Historiographie, Methoden, Konzepte

Alfred Heuß: Zur Theorie der Weltgeschichte, Berlin 1968 (de Gruyter)
Ernst Schulin Hg.: Universalgeschichte. Köln 1974 (Kiepenheuer)
P. C. Emmer, H. L. Wesseling Hg.: Reappraisals in Overseas History, Leiden 1979 (Leiden UP)
Hans-Heinrich Nolte Hg.: Weltsystem und Geschichte, Göttingen 1985 (Musterschmidt-Verlag)
Ulrich Menzel: Geschichte der Entwicklungstheorie, ²Hamburg 1993 (Schriften des deutschen Übersee-Instituts)
Bruce Mazlish, Ralph Buultjens Hg.: Conceptualizing Global History, Boulder/Co. 1993 (Westview)
Paul Costello: World historians and their goals. Twentieth-century answers to modernism. Springfield/Ill 1993 (Northern Illinois Press)
COMPARATIV 4.5 (1994): Weltsystem und Globalgeschichte
Dietmar Rothermund: Geschichte als Prozeß und Aussage, München 1994 (Oldenbourg)
Jürgen Osterhammel: Außereuropäische Geschichte. Eine historische Problemskizze, in: Geschichte in Wissenschaft und Unterricht 46 (1995) 4/5, S. 253–276
Immanuel Wallerstein: Die Sozialwissenschaften ›kaputtdenken‹. Die Grenzen der Paradigmen des 19. Jahrhunderts, deutsch Weinheim 1995 (Athenäum); vgl. Ders.: Wegbeschreibung der Analyse von Weltsystemen, oder: Wie vermeidet man, eine Theorie zu werden?, in: ZWG 2.2 (2001)
Heinz-Gerhard Haupt, Jürgen Kocka Hg.: Geschichte und Vergleich. Frankfurt 1996 (Campus)
Martin W. Lewis, Kären E. Wigen: The Myth of Continents, Berkeley 1997 (California UP)
Johan Galtung, Sohail Inayatullah: Macrohistory and Macrohistorians, Westport/Connecticut 1997 (Praeger)
Philip Pomper: World History. Ideologies, Structures and Identities, London 1998 (Blackwell)
D. Rothermund u. a.: Neue Entwicklungen in der Geschichtswissenschaft. Universal-, Welt und Globalgeschichte = Beiträge zur Historischen Sozialkunde Sondernummer, Wien 1998
Edoardo Tortarolo Hg.: World-History Today – Chimera or Necessity? = Storia della Storiografia 35 (1999)
Hartmut Kaelble: Der historische Vergleich, Frankfurt 1999 (Campus)
Johan Galtung: Welt-, Global-, Universalgeschichte und die gegenwärtige Historiographie, in: ZWG 1.1 (2000) S. 9–38
Matthias Middel Hg.: Kulturtransfer und Vergleich = COMPARATIV 10.1 (2000)
Hans-Heinrich Nolte: Weltsystem und Area-Studies: Das Beispiel Russland, in: ZWG 1 (2000) S. 75–98
Wolfgang E. J. Weber: Universalgeschichte, in: Michael Maurer Hg.: Aufriß der Historischen Wissenschaften, Bd. 2, Stuttgart 2001 (Reclam) S. 15–98
Jürgen Osterhammel: Geschichtswissenschaft jenseits des Nationalstaats, Göttingen 2001
Christian Conrad, Sebastian Conrad Hg.: Die Nation schreiben. Geschichtswissenschaft im internationalen Vergleich, Göttingen 2002 (Vandenhoeck)

Eckhardt Fuchs Hg.: Across cultural borders. Historiography in a global perspective, Lanham/Md. 2002

Matthias Middell Hg.: Weltgeschichtsschreibung im 20. Jahrhundert = COMPARATIV 12.3 (2002)

Peter Feldbauer, Andrea Komlosy: Globalgeschichte 1450–1820: Von der Expansions- zur Interaktionsgeschichte, in: Carl-Hans Hauptmeyer u. a. Hg.: Die Welt querdenken, Frankfurt 2003 (Lang), S. 59–94

Jürgen Osterhammel: Transferanalyse und Vergleich im Fernverhältnis, in: Hartmut Kaelble, Jürgen Schriewer Hg.: Vergleich und Transfer, Frankfurt 2003 (Campus), S. 439–466

J. Christian: World History in Context, in: JWH 14.4 (2003)

Eckhardt Fuchs, Benedikt Stuchtey Hg.: Writing World History 1800–2000, Oxford 2003

Patrick Manning: Navigating World History. Historians Create a Global Past, London 2003 (Palgrave)

J. Elvert: Vom Nutzen und Nachteil der Nationalhistorie für Europa, in: ZWG 5.1 (2004)

I. F. Deviatko: Modernisierung, Globalisierung und institutioneller Isomorphismus, in: ZWG 5.1 (2004)

Domenic Conte: Oswald Spengler. Eine Einführung, deutsch Leipzig 2004 (Leipziger Universitäts Verlag)

Juan M. Santana Perez: Globalization and History, in: Carlos Barros, Lawrence J. McCrank Hg.: History under Debate, New York 2004 (Haworth)

P. Duara: The Discourse on civilization and decolonisation, in: JWH 15.1 (2004)

Hanna Schissler: Weltgeschichte als Geschichte der sich globalisierenden Welt, in: Aus Politik und Zeitgeschichte 1–2/2005, S. 33–39

Hinnerk Bruhns: Universalgeschichte und die Einheit der Sozialwissenschaften. Weber und Braudel, in: ZWG 6.1 (2005)

E. B. Rashkovskij: ›Dritte Welt‹ als Problem von Denken, Wissnschaft und Kultur, in: ZWG 6.1 (2005)

Der »Gang der Geschichte«. Titel in der Chronologie der Publikationen

Adam Smith: Eine Untersuchung über Natur und Wesen des Volkswohlstandes, 2 Bde. (1776), deutsch Gießen 1973 (Verlag Achenbach)

Johann Gottfried Herder: Ideen zur Philosophie der Geschichte der Menschheit (1784) in: von Müller Hg.: J. G. Herder: Sämtliche Werke, Bde. 28–30, Stuttgart 1853 (Cotta); Neuausgabe Bodenheim 1995 (Syndikat)

Friedrich Schiller: Universalhistorische Schriften. Hg. Otto Dann, Frankfurt 1999 (Insel)

Karl Marx: Das Kapital, Bd. 1–3 (1867–1894) = Institut für Marxismus-Leninismus Hg.: Marx-Engels, Werke, Bde. 23–25, Berlin 1966 (Dietz); Ders.: Formen, die der kapitalisti-

schen Produktion vorhergehen, in: Iring Fetscher Hg.: Marx-Engels Studienausgabe II, Frankfurt 1966 (Fischer), S. 130–166

Jacob Burckhardt: Weltgeschichtliche Betrachtungen (1868), Hg. Wilhelm Hansen, Detmold 1947 (Maximilian-Verlag); posthume Ausgabe 1905, Neuausg. Tübingen 1949 (Reichl)

N. I. Danilewsky: Russland und Europa (1868), deutsch Hg. Karl Nötzel, Stuttgart 1920 (DVA)

Oswald Spengler: Der Untergang des Abendlandes. Umrisse einer Morphologie der Weltgeschichte, (1917) Hg. Helmuth Werner, München 1959 (Beck)

Max Weber: Die protestantische Ethik und der Geist des Kapitalismus (1904), Hg. Dirk Kaesler, München 2004 (Beck)

Werner Sombart: Krieg und Kapitalismus. München 1913 (Duncker & Humblot); Ders.: Liebe, Luxus und Kapitalismus (1913), Neuausg. München 1967 (dtv)

Arnold J. Toynbee: Der Gang der Weltgeschichte (1947), deutsch 2 Bde. Stuttgart 1950 (Europäischer Buchklub)

M. Graf York von Wartenburg: Weltgeschichte in Umrissen. Frankfurt 1954 (Fischer)

Carl Jaspers: Vom Ursprung und Ziel der Geschichte, Frankfurt 1955 (Fischer)

Otto Hintze: Feudalismus-Kapitalismus (Aufsätze 1929–1931), Hg. Gerhard Oestreich, Göttingen 1970 (Vandenhoeck)

Norbert Elias: Über den Prozeß der Zivilisation (1936), Neuaufl. 2 Bde. Frankfurt 1976 (Suhrkamp)

Karl Polanyi: The Great Transformation. Politische und ökonomische Ursprünge von Gesellschaften und Wirtschaftssystemen (1944), deutsch Wien 1977 (Europaverlag)

Eric Williams: Capitalism and Slavery (1944) Neuausgabe London 1967 (Andre Deutsch)

K.M. Panikkar: Asia and Western Dominance, London (1953), [7]1967 (Allen & Unwin)

Marshall G.S. Hodgson: Die wechselseitigen Beziehungen von Gesellschaften in der eurasiatischen Geschichte (1962/3), deutsch in: E. Schulin Hg.: Universalgeschichte, Köln 1974; Ders.: Rethinking World History. Essays on Europe, Islam, and World History. Hg. Edmund Burke, Cambridge 1993 (Cambridge UP)

William H. McNeill: The Rise of the West, Chicago 1963 (Chicago UP)

Donald F. Lach: Asia in the Making of Europe, Vol. 1–4, Chicago 1965–1993 (Chicago UP)

Barrington Moore: Soziale Ursprünge von Diktatur und Demokratie (1966), deutsch Frankfurt 1974 (Suhrkamp)

Andre Gunder Frank: Capitalism and Underdevelopment in Latin America, New York 1969 (Monthley Review Press), deutsch Frankfurt 1969 (EVA)

Douglass C. North, Robert Paul Thomas: The Rise of the Western World, Cambridge 1973 (Cambridge UP)

Samir Amin: Die ungleiche Entwicklung (1973), deutsch Hamburg 1974 (Hoffman & Campe)

Dieter Senghaas Hg.: Peripherer Kapitalismus, Frankfurt 1974 (Suhrkamp)

Immanuel Wallerstein: The Modern World-System, vol. 1 ff., New York 1974 ff. (noch nicht abgeschlossen). Deutsche Übersetzungen: Das moderne Weltsystem, Bd. I, deutsch Frankfurt

1986, Bd. II Wien 1998, Bd. III Wien 2004 (alle im Promedia-Verlag); vgl. Ders.: Wegbeschreibung der Analyse von Weltsystemen, oder: Wie vermeidet man es, eine Theorie zu werden? In ZWG 2.2 (2001) S. 9–32

Ernst Schulin Hg.: Universalgeschichte, Köln 1974 (Kiepenheuer&Witsch)

Heide Wunder Hg.: Feudalismus. München 1974 (Nymphenburger)

Barry Hindess, Paul Q. Hirst: Pre-Capitalist Modes of Production. London 1975 (Routledge and Kegan)

Rodney Hilton Hg.: Der Übergang vom Feudalismus zum Kapitalismus (1976), deutsch Frankfurt 1978 (Syndikat)

J. M. Roberts: The Penguin History of the World (1976). Überarbeitete Neuauflage London 1995

Ludolf Kuchenbuch Hg.: Feudalismus – Materialien zur Theorie und Geschichte, Berlin 1977 (Ullstein)

Reinhard Bendix: Könige oder Volk. 2 Teile (1978), deutsch Frankfurt 1980 (Suhrkamp)

Lars Lambrecht Hg.: Gesellschaftsformationen in der Geschichte = Argument Sonderband 32, Berlin 1978

Edward W. Said: Orientalismus (1978), deutsch Frankfurt 1981 (Ullstein)

Hugh Thomas: Geschichte der Welt (1979), deutsch Stuttgart 1984 (dva)

William H. McNeill: Plagues and Peoples (1976), Neuaufl. New York 1989 (Anchor-Books)

Dieter Senghaas Hg.: Kapitalistische Weltökonomie, Frankfurt 1979 (Suhrkamp)

Dieter Senghaas: Von Europa lernen, Frankfurt 1982 (Suhrkamp)

Jochen Blaschke Hg.: Perspektiven des Weltsystems, Frankfurt 1983 (Campus)

Hartmut Elsenhans: Nord-Süd-Beziehungen, Stuttgart 1984 (Kohlhammer); vgl. Ders.: Zum Gang der Weltsystemstudien, in ZWG 2.2 (2001) S. 33–52

Eric Jones: The European Miracle, Cambridge 1981 (Cambridge UP)

Artur Attmann: The Bullion Flow between Europe and the East 1000–1750, Göteborg 1981 (Kungl. Vetenskaps- och Vitterheits-Samhället)

Hans-Heinrich Nolte: Die Eine Welt, Hannover 1982 (Fackelträger-Verlag, ²1993)

Hisao Otsuka: The Spirit of Capitalism. The Max Weber Thesis in an Economic Historical Perspective, englisch Tokyo 1982 (Iwanami Shoten)

Eric R. Wolf: Europe and the People Without History, Berkeley 1982 (California UP)

Fernand Braudel: Die Dynamik des Kapitalismus (1985), deutsch Stuttgart 1986 (Klett-Cotta)

Nathan Rosenberg, L. E. Birdzell: How the West Grew Rich, London 1986, (Tauris)

Alfred W. Crosby: Ecological Imperialism. The Biological Expansion of Europe, Cambridge 1986 (Cambridge UP)

Artur Attmann: American Bullion in the European World Trade 1600–1800, Göteborg 1986 (Kungl. Vetenskaps- och Vitterhets-Samhället)

Shmuel N. Eisenstadt Hg.: Patterns of Modernity, 2 Bde., London 1987 (Pinter)

Ernest Gellner: Plough, Sword and Book. The Structure of Human History, Chicago 1988 (Chicago UP), deutsch Stuttgart 1990 (Cotta), Tb. München 1993 (dtv)

Hans Pohl Hg.: *The European Discovery of the World and its Economic Effects on Pre-Industrial Society*, Stuttgart 1990 (Steiner)

K. N. Chaudhuri: *Asia before Europe. Economy and Civilization of the Indian Ocean from the Rise of Islam to 1750*, Cambridge 1990 (Cambridge UP)

Joel Mokyr: *The lever of riches: technological creativity and econmic progress*, New York usw. 1990 (Oxford UP)

James D. Tracy Hrsg.: *The Rise of the Merchant Empires*, und: *The Political Economy of Merchant Empires*, Cambridge 1990 und 1991 (Cambridge UP);

Paul Bairoch: *Economics and World History*, Chicago 1993 (Chicago UP)

Hubert Kiesewetter: *Das einzigartige Europa: zufällige und notwendige Faktoren der Industrialisierung*, Göttingen 1996 (Vandenhoeck & Ruprecht)

Manuel Castells: *The Information Age: Economy, Society and Culture*, 3 Bde., Oxford/New York 1996–1998

Alf Lüdtke Hg.: *Was bleibt von marxistischen Perspektiven in der Geschichtsschreibung?* Göttingen 1997 (Wallstein)

Johan Galtung: *Der Preis der Modernisierung. Struktur und Kultur im Weltsystem*, Wien 1997 (Promedia)

Wolfgang Reinhard: *Parasit oder Partner? Europäische Wirtschaft und Neue Welt 1500–1800*, Münster 1997 (LIT)

Fred Spier: *Big History*, deutsch Darmstadt 1998 (WBG)

Jared Diamond: *Guns, Steel and Empire. A short History of Everybody for the last 13.000 years*. London 1998 (Vintage), deutsche Ausgabe u. d. T. *Arm und Reich*, Frankfurt 1999

Philipp Pomper, Richard H. Elphik, Richard T. Vann Hg.: *World History. Ideologies, Structures and Identities*, Oxford 1998 (Blackwell)

William H. McNeill: *World History and the Rise and Fall of the West*, in: JWH 9.2 (1998), S. 215–236

Andre Gunder Frank: *Re-Orient*, Berkeley 1998 (California UP); Ders.: *Die Sozialwissenschaft Re-Orientieren*, in: ZWG 5.1 (2004), S. 9–42

Philip Pomper, Richard H. Elphink, Richard T. Vann Hg.: *World History. Ideologies, Structures, and Identities*, New York 1998

Jürgen Osterhammel: *Die Entzauberung Asiens*, München 1998 (Beck)

Kenneth Pomeranz, Steven Topik: *The World that Trade Created*, Armonk 1999 (Sharpe)

Dan Diner: *Das Jahrhundert verstehen. Eine universalhistorische Deutung*, München 1999

Kenneth Pomeranz: *The Great Divergence*, Princeton 1999 (Princeton UP); Ders.: *Nachdenken über Vergleichende Wirtschaftsgeschichte. ›Der fernöstliche Entwicklungsweg‹, als Konzeption, Geschichte und Politik*, in: ZWG 5.2 (2003), S. 11–26

David Landes: *Wohlstand und Armut der Nationen*, deutsch Darmstadt 1999 (Wissenschaftliche Buchgesellschaft)

Christof Parnreiter, Andreas Novy, Karin Fischer Hg.: Globalisierung und Peripherie, Frankfurt 1999 (Brandes & Apsel)
Wilfried Loth, Jürgen Osterhammel Hg.: Internationale Geschichte. München 2000 (Oldenbourg)
G. B. Poljak, A. N. Markova Hg.: Vsemirnaja Istorija (Weltgeschichte), Moskva 2000 (Juniti-Verlag)
Jerry H. Bentley, Herbert F. Ziegler Hg.: Traditions and Encounters, A Global Perspective on the Past, Boston 2000 (McGraw)
Shmuel Noah Eisenstadt: Vielfältige Modernen, in: ZWG 2.1 (2001), S. 9–34; Marin Trenk: Weltmonokultur oder Indigenisierung der Moderne? In ZWG 3.1 (2002), S. 23–40
Immanuel Geiss: Epochen. Die universale Dimension der Weltgeschichte = Geschichte griffbereit, Bd. 6, Gütersloh 2002
Philippe Gigantès: Power and Greed. A short history of the World (2002), deutsch Ders.: Eine kurze Geschichte der Welt, Bergisch Gladbach 2004 (Bastei-Lübbe)
Bruce Mazlish: Die neue Globalgeschichte, in ZWG 3.1 (2002), S. 9–22
Wolf Schäfer: The New Global History: Toward a Narative for Pangaea Two, mit Kritiken von 21 Gelehrten in: Erwägen – Wissen – Ethik 14.1 (2003), S. 75–135
Gottfried Schramm: Fünf Wegscheiden der Weltgeschichte, Göttingen 2003 (Vandenhoeck & Ruprecht)
Alexander Demandt: Kleine Weltgeschichte, München 2003 (Beck)
I.R. McNeill, William H. McNeill: The Human Web. A Bird's Eye View of World History, New York 2003 (W. W. Norton)

Einzelne Themen

Die großen Weltreligionen: vgl. die Angaben in Kapitel 1.
Hans Herzfeld Hg.: Geschichte in Gestalten, Bd. 1–4 (alphabetisch), Frankfurt 1963 (Fischer)
Alexander Demandt: Sternstunden der Geschichte, München 2000 (Beck)
Friedrich Albert Lange: Geschichte des Materialismus, Bd. 1–2 (1866), Neuaufl. Frankfurt 1974 (Suhrkamp)
Franz Borkenau: Der Übergang vom feudalen zum bürgerlichen Weltbild, Paris 1934 (Alcan)
Wilfried Röhrich: Sozialgeschichte politischer Ideen, Reinbek 1979 (Rowohlt)
Norman Cohn: The Pursuit of the Millenium. Revolutionary Messianismism Medieval and Reformation – Europe, New York 1961 (Harper)
Janko Musulin Hg.: Proklamationen der Freiheit, Frankfurt 1959 (Fischer)
Olwen Hufton Hg.: Historical Change and Human Rights, Oxford 1996; deutsch: Menschenrechte in der Geschichte, Frankfurt 1998 (Fischer)
Friedrich Heer, Sabine Freitag, Klaus Günther Hg.: Für eine gerechte Welt. Große Dokumente der Menschheit (1978) Neuaufl. Darmstadt 2004 (Primus)

Hans W. Kopp: Parlamente, Frankfurt 1966 (Fischer)

Peter Massing, Gotthard Breit Hg.: Demokratietheorien. Von der Antike bis zur Gegenwart. Bad Schwalbach 2001 (Wochenschau-Verlag)

Wolfgang Jonas u. a.: Die Produktivkräfte in der Geschichte, Bd. 1, Berlin 1969 (Dietz)

Mary Kilbourne Matossian: Shaping World History. Breakthroughs in Ecology, Technology, Science and Politics, Armonk 1977 (Sharpe)

Hans-Heinrich Nolte Hg.: Patronage und Klientel, Köln usw. 1989 (Böhlau)

Mary Jo Maynes, Ann Waltner, Brigitte Soland, Ulrike Strasser Hg.: Gender, Kinship, Power. A Comparative and Interdisciplinary History, New York 1996 (Routledge)

Franz X. Eder, Sabine Frühstück Hg.: Neue Geschichten der Sexualität. Beispiele aus Ostasien und Zentraleuropa 1700–2000, Wien 2000 (Turia & Kant)

Stig Förster u. a. Hg.: Schlachten der Weltgeschichte, München 2001 (Beck)

Hans-Heinrich Nolte: Geschichte zivilen Widerstands, in: Ders., Wilhelm Nolte: Ziviler Widerstand und Autonome Abwehr, Baden-Baden 1984 (Nomos)

Redcliff Salaman: The History and Social Influence of the Potato, Cambridge 1949, Neuaufl. 1989 (Cambridge UP)

Sidney W. Mintz: Die süsse Macht. Kulturgeschichte des Zuckers (1985), deutsch Frankfurt 1992 (Campus)

Daniela Ingruber, Martina Kaller Dietrich Hg.: Mais. Frankfurt 2001 (Apsel & Südwind)

Joachim Radkau: Natur und Macht. Eine Weltgeschichte der Umwelt, München 2002 (Beck)

Bouda Etemad u. a. Hg.: Towards an International Economic and Social History. Essays in Honour of Paul Bairoch, Genf 1995 (Passé Présent)

Carl-Hans Hauptmeyer u. a. Hg.: Die Welt querdenken. Festschrift Hans-Heinrich Nolte, Frankfurt 2003 (Lang)

Einführungen und Gesamtdarstellungen Frühe Neuzeit

Universitäts-Lehrbücher:

Ernst Hinrichs: Einführung in die Geschichte der Frühen Neuzeit, München 1980 (Beck)

Johannes Burkhardt: Frühe Neuzeit (Grundkurs Geschichte 3), Königstein 1985 (Athenäum)

Anette Völker-Rasor Hg.: Frühe Neuzeit, München 2000 (Oldenbourg)

Manfred Kossok Hg.: Allgemeine Geschichte der Neuzeit, Berlin 1986 (VEB Verlag der Wissenschaften)

Friedrich Edelmayer, Peter Feldbauer, Marja Wakounig Hg.: Global-geschichte 1459–1620, Wien 2002 (Promedia-Verlag);

Margarete Grandner, Andrea Komlosy Hg.: Vom Weltgeist beseelt. Globalgeschichte 1700–1815, Wien 2004 (Promedia-Verlag)

Nada Boskovska Leimgruber Hg.: Die Frühe Neuzeit in der Geschichtswissenschaft, Paderborn 1997 (Schöningh)

Fernand Braudel: Sozialgeschichte des 15.–18. Jahrhunderts, Paris 1979, deutsch Bd. 1–3, 1990 (Kindler)

Fernand Braudel: Das Mittelmeer und die mediterrane Welt in der Epoche Philipps II. (1949) deutsch Bd. 1–3, Frankfurt 1990 (Suhrkamp)

Didaktik

Zeitschrift: World History Bulletin

Ross Dunn: Constructing World History in the Classroom, in: Peter Stearns, Peter Seixas, Sam Wineberg Hg.: Teaching and Learning History, New York 2000

Susanne Popp, Johanna Forster Hg.: Curriculum Weltgeschichte, Schwalbach 2003 (Wochenschau-Verlag)

ZWG 4.1 (2003), Schwerpunkt Didaktik

Hanna Schissler, Yasmin Nohuglu Soysal Hg.: The Nation, Europe, and the World. Textbooks in Transition, New York – Oxford 2005

Alphabetisches Verzeichnis häufig benutzter Titel

Abel, Agrarkrisen = Wilhelm Abel: Agrarkrisen und Agrarkonjunktur, ³Hamburg 1978
Afflerbach, Atlantik = Holger Afflerbach: Das entfesselte Meer. Die Geschichte des Atlantik, München 2003
Ahrweiler, Européens = H. Ahrweiler, M. Aymard Hg.: Les Européens, Paris 2000
Armstrong, Islam = K. Armstrong: Islam. A Short History, ⁸London 2003
Attman, Flow = A. Attman: The Bullion Flow between Europe and the East, Göteborg 1981
Becker, Grenzen = J. Becker, A. Komlosy Hg.: Grenzen weltweit, Zonen, Linien, Mauern im historischen Vergleich, Wien 2004
Blaschke, Perspektiven = J. Blaschke Hg.: Perspektiven des Weltsystems, Frankfurt 1983
Bonney, Rise = R. Bonney Hg.: The Rise of the Fiscal State in Europe, Oxford 1999
Boškovska-Leimgruber, Frühe Neuzeit = N. Boškovska-Leimgruber Hg.: Die Frühe Neuzeit in der Geschichtswissenschaft, Paderborn 1997
Braudel, Dynamik = F. Braudel: Die Dynamik des Kapitalismus, deutsch Stuttgart 1986
Braudel, Sozialgeschichte I – III = F. Braudel: Sozialgeschichte des 15.–18. Jahrhunderts, Bde. 1–3, deutsch München 1990
Braun, Industrielle Revolution I – II = R. Braun, W. Fischer, H. Großkreuz u. a. Hg.: Industrielle Revolution, Wirtschaftliche Aspekte; Dies. Hg.: Gesellschaft in der Industriellen Revolution, Köln 1972 f.
Braun, Erfindungen: Hans-Joachim Braun: Die 101 wichtigsten Erfindungen, München 2005
Cardini, Europa = F. Cardini: Europa und der Islam, deutsch München 2000
Chaudhuri, Asia = K. N. Chaudhuri: Asia before Europe. Economy and civilisation of the Indian Ocean from the rise of Islam to 1750, Oxford 1990
Chaunu, Kultur = P. Chaunu: Europäische Kultur im Zeitalter des Barock, deutsch München 1968
Chirot, Backwardness = D. Chirot Hg.: The Origins of Backwardness in Eastern Europe, Berkeley 1989
Cipolla, Before = C. Cipolla: Before the Industrial Revolution. European Society and Economy, 1000–1700, London 1976
Colberg, Staat = K. Colberg u. a. Hg.: Staat und Gesellschaft in Mittelalter und Früher Neuzeit, Gedenkschrift Joachim Leuschner, Göttingen 1983

DelaCampagne, Sklaverei = C. DelaCampagne: Die Geschichte der Sklaverei (2002), deutsch Düsseldorf usw. 2004

Demandt, Weltgeschichte = A. Demandt: Kleine Weltgeschichte, München 2003

Diamond, Germs = J. Diamond, Guns, Germs and Steel, London 1997, deutsch u. d. T. »Arm und reich«, Frankfurt 1999.

Duchhardt, Beziehungen = H. Duchhardt, F. Knipping Hg.: Handbuch der Geschichte der Internationalen Beziehungen, Bd. 1–9, Paderborn 1997 ff..

Edelmayer; Amerikas = F. Edelmayer, B. Hausberger, H. W. Tobler Hg.: Die vielen Amerikas, Frankfurt 2000

Edelmayer, Globalgeschichte = F. Edelmayer, P. Feldbauer, M. Wakounig Hg.: Globalgeschichte 1450–1620, Wien 2002

Edelmayer, Neue Welt = Friedrich Edelmayer, Margarete Grandner, Bernd Hausberger Hg.: Die Neue Welt, Wien 2001

Edelmayer, Welthandel = F. Edelmayer, E. Landsteiner, R. Pieper Hg.: Die Geschichte des europäischen Welthandels und der Globalisierungsprozess, München 2001

Eliade, Religionen = M. Eliade, I.O. Couliano: Handbuch der Religionen, deutsch Zürich 1991

Elsenhans, Nord-Süd = H. Elsenhans: Nord-Süd-Beziehungen, Stuttgart 1984

Faroqhi, Kultur = S. Faroqhi: Kultur und Alltag im Osmanischen Reich, München 1995

Feldbauer, Mittelmeer = P. Feldbauer, G. Liedl, J. Morissey Hg.: Vom Mittelmeer zum Atlantik. Die mittelmeerischen Anfänge der europäischen Expansion, Wien usw. 2001

Feldbauer, Stadt = P. Feldbauer, M. Mitterauer, W. Schwentker Hg.: Die vormoderne Stadt. Asien und Europa im Vergleich, Wien/München 2002

Förster, Schlachten = S. Förster, M. Pöhlmann, D. Walter Hg.: Schlachten der Weltgeschichte, München 2001

Frank, Re-Orient = A. G. Frank: Re-Orient, Berkeley 1998

Franz, Bauerntum = G. Franz Hg.: Deutsches Bauerntum im Mittelalter, Darmstadt 1976

Fuellberg-Stolberg, Amerika = C. Fuellberg-Stolberg, R. Göring Hg.: Amerika – Das andere Gesicht Europas? Pfaffenweiler 1996

Gebhardt = Gebhardt, Handbuch der deutschen Geschichte, Hg. von H. Grundmann, ⁹Stuttgart 1970

Gerhard, Stände = D. Gerhard Hg.: Ständische Vertretungen in Europa im 17. und 18. Jahrhundert, Göttingen 1969

GG = Geschichtliche Grundbegriffe

Goldstone, Revolution = J. Goldstone: Revolution and Rebellion in the Early Modern World, Berkeley 1990

Grandner, Weltgeist = M. Grandner, A. Komlosy Hg.: Vom Weltgeist beseelt, Globalgeschichte 1700–1815, Wien 2004

Hauptmeyer, Welt = C.-H. Hauptmeyer, D. Adamczyk, B. Eschment, U. Obal Hg.: Die Welt querdenken, Festschrift Hans-Heinrich Nolte, Frankfurt 2003
Heer, Dokumente = F. Heer, S. Freitag, K. Günther Hg.: Für eine gerechte Welt. Große Dokumente der Menschheit, Neuaufl. Darmstadt 2004
Held, Kultur = J. Held, Kultur zwischen Bürgertum und Volk, Berlin 1983
Hinrichs, Absolutismus = E. Hinrichs Hg.: Absolutismus, Frankfurt 1986
Hoesch, Balkanländer = E. Hösch, Geschichte der Balkanländer, München 1999
Hourani, Arabische Völker = A. Hourani, Die Geschichte der arabischen Völker, deutsch Frankfurt 1992
Hroch, Criteria = M. Hroch, L. Klusáková Hg.: Criteria and Indicators of Backwardness, Prag 1996
Hubatsch, Absolutismus = W. Hubatsch Hg.: Absolutismus, Darmstadt 1975
JbGOE = Jahrbücher für Geschichte Osteuropas
HZ = Historische Zeitschrift
Jonas, Produktivkräfte = W. Jonas, V. Linsbauer, H. Marx: Die Produktivkräfte in der Geschichte, Bd. 1, Berlin 1969
JWH = Journal of World History
Kennedy, Rise = Paul Kennedy: The Rise and Fall of the Great Powers, New York 1987, deutsch Frankfurt 1991
Kleinschmidt, Beziehungen = H. Kleinschmidt, Geschichte der internationalen Beziehungen, Stuttgart 1998
Kriedte, Spätfeudalismus = P. Kriedte: Spätfeudalismus und Handelskapital, Göttingen 1980
Kuchenbuch, Feudalismus = L. Kuchenbuch Hg.: Feudalismus –Materialien zur Theorie und Geschichte, Berlin 1977
Kürşat, Verwestlichungsprozess = E. Kürşat, Der Verwestlichungsprozeß des Osmanischen Reiches im 18. und 19. Jahrhundert, 2 Bde., Frankfurt 2003
Lambrecht, Gesellschaftsformationen = L. Lambrecht Hg.: Gesellschaftsformationen in der Geschichte, Berlin 1978
Liedl, Kanone = G. Liedl, M. Pittioni, T. Kolnberger: Im Zeichen der Kanone, Wien 2002
Lewis, Middle East = B. Lewis: The Middle East. 2000 years of History from the Rise of Christianity to the Present Day, Neuausg. London 2000
Lenk, Ideologie = K. Lenk Hg.: Ideologie, Neuwied 1964
Levene/Roberts, Massacre = M. Levene, P. Roberts Hg.: The Massacre in History, New York 1999
Linhart, Ostasien = S. Linhart, S. Weigelin-Schwiedrzik Hg.: Ostasien 1600–1900, Wien 2004
Mäding, China = K. Mäding: China –Kaiserreich und Moderne, Berlin 2002

Massing, Demokratietheorien = P. Massing, G. Breit Hg.: Demokratietheorien. Von der Antike bis zur Gegenwart, Bad Schwalbach 2001.

McNeill, Plagues = W. H. McNeill: Plagues and Peoples, New York 1976

McNeill, Web = J. R. McNeill, William H. McNeill: The Human Web. A Bird's-Eye View of World History, New York/London 2003

Mitterauer, Europa = M. Mitterauer: Warum Europa? Mittelalterliche Grundlagen eines Sonderwegs, München 2003

Neuss-Kaneko, Familie = M. Neuss-Kaneko: Familie und Gesellschaft in Japan, München 1990

NCMH – New Cambridge Modern History, 14 Bde., Cambridge 1970

Nolte, Stellung = H.-H. Nolte: Zur Stellung Osteuropas im internationalen System der frühen Neuzeit, in: JbGOE 28.2 (1980)

Nolte, Eine Welt = H.-H. Nolte: Die Eine Welt, ²Hannover 1993

Nolte, Innere Peripherien I–III = H.-H. Nolte Hg.: Internal Peripheries in Early Modern Times, Göttingen 1991 (I); Ders. Hg.: Innere Peripherien im 20. Jahrhundert, Stuttgart 1996 (II); Ders. Hg.: Innere Peripherien in Ost und West, Stuttgart 2000

Nolte, Patronage = H.-H. Nolte Hg.: Patronage und Klientel, Köln usw. 1989

Nolte/Vetter = H.-H. Nolte, W. Vetter Hg.: Der Aufstieg Russlands zur europäischen Großmacht, Stuttgart 1981

Nolte, Russland = H.-H. Nolte: Kleine Geschichte Russlands, ³Stuttgart 2003

Nolte, Migrationen = H.-H. Nolte Hg.: Deutsche Migrationen, Münster 1996

North, Thomas, Rise = D. C. North, R. P. Thomas: The Rise of the Western World, Cambridge 1973

North, Geld = M. North: Das Geld und seine Geschichte, München 1994

Osterhammel, Kolonialismus = J. Osterhammel: Kolonialismus. Geschichte, Formen, Folgen, München 1995

Oxtoby, World Religions = W. G. Oxtoby Hg.: World Religions, 2 vols., ²Oxford 2002

Pohl, Discovery = H. Pohl Hg.: The European Discovery of the World and its Economic Effects, Stuttgart 1990

Poliakov, Antisemitismus = Léon Poliakov: Geschichte des Antisemitismus, Bd. 1–7, (1951 ff) deutsch Worms 1977 – Frankfurt 1988

Pomeranz, Divergence = K. Pomeranz: The Great Divergence, Princeton/NJ 2000

Pietschmann, Atlantic = H. Pietschmann Hg.: Atlantic History, History of the Atlantic System, Göttingen 2002

Reinhard, Expansion = W. Reinhard: Geschichte der europäischen Expansion, Bd. 1–4, Stuttgart 1983–1990

Review = Review. The Fernand Braudel Institute

RM = C. M. Schröder Hg.: Die Religionen der Menschheit, Bd. 1–36, Stuttgart 1960 ff. (Bd.27 1994)

Rothermund, Indischer Ozean = D. Rothermund, S. Weigelin-Schwiedrzik Hg.: Der Indische Ozean, Wien 2004
Scales, Nation = L. Scales, O. Zimmer Hg.: Power an the Naton in European History, Cambridge 2005
Schramm, Wegscheiden = Gottfried Schramm: Fünf Wegscheiden der Weltgeschichte, Göttingen 2004
Saeculum
Stadtmüller, Südosteuropa = G. Stadtmüller, Geschichte Südosteuropas, München 1950
Sweezy, Dobb, Übergang = P. Sweezy, M. Dobb Hg.: Der Übergang vom Feudalismus zum Kapitalismus, deutsch Franfurt 1978
Tracy, Merchant Empires I – II = J. D. Tracy Hg.: The Rise of Merchant Empires, Cambridge 1990; The Political Economy of Merchant Empires, Cambridge 1991
Tracy, Religion = J. D. Tracy Hg.: Religion and the Early Modern State, Festschrift Lehmberg, Cambridge 2004
VSWG = Vierteljahresschrift für Sozial- und Wirtschaftsgeschichte
Wallerstein, Welt-System I – III = I. Wallerstein: The modern World-System, Bde. 1–3, New York 1974–1989, deutsch Frankfurt 1986 – Wien 2004
Wallerstein, Kapitalismus = I. Wallerstein: Der historische Kapitalismus, deutsch Berlin 1984
Weiers, Mongolen = M. Weiers: Geschichte der Mongolen, Stuttgart 2004
Wirtschaftsploetz = H. Ott, H. Schäfer Hg.: Wirtschaftsploetz, Freiburg 1984
Wunder, Feudalismus = H. Wunder Hg.: Feudalismus, Müchen 1974
ZWG = Zeitschrift für Weltgeschichte

Register

Personen und Dynastien

Abbas Schah 268, 281–282
Abbasiden (Dynastie) 34
Abel, W. (Historiker) 106
Abraham (Patriarch) 30, 246
Abu-Loghud (Historiker) 43, 181
Achmatowa, A. (Dichterin) 201
Adamczyk, D. (Historiker) 348
Adams, J. Q. (Präsident) 220
Adick, Ch. (Historikerin) 11
Ahangir Schah 77
Ajuk Khan 140
Akbar, Großmogul 75–79, 269
Albrecht, König 113
Alexander der Große 116
Alexander I., Kaiser 306
Arendt, H. (Politikwissenschaftlerin) 199
Ariés, Ph. (Historiker) 243
Aristoteles (Philosoph) 116, 263
Attmann, A. (Historiker) 181
Augustinus (Kirchenlehrer) 206
Aurangzeb, Großmogul 79–81, 269

Babur Khan 75
Bacon, F. (Politikwissenschaftler) 273–274
Bairoch, P. (Historiker) 160, 167
Barros, C. (Historiker) 348
Berg, D. (Historiker) 133
Berger, J. (Historiker) 243
Bin Wong (Historiker) 158, 338
Blaich, F. (Historiker) 157
Bley, H. (Historiker) 340, 347
Blickle, P. (Historiker) 266
Bodin, Jean (Schriftsteller) 151
Botticelli, S. (Maler) 260
Braudel, F. (Historiker) 230, 336, 345
Brunner, O. (Historiker) 247, 342

Buddha (Religionsstifter) 13, 33
Buffalo Bill (eig. William Cody, Entertainer) 223

Caesar Octavian 118
Cajani, L. (Historiker) 340
Calvin, J. (Kirchenlehrer) 267
Chaudhuri, K. N. (Historiker) 345
Charly, Prinz 214
Christus (Religionsstifter) 13, 28–29
Clausewitz, C. v. (Militär) 305
Colbert, J. B. (Minister) 151
Conrad, J. (Schriftsteller) 183
Cooper, J. F. (Schriftsteller) 220, 228
Cromwell, O. (Lord Protector) 102, 212

Danilevskij, G. P. (Biologe) 345
Dante Alighieri (Dichter) 157, 113
De Soto, F. (Eroberer) 53
Demandt, A. (Historiker) 345
Descartes, R. (Philosoph) 275–276
Diamond, Y. (Biologe) 52–53
Drake, F. (Pirat) 100
Drekonja, F. (Historiker) 226
Dschingis Khan 37–38
Dschingisiden (Dynastie) 36–41
Duby, G. (Historiker) 243

Eco, U. (Linguist) 348
Eisenstadt. S. (Soziologe) 349
Elias N. (Soziologe) 110, 201, 249, 298
Elisabeth I., Königin 100, 249
Engels, F. (Kaufmann) 266, 311
Erasmus v. Rotterdam (Philosoph) 189, 263
Esen Khan 39
Euripides (Dichter) 116, 201

Faroqhi, S. (Historikerin) 244
Fawkes, G. 101
Feldbauer, P. (Historiker) 341, 345
Ferdinand I., Kaiser 146
Frank, A. G. (Soziologe) 67, 158 338, 349
Franz Xaver, Heiliger 93
Franz, C. (Historiker) 192
Franz I., Kaiser 306
Friedrich der Weise, Kurfürst 262
Friedrich Wilhelm I., König 306
Fuellberg-Stolberg, C. (Historiker) 242
Fugger (Kaufleute, Dynastie) 262

Galilei, G. (Naturwissenschaftler) 274
Gama, Vasco da (Seefahrer) 82
Gandhi, M. (Politker) 33
Georg III., König 315
Geyer, D. (Historiker) 335
Goehrke, C. (Historiker) 244
Goethe, J. W. v. (Dichter) 11, 298, 309
Greenfield, L. (Historikerin) 110
Gretchen (am Brunnen) 246
Grotius, H. (Jurist) 289
Gutenberg, J. (Drucker) 320

Habsburg (Dynastie) 38, 146, 292–294, 304–305
Haider Ali 86
Hamurabbi (Herrscher) 20
Han (Dynastie) 56
Hanson, V. D. (Historiker) 190
Hegel, G. F. (Philosoph) 278, 330
Heimpel, H. (Historiker) 130
Heinrich I., König 129
Heinrich IV. Kaiser 207
Heinrich VI. Kaiser 130
Heinrich VIII. König 99, 129
Herder, J. G. (Theologe) 283, 307, 330
Herodot 140
Hideyori 92
Hine R. (Historiker) 223
Hintze, O. (Historiker) 333–334
Hobbes, Th. (Politikwissenschaftler) 259, 273, 277
Hohenzollern (Dynastie) 305
Huntington, S. (Politikwissenschaftler) 345
Hus, J. (Kirchenlehrer) 209, 271

Ismael (Patriarch) 30
Ismail, Schah 42, 268
Itzcoatl (Herrscher) 47
Ivan III., Zar 215

Jackson, A. (Präsident) 220
Jahan Schah, Großmogul 77, 79
James VI, König 213
Jaspers, C. (Philosoph) 25
Johann Ohneland, König 97
Johann v. Sachsen, Kurfürst 209
Julian, Kaiser 206
Justinian, Kaiser 29, 122

Kaehler, S. A. (Historiker) 342
Kant, I. (Philosoph) 277, 278
Kapica, S. P. (Historiker) 12–13
Karl der Große, Kaiser 38
Karl der Kühne, Herzog 149
Karl I., König 11, 212
Karl II., König 102
Karl V., Kaiser 99, 146, 209, 263, 293
Karl VII., Kaiser 304
Karl X, König 298
Katharina II., Kaiserin 249
Katharina von Aragon, Königin 99
Katharina von Georgien, Königin 281
Khubilai Khan 37
King, G. (Statistiker) 322
Konfuzius (Religionsstifter) 13, 55
Konstantin, Kaiser 120
Kopernikus, N. (Astronom) 274, 309
Kriedte, P. (Historiker) 157
Krieger, M. (Historiker) 342
Kuczynski, J. (Historiker) 244
Kulischer, J. (Historiker) 157
Kürşat, E. (Soziologin) 302–303
Kurgan van Heutenryk, G. (Historikerin) 180

Landes, D. (Historiker) 322–323
Leibniz, G. W. (Gelehrter) 279
Lekon, Ch. (Historiker) 348
Lewis, B. (Historiker) 122
Lilie, R. J. (Historiker) 138
Lincoln A. (Präsident) 222
Locke, J. (Politikwissenschaftler) 277

Lorenzo il Magnifico (Kaufmann) 260
Ludwig II., König 146
Ludwig XIV., König 293
Luther, M. (Kirchenlehrer) 99, 209, 262–267

Macchiavelli, N. (Schriftsteller) 214
Mahmud II., Sultan 203
Mandschu (Dynastie) 60–69
Maria Stuart, Königin 102
Maria Tudor 99–100
Maria von Burgund 149
Marley, B. (Sänger) 227
Marshall, J. (Richter) 220
Marx, K. (Ökonom) 271, 311, 330, 342
Mason, J. (Prediger) 219
Mauss, M. (Soziologe) 307
Maximilian, Kaiser 149
Mazlish, B. (Historiker) 349
McNeill, H. W (Historiker) 20, 43, 52,346
McNeill, J. R. (Historiker) 20,346
Meadows, D. L. (Ökonom) 334
Medici (Kaufleute, Dynastie) 260
Mikes G. (Schriftsteller) 91
Ming (Dynastie) 39, 41–42, 56–60
Mitterauer, M. 320, 342, 345
Mohammed (Religionsstifter) 30–32
Mohammed II., Sultan 137
Mommsen, Th. (Historiker) 118
Montaigne, M. (Schriftsteller) 272, 278
Montesquieu, Ch. (Politikwissenschaftler) 282
Moritz v. Sachsen, Kurfürst 209
Morton, S. G. (Schiftsteller) 222
Morus, Th. (Erzbischof) 100, 103
Münch, P. (Historiker) 244
Müntzer, Th. (Kirchenlehrer) 311

Nadir Schah 79, 268
Napoleon, Kaiser 211, 252, 303
Normannen (Dynastie) 97
North, D. C. (Historiker) 153–154
North, M. (Historiker) 253
Nur Jahan 79

O'Brien, N. N. (Historiker) 339
Obal, U. (Historiker) 348
Odowaker, Heerkönig 121

Ögodei Khan 37
Oranier (Dynastie) 212–214
Osman I., Sultan 36, 142
Osman (Dynastie) 142–147
Osterhammel, J. (Historiker) 68, 335, 348
Otto I., Kaiser 129
Otto III., Kaiser 129
Otto IV., Kaiser 109
Owari (Shogun) 92

Papin, D. (Physiker) 323
Parker, G. (Historiker) 186–189
Pearson, M. N. (Historiker) 83
Pestel, E. (Technikwissenschaftler) 334
Peter der Große, Kaiser 140
Peter III., Kaiser 309
Philipp der Schöne, König 129, 150
Phillipp II., König 99, 116
Pico della Mirandola (Schriftsteller) 260
Pierenkemper, T. (Historiker) 324
Platon (Philosoph) 116
Polybios (Historiker) 22, 113
Pomeranz, K. (Historiker) 158, 338
Pufendorff (Politikwissenschaftler) 337
Pugatschow, E. (Kosak) 309–312
Putsch, J. (Zeichner) 291

Quin Shuhangdi, Kaiser 56
Quing s. Mandschu

Radkau, J. (Historiker) 174
Ramischt v. Schiraf (Kaufmann) 35
Rebekka (am Brunnen) 246
Rein, A. (Historiker) 192
Reinhard, W. (Historiker) 126
Repgow, Eike von (Richter) 126
Roosevelt, Th. (Präsident) 223
Rossi, P. (Historiker) 348
Rostow, W. W. (Ökonom) 331
Rousseau, J.-J. (Philosoph) 282
Rurik, Großfürst 38
Rushdie, S. (Dichter) 71

Sadra Mulla (Relligionslehrer) 268
Safawiden (Dynastie) 41–42
Saldern. A. v. (Historikerin) 347

Sappho (Dichterin) 243
Sassaniden (Dynastie) 29
Saud, Sultan ibn 269
Savonarola, G. (Mönch) 260
Scharlipp, W. E. (Historiker) 18
Schiavone, A. (Historiker) 348
Schicho, W. (Historiker) 344
Schmale, W. (Historiker) 342
Schmidt, G. (Historiker) 348
Schulin, E. (Historiker) 341
Seibt, F. (Historiker) 244
Seldschuk Khan 141
Seume, Ch. (Schriftsteller) 282
Sforza (Dynastie) 264
Shamil, Scheich 217
Shrivaji, König 81
Sigismund (Kaiser) 184
Sitting Bull (Häuptling) 222
Smith, A. (Ökonom) 180, 188–189, 331
Sokrates (Philosoph) 116
Sombart, W. (Soziologe) 252, 334
Sophie, Kurfürstin 249
Spengler, O. (Historiker) 345
Spier, F. (Anthropologe) 346
Spinoza, B. (Philosoph) 274, 277, 285
Stalin, J. (Generalsekretär) 217
Staufer (Dynastie) 129–130
Stuart (Dynastie) 101, 212–214
Sung (Dynastie) 41, 56

Tang (Dynastie) 29, 34, 56
Tausch, A. (Soziologe) 334
Tavernier, J. (Reisender) 159
Teichova, A. (Historikerin) 180
Theodosius, Kaiser 120, 206
Thomas v. Aquin (Kirchenlehrer) 271
Thukydides 116

Tilly J. v. (Feldherr) 275
Timur Lenk-Khan 36–37, 142
Timuriden Dynastie 74–80
Tipu Sultan 86–87
Tokugawa Dynastie 92–96
Tokugawa Iesayu 92
Tolni-Khan 37
Tosh, P. (Sänger) 227
Toynbee (Historiker) 345
Toyotami Hideyoshi 92
Tschagatai-Khan 37
Tschirnhaus (Forscher) 66
Tschotschi Khan 37
Tudor (Dynastie) 98
Turner, F. J. (Historiker) 223

Umayyaden, Dynastie 31

Van Houten, C. (Geschäftsmann) 254

Wahab, al (Religionslehrer) 269
Wallerstein, I. (Soziologe) 176, 333–338, 349
Washington, G. (Präsident) 314
Watt, J. (Mechaniker) 323
Weber, A. (Soziologe) 18
Weber, M. (Soziologe) 152, 333
Wehler, H.-U. (Historiker) 341
Welfen, Dynastie 103
Wilhelm III., König 102, 109, 213
Will, P. E. (Historiker) 60
Wilson J. (Historiker) 221
Wittram, R. (Historiker) 337, 342

Yüan (Dynastie) 37, 56

Zheng (Kaufleute) 66–67
Zheng He (Seefahrer) 59
Žižka von Trautzenau, J. (Heerführer) 184

Sachen und Begriffe

Abkömmlichkeit und Repräsentation 131
Ablass 261–262
Absolutismus 141–155, 316, 382
    und Affektkontrolle 201
    und Toleranz 208–209

Abstieg aus dem Zentrum 166
Achsenzeit 13
Adel 15–17, 228, 231, 242
    im Mogulreich 76–77
    in Japan und England 92, 108–110

in Rom 117
in Frankreich 152, 191
in Afrika 161
Polen 186
Russland 312
und Getreidehandel 173
in der Region 131
im Baltikum 291
Adelsnation 297
Adelssitze, Stadt: Land 247
Adliges Landleben 247
Aeterna 261
Afghanen 81
Afrika 12, 14, 35, 53, 161, 340
Agrarkapitalismus 101, 105–108
Agrarrevolution der Frühen Neuzeit 103–108
Agrarrevolutionen des Mittelalters 41, 127
Ägypten 13, 20–21, 115
Ähnlichkeiten & Unterschiede 351–356
Ainu 110
Akademie (China) 56–57
Akademie (Frankreich) 276
Akademiker 135
Akkulturation (Mongolen)38
Akkulturation und Militär 184
Aktiengesellschaften und Krieg 191
Aleppo 66, 180
Aleuten 44
Alexanderreich 21
Alltag im Osmanischen Reich 145
Alkohol 326, 49
Altes Recht 310
Altgläubige 26
Amerikas 12–13, 15
Amsterdam 66, 180–181,195
Anatolien 115, 142
Anglikanische Kirche 99–103, 212–214
Anonyme Gesellschaften 180
Antichinesische Massaker 67, 191
Antisemitismus s. Juden, Verfolgung
Antiochia 123
Antwerpen 66, 181
Apostasie 191
Apostelnachfolge 28
Araber 30–32, 35–36, 122
Araber in Indien 73–74

Arabien 25, 269
Arbeit im Alltag 244
Arbeiter 230
Arbeitsformen und Familie 242
Arbeitsformen 227–242
Arbeitsmigration ins Zentrum 165
Arbeitsmigration 171–172
Area-Studies Osteuropa 335–338
Arianer 123
Arier s. Indoeuropäer
Arkebusiere 185
Armee in der englischen Innenpolitik 101–102
Ärmelkanal (Schlacht) 100
Armenier 26
Armenische Kompanie 180
Armut 234
Artillerie 184–186
Artillerie (in Indien) 75
Artillerie der Osmanen 143, 146, 185
Asiatische Despotie 278–279
Askese 28, 135
Assyrer 53
Astrachan 39, 40
Astrologie 23
Athapasken 44
Athen 116
Atlantisches Handelssystem 163–164
Atomenergie 13
Attisches Modell 116, 118
Aufklärung 274–276, 284–285
   Historiographie 329–330
Aufstand und Reformation 265–266
Aufstieg und Fall Großer Mächte 329
Augsburger Bekenntnis 209
Auserwähltheitsglaube der Siedler in Amerika 218–219
Außengrenzen der Systeme 182
Außenhandelsdefizit des Zentrums 165–166
Außenhandelsstruktur Chinas 68
Australien 12
Austronesier in Indien 73
Ayn Dschalut (Schlacht) 43
Azteken 46–49

Bagdad 35
Baku 66

Baltikum 290–291
Banane 35
Banken 180–181
Barbaren (und China) 58, 122
Bartholomäusnacht (Massaker) 272
Basel 229
Basken 115
Batavia s. Djakarta 93
Bauern 11, 14–17, 125–127, 231
    China 57
    Osmanisches Reich 144
    Japan 94–95
    Römisches Reich 119
Bauernaufstände
    China 60
    Japan 95
    Europa 310–312
Bauernrepublik 17, 292
Bayern 305
Belgien (Neutralität) 308
Bewässerung in Indien 75
Bibelbezug 310–312
Bier 49–50
Bischofsamt 28
Blockdruck 57
Bodenbesitz s. Landbesitz
Böhmen 184
Bohnen 45, 49
Bouvines (Schlacht) 97
Boyne (Schlacht) 213
Brahmane 73, 80
Brandrodewirtschaft
    der Indianer 218
    in England 104
    in Europa 127–128
Brügge 181
Buchara 66
Buchdruck 13, 57
Buddhismus (vgl. Lamaismus) 23, 33–34
    in China 56
Bulgaren 122
Bürger s. Städter
Bürger Flanderns 150
Bürgerschaft Roms 117
Burgund 149, 185
Bürokratie 21, 155
    in Burgund 149
    in China 56–69, 279–280
    in Japan 91–92
    in Kastilien 148
    Osmanisches Reich 143
Bursa (Stadt) 142
Byzantinisches Reich 32, 34
Byzanz (Terminus) 122

Cadiz 66
Calvinismus 102, 210, 213
Canterbury 99
Cäsar, Cäsaren 121
Ceylon 87
Chalka-Mongolen 139
Champagner 151
Chanchan (Stadt) 49
Changán (Stadt) 56–57
Charisma 19, 37–38, 40, 81, 116
Chaussee 164
Chavin-Kultur 49
Chili 45
Chimu-Reich 49–51
China 20, 21, 25, 29, 34–35, 41–42
    Erfindungen Tabelle 57, 320, 321
    Han 55–70, 61
    in der europäischen Ideengeschichte 279–280
    Mauer 56, 60
    Ming 53
    Religion und Ideen, Akademien 280–281
    Skizze, Erben 250–251
Chinampas 48
Chios (Seeschlacht) 187
Choresm 37
Christenheit 112–140, 183
    Auflösung der Einheit 267–268
    als Außengrenze des Systems 291
Christentum 23–29
    Hygiene s. Askese 257
Clan (vgl. Dynastie, Klientel) 19, 38, 40, 159, 213–214
    China 55–56
    Kalmücken 139
    Südamerika 49
    Indien 73–74
    Japan 91

Code civile 252
Computer 13
Corpus juris canonici 121
Corpus juris civilis 121
Cro-Magnon-Mensch (vgl. Homo sapiens) 44, 340
Cuczco (Stadt, Tempel) 50–51
Culloden (Schlacht) 214

Daimyo 92, 94, 96
Dänemark 137, 290–291
Dampfmaschine 321, 323
Danzig 181
Dekalog 11, 26, 28
Dekkan 71
Demak (Emirat) 42
Demographie
    Britannien 150
    Europa 161–162
    Frankreich 150
    Weltregionen (Skizze) 69–70
Demokratie 21–22
Demokratisierung 220, 308
Dependencia 333
Despotie in China 68
Deutscher Orden 137, 203
Deutschland 308, 331
    Industrialisierung 325
    Vergleich 326
Deutschland bis 1806 s. Heiliges Römisches Reich
Deutschlands Ostgrenze 197
Diadochen 117
Dienstboten 241
Dienste im Export 136
Dispens 262
Disziplin 185, 189
Disziplinierung der Gläubigen 270
Dithmarschen 183
Djakarta 67, 93
Djihad 26
Djulfa 180
Domestikation 13–15
Donatisten 206
Don-Kosaken 139–140
Dörfer 15–16, 232
    China 59
    England 104

    Indien 75–76, 79–80, 87
    Lateinamerika 238
Dorfgemeinden 164–165
    China 59
    Japan 95
    England 104–106
Dorfhandwerk 232
Drawida 72–73, 86–87
Dreifelderwirtschaft 163–164, 194
    England 104
    Nordamerika 218
Drogen 253–257
Drogheda (Plünderung) 212
Druck – Blockdruck 320
Druck mit beweglichen Lettern 57, 320
Duell 292
Dynastien (vgl. Personenregister) 132, 292
    und Amt 97–98

Edelmetall, Geldexport 166, 180
Edirne (Stadt) 142
Edle Wilde 282–283
Eggen 105
Ehe 135, 249–250
Einhegungen 104–108
Einungen 132
Eisen 15, 168, 170
    China 66
    Gusseisen 57
    Hütten 230
    in der Industriellen Revolution 325–327
    Indien 73
    Japan 96
Eisschilde 44, 114
Elektrizität 13
Eliten und Fernhandel 182
Eliten, Moralprobleme 275
Emigration s. Migration
Empirismus 273–4, 277
England (s. Nobilität, s. Großbritannien) 14, 91, 96–111, 133, 290, 331
    Gesamteinkommen 296
    in China 58
    in Indien 87–89
    Konfiguration mit Frankreich 299
    Kriegsflotte 187

Kriegskosten 1689–1714 163
Reichsstände 132
Revolutionsbegriff 310
Engländer, Exklusivität 217–218
Englische s. Ostindische Kompanie
Entdeckungen 13
Entfremdung 261
Entwaldung 66
Entwicklung des Menschengeschlechts 330
Enzyklopädie in China 281
  in Europa 274
Erben 38, 250–252
Erdnüsse 49
Erdöl 326
Erfindungen Europa : China 57
Erfurt 262
Eschatologie 29
Estado da India 83
Ethnien (vgl. Exklusionen) 36
  im Heiligen Römischen Reich 304
Etrusker 115, 117
Eurasiafrika 11–43
Europa insgesamt im System 113–114, 161–165
Eurozentrismus 338
Ex Oriente Lux 114
Exklusionen 193, 204, 224
  Besiegte allgemein 196–198
  Ethnien 212–214
  Konfessionen 210–214
  Orthodoxie 137–138
  Täufer 137
Expansion, europäische: Phasen 190–192
  China 194–195
  Christenheit nach Osten 137–139
  Ende 192, 308, 312
  Griechenland 115–117
  halbperiphere Mächte 195
  Historiographie 336–338
  Kooperation im System 137
  Kritik 283
  Rom 117–118
  Vorteile 193–196

Fahrendes Volk 2, 33–234
Familie (s. Haus, Dynastie) 15, 27, 38, 135, 249
  Azteken 48

China 64
Familienfirmen 180
Ferdinand I. Kaiser 210
Ferghanatal 75
Fernhandel und endogene Produktion 181
Fernhandel 32, 34–37, 181–182
  Afrika 160–161
  Azteken 48–49
  China 58, 66, 158–159, 181
  China – Europa 67
  Europa 161–181
  Indien 159–160, 181
  Inkareich 51
  Ostrom 124
Fernwaffen 184–187
Fernwaffenverbote 184
Fertigwarenexporte 136, 165
Festungen 189
Feudale Rente 16
Feudalismus 16–17, 125–127
  Japan 95–96
Finnougrier 115
Fiskalische Leistungsfähigkeit 163
Fleisch 245
Florenz 165, 183, 260
Fluyt 178
Franken 29, 122
Frankenreich 124–125
Frankreich 130, 133, 150–153, 209, 290–295, 331
  Kriegskosten 1689–1714 163
  Militär 185–187
  Reichsstände 132
  Revolutionskritik 310
Freiburg i. Br. 229, 292
Freiheit 165, 227–234
  der Grenze 194, 198–199
  der Peripherie 263–266
Freilassungen 106
Fremde 16
  Bild 281–283
Frontier 197–198
Fruchtwechselwirtschaft s. Mehrfruchtwechselwirtschaft
Fujan (Provinz) 66
Fukien 180
Fundamentalismus 26, 259–270, 307–308

Gabe 23
Gebirgszüge in Eurasien 11–13
Geldbedarf der Mächte 293–296
Gemeindeverfassung
    Anglikanische Kirche 99–100
    Calvinismus 267
    Luthertum 266–266
    USA 284–285, 319
Gemüse 14
Generalstände s. Stände
Genf 181
Genozid 27, 198–199
Gentry 97–108
    Modell in Indien 85
Germanen 29, 118, 122
Gesandten-Kongresse 211, 287–289
Gesandtschaftswesen 146, 289–290
Geschlechterrollen 247–252
    Azteken 48
    Bauern 15
    China 57, 65
    im Haus 246
    Indianer 218
    Japan 94
    Manufaktur 171
    Osmanisches Reich 145
Gesinde 228–230, 235–236, 241
Getreide 14, 19, 245, England 103–108
Getreidehandel 64, 168–170, 172–173, USA 222
Getreideversorgung der Hauptstädte 181
Gewalt (vgl. Fundamentalismus, Revolution) 201–202, 224, 274–275
    Legitimierung 259, 277
    und Christus 28
    und Handel 171
    und Religion 26
Gewaltenteilung 317
Gewaltmonopol 148
Gewinntransfer aus den Peripherien 338–339
Gewürzhandel 160, 169
Gleichgewichtssystem 288, 293
Glencoe (Massaker) 214
Goldene Horde 35
Goldexport aus Afrika 161
Goten 118, 122
Göttingen 264

Granada 42, 207
Grandson (Schlacht) 185
Gräzisierung 123
Grenze 20, 196–198
Grenzen im Vergleich 224–226
Grenzer 175
Griechenland 115–117
Griechische Kultur 13
Großbritannien (s. England, s. Katholische Kirche in G., s. Keltischer Rand) 322–324
    Außenhandel 170
    Vergleich 326
Großmacht 293
Guangdong (Provinz) 66
Gummi 49
Gupta-Reich 34, 73
Gusseisen 57

Habsburg (vgl. Dynastie)
    Kriegskosten 1689–1714 163
    Militär 185–186,
Hafer 14, 72
Haiderabad 86–87
Halbinseln Europas 113
Halbperipherie 172–174
    Ideengeschichte 279
Hamburg 100
Han-Chinesen 60–61
Handwerker 20, 230
Handwerker, Händler in Japan 95
Hannover 208
Hanse 100
Harappa-Kultur 71–72
Härsie 134
Harvard 220
Haus 229–230, 235–236
Haus, Wohnen 246
    China 58–59
    Japan 94
Hausarbeit 236
Hausfrauengewalt 250
Heerbann 123
Hegelianismus in der Halbperipherie 279
Hegemonie in Griechenland 115–117
Hegemonie im europäischen System 211
Heil des Königs 17

Heiliges Römisches Reich 129–130, 133, 208–211,
    292–294, 304–306
    Ende 311
    Reichsstände 132
Heilige Allianz 306
Hellenenbund 116
Hellenismus 116–117
Herero 198
Herren über Bauern 17
Hexen 209, 275
Highlands 104, 107
Hildesheim 208–209
Hinduismus 23, 32–33, 72–89, 126
    in Indonesien 42
Hirse 114
Historiographie 329–349
Hochschulen im oströmischen Reich 121
Höflichkeit 257
Hof des Herrschers
    China 62–63
    Frankreich 152–153
    Mogulreich 76–78
    Osmanen 142–143
Holland s. Niederlande
Holocaust 11, 198, 208
Holzbedarf China 66
Holzhandel 160, 168, 170, 174
    China 66
Homo habilis 13–14
Homo sapiens (s. Cro-Magnon) 13–14
Honig 35
Hopliten 22, 115–116
Hörigkeit 126, 234–238
    England 106
Hsinkiang 35
Huhn 14
Humanismus 260, 272–274
Hunger 194, 234
Hunnen 29, 56, 118–119
Hussiten 184
Hutzlipochtli (Gott) 46
Hygiene 29, 257
    Israel 27

Ideen 259–285
Imagologie 281–283

Imperium 18, 20–22
    und Nation 302–306
Importsubstitution 66
Indianische Völker 46–53, 217–223, 238
Indien 14, 23, 71–89
    als System 87
    Industrialisierung 327–328
    Vergleich 326
Indigo 89
Indoeuropäer 114–115
    in Indien 72–73
Indonesien 23
Induskultur 20
Industrialisierungen 324–328
Industrielle Revolution 13, 322–328
Industriespionage 136
Infanterie 185–187
    Spanien 146
Infantizid 236
Ingroup 204
Inka 50–51
Inka-Reich 49–53
Inklusion der Besiegten 196–197
Inklusion, religiöse 204
    von Muslimen 215
Innere Peripherien (s. Keltischer Rand) 166
Innovationen im System 136
Inquisition 134, 267
Inseln um Eurasien 14
Inseln vor Europa 113
Institutionalisierung der Kooperation 287–289
Interaktion 344–345
Internationaler Handel im System 136
Internationales Recht 199, 226, 308
Inuit 44
Investiturstreit 129–130
Irland 97, 107–108, 194, 212–214
    Militär 186
Irokesen 218
Isfahan 79
Islam 20, 23–32, 35, 37, 42–43, 183
    Erbe im Abendland 42–43
    Expansion 123
    in China 61
    in Indien 73–89
    Nationalisierung 303

Register

in Spanien 148–149
und Sklaverei 239–240
und Christenheit 134
Isny 183
Israel 26–29
und Genozid 202–203
Isthmus von Panama 53
Italien 14, 117, 129–130, 264
Republiken im Kreuzzug 191

Jagir 77–78
Jainismus 23, 33
Janitscharen 143, 145
Japan 14, 59, 66, 91–96, 108–111, 126,
Buchdruck 320
Chinahandel 93
Erben 251
Öffnung 187
Jasyr 217
Jerusalem 123
Jeschowtschina 201
Jingdezhen (Stadt) 65
Juden 20, 23–28
Duldung, Verfolgung 134, 204–209
Hygiene 257
Jute 89

Kabinett (China) 62
Kaffeehandel 160
Kahler Berg (Schlacht) 187
Kairo 35
Kaiserkanal 60, 64
Kaisertitel 113, 128–130
Kaisertum in Japan s. Tenno
Kakao 49, 254
Kalif 31, 40, 147
Mogulreich 78
Kalifornien (Genozid) 221
Kalmücken 41, 139–140
Kamenec Podolsk (Festung) 186–187
Kanalbau 20, 164
Kanalschleuse 57
Kanon der Schriften 29
Kanton 58, 59, 66
Kapital 180–181
Karakorum 60

Karawanenhandel 178
Karibik 240–241
Karthago 22
Kartoffeln 49–50, 77
Kasan 25, 39, 184
Plünderung 215
Kasten 33, 73–74
Banyas 159
Kastilien 148–149
Katholische Kirche in Großbritannien 97–99,
107–108, 110
Kaufleute 20, 230
in London 101
Keltischer Rand Großbritanniens 97, 110–111,
212–214
Keramik 14–15, 49, 51, 56
Khaiberpaß 74, 81
Khanate der Tataren, Mongolen, Oiraten, Chorasan
(Skizze) 41–43
Khoisan 15
Kiew 13
Kiptschak 39
Kirche 28, 123, 134–135, 206, 265
England 99–100
Frankenreich 124–125
Römisches Reich 120–122
und Genozid 202–204
und Sklaverei 235, 239–240
Kjachta 58
Klassen (vgl. Stand) 20
Inkareich 51
Japan 96
Priester 27
Klee 105
Kleidung 245
Klerus s. Stand
Klientel (vgl. Clan) 126–127
Japan 96
Rom 118
Kunst 260
Klöster (China) 56, 59
Knossos 115
Kohle 323–324
Vergleich 326
Kokain 253–254
Köln 130–131

Kolonialprodukte 175–176
Kolonien Roms 117–118
Kolonien, Typen (s. Peripherie) 193
Kompetenzakkumulation in Griechenland 115
Konfessionalisierung 209–211, 268
   Arabien 269
   Indien 269
   Japan 93
   Persien 268–269
   Russland 268
   Tibet 269–270
Konfiguration der Nationen 298
Konfuzianismus 55, 68–69
Königreiche 122–123, 133
   christliche 292
   Israel 21, 27
Konkurrenz als Strukturmerkmal 130, 183–190, 353
   in der Expansion 195
Konkurrenz der Staaten in Griechenland 115
Konkurrierende Imitation in Indien 86–89
Konstantinopel (Eroberung) 36, 39, 121, 123, 137, 142, 184,
Kontinente 12, 43
Konzert der Mächte 287–308
   Skizze 153
Konzil allgemein 123, 133, 263
   Jerusalem 28
   Lateran 134, 184
   Trient 209
Konzilien (buddhistische) 34
Kooperation in der Expansion 195
Koran 20, 30–31
Koranschulen 143
Korbflechten 14
Korea 14, 58–59
   Buchdruck 320
Kosaken 40, 215–216
Kreuzzüge 26, 43, 190–191, 215
   1683 287
Krieg als Teil westlicher Kultur 189–190
Kriegsflotten 187–189,
Krim 13, 39
Krise des 17. Jahrhunderts 273
Kroaten 122
Kschatria 73, 81
Kult 20, 22

Mexiko 40–48
Kulturgrenze Sesshafte – Nomaden 18–20
Kulturkonzept 345–346
Kulturübernahmen nach Europa (vgl. Transfer) 114–115
Kurfürsten 38
Kyoto 92
Kyushu 93

La Rochelle (Stadt) 152
Lackwaren 169
Laienkelch 184
Lamaismus 42, 51, 60–62, 140, 270
Landbesitz 15–17
   China 64–66
   England 104
   Frankenreich 124–125
   Frankreich 151
   Indien 75–77
   Japan 104, 108–110
   Osmanisches Reich 143, 303
   Römisches Reich 119
Landeskirchen 266–267
Landsknechte 185
Landwirtschaft in Frankreich 151
Langobarden 122
Languedoc: Erben 251–252
Lateinamerika 66
   Schollenpflichtigkeit 238
   Silberexporte 83
Lebenserwartung (China: Europa) 64
Lechfeld (Schlacht) 129
Lederwaren 39
Legitime Herrschaft als Ziel der Revolution 312, 316
Leipzig 195, 262
Lepanto (Seeschlacht) 190
Leviten 27
Licht der Vernunft 271, 284–285
Liebe 247–248
Ligurer 115
Linientaktik 152–153, 185–187
   in Indien 85
Litauen 203, 298
Literaten 230
Literatur (China) 56

Little Bighorn (Schlacht) 222
London 165
Lowlands 104
Lucca 183
Lüneburg 208
Luxus 252–253
Luxusgüter 121, 124, 181
Lyon 181

Macht im System 130, 292–293
   Asymmetrie 288
Madras 85–86
Magdeburg 211, 262
Magie (vgl. Hexen) 22–23, 275
   in der Christenheit 134
Mahlsteine 15
Mainz 211, 262
Mais 45, 49
Maisur 86–87
Majapit (Königreich) 42
Makedonien 22
Malaiische Frauen 248
Malaysia 14
Malteser Orden 137
Mamlucken 40–43
Mammutjägerkultur (in Amerika) 44
Mandarine 62
Mandschu 13, 40, 60–69, 140
Manila 66
Mansabdar 78
Manufakturen 170–171, 151
   China 65
Manzikert (Schlacht) 36, 142
Marathen 80–82
Marathon (Schlacht) 22
Marignano (Schlacht) 185
Marinebedarfsprodukte 168–170
Markt 17, 105, 230
   Japan 96
Marokko 25
Marranen 207–208
Marxistische Historiographie 330
Maschinenwaffen 192
Massaker 201–226, 302–304, 307
Massengüter 181
Massenkonsum 331–332

Maulbeerbaum 14
Maya-Kultur 46, 52
Mecklenburg 290–291
Medresen 135, 143
Mehrfruchtwechselwirtschaft 164
   in England 105–108
Mehrprodukt 16
Meissen 66
Mekka 30, 35
Menschenopfer 47–48, 55
Menschenrechte 316
Menschheit, Gesamtgeschichte 12–13
Meritokratie in China 68
Mesopotamien 13–14, 20, 37, 115
Metallbearbeitung 15, 114
Metz 209
Mexiko 45–49
Midway (Seeschlacht) 190
Migration 20
   China 63
   und Siedlung 218–223
Militarismus, Militär, Militarisierung 15, 20, 192
   Azteken 47–48
   Frankreich 151–153
   Indien 85–87
   Japan 93
   Kosten 293–294
   Osmanisches Reich 143, 303
   Ostrom 122
   Russland 300, 319
   USA 315
Militarismus als Strukturmerkmal 183–190
Militärische Revolution 186, 189
Militärische Überlegenheit des Westens 187–190, 195–196
Millet 144
Minderheit 204–226
   Liste 224, 310–312, 319
Mitgliedschaft im System 291–296
Mitteleuropa 66
Mittelmeer 13, 32, 113
Mochica-Kultur 49
Moderne 11
   und Gewalt 198–202, 310–319
Mogulreich 40, 74–80
Mohacz (Schlacht) 146

Mohenjo Daro 72
Mombasa 59
Monarchie, Konstitutionelle 102–103
Mönchstum 28
   China 56
Monetarisierung 180
Mongolei 37–38, 61, 270
   Genozid 202
Monopolhandel 180
Monotheismus 23
Moralkodices (s. Dekalog) 20, 25, 56, 121
   buddhistisch 34
   im Islam 30–31
   Nationalisierung 307
Moral nach der Säkularisierung 352, 355–356
Morisken 208
Moskau 39–41
Mühlberg (Schlacht) 209
Mühlen (China : Europa) 63
Murten (Schlacht) 185
Mystic (Massaker) 219
Mythologie 23

Nachfrage in den Peripherien 175
Nachholendes Lernen, Militär 189
Nahrungsmittel 244–245
Nahverkehr (China) 63
Nanking 59, 64
Nassreis 41, 63
Nation, Nationenbildung 133, 283, 287–308
   England 100, 110, 212–214
   Frankreich 151
   Nationalgeschichtsschreibung 335
   Niederlande 110
   und Exklusion 207–208
   und Imperium 302–306
Nawab 80
Neo-Konfuzianismus 26, 63
Neolithische Revolution 14
   in Amerika 45
Nestorianer 20, 40
Netzwerke 41–43
   Alte Welt 43
Niederlande 97, 110, 149, 208, 293–296
   Akkumulation von Kompetenzen, Dienstleistungen 167

Kriegskosten 1689–1714 163
Niedersachsen 208, 290–292
Nikopolis (Schlacht) 137
Nil-Indus-Korridor 20
Ninive, Schlacht 29
Nobilität in England 97–98
Nobilität in Japan s. Daimyo
Nogaier 39, 217
Nomaden (vgl. Fahrendes Volk) 18–20, 40–41, 140
   ohne Lasttiere 47
Nordamerika 45–49
Nordischer Krieg, Ende 290–291
Nord-Süd-Handel 178–179
Novgorod 35

Ochsenzüge 179
Öfen (China) 65
Offenbarungsreligion 23
   und Genozid 203–204
   und Wissenschaftliches Denken 280–285
Öffentlich im Römischen Reich 119
Oiraten 59
Oklahoma 220, 222
Okzident 11
Olmeca-Kultus 46
Opfer des Verstandes 272
Opium 89
Opiumkrieg 187
Orden
   Akbars 79
   Christliche 292
Orient 11
Orientalismus 278–279, 283
Orthodoxe National-Kirchen 123
Orthodoxie 144
Osmanen, Kiege der Christen 189
Osmanisches Reich 26, 40, 42, 138–139, 141–147, 291, 302–304
   als Vorbild 141
   Buchdruck 320
   Erben 251
   Militär 187
   Toleranz 207–208
Osnabrück 208
Ostafrika 26
Ostasien als System 69–70

Ostasien 14
Osteuropahistoriographie 337–338
Ostindienkompanien 180
    Englische 83–89,
    Französische 83
    in Japan 83
    Niederländische 66–67, 83
Ost-West-Gebirgszug 113
Outgroup 204
Oxford 135

Pachtpreise 106
Pakistan 72
Palästina 23, 202–203
Palastschule Istanbul 143
Panipat (Schlachten) 75, 81
Papier 35, 43, 57
Papst 130, 134, 183, 190–191, 261, 263–264
    Kriege 189
Parias 73
Paris 229
Parlament 97, 131, 109–111, 131, 153–155
    Steuern 295–296
Parsen (vgl. Zoroaster) 43, 159
Patriarchate 28, 123
Pavia (Schlacht) 100, 146, 151, 185, 264
Peking 13, 64, 59–60, 69
Pelze 19, 35, 39, 124, 169
Pentarchie 293
Peripherie 15, 26, 124, 136, 174–175
    Aufstand 312
    Gewinntransfer 338–339
    in China 61, 64
    Industrielle Revolution 324–325
    in Indien 87
    innere (vgl, Keltischer Rand) 107
    zum Kontinent 108
Permanent Settlement 85
Perser, Perserreich 21–22, 29, 32, 36, 268–269
Personenverbandsstaaten 147
Peschwa 81–82
Petersburg 229 (Leningrad 201)
Pferd 15, 40, 52, 72, 124, 140, 160
    in Indien 74
    Pferdegöpel 171
Pflug 20, 105

Plantagensklaverei 240
Plassey (Schlacht) 83
Plebs als Akteur 101
    in Rom 117
Pocken 52
Pogrom 216–217
Polen 133, 293–294, 208
    als halbperipheres Land 173
    Konfiguration mit Russland 299–301
    Militär 186
    Schollenpflichtigkeit 237
Polis (s. attisches Modell) 21–22
Politizid 198
Polizei 148
Poltava (Schlacht) 290
Portugiesen
    in Indien 82–83
    in Japan 93
Porzellan 36, 57, 65–66, 169
Potosí 238, 253
Potsdam (Konferenz) 198
Prag 135
Presbyterianer s. Calvinisten
Preußen 293–295, 305–306
Preußen und Österreich – Konfiguration 299
Priester 17
Primogenitur 38
Privat im Römischen Reich 119
Produktionsspionage 66
Produktivität bäuerlicher Wirtschaft 16–17
Professionalisierung der Außenpolitik 288–250
Protestantismus vgl. Reformation
Protoindustrialisierung 165, 172, 232–233
    China 64–66
Protonationen 133
Provinzen China 59, 62
    Japan 92–93
Prüfungen 68
Pyramiden (Amerika) 46–50

Quipus 50

Rad 115
Radikalisierung
    Grenze 196–198
    Kriegführung 189–190

Macht und Gegenmacht 298–301
Ramadan 30
Raumfunktionen Europas im Wandel 162
Rausch s, Drogen, Alkohol
Reallöhne 165
Rechtsordnung 132
    China 62
    Osmanisches Reich 143
Reconquista 148–149
Reexporte 166, 170 66
Reflexionsreligion 23
Reformation (vgl. Landeskirchentum) 209–211, 261–268
    und Aufstand 265–266, 309–310
Regionen im Osmanischen Reich 145
Reich s. Imperium
Reichskirchensystem 129
Reichstag Augsburg 210
    Immerwährender 208
Reis (vgl. Nassreis) 14, 55
Religionen 11, 22–34, 259–285
    als Privatsache 284–285
    als Legitimation von Revolution 309, 316
    Religionskriege 273
    und Staat in Japan 92
Renaissance 22, 260
Renovatio Imperii 29, 122–123, 130
Republiken 292
Residenzstadt 247
Reval 229
Revolutionen
    Eliten 318
    England 101–102, 309–328
    Industrielle 322–328
    Technische 320–322
    Vergleich, Disziplin 318–319
    Ziele 312, 319
Rheinland, Erben 252
Riade (Schlacht) 129
Riga 229
Rind 14, 52, 114
Ritter 41, 150, 292
Rocroi (Schlacht) 152, 185
Rodung Europas 115
Roggen 127
Rohstoffexporte 136

Rohstoffimporte 166
Rom (Stadt) 117
Rom 13, 22, 123
    Plünderung 146
Roma 209, 234
Römisches Reich 21, 29, 32, 117–122
    Genozid 202
Rom-Sultanat 142
Rüben 105
Rupie 77
Russland 66, 138–139, 290–291, 293, 331
    als halbperipheres Land 173
    Aufstieg und Kriegsflotte 187
    Grenze 196–198
    Ostexpansion und Vertreibungen 215–217
    Erben 251
    in China 58
    Industrialisierung 326–327
    Konfiguration mit Polen 299–301
    Schollenpflichtigkeit 237
    Vergleich 326
Rüstungswettlauf 183
Rüstungswirtschaft 296

Saatgut 16–17
Sacco di Roma (Massaker) 273
Saecula 261
Safawiden-Reich (Skizze) 41–42
Saisonarbeit 233
Sakralität des Herrschers in Japan (s. Heil) 92
Säkularisierung 25, 259–270, 284–285
    in England 99–100
    von Kircheneigentum 264–265
Salamanca 135
Salamis (Schlacht) 115, 190
Salzburg 210–211, 305
Samarkand 37, 66
Samurai 94–96
Sanskrit 33
Schamanismus 37
Scharia 143
Schia 31, 268–269
Schiesspulver 57
Schifffahrt 136, 163–164
    Flüsse 177
    Meere 177–178

Militär 178
  Spezialschiffe 178
Schildkrötensammler-Kultur (in Amerika) 44
Schiraf 35
Schisma 134
Schmiede 18
Schollenpflichtigkeit 120–121, 236–238
Schottland 107, 213
Schrift 13, 21
Schubkarre 57
Schudras 73, 80
Schutzzollpolitik in Indien 88–89
Schwarzes Meer 13
  als mare clausum 39
Schweden 290–293
  Militär 185–186
Schwein 14, 52
Schweiz 208
  als Vorbild 211, 265
Schwurbrüderschaften 32
Schwyz 183
Sedimentebenen in Eurasien 12
Seekompass 57
Seemächte 102
Segelschiff 20
Seide 19–20, 43, 160, 169
Seidenstraße 19, 39, 66, 178–179
Semiperipherie 136
Sephardim 207–208
Serben 122
Seuchen im Zentrum 15, 52, 165, 218
Sevilla 208
Sex 248, 249
  mit Abhängigen 236
Sexualität 28–29, 135
Shang-Kultur 55
Shogun 92–96, 108–109
Sibirien 39, 195–196
Sicheln 15
Siedlungskolonie 193, 194
  Russland 216–217
  USA 217–233
Sikhs 23, 269
Silber 35–36, 171
  in Indien 83
Sinti 209, 234

Sioux 222
Sizilien (Islam) 42, 130
SJ in Japan 93
Skandinavien 14
Sklaven 19, 21–22, 25, 35–36, 124, 171, 175, 239–241
  aus Afrika 159–161
  im Osmanischen Reich 144
  in China 57
  in der europäischen Antike 119–120
  in Israel 27
  in und aus Osteuropa 39, 215–217
Slawen 29, 118, 122, 283
Smyrna 66
Soja 14
Soldaten 149–150
Souveränität 166
Sowjetmarxismus 330–331
Sozialdarwinismus in USA 222
Sozialdisziplinierungen im Vergleich 223–226, 270
  in China 68
Spahis 143
Spanien (vgl. Kastilien) 14, 293
Sri Lanka 14
Staat und Kirche 129–130
Staat und Zölle 182
Staat 11
  frühe Formen 20–22
  Moderner Staat 147–148
Staatliche Prüfungen (China) 58
Staatsbürgerschaft USA 223
Staatsräson 214
Staatsrat (China) 62
Stadt 13
  England 97
  europäische Antike 119
  griechische 21–22
  in China 56–57
  Osmanisches Reich 144
  phönikische 22
Städter 228–230
Stahl 52–53
Stammeskonföderation 18
Stand, Klerus 266
Stände (soziale) 242
Stände (vgl. Parlament) 130–132, 153–155

des Reiches 210, 263
England 97–98
Generalstände Frankreichs 150–151
Generalstände der Niederlande 149
in Kastilien 149
Klerus als Stand 131, 135, 259
Landstände (vgl. Tirol) 266
Ständische Aufstände 101–102, 313–315
Ständisches Gericht 231
USA 313, 317
Statistik 148
Status 130
Steppen in Eurasien 12–14
Steppenreiche 18–20
Steppenreiterei 40
Steuern 21
   China 63, 67–69
   Frankreich 150, 152
   Indien 76–77
   Kirche 135
   Parlamente 295–296
   Steuerhoheit 314–316
   Steuerstaat 294–296
Stiftungen 135–136, 320–321
Straßen (Inkareich) 51
Straßenbauten 164
Stufen der Entwicklung 330–332
Südafrika 25
Südamerika 49–53
Südindien 14
Südwestdeutschland, Abstieg 167
Sultanat Delhi (Skizze) 41–42
Sultanat Delhi 74
Sumatra 14
Sumer 20
Sunna 31, 268–269
Surat 180
Syrien 37
System–Das europäische Welt-System 161–182
   Gleichgewicht 288, 352–356
System Christenheit 133–140
System der hellenistischen Reiche 117
System der Staaten in Griechenland 115–117
System der Tatarenkhanate 38–40
Systeme in Indien 73–74, 80–82
System Ostasien 69–70

Systemfunktion Osteuropas 301, 308
System und Ideengeschichte 277–278
Systematisierung der Expansion 192
Systematisierung von Außenpolitik 289–290
Systemcharakter 352–356
Systemkrise 306–308

Tabak 77, 169
Tadj Mahal 79
Taigajäger 18
Taiwan 66–67, 195
Talas (Schlacht) 35
Tanguten 202
Tataren 38–40, 139, 215–216
Taudreherei 230
Täufer 210, 224
Taus (Schlacht) 184
Technische Revolution 320–322
Tee 89, 169, 254–255
Teilung Polens 301
Tenno 92–96, 111
Tenochtitlán 47, 190
Teotihuacán (Tempelstadt) 46, 49
Territorialstaat 147
Territorienbildung und Exklusion 208
Textilien 15, 19, 35–36, 160
   im indisch-englischen Handel 88–89
Textilmaschinen 321, 326
Thermopylen (Schlacht) 115
Thraker 115
Tibeter 29, 61, 270
Tiere (Nutztiere) 14
Tiflis 66
Tirol, Landstände 132
Titicaca-See 50
Tlaxcalteca 47, 49
Tochtepek 48–49
Tokyo 92
Toledo 208
Toleranz 31, 35, 196, 267, 284–285
   im Osmanischen Reich 144–145
   in China 56
   in Japan 93
   in Polen, Russland, Steppenreiche 204–205
   in Spanien 148
Tollan (Stadt) 46

Tolteken 46
Toul 209
Tradition 274–5
Träger 175
Tragtiere 175–176
Transfer (vgl. Kulturübernahmen) 303, 337–338, 344
Transhumanz 140, 179
Transportsysteme 175–179
    China 63–64
Tribut (Aztekenreich) 48–49
Trinität 29
Troja 201
Truthahn 45
Tscherkessen 139, 217
Tungusen 29
Turan s. Zentralasien
Turkvölker 36
    in Indien 74
Türkei (vgl. Osmanisches Reich) 304
Tyrannis 22

Überdehnung, Strategische 166
Überforderung als Strukturprinzip 122, 124, 126, 129
Übernutzung im Mittelmeerraum 163
Ukraine 52
Ulanen 40
Umma 30
Umsiedlung s. Vertreibung
UNDP 332
Ungarn 139, 146
Unionen Englands mit Schottland und Irland 109–110
Universalgeschichte 335
Universalien (im Mittelalter) 271
Universalien in der Moderne 11, 23
Universität 130, 133, 135, 183, 355
Universitäten und Technische Wissenschaft 321–322
Unterschiede & Ähnlichkeiten 351–356
Ural 13, 312
USA
    Industrialisierung 325, 328, 331
    Revolution 313–318
    Vergleich 326
    Vertreibungen 217–223
    Westgrenze 197–198
Usbeken 74

Vandalen 22
Veden 72
Verdichtung 41
Verdun 209
Vergleich 341–343
    Arbeitsformen 241–242
    Industrialisierungen 324–328
    Japan – England 108–110
    Nationen und Konfigurationen 297–301
    Revolutionen 318–319
    Stände 132–133
    Vertreibungen, Sozialdisziplinierung 214–226
Verhaulinie 216
Verstädterung England, Niederlande (vgl. Stadt) 106
    in Europa 162
    Vergleich 326
Verstehen 336–337
Verteidigung, Kooperation im System 137
Vertreibung 198, 201–226
    Vergleich 214
Vijanagar (Stizze) 41–42
Volk (Israel, vgl. Nation) 27
Vorteile der Zuspätgekommenen 26

Waffen 15
Waffenhandel 159
Waffenrecht 292–293
Wagen 20, 176
Wahabiten 26, 269
Waischias 73
Wald in Eurasien 12
Waldburg 183
Wales 97, 107
Wandern 179
Wasserkraft 171
Wassertransport: Landtransport 175
Wasserwirtschaft (China) 63
Weberei 246
Weide 105
Weihrauch 36
Weinhandel 168, 170
Weißer Berg (Schlacht) 197, 210
Weizen 14, 72, 114
Weltkriege 13
Weltreligionen 22–34
Welt-System s. System

Welt-System, Schema 176
Wesir im Osmanischen Reich 143
Westfälischer Friede 211, 288–290
Westgoten 29
West-Ost-Grenze in den Weltreligionen 23
Westwendung und Intoleranz 217
Widersprüche 353
Wien 13, 146,
Wirtschaftskolonie 193
Wirtschaftspolitik 166–167
Wissenschaft als Glaube 285
Wolgahandel 39
Wollhandel 168, 170
Wounded Knee (Massaker) 222
Wüsten in Eurasien 12

Yangtse 64

Zakat 30, 77
Zamindar 78, 85
Zaroaster (vgl. Parsen) 20, 23
Zensur (China) 62–63
Zentralasien 32. 66, 74
Zentrum 136, 165–172
Zentrum, Abstieg 166
Zentrumsstaat und Macht 166
Zinsverbot 25–26
Zivilisation 220
Zobel 195
Zölibat 51
Zölle und Staat 182
Zoo (Peking) 58
Zucker 41, 43, 66–67, 169–170, 255–256
   China 63

SAECULUM

Jahrbuch für
Universalgeschichte
Herausgegeben von
Jochen Martin,
Heinrich von Stietencron
u.a.

Die international angesehene Zeitschrift SAECULUM erscheint ab dem 54. Jahrgang (2003) im Böhlau Verlag.
Das SAECULUM betrachtet die Kulturen des Alten Orients, Indiens und Ostasiens, Altamerikas, der griechisch-römischen Antike, der islamischen Völker und Europas in methodisch abgesichertem Vergleich, wobei auch die Prähistorie und die Ethnologie gebührende Beachtung finden. Die europäische Geschichte wird vor allem in ihrer globalen Ausstrahlung behandelt. Von der universalhistorischen Konzeption des Jahrbuchs her sind die Zusammenhänge zwischen Sozial- und Wirtschaftsgeschichte, politischer und Kulturgeschichte ein zentrales Thema.
Das SAECULUM ist notwendig für jeden Historiker, der das Spezialistentum durch methodisch fruchtbares Denken überwinden will.

Erscheinungsweise:
halbjährlich.
Jedes Einzelheft umfasst etwa
160 Seiten. Broschur.
Einzelheft € 38,-/SFr 62,20.
Jahrgang € 65,50/SFr 106,-
ISSN 0080-5319*

Ursulaplatz 1, D-50668 Köln, Telefon (0221) 913900, Fax 9139011

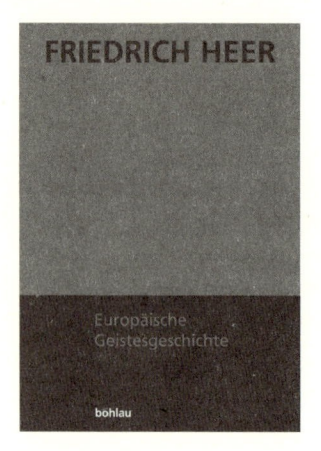

Friedrich Heer:
Ausgewählte Werke in
Einzelbänden, Teilband 3

Friedrich Heer
Sigurd Paul Scheichl (Hg.)
**Europäische
Geistesgeschichte**
2004. 170 x 240 mm.
750 S. Br.
Euro 45,00
ISBN 3-205-77266-0

Friedrich Heer hat seine 1953 zum ersten Mal erschienene, nun seit Jahrzehnten vergriffene »Europäische Geistesgeschichte« trotz ihres Umfangs von über 700 Seiten einen »Essay« genannt. Bedenkt man den eigentlichen Sinn des Wortes »Essay« – Versuch, Wagnis –, dann entspringt diese Bezeichnung nicht falscher Bescheidenheit. Das Werk zieht einen großen Bogen von Auseinandersetzungen im frühen Christentum bis zur Zeit Goethes und skizzenhaft weiter bis in die Mitte des 20. Jahrhunderts – immer bemüht, zugleich die gemeineuropäischen geistigen Entwicklungen und die Eigenart der einzelnen Nationen gerecht zu würdigen. Die Perspektive ist eine katholische, nicht in einem engen kirchlichen Sinn, sondern im Bewusstsein der Bedeutung der Kirche für die Herausbildung dessen, was wir als Europa kennen. »Essay« ist das Buch als Versuch, als Wagnis, große (und manchmal verkannte) Linien der europäischen Geistesgeschichte herauszuarbeiten. Zum »Essay« macht es auch die Leidenschaft, mit der es geschrieben ist.

Andererseits ist Friedrich Heers »Europäische Geistesgeschichte« ein wissenschaftliches Werk von hohem Rang, in welches das enzyklopädische Wissen seines Autors eingeflossen ist. So werden hier in durchaus spannender Weise Zusammenhänge hergestellt, die ein überzeugendes Bild von Einheit und Unterschiedlichkeit der geistigen Entwicklung dieses Kontinents entstehen lassen. Mit besonderem Engagement werden alle nicht konformen Strömungen dieser Geistesgeschichte vorgestellt.

Wiesingerstrasse 1, A-1010 Wien, Telefon (+43 1) 3302427, Fax 3302432

Waldemar Zacharasiewicz
Transatlantische Differenzen
Transatlantic Differences
2004. 155 x 235 mm.
284 S. Br.
Euro 29,90
ISBN 3-205-77286-5

Der vorliegende Sammelband widmet sich aus interdisziplinärer Perspektive der brisanten Frage des transatlantischen Verhältnisses, das seit den dramatischen Umbrüchen vor etwa 15 Jahren durch Konflikte im politischen, wirtschaftlichen, ökologischen und rechtlichen Bereich gekennzeichnet ist. Profilierte österreichische, deutsche und amerikanische Vertreter der Fächer Völkerrecht und Politikwissenschaft, Soziologie und Philosophie, Experten auf dem Gebiet der Wirtschaftswissenschaft, des Privat- und Verfassungsrechtes, auf dem Gebiet der Medien sowie der Kulturwissenschaft analysieren die bestehenden Differenzen zwischen der amerikanischen Führungsmacht und dem in einem dynamischen Prozess des Erweiterns und Zusammenwachsens befindlichen Europa. Die vorgelegten Aufsätze spiegeln die Sorge von europäischen und amerikanischen Intellektuellen über den wachsenden Graben zwischen den durch historische Bande und ethische Ideale verbundenen Kontinenten wider und sind als Beitrag zum notwendigen Dialog im Bewusstsein um die gemeinsamen Werte zu verstehen.

WIESINGERSTRASSE 1, A-1010 WIEN, TELEFON (+43 1) 3302427, FAX 3302432

Anton Grabner-Haider
Meisterdenker der Welt
Philosophen. Werke. Ideen
2004. 170 x 240 mm.
247 S. Geb. 17 SW-Abb.
Euro 24,90
ISBN 3-205-77209-1

Alle Kulturen der Menschheit haben ihre Vordenker, die sie zu permanenten Lernprozessen anregen. Viele nennen sie seit einiger Zeit »Meisterdenker«. Wer waren diese Menschen und was haben sie bewirkt? Welche waren ihre zentralen Denkkonzepte und Intentionen?

Dieses Buch stellt 100 Meisterdenker der Menschheit dar: aus der europäischen Kultur, aus Indien, China, Japan, dem Judentum und dem Islam. Es sind dies Philosophen, Religionsgründer, Psychologen und Physiker. Sie haben ihre Kulturen nachhaltig geprägt.

Da wir heute zaghaft in einen »Dialog der Kulturen« eintreten, werden für uns die Meisterdenker der anderen Kulturen zunehmend wichtig. Allein durch sie verstehen wir die geistigen und kulturellen Entwicklungen unserer Welt besser. Alle Beiträge sind kompakt und gut verständlich geschrieben; sie geben eine klare Orientierung und machen den Leser neugierig, sich genauer mit einzelnen Denkern zu beschäftigen. Somit bringt der Band in übersichtlicher Form eine Denkgeschichte der Menschheit von den Anfängen der Schriftkulturen bis zur Gegenwart.

WIESINGERSTRASSE 1, A-1010 WIEN, TELEFON (+43 1) 3302427, FAX 3302432

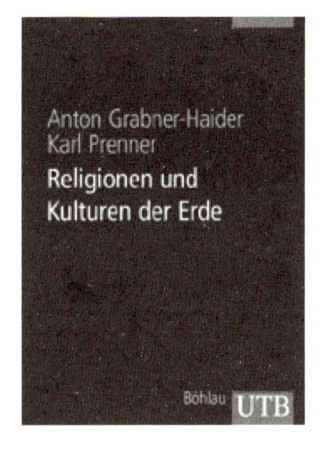

Anton Grabner-Haider
Karl Prenner (Hg.)
Religionen und Kulturen der Erde
Ein Handbuch
2004. 170 x 240 mm.
324 S. Br.
Euro 30,70
ISBN 3-8252-8274-0

Globalisierung weitet unseren Blick für fremde Religionen und Kulturen. Die vergleichende Religions- und Kulturwissenschaft liefert uns eine Fülle an Informationen über Lebensformen und Daseinsdeutungen fremder Völker.

Das vorliegende Handbuch gibt eine kompakte und präzise Darstellung der großen Weltkulturen und ihrer Religionen, aber auch der vielen kleinen Kulturen der Erde, von denen wir ein Wissen haben. Es folgt dem Ansatz, Mythen und Riten als Ausdruck und als Spiegelung kultureller und emotionaler Befindlichkeiten zu verstehen. Dadurch eröffnen sich neue Zugänge, diese Symbolsysteme als mentale Welten zu sehen und sie auf heutige Daseinsdeutungen zu beziehen.

Anton Grabner-Haider ist Professor für Religionsphilosophie am Institut für Philosophie der Karl-Franzens-Universität Graz.

Karl Prenner ist Professor für Islamwissenschaft mit Schwerpunkt Koranforschung am Institut für Religionswissenschaft der Universität Graz

Wiesingerstrasse 1, A-1010 Wien, Telefon (+43 1) 3302427, Fax 3302432

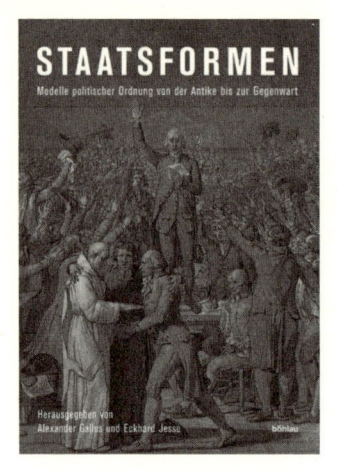

Alexander Gallus und Eckhard Jesse (Hg.)
Staatsformen
Modelle politischer Ordnung von der Antike bis zur Gegenwart.
Ein Handbuch
2004. 415 S. Gb. mit SU.
€ 39,90/SFr 69,40
ISBN 3-412-07604-X

In den letzten Jahren sind jene Stimmen lauter geworden, die vor einer fundamentalen Legitimationskrise des Staates warnen. Häufig erscheint insbesondere der Nationalstaat als ein schwaches Instrument gegenüber den Kräften der Globalisierung. Angesichts solcher Entwicklungen und Herausforderungen ist es angebracht, über die Perspektiven des Staates im 21. Jahrhundert neu nachzudenken.

Der »Staat« darf dabei jedoch nicht als ein abstraktes, gleichsam von der Geschichte abgelöstes Gebilde betrachtet werden. In diesem Handbuch werden daher Modelle politischer Ordnung vom Altertum bis zur Gegenwart beleuchtet, und zwar aus einem doppelten Blickwinkel. Erstens findet die Reflexion der Realgeschichte (Staatsform) Berücksichtigung, zweitens die Reflexion der Ideengeschichte (Staatsidee). Das Buch füllt damit eine Lücke, existiert doch bislang kein Werk über die vergleichende Geschichte der Staatsformen und politischen Systeme. Es verbindet in interdisziplinärer Weise fundierte historische Analyse mit vergleichend-politikwissenschaftlicher Methode.

URSULAPLATZ 1, D-50668 KÖLN, TELEFON (0221) 91390-0, FAX 91390-11

Friedrich Beck,

Eckart Henning (Hrsg.)

Die archivalischen Quellen

Mit einer Einführung in die Historischen Hilfswissenschaften

(UTB für Wissenschaft 8273 L)
4. Aufl. 2004. XII, 405 Seiten.
122 s/w- und 10 farb. Abb. auf
8 Tafeln. Br. € 29,90/SFr 52,20
ISBN 3-8252-8273-2

Für die Studierenden aller Disziplinen der Geschichtswissenschaft sowie für alle, die in Archiven forschen, und für gelegentliche Archivbenutzer, aber auch für angehende Archivare bildet das vorliegende Werk ein wichtiges Arbeits- und Ausbildungsmittel. Namhafte Archivare und Historiker geben mit dieser Einführung unentbehrliche praktische Anleitungen und Handreichungen zur Benutzung archivalischer Quellen vom Mittelalter bis zur Gegenwart in knapper, übersichtlicher Form.

Aus dem Inhalt:

QUELLENKUNDE, Schriftliche Quellen (Josef Hartmann, Jürgen Kloosterhuis, Gerhard Schmid, Irmtraud Schmid, Eckart Henning). – Karten und Pläne (Andreas Matschenz). – Bilder (Herbert Ewe). – Moderne Quellengattungen. Neue Medien und Massenmedien (Botho Brachmann). HILFSWISSENSCHAFTEN, Schriftträger und Schreibmaterialien (Ilka Stahlberg). Schrift (Friedrich Beck). Anreden und Titel (Eckart Henning). Datierung (Josef Hartmann). Namen (Hans Walther). Abstammung und Verwandtschaft (Waldemar Schupp). Siegel und andere Beglaubigungsmittel (Toni Diederich). Wappen (Eckart Henning). Orden und Ehrenzeichen (Dietrich Herfurth). Münzen und andere Zahlungsmittel (Reinhold Zilch). Maß, Zahl und Gewicht (Harald Witthöft). Bibliographie, Register (Regina Rousavy).

URSULAPLATZ 1, D-50668 KÖLN, TELEFON (0221) 91 39 00, FAX 91 39 011

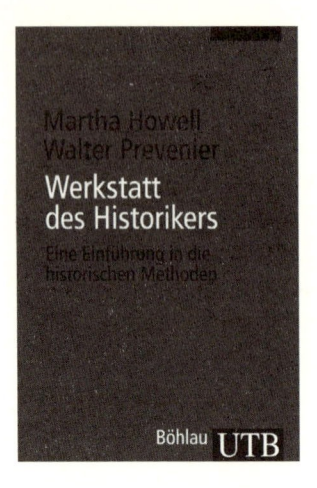

Martha Howell,
Walter Prevenier
**Werkstatt
des Historikers**
Eine Einführung in die
historischen Methoden
Herausgegeben
von Theo Kölzer

Das Studienbuch richtet sich an Studierende der Geschichte und anderer geisteswissenschaftlicher Fächer und bietet eine Einführung in den methodensicheren Umgang mit allen Quellen, aus denen der Historiker seine Erkenntnisse zieht und Geschichte formt. Dabei geht es um Fragen der Auswertung und Beurteilung, um den Beitrag von und die Herausforderung durch Nachbarwissenschaften, nicht zuletzt auch um wirkungsmächtige Faktoren der geschichtlichen Entwicklung und das Problem der Objektivität. Der umfangreiche bibliografische Anhang erleichtert ein gezieltes Weiterstudium und bietet vor allem zahlreiche Hinweise auf Internet-Recherchemöglichkeiten.

2004. VI, 261 Seiten.
Broschur.
€ 17,90/SFr 31,70
ISBN 3-8252-2524-0

Ursulaplatz 1, D-50668 Köln, Telefon (0221) 91 39 00, Fax 91 39 011